中華古籍保護計劃

ZHONG HUA GU JI BAO HU JI HUA CHENG GUO

·成 果·

臨海市圖書館古籍普查登記目録

全國古籍普查登記目録·浙江台州

國家圖書館出版社
National Library of China Publishing House

圖書在版編目（CIP）數據

臨海市圖書館古籍普查登記目録/臨海市圖書館編. --北京：國家圖書館出版社,2017.12
（全國古籍普查登記目録）
ISBN 978 - 7 - 5013 - 6262 - 2

Ⅰ.①臨…　Ⅱ.①臨…　Ⅲ.①公共圖書館—古籍—圖書館目録—臨海　Ⅳ.①Z838

中國版本圖書館 CIP 數據核字（2017）第 241603 號

書　　名	臨海市圖書館古籍普查登記目録	
著　　者	臨海市圖書館　編	
責任編輯	趙　嬿	

出　　版　國家圖書館出版社（100034　北京市西城區文津街 7 號）
　　　　　　（原書目文獻出版社　北京圖書館出版社）
發　　行　010 - 66114536　66126153　66151313　66175620
　　　　　　66121706（傳真）　66126156（門市部）
E-mail　　nlcpress@ nlc. cn（郵購）
Website　www. nlcpress. com→投稿中心
經　　銷　新華書店
印　　裝　河北三河弘翰印務有限公司
版　　次　2017 年 12 月第 1 版　2017 年 12 月第 1 次印刷

開　　本　787×1092（毫米）　1/16
印　　張　31.5
字　　數　600 千字

書　　號　ISBN 978 - 7 - 5013 - 6262 - 2
定　　價　280.00 圓

《全國古籍普查登記目錄》

工作委員會

主　任：周和平

副主任：張永新　詹福瑞　劉小琴　李致忠　張志清

委　員（按姓氏筆畫排序）：

《全國古籍普查登記目録》

序　言

　　全國古籍普查登記工作是“中華古籍保護計劃”的首要任務，是全面開展古籍搶救、保護和利用工作的基礎，也是有史以來第一次由政府組織、參加收藏單位最多的全國性古籍普查登記工作。

　　2007 年國務院辦公廳發佈《關於進一步加强古籍保護工作的意見》（國辦發［2007］6 號），明確了古籍保護工作的首要任務是對全國公共圖書館、博物館和教育、宗教、民族、文物等系統的古籍收藏和保護狀況進行全面普查，建立中華古籍聯合目録和古籍數字資源庫。2011 年 12 月，文化部下發《文化部辦公廳關於加快推進全國古籍普查登記工作的通知》（文辦發［2011］518 號），進一步落實了全國古籍普查登記工作。根據文化部 2011 年 518 號文件精神，國家古籍保護中心擬訂了《全國古籍普查登記工作方案》，進一步規範了古籍普查登記工作的範圍、内容、原則、步驟、辦法、成果和經費。目前進行的全國古籍普查登記工作的中心任務是通過每部古籍的身份證——“古籍普查登記編號”和相關信息，建立古籍總臺賬，全面瞭解全國古籍存藏情況，開展全國古籍保護的基礎性工作，加强各級政府對古籍的管理、保護和利用。

　　《全國古籍普查登記工作方案》規定了全國古籍普查登記工作的三個主要步驟：一、開展古籍普查登記工作；二、在古籍普查登記基礎上，編纂出版館藏古籍普查登記目録，形成《全國古籍普查登記目録》；三、在古籍普查登記工作基本完成的前提下，由省級古籍保護中心負責編纂出版本省古籍分類聯合目録《中華古籍總目》分省卷，由國家古籍保護中心負責編纂出版《中華古籍總目》統編卷。

　　在黨和政府領導下，在各地區、各有關部門和全社會共同努力下，古籍普查登記工作得以扎實推進。古籍普查已在除臺、港、澳之外的全國各省級行政區域開展，普查内容除漢文古籍外，還包括各少數民族文字古籍，特别是於 2010 年分别啓動了新疆古籍保護和西藏古籍保護專項，因地制宜，開展古籍普查登記工作；國家古籍保護中心研製的“全國古籍普查登記平臺”已覆蓋到全國各省級古籍保護中心，並進一步研發了“中華古籍索引庫”，爲及時展現古籍普查成果提供有力支持；截至目前，已有 11375 部古籍進入《國家珍貴古籍名録》，浙江、江蘇、山東、河北等省公佈了省級《珍貴古籍名録》，古籍分級保護機制初步形成。

　　《全國古籍普查登記目録》是古籍普查工作的階段性成果，旨在摸清家底，揭示館藏，反映古籍的基本信息。原則上每申報單位獨立成冊，館藏量少不能獨立成冊者，則在本省範圍内幾個館目合併成冊。無論獨立成冊還是合併成冊，均編製獨立的書名筆畫索引附於書後。著録的必填基本項目有：古籍普查登記編號、索書號、題名卷數、著者（含著作方式）、版本、冊數及存缺卷數。其他擴展項目有：分類、批校題跋、版式、裝幀形式、叢書子目、書影、破損狀況等。有條件的收藏單位多著録的一些擴展項目，也反映在《全國古籍普查登記目録》上。目録編排按古籍普查登記編號排序，内在順序給予各古籍收藏單位較大自由度，可按分類排列古籍普查登記編號，也可按排架號、按同書名等排列古籍普查登記編號，以反映各館特色。

　　此次全國古籍普查登記工作，克服了古籍數量多、普查人員少、普查難度大等各種困難，也得到了全國古籍保護工作者的極大支持。在古籍普查登記過程中，國家古籍保護中心、各省古籍保護中心爲此舉辦了多期古籍普查、古籍鑒定、古籍普查目録審校等培訓班，全國共 1600 餘家單位參加了培訓，爲古籍普查登記工作培養了大量人才。同時在古籍普查登記工作中，也鍛煉了普查員的實踐能力，爲將來古籍保護事業發展奠定了良好的基礎。

　　《全國古籍普查登記目録》的出版，將摸清我國古籍家底，爲古籍保護和利用工作提供依據，也將是古籍保護長期工作的一個里程碑。

國家古籍保護中心

2013 年 10 月

《全國古籍普查登記目録》

編纂凡例

一、收録範圍爲我國境内各收藏機構或個人所藏，産生於 1912 年以前，具有文物價值、學術價值和藝術價值的文獻典籍，包括漢文古籍和少數民族文字古籍以及甲骨、簡帛、敦煌遺書、碑帖拓本、古地圖等文獻。其中，部分文獻的收録年限適當延伸。

二、以各收藏機構爲分册依據，篇幅較小者，適當合併出版。

三、一部古籍一條款目，複本亦單獨著録。

四、著録基本要求爲客觀登記、規範描述。

五、著録款目包括古籍普查登記編號、索書號、題名卷數、著者、版本、册數、存缺卷等。古籍普查登記編號的組成方式是：省級行政區劃代碼—單位代碼—古籍普查登記順序號。

六、以古籍普查登記編號順序排序。

七、編製各館藏目録書名筆畫索引附於書後，以便檢索。

《浙江省古籍普查登記目録》
工作委員會

主　任：金興盛

副主任：葉　菁

委　員：倪　巍　徐曉軍　賈曉東　雷祥雄　劉曉清

　　　　徐　潔　李儉英　孫雍容　張愛琴　張純芳

　　　　金琴龍　樓　婷　陳泉標　鍾世傑　應　雄

　　　　陸深海　呂振興　徐兼明

《浙江省古籍普查登記目録》
編纂委員會

主　編：徐曉軍

副主編：童聖江　曹海花　褚樹青　莊立臻　徐益波

　　　　胡海榮　沈紅梅　劉　偉　王以儉　孫旭霞

　　　　占　劍　孫國茂　毛　旭　季彤曦

統校和編纂工作小組組長：曹海花（浙江圖書館）

統校和編纂工作小組成員：秦華英（浙江圖書館）

　　　　　　　　　　　　呂　芳（浙江圖書館）

　　　　　　　　　　　　干亦鈴（寧波市圖書館）

　　　　　　　　　　　　劉　雲（寧波市天一閣博物館）

　　　　　　　　　　　　周慧惠（寧波市天一閣博物館）

　　　　　　　　　　　　馬曉紅（餘姚市文物保護管理所）

　　　　　　　　　　　　陳瑾淵（溫州市圖書館）

　　　　　　　　　　　　王　昉（溫州市圖書館）

　　　　　　　　　　　　沈秋燕（嘉興市圖書館）

　　　　　　　　　　　　丁嫻明（嘉興市圖書館）

　　　　　　　　　　　　唐　微（紹興圖書館）

　　　　　　　　　　　　丁　瑛（紹興圖書館）

　　　　　　　　　　　　毛　慧（衢州市博物館）

《浙江省古籍普查登記目録》

序　言

浙江文化底蕴深厚,書籍刻印歷史悠久,前賢留下的著述浩如烟海,藏書雅閣及私人藏書爲數衆多,古籍資源十分豐富,幾乎縣縣有古籍,是全國古籍藏量較多的省份之一,是中華文化中具有獨特地域特色的重要一脉。保護好這些珍貴的古籍,對促進文化傳承、弘揚民族精神、維護國家統一及社會穩定具有重要作用。同時,加强古籍保護工作,也是加快建設文化大省、文化强省,努力推動文化浙江建設和社會主義文化大發展大繁榮的必然要求。

（一）

爲搶救、保護我國的珍貴古籍,繼承和弘揚優秀傳統文化,國務院辦公廳印發了《關於進一步加强古籍保護工作的意見》(國辦發[2007]6號),全國古籍普查登記工作是全國瞭解古籍存藏情況、建立古籍總臺賬、開展全國古籍保護的基礎性工作。爲認真貫徹落實"國辦發[2007]6號"文件精神,切實加强全省古籍的搶救、保護,浙江省人民政府辦公廳印發《關於進一步加强古籍保護工作的意見》(浙政辦發[2009]54號),提出2009年起要在全省範圍内開展古籍普查登記工作。2012年,浙江省古籍保護工作聯席會議下發《關於印發〈浙江省"中華古籍保護計劃"實施方案〉的通知》(浙文社[2012]30號),提出在"十二五"末基本完成全省古籍普查工作的目標。

試點先行、摸底調查、制定方案,建立制度、統籌指揮、上下齊心,引進人員、有效培訓、壯大隊伍,配置設備、補助經費、保障到位,編製手册、明確款目、統一規則,著録完整、審核到位、保證質量,設立項目、表揚先進、激發熱情,在省委省政府的高度重視及其各部門的大力支持下,在國家古籍保護中心的積極指導和省文化廳的正確領導下,通過以上種種措施,"秉持浙江精神,幹在實處、走在前列、勇立潮頭",全省公共圖書館、文物、教育、檔案、衛生五大系統共計95家公藏單位通力合作,到2017年4月底基本完成了全省的古籍普查登記工作。

通過普查,摸清了全省古籍文化遺產家底,揭示了全省各地區文化脉絡,形成了統一的古籍信息資料庫,建立了一支遍佈全省的古籍保護隊伍,爲下一步有針對性地開展古籍保護工作奠定堅實的基礎。鑒於全省在古籍普查和其他古籍保護工作中的突出表現,2014年,浙江圖書館、嘉興市圖書館、雲和縣圖書館獲得"全國古籍保護工作先進單位"稱號,浙江圖書館徐曉軍和曹海花、溫州市圖書館王妍、紹興圖書館唐微、平湖市圖書館馬慧、衢州市博物館程勤等6人獲得"全國古籍保護工作先進個人"稱號。

(二)

全國古籍普查登記範圍爲1912年以前產生的文獻典籍。由於近代以來浙江私人藏書相當發達,民國期間也刻印了大量典籍,民國文獻在各藏書單位(尤其是基層單位)所藏歷史文獻中占據了相當大的比重。這些文獻形成了浙江文獻典藏的重要特色,是浙江傳統文化的重要組成部分。爲更加全面地掌握本省歷史文獻文化遺產現狀,浙江省將民國時期傳統裝幀書籍也納入普查範圍。

按照《全國古籍普查登記手冊》要求,登記每部古籍的基本項目,必登項目有索書號、題名卷數、著者、版本、冊數、存缺卷數,選登項目有分類、批校題跋、版式、裝幀形式、叢書子目、書影、破損狀況等內容。浙江省的古籍普查工作一直高標準、嚴要求,自始至終堅持平臺項目全著錄,堅持文字信息和書影信息雙著錄,登記每部書的索書號、分類、題名卷數、著者、卷數統計、版本、版式、裝幀、裝具、序跋、刻工、批校題跋、鈐印、叢書子目、定級及書影、定損及書影等16大項74小項的信息。

普查統計顯示,截至2017年4月30日,全省95家單位共藏有中國傳統裝幀書籍337405部2506633冊,其中不分卷者計31737部96822冊,分卷者計305668部2409811冊11433371卷(實存8223803卷):古籍(含域外本)219862部1754943冊,不分卷者15777部54901冊,分卷者204085部1700042冊7934703卷;民國時期傳統裝幀書籍117543部751690冊,不分卷者15960部41921冊,分卷者101583部709769冊3498668卷。

從版本定級來看,全省四級文獻最多,部數、冊數數量占比分別爲84.75%、78.69%。三級次之,部數、冊數數量占比13.12%、15.96%。一級、二級文獻共計5689部111722冊,量雖不多,極爲珍貴,其破損程度較輕,基本都配置了裝具且裝具狀況良好,這是古籍分級保護體系的有力體現。

從文獻類型來看,古籍普查平臺采用六部分類,在傳統的經、史、子、集四部外加上類叢部、新學。從冊數來看,全省文獻類叢部數量最多,占比29.40%,這其中很大一部分原因在於民國時期刊印了不少大型叢書。史部、集部、子部、經部分居第二至五位,數量占比分別爲28.98%、18.00%、13.49%、9.24%。新學數量最少,還不到1%。

從版本類型來看,全省古籍版本類型豐富,數量最多的是刻本,部數占比51.01%、冊數占比55.03%。部數排在第二至四位的是鉛印本、石印本、抄本,分別占比17.71%、16.58%、5.19%。冊數排在第二至四位的是鉛印本、石印本、影印本,分別占比14.27%、12.40%、11.38%,這與將民國傳統裝幀書籍納入古籍普查範圍有極大關係。稿、抄本部數占比6.9%、冊數占比4.04%,總體占比不是很高,但在一、二級文獻中稿、抄本的比率比較高，一級中部數占比 20.49%、冊數占比 70.25%，二級中部數占比 13.16%、冊數占比 6.57%。

從版本年代來看，全省藏書從南北朝以迄民國，並有部分日本、朝鮮、越南本。其中，元及元以前共計 244 部 3357 冊。明、清、民國三代共計 2486788 冊，數量占比 99.21%：明代占比 5.95%、清代占比 63.27%、民國占比 29.99%。日本、朝鮮、越南三國本共計 1877 部 14522 冊，部數、冊數占比分別爲 0.56%、0.58%。

從批校題跋來看，337405 部文獻中有姓名可考的批校題跋共計 15374 部，其中集部批校題跋最多，占全部批校題跋的 38.73%、占集部文獻的 6.16%。稿本的批校題跋在相對應的版本類型中比例最高，爲 16.18%。且稿本中有多人批校題跋的量最多，多者一部稿本中的批校題跋者達 25 人，如浙江圖書館藏沈蕉青稿本《燈青茶嫩草》三卷中有孫麟趾等 25 人的批校題跋。從各館藏書的批校題跋者來看，有鮮明的館域特色，從一個側面體現了各館的文獻來源。

從鈐印來看，337405 部文獻中有 51509 部有收藏鈐印，各級文獻鈐印比例隨級別的增高而加大，一至四級文獻的鈐印占比分別爲 50.67%、49.38%、26.00%、12.90%。收藏鈐印從一個方面體現了某書的遞藏源流，鈐印多於 1 方者有 24840 部，鈐印多者達 54 方，如寧波市天一閣博物館藏清初毛氏汲古閣影宋抄本《集韻》十卷上鈐毛晉、毛扆、段玉裁、朱鼎煦四人共計 54 方印。

在普查的過程中，我們還利用普查成果積極申報《國家珍貴古籍名録》、評選《浙江省珍貴古籍名録》，建立珍貴古籍分級保護體系。截至目前，全省共有 871 部珍貴古籍入選前五批《國家珍貴古籍名録》，有 609 部古籍入選前三批《浙江省珍貴古籍名録》。

（三）

普查登記著録工作結束後，省古籍保護中心於 2016 年 6 月成立由浙江圖書館、寧波市圖書館、寧波市天一閣博物館、餘姚市文物保護管理所、溫州市圖書館、嘉興市圖書館、紹興圖書館、衢州市博物館 8 家單位的 14 名普查業務骨幹組成的浙江省古籍普查登記目録統校和編纂工作小組，開始全省普查數據的統校和古籍普查登記目録的編纂工作。

浙江省的普查登記目録是將古籍和民國書籍分開的，全省統一規劃，分別出版《浙江省古籍普查登記目録》和《浙江省民國傳統裝幀書籍普查登記目録》。根據《全國古籍普查登記目録審校要求》《古籍普查登記表格整理規範》的要求，省古籍保護中心制定《浙江省古籍普查登記目録編纂工作方案》《浙江省古籍普查數據統校細則》，用於指導全省的數據統校和登記目録的編纂。統校和編纂工作程序如下：導出普查平臺上的數據，切分爲古籍、民國兩張表，按照設定的普查編號、索書號、分類、題名卷數、著者、版本、批校題跋、冊數、存缺卷這幾項登記目録的出版款目對表格進行整理,整理後按照題名進行排列分給各統校員進行統校,統校結束後的數據按行政區域進行彙總交由分區負責人進行覆核,覆核結束後由省古籍保護中心一一寄給各館進行修改確認,經各館確認後由分區負責人進行最後審定。

在統校的過程中,爲了保證全省數據著録的一致,我們積極利用我國古籍整理研究的重大成果《中國古籍總目》(以下簡稱《總目》),每條書目一一對核《總目》,《總目》收者即標注《總目》頁碼,《總目》未收某版本者標注"無此版本",《總目》未收者標注"無",《總目》所收即浙江某館所藏者特殊標注,《總目》著録與普查信息有差異或一時無法判斷者標注"存疑"。拿浙江圖書館的近7萬條古籍數據來看,據不完全統計,除去複本,《總目》所收即浙江圖書館所藏者有1100多種,《總目》未收某一明確版本者有3200多種,《總目》未收者有8300多種。

全省95家單位中有93家單位有古籍數據,總條數計22萬條左右。根據分區域出版和達到一定條數可以單獨成書的原則,全省的古籍普查登記目録大致分爲以下19種:浙江圖書館;浙江大學圖書館;浙江省博物館等六家單位;杭州地區杭州圖書館等十家單位;寧波市圖書館;寧波市天一閣博物館;寧波地區餘姚市文物保護管理所等六家單位和舟山地區舟山市圖書館等兩家單位;溫州市圖書館;溫州地區溫州大學圖書館等九家單位;嘉興市圖書館;平湖市圖書館;嘉興地區海寧市圖書館等七家單位;紹興圖書館;紹興地區上虞市圖書館等九家單位;衢州地區衢州市博物館等三家單位和湖州地區湖州師範學院圖書館等七家單位;麗水地區麗水市圖書館等八家單位;臨海市圖書館;台州地區台州市黃巖區圖書館等七家單位;金華地區義烏市圖書館等十家單位。目前全省的古籍普查登記目録有多種已進入出版流程(各館數據以原普查編號從低到高的順序進行排列,由於著録時古籍和民國傳統裝幀書籍交替進行,而出版時是將二者分開的,所以會出現普查編號不連貫的現象,特此説明),民國傳統裝幀書籍的統校亦接近尾聲。古籍普查登記工作和普查登記目録的編纂,爲接下來《中華古籍總目‧浙江卷》的編纂打下了良好的基礎。

浙江省古籍普查工作得到了各方的關心和支持。感謝各兄弟省份古籍同行的熱情幫助,感謝李致忠、張志清、吳格、陳先行、陳紅彦、陳荔京、羅琳、王清原、唱春蓮、李德生、石洪運、賈秀麗、范邦瑾等專家學者的悉心指導,藉力於此,普查工作纔得以順利完成。

條數多,分佈廣,又出於眾手,儘管工作中我們一直爭取做到最好,但無論是已經著録的平臺數據還是即將付梓的登記目録,都難免存在紕漏,希望業界同仁不吝賜教,俾臻完善。

浙江省古籍保護中心

2017年7月

《臨海市圖書館古籍普查登記目録》

編委會

主　　編：彭春林

副 主 編：楊米周　蔡劍周

《臨海市圖書館古籍普查登記目録》

前　言

　　國家歷史文化名城臨海爲原台州府治,有着悠久的歷史和深厚的文化底藴,人文薈萃,歷代藏書家輩出,如宋有陳耆卿、謝深甫、李庚、林表民,元有陳孚、謝晟孫,明有王宗沐、釋慧佐,清有洪若皋、馮甦、宋世犖、洪頤煊以及近現代的項士元、屈映光等,不勝枚舉。民國七年(1918),項士元先生(1887—1959)倡建臨海圖書館,褚傳誥在《募建臨海圖書館啓》中云"就景藜之樓,設藏書之府",景藜樓,即臨海圖書館的首址。現今臨海收藏的古籍大都歸功於台州文物開拓者項士元,他爲臨海保存了數百種台州歷代鄉邦文獻,並將自己畢生蒐集的三萬餘卷寒石草堂藏書,自1918年起連同櫥架經四次全部捐獻國家,又往返台州各地,訪求遺帙,先後徵集到王棻知非求是樓、王彦威秋燈課詩書屋、王舟瑶後凋草堂、楊晨崇雅堂、王詠霓函雅堂、王維翰彝經堂、喻長霖、王葆楨、王念劬、褚傳誥的舊藏和黄巖九峰書院的珍藏,以及臨海本地的黄瑞秋籟閣、葉書蔭玉閣、曹愷仁本堂、屈映光精一堂、戴勘屏慎餘書屋、李鏐鍾秀盦、曾士瀛某石軒、葛詠裳憶緑蔭室的私藏……其後徵集和捐贈的還有洪滌懷、王萼、周萍泗、胡步川、章襄、王任化等收藏的書籍,這些古籍現主要收藏於臨海博物館和圖書館。

　　本館古籍多數爲晚清民國時期刻印,經史子集各有收入。由於各種原因,除民國七年項士元編《臨海縣公立圖書館書目》、民國三十三年盧吉民編《臨海縣立圖書館書目》和1980年編印的《台州地區善本書目彙編》外,未見其他館藏書目。按照"中華古籍保護計劃"的要求,2012年我館與浙江省古籍保護中心簽訂古籍普查協議,開啓普查登記工作。由於館藏豐富和人員資金的不足,普查工作進展緩慢,後經館長彭春林的努力和主管及財政部門的支持,到2014年年中招收到四名大專以上學歷的普查員,加班加點,終於在2015年9月按計劃提前三個月完成著録。

　　經普查,館藏傳統裝幀書籍(含民國)共有54140冊,著録數據9081條,其中明刻本1000餘冊,三級以上古籍5000餘冊。收入本目録的古籍有5988條40564冊。館藏古籍中部分題跋印鑒有一定的研究價值,如清雍正刻《行水金鑑》,胡步川批跋,對古代地名作了批注,且在水利理論上有其獨特的見解,此本已入選《第一批浙江省珍貴古籍名録》;又如明崇禎汲古閣本《十三經註疏》鈐"紀府觀光館印"、清同治刻

1

朱墨套印本《蘇文忠公詩集》鈐"管領湖山""劉尹茗柯有實理"、清光緒刻本《大亭山館叢書》鈐"見即買有必借窘儘賣高閣勤曬國粹公器勿污壞"等,各具特色。普查的同時,本館積極籌備申報,成爲浙江省第一批古籍重點保護單位和修復站。普查之後,館藏瞭然,檢索方便,爲今後的古籍修復和數字化工作打下了基礎,也爲古籍的開發利用創造了條件。"遺金滿籯,不如一經",項士元曾受聘於浙江圖書館,館俸所入,悉購舊書。古籍是文物,更是先賢留下來的寶貴精神財富,我們有責任也有信心繼續做好保護工作,讓這些珍貴遺産焕發出新的光彩。

　　本目録的編纂,特别感謝王愛萍、章雲丹、姚曉鋒、黃偉瑛、李適焱等同志的悉心著録和蔡劍周的精心校對。由於編者水平有限,錯漏之處,在所難免,懇請方家學者不吝指正。

臨海市圖書館
2017 年 4 月 18 日

目　　録

330000－4735－0000001　02761　史部/地理類/水利之屬

行水金鑑一百七十五卷首一卷　（清）傅澤洪撰　清雍正三年(1725)淮揚官舍刻本　胡步川批校並跋　三十六冊

330000－4735－0000002　00602　經部/叢編

十三經註疏三百三十三卷　明崇禎元年至十二年(1628－1639)古虞毛氏汲古閣刻本　一百五十冊　存十一種

330000－4735－0000003　02467　史部/傳記類/總傳之屬/仕宦

高安三傳合編三種　（清）朱軾　（清）蔡世遠輯　清光緒二十一年(1895)江蘇書局刻本　二十四冊

330000－4735－0000004　05260　子部/醫家類/綜合之屬/通論

醫門法律六卷　（清）喻昌撰　清同文堂刻本　六冊

330000－4735－0000005　05262　子部/醫家類/醫話醫論之屬

醫理信述六卷　（清）夏子俊撰　清光緒二十五年(1899)黃城柯樹德堂刻本　四冊

330000－4735－0000006　05282　子部/醫家類/方書之屬/單方驗方

景岳新方歌八卷　（清）吳辰燦　（清）高秉鈞　（清）姚志仁撰　清嘉慶十四年(1809)盡心齋刻本　一冊

330000－4735－0000007　05445　子部/醫家類/方書之屬/單方驗方

黃氏青囊全集秘旨二卷　（清）黃廷爵編　清光緒十二年(1886)金陵一得齋刻本　一冊

330000－4735－0000008　05473　子部/醫家類/方書之屬/單方驗方

集驗簡易良方四卷首一卷　（清）德豐輯　清道光七年(1827)聚盛堂刻本　四冊

330000－4735－0000009　00538　經部/叢編

通志堂經解一百三十九種一千八百四十五卷　（清）成德輯　清同治十二年(1873)粵東書局刻本　四百八十冊　存一百三十七種

330000－4735－0000010　05668　子部/醫家類/本草之屬/本草雜著

綱目藥名分彙四十六集一卷　（清）王桂生錄　清光緒二十二年(1896)炳炎抄本　一冊

330000－4735－0000011　05672　子部/醫家類/綜合之屬/通論

醫林纂要探源十卷附錄一卷　（清）汪紱輯　清光緒二十三年(1897)江蘇書局刻汪雙池先生叢書本　銘丹閣題簽　十冊

330000－4735－0000014　05676　子部/醫家類/內科

易範醫疏四卷　（清）茅松齡撰　清道光六年(1826)木活字印本　二冊

330000－4735－0000015　05677　子部/醫家類/針灸之屬/通論

鍼灸大成十卷　（明）楊繼洲撰　清康熙五十七年(1718)德鄰軒刻本　十冊

330000－4735－0000016　05678　子部/醫家類/針灸之屬/通論

鍼灸大成十卷　（明）楊繼洲撰　清大文堂刻本　十冊

330000－4735－0000017　05679　子部/醫家類/養生之屬

頤養詮要四卷　（清）馮曦輯　清光緒二十四年(1898)刻本　二冊

330000－4735－0000018　05685　子部/醫家類/方書之屬/單方驗方

新刊良朋彙集六卷　（清）孫偉輯　清善成堂刻本　六冊

330000－4735－0000020　08001　集部/別集類/唐五代別集

昌黎先生集四十卷外集十卷遺文一卷　（唐）韓愈撰　（宋）廖瑩中校正　**朱子校昌黎先生集傳一卷**　（宋）朱熹撰　**韓集點勘四卷**　（清）陳景雲撰　清宣統二年(1910)掃葉山房石印本　十二冊

330000－4735－0000022　05691　子部/醫家類/方書之屬/單方驗方

四科簡效方四卷　（清）王士雄撰　清光緒十一年(1885)越州徐氏刻本　一冊　存一卷（一）

330000－4735－0000023　08004　集部/別集類/唐五代別集

韓昌黎詩集編年箋注十二卷　（唐）韓愈撰　（清）方世舉考訂　（清）盧見曾刪定　**舊唐書本傳一卷**　清乾隆二十三年(1758)德州盧見曾雅雨堂刻本　吳子略題記　六冊

330000－4735－0000024　08003　集部/別集類/唐五代別集

白香山詩長慶集二十卷後集十七卷別集一卷補遺二卷　（唐）白居易撰　（清）汪立名編訂　**白香山年譜一卷**　（清）汪立名撰　**白香山年譜舊本一卷**　（宋）陳振孫撰　清康熙四十一年至四十二年(1702－1703)汪立名一隅草堂刻本　十冊　缺十四卷（長慶集五至九、後集九至十七）

330000－4735－0000025　08005　集部/別集類/唐五代別集

李義山詩文集詳註十三卷　（唐）李商隱撰　（清）馮浩編　清乾隆四十五年(1780)德聚堂刻本　清平谷跋　八冊

330000－4735－0000026　08006　集部/別集類/宋別集

王荊文公詩五十卷補遺一卷　（宋）王安石撰　（宋）李壁箋注　清乾隆五年至六年(1740－1741)武原張宗松清綺齋刻本　八冊

330000－4735－0000027　08007　類叢部/叢書類/彙編之屬

結一廬朱氏賸餘叢書四種　（清）朱澂編　清光緒三十一年(1905)仁和朱氏刻本　四冊　存一種

330000－4735－0000028　08009　集部/別集類/宋別集

蘇文忠詩合註五十卷首一卷目錄一卷　（宋）蘇軾撰　（清）馮應榴輯　清五雲樓刻本　二

十冊

330000－4735－0000029　08008　集部/別集類/宋別集

黃詩全集五十八卷　（宋）黃庭堅撰　清乾隆五十四年(1789)南康謝氏樹經堂刻本　二十冊

330000－4735－0000030　05775　子部/小說家類/異聞之屬

山海經十八卷圖五卷　（晉）郭璞傳　（清）畢沅校正　清光緒十八年(1892)務本書局刻本　四冊

330000－4735－0000032　05778　子部/小說家類/異聞之屬

山海經箋疏十八卷圖讚一卷訂譌一卷敘錄一卷　（清）郝懿行撰　清光緒七年(1881)郝聯薇東路廳署刻本　清蔚青題記　四冊

330000－4735－0000033　05829　子部/小說家類/瑣語之屬

客窗閒話八卷續八卷　（清）吳熾昌撰　清光緒元年(1875)味經堂刻本（卷五至六補配清刻本）　八冊

330000－4735－0000035　05779　類叢部/叢書類/彙編之屬

崇文書局彙刻書三十一種　（清）崇文書局編　清光緒元年至三年(1875－1877)湖北崇文書局刻本　一冊　存一種

330000－4735－0000037　08012　集部/別集類/清別集

梅村詩集箋注十八卷　（清）吳偉業撰　（清）吳翌鳳箋注　清刻本　九冊　存十七卷（一至五、七至十八）

330000－4735－0000038　08013　集部/別集類/清別集

梅村家藏藳五十八卷補遺一卷　（清）吳偉業撰　董康編　**梅村先生世系一卷**　（清）顧師軾纂　（清）顧思義訂　**梅村先生年譜四卷**　（清）顧師軾撰　**梅邨先生樂府三種四卷**　（清）吳偉業編　清宣統三年(1911)武進董氏

誦芬室刻本　八冊

330000－4735－0000039　08014　集部/別集類/宋別集

王臨川全集一百卷目錄二卷　（宋）王安石撰　清光緒九年(1883)溧陽繆氏小坵山館刻本　十六冊

330000－4735－0000041　05809　子部/小說家類/雜事之屬

虞初新志二十卷　（清）張潮輯　清刻本　五冊　缺三卷(十八至二十)

330000－4735－0000042　05797　子部/小說家類/異聞之屬

酉陽雜俎二十卷續集十卷　（唐）段成式撰　清道光二十九年(1849)小嫏嬛山館刻本　六冊

330000－4735－0000043　05804　子部/小說家類/異聞之屬

搜神記二十卷　（晉）干寶撰　**搜神後記十卷**（晉）陶潛撰　清光緒元年(1875)湖北崇文書局刻本　二冊　存二十卷(一至二十)

330000－4735－0000045　08016　類叢部/叢書類/彙編之屬

武英殿聚珍版書一百四十八種　清乾隆四十二年(1777)福建刻道光至同治遞修光緒二十一年(1895)增刻本　三十九冊　存一種

330000－4735－0000046　08017　類叢部/叢書類/彙編之屬

武英殿聚珍版書一百四十八種　清乾隆四十二年(1777)福建刻道光至同治遞修光緒二十一年(1895)增刻本　五冊　存一種

330000－4735－0000051　05825　子部/小說家類/異聞之屬

秋燈叢話十八卷　（清）王椷撰　清同治十年(1871)文盛堂刻本　五冊　缺三卷(十至十二)

330000－4735－0000052　08022　集部/別集類/宋別集

陸象山先生全集三十六卷　（宋）陸九淵撰

附錄少湖徐先生學則辯一卷　（明）徐階撰　清宣統二年(1910)江左書林鉛印本　八冊

330000－4735－0000053　08023　集部/別集類/清別集

板橋集五種六卷　（清）鄭燮撰　清乾隆四十八年(1783)酉山堂刻本　胡步川批點並跋　四冊

330000－4735－0000055　08024　集部/別集類/清別集

有正味齋駢體文二十四卷首一卷　（清）吳錫麒撰　（清）王廣業箋　（清）葉聯芬注　清光緒十五年(1889)上海蜚英館石印本　四冊　存二十四卷(首,一至三、五至二十四)

330000－4735－0000056　08025　集部/別集類/清別集

有正味齋駢體文二十四卷首一卷　（清）吳錫麒撰　（清）王廣業箋　（清）葉聯芬注　清光緒十五年(1889)上海蜚英館石印本　三冊　存二十卷(首,一至五、十一至二十四)

330000－4735－0000057　08026　集部/別集類/清別集

松風閣詩鈔二十六卷　（清）彭蘊章撰　清刻本　八冊

330000－4735－0000060　05836　子部/小說家類/雜事之屬

耐冷譚十六卷　（清）宋咸熙撰　清道光九年(1829)武林亦西齋刻本　六冊

330000－4735－0000061　08027　集部/別集類/清別集

有正味齋駢文箋注十六卷補注一卷　（清）吳錫麒撰　（清）葉聯芬注　清道光二十年(1840)慈谿葉氏刻本　偉友題簽　八冊　存十六卷(一至十六)

330000－4735－0000062　08028　集部/別集類/清別集

南華山人雙清閣詩鈔二十三卷（南華山人詩鈔十六卷南華山房詩鈔六卷首一卷）　（清）張鵬翀撰　清乾隆十年(1745)刻本　六冊

330000 – 4735 – 0000064　05848　子部/小說
家類/異聞之屬

山海經十八卷　（晉）郭璞傳　（清）畢沅校正
　清光緒二十三年（1897）文瑞樓石印本
一冊

330000 – 4735 – 0000065　05849　子部/小說
家類/異聞之屬

三異筆談一集四卷　（清）許元仲撰　清道光
七年（1827）刻本　四冊

330000 – 4735 – 0000066　05853　史部/地理
類/外紀之屬

五大洲述異錄四卷　（清）黎床舊主輯　清光
緒二十二年（1896）上海書局石印本　四冊

330000 – 4735 – 0000067　08029　集部/別集
類/清別集

平園雜著內編十四卷　（清）林有席撰　（清）
林大佐編　清道光六年（1826）刻本　四冊
存九卷（一至四、八至十、十三至十四）

330000 – 4735 – 0000068　05855　子部/小說
家類/雜事之屬

蕉軒摭錄十二卷　（清）俞夢蕉撰　清咸豐二
年（1852）雙桂樓刻本　六冊

330000 – 4735 – 0000069　08031　集部/別集
類/宋別集

後山先生集二十四卷　（宋）陳師道撰　清光
緒十一年（1885）番禺陶氏愛廬刻本　二冊
存十三卷（十二至二十四）

330000 – 4735 – 0000070　08030　集部/別集
類/清別集

**吳詩集覽二十卷補註二十卷吳詩談藪二卷拾
遺一卷**　（清）吳偉業撰　（清）靳榮藩注並輯
　清乾隆四十年（1775）凌雲亭刻四十六年
（1781）重修本　八冊　存二十卷（八至二十、
補註一至五、吳詩談藪一至二）

330000 – 4735 – 0000071　05857　子部/小說
家類/異聞之屬

池上草堂筆記八卷　（清）梁恭辰撰　清同治
十二年（1873）聽鸝館主人金陵刻本　八冊

330000 – 4735 – 0000074　05860　子部/小說
家類/雜事之屬

印雪軒隨筆四卷　（清）俞鴻漸撰　清刻本
四冊

330000 – 4735 – 0000079　00212　經部/周禮
類/傳說之屬

周禮註疏四十二卷　（漢）鄭玄注　（唐）陸德
明音義　（唐）賈公彥疏　明末四友堂刻本
陳邦澤題簽　十六冊

330000 – 4735 – 0000084　05867　子部/小說
家類/異聞之屬

穆天子傳六卷附錄一卷　（晉）郭璞注　清嘉
慶十一年（1806）平津館刻本　一冊

330000 – 4735 – 0000086　05868　史部/地理
類/雜志之屬

白下瑣言十卷　（清）甘熙撰　清光緒十六年
（1890）築野堂刻本　四冊

330000 – 4735 – 0000088　05872　子部/儒家
類/儒學之屬/性理

淵鑑齋御纂朱子全書六十六卷　（宋）朱熹撰
　（清）李光地等輯　清康熙五十三年（1714）
武英殿刻本　三十二冊

330000 – 4735 – 0000092　05873　子部/儒家
類/儒家之屬

孔氏家語十卷　（三國魏）王肅注　清光緒六
年（1880）埽葉山房刻本　二冊

330000 – 4735 – 0000093　05874　子部/儒家
類/儒家之屬

孔氏家語十卷　（三國魏）王肅注　清光緒十
四年（1888）江左書林刻本　二冊

330000 – 4735 – 0000094　05875　子部/儒家
類/儒家之屬

孔氏家語十卷　（三國魏）王肅注　清刻本
二冊

330000 – 4735 – 0000095　08045　集部/別集
類/唐五代別集

李太白全集十六卷　（唐）李白撰　（清）李調
元　（清）鄧在珩編　清刻本　五冊　缺二卷

（一至二）

330000－4735－0000096　05877　子部/儒家
類/儒學之屬/性理

近思錄集注十四卷考訂朱子世家一卷　（清）
江永撰　**校勘記一卷**　（清）王炳撰　清同治
八年（1869）刻本　六冊

330000－4735－0000097　08046　集部/別集
類/清別集

倚晴樓集　（清）黃燮清撰　清咸豐至同治海
鹽黃氏拙宜園刻本　四冊　存三種

330000－4735－0000098　05879　子部/儒家
類/儒學之屬/性理

**朱子原訂近思錄集注十四卷考訂朱子世家一
卷**　（清）江永撰　清同治七年（1868）楚北崇
文書局刻本　三冊　缺一卷（考訂朱子世家）

330000－4735－0000100　05881　子部/儒家
類/儒學之屬/蒙學

人範六卷　（清）蔣元輯　（清）顧廣譽增輯
清光緒二十六年（1900）江南格致書院刻本
榮敬齋題記　二冊

330000－4735－0000102　08047　集部/總集
類/氏族之屬

薛氏五種　（清）薛時雨輯　清同治五年至七
年（1866－1868）刻本　二冊　存一種

330000－4735－0000105　08048　集部/別集
類/唐五代別集

**李義山詩文集箋註十三卷（玉谿生詩箋註三
卷首一卷樊南文集箋註八卷首一卷）**　（唐）
李商隱撰　（清）馮浩編　清乾隆四十五年
（1780）德聚堂刻本　四冊　存四卷（玉谿生
詩箋註首、一至三）

330000－4735－0000107　05885　子部/儒家
類/儒學之屬/禮教

聰訓齋語一卷　（清）張英撰　清光緒二十九
年（1903）上海商務印書館鉛印本　一冊

330000－4735－0000109　08050　類叢部/叢
書類/郡邑之屬

金華叢書七十種　（清）胡鳳丹編　清同治七

年至光緒八年（1868－1882）永康胡氏退補齋
刻本　九冊　存一種

330000－4735－0000110　08051　集部/別集
類/唐五代別集

**白香山詩長慶集二十卷後集十七卷別集一卷
補遺二卷**　（唐）白居易撰　（清）汪立名編訂
　白香山年譜一卷　（清）汪立名撰　**白香山
年譜舊本一卷**　（宋）陳振孫撰　清康熙四十
一年至四十二年（1702－1703）汪立名一隅草
堂刻本　十冊

330000－4735－0000111　05888　子部/儒家
類/儒學之屬/性理

御纂性理精義十二卷　（清）李光地等纂修
清刻本　一冊　存二卷（一至二）

330000－4735－0000112　08052　集部/別集
類/唐五代別集

樊川詩集四卷詩補遺一卷外集一卷別集一卷
　（唐）杜牧撰　（清）馮集梧注　清光緒十六
年（1890）湘南書局刻本　五冊

330000－4735－0000113　05893　子部/儒家
類/儒學之屬/俗訓

訓俗遺規四卷　（清）陳弘謀撰　清乾隆三十
七年（1772）刻本　三冊　存三卷（一至二、
四）

330000－4735－0000114　08053　集部/別集
類/唐五代別集

李太白文集三十六卷　（唐）李白撰　（清）王
琦輯注　清乾隆二十四年（1759）寶笏樓刻本
　十二冊

330000－4735－0000115　08054　集部/別集
類/唐五代別集

李太白文集三十六卷　（唐）李白撰　（清）王
琦輯注　清乾隆二十四年（1759）寶笏樓刻本
九冊

330000－4735－0000119　07165　子部/叢編

二十二子（二十二子彙函）　（清）浙江書局輯
　清光緒元年至三年（1875－1877）浙江書局
刻本　益神智壺主人題簽　十七冊　存五種

330000－4735－0000120　08055　集部/別集類/宋別集

施註蘇詩四十二卷目錄二卷　（宋）蘇軾撰（宋）施元之　（宋）顧禧注　（清）顧嗣立（清）邵長蘅　（清）宋至刪補　**蘇詩續補遺二卷**　（宋）蘇軾撰　（清）馮景補註　**王註正譌一卷**　（清）邵長蘅撰　**東坡先生年譜一卷**（宋）王宗稷編　清康熙三十八年（1699）宋犖刻本　十一冊　缺一卷（蘇詩續補遺二）

330000－4735－0000121　05900　子部/儒家類/儒家之屬

孔氏家語十卷　（三國魏）王肅注　清光緒十四年（1888）蘇州埽葉山房刻本　二冊

330000－4735－0000122　05901　子部/儒家類/儒家之屬

新刻註釋孔子家語憲四卷　（明）陳際泰釋清乾隆十四年（1749）文翰樓刻本　三冊

330000－4735－0000123　05894　子部/儒家類/儒學之屬/俗訓

訓俗遺規四卷補編二卷　（清）陳弘謀撰　清刻本　二冊　存四卷（一至二、補編一至二）

330000－4735－0000124　05895　子部/儒家類/儒學之屬/禮教

五種遺規　（清）陳弘謀輯並撰　清光緒二十一年（1895）浙江書局刻本　十冊

330000－4735－0000125　00007　類叢部/叢書類/彙編之屬

增訂漢魏叢書八十六種　（清）王謨編　清乾隆五十六年（1791）金谿王氏刻本　一冊　存一種

330000－4735－0000126　08056　集部/別集類/清別集

思綺堂文集十卷　（清）章藻功撰　清康熙六十一年（1722）刻本　項冰夫題籤　九冊　缺一卷（五）

330000－4735－0000127　05905　子部/儒家類/儒學之屬/經濟

大學衍義四十三卷　（宋）真德秀撰　清同治

十一年（1872）浙江書局刻本　十冊

330000－4735－0000128　05961　子部/術數類/陰陽五行之屬

新刻諏吉集成六卷　（清）涂華輯　清道光二十五年（1845）聚經堂刻本　六冊

330000－4735－0000129　08057　集部/別集類/唐五代別集

讀杜心解六卷首二卷　（清）浦起龍撰　清雍正二年至三年（1724－1725）前潤浦氏寧我齋刻本　十冊

330000－4735－0000130　05896　子部/儒家類/儒學之屬/勸學

程氏家塾讀書分年日程三卷綱領一卷　（元）程端禮撰　清同治五年（1866）錢塘丁氏刻當歸草堂叢書本　佚名題籤並記　二冊

330000－4735－0000131　08058　類叢部/叢書類/家集之屬

長洲彭氏家集九種　（清）彭祖賢編　清同治至光緒刻本　十五冊　存二種

330000－4735－0000133　05902　子部/儒家類/儒學之屬/禮教/家訓

治家格言繹義一卷　（清）戴翊清撰　清宣統元年（1909）無錫周氏惜分陰軒石印本　一冊

330000－4735－0000134　05903　子部/儒家類/儒家之屬

孔氏家語十卷　（三國魏）王肅注　清光緒十一年（1885）樂道齋刻本　四冊

330000－4735－0000135　08059　類叢部/叢書類/郡邑之屬

畿輔叢書一百二十六種　（清）王灝編　清光緒五年至十八年（1879－1892）定州王氏謙德堂刻三十二年（1906）彙印本　十二冊　存一種

330000－4735－0000136　05904　子部/儒家類/儒學之屬/性理

近思錄集注十四卷考訂朱子世家一卷　（清）江永撰　**校勘記一卷**　（清）王炳撰　清光緒二十七年（1901）上海文瑞樓石印本　四冊

330000－4735－0000138　05906　子部/儒家類/儒學之屬/蒙學

小學集注六卷　（明）陳選集注　清同治二年（1863）刻本　三冊

330000－4735－0000139　05907　子部/儒家類/儒學之屬/蒙學

蒙求註釋四卷　（晉）李瀚撰　（清）方宗敧註釋　清光緒二年（1876）清貽堂刻本　二冊

330000－4735－0000140　05908　子部/儒家類/儒學之屬/勸學

程氏家塾讀書分年日程三卷綱領一卷　（元）程端禮撰　清同治七年（1868）湖北崇文書局刻本　二冊

330000－4735－0000142　05964　子部/儒家類/儒學之屬/蒙學

初學文引一卷　（清）葉廉鍔選注　清同治十二年（1873）慈南古草堂刻本　一冊

330000－4735－0000143　05909　子部/儒家類/儒家之屬

荀子二十卷首一卷　（唐）楊倞注　王先謙集解　清光緒十七年（1891）長沙思賢講舍刻本　八冊

330000－4735－0000144　05911　子部/儒家類/儒學之屬/禮教/家訓

處世心箴二卷　（清）黃昌麟撰　清光緒刻本　二冊

330000－4735－0000145　05965　子部/雜著類/雜說之屬

憩亭雜俎一卷　（清）許樹棠撰　清光緒十八年（1892）鉛印本　一冊

330000－4735－0000146　05913　子部/儒家類/儒學之屬/俗訓

人譜正篇一卷續編二卷類記二卷　（明）劉宗周撰　清光緒三十年（1904）上海支那新書局石印本　三冊

330000－4735－0000147　05910　集部/詩文評類/制藝之屬

讀書作文譜十二卷父師善誘法二卷　（清）唐彪撰　清刻本　六冊

330000－4735－0000149　08062　類叢部/叢書類/自著之屬

惜抱軒全集十種　（清）姚鼐撰　清同治五年（1866）省心閣刻光緒三十三年（1907）上海校經山房校刻本　八冊　存八種

330000－4735－0000151　05922　子部/儒家類/儒家之屬

孔氏家語十卷　（三國魏）王肅注　清光緒十一年（1885）樂道齋刻本　四冊

330000－4735－0000152　05923　子部/儒家類/儒家之屬

孔氏家語十卷　（三國魏）王肅注　清光緒十一年（1885）樂道齋刻本　四冊

330000－4735－0000155　05926　子部/儒家類/儒學之屬/禮教

五種遺規十七卷　（清）陳弘謀輯並撰　清乾隆三十七年（1772）刻本　二冊　存一種

330000－4735－0000156　05927　子部/儒家類/儒家之屬

孔氏家語十卷　（三國魏）王肅注　清文富堂刻本　二冊

330000－4735－0000158　05928　子部/儒家類/儒學之屬/性理

五子近思錄發明十四卷　（清）施璜撰　清英秀堂刻本　五冊　存八卷（一至八）

330000－4735－0000159　08065　類叢部/叢書類/自著之屬

潛園總集十七種　（清）陸心源撰　清同治至光緒刻本　二十六冊　存一種

330000－4735－0000160　05929　子部/儒家類/儒學之屬

孔叢二卷詰墨一卷　（漢）孔鮒撰　清刻本　一冊

330000－4735－0000161　05930　子部/儒家類/儒學之屬

孔叢二卷　（漢）孔鮒撰　清刻本　一冊

330000－4735－0000162　05931　　子部/雜著
類/雜說之屬

新論十卷　（南朝梁）劉勰著　清刻本　一冊

330000－4735－0000163　08066　　類叢部/叢
書類/自著之屬

隨園三十種　（清）袁枚撰　清乾隆至嘉慶刻
本　九冊　存一種

330000－4735－0000164　05932　　子部/儒家
類/儒學之屬/經濟

潛夫論十卷　（漢）王符撰　**中論二卷**　（漢）
徐幹撰　清刻本　二冊

330000－4735－0000167　08068　　集部/總集
類/選集之屬/通代

古唐詩合解唐詩十二卷古詩四卷　（清）王堯
衢注　清文英堂刻本　六冊

330000－4735－0000168　08069　　集部/總集
類/選集之屬/通代

古唐詩合解唐詩十二卷古詩四卷　（清）王堯
衢注　清光緒七年（1881）萬軸山房刻本
六冊

330000－4735－0000171　08070　　類叢部/叢
書類/家集之屬

丹徒戴氏叢刻七種　（清）戴肇辰編　清同治
至光緒刻本　六冊　存一種

330000－4735－0000172　08071　　集部/別集
類/清別集

寒松堂全集十二卷　（清）魏象樞撰　清康熙
刻本　九冊　存六卷（四至七、九至十）

330000－4735－0000174　05937　　子部/儒家
類/儒學之屬/經濟

大學衍義四十三卷　（宋）真德秀撰　清光緒
二十七年（1901）上海書局石印本　六冊

330000－4735－0000175　08072　　類叢部/叢
書類/自著之屬

鹿洲全集七種　（清）藍鼎元撰　清刻本　黃
體元跋　十五冊　缺十卷（初集二至三、十二
至十四、十八至二十，鹿洲公案上，脩史試筆
上）

330000－4735－0000176　05938　　子部/儒家
類/儒學之屬/經濟

大學衍義四十三卷　（宋）真德秀撰　清光緒
二十七年（1901）上海書局石印本　六冊

330000－4735－0000177　05939　　子部/儒家
類/儒學之屬/經濟

大學衍義四十三卷　（宋）真德秀撰　清乾隆
四年（1739）尊經閣刻本　六冊　缺五卷（五
至九）

330000－4735－0000179　08073　　集部/別集
類/清別集

曝書亭集八十卷附錄一卷　（清）朱彝尊撰
笛漁小稾十卷　（清）朱昆田撰　清康熙五十
三年（1714）朱稻孫刻乾隆重修本　十五冊
存八十一卷（一至八十、附錄）

330000－4735－0000184　08074　　集部/別集
類/清別集

**小萬卷齋詩藁三十二卷詩續藁十二卷詩遺藁
一卷文藁二十四卷經進藁四卷**　（清）朱琦撰
清光緒十一年（1885）朱臧成嘉樹山房刻本
二十二冊　缺八卷（詩藁一至四、二十九至
三十二）

330000－4735－0000185　08075　　集部/別集
類/宋別集

蘇文忠詩合註五十卷首一卷目錄一卷　（宋）
蘇軾撰　（清）馮應榴輯　清乾隆六十年
（1795）桐鄉馮氏踵息齋刻本　七冊　缺四十
卷（十一至五十）

330000－4735－0000186　05945　　子部/儒家
類/儒學之屬/俗訓

人譜一卷人譜類記二卷　（明）劉宗周撰　清
同治七年（1868）蕺山書院刻本　二冊

330000－4735－0000187　05946　　子部/儒家
類/儒學之屬/蒙學

經正錄一卷附張楊園先生學規一卷　（清）張
履祥撰　清光緒元年（1875）刻本　一冊

330000－4735－0000188　08076　　類叢部/叢
書類/自著之屬

施愚山先生全集五種附一種　（清）施閏章撰
清康熙至乾隆刻彙印本　十二冊　存三種

330000－4735－0000191　05947　子部/儒家
類/儒學之屬/性理

近思錄集注十四卷考訂朱子世家一卷　（清）
江永撰　校勘記一卷　（清）王炳撰　清同治
八年(1869)江蘇書局刻本　曾士瀛題簽並記
四冊　存九卷(一至九)

330000－4735－0000192　05950　子部/儒家
類/儒學之屬/禮教

聰訓齋語二卷恆產瑣言一卷飯有十二合說一
卷　（清）張英撰　清光緒九年(1883)資州寶
硯齋刻本　一冊

330000－4735－0000193　08077　類叢部/叢
書類/郡邑之屬

武林掌故叢編一百九十種　（清）丁丙編　清
光緒三年至二十六年(1877－1900)錢塘丁氏
嘉惠堂刻本　十五冊　存十六種

330000－4735－0000194　05951　類叢部/叢
書類/彙編之屬

崇文書局彙刻書三十一種　（清）崇文書局編
清光緒元年至三年(1875－1877)湖北崇文
書局刻本　三冊　存二種

330000－4735－0000196　08078　類叢部/叢
書類/郡邑之屬

武林掌故叢編一百九十種　（清）丁丙編　清
光緒三年至二十六年(1877－1900)錢塘丁氏
嘉惠堂刻本　七十四冊　存六十九種

330000－4735－0000198　05954　子部/儒家
類/儒學之屬/經濟

大學衍義補輯要十二卷首一卷　（明）邱濬撰
（清）陳弘謀輯　清同治五年(1866)明德堂
刻本　六冊

330000－4735－0000199　05955　子部/儒家
類/儒學之屬/性理

朱子原訂近思錄集註十四卷　（清）江永撰
清嘉慶十九年(1814)關中王鼎刻本　四冊

330000－4735－0000200　05956　類叢部/叢
書類/家集之屬

富陽夏氏叢刻七種　夏震武　夏鼎武撰　清
刻本　一冊　存一種

330000－4735－0000201　05957　子部/儒家
類/儒學之屬/俗訓

聖諭廣訓直解一卷　（清）世宗胤禛撰　（清）
□□直解　清刻本　二冊

330000－4735－0000202　05958　子部/儒家
類/儒學之屬/性理

御纂性理精義十二卷　（清）李光地等纂修
清咸豐二年(1852)李鴻緒刻本　六冊

330000－4735－0000203　08079　類叢部/叢
書類/郡邑之屬

武林掌故叢編一百九十種　（清）丁丙編　清
光緒三年至二十六年(1877－1900)錢塘丁氏
嘉惠堂刻本　二冊　存三種

330000－4735－0000205　08081　集部/別集
類/宋別集

司馬溫公文集十四卷首一卷　（宋）司馬光撰
（清）張伯行訂　清末舊學山房刻本　六冊

330000－4735－0000206　08082　集部/別集
類/漢魏六朝別集

庾子山集十六卷總釋一卷　（北周）庾信撰
（清）倪璠註　年譜一卷　（清）倪璠撰　清乾
隆刻本　十一冊　缺六卷(五、八至九、十一
至十二,年譜)

330000－4735－0000207　08083　集部/別集
類/清別集

復莊駢儷文榷二編八卷　（清）姚燮撰　清同
治十三年(1874)刻本　四冊

330000－4735－0000213　05920　子部/儒家
類/儒學之屬/蒙學

重訂幼學須知句解四卷　（清）程允升撰　清
刻本　三冊

330000－4735－0000216　05966　子部/儒家
類/儒學之屬/性理

儒門法語輯要一卷　（清）彭定求撰　（清）湯
金釗輯　清光緒十六年(1890)浙江書局刻本

一冊

330000－4735－0000217　05967　子部/儒家
類/儒學之屬/性理

儒門法語輯要一卷　（清）彭定求撰　（清）湯
金釗輯　清光緒十六年(1890)浙江書局刻本
　一冊

330000－4735－0000218　05968　子部/儒家
類/儒學之屬/性理

儒門法語輯要一卷　（清）彭定求撰　（清）湯
金釗輯　清光緒十六年(1890)浙江書局刻本
　一冊

330000－4735－0000223　05973　子部/儒家
類/儒學之屬/蒙學

**浙紹奎照樓書莊精校新增繪圖幼學故事瓊林
四卷首一卷**　（清）程登吉撰　（清）鄒聖脈增
補　清光緒二十六年(1900)紹興奎照樓石印
本　一冊

330000－4735－0000224　05974　子部/儒家
類/儒學之屬/性理

御纂性理精義十二卷　（清）李光地等纂修
清刻本　五冊

330000－4735－0000225　05975　子部/儒家
類/儒學之屬/性理

御纂性理精義十二卷　（清）李光地等纂修
清刻本　四冊　缺五卷(二至六)

330000－4735－0000226　05976　子部/儒家
類/儒學之屬/性理

棉陽學準五卷　（清）藍鼎元撰　清閑存堂刻
本　鄂不草堂主人題簽並記　一冊

330000－4735－0000227　05977　子部/儒家
類/儒學之屬/性理

性理大全標題彙纂八卷　（清）沈鴻學纂輯
清遺經堂刻本　三冊　缺二卷(三至四)

330000－4735－0000229　05980　類叢部/叢
書類/彙編之屬

津河廣仁堂叢書八十四種　（清）□□編　清
光緒津河廣仁堂刻本　一冊　存一種

330000－4735－0000230　05981　子部/儒家
類/儒學之屬/禮教/鑑戒

聖祖仁皇帝庭訓格言一卷　（清）世宗胤禛述
清解梁書院刻本　一冊

330000－4735－0000231　05982　子部/儒
家類

朱子讀書法四卷　（宋）朱熹撰　（宋）張洪
（宋）齊熙編　清光緒二十三年(1897)八旗書
院刻本　一冊　存一卷(一)

330000－4735－0000232　05983　類叢部/叢
書類/彙編之屬

增訂漢魏叢書八十六種　（清）王謨編　清乾
隆五十六年(1791)金谿王氏刻本　一冊　存
一種

330000－4735－0000234　05984　子部/儒家
類/儒學之屬/蒙學

小學韻語一卷　（清）羅澤南撰　清同治七年
(1868)刻本　一冊

330000－4735－0000235　08085　集部/別集
類/宋別集

劍南詩鈔六卷　（宋）陸游撰　（清）楊大鶴選
清宣統二年(1910)上海掃葉山房石印本
胡步川跋　六冊

330000－4735－0000236　08086　集部/別集
類/唐五代別集

杜詩詳註二十五卷首一卷附編二卷　（唐）杜
甫撰　（清）仇兆鰲輯注　清康熙刻本　十三
冊　缺二卷(附編上、下)

330000－4735－0000237　08088　集部/別集
類/清別集

船山詩草二十卷　（清）張問陶撰　清嘉慶二
十年(1815)刻本　八冊

330000－4735－0000239　08090　類叢部/叢
書類/自著之屬

隨園三十八種　（清）袁枚撰　清光緒十八年
(1892)勤裕堂鉛印本　三十二冊　存十五種

330000－4735－0000242　05993　子部/儒家
類/儒學之屬/蒙學

幼學求源三十三卷　（清）程登吉撰　（清）鄒聖脈增　（清）董成注　清文餘堂刻本　三冊　存十三卷(一至十三)

330000－4735－0000246　08094　類叢部/叢書類/自著之屬

曾文正公集　（清）曾國藩撰　清同治至光緒刻本　十冊　存四種

330000－4735－0000248　05997　子部/儒家類/儒學之屬/性理

理學鉤玄三卷　（日本）中江篤介撰　（清）陳鵬譯　清光緒二十八年(1902)上海廣智書局鉛印本　一冊　缺一卷(一)

330000－4735－0000249　08091　類叢部/叢書類/自著之屬

曾文正公全集十六種　（清）曾國藩撰　清同治至光緒傳忠書局刻本　一百十六冊　存十一種

330000－4735－0000251　06008　子部/儒家類/儒學之屬/性理

荊園小語一卷進語一卷　（清）申涵光撰　清同治十三年(1874)金華府署刻本　一冊

330000－4735－0000252　06009　子部/儒家類/儒學之屬/性理

朱子節要十四卷　（明）高攀龍節要　清抄本　一冊

330000－4735－0000253　06011　子部/儒家類/儒學之屬/蒙學

初學文引一卷　（清）葉廉鍔選注　清刻本　一冊

330000－4735－0000254　06039　類叢部/叢書類/彙編之屬

增訂漢魏叢書八十六種　（清）王謨編　清乾隆五十六年(1791)金谿王氏刻本　九冊　存七種

330000－4735－0000255　06040　類叢部/叢書類/彙編之屬

增訂漢魏叢書八十六種　（清）王謨編　清乾隆五十六年(1791)金谿王氏刻本　十冊　存八種

330000－4735－0000256　06041　類叢部/叢書類/彙編之屬

增訂漢魏叢書八十六種　（清）王謨編　清乾隆五十六年(1791)金谿王氏刻本　十冊　存七種

330000－4735－0000257　08095　類叢部/叢書類/自著之屬

曾文正公集　（清）曾國藩撰　清同治至光緒刻本　十三冊　存五種

330000－4735－0000258　08092　類叢部/叢書類/自著之屬

曾文正公全集十六種　（清）曾國藩撰　清同治至光緒傳忠書局刻本　一百二十八冊

330000－4735－0000262　08100　集部/總集類/彙編之屬

漢魏六朝一百三家集（漢魏六朝百三名家集）　（明）張溥編　清光緒十八年(1892)善化章經濟堂刻本　五十七冊　存五十九種

330000－4735－0000263　08101　集部/總集類/彙編之屬

漢魏六朝一百三家集（漢魏六朝百三名家集）　（明）張溥編　清光緒十八年(1892)善化章經濟堂刻本　七十五冊　存七十四種

330000－4735－0000267　08105　類叢部/叢書類/自著之屬

西河合集一百十九種　（清）毛奇齡撰　清康熙書留草堂刻本　十五冊　存三十七種

330000－4735－0000268　08106　集部/別集類/宋別集

司馬溫公文集十四卷首一卷　（宋）司馬光撰　（清）張伯行訂　清光緒七年(1881)紅杏山房刻本　六冊

330000－4735－0000269　08107　集部/別集類/明別集

太師誠意伯劉文成公集二十卷首一卷　（明）劉基撰　清康熙四十六年(1707)劉元奇刻雍正八年(1730)萬里補刻乾隆南田劉氏果育堂

011

印本　十三冊　缺一卷(首)

330000－4735－0000270　08108　集部/總集類/選集之屬/斷代

唐文粹一百卷　(宋)姚鉉輯　**補遺二十六卷**　(清)郭麐輯　清光緒九年至十一年(1883－1885)江蘇書局刻本　二十冊

330000－4735－0000271　08109　集部/總集類/選集之屬/斷代

唐文粹一百卷　(宋)姚鉉輯　**補遺二十六卷**　(清)郭麐輯　清光緒九年至十一年(1883－1885)江蘇書局刻本　二十冊

330000－4735－0000272　08110　集部/總集類/選集之屬/斷代

南宋文範七十卷外編四卷作者考二卷　(清)莊仲方輯　清光緒十四年(1888)江蘇書局刻本　十六冊

330000－4735－0000273　08111　集部/總集類/選集之屬/斷代

南宋文錄錄二十四卷　(清)董兆熊輯　清光緒十七年(1891)蘇州書局刻本　六冊

330000－4735－0000274　08112　集部/總集類/選集之屬/斷代

金文雅十六卷作者考一卷　(清)莊仲方輯　清光緒十七年(1891)江蘇書局刻本　四冊

330000－4735－0000275　08113　集部/總集類/選集之屬/斷代

明文在一百卷　(清)薛熙輯　清光緒十五年(1889)江蘇書局刻本　九冊

330000－4735－0000276　08114　集部/總集類/選集之屬/斷代

元文類七十卷目錄三卷　(元)蘇天爵編　清光緒十五年(1889)江蘇書局刻本　十冊

330000－4735－0000277　08115　集部/總集類/選集之屬/通代

全上古三代秦漢三國六朝文七百四十一卷　(清)嚴可均輯　清光緒十三年至十九年(1887－1893)廣雅書局刻本　一百冊

330000－4735－0000278　08116　類叢部/叢書類/自著之屬

李文忠公全集六種　(清)李鴻章撰　(清)吳汝綸編錄　清光緒三十一年(1905)金陵刻三十四年(1908)印本　二十七冊　存四種

330000－4735－0000279　08117　集部/總集類/選集之屬/斷代

金文最一百二十卷首一卷　(清)張金吾輯　清光緒八年至九年(1882－1883)伍氏粵雅堂刻本　三十六冊

330000－4735－0000283　06083－1　子部/天文曆算類/算書之屬

衍元海鑑十一種十五卷附二種二卷　(清)李鏐輯　清光緒二十四年(1898)習琴書堂石印本　四冊

330000－4735－0000285　06300　類叢部/叢書類/彙編之屬

正誼堂全書六十三種續刻五種　(清)張伯行編　(清)楊浚重編　清同治五年(1866)福州正誼書院刻同治八年至光緒十三年(1869－1887)續刻本　九十四冊　存三十六種

330000－4735－0000286　06117　子部/天文曆算類/算書之屬

翠薇山房數學十四種　(清)張作楠撰　清嘉慶至道光金華張氏翠薇山房刻本　二十四冊

330000－4735－0000287　06118　子部/天文曆算類/算書之屬

算經十書十種附刻一種　(清)孔繼涵輯　清光緒十六年(1890)上海刻本　十二冊

330000－4735－0000288　06042　子部/天文曆算類/算書之屬

衍元海鑑十一種十五卷附二種二卷　(清)李鏐輯　清光緒二十四年(1898)習琴書堂石印本　四冊

330000－4735－0000289　06119　子部/天文曆算類/算書之屬

梅氏叢書輯要六十二卷首一卷　(清)梅文鼎撰　(清)梅瑴成重編　清同治十三年(1874)

梅纘高頤園刻本　　七冊　　存九種

330000－4735－0000291　06120　子部/天文
曆算類/算書之屬

梅氏叢書輯要六十二卷首一卷　（清）梅文鼎
撰　（清）梅瑴成重編　清同治十三年(1874)
梅纘高頤園刻本　　十冊　　存二十二種

330000－4735－0000292　06043　子部/天文
曆算類/算書之屬

衍元海鑑十一種十五卷附二種二卷　（清）李
鏐輯　清光緒二十四年(1898)習琴書堂石印
本　　四冊

330000－4735－0000293　06044　子部/天文
曆算類/算書之屬

衍元海鑑十一種十五卷附二種二卷　（清）李
鏐輯　清光緒二十四年(1898)習琴書堂石印
本　　四冊

330000－4735－0000294　06121　子部/天文
曆算類/算書之屬

梅氏叢書輯要六十二卷首一卷　（清）梅文鼎
撰　（清）梅瑴成重編　清光緒十四年(1888)
上海龍文書局石印本　　六冊

330000－4735－0000295　06122　子部/天文
曆算類/算書之屬

梅氏叢書輯要六十二卷首一卷　（清）梅文鼎
撰　（清）梅瑴成重編　清光緒十四年(1888)
上海龍文書局石印本　　六冊

330000－4735－0000296　06123　子部/天文
曆算類/算書之屬

梅氏叢書輯要六十二卷首一卷　（清）梅文鼎
撰　（清）梅瑴成重編　清光緒十四年(1888)
上海龍文書局石印本　　六冊

330000－4735－0000297　06124　子部/天文
曆算類/算書之屬

白芙堂算學叢書　（清）丁取忠輯　清光緒十
四年(1888)上海龍文書局石印本　　八冊　　存
二十二種

330000－4735－0000298　06045　子部/天文
曆算類/算書之屬

衍元海鑑十一種十五卷附二種二卷　（清）李
鏐輯　清光緒二十四年(1898)習琴書堂石印
本　　四冊

330000－4735－0000299　06046　子部/天文
曆算類/算書之屬

衍元海鑑十一種十五卷附二種二卷　（清）李
鏐輯　清光緒二十四年(1898)習琴書堂石印
本　　四冊

330000－4735－0000300　06125　子部/天文
曆算類/算書之屬

白芙堂算學叢書　（清）丁取忠輯　清光緒二
十四年(1898)上海鴻文書局石印本　　八冊
存二十二種

330000－4735－0000301　06126　子部/天文
曆算類/算書之屬

白芙堂算學叢書　（清）丁取忠輯　清同治至
光緒長沙古荷花池精舍刻本　　八冊　　存四種

330000－4735－0000302　06127　子部/天文
曆算類/算書之屬

白芙堂算學叢書　（清）丁取忠輯　清同治至
光緒長沙古荷花池精舍刻本　　三十二冊　　存
二十二種

330000－4735－0000303　06047　子部/天文
曆算類/算書之屬

衍元海鑑十一種十五卷附二種二卷　（清）李
鏐輯　清光緒二十四年(1898)習琴書堂石印
本　　四冊

330000－4735－0000304　06048　子部/天文
曆算類/算書之屬

衍元海鑑十一種十五卷附二種二卷　（清）李
鏐輯　清光緒二十四年(1898)習琴書堂石印
本　　四冊

330000－4735－0000305　06049　子部/天文
曆算類/算書之屬

衍元海鑑十一種十五卷附二種二卷　　（清）李
鏐輯　清光緒二十四年(1898)習琴書堂石印
本　　四冊

330000－4735－0000306　06050　子部/天文

衍元海鑑十一種十五卷附二種二卷 （清）李鏐輯　清光緒二十四年(1898)習琴書堂石印本　四冊

330000－4735－0000307　06051　子部/天文曆算類/算書之屬

衍元海鑑十一種十五卷附二種二卷 （清）李鏐輯　清光緒二十四年(1898)習琴書堂石印本　四冊

330000－4735－0000308　06052　子部/天文曆算類/算書之屬

衍元海鑑十一種十五卷附二種二卷 （清）李鏐輯　清光緒二十四年(1898)習琴書堂石印本　四冊

330000－4735－0000309　06128　子部/天文曆算類/算書之屬

中西算學大成一百卷 （清）陳維祺等撰　清光緒十五年(1889)上海同文書局石印本　曾士瀛題簽並記　十二冊

330000－4735－0000310　06053　子部/天文曆算類/算書之屬

衍元海鑑十一種十五卷附二種二卷 （清）李鏐輯　清光緒二十四年(1898)習琴書堂石印本　四冊

330000－4735－0000311　06054　子部/天文曆算類/算書之屬

衍元海鑑十一種十五卷附二種二卷 （清）李鏐輯　清光緒二十四年(1898)習琴書堂石印本　四冊

330000－4735－0000312　06055　子部/天文曆算類/算書之屬

衍元海鑑十一種十五卷附二種二卷 （清）李鏐輯　清光緒二十四年(1898)習琴書堂石印本　四冊

330000－4735－0000313　06056　子部/天文曆算類/算書之屬

衍元海鑑十一種十五卷附二種二卷 （清）李鏐輯　清光緒二十四年(1898)習琴書堂石印

本　四冊

330000－4735－0000314　06057　子部/天文曆算類/算書之屬

衍元海鑑十一種十五卷附二種二卷 （清）李鏐輯　清光緒二十四年(1898)習琴書堂石印本　四冊

330000－4735－0000315　06061　子部/天文曆算類/算書之屬

衍元海鑑十一種十五卷附二種二卷 （清）李鏐輯　清光緒二十四年(1898)習琴書堂石印本　四冊

330000－4735－0000316　06058　子部/天文曆算類/算書之屬

衍元海鑑十一種十五卷附二種二卷 （清）李鏐輯　清光緒二十四年(1898)習琴書堂石印本　四冊

330000－4735－0000317　06059　子部/天文曆算類/算書之屬

衍元海鑑十一種十五卷附二種二卷 （清）李鏐輯　清光緒二十四年(1898)習琴書堂石印本　四冊

330000－4735－0000318　06060　子部/天文曆算類/算書之屬

衍元海鑑十一種十五卷附二種二卷 （清）李鏐輯　清光緒二十四年(1898)習琴書堂石印本　四冊

330000－4735－0000319　06062　子部/天文曆算類/算書之屬

衍元海鑑十一種十五卷附二種二卷 （清）李鏐輯　清光緒二十四年(1898)習琴書堂石印本　四冊

330000－4735－0000320　06063　子部/天文曆算類/算書之屬

衍元海鑑十一種十五卷附二種二卷 （清）李鏐輯　清光緒二十四年(1898)習琴書堂石印本　四冊

330000－4735－0000321　06064　子部/天文曆算類/算書之屬

衍元海鑑十一種十五卷附二種二卷　（清）李鏐輯　清光緒二十四年(1898)習琴書堂石印本　四冊

330000－4735－0000322　06066　子部/天文曆算類/算書之屬

衍元海鑑十一種十五卷附二種二卷　（清）李鏐輯　清光緒二十四年(1898)習琴書堂石印本　四冊

330000－4735－0000323　06067　子部/天文曆算類/算書之屬

衍元海鑑十一種十五卷附二種二卷　（清）李鏐輯　清光緒二十四年(1898)習琴書堂石印本　四冊

330000－4735－0000324　06065　子部/天文曆算類/算書之屬

衍元海鑑十一種十五卷附二種二卷　（清）李鏐輯　清光緒二十四年(1898)習琴書堂石印本　四冊

330000－4735－0000325　06068　子部/天文曆算類/算書之屬

衍元海鑑十一種十五卷附二種二卷　（清）李鏐輯　清光緒二十四年(1898)習琴書堂石印本　四冊

330000－4735－0000326　06069　子部/天文曆算類/算書之屬

衍元海鑑十一種十五卷附二種二卷　（清）李鏐輯　清光緒二十四年(1898)習琴書堂石印本　四冊

330000－4735－0000327　06070　子部/天文曆算類/算書之屬

衍元海鑑十一種十五卷附二種二卷　（清）李鏐輯　清光緒二十四年(1898)習琴書堂石印本　四冊

330000－4735－0000328　06071　子部/天文曆算類/算書之屬

衍元海鑑十一種十五卷附二種二卷　（清）李鏐輯　清光緒二十四年(1898)習琴書堂石印本　四冊

330000－4735－0000329　06072　子部/天文曆算類/算書之屬

衍元海鑑十一種十五卷附二種二卷　（清）李鏐輯　清光緒二十四年(1898)習琴書堂石印本　四冊

330000－4735－0000330　06073　子部/天文曆算類/算書之屬

衍元海鑑十一種十五卷附二種二卷　（清）李鏐輯　清光緒二十四年(1898)習琴書堂石印本　四冊

330000－4735－0000331　06074　子部/天文曆算類/算書之屬

衍元海鑑十一種十五卷附二種二卷　（清）李鏐輯　清光緒二十四年(1898)習琴書堂石印本　四冊

330000－4735－0000332　06075　子部/天文曆算類/算書之屬

衍元海鑑十一種十五卷附二種二卷　（清）李鏐輯　清光緒二十四年(1898)習琴書堂石印本　四冊

330000－4735－0000333　06076　子部/天文曆算類/算書之屬

衍元海鑑十一種十五卷附二種二卷　（清）李鏐輯　清光緒二十四年(1898)習琴書堂石印本　四冊

330000－4735－0000334　06077　子部/天文曆算類/算書之屬

衍元海鑑十一種十五卷附二種二卷　（清）李鏐輯　清光緒二十四年(1898)習琴書堂石印本　四冊

330000－4735－0000335　06078　子部/天文曆算類/算書之屬

衍元海鑑十一種十五卷附二種二卷　（清）李鏐輯　清光緒二十四年(1898)習琴書堂石印本　四冊

330000－4735－0000336　06079　子部/天文曆算類/算書之屬

衍元海鑑十一種十五卷附二種二卷　（清）李

鏐輯　清光緒二十四年（1898）習琴書堂石印
本　四冊

330000－4735－0000337　06080　子部/天文
曆算類/算書之屬

衍元海鑑十一種十五卷附二種二卷　（清）李
鏐輯　清光緒二十四年（1898）習琴書堂石印
本　四冊

330000－4735－0000338　06081　子部/天文
曆算類/算書之屬

衍元海鑑十一種十五卷附二種二卷　（清）李
鏐輯　清光緒二十四年（1898）習琴書堂石印
本　四冊

330000－4735－0000339　06082　子部/天文
曆算類/算書之屬

衍元海鑑十一種十五卷附二種二卷　（清）李
鏐輯　清光緒二十四年（1898）習琴書堂石印
本　四冊

330000－4735－0000340　06084　子部/天文
曆算類/算書之屬

衍元海鑑十一種十五卷附二種二卷　（清）李
鏐輯　清光緒二十四年（1898）習琴書堂石印
本　四冊

330000－4735－0000341　06083　子部/天文
曆算類/算書之屬

衍元海鑑十一種十五卷附二種二卷　（清）李
鏐輯　清光緒二十四年（1898）習琴書堂石印
本　四冊

330000－4735－0000342　06085　子部/天文
曆算類/算書之屬

衍元海鑑十一種十五卷附二種二卷　（清）李
鏐輯　清光緒二十四年（1898）習琴書堂石印
本　四冊

330000－4735－0000343　06086　子部/天文
曆算類/算書之屬

衍元海鑑十一種十五卷附二種二卷　（清）李
鏐輯　清光緒二十四年（1898）習琴書堂石印
本　四冊

330000－4735－0000344　06087　子部/天文

曆算類/算書之屬

衍元海鑑十一種十五卷附二種二卷　（清）李
鏐輯　清光緒二十四年（1898）習琴書堂石印
本　四冊

330000－4735－0000345　06088　子部/天文
曆算類/算書之屬

衍元海鑑十一種十五卷附二種二卷　（清）李
鏐輯　清光緒二十四年（1898）習琴書堂石印
本　四冊

330000－4735－0000346　06089　子部/天文
曆算類/算書之屬

衍元海鑑十一種十五卷附二種二卷　（清）李
鏐輯　清光緒二十四年（1898）習琴書堂石印
本　四冊

330000－4735－0000347　06090　子部/天文
曆算類/算書之屬

衍元海鑑十一種十五卷附二種二卷　（清）李
鏐輯　清光緒二十四年（1898）習琴書堂石印
本　四冊

330000－4735－0000348　06091　子部/天文
曆算類/算書之屬

衍元海鑑十一種十五卷附二種二卷　（清）李
鏐輯　清光緒二十四年（1898）習琴書堂石印
本　四冊

330000－4735－0000349　06092　子部/天文
曆算類/算書之屬

衍元海鑑十一種十五卷附二種二卷　（清）李
鏐輯　清光緒二十四年（1898）習琴書堂石印
本　四冊

330000－4735－0000350　06093　子部/天文
曆算類/算書之屬

衍元海鑑十一種十五卷附二種二卷　（清）李
鏐輯　清光緒二十四年（1898）習琴書堂石印
本　四冊

330000－4735－0000351　06094　子部/天文
曆算類/算書之屬

衍元海鑑十一種十五卷附二種二卷　（清）李
鏐輯　清光緒二十四年（1898）習琴書堂石印

本 四冊

330000－4735－0000352　06130　子部/天文
曆算類/算書之屬
九章算術九卷 （三國魏）劉徽注 （唐）李淳
風等注釋 **音義一卷** （宋）李籍撰 **策算一
卷** （清）戴震撰 清光緒二十二年(1896)上
海鴻寶齋石印本 四冊

330000－4735－0000353　06095　子部/天文
曆算類/算書之屬
衍元海鑑十一種十五卷附二種二卷 （清）李
鏐輯 清光緒二十四年(1898)習琴書堂石印
本 四冊

330000－4735－0000354　06096　子部/天文
曆算類/算書之屬
衍元海鑑十一種十五卷附二種二卷 （清）李
鏐輯 清光緒二十四年(1898)習琴書堂石印
本 四冊

330000－4735－0000355　06097　子部/天文
曆算類/算書之屬
衍元海鑑十一種十五卷附二種二卷 （清）李
鏐輯 清光緒二十四年(1898)習琴書堂石印
本 四冊

330000－4735－0000356　06098　子部/天文
曆算類/算書之屬
衍元海鑑十一種十五卷附二種二卷 （清）李
鏐輯 清光緒二十四年(1898)習琴書堂石印
本 四冊

330000－4735－0000357　06099　子部/天文
曆算類/算書之屬
衍元海鑑十一種十五卷附二種二卷 （清）李
鏐輯 清光緒二十四年(1898)習琴書堂石印
本 四冊

330000－4735－0000358　06100　子部/天文
曆算類/算書之屬
衍元海鑑十一種十五卷附二種二卷 （清）李
鏐輯 清光緒二十四年(1898)習琴書堂石印
本 四冊

330000－4735－0000359　06129　子部/天文

曆算類/算書之屬
項梅侶先生算學三種 （清）項名達撰 清鉛
印本 三冊 存二種

330000－4735－0000360　06101　子部/天文
曆算類/算書之屬
衍元海鑑十一種十五卷附二種二卷 （清）李
鏐輯 清光緒二十四年(1898)習琴書堂石印
本 四冊

330000－4735－0000361　06102　子部/天文
曆算類/算書之屬
衍元海鑑十一種十五卷附二種二卷 （清）李
鏐輯 清光緒二十四年(1898)習琴書堂石印
本 四冊

330000－4735－0000362　06103　子部/天文
曆算類/算書之屬
衍元海鑑十一種十五卷附二種二卷 （清）李
鏐輯 清光緒二十四年(1898)習琴書堂石印
本 四冊

330000－4735－0000363　06104　子部/天文
曆算類/算書之屬
衍元海鑑十一種十五卷附二種二卷 （清）李
鏐輯 清光緒二十四年(1898)習琴書堂石印
本 四冊

330000－4735－0000364　06105　子部/天文
曆算類/算書之屬
衍元海鑑十一種十五卷附二種二卷 （清）李
鏐輯 清光緒二十四年(1898)習琴書堂石印
本 四冊

330000－4735－0000365　06106　子部/天文
曆算類/算書之屬
衍元海鑑十一種十五卷附二種二卷 （清）李
鏐輯 清光緒二十四年(1898)習琴書堂石印
本 四冊

330000－4735－0000366　06107　子部/天文
曆算類/算書之屬
衍元海鑑十一種十五卷附二種二卷 （清）李
鏐輯 清光緒二十四年(1898)習琴書堂石印
本 四冊

330000 – 4735 – 0000367　06108　子部/天文曆算類/算書之屬

衍元海鑑十一種十五卷附二種二卷　（清）李鏐輯　清光緒二十四年(1898)習琴書堂石印本　四冊

330000 – 4735 – 0000368　06109　子部/天文曆算類/算書之屬

衍元海鑑十一種十五卷附二種二卷　（清）李鏐輯　清光緒二十四年(1898)習琴書堂石印本　四冊

330000 – 4735 – 0000369　06110　子部/天文曆算類/算書之屬

衍元海鑑十一種十五卷附二種二卷　（清）李鏐輯　清光緒二十四年(1898)習琴書堂石印本　四冊

330000 – 4735 – 0000370　06111　子部/天文曆算類/算書之屬

衍元海鑑十一種十五卷附二種二卷　（清）李鏐輯　清光緒二十四年(1898)習琴書堂石印本　四冊

330000 – 4735 – 0000371　06112　子部/天文曆算類/算書之屬

衍元海鑑十一種十五卷附二種二卷　（清）李鏐輯　清光緒二十四年(1898)習琴書堂石印本　四冊

330000 – 4735 – 0000372　06113　子部/天文曆算類/算書之屬

衍元海鑑十一種十五卷附二種二卷　（清）李鏐輯　清光緒二十四年(1898)習琴書堂石印本　四冊

330000 – 4735 – 0000373　06114　子部/天文曆算類/算書之屬

衍元海鑑十一種十五卷附二種二卷　（清）李鏐輯　清光緒二十四年(1898)習琴書堂石印本　四冊

330000 – 4735 – 0000374　06115　子部/天文曆算類/算書之屬

衍元海鑑十一種十五卷附二種二卷　（清）李鏐輯　清光緒二十四年(1898)習琴書堂石印本　四冊

330000 – 4735 – 0000375　06131　子部/天文曆算類/算書之屬

中西算學大成一百卷　（清）陳維祺等撰　清光緒十五年(1889)上海同文書局石印本　十九冊　缺四卷(三十一至三十四)

330000 – 4735 – 0000376　06116　子部/天文曆算類/算書之屬

衍元海鑑十一種十五卷附二種二卷　（清）李鏐輯　清光緒二十四年(1898)習琴書堂石印本　四冊

330000 – 4735 – 0000377　06132　新學/算學/數學

華氏中西算學全書十四種　（清）華蘅芳撰　清光緒二十三年(1897)慎記書莊石印本　曾士瀛題簽並記　六冊

330000 – 4735 – 0000378　08122　集部/別集類/清別集

有正味齋駢體文二十四卷詩集十六卷外集五卷　（清）吳錫麒撰　清嘉慶十三年(1808)刻本　十五冊　存四十二卷(一至二十四、詩集四至十六、外集一至五)

330000 – 4735 – 0000379　08123　類叢部/叢書類/自著之屬

陸子全書十八種　（清）陸隴其撰　清光緒許仁沐刻本　十二冊　存九種

330000 – 4735 – 0000380　08124　類叢部/叢書類/彙編之屬

海山仙館叢書五十六種　（清）潘仕成編　清道光二十五年至咸豐元年(1845 – 1851)番禺潘氏刻光緒十一年(1885)增刻彙印本　四十冊　存十一種

330000 – 4735 – 0000381　06133　子部/天文曆算類/算書之屬

御製數理精蘊上編五卷下編四十卷表八卷　（清）聖祖玄燁撰　清光緒十四年(1888)上海大同書局石印本　二十三冊　缺五卷(下編

八至十二)

330000－4735－0000382　06134　新學/算學/數學

數學理九卷附一卷　(英國)棣麼甘撰　(英國)傅蘭雅口譯　(清)趙元益筆述　清刻本　四冊

330000－4735－0000385　08128　集部/別集類/宋別集

劍南詩鈔六卷　(宋)陸游撰　(清)楊大鶴選　清宣統二年(1910)上海掃葉山房石印本　六冊

330000－4735－0000386　06138　子部/天文曆算類/算書之屬

觀我生室匯稿　(清)羅士琳撰　清道光刻本　十冊　存一種

330000－4735－0000387　08129　類叢部/叢書類/自著之屬

琴志樓叢書四十六種　易順鼎撰　清光緒刻本　四冊　存十一種

330000－4735－0000388　06143　子部/天文曆算類/算書之屬

微積通詮十六卷　(清)黃啟明撰　清光緒三十一年(1905)廣州菁華閣刻本　七冊　缺二卷(一至二)

330000－4735－0000389　06135　新學/算學/代數

代數術二十五卷首一卷　(英國)華里司輯　(英國)傅蘭雅口譯　(清)華蘅芳筆述　清同治十三年(1874)上海江南製造總局刻本　三冊　缺十三卷(十二至二十四)

330000－4735－0000390　06136　子部/天文曆算類/算書之屬

增刪算法統宗十一卷首一卷　(明)程大位撰　(清)梅毅成增刪　清刻本　三冊　存九卷(三至十一)

330000－4735－0000391　06137　新學/天學

談天十八卷首一卷附表一卷　(英國)侯失勒撰　(英國)偉烈亞力口譯　(清)李善蘭刪述

(清)徐建寅續述　清光緒江南製造總局刻本　四冊

330000－4735－0000392　06139　子部/天文曆算類/算書之屬

行素軒算稿九種　(清)華蘅芳撰　清光緒八年(1882)梁谿華氏刻本　二冊　存三種

330000－4735－0000393　06140　子部/天文曆算類/算書之屬

行素軒算稿九種　(清)華蘅芳撰　清光緒八年(1882)梁谿華氏刻本　四冊　存五種

330000－4735－0000394　06141　子部/天文曆算類/算書之屬

行素軒算稿九種　(清)華蘅芳撰　清光緒八年(1882)梁谿華氏刻本　五冊　存四種

330000－4735－0000395　06142　新學/天學

談天十八卷首一卷附表一卷　(英國)侯失勒撰　(英國)偉烈亞力口譯　(清)李善蘭刪述　(清)徐建寅續述　清光緒江南製造總局刻本　四冊

330000－4735－0000396　06144　新學/天學

談天十八卷首一卷附表一卷　(英國)侯失勒撰　(英國)偉烈亞力口譯　(清)李善蘭刪述　(清)徐建寅續述　清光緒二十七年(1901)上海日新社石印本　四冊

330000－4735－0000397　06147　子部/天文曆算類

兼濟堂纂刻梅勿庵先生曆算全書二十八種　(清)梅文鼎撰　(清)魏荔彤輯　(清)楊作枚訂補　清雍正元年(1723)栢鄉魏荔彤刻乾隆十四年(1749)梅汝培、咸豐九年(1859)梅體萱遞修本　十六冊　存十四種

330000－4735－0000398　06148　子部/天文曆算類

兼濟堂纂刻梅勿庵先生曆算全書二十八種　(清)梅文鼎撰　(清)魏荔彤輯　(清)楊作枚訂補　清雍正元年(1723)栢鄉魏荔彤刻乾隆十四年(1749)梅汝培、咸豐九年(1859)梅體萱遞修本　二十五冊　存二十六種

330000－4735－0000400　06146　子部/天文曆算類/算書之屬

新編算學啓蒙三卷　（元）朱世傑撰　**筭學啓蒙識誤一卷**　（清）羅士琳撰　清同治九年（1870）刻本　三冊

330000－4735－0000403　06145　新學/算學/數學

數學啓蒙二卷　（英國）偉烈亞力撰　清光緒十二年（1886）鉛印本　一冊　存一卷（一）

330000－4735－0000404　06149　子部/天文曆算類/算書之屬

新編算學啓蒙三卷　（元）朱世傑撰　**筭學啓蒙識誤一卷**　（清）羅士琳撰　清刻本　三冊

330000－4735－0000405　06150　子部/天文曆算類/算書之屬

新編算學啓蒙三卷　（元）朱世傑撰　**筭學啓蒙識誤一卷**　（清）羅士琳撰　清同治九年（1870）刻本　一冊　存一卷（上）

330000－4735－0000406　06155　子部/天文曆算類/算書之屬

測海山房中西算學叢刻初編　（清）測海山房主人輯　清光緒二十二年（1896）上海璣衡堂石印本　八冊　存三種

330000－4735－0000408　08134　集部/別集類/清別集

退補齋詩存十六卷二編十卷文存十二卷二編五卷　（清）胡鳳丹撰　清同治十二年（1873）、光緒七年（1881）永康胡氏退補齋刻本　八冊　存二十五卷（詩存二編一至十、文存三至十二、文存二編一至五）

330000－4735－0000409　08135　集部/別集類/唐五代別集

昌黎先生集四十卷　（唐）韓愈撰　（宋）廖瑩中校正　清同治八年（1869）江蘇書局刻本　四冊　存十一卷（一至六、八至十二）

330000－4735－0000410　08136　集部/別集類/明別集

太師誠意伯劉文成公集二十卷首一卷　（明）劉基撰　清康熙四十六年（1707）劉元奇刻雍正八年（1730）萬里補刻光緒元年（1875）重修本　十四冊

330000－4735－0000411　08137　集部/別集類/清別集

遼懷堂全集三十八卷（遼懷堂文集四卷詩集前編六卷後編六卷小清容山館詞鈔二卷哀忠集三卷駢文箋註十六卷補箋一卷）　（清）袁翼撰　清光緒十三年至十四年（1887－1888）袁鎮嵩刻本　六冊　存十二卷（詩集前編一至六、後編一至六）

330000－4735－0000415　08141　集部/別集類/清別集

夢樓詩集二十四卷　（清）王文治撰　清乾隆六十年（1795）丹徒王氏食舊堂刻本　三冊　存十八卷（一至十二、十九至二十四）

330000－4735－0000416　08142　集部/別集類/清別集

柈湖文集十二卷　（清）吳敏樹撰　清光緒十九年（1893）思賢講舍刻本　四冊

330000－4735－0000417　08143　集部/別集類/明別集

王陽明先生全集十六卷目錄二卷　（明）王守仁撰　清道光六年（1826）湖南湘潭王文德刻本　十五冊　缺一卷（二）

330000－4735－0000418　06152　子部/天文曆算類/算書之屬

中西算學叢鈔六種十二卷　（清）江衡編　清光緒二十三年（1897）上海文寶閣石印本　四冊

330000－4735－0000419　08144　集部/別集類/清別集

望溪先生文集十八卷集外文十卷集外文補遺二卷年譜二卷　（清）方苞撰　清咸豐元年（1851）戴鈞衡刻二年（1852）增刻本　十六冊

330000－4735－0000420　06151　子部/天文曆算類/天文之屬

御製曆象考成上編十六卷下編十卷後編十卷

（清）允祿　（清）允祉纂修　清光緒二十四年(1898)杭州德記書莊石印本　曾士瀛題記
七冊　存十四卷(上編一至三、五、八,下編一至四、八,後編一至二、六至七)

330000－4735－0000421　06156　子部/天文曆算類/算書之屬
中西算學集要五種　（清）周毓英撰　清光緒刻本　六冊

330000－4735－0000422　06153　子部/天文曆算類/算書之屬
算學□□卷　（清）賈步緯輯　清石印本　二冊　存一卷(一)

330000－4735－0000423　08145　集部/總集類/彙編之屬
宋四名家詩　（清）周之鱗　（清）柴升編　清光緒元年(1875)湘西章氏刻本　六冊

330000－4735－0000424　06154　子部/天文曆算類/算書之屬
算學□□卷　（清）賈步緯輯　清石印本　二冊　存一卷(一)

330000－4735－0000425　06157　子部/天文曆算類/天文之屬
御製曆象考成上編十六卷下編十卷後編十卷　（清）允祿　（清）允祉纂修　清光緒二十四年(1898)杭州德記書莊石印本　三冊　存五卷(上編六,下編六,後編二、九至十)

330000－4735－0000426　08146　集部/別集類/元別集
虞文靖公道園全集七十六卷　（元）虞集撰　清光緒元年(1875)陵陽書局刻本　十五冊　缺十六卷(文遺藁一至十六)

330000－4735－0000427　06159　子部/天文曆算類/天文之屬
欽定儀象考成三十卷首二卷　（清）允祿等撰　清刻本　五冊　存十五卷(十三至十五、十九至三十)

330000－4735－0000428　06158　子部/天文曆算類/算書之屬

沿沂亭算稿四種　（清）徐昇學撰　清光緒二十八年(1902)上海經世文社石印本　一冊

330000－4735－0000430　06162　子部/天文曆算類/算書之屬
行素軒算稿九種　（清）華蘅芳撰　清光緒二十二年(1896)上海文瑞樓石印本　二冊　存一種

330000－4735－0000431　06161　子部/天文曆算類/算書之屬
御製數理精蘊上編五卷下編四十卷表八卷　（清）聖祖玄燁撰　清光緒十九年(1893)江南製造局鉛印本　三冊　存四卷(上編一至四)

330000－4735－0000432　06160　類叢部/叢書類/彙編之屬
武英殿聚珍版書三十九種　清乾隆浙江刻本　一冊　存一種

330000－4735－0000433　08149　集部/別集類/清別集
大梅山館集五十五卷　（清）姚燮撰　清道光十三年至咸豐六年(1833－1856)大梅山館刻本　八冊　存一種

330000－4735－0000435　06163　類叢部/叢書類/彙編之屬
武英殿聚珍版書三十九種　清乾隆浙江刻本　一冊　存一種

330000－4735－0000436　06164　子部/天文曆算類/算書之屬
籌算一卷　（清）董毓琦撰　清刻本　一冊

330000－4735－0000437　06170　子部/天文曆算類/算書之屬
李氏遺書十一種　（清）李銳撰　清光緒十六年(1890)上海醉六堂刻本　五冊　存九種

330000－4735－0000439　06166　子部/天文曆算類/算書之屬
句股引蒙不分卷　（清）陳訏撰　清刻本　一冊

330000－4735－0000440　06167　子部/天文

曆算類/算書之屬

星算補遺八集　（清）董毓琦撰　清同治五年
(1866)髀算山房刻本（六集、八集原缺）
二冊

330000－4735－0000441　08151　集部/別集
類/宋別集

**鶴山文鈔三十二卷附周禮折衷四卷師友雅言
一卷**　（宋）魏了翁撰　清同治十三年(1874)
望三益齋刻本　十二冊

330000－4735－0000442　08152　集部/別集
類/清別集

在山草堂詩稿十七卷　（清）吳文照撰　清刻
本　一冊　存六卷(十二至十七)

330000－4735－0000444　08155　集部/別集
類/唐五代別集

王右丞集二十八卷首一卷末一卷　（唐）王維
撰　（清）趙殿成箋注　清乾隆仁和趙氏刻本
三冊　存十卷(一至四、十八至二十三)

330000－4735－0000446　06165　子部/天文
曆算類/算書之屬

九數通考十一卷首一卷末一卷　（清）屈曾發
撰　清刻本　一冊　存四卷(五至八)

330000－4735－0000448　06169　新學/算
學/形學

形學備旨十卷開端一卷　（美國）狄考文選譯
（清）鄒立文筆述　清光緒三十一年(1905)
上海美華書館鉛印本　一冊　缺六卷(五至
十)

330000－4735－0000450　06168　新學/算
學/數學

對數表一卷　（美國）路密司編　（美國）赫士
口譯　（清）朱葆琛筆述　清宣統元年(1909)
上海美華書館鉛印本　一冊

330000－4735－0000451　06171　子部/天文
曆算類/算書之屬

萬象一原演式九卷首一卷　（清）夏紫笙　盧
靖撰　清光緒二十八年(1902)石印本　一冊

330000－4735－0000452　08158　集部/別集
類/宋別集

蘇文忠公詩集擇粹十八卷　（宋）蘇軾撰
（清）查慎行注　（清）紀昀評　（清）趙古農
擇粹　清嘉慶二十二年(1817)抱影吟軒刻本
六冊

330000－4735－0000454　08160　集部/別集
類/清別集

曾文正公家書十卷家訓二卷　（清）曾國藩撰
曾文正公榮哀錄一卷　曾文正公大事記四
卷　（清）王定安編　清光緒二十九年(1903)
上海錦章書局石印本　楊俊顏題簽　六冊

330000－4735－0000455　08161　集部/別集
類/明別集

新刻張太岳先生詩文集四十七卷　（明）張居
正撰　清刻本　十一冊　存三十卷(一至三
十)

330000－4735－0000457　06182　子部/天文
曆算類

兼濟堂纂刻梅勿庵先生曆算全書二十八種
（清）梅文鼎撰　（清）魏荔彤輯　（清）楊作
枚訂補　清雍正元年(1723)栢鄉魏荔彤刻乾
隆十四年(1749)梅汝培、咸豐九年(1859)梅
體萱遞修本　清李鏐批並跋　一冊　存二種

330000－4735－0000458　06178　子部/天文
曆算類/算書之屬

算學啓蒙一卷　清浙江台州刻本　尹華福題
記　一冊

330000－4735－0000459　06179　子部/天文
曆算類/算書之屬

算學啓蒙一卷　清黃巖大酉山房刻本　一冊

330000－4735－0000460　06174　子部/天文
曆算類/算書之屬

八十一歸算學啓蒙四卷　（清）吳兆珍撰　清
咸豐七年(1857)刻本　笠車氏題簽　一冊

330000－4735－0000461　06183　子部/術數
類/命書相書之屬

新刻合併十八飛星策天紫微斗數六卷　題
（宋）陳摶撰　清三讓堂刻本　六冊

330000－4735－0000462　06184　子部/術數
類/相宅相墓之屬

地理正義鉛彈子砂水要訣七卷　(清)張鳳藻
撰　清刻本　五冊　缺一卷(一)

330000－4735－0000463　06185　子部/術數
類/相宅相墓之屬

重刊人子須知資孝地理心學統宗十六卷
(明)徐善繼　(明)徐善述撰　清大文堂刻本
十六冊

330000－4735－0000464　06186　子部/術數
類/占卜之屬

卜筮正宗十四卷　(清)王維德撰　清光緒三
年(1877)經元堂刻本　六冊

330000－4735－0000465　06187　子部/術數
類/占卜之屬

六壬晬斯四卷　(清)葉悔亭輯　清同治元年
(1862)文選樓刻本　二冊

330000－4735－0000466　06188　子部/術數
類/相宅相墓之屬

三元三要八宅救害明鏡二卷　(唐)楊益撰
清刻本　二冊

330000－4735－0000467　06189　子部/術
數類

百二漢鏡齋祕書四種　(清)程芝雲輯　清道
光三年至四年(1823－1824)湖邊程氏百二漢
鏡齋刻本　四冊

330000－4735－0000469　06191　子部/術數
類/占卜之屬

六壬類聚四卷　(清)紀大奎撰　清楊照藜素
園刻本　四冊

330000－4735－0000470　06192　子部/術數
類/相宅相墓之屬

地理知本金鎖秘二卷　(清)鄧恭撰　(清)鄧
學晉　(清)鄧學升編次　清刻本　四冊

330000－4735－0000471　06193　子部/術數
類/相宅相墓之屬

地理三會集三卷　(明)張互撰　清上海江左
書林刻本　四冊

330000－4735－0000472　06194　子部/術數
類/相宅相墓之屬

**金精廖公秘授地學心法正傳畫筴扒砂經四卷
補遺一卷**　(宋)廖禹撰　(宋)彭大雄輯　清
嘉慶二十五年(1820)大文堂刻本　六冊

330000－4735－0000473　06195　子部/術數
類/陰陽五行之屬

奇門遁甲統宗十二卷　題(三國蜀)諸葛亮撰
清光緒二十四年(1898)湖南書局刻本　一
冊　存六卷(一至三、十至十二)

330000－4735－0000474　06196　子部/術數
類/相宅相墓之屬

地理辨正翼六卷首一卷　(清)蔣平階原註
榮錫勳補翼　清光緒十一年(1885)會稽姜垚
刻本　五冊

330000－4735－0000475　06197　子部/術數
類/相宅相墓之屬

天玉經註七卷　(清)黃越撰　清三善堂刻本
三冊

330000－4735－0000476　06198　子部/術數
類/相宅相墓之屬

天玉經說七卷　(清)黃越撰　清刻本　六冊

330000－4735－0000477　06200　子部/術數
類/相宅相墓之屬

地理辨正五卷　(清)蔣平階補傳　(清)姜垚
辨正　(清)章仲山增補直解　清善成堂刻本
三冊

330000－4735－0000478　06199　子部/術數
類/占卜之屬

六壬神課金口訣三卷　(清)周儆弦重訂　清
書業堂刻本　三冊

330000－4735－0000479　00001、00089、
00168、00482、00218、00261、00268　經部/
叢編

欽定七經(御纂七經)五種二百九十四卷
(清)李光地等撰　清光緒二十年(1894)湖北
書局刻本　一百四十一冊　缺二卷(欽定禮
記義疏十五至十六)

330000－4735－0000480　00002　經部/叢編

御纂七經五種二百九十四卷　(清)李光地等撰　清康熙至乾隆刻本　十二冊　存一種

330000－4735－0000481　00003　經部/叢編

御纂七經五種二百九十四卷　(清)李光地等撰　清康熙至乾隆刻本　二十一冊　存一種

330000－4735－0000482　00004　經部/易類/傳說之屬

易彖五卷　(明)喻安性撰　清光緒十四年(1888)木活字印本　五冊

330000－4735－0000483　06201　子部/術數類/陰陽五行之屬

重刻莨元奇門遁甲句解烟波釣叟歌一卷　(宋)趙普譔歌　(明)羅通遁法　(明)池紀解編　清刻本　二冊

330000－4735－0000484　00005　類叢部/叢書類/彙編之屬

崇文書局彙刻書三十一種　(清)崇文書局編　清光緒元年至三年(1875－1877)湖北崇文書局刻本　五冊　存一種

330000－4735－0000485　06202　子部/術數類/陰陽五行之屬

新編日用涓吉奇門五總龜四卷　(明)池紀解編　清刻本　孔瀍題簽並記　二冊

330000－4735－0000486　06203　子部/術數類/相宅相墓之屬

重鐫官板陽宅大全十一卷　清同治十年(1871)文英堂刻本　五冊　缺二卷(十至十一)

330000－4735－0000487　00006　類叢部/叢書類/彙編之屬

增訂漢魏叢書八十六種　(清)王謨編　清乾隆五十六年(1791)金谿王氏刻本　一冊　存三種

330000－4735－0000488　00008　類叢部/叢書類/彙編之屬

增訂漢魏叢書八十六種　(清)王謨編　清乾隆五十六年(1791)金谿王氏刻本　一冊　存一種

330000－4735－0000489　00009　類叢部/叢書類/彙編之屬

增訂漢魏叢書八十六種　(清)王謨編　清乾隆五十六年(1791)金谿王氏刻本　一冊　存一種

330000－4735－0000490　00010　類叢部/叢書類/彙編之屬

增訂漢魏叢書八十六種　(清)王謨編　清乾隆五十六年(1791)金谿王氏刻本　一冊　存四種

330000－4735－0000491　00011　經部/易類/傳說之屬

新鐫增補周易備旨一見能解六卷　(清)黃淳耀原本　(清)嚴而寬增補　(清)壽國　(清)蔣先庚參補　清裕元堂刻本　六冊

330000－4735－0000492　00012　經部/易類/傳說之屬

寄傲山房塾課纂輯御案易經備旨七卷　(清)鄒聖脈纂輯　(清)鄒廷猷編次　清嘉慶三年(1798)刻本　二冊　存二卷(四至五)

330000－4735－0000493　06204　子部/術數類/相宅相墓之屬

地學探原三卷　(清)吳承立輯　清光緒二十六年(1900)刻本　三冊

330000－4735－0000494　06205　子部/術數類/相宅相墓之屬

心眼指要四卷　(清)章仲山輯　清善成堂刻本　二冊

330000－4735－0000495　06206　子部/天文曆算類/天文之屬

管窺輯要八十卷　(清)黃鼎撰　清順治九年(1652)黃氏刻本　十七冊　存五十七卷(十九至四十四、五十至八十)

330000－4735－0000496　06207　子部/術數類/陰陽五行之屬

通德類情十三卷　(清)沈重華輯　清刻本　應柳溪題簽並記　五冊　存七卷(二至八)

330000－4735－0000497　06208　子部/術數類/陰陽五行之屬

通德類情十三卷　（清）沈重華輯　清刻本
八冊　存八卷（二至四、六、八至十一）

330000－4735－0000498　06209　子部/術數類/陰陽五行之屬

通德類情十三卷　（清）沈重華輯　清乾隆三十六年（1771）文華堂刻本　一冊　存一卷（一）

330000－4735－0000499　00014　經部/易類/傳說之屬

周易恒解五卷首一卷　（清）劉沅撰　清豫誠堂刻本　六冊

330000－4735－0000500　08163　集部/總集類/選集之屬/通代

古文辭類纂七十四卷　（清）姚鼐輯　清光緒十八年（1892）湖南書局刻本　曾士瀛批並跋　十二冊

330000－4735－0000501　00015　經部/易類/傳說之屬

誠齋易傳二十卷　（宋）楊萬里撰　清道光十一年（1831）慈溪葉元墀鶴麓山房刻本　六冊

330000－4735－0000502　08164　集部/總集類/選集之屬/斷代

明人詩鈔正集十四卷續集十四卷　（清）朱琰輯　清乾隆二十五年（1760）樊桐山房刻本　項士元題簽並記　八冊　存十四卷（續集一至十四）

330000－4735－0000504　00017　經部/易類/傳說之屬

梁山來知德先生易經來註十五卷末一卷上下經篇義一卷易說雜說諸圖一卷易學六十四卦啓蒙一卷　（明）來知德撰　（清）崔華重訂清刻本　一冊　存三卷（八至十）

330000－4735－0000506　00018　經部/易類/傳說之屬

梁山來知德先生易經來註十五卷末一卷上下經篇義一卷易說雜說諸圖一卷易學六十四卦啓蒙一卷　（明）來知德撰　（清）崔華重訂清康熙二十七年（1688）平山崔華刻本　王任化跋　十二冊

330000－4735－0000507　06210　子部/術數類/陰陽五行之屬

通德類情十三卷　（清）沈重華輯　清刻本
一冊　存一卷（一）

330000－4735－0000508　06211　子部/術數類/相宅相墓之屬

重鑴官板地理天機會元三十五卷　（明）顧乃德輯　（明）徐之鏌重編　清刻本　四冊　存七卷（十八、二十四、二十七至二十八、三十三至三十五）

330000－4735－0000509　08166　集部/總集類/選集之屬/斷代

皇朝經世文編一百二十卷姓名總目二卷
（清）賀長齡輯　清光緒十五年（1889）上海廣百宋齋鉛印本　二十冊　缺二十四卷（一至四、二十四至三十四、三十八至四十、八十四至八十七，姓名總目一至二）

330000－4735－0000510　06212　子部/術數類/相宅相墓之屬

重鑴官板地理天機會元三十五卷　（明）顧乃德輯　（明）徐之鏌重編　清刻本　一冊　存四卷（三十二至三十五）

330000－4735－0000511　06213　子部/術數類/相宅相墓之屬

重鑴官板地理天機會元三十五卷　（明）顧乃德輯　（明）徐之鏌重編　清刻本　一冊　存四卷（二十至二十一、二十三至二十四）

330000－4735－0000512　06214　子部/術數類/陰陽五行之屬

通德類情十三卷　（清）沈重華輯　清刻本
二冊　存五卷（五、十至十三）

330000－4735－0000513　06216　子部/術數類/相宅相墓之屬

地理五訣八卷　（清）趙廷棟撰　清刻本
一冊

330000 - 4735 - 0000514　00019　經部/易類/傳說之屬

周易本義四卷附圖說一卷卦歌一卷筮儀一卷　（宋）朱熹撰　清聚奎堂刻本　一冊　存三卷（二至四）

330000 - 4735 - 0000515　06217　子部/術數類/相宅相墓之屬

地理五訣八卷　（清）趙廷棟撰　清翠筠山房刻本　三冊　缺一卷（八）

330000 - 4735 - 0000516　00020　經部/易類/傳說之屬

周易露研四卷　（明）潘貞撰　明崇禎九年（1636）俞贊等刻本　一冊　存一卷（一）

330000 - 4735 - 0000517　06215　子部/術數類/相宅相墓之屬

地理錄要四卷　（清）于楷輯　清刻本　三冊　缺一卷（一）

330000 - 4735 - 0000518　06218　子部/術數類/相宅相墓之屬

陽宅大成四種　（清）魏青江撰　清刻本　九冊　缺四卷（宅譜指要一，宅譜邇言二，選時造命一、三，宅譜修方五上）

330000 - 4735 - 0000519　00021　經部/易類/傳說之屬

周易本義四卷附圖說一卷新增圖說一卷卦歌一卷　（宋）朱熹撰　清光緒十九年（1893）浙江書局刻本　二冊

330000 - 4735 - 0000520　00022　經部/易類/傳說之屬

周易本義四卷附圖說一卷卦歌一卷筮儀一卷　（宋）朱熹撰　清同治十三年（1874）江西書局刻本　一冊

330000 - 4735 - 0000521　00098　經部/叢編

五經旁訓辨體合訂　（清）徐立綱輯　清乾隆五十四年（1789）上虞徐氏循陔堂刻本　二冊　存一種

330000 - 4735 - 0000522　06219　子部/術數類/占卜之屬

河洛理數七卷　題（宋）陳摶撰　清刻本　七冊

330000 - 4735 - 0000523　00024　經部/易類/傳說之屬

周易本義四卷附圖說一卷新增圖說一卷卦歌一卷筮儀一卷　（宋）朱熹撰　清光緒三年（1877）永康胡氏退補齋刻本　二冊

330000 - 4735 - 0000524　06220　子部/術數類/占卜之屬

大六壬大全十三卷　（清）郭載騋編　清同治十三年（1874）大文堂刻本　四冊　存四卷（一、三、八、十）

330000 - 4735 - 0000526　06225　子部/術數類/相宅相墓之屬

地理辨正疏五卷首一卷　（清）張心言撰　清光緒四年（1878）文盛堂刻本　二冊　缺二卷（四至五）

330000 - 4735 - 0000527　06226　子部/術數類/相宅相墓之屬

羅經解定七卷附羅經問答一卷　（清）胡國楨撰　清刻本　一冊　存三卷（一至三）

330000 - 4735 - 0000528　06227　子部/術數類/命書相書之屬

增補星平會海命學全書十卷首一卷　（清）水中龍撰　清刻本　一冊　存四卷（首、一至三）

330000 - 4735 - 0000529　06221　子部/術數類/命書相書之屬

增補星平會海命學全書十卷首一卷　（清）水中龍撰　清石印本　一冊

330000 - 4735 - 0000530　06228　子部/術數類/相宅相墓之屬

陽宅三要四卷　（清）趙廷棟撰　清刻本　應雲卿題簽並記　一冊　存二卷（三至四）

330000 - 4735 - 0000531　06229　子部/術數類/相宅相墓之屬

增補地理直指原真三卷首一卷　（清）釋如玉撰　清刻本　一冊　存一卷（中上）

330000－4735－0000532　06230　子部/術數類/命書相書之屬

增補星平會海命學全書十卷首一卷　（清）水中龍撰　清刻本　一冊　存六卷（五至十）

330000－4735－0000535　06231　子部/天文曆算類/曆法之屬

新鐫曆法便覽象吉備要通書大全二十九卷（清）魏鑑撰　清善成堂刻本　一冊　存三卷（一至三）

330000－4735－0000536　06232　子部/天文曆算類/曆法之屬

新鐫曆法便覽象吉脩要通書大全二十九卷（清）魏鑑撰　清刻本　二冊　存九卷（十四、二十二至二十九）

330000－4735－0000537　06233　子部/天文曆算類/曆法之屬

新鐫曆法便覽象吉備要通書大全二十九卷（清）魏鑑撰　清刻本　一冊　存一卷（十六）

330000－4735－0000538　00270　經部/群經總義類/傳說之屬

十三經札記二十二卷附十六卷　（清）朱亦棟撰　清光緒四年（1878）武林竹簡齋刻本　五冊　存十種

330000－4735－0000539　06234　子部/術數類/相宅相墓之屬

秘傳堪輿類纂人天共寶十二卷　（明）黃慎輯　清初刻本　一冊　存二卷（七至八）

330000－4735－0000540　00108　經部/群經總義類/傳說之屬

十三經札記二十二卷附十六卷　（清）朱亦棟撰　清光緒四年（1878）武林竹簡齋刻本　五冊　存七種

330000－4735－0000541　00336　經部/叢編

五經揭要　（清）許寶善編　清乾隆刻本　八冊　存三種

330000－4735－0000542　06235　子部/天文曆算類/曆法之屬

新鐫全補曆法合節鰲頭通書十卷　（清）熊宗亘纂輯　清熊啓燦刻本　一冊　存一卷（六）

330000－4735－0000543　00028、00081、00142　經部/叢編

重刊宋本十三經注疏四百十六卷　附十三經注疏校勘記四百十六卷（清）阮元撰　（清）盧宣旬摘錄　清光緒十八年（1892）湖南寶慶務本書局刻本　五十一冊　存四種

330000－4735－0000544　06236　子部/術數類/相宅相墓之屬

新刻羅經解三卷　（明）熊汝嶽撰　（明）吳天洪批點　清武林大成齋刻本　一冊　存二卷（一至二）

330000－4735－0000545　06237　子部/術數類/陰陽五行之屬

奇門遁甲經□□卷　題（□）九天玄女纂　清抄本　二冊　存六卷（五至十）

330000－4735－0000546　06238　子部/術數類/命書相書之屬

新刻合併官板音義評註淵海子平五卷　（宋）徐升編　清三益堂刻本　一冊　存二卷（一至二）

330000－4735－0000547　06239　子部/術數類/相宅相墓之屬

菊逸山房地理正書三種　（清）寇宗編　清刻本　一冊　存一種

330000－4735－0000550　06242　子部/術數類/相宅相墓之屬

玉函銅函真經陰陽剪裁圖說七卷　（唐）邱隱公授本　（清）黃涅槃手誌　清刻本　一冊　存三卷（一至三）

330000－4735－0000551　06243　子部/術數類/相宅相墓之屬

嚴陵張九儀增釋地理琢玉斧巒頭歌括四卷（明）張九儀增釋　（清）陳綵等課　（清）袁士麟參訂　清經綸堂刻本　一冊　存一卷（一）

330000－4735－0000553　06244　子部/術數類/相宅相墓之屬

四祕全書十二種 （清）尹有本輯 清同治敦仁堂刻本 二冊 存六種

330000－4735－0000554 00036 類叢部/叢書類/彙編之屬

增訂漢魏叢書八十六種 （清）王謨編 清乾隆五十六年(1791)金谿王氏刻本 四冊 存一種

330000－4735－0000555 06241 子部/術數類/占卜之屬

增刪卜易六卷 （清）野鶴老人撰 （清）李文輝增刪 清石印本 一冊 存一卷(二)

330000－4735－0000556 06245 子部/術數類/相宅相墓之屬

天機貫旨紅囊經四卷 （清）李三素撰 清刻本 二冊 存二卷(二至三)

330000－4735－0000557 06248 子部/術數類/相宅相墓之屬

風水一書七卷 （漢）青烏氏撰 （清）歐陽純補傳 清嘉慶十九年(1814)南山歐陽書院刻本 二冊 存三卷(一、六至七)

330000－4735－0000558 06246 子部/術數類/相宅相墓之屬

入地眼全書十卷 （宋）釋靜道撰 清刻本 二冊 存四卷(七至十)

330000－4735－0000559 06247 子部/術數類/相宅相墓之屬

廖金精畫筴撥砂經心法地學四卷 （宋）廖禹撰 （宋）彭大雄集 （明）江之棟輯 （明）汪元標校 （明）吳公遂閱 清道光八年(1828)兩儀堂刻本 二冊

330000－4735－0000560 06249 子部/術數類/相宅相墓之屬

入地眼全書十卷 （宋）釋靜道撰 清經綸堂刻本(卷六配抄本) 二冊 存四卷(一、六至八)

330000－4735－0000561 06250 子部/術數類/相宅相墓之屬

新編楊曾地理家傳心法捷訣一貫堪輿八卷

（明）唐世友編 （明）朱弘訂釋 清寶慶經元堂刻本 一冊 存一卷(七)

330000－4735－0000562 06251 子部/術數類/相宅相墓之屬

三元三要八宅救害明鏡二卷 （唐）楊益撰 清刻本 孫鏡堂題簽並記 一冊 存一卷(下)

330000－4735－0000563 06252 子部/術數類/相宅相墓之屬

地理正義鉛彈子砂水要訣七卷 （清）張鳳藻撰 清刻本 一冊 存一卷(四)

330000－4735－0000564 06253 子部/術數類/相宅相墓之屬

乾坤法竅三卷 （清）范宜賓輯 清刻本 孫鏡堂題簽並記 一冊 存一卷(中)

330000－4735－0000568 06256 子部/術數類/陰陽五行之屬

諏吉便覽不分卷 （清）俞榮寬輯 清善成堂刻本 二冊

330000－4735－0000570 06258 子部/術數類/命書相書之屬

造命挈要八卷 （清）祝疇輯 清道光二十七年(1847)與古齋祝氏刻本 一冊 存二卷(一至二)

330000－4735－0000571 06259 子部/術數類/陰陽五行之屬

永寧通書十二卷 （清）王維德輯 清石印本 三冊 缺三卷(天集一至三)

330000－4735－0000579 02001 史部/編年類/通代之屬

續資治通鑑長編五百二十卷目錄二卷 （宋）李燾撰 清光緒七年(1881)浙江書局刻本 一百二十冊

330000－4735－0000580 06268 子部/術數類/相宅相墓之屬

地理辨正疏五卷首一卷末一卷 （清）張心言撰 清上海校經山房石印本 滙川居士題簽並記 一冊 存四卷(首、一至三)

330000－4735－0000583　06271　子部/術數類/占卜之屬

河洛理數七卷　題(宋)陳摶撰　清刻本　一冊　存四卷(三至六)

330000－4735－0000584　06272　子部/術數類/占卜之屬

大六壬指南五卷　(清)程起鸞撰　(清)陳良謨增註　清嘉慶十六年(1811)菁華樓刻本　一冊

330000－4735－0000585　06273　子部/術數類/命書相書之屬

重鐫神峯張先生通考闢謬命理正宗大全六卷　(明)張楠撰　清大成齋刻本　一冊　存二卷(三至四)

330000－4735－0000586　00031　經部/叢編

五經旁訓辨體合訂　(清)徐立綱輯　清乾隆五十四年(1789)上虞徐氏循陔堂刻本　一冊　存一種

330000－4735－0000587　00032　經部/叢編

五經旁訓辨體合訂　(清)徐立綱輯　清乾隆五十四年(1789)上虞徐氏循陔堂刻本　一冊　存一種

330000－4735－0000588　06274　子部/術數類/相宅相墓之屬

平陽全書十五卷　(清)葉泰輯　清刻本　一冊　存二卷(十至十一)

330000－4735－0000589　00033　經部/叢編

五經旁訓辨體合訂　(清)徐立綱輯　清乾隆五十四年(1789)上虞徐氏循陔堂刻本　一冊　存一種

330000－4735－0000590　00034　經部/叢編

五經旁訓辨體合訂　(清)徐立綱輯　清乾隆五十四年(1789)刻本　一冊　存一種

330000－4735－0000592　00035　經部/叢編

五經旁訓辨體合訂　(清)徐立綱輯　清乾隆五十四年(1789)裕文堂刻本　二冊　存二種

330000－4735－0000593　06276　子部/術數類/陰陽五行之屬

董公選要覽一卷　(明)董潛撰　清刻本　一冊

330000－4735－0000594　06278　子部/術數類/占卜之屬

卜筮正宗十四卷　(清)王維德撰　清刻本　二冊　存十二卷(三至十四)

330000－4735－0000597　00039　經部/叢編

漢魏二十一家易注三十三卷　(清)孫堂輯　清嘉慶四年(1799)平湖孫堂映雪草堂刻本　二冊　存十五種

330000－4735－0000598　06277　子部/術數類/占卜之屬

大六壬尋原四集　(清)張純照輯　清刻本　三冊　缺一集(元集)

330000－4735－0000599　00040　經部/叢編

重刊宋本十三經注疏四百一十六卷　附十三經注疏校勘記四百一十六卷　(清)阮元撰　(清)盧宣旬摘錄　清光緒十八年(1892)湖南寶慶務本書局刻本　一冊　存一種

330000－4735－0000601　06279　子部/術數類/相宅相墓之屬

地理秘書六種　(清)汪就園校訂　清同治八年(1869)蘇州小酉山房刻本　一冊　存二種

330000－4735－0000602　06280　子部/術數類/相宅相墓之屬

透山肺腑口訣一卷　(清)李德貞傳　(清)王志義述　**天機心竅一卷**　(清)李德貞撰　清刻本　一冊

330000－4735－0000603　00042　類叢部/叢書類/彙編之屬

增訂漢魏叢書八十六種　(清)王謨編　清乾隆五十六年(1791)金谿王氏刻本　一冊　存三種

330000－4735－0000604　06281　子部/術數類/相宅相墓之屬

鉛彈子地學正義一卷　(清)方從益傳　(清)張鳳藻著　(清)陳彝則訂　清刻本　孫鏡堂

題簽並記　一冊

330000－4735－0000605　00043　經部/易類/傳說之屬

來瞿唐先生易註十五卷首一卷末一卷　（明）來知德撰　清寧遠堂刻本　八冊　存十二卷（三至九、十二至十五，末）

330000－4735－0000606　06282　子部/術數類/陰陽五行之屬

太乙數統宗大全四十卷　（清）李自明輯　清凌雲山房刻本　三冊　存八卷（二十九至三十六）

330000－4735－0000607　00044　經部/易類/傳說之屬

新刻來瞿唐先生易註十五卷首一卷末一卷　（明）來知德撰　清同治十年（1871）刻本　十冊

330000－4735－0000608　06283　子部/術數類/占卜之屬

六壬粹言六卷首一卷　（清）劉赤江撰　清咸豐十年（1860）品蓮堂刻本　一冊　存三卷（首、一至二）

330000－4735－0000610　00046　經部/易類/傳說之屬

新刻來瞿唐先生易註十五卷首一卷末一卷　（明）來知德撰　清刻本　一冊　存二卷（三至四）

330000－4735－0000611　00047　經部/叢編

漢魏二十一家易注三十三卷　（清）孫堂輯　清嘉慶四年（1799）平湖孫堂映雪草堂刻本　一冊　存五種

330000－4735－0000612　06284　子部/術數類/相宅相墓之屬

徐試可地理琢玉斧三卷　（明）徐之鏌撰　（清）張鳳藻注　清刻本　一冊　存一卷（一）

330000－4735－0000613　00048　經部/易類/傳說之屬

易經大全會解四卷　（清）來爾繩纂輯　（清）朱采治　（清）朱之澄編訂　清乾隆二十八年

（1763）武林三餘堂刻本　二冊

330000－4735－0000614　00049　經部/易類/傳說之屬

易經體註合參四卷　（清）來爾繩纂輯　（清）朱采治　（清）朱之澄編訂　清刻本　二冊

330000－4735－0000615　00050　經部/易類/傳說之屬

易經大全會解四卷　（清）來爾繩纂輯　（清）朱采治　（清）朱之澄編訂　清刻本　二冊

330000－4735－0000616　06285　子部/術數類/相宅相墓之屬

地理青囊經解三卷青囊心印續編一卷　（清）王宗臣著　**天玉經四卷**　（唐）楊益著　（清）王宗臣注　清刻本　二冊　缺三卷（地理青囊經解一至三）

330000－4735－0000617　00051　經部/易類/傳說之屬

易經大全會解四卷　（清）來爾繩纂輯　（清）朱采治　（清）朱之澄編訂　清乾隆五十二年（1787）來道添刻本　一冊　存一卷（一）

330000－4735－0000618　01284　類叢部/叢書類/自著之屬

汪雙池先生叢書二十種附浙刻雙池遺書十二種　（清）汪紱撰　清道光至光緒刻光緒二十三年（1897）長安趙舒翹等彙印本　八十二冊　存十種

330000－4735－0000619　06286　子部/術數類/相宅相墓之屬

八宅明鏡二卷　（唐）楊益撰　清刻本　一冊　存一卷（下）

330000－4735－0000621　06287　子部/術數類/相宅相墓之屬

嚴陵張九儀增釋地理琢玉斧巒頭歌括四卷　（明）張九儀增釋　（清）陳綵等課　（清）袁士麟參訂　清刻本　一冊　存一卷（一）

330000－4735－0000622　00054　類叢部/叢書類/自著之屬

春在堂全書　（清）俞樾撰　清光緒二十五年

(1899)刻本　一冊　存四種

330000－4735－0000624　06288　子部/術數
類/命書相書之屬

水鏡集四卷　（清）范騏撰　清刻本　二冊
存二卷（三至四）

330000－4735－0000625　00056　經部/易
類/傳說之屬

易漢學八卷　（清）惠棟撰　清刻本　二冊

330000－4735－0000626　00057　類叢部/叢
書類/自著之屬

紀慎齋先生全集十二種續集七種　（清）紀大
奎撰　清嘉慶十三年至咸豐二年（1808－
1852）刻本　一冊　存一種

330000－4735－0000627　06290　經部/易
類/易占之屬

易隱八卷首一卷　（明）曹九錫輯　清刻本
二冊　存四卷（首、二至四）

330000－4735－0000628　06289　子部/術數
類/相宅相墓之屬

楊曾地理元文四種附二種　（清）端木國瑚注
清道光五年（1825）刻本　一冊　存一種

330000－4735－0000629　06291　子部/術數
類/命書相書之屬

人倫大統賦二卷　（金）張行簡撰　（元）薛延
年注　清鉛印本　一冊

330000－4735－0000630　06292　子部/術數
類/相宅相墓之屬

新刻重校秘傳鬼靈經通天竅十卷　（明）楊益
等撰　清刻本　二冊

330000－4735－0000631　06293　子部/術數
類/陰陽五行之屬

新編日用涓吉奇門五總龜四卷　（明）池紀解
編　重刻莔元奇門遁甲句解煙波釣叟歌一卷
（宋）趙普撰　（明）羅通遁法　（明）池紀
解編　清刻本　一冊　缺三卷（二至四）

330000－4735－0000632　06294　子部/術數
類/相宅相墓之屬

陽宅大成四種　（清）魏青江撰　清刻本　一
冊　存一卷（宅譜邇言二）

330000－4735－0000634　00058　經部/易
類/傳說之屬

周易精義四卷首一卷續編一卷　（清）黃淦撰
清乾隆刻本　一冊　存三卷（三至四、續
編）

330000－4735－0000636　06296　子部/術數
類/相宅相墓之屬

四祕全書十二種　（清）尹有本輯　清刻本
一冊　存一種

330000－4735－0000637　00060　經部/易
類/傳說之屬

周易闡真四卷首一卷孔易闡真二卷　（清）劉
一明撰　清嘉慶二十四年（1819）常郡護國菴
刻本　一冊　存一卷（首）

330000－4735－0000639　00061　經部/易
類/傳說之屬

周易傳義音訓八卷首一卷　（宋）呂祖謙撰
易學啓蒙一卷　（宋）朱熹撰　清光緒十五年
（1889）江南書局刻本　八冊

330000－4735－0000640　00062　經部/叢編

三經精華　（清）薛嘉穎輯　清光緒二年
（1876）浙寧簡香齋刻本　一冊　存一種

330000－4735－0000642　00063　經部/易
類/傳說之屬

易經精華六卷首一卷末一卷　（清）薛嘉穎撰
清光緒二十年（1894）聚奎堂刻本（卷首原
缺）　三冊　存六卷（一、三至六，末）

330000－4735－0000643　00064　經部/易
類/傳說之屬

易經精華六卷首一卷末一卷　（清）薛嘉穎撰
清刻本（卷首原缺）　三冊　存六卷（二至
六、末）

330000－4735－0000644　00118　經部/叢編

四經精華三十七卷　（清）魏朝俊輯　清光緒
十一年（1885）魏氏古香閣刻本　十八冊

330000－4735－0000645　00065　經部/叢編

四經精華三十七卷　（清）魏朝俊輯　清光緒十一年(1885)魏氏古香閣刻本　五冊　存二種

330000－4735－0000646　06299　子部/術數類/相宅相墓之屬

張宗道先生地理全書五卷　（明）張亙撰　清刻本　一冊

330000－4735－0000648　00068　類叢部/叢書類/彙編之屬

岱南閣叢書五種　（清）孫星衍編　清嘉慶三年(1798)蘭陵孫氏冸州刻本　四冊　存一種

330000－4735－0000649　00069　經部/叢編

遵阮本重校印十三經注疏并校勘記　（清）阮元撰校勘記　（清）盧宣旬摘錄校勘記　清光緒二十四年(1898)上海點石齋石印本　一冊　存一種

330000－4735－0000650　00070　經部/叢編

五經體註會解　（清）范翔輯　清咸豐二年(1852)刻本　二冊　存二種

330000－4735－0000651　00071　經部/易類/傳說之屬

周易揭要三卷　（清）周蕙田撰　清刻本　一冊

330000－4735－0000652　00072　經部/易類/傳說之屬

易經通注九卷　（清）傅以漸　（清）曹本榮撰　清光緒十二年(1886)雝園刻本　八冊

330000－4735－0000655　00075　經部/易類/傳說之屬

周易本義四卷圖說一卷　（宋）朱熹撰　清宣統二年(1910)上海會文堂石印本　一冊　缺二卷(三至四)

330000－4735－0000657　00077　類叢部/叢書類/自著之屬

王船山先生經史論八種七十四卷　（清）王夫之撰　清光緒二十七年(1901)簡青書局石印本　一冊　存一種

330000－4735－0000658　05002　子部/醫家類/綜合之屬/通論

御纂醫宗金鑑九十卷首一卷　（清）吳謙等撰　清刻本　三十冊　存七十五卷(首、一至七十四)

330000－4735－0000659　00078　經部/叢編

御纂七經五種二百九十四卷　（清）李光地等撰　清光緒二十年(1894)上海書局石印本　二冊　存一種

330000－4735－0000661　05003　子部/醫家類/類編之屬

張氏醫書七種　（清）張璐等撰　清三元堂刻本(傷寒讚論、傷寒緒論、傷寒舌鑑、傷寒兼證析義、本經逢原補配清同德堂刻本)　張德茂題籤　三十一冊　缺一卷(本經逢原四)

330000－4735－0000662　00080　經部/書類/傳說之屬

附釋音尚書注疏二十卷　（漢）孔安國傳　（唐）孔穎達疏　**尚書注疏校勘記二十卷**　（清）阮元撰　（清）盧宣旬摘錄　清嘉慶二十年(1815)南昌府學刻重刊宋本十三經注疏附校勘記本　清林丙修批校　七冊　缺四卷(十六至十七、校勘記十六至十七)

330000－4735－0000663　05004　子部/醫家類/綜合之屬/通論

御纂醫宗金鑑九十卷首一卷　（清）吳謙等撰　清刻本　二十九冊　存五十七卷(首，一至九、十五至二十八、三十二至四十一、四十四至四十八、五十一至五十二、五十七、六十至六十九、七十二至七十四、八十三至八十四)

330000－4735－0000664　05005　子部/醫家類/綜合之屬/通論

御纂醫宗金鑑九十卷首一卷　（清）吳謙等撰　清光緒二十九年(1903)上海飛鴻閣書林石印本　修靜道人題籤　十六冊　存七十五卷(首、一至七十四)

330000－4735－0000666　05006　子部/醫家類/綜合之屬/通論

御纂醫宗金鑑九十卷首一卷　（清）吳謙等撰

清光緒二十九年(1903)上海飛鴻閣書林石印本 十五冊 存七十一卷(首,一至五十四、五十九至七十四)

330000－4735－0000668 00082 經部/叢編
十三經註疏三百三十三卷 明崇禎元年至十二年(1628－1639)古虞毛氏汲古閣刻本 一冊 存一種

330000－4735－0000669 00083 經部/叢編
十三經註疏三百三十三卷 明崇禎元年至十二年(1628－1639)古虞毛氏汲古閣刻本 七冊 存一種

330000－4735－0000670 00084 經部/叢編
十三經註疏三百三十三卷 明崇禎元年至十二年(1628－1639)古虞毛氏汲古閣刻本 十九冊 存四種

330000－4735－0000671 02003、03043 史部/編年類/通代之屬
資治通鑑補二百九十四卷 (明)嚴衍撰 清光緒二年(1876)武進盛氏思補樓木活字印本 八十冊

330000－4735－0000672 00321、00373 經部/叢編
十三經註疏三百三十三卷 明崇禎元年至十二年(1628－1639)古虞毛氏汲古閣刻清乾隆四十年(1775)虞山席世宣補刻本 一百十四冊 存九種

330000－4735－0000673 05008 子部/醫家類/綜合之屬/通論
御纂醫宗金鑑九十卷首一卷 (清)吳謙等撰 清刻本 十六冊 存二十八卷(十八至三十、五十至六十四)

330000－4735－0000675 00086 經部/叢編
御纂七經五種二百九十四卷 (清)李光地等撰 清康熙至乾隆內府刻本 十三冊 存一種

330000－4735－0000677 00087 經部/叢編
御纂七經五種二百九十四卷 (清)李光地等撰 清同治六年至九年(1867－1870)浙江書

局刻本 四冊 存二種

330000－4735－0000678 00088 經部/叢編
御纂七經五種二百九十四卷 (清)李光地等撰 清康熙至乾隆內府刻本 七冊 存一種

330000－4735－0000679 02002、02020 史部/編年類/通代之屬
資治通鑑二百九十四卷 (宋)司馬光撰 (元)胡三省音注 **通鑑釋文辯誤十二卷** (元)胡三省撰 清同治十年(1871)湖北崇文書局刻本 一百四冊

330000－4735－0000681 05011 子部/醫家類/綜合之屬/通論
景岳全書六十四卷 (明)張介賓撰 清刻本 四十冊

330000－4735－0000682 02004、03060 史部/編年類/通代之屬
資治通鑑二百九十四卷 (宋)司馬光撰 (元)胡三省音注 **通鑑釋文辯誤十二卷** (元)胡三省撰 清嘉慶長沙佚老堂刻本 一百冊

330000－4735－0000683 05012 子部/醫家類/綜合之屬/通論
景岳全書六十四卷 (明)張介賓撰 清乾隆三十三年(1768)越郡黎照樓刻本 二十四冊

330000－4735－0000684 00090 經部/書類/傳說之屬
書經集傳六卷 (宋)蔡沈撰 清金陵奎壁齋刻本 二冊 存三卷(一至三)

330000－4735－0000685 00091 經部/書類/傳說之屬
書經集傳六卷 (宋)蔡沈撰 清聚奎堂刻本 一冊 存二卷(五至六)

330000－4735－0000686 00092 經部/書類/傳說之屬
書經集傳六卷 (宋)蔡沈撰 清光緒三年(1877)永康退補齋胡氏刻本 四冊

330000－4735－0000687 00093 經部/書

類/傳說之屬

書經精義四卷首一卷末一卷 （清）黃淦纂
清嘉慶九年(1804)刻本　一冊

330000－4735－0000688　05013　子部/醫家
類/外科之屬/通論

瘍醫大全四十卷 （清）顧世澄撰　清光緒二
十年(1894)善成堂刻本　葦清題簽　三十九
冊　缺一卷(五)

330000－4735－0000689　00094　經部/書
類/傳說之屬

書經精華六卷 （清）薛嘉穎撰　清光緒二十
年(1894)聚奎堂刻本　四冊

330000－4735－0000690　00095　類叢部/類
書類/通類之屬

**玉海二百卷附刻辭學指南四卷詩攷一卷詩地
理攷六卷漢藝文志攷證十卷通鑑地理通釋十
四卷漢制攷四卷踐阼篇集解一卷周易鄭康成
注一卷姓氏急就篇二卷急就篇補注四卷周書
王會補注一卷小學紺珠十卷六經天文編二卷
通鑑答問五卷** （宋）王應麟撰　清刻本　一
冊　存二卷(周書王會補注、小學紺珠一)

330000－4735－0000692　05015　子部/醫家
類/方書之屬/單方驗方

本草萬方鍼線八卷 （清）蔡烈先輯　清刻本
三冊

330000－4735－0000693　05016、05759　子
部/醫家類/本草之屬/歷代綜合本草

本草綱目五十二卷附圖三卷 （明）李時珍撰
清同治十一年(1872)芥子園刻本　二十六
冊　缺九卷(一至二、五至八、十四、四十五,
圖一)

330000－4735－0000694　00097　經部/書
類/傳說之屬

書經旁訓辨體合訂四卷 （清）徐立綱輯　清
裕文堂刻本　二冊

330000－4735－0000695　00099　經部/書
類/傳說之屬

尚書古文疏證八卷補遺一卷 （清）閻若璩撰

朱子古文書疑一卷 （清）閻詠輯　清乾隆
十年(1745)眷西堂刻本　八冊

330000－4735－0000696　05017　子部/醫家
類/方書之屬/單方驗方

本草萬方鍼線八卷 （清）蔡烈先輯　清芥子
園刻本　二冊　存四卷(一至四)

330000－4735－0000697　05018　子部/醫家
類/本草之屬/歷代綜合本草

本草綱目五十二卷 （明）李時珍撰　清同治
十一年(1872)芥子園刻本　五冊　存五卷
(十一至十三、十六、五十下)

330000－4735－0000698　00100　類叢部/叢
書類/自著之屬

湘綺樓全書十八種 王闓運撰　清光緒至宣
統刻本　一冊　存一種

330000－4735－0000699　00101　類叢部/叢
書類/自著之屬

湘綺樓全書十八種 王闓運撰　清光緒至宣
統刻本　一冊　存一種

330000－4735－0000700　00102　經部/書
類/傳說之屬

尚書大傳四卷 （漢）鄭玄注　**尚書大傳補遺
一卷** （清）盧見曾撰　**尚書大傳考異一卷續
補遺一卷** （清）盧文弨撰　清刻本　一冊

330000－4735－0000701　00103　經部/書
類/傳說之屬

尚書今古文注三十卷 （清）孫星衍撰　清光
緒五年(1879)丁寶楨刻本　一冊　存十一卷
(一至十一)

330000－4735－0000702　05019　子部/醫家
類/本草之屬/歷代綜合本草

本草綱目五十二卷附圖三卷 （明）李時珍撰
清同治十一年(1872)芥子園刻本　二十一
冊　存二十八卷(三至四、九、十四至十六、二
十六至二十八、三十一、三十五至五十一,圖
一)

330000－4735－0000703　00104　經部/書
類/傳說之屬

書傳音釋六卷首一卷末一卷　（宋）蔡沈集傳
（元）鄒季友音釋　清光緒十五年（1889）江
南書局刻本　六冊

330000－4735－0000704　05020　子部/醫家
類/本草之屬/歷代綜合本草

本草綱目五十二卷　（明）李時珍撰　**本草萬
方鍼線八卷**　（清）蔡烈先輯　清學源堂刻本
三十二冊　存四十卷（一、三至十、十二、十
四至十五、十七至十八、二十三至二十四、二
十七至四十四、四十七至五十，本草萬方鍼線
七至八）

330000－4735－0000705　05021　子部/醫家
類/本草之屬/歷代綜合本草

本草綱目五十二卷圖三卷瀕湖脈學一卷奇經
八脈攷一卷脈訣攷證一卷　（明）李時珍撰
本草萬方鍼線八卷　（清）蔡烈先輯　清刻本
五十一冊　缺一卷（五十二）

330000－4735－0000706　00109　經部/書
類/傳說之屬

尚書句解六卷　（清）錢在培輯解　清光緒二
十六年（1900）棣華齋刻本　二冊

330000－4735－0000707　05022　子部/醫家
類/本草之屬/歷代綜合本草

本草綱目五十二卷　（明）李時珍撰　**本草萬
方鍼線八卷**　（清）蔡烈先輯　清同治十一年
（1872）芥子園刻本　八冊　存二十四卷（九
至十、二十六至二十八、三十四至四十六、五
十至五十一，本草萬方鍼線一至四）

330000－4735－0000708　02005　史部/編年
類/通代之屬

資治通鑑二百九十四卷　（宋）司馬光撰
（元）胡三省音注　清刻本　二十二冊　存七
十一卷（七十九至一百四、一百十五至一百二
十七、一百三十二至一百三十七、一百四十一
至一百五十、一百六十一至一百七十六）

330000－4735－0000709　05023　子部/醫家
類/本草之屬/歷代綜合本草

本草綱目五十二卷　（明）李時珍撰　清本立
堂刻本　十九冊　存二十五卷（三至四、八至

十一、十三、十七至十八、二十八至二十九、三
十一至三十二、三十六、三十九至四十四、四
十七至四十八、五十至五十二）

330000－4735－0000711　00111　經部/書
類/傳說之屬

書經詮義十二卷首二卷　（清）汪紱撰　清光
緒七年（1881）紫陽書院刻本　十三冊

330000－4735－0000712　05024　子部/醫家
類/綜合之屬/通論

御纂醫宗金鑑九十卷首一卷　（清）吳謙等撰
清刻本　四十七冊　存八十九卷（二至九
十）

330000－4735－0000713　05025　子部/醫家
類/類編之屬

陳修園醫書二十一種　（清）陳念祖等撰　清
光緒十八年（1892）敦厚堂刻本（金匱要畧淺
註十卷、金匱方歌括六卷、長沙方歌括六卷補
配清文林堂刻本）　四十八冊　存十八種

330000－4735－0000715　00113　經部/書
類/傳說之屬

書經體註大全合參六卷　（宋）蔡沈集傳
（清）錢希祥輯註　清雍正三年（1725）刻本
二冊

330000－4735－0000716　05026　子部/醫家
類/類編之屬

陳修園醫書四十八種　（清）陳念祖等撰　清
光緒三十三年（1907）巴蜀善成堂刻本　三十
七冊　存二十八種

330000－4735－0000717　02007－02010　史
部/編年類/通代之屬

資治通鑑綱目五十九卷　（宋）朱熹撰　（明）
陳仁錫評　續編一卷　（明）陳桱撰　（明）陳
仁錫評　續資治通鑑綱目二十七卷　（明）商
輅等撰　（明）陳仁錫評　資治通鑑綱目前編
二十五卷　（明）南軒撰　（明）陳仁錫評　明
崇禎三年（1630）陳仁錫刻本　五十三冊　存
五十二卷（八至五十九）

330000－4735－0000718　02008　史部/編年

類/通代之屬

尺木堂綱鑑易知錄九十二卷 （清）吳乘權
（清）周之炯 （清）周之燦輯 清康熙五十年
(1711)暨陽聚珍堂刻本 四十冊 存八十七
卷(一至二、五至四十二、四十六至九十二)

330000－4735－0000719 02009 史部/編年
類/斷代之屬

御撰資治通鑑綱目三編二十卷 （清）張廷玉
等撰 清乾隆十一年(1746)刻本 六冊

330000－4735－0000720 02010－02007 史
部/編年類/通代之屬

續資治通鑑綱目二十七卷 （明）商輅等撰
（明）陳仁錫評 明崇禎三年(1630)陳仁錫刻
本 七冊 存七卷(一至七)

330000－4735－0000721 02011 史部/編年
類/通代之屬

校刊資治通鑑全書八種 （清）胡元常輯 清
光緒十四年至十七年(1888－1891)長沙楊氏
刻本 萬德懿題簽並記 一百冊

330000－4735－0000722 05027 子部/叢編

二十二子(二十二子彙函) （清）浙江書局編
 清光緒新化三味書室刻本 十二冊 存
一種

330000－4735－0000727 05032 子部/醫家
類/方書之屬/單方驗方

增廣驗方新編十六卷 （清）鮑相璈輯 清同
治八年(1869)薌谿公局刻本 蔣仲珊題簽並
記 十一冊

330000－4735－0000728 05033 子部/醫家
類/醫經之屬/内經

黃帝内經素問註證發微九卷靈樞註證發微九
卷補遺一卷 （明）馬蒔撰 清光緒五年
(1879)善成堂刻本 十九冊

330000－4735－0000729 02012－02013 史
部/編年類/通代之屬

資治通鑑綱目五十九卷 （宋）朱熹撰 （明）
陳仁錫評 資治通鑑綱目續編一卷 （明）陳
桱撰 （明）陳仁錫評 資治通鑑綱目前編二

十五卷 （明）南軒撰 （明）陳仁錫評 續資
治通鑑綱目二十七卷 （明）商輅等撰 （明）
陳仁錫評 清嘉慶八年(1803)敬書堂刻本
六十二冊 存五十九卷(一至五十九)

330000－4735－0000730 05034 子部/醫家
類/醫經之屬/内經

素問靈樞類纂約註三卷 （清）汪昂撰 清嘉
慶二十二年(1817)刻本 三冊

330000－4735－0000731 05035 子部/醫家
類/醫經之屬/内經

内經知要二卷 （明）李中梓輯並注 清光緒
十一年(1885)蘇州王氏綠慎堂刻本 二冊

330000－4735－0000733 05052 子部/叢編

二十二子(二十二子彙函) （清）浙江書局編
 清光緒元年至三年(1875－1877)浙江書局
刻本 四冊 存一種

330000－4735－0000734 05038 子部/叢編

二十二子(二十二子彙函) （清）浙江書局編
 清光緒元年至三年(1875－1877)浙江書局
刻本 十冊 存一種

330000－4735－0000735 00114 經部/書
類/傳說之屬

尚書體註約解合祭六卷 （清）洪佐聖 （清）
洪輔聖 （清）洪翼聖著 （清）洪文衡增訂
（清）洪正治等校編 （清）范翔重訂 清刻本
 二冊 存二卷(三至四)

330000－4735－0000737 02013－02012 史
部/編年類/通代之屬

續資治通鑑綱目二十七卷 （明）商輅等撰
（明）陳仁錫評 清嘉慶八年(1803)敬書堂刻
本 十九冊 存十九卷(一至十九)

330000－4735－0000738 00115 經部/書
類/傳說之屬

尚書體註約解合祭六卷 （清）洪佐聖 （清）
洪輔聖 （清）洪翼聖著 （清）洪文衡增訂
（清）洪正治等校編 （清）范翔重訂 清乾隆
三十七年(1772)武林三餘堂刻本 二冊 存
二卷(一、三)

330000－4735－0000739　05040　子部/醫家類/醫經之屬/内經

醫經原旨六卷　(清)薛雪集註　清寧郡簡香齋刻本　六冊

330000－4735－0000740　05041　子部/醫家類/醫經之屬/内經

黄帝内經素問校義一卷　(清)胡澍撰　清光緒五年(1879)世澤樓刻本　一冊

330000－4735－0000741　05042　子部/醫家類/醫經之屬/内經

新刊註釋素問玄機原病式二卷　(金)劉完素撰　(元)薛時平注　清刻本　一冊

330000－4735－0000742　05043　子部/醫家類/醫經之屬/内經

素問靈樞類纂約註三卷　(清)汪昂撰　清刻本　三冊

330000－4735－0000746　05045　子部/醫家類/醫經之屬/内經

素問靈樞類纂約註三卷　(清)汪昂撰　清嘉慶九年(1804)埽葉山房刻本　三冊

330000－4735－0000747　05046　子部/醫家類/醫經之屬/内經

素問靈樞類纂約註三卷　(清)汪昂撰　清江陰寶文堂書莊刻本　一冊

330000－4735－0000748　05047　子部/醫家類/醫經之屬/内經

素問靈樞類纂約註三卷　(清)汪昂撰　清嘉慶九年(1804)掃葉山房刻本　一冊　存二卷(二至三)

330000－4735－0000749　05048　子部/醫家類/醫經之屬/難經

圖註八十一難經辨真四卷　(明)張世賢撰　清光緒浙江亦西齋刻本　一冊　存二卷(一至二)

330000－4735－0000750　05049　子部/醫家類/醫經之屬/難經

圖註八十一難經辨真四卷　(明)張世賢撰　清刻本　一冊

330000－4735－0000751　05050　子部/醫家類/醫經之屬/難經

圖註八十一難經辨真四卷　(明)張世賢撰　清刻本　一冊

330000－4735－0000752　00119　經部/書類/傳說之屬

尚書離句六卷　(清)錢在培輯解　清光緒二十年(1894)立言堂刻本　二冊

330000－4735－0000753　05051　子部/醫家類/醫經之屬/難經

圖註八十一難經辨真四卷　(明)張世賢撰　清刻本　蘇瑞卿題簽並記　一冊

330000－4735－0000754　00120　經部/書類/傳說之屬

尚書離句六卷　(清)錢在培輯解　清光緒四年(1878)越城聚奎堂刻本　二冊

330000－4735－0000755　05053　子部/醫家類/醫案之屬

臨證指南醫案十卷　(清)葉桂撰　(清)徐大椿評　清光緒十年(1884)掃葉山房刻朱墨套印本　十冊

330000－4735－0000756　00121　經部/書類/傳說之屬

尚書離句六卷　(清)錢在培輯解　清刻本　一冊　存一卷(四)

330000－4735－0000757　00122　經部/書類/傳說之屬

尚書離句六卷　(清)錢在培輯解　清光緒四年(1878)越城聚奎堂刻本　一冊

330000－4735－0000758　00123　經部/書類/傳說之屬

尚書離句六卷　(清)錢在培輯解　清刻本　一冊

330000－4735－0000759　05054、05098　子部/醫家類/綜合之屬/通論

欽定古今圖書集成醫部全錄五百二十卷　(清)蔣廷錫　(清)陳夢雷等輯　清光緒二十一年至二十三年(1895－1897)影印本　五十

冊　存四百二十三卷(一至一百五十、二百四十八至五百二十)

330000 - 4735 - 0000760　00124　經部/書類/傳說之屬

尚書離句六卷　（清）錢在培輯解　清光緒四年(1878)越城聚奎堂刻本　一冊

330000 - 4735 - 0000761　00125　經部/書類/傳說之屬

尚書離句六卷　（清）錢在培輯解　清刻本二冊

330000 - 4735 - 0000762　05055　子部/醫家類/綜合之屬/雜著

玉機微義五十卷　（明）徐用誠輯　（明）劉純續輯　清上海四馬路樂善堂刻本　十冊

330000 - 4735 - 0000763　00126　經部/書類/傳說之屬

申文定公書經講義會編十二卷　（明）申時行撰　清刻本　二冊　存三卷(二至三、六)

330000 - 4735 - 0000764　00127　經部/書類/分篇之屬

禹貢會箋十二卷山水總目一卷圖一卷　（清）徐文靖撰　（清）趙弁訂　清同治十三年(1874)慈溪何氏常惺惺齋刻本　三冊

330000 - 4735 - 0000765　00128　經部/書類/分篇之屬

禹貢錐指二十卷略例一卷圖一卷　（清）胡渭撰　清康熙漱六軒刻本　六冊　存十六卷(二至七、十一至二十)

330000 - 4735 - 0000766　02014　史部/編年類/通代之屬

御批歷代通鑑輯覽一百二十卷　（清）傅恆等撰　清同治十三年(1874)湖南書局刻本　五十九冊　缺二卷(三十九至四十)

330000 - 4735 - 0000767　02015　史部/編年類/斷代之屬

御撰資治通鑑綱目三編二十卷　（清）張廷玉等撰　清乾隆十一年(1746)刻本　六冊

330000 - 4735 - 0000768　02016　史部/編年類

御批資治通鑑綱目全書一百九卷　清刻本二十七冊　存一種

330000 - 4735 - 0000769　05056　子部/醫家類/方書之屬/單方驗方

驗方新編二十四卷　（清）鮑相璈輯　清光緒四年(1878)省城東壁齋刻本　十四冊　存二十二卷(一至十九、二十一至二十三)

330000 - 4735 - 0000770　02017　史部/編年類/通代之屬

御批歷代通鑑輯覽一百二十卷　（清）傅恆等撰　清刻本　三十一冊　存四十三卷(四十至七十九、八十四、一百三至一百四)

330000 - 4735 - 0000771　05057　子部/醫家類/類編之屬

醫門棒喝二種　（清）章楠撰　清宣統元年(1909)蠡城三友益齋石印本　九冊

330000 - 4735 - 0000772　05058　子部/醫家類/類編之屬

陳修園醫書二十一種　（清）陳念祖等撰　清光緒二十五年(1899)文瀾書局石印本　十六冊

330000 - 4735 - 0000773　02018　史部/編年類/通代之屬

綱鑑會纂三十九卷首一卷　（明）王世貞編

甲子紀元一卷　（清）陳弘謀輯　清善成堂刻本　二十七冊　缺十三卷(一、三至十三、十五)

330000 - 4735 - 0000774　05059　子部/醫家類/方書之屬/單方驗方

增廣驗方新編十八卷　（清）鮑相璈輯　（清）張紹棠增輯　清刻本　五冊　存七卷(四至五、九至十一、十五至十六)

330000 - 4735 - 0000775　05060　子部/醫家類/傷寒金匱之屬/傷寒論

尚論張仲景傷寒論重編三百九十七法二卷首一卷後四卷　（清）喻昌撰　清刻本　五冊

330000－4735－0000776　02019　史部/編年類/斷代之屬

明紀六十卷　（清）陳鶴輯　（清）陳克家補　清同治十年(1871)江蘇書局刻本　萬德懿題簽　二十二冊

330000－4735－0000777　05061　子部/醫家類/傷寒金匱之屬/傷寒論

尚論張仲景傷寒論重編三百九十七法二卷首一卷後四卷　（清）喻昌撰　清同文堂刻本　四冊

330000－4735－0000778　05062、05416　子部/醫家類/類編之屬

當歸草堂醫學叢書初編十種　（清）丁丙編　清光緒四年(1878)錢塘丁氏當歸草堂刻本　十冊　存九種

330000－4735－0000779　00129　經部/書類/傳說之屬

尚書後案三十卷　（清）王鳴盛撰　清光緒十三年(1887)大同書局石印本　二冊

330000－4735－0000780　02022　史部/編年類/通代之屬

通鑑釋文辯誤十二卷　（元）胡三省撰　清同治十年(1871)湖北崇文書局刻本　三冊　存九卷(四至十二)

330000－4735－0000781　00130　經部/群經總義類/傳說之屬

雪樵經解三十卷附錄三卷　（清）馮世瀛輯　清光緒八年(1882)秋樹根齋刻本　十二冊　存十六卷(一至四、六至八、十一、十九、二十一至二十三、二十五,附錄一至三)

330000－4735－0000782　02023　史部/編年類/通代之屬

資治通鑑後編校勘記十五卷　夏震武撰　清光緒二十四年(1898)浙江書局刻本　四冊

330000－4735－0000784　00132　經部/叢編

御纂七經五種二百九十四卷　（清）李光地等撰　清光緒二十年(1894)上海書局石印本　二冊　存一種

330000－4735－0000785　05064　子部/醫家類/類編之屬

黃氏醫書八種　（清）黃元御撰　清同治五年(1866)刻本　十九冊　缺十一卷(四聖懸樞一至二,傷寒懸解首、一,金匱懸解十六至二十二)

330000－4735－0000786　02024、02026　史部/編年類/通代之屬

資治通鑑二百九十四卷　（宋）司馬光撰　（元）胡三省音注　清刻本　六十六冊　缺一百一卷(一至三、七十九至一百七十六)

330000－4735－0000788　05065　子部/醫家類/類編之屬

當歸草堂醫學叢書初編十種　（清）丁丙編　清光緒四年(1878)錢塘丁氏當歸草堂刻本　十一冊　存九種

330000－4735－0000790　05066　子部/醫家類/綜合之屬/通論

御纂醫宗金鑑九十卷首一卷　（清）吳謙等撰　清刻本　三十五冊　存七十五卷(首、一至七十四)

330000－4735－0000791　02025　史部/編年類/通代之屬

續資治通鑑二百二十卷　（清）畢沅撰　清嘉慶六年(1801)刻本　萬德懿題簽　六十四冊

330000－4735－0000794　05067　子部/醫家類/傷寒金匱之屬/傷寒論

傷寒來蘇集三種　（清）柯琴撰　清文聚堂刻本　六冊　存一種

330000－4735－0000795　02041　史部/編年類/通代之屬

宋元通鑑一百五十七卷　（明）薛應旂撰　（明）陳仁錫評　明刻本　三冊　存二十四卷(七十二至八十九、九十七至一百二)

330000－4735－0000796　05068　子部/醫家類/傷寒金匱之屬/傷寒論

傷寒補天石二卷續二卷　（明）戈維城撰　清寧波汲綆齋刻本　四冊

330000－4735－0000797　02027　　史部/編年
類/通代之屬

資治通鑑二百九十四卷目錄三十卷　（宋）司
馬光撰　（元）胡三省音注　**續資治通鑑二百
二十卷**　（清）畢沅撰　清光緒十四年(1888)
上海蜚英館石印本　三十八冊　缺二百七卷
（八至二十四、一百三十七至二百十八，續資
治通鑑一百十三至二百二十）

330000－4735－0000798　05069　　子部/醫家
類/傷寒金匱之屬/傷寒論

劉河間傷寒三書二十卷　（金）劉完素撰　清
刻本　七冊

330000－4735－0000799　05070　　子部/醫家
類/傷寒金匱之屬/傷寒論

傷寒論三註十六卷　（清）周揚俊輯　清光緒
十三年(1887)漁古山房刻本　六冊

330000－4735－0000800　02029、02038　　史
部/編年類/通代之屬

資治通鑑綱目五十九卷　（宋）朱熹撰　（明）
陳仁錫評　**資治通鑑綱目續編一卷**　（明）陳
桱撰　（明）陳仁錫評　**資治通鑑綱目前編二
十五卷**　（明）南軒撰　（明）陳仁錫評　**續資
治通鑑綱目二十七卷**　（明）商輅等撰　（明）
陳仁錫評　清嘉慶八年(1803)敬書堂刻本
九十二冊　缺三卷（四十三、續資治通鑑綱目
十七至十八）

330000－4735－0000801　05071　　子部/醫家
類/傷寒金匱之屬/傷寒論

傷寒大白四卷總論一卷　（清）秦之楨撰　清
光緒十年(1884)還讀樓刻本　四冊

330000－4735－0000802　05072　　子部/醫家
類/傷寒金匱之屬/傷寒論

傷寒大成五種　（清）張璐等撰　清康熙六年
(1667)金閶書業堂刻本　二冊　存二種

330000－4735－0000803　05073　　子部/醫家
類/外科之屬/外科方

外科正宗十二卷附錄一卷　（明）陳實功撰
（清）徐大椿評　清光緒八年(1882)刻本
八冊

330000－4735－0000804　05074　　子部/醫家
類/外科之屬/通論

**瘍科臨證心得集三卷瘍科心得集方彙三卷補
遺一卷家用膏丹丸散方一卷**　（清）高秉鈞撰
輯　清盡心堂刻本　三冊

330000－4735－0000805　02031　　史部/編年
類/通代之屬

續資治通鑑二百二十卷　（清）畢沅撰　清刻
本　六十四冊

330000－4735－0000806　02032　　史部/編年
類/通代之屬

御批歷代通鑑輯覽一百二十卷　（清）傅恆等
撰　清同治十三年(1874)湖南書局刻本　四
十七冊　缺二卷（八十至八十一）

330000－4735－0000807　02033、03059　　史
部/編年類/通代之屬

御批歷代通鑑輯覽一百二十卷　（清）傅恆等
撰　清同治十年(1871)浙江書局刻朱墨套印
本　四十八冊

330000－4735－0000808　02034　　史部/編年
類/通代之屬

御批歷代通鑑輯覽一百二十卷　（清）傅恆等
撰　清光緒三十年(1904)文通書局石印本
三十二冊

330000－4735－0000809　05075　　子部/醫家
類/類編之屬

徐氏醫書八種　（清）徐大椿撰　清光緒十六
年(1890)嶺南小嬛嬛閣刻本　朱謙批並跋
十冊

330000－4735－0000810　02035　　史部/編年
類/通代之屬

御批歷代通鑑輯覽一百二十卷　（清）傅恆等
撰　清光緒三十年(1904)文通書局石印本
三十二冊

330000－4735－0000811　08167　　類叢部/叢
書類/自著之屬

賭棋山莊所著書七種　（清）謝章鋌撰　清光
緒至民國刻本　二十四冊　存六種

330000－4735－0000812　02036　史部/編年類/通代之屬

御批歷代通鑑輯覽一百二十卷　（清）傅恆等撰　清光緒三十年（1904）上海商務印書館鉛印本　袁志慶題記　二十四冊

330000－4735－0000813　05076　子部/醫家類/兒科之屬/通論

幼科要覽四卷　（清）曹克安輯　清敬藝堂刻本　四冊

330000－4735－0000814　02037　史部/編年類/通代之屬

御批歷代通鑑輯覽一百二十卷　（清）傅恆等撰　清光緒二十四年（1898）杭省衢樽局石印本　十六冊　缺二十五卷（二十八至三十三、六十三至六十七、九十至九十五、一百十三至一百二十）

330000－4735－0000816　05077　子部/醫家類/兒科之屬/痘疹

痘疹真傳二卷　（清）曹光熙鑒定　清嘉慶二十二年（1817）敬藝堂刻本　四冊

330000－4735－0000817　05078　子部/醫家類/兒科之屬/通論

幼科鉄鏡六卷　（清）夏鼎撰　清務本堂刻本　二冊

330000－4735－0000818　08168　集部/總集類/選集之屬/斷代

明人詩鈔正集十四卷續集十四卷　（清）朱琰輯　清乾隆二十五年（1760）樊桐山房刻本　八冊

330000－4735－0000819　08169　集部/總集類/選集之屬/通代

續古文辭類纂三十四卷　王先謙輯　清光緒八年（1882）長沙王氏虛受堂刻本　曾士瀛跋　八冊

330000－4735－0000820　05079　子部/醫家類/喉科口齒之屬/通論

喉科四卷附集驗良方一卷　（清）包永泰撰　清光緒八年（1882）資善堂刻本　一冊　存二卷（一至二）

330000－4735－0000821　08170　集部/總集類/選集之屬/通代

續古文辭類纂三十四卷　王先謙輯　清光緒八年（1882）長沙王氏虛受堂刻本　八冊　存三十卷（一至三十）

330000－4735－0000822　05080　子部/醫家類/傷寒金匱之屬/傷寒論

新增傷寒集註十五卷　（清）舒詔撰　清文富堂刻本　四冊

330000－4735－0000824　00138　經部/叢編

十三經註疏三百三十三卷　明崇禎元年至十二年（1628－1639）古虞毛氏汲古閣刻本　十二冊　存一種

330000－4735－0000825　05081　子部/醫家類/類編之屬

中西匯通醫書五種　唐宗海撰　清光緒三十四年（1908）上海千頃堂書局石印本　三冊　存一種

330000－4735－0000826　02040　史部/編年類/通代之屬

資治通鑑綱目五十九卷　（宋）朱熹撰　（明）陳仁錫評　**資治通鑑綱目續編一卷**　（明）陳樫撰　（明）陳仁錫評　**資治通鑑綱目前編二十五卷**　（明）南軒撰　（明）陳仁錫評　**續資治通鑑綱目二十七卷**　（明）商輅等撰　（明）陳仁錫評　清嘉慶八年（1803）敬書堂刻本　九冊　存九卷（續編、續資治通鑑綱目二十至二十七）

330000－4735－0000827　05082　子部/醫家類/溫病之屬/瘧痢

痢疾論四卷　（清）孔毓禮輯　清刻本　二冊

330000－4735－0000829　08171　集部/總集類/郡邑之屬

湖南文徵一百九十卷首一卷目錄六卷姓氏傳四卷補編目錄一卷　（清）羅汝懷輯　清同治十年（1871）刻本　一百冊

330000－4735－0000830　02042　史部/編年

類/通代之屬

資治通鑑二百九十四卷 （宋）司馬光撰
（元）胡三省音注 （明）陳仁錫評 清刻本
二十一冊 存八十七卷（五十六至六十、六十
五至一百十、一百四十五至一百六十二、一百
七十八至一百八十、二百三十四至二百三十
七、二百四十六至二百四十九、二百六十六至
二百六十八、二百七十三至二百七十六）

330000－4735－0000831 05083 子部/醫家
類/溫病之屬/瘟疫

明吳又可先生溫疫論醫門普度二卷附一卷
（明）吳有性撰 （清）孔毓禮評 （清）龔紹
林加評 清文淵堂刻本 二冊

330000－4735－0000832 05084 子部/醫家
類/溫病之屬/瘧痢

痢疾論四卷 （清）孔毓禮輯 清刻本 二冊

330000－4735－0000833 05085 子部/醫家
類/溫病之屬/其他溫疫病證

溫病條辨六卷首一卷 （清）吳瑭撰 （清）朱
武曹點評 清光緒十九年(1893)上海圖書集
成印書局鉛印本 四冊

330000－4735－0000835 08173 集部/別集
類/宋別集

劍南詩鈔六卷 （宋）陸游撰 （清）楊大鶴選
清淵海書局刻本 八冊

330000－4735－0000836 08172 集部/別集
類/宋別集

劍南詩鈔六卷 （宋）陸游撰 （清）楊大鶴選
清刻本 五冊 存三卷（七言古、五言律、
七言律）

330000－4735－0000837 05087 子部/醫家
類/傷寒金匱之屬/傷寒論

傷寒第一書四卷附餘二卷 （清）車宗輅
（清）胡憲豐輯 清光緒十一年(1885)浙紹奎
照樓刻本 六冊

330000－4735－0000838 08174 集部/總集
類/選集之屬/通代

文選六十卷 （南朝梁）蕭統輯 （唐）李善注

文選考異十卷 （清）胡克家撰 清同治八
年(1869)湖北崇文書局刻本 六冊 存十九
卷(三十六至五十四)

330000－4735－0000839 00145 經部/詩
類/傳說之屬

詩經精義四卷首一卷末一卷 （清）黃淦撰
清嘉慶七年(1802)刻本 一冊 存四卷（首、
一至三）

330000－4735－0000840 00146 經部/詩
類/傳說之屬

詩經精義四卷首一卷末一卷 （清）黃淦撰
清嘉慶七年(1802)刻本 蔣默菴題記 一冊

330000－4735－0000841 00147 經部/詩
類/傳說之屬

詩經精華十卷 （清）薛嘉穎輯 清光緒二十
年(1894)聚奎堂刻本 四冊

330000－4735－0000842 00148 經部/詩
類/傳說之屬

詩經精華十卷 （清）薛嘉穎輯 清光緒二年
(1876)甯郡簡香齋刻本 五冊

330000－4735－0000845 00149 經部/四書
類/論語之屬/傳說

增訂二論詳解四卷 （清）劉忠輯 清學庫山
房刻本 四冊

330000－4735－0000846 05088 子部/醫家
類/綜合之屬

丹臺玉案六卷 （明）孫文胤撰 清五鳳樓刻
本 六冊

330000－4735－0000847 08177 類叢部/叢
書類/彙編之屬

半廠叢書初編十種 （清）譚獻編 清同治至
光緒仁和譚氏刻本 十六冊

330000－4735－0000848 00151 經部/叢編

四經精華三十七卷 （清）魏朝俊輯 清光緒
十一年(1885)魏氏古香閣刻本 五冊 存
一種

330000－4735－0000850 05089 新學/醫

學/內科

內科理法前編六卷後編總病六卷專病十卷附一卷 （英國）虎伯撰 （英國）茄合 （英國）哈來參訂 舒高第口譯 （清）趙元益筆述 清光緒江南製造局刻本 十冊 存二十卷（前編一至二、四，後編總病一至六，專病一至十，附）

330000－4735－0000851 02043、02075 史部/編年類/斷代之屬

兩漢紀六十卷 （宋）王銍輯 **兩漢紀校記二卷** （清）陳璞撰 清光緒二年(1876)嶺南學海堂刻本 陳壽題籤並記 十四冊 缺二卷（兩漢紀校記一至二）

330000－4735－0000853 02044 史部/編年類/通代之屬

御批歷代通鑑輯覽一百二十卷 （清）傅恆等撰 清光緒二十四年(1898)杭省衢樽局石印本 十三冊 存七十八卷（七至二十一、二十八至三十三、四十一至八十三、一百一至一百六、一百十三至一百二十）

330000－4735－0000854 02045 史部/編年類/斷代之屬

明紀六十卷 （清）陳鶴輯 （清）陳克家補 清光緒二十八年(1902)上海積山書局石印本 曾士瀛題籤並記 三冊

330000－4735－0000855 00153 類叢部/叢書類/自著之屬

戚鶴泉所著書十一種 （清）戚學標撰 清乾隆至嘉慶刻本 四冊 存一種

330000－4735－0000856 05091 子部/醫家類/綜合之屬/通論

新刊萬病回春原本八卷 （明）龔廷賢編 清三讓堂刻本 八冊

330000－4735－0000857 02046 史部/編年類/通代之屬

御批歷代通鑑輯覽一百二十卷 （清）傅恆等撰 清光緒三十年(1904)上海商務印書館鉛印本 十八冊 存九十卷（一至六十、九十一至一百二十）

330000－4735－0000858 05092 子部/醫家類/醫經之屬/內經

黃帝素問宣明論方十五卷 （金）劉完素撰 清刻本 三冊

330000－4735－0000859 08179 集部/別集類/清別集

曾文正公文集四卷雜箸四卷 （清）曾國藩撰 （清）李瀚章輯 清同治十三年(1874)傳忠書局刻本 二冊 存五卷（文集一至二、雜著一至三）

330000－4735－0000860 02047 史部/編年類/通代之屬

資治通鑑二百九十四卷 （宋）司馬光撰 （元）胡三省音注 清光緒二十八年(1902)上海積山書局石印本 曾士瀛題籤並記 十五冊

330000－4735－0000861 00154 類叢部/叢書類/自著之屬

戚鶴泉所著書十一種 （清）戚學標撰 清乾隆至嘉慶刻本 一冊 存一種

330000－4735－0000864 00155 類叢部/叢書類/彙編之屬

木犀軒叢書二十七種 李盛鐸編 清光緒德化李氏木犀軒刻本 二冊 存一種

330000－4735－0000866 00156 經部/詩類/傳說之屬

詩地理攷六卷 （宋）王應麟撰 清刻本 一冊 存三卷（一至三）

330000－4735－0000867 05093 子部/醫家類/傷寒金匱之屬/傷寒論

劉河間傷寒六書(劉河間醫學六書)附二種 （金）劉完素等撰 清刻本 一冊 存一種

330000－4735－0000868 05094 子部/醫家類/傷寒金匱之屬/傷寒論

劉河間傷寒六書(劉河間醫學六書)附二種 （金）劉完素等撰 清刻本 七冊 存五種

330000－4735－0000869 02050 史部/編年類/通代之屬

尺木堂綱鑑易知錄二十卷 （清）吳乘權
（清）周之炯 （清）周之燦輯 清光緒十三年
(1887)上海點石齋石印本 子謨題籤並記
二冊 存四卷（一至四）

330000－4735－0000871 05095 子部/醫家
類/傷科之屬

救傷秘旨一卷 （清）趙廷海撰 清刻本
一冊

330000－4735－0000872 02051 史部/編年
類/通代之屬

尺木堂綱鑑易知錄九十二卷 （清）吳乘權
（清）周之炯 （清）周之燦輯 清鉛印本 三
冊 存二十一卷（二十至二十六、四十八至五
十四、七十五至八十一）

330000－4735－0000873 02052 史部/編年
類/通代之屬

尺木堂綱鑑易知錄九十二卷 （清）吳乘權
（清）周之炯 （清）周之燦輯 清鉛印本 一
冊 存七卷（二十至二十六）

330000－4735－0000874 00159 類叢部/叢
書類/彙編之屬

邵武徐氏叢書二十三種 （清）徐榦編 清光
緒邵武徐氏刻本 一冊 存一種

330000－4735－0000875 05096 子部/醫家
類/外科之屬/外科方

外科症治全生前集三卷後集三卷新增一卷
（清）王維德撰 清光緒九年(1883)吳門刻本
二冊

330000－4735－0000876 02053 史部/編年
類/通代之屬

尺木堂綱鑑易知錄九十二卷 （清）吳乘權
（清）周之炯 （清）周之燦輯 清鉛印本 一
冊 存七卷（十九至二十五）

330000－4735－0000878 05097 子部/醫家
類/類編之屬

述古齋幼科新書三種 （清）張振鋆編 清光
緒十五年(1889)邗上張氏刻十八年(1892)上
海思求闓齋印本 五冊 存二種

330000－4735－0000879 00160 經部/詩
類/傳說之屬

御案詩經備旨八卷 （清）鄒聖脈纂輯 （清）
鄒廷猷篇次 清刻本 一冊 存二卷（一至
二）

330000－4735－0000880 02056 史部/編年
類/通代之屬

資治通鑑綱目五十九卷 （宋）朱熹撰 清刻
本 三十六冊 存二十八卷（一至二、六、八
至二十三、三十三至三十七、四十五、四十九
至五十一）

330000－4735－0000881 05099 子部/醫家
類/類編之屬

陳修園醫書五十種 （清）陳念祖等撰 清光
緒三十一年(1905)上海商務印書館鉛印本
十三冊 存二十四種

330000－4735－0000882 00161 經部/詩
類/傳說之屬

詩經集傳八卷 （宋）朱熹撰 清金陵芥子園
刻本 四冊

330000－4735－0000883 00162 經部/詩類

陳氏毛詩五種 （清）陳奐撰 清道光至咸豐
吳門南園陳氏掃葉山莊刻本 十冊 缺八卷
（詩毛氏傳疏三至十）

330000－4735－0000884 05100 子部/醫家
類/類編之屬

陳修園醫書三十種 （清）陳念祖等撰 清光
緒十八年(1892)上海圖書集成印書局鉛印本
十一冊 存十七種

330000－4735－0000885 00163 經部/詩類

陳氏毛詩五種 （清）陳奐撰 清道光至咸豐
吳門南園陳氏掃葉山莊刻本 三冊 存三種

330000－4735－0000886 00164 經部/叢編

御纂七經五種二百九十四卷 （清）李光地等
撰 清同治六年至九年(1867－1870)浙江書
局刻本 十六冊 存一種

330000－4735－0000887 05101 子部/醫家
類/類編之屬

馮氏錦囊秘錄三種五十卷　（清）馮兆張編
清嘉慶二十三年（1818）大文堂刻本　三十
六冊

330000－4735－0000888　00165　經部/叢編
御纂七經五種二百九十四卷　（清）李光地等
撰　清同治六年至九年（1867－1870）浙江書
局刻本　七冊　存一種

330000－4735－0000889　00166　經部/詩
類/傳說之屬
欽定詩經傳說彙纂二十一卷首二卷詩序二卷
　（清）王鴻緒等撰　清刻本　一冊　存一卷
（二）

330000－4735－0000890　00167　經部/叢編
御纂七經五種二百九十四卷　（清）李光地等
撰　清同治六年至九年（1867－1870）浙江書
局刻本　十六冊　存一種

330000－4735－0000891　05102　子部/醫家
類/類編之屬
醫門棒喝二種　（清）章楠撰　清道光十六年
（1836）偶山書屋刻本　六冊　存一種

330000－4735－0000893　05103　子部/醫家
類/類編之屬
醫門棒喝二種　（清）章楠撰　清道光十六年
（1836）偶山書屋刻本　八冊　存一種

330000－4735－0000894　05104　子部/醫家
類/類編之屬
醫門棒喝二種　（清）章楠撰　清同治六年
（1867）聚文堂刻本　四冊　存一種

330000－4735－0000895　05105、05106　子
部/醫家類/類編之屬
醫門棒喝二種　（清）章楠撰　清刻本　六冊
　存七卷（醫門棒喝二至四、傷寒論本旨六至
九）

330000－4735－0000896　05107　子部/醫家
類/內科之屬
證治彙補八卷　（清）李用粹撰　清光緒十八
年（1892）簡玉山房刻本　八冊

330000－4735－0000897　05108　子部/醫家
類/溫病之屬/瘟疫
傳症彙編三種二十卷　（清）熊立品輯　清乾
隆四十二年（1777）熊立品刻本　六冊

330000－4735－0000898　08181　類叢部/叢
書類/自著之屬
西堂全集　（清）尤侗撰　清康熙刻本　二十
冊　存十七種

330000－4735－0000899　05110　子部/醫家
類/內科之屬
證治彙補八卷　（清）李用粹撰　清康熙三十
年（1691）舊德堂刻本　八冊

330000－4735－0000900　05109　子部/醫家
類/綜合之屬/通論
石室秘錄六卷　（清）陳士鐸撰　清文淵堂刻
本　六冊

330000－4735－0000902　05111　子部/醫家
類/本草之屬/歷代綜合本草
增訂本草備要四卷附醫方湯頭歌訣一卷經絡
歌訣一卷　（清）汪昂撰　清刻本　一冊

330000－4735－0000903　05112　子部/醫家
類/醫經之屬/內經
黃帝內經素問註證發微九卷靈樞註證發微九
卷補遺一卷　（明）馬蒔撰　清光緒五年
（1879）善成堂刻本　十冊　存十卷（靈樞註
證發微一至九、補遺）

330000－4735－0000904　08183　類叢部/叢
書類/自著之屬
惜抱軒全集十種　（清）姚鼐撰　清同治五年
（1866）李瀚章省心閣刻本　十冊　存二種

330000－4735－0000905　05113　子部/醫家
類/本草之屬/歷代綜合本草
增訂本草備要四卷　（清）汪昂撰　清乾隆五
十八年（1793）文苑堂刻本　二冊　存三卷
（一至三）

330000－4735－0000906　08184　類叢部/叢
書類/自著之屬
惜抱軒全集十種　（清）姚鼐撰　清同治五年

（1866）李瀚章省心閣刻本　二十冊

330000－4735－0000907　05114　子部/醫家類/本草之屬/歷代綜合本草

重修政和經史證類備用本草三十卷　（宋）唐慎微撰　（宋）寇宗奭衍義　清刻本　一冊存五卷（一至二、二十八至三十）

330000－4735－0000908　05115　子部/醫家類/傷寒金匱之屬/金匱要略

張仲景金匱要畧論註二十四卷　（清）徐彬撰清光緒五年（1879）掃葉山房刻本　八冊

330000－4735－0000914　00169　經部/詩類/傳說之屬

詩經旁訓四卷　（清）徐立綱撰　清寧郡汲綆齋刻本　謝朝輔題簽題記　二冊　存二卷（一至二）

330000－4735－0000915　00170　經部/詩類/傳說之屬

詩經旁訓四卷　（清）徐立綱撰　清刻本　一冊　存一卷（二）

330000－4735－0000916　00171　經部/詩類/傳說之屬

詩經旁訓四卷　（清）徐立綱撰　（清）俞質仁輯　清黃巖俞大酉山房刻本　二冊　存三卷（二至四）

330000－4735－0000920　00172　經部/詩類/傳說之屬

詩經旁訓辨體合訂四卷　（清）徐立綱輯　清刻本　三冊

330000－4735－0000922　08186　集部/總集類/選集之屬/通代

文選六十卷　（南朝梁）蕭統輯　（唐）李善注**文選考異十卷**　（清）胡克家撰　清同治八年（1869）尋陽萬氏萃文堂刻本　二十二冊缺六卷（六至八、二十一至二十三）

330000－4735－0000924　00173　經部/詩類/傳說之屬

詩經集傳八卷　（宋）朱熹撰　清刻本　胡以題簽　二冊　缺三卷（三至五）

330000－4735－0000926　00174　經部/詩類/傳說之屬

詩經旁訓四卷　（清）徐立綱撰　清同治十一年（1872）山陰姚氏聚奎堂刻本　四冊

330000－4735－0000927　02057　史部/編年類/通代之屬

續資治通鑑綱目二十七卷　（明）商輅等撰**資治通鑑綱目續編一卷**　（明）陳桱撰　清刻本　十五冊　存十五卷（三至五、七至八、十八至二十六，續編）

330000－4735－0000928　00175　經部/詩類/傳說之屬

詩經旁訓四卷　（清）徐立綱撰　清光緒二十三年（1897）浙甯汲綆齋刻本　三冊　存二卷（一至二）

330000－4735－0000929　00176　經部/詩類/傳說之屬

詩經旁訓辨體合訂四卷　（清）徐立綱輯　清奎照樓刻本　四冊

330000－4735－0000930　00177　經部/詩類/傳說之屬

詩經旁訓辨體合訂四卷　（清）徐立綱輯　清刻本　一冊　存一卷（一）

330000－4735－0000931　02058－02027　史部/編年類/通代之屬

資治通鑑二百九十四卷目錄三十卷　（宋）司馬光撰　（元）胡三省音注　**續資治通鑑二百二十卷**　（清）畢沅撰　清光緒十四年（1888）上海蜚英館石印本　二冊　存十七卷（八至二十四）

330000－4735－0000932　02059－02042　史部/編年類/通代之屬

資治通鑑二百九十四卷　（宋）司馬光撰（元）胡三省音注　（明）陳仁錫評　清刻本一冊　存四卷（六十一至六十四）

330000－4735－0000933　02065－02018　史部/編年類/通代之屬

綱鑑會纂三十九卷首一卷　（明）王世貞編

清善成堂刻本　十二冊　存十二卷(一、三至九、十一至十三、十五)

330000－4735－0000934　00178　經部/詩類/傳說之屬

詩經旁訓辨體合訂四卷　(清)徐立綱輯　清循陔堂刻本　一冊　存一卷(一)

330000－4735－0000935　02066　史部/編年類/通代之屬

通鑑釋文辯誤十二卷　(元)胡三省撰　清刻本　二冊　存九卷(一至九)

330000－4735－0000936　02067　史部/編年類/通代之屬

資治通鑑地理今釋十六卷　(清)吳熙載撰　清光緒八年(1882)江蘇書局刻本　三冊

330000－4735－0000937　02068、02131　史部/編年類/通代之屬

訂正通鑑綱目前編二十五卷　(明)南軒撰　明萬曆刻本　八冊

330000－4735－0000938　00179　經部/詩類/傳說之屬

詩經增訂旁訓四卷　(清)徐立綱撰　(清)□□增訂　清刻本　胡□□題簽題記　一冊　存一卷(三)

330000－4735－0000939　08187　集部/別集類/清別集

樊榭山房全集四十二卷　(清)厲鶚撰　**松聲池館詩存四卷**　(清)汪璐撰　清光緒錢塘汪氏振綺堂刻本　十一冊

330000－4735－0000940　02069、02103　史部/編年類/通代之屬

重訂王鳳洲先生綱鑑會纂四十六卷續宋元紀二十三卷　(明)王世貞撰　(明)陳仁錫訂　清光緒九年(1883)汝東寶仁堂刻本　二十八冊

330000－4735－0000941　00180　經部/詩類/傳說之屬

詩經旁訓四卷　(清)徐立綱撰　清文奎堂刻本　一冊

330000－4735－0000942　00181　經部/詩類/傳說之屬

詩集傳音釋二十卷序一卷圖一卷綱領一卷　(宋)朱熹集傳　(元)許謙音釋　(元)羅復纂輯　清刻本　一冊　缺十八卷(三至二十)

330000－4735－0000943　02071　史部/編年類/斷代之屬

東華錄天命朝四卷天聰朝十一卷崇德朝八卷順治朝三十六卷康熙朝一百十卷雍正朝二十六卷東華續錄乾隆朝一百二十卷嘉慶朝五十卷道光朝六十卷咸豐朝一百卷同治朝一百卷　王先謙　潘頤福撰　清光緒上海圖書集成印書局鉛印本　十九冊　存一百三卷(天聰朝一至十一，崇德朝一，順治朝一至八，雍正朝一至八、十至十一、十五至十七、二十二至二十六，乾隆朝一至四十五、五十至五十七，道光朝四十九至六十)

330000－4735－0000946　02073、02005　史部/編年類/通代之屬

資治通鑑二百九十四卷　(宋)司馬光撰　(元)胡三省音注　清刻本　八冊　存二十七卷(一百五至一百十四、一百二十八至一百三十一、一百三十八至一百四十、一百五十一至一百六十)

330000－4735－0000950　00182　經部/詩類/傳說之屬

詩經旁訓辨體合訂四卷　(清)徐立綱輯　清刻本　李俊夫題簽並記　一冊　存一卷(一)

330000－4735－0000951　02074　史部/編年類/通代之屬

尺木堂綱鑑易知錄九十二卷　(清)吳乘權　(清)周之炯　(清)周之燦輯　清康熙五十年(1711)暨陽聚珍堂刻本　十三冊　存三十四卷(五十六至六十四、六十八至九十二)

330000－4735－0000952　02762　史部/地理類/方志之屬/通志

[雍正]廣東通志六十四卷　(清)郝玉麟修　(清)魯曾煜等纂　清雍正九年(1731)刻本　三十一冊　缺一卷(一)

330000－4735－0000953　02063　史部/編年類/通代之屬

新刻王鳳洲先生通鑑會纂二十八卷　（明）諸燮纂輯　（明）陳繼儒訂正　清順治十二年(1655)金閶文雅堂刻本　一冊　存二卷(一至二)

330000－4735－0000955　02064　史部/編年類/通代之屬

新刻王鳳洲訂正通鑑會纂□□卷　（明）諸燮纂輯　（明）王世貞訂正　清刻本　二冊

330000－4735－0000957　00183　類叢部/叢書類/彙編之屬

廣漢魏叢書八十種　（明）何允中編　清嘉慶刻本　一冊　存三種

330000－4735－0000958　02076　史部/編年類/通代之屬

尺木堂綱鑑易知錄九十二卷明鑑易知錄十五卷　（清）吳乘權　（清）周之炯　（清）周之燦輯　清光緒二十七年(1901)上海商務印書館鉛印本　十四冊　缺十二卷(八十一至九十二)

330000－4735－0000959　02077　史部/編年類/通代之屬

尺木堂綱鑑易知錄九十二卷明鑑易知錄十五卷　（清）吳乘權　（清）周之炯　（清）周之燦輯　清光緒二十七年(1901)上海商務印書館鉛印本　二冊　存十六卷(七十四至八十、明鑑易知錄七至十五)

330000－4735－0000960　00184　類叢部/叢書類/彙編之屬

津逮祕書十五集一百四十種　（明）毛晉編　明崇禎虞山毛氏汲古閣刻本　一冊　存一種

330000－4735－0000961　02764　史部/地理類/專志之屬/古跡

湯陰精忠廟志十卷　（明）張應登　（明）鄭懋洵輯　（清）楊世達續輯　清雍正十三年(1735)刻乾隆增修本　六冊

330000－4735－0000964　02763　史部/地理類/山川之屬/水志

水經注釋四十卷首一卷附錄二卷水經注箋刊誤十二卷　（清）趙一清撰　清乾隆五十一年(1786)小山堂刻本　十六冊

330000－4735－0000965　00185－00036　類叢部/叢書類/彙編之屬

增訂漢魏叢書八十六種　（清）王謨編　清乾隆五十六年(1791)金谿王氏刻本　二冊　存二種

330000－4735－0000966　00186　經部/詩類/三家詩之屬

韓詩外傳十卷　（漢）韓嬰撰　清刻本　一冊　存五卷(三至七)

330000－4735－0000967　00187　經部/詩類/三家詩之屬

詩外傳十卷　（漢）韓嬰撰　清刻本　二冊

330000－4735－0000968　00188　類叢部/叢書類/彙編之屬

增訂漢魏叢書八十六種　（清）王謨編　清乾隆五十六年(1791)金谿王氏刻本　二冊　存二種

330000－4735－0000970　00189　類叢部/叢書類/彙編之屬

望三益齋叢書十種　（清）吳棠編　清咸豐至光緒吳氏望三益齋刻本　三冊　存一種

330000－4735－0000971　00190　經部/詩類/傳說之屬

詩經大全體註八卷　（明）黃文煥纂輯　（清）范翔鑒定　（清）沈世楷輯　清敬藝堂刻本　四冊

330000－4735－0000972　02078　史部/編年類/通代之屬

御批歷代通鑑輯覽一百二十卷　（清）傅恆等撰　清通文書局石印本　二十八冊　缺十六卷(一至四、三十九至四十六、一百十二至一百十五)

330000－4735－0000973　02765　史部/地理類/雜志之屬

浙江全省輿圖並水陸道里記不分卷　（清）宗源瀚等纂　清光緒二十年（1894）石印本　二十冊

330000－4735－0000974　00191　經部/詩類/傳說之屬

詩經體註娜嬛八卷　（清）高朝瓔定　（清）沈世楷輯　清刻本　肖甫題籤題記　四冊

330000－4735－0000975　02079　史部/編年類/通代之屬

歷代通鑑輯覽一百二十卷　（清）傅恆等撰　清末石印本　八冊　存二十六卷（七十至九十五）

330000－4735－0000976　02080　史部/編年類/通代之屬

御批歷代通鑑輯覽一百二十卷　（清）傅恆等撰　清光緒二十五年（1899）鍊石書局石印本　二十冊

330000－4735－0000979　00192　經部/詩類/傳說之屬

新鐫黃維章先生詩經體註八卷　（明）黃文煥撰　清刻本　一冊　存三卷（六至八）

330000－4735－0000981　00193　經部/詩類/傳說之屬

詩經體註娜嬛八卷　（清）高朝瓔定　（清）沈世楷輯　清文翰樓刻本　三冊　缺一卷（三）

330000－4735－0000983　02083、02086　史部/編年類/通代之屬

資治通鑑二百九十四卷　（宋）司馬光撰（元）胡三省音注　清光緒二十八年（1902）上海積山書局石印本　十冊　存九十四卷（一百七十一至二百、二百四至二百六十七）

330000－4735－0000984　05125　子部/醫家類/類編之屬

陳修園醫書二十三種　（清）陳念祖等撰　清同治元年（1862）經綸堂刻本　六冊　存一種

330000－4735－0000985　00194　經部/詩類/傳說之屬

詩經註疏大全合纂三十四卷附錄一卷　（明）張溥纂　明崇禎刻本　二冊　存二卷（十五至十六）

330000－4735－0000986　02084　史部/編年類/通代之屬

御批歷代通鑑輯覽一百二十卷　（清）傅恆等撰　清石印本　二冊　存十卷（四十一至四十五、六十三至六十七）

330000－4735－0000987　05126　子部/醫家類/類編之屬

南雅堂醫書全集　（清）陳念祖撰　清同治五年（1866）南雅堂刻本　二冊　存一種

330000－4735－0000989　05127　子部/醫家類/綜合之屬/通論

醫醇賸義四卷醫方論四卷　（清）費伯雄撰　清光緒十四年（1888）上海掃葉山房刻本　四冊

330000－4735－0000990　00195　經部/詩類/傳說之屬

詩經大全□□卷　清刻本　一冊

330000－4735－0000991　02087　史部/編年類/斷代之屬

東華錄三十二卷　（清）蔣良騏撰　清刻本　曾士瀛題籤題記　六冊

330000－4735－0000992　05128　子部/醫家類/綜合之屬/通論

醫醇賸義四卷醫方論四卷　（清）費伯雄撰　清光緒三年（1877）刻本　潘伯梁題籤並記　六冊

330000－4735－0000994　00196　經部/詩類/詩譜之屬

詩經初學讀本一卷　清刻本　一冊

330000－4735－0000995　05129　子部/醫家類/本草之屬/歷代綜合本草

本草綱目五十二卷　（明）李時珍撰　清刻本　二冊　存二卷（一至二）

330000－4735－0000996　00197　經部/叢編

十一經初學讀本　清光緒二年（1876）四川學

院衙門刻本　一冊　存一種

330000－4735－0000997　05130　子部/醫家
類/類編之屬

張氏醫書七種　（清）張璐等撰　清乾隆至嘉
慶金閶書業堂刻本　四冊　存一種

330000－4735－0000998　02767　史部/地理
類/雜志之屬

浙江全省輿圖並水陸道里記不分卷　（清）宗
源瀚等纂　清光緒二十年（1894）石印本　十
三冊

330000－4735－0000999　00198　經部/小學
類/音韻之屬/古今韻說

六書音均表五卷　（清）段玉裁撰　清同治十
一年（1872）湖北崇文書局刻本　二冊

330000－4735－0001000　02088　史部/編年
類/通代之屬

校刊資治通鑑全書八種　（清）胡元常輯　清
光緒十四年（1888）長沙楊氏刻本　一冊　存
一種十三卷（資治通鑑六十五至七十七）

330000－4735－0001001　02768　史部/地理
類/雜志之屬

浙江全省輿圖並水陸道里記不分卷　（清）宗
源瀚等纂　清光緒二十年（1894）石印本
一冊

330000－4735－0001002　05131　類叢部/叢
書類/彙編之屬

新斠平津館叢書十集三十四種　（清）孫星衍
編　清光緒十年至十五年（1884－1889）吳縣
朱氏槐廬家塾刻本　二冊　存三種

330000－4735－0001003　00199　經部/詩
類/傳說之屬

毛詩稽古編三十卷　（清）陳啟源撰　**附攷一
卷**　（清）費雲倬撰　清光緒九年（1883）上海
同文書局石印本　八冊

330000－4735－0001004　02089　史部/編年
類/通代之屬

資治通鑑二百九十四卷　（宋）司馬光撰
（元）胡三省音注　清刻本　三冊　存九卷

（二百四十二至二百五十）

330000－4735－0001005　05132　子部/醫家
類/類編之屬

世補齋醫書前集六種後集四種　（清）陸懋修
撰輯　清光緒十年（1884）刻十二年（1886）山
左書局印本　見石題記　十冊　存八種

330000－4735－0001006　00200　經部/詩
類/傳說之屬

御案詩經備旨八卷　（清）鄒聖脈纂輯　（清）
鄒廷猷篇次　清光緒五年（1879）海陵書屋刻
本　三冊　缺一卷（三）

330000－4735－0001007　02090　史部/編年
類/通代之屬

新增加批綱鑑補註二十四卷首一卷　（明）袁
黃編纂　清石印本　三冊　存六卷（七至八、
十一至十二、十七至十八）

330000－4735－0001008　02091　史部/編年
類/斷代之屬

御撰資治通鑑綱目三編二十卷　（清）張廷玉
等撰　清道光二十一年（1841）刻本　曾士瀛
跋　七冊　存十八卷（一至十八）

330000－4735－0001010　05133　子部/醫家
類/類編之屬

世補齋醫書前集六種後集四種　（清）陸懋修
撰輯　清光緒十年（1884）刻十二年（1886）山
左書局印本　十五冊　缺一卷（女科上）

330000－4735－0001011　02093　史部/編年
類/通代之屬

資治通鑑前編十八卷舉要三卷　（宋）金履祥
撰　資治通鑑綱目前編外紀一卷　（元）陳子
桱編輯　（明）吳勉學增定　清乾隆十年
（1745）金郡率祖堂刻本　六冊

330000－4735－0001014　05134　子部/醫家
類/類編之屬

本草醫方合編二種十四卷　（清）汪昂編　清
敦仁堂刻本　對竹山樓主人題簽並記　三冊
存九卷（增訂本草備要一至二、七至十一、
醫方集解上、下）

330000－4735－0001015　02769　史部/地理類/輿圖之屬/全國

大清中外壹統輿圖(皇朝中外壹統輿圖)三十一卷首一卷　（清）鄒世詒　（清）晏啟鎮編（清）李廷簫　（清）汪士鐸增訂　清同治二年(1863)刻本　十二冊

330000－4735－0001016　02095　史部/編年類/通代之屬

竹書紀年統箋十二卷　（南朝梁）沈約注（清）徐文靖統箋　清刻本　一冊　存三卷（十至十二）

330000－4735－0001018　02096　史部/編年類/斷代之屬

東華錄三十二卷　（清）蔣良騏撰　清刻本十二冊

330000－4735－0001019　05135　子部/醫家類/本草之屬/歷代綜合本草

本草原始十二卷　（明）李中立撰　清刻本八冊

330000－4735－0001020　02098、03084　史部/編年類/通代之屬

御批通鑑輯覽合璧一百二十卷　（清）傅恆等撰　清光緒二十九年(1903)積山喬記書局石印本　十三冊　存六十六卷（一至六、十九至三十四、四十一至六十四、八十七至九十五、一百至一百四、一百十五至一百二十）

330000－4735－0001023　05136　子部/醫家類/本草之屬/歷代綜合本草

湯液本草三卷　（元）王好古撰　清刻本　二冊　存二卷（上、下）

330000－4735－0001024　05137　子部/醫家類/類編之屬

新鐫本草醫方合編十四卷　（清）汪昂撰　清宏道堂刻本　六冊

330000－4735－0001025　00205　經部/叢編

御纂七經五種二百九十四卷　（清）李光地等撰　清光緒二十年(1894)上海書局石印本二冊　存一種

330000－4735－0001026　02099　史部/編年類/通代之屬

御批歷代通鑑輯覽一百二十卷　（清）傅恆等撰　清石印本　十七冊　存一百卷(七至一百六)

330000－4735－0001028　05138　子部/醫家類/類編之屬

重鐫本草醫方合編十二卷　（清）汪昂編　清光緒九年(1883)長沙遐齡精舍刻本　六冊

330000－4735－0001029　02770　史部/地理類/外紀之屬

海國圖志一百卷首一卷　（清）魏源撰　清光緒二十二年(1896)慎記書莊石印本　八冊存五十卷(首,一至四、二十九至三十六、五十至八十一、八十八至九十二)

330000－4735－0001030　02101　史部/編年類/通代之屬

芸經樓綱鑑易知錄九十二卷　（清）吳乘權（清）周之炯　（清）周之燦輯　清刻本　五冊　存十一卷(十三至十七、二十一至二十四、八十至八十一)

330000－4735－0001031　08188　集部/別集類/清別集

石笥山房集二十四卷　（清）胡天游撰　清咸豐二年(1852)山陰胡鳴泰刻本　十冊

330000－4735－0001032　02102　史部/編年類/通代之屬

綱鑑易知錄九十二卷明鑑易知錄十五卷（清）吳乘權　（清）周之炯　（清）周之燦輯　清刻本　一冊　存二卷(七至八)

330000－4735－0001033　05139　子部/醫家類/本草之屬/神農本草經

本草崇原集說三卷附本草經讀一卷　（清）張志聰撰　（清）高世栻訂　（清）仲學輅集說清宣統二年(1910)錢塘仲氏刻本　四冊

330000－4735－0001034　02771　史部/地理類/外紀之屬

海國圖志續集二十五卷首一卷　（英國）麥高

爾輯著　（美國）林樂知　（清）瞿昂來譯（英國）賈密倫　（英國）裴路原書　（英國）傅蘭雅口譯　（清）徐建寅筆述　清光緒二十四年(1898)文賢閣石印本　二冊

330000－4735－0001035　08189、09666　集部/總集類/選集之屬/斷代

欽定全唐文一千卷目錄三卷　（清）董誥等輯　清光緒二十七年(1901)廣雅書局刻本　一百九十六冊　缺十九卷

330000－4735－0001036　05140　子部/醫家類/類編之屬

薛氏醫按十六種　（明）薛己編　明崇禎元年(1628)朱明刻本　四冊　存一種

330000－4735－0001037　02104－02043－02075　史部/編年類/斷代之屬

兩漢紀六十卷　（宋）王銍輯　**兩漢紀校記二卷**　（清）陳璞撰　清光緒二年(1876)嶺南學海堂刻本　陳壽題簽並記　一冊　存二卷（兩漢紀校記一至二）

330000－4735－0001038　02772　史部/地理類/外紀之屬

海國圖志一百卷首一卷　（清）魏源撰　清光緒六年(1880)邵陽急當務齋刻本　二十五冊　存八十二卷（首，一至四、八至二十八、三十一至三十二、四十一至五十五、五十九至七十九、八十三至一百）

330000－4735－0001039　02105　史部/編年類/通代之屬

尺木堂綱鑑易知錄九十二卷　（清）吳乘權（清）周之炯　（清）周之燦輯　清刻本　五冊　存十一卷（四十四至四十九、六十一至六十三、八十五至八十六）

330000－4735－0001040　05141　子部/醫家類/醫經之屬/內經

黃帝內經素問九卷　（清）高世栻注　清刻本　八冊

330000－4735－0001041　08190　類叢部/叢書類/自著之屬

春在堂全書三十六種　（清）俞樾撰　清同治至光緒刻光緒末彙印本　八十九冊　存三十一種

330000－4735－0001042　05142　新學/全體學

全體闡微三卷　（美國）柯為良撰　（清）林鼎文編譯　清光緒十五年(1889)福州聖教醫館刻二十四年(1898)重印本　三冊

330000－4735－0001043　00213、00255、00316　經部/叢編

重刊宋本十三經注疏四百十六卷　附十三經注疏校勘記四百十六卷　（清）阮元撰　（清）盧宣旬摘錄　清光緒十八年(1892)湖南寶慶務本書局刻本　九十七冊　存十種

330000－4735－0001044　02773　史部/地理類/外紀之屬

海國圖志一百卷首一卷　（清）魏源撰　清光緒六年(1880)邵陽急當務齋刻本　二十冊　存九十四卷（三至二十五、三十至一百）

330000－4735－0001046　05143　子部/醫家類/醫經之屬/內經

重廣補註黃帝內經素問二十四卷　（唐）王冰注　（宋）林億等校正　（宋）孫兆改誤　明嘉靖二十九年(1550)顧從德影宋刻本　八冊

330000－4735－0001047　02774　史部/地理類/山川之屬/水志

水經注釋四十卷首一卷附錄二卷水經注箋刊誤十二卷　（清）趙一清撰　清光緒六年(1880)張氏華雨樓刻本　二十冊

330000－4735－0001048　00139　經部/叢編

十三經註疏三百三十三卷　明崇禎元年至十二年(1628－1639)古虞毛氏汲古閣刻本　七冊　存二種

330000－4735－0001049　05144　子部/醫家類/綜合之屬/通論

景岳全書六十四卷　（明）張介賓撰　清嘉慶十八年(1813)藜照樓刻本　七冊　存十八卷（一至二、十三至十五、三十四至三十九、五十

五至五十七、六十一至六十四)

330000－4735－0001050　00210　經部/叢編

十三經註疏三百三十三卷　明崇禎元年至十二年(1628－1639)古虞毛氏汲古閣刻本　四十冊　存二種

330000－4735－0001052　02775、03887　史部/地理類/方志之屬/通志

[嘉慶]滇繫十二卷首一卷　(清)師範纂輯　清嘉慶十三年(1808)刻本　三十五冊

330000－4735－0001053　05145　子部/醫家類/綜合之屬/通論

景岳全書六十四卷　(明)張介賓撰　清刻本　十六冊　存四十二卷(三至八、十至十二、十六至二十一、二十四至三十七、四十至四十二、四十六至五十三、五十七至五十八)

330000－4735－0001055　05146　子部/醫家類/綜合之屬/通論

景岳全書六十四卷　(明)張介賓撰　清刻本　二冊　存五卷(七至十一)

330000－4735－0001057　05147　子部/醫家類/綜合之屬/通論

景岳全書六十四卷　(明)張介賓撰　清刻本　四冊　存十三卷(十至十三、十九至二十二、五十至五十一、五十五至五十七)

330000－4735－0001058　02107　史部/編年類/通代之屬

資治通鑑外紀十卷　(宋)劉恕撰　(清)胡克家注補　清光緒二十八年(1902)上海積山書局石印本　曾士瀛題簽並記　一冊

330000－4735－0001059　05148　子部/醫案之屬

葉氏醫案存真三卷　(清)葉桂撰　**馬氏醫案并附祁案王案一卷**　(清)馬俶等撰　清光緒二十二年(1896)千頃堂書局石印本　二冊

330000－4735－0001060　02108　史部/編年類/通代之屬

御批歷代通鑑輯覽一百二十卷　(清)傅恆等撰　清通文書局石印本　二冊　存八卷(三

十九至四十二、一百至一百三)

330000－4735－0001061　02109　史部/編年類/通代之屬

御批歷代通鑑輯覽一百二十卷　(清)傅恆等撰　清光緒三十年(1904)文通書局石印本　五冊　存二十卷(一至四、十至十四、四十七至五十、六十五至六十七、八十四至八十七)

330000－4735－0001062　00214　經部/周禮類/傳說之屬

周禮註疏刪翼三十卷　(明)王志長撰　明崇禎刻本　十二冊

330000－4735－0001063　05149　子部/醫家類/醫理之屬/病源病機

重刊巢氏諸病源候總論五十卷　(隋)巢元方撰　清上海千頃堂書局石印本　項沛題記　八冊

330000－4735－0001064　00215　經部/周禮類/傳說之屬

周禮正義八十六卷　(清)孫詒讓撰　清光緒三十一年(1905)鉛印本　十二冊

330000－4735－0001065　02776　史部/地理類/方志之屬/通志

[嘉慶]滇繫十二卷首一卷　(清)師範纂輯　清刻本　六冊　存二卷(五、八)

330000－4735－0001066　00216　經部/叢編

十三經讀本一百二十九卷附校刊記十四卷　(清)丁寶楨等校並撰　清同治十一年(1872)山東書局刻本　五冊　存一種

330000－4735－0001067　05150　子部/醫家類/綜合之屬/通論

醫書五種　(清)王孟英著　清光緒十八年(1892)上海醉六堂刻本　李鈞批注、題簽、題記　三冊　存二種

330000－4735－0001068　02110　史部/編年類/通代之屬

尺木堂綱鑑易知錄九十二卷　(清)吳乘權　(清)周之炯　(清)周之燦輯　清刻本　雨亭題簽並記　十九冊　存四十卷(三十一至四

十二、五十一至七十二、七十五至八十)

330000－4735－0001070　05151　子部/醫家
類/婦科之屬/產科

產後編二卷　(清)傅山撰　清埽葉山房刻本
　二冊

330000－4735－0001071　05152　子部/醫家
類/婦科之屬

竹林女科證治四卷　(清)竹林寺僧撰　清光
緒九年(1883)當塗黃氏刻本(卷三補配清刻
本)　四冊

330000－4735－0001072　02111　史部/編年
類/通代之屬

尺木堂綱鑑易知錄九十二卷　(清)吳乘權
(清)周之炯　(清)周之燦輯　清刻本　二冊
　存五卷(四十至四十一、五十至五十二)

330000－4735－0001073　02112　史部/編年
類/通代之屬

尺木堂綱鑑易知錄九十二卷　(清)吳乘權
(清)周之炯　(清)周之燦輯　清刻本　一冊
　存二卷(三十五至三十六)

330000－4735－0001074　02777　史部/政書
類/軍政之屬/邊政

朔方備乘六十八卷首十二卷　(清)何秋濤撰
　清光緒石印本　八冊

330000－4735－0001075　05153　子部/醫家
類/婦科之屬/通論

女科經綸八卷　(清)蕭壎撰　清光緒十六年
(1890)掃葉山房刻本　四冊

330000－4735－0001076　02113　史部/編年
類/斷代之屬

明紀六十卷　(清)陳鶴輯　(清)陳克家補
清光緒十六年(1890)上海積山書局石印本
一冊　存十卷(一至十)

330000－4735－0001078　05154　子部/醫家
類/婦科之屬/通論

女科經綸八卷　(清)蕭壎撰　清光緒十六年
(1890)掃葉山房刻本　四冊

330000－4735－0001079　05155　子部/醫家
類/類編之屬

張氏醫書七種　(清)張璐等撰　清刻本　二
冊　存一種

330000－4735－0001080　05156　子部/醫家
類/類編之屬

己任編八卷　(清)楊乘六編　清刻本　一冊

330000－4735－0001081　05157　子部/醫家
類/類編之屬

薛氏醫按二十四種　(明)吳琯編　清漁古山
房刻本　三十八冊　存十九種

330000－4735－0001084　05161　子部/醫家
類/類編之屬

張氏醫書七種　(清)張璐等撰　清乾隆至嘉
慶金閶書業堂刻本　二十五冊　存六種

330000－4735－0001085　05162　子部/醫家
類/傷寒金匱之屬/傷寒論

傷寒來蘇集二種　(清)柯琴撰　清蘇州埽葉
山房刻本　二冊　存一種

330000－4735－0001086　05163　子部/醫家
類/傷寒金匱之屬/傷寒論

傷寒論直解六卷　(清)張錫駒註　清刻本
二冊

330000－4735－0001087　05164、05415　子
部/醫家類/傷寒金匱之屬/傷寒論

傷寒論類方四卷　(清)徐大椿輯　(清)潘霨
增輯　**長沙方歌括一卷**　(清)陳念祖撰
(清)蕭庭滋　(清)潘霨增輯　清同治五年
(1866)古吳潘氏刻本　三冊

330000－4735－0001088　05165　子部/醫家
類/傷寒金匱之屬/傷寒論

傷寒明理論四卷　(金)成無己撰　清刻本
二冊

330000－4735－0001089　05166　子部/醫家
類/傷寒金匱之屬/傷寒論

傷寒方歌一卷　(清)甘席隆撰　清光緒十三
年(1887)刻本　一冊

330000－4735－0001090　05167　子部/醫家類/診法之屬/其他診法

傷寒舌鑑一卷　（清）張登輯　清光緒四年（1878）刻本　一冊

330000－4735－0001092　05168　子部/醫家類/類編之屬

張氏醫書七種　（清）張璐等撰　清刻本　一冊　存一種

330000－4735－0001093　05169　子部/醫家類/診法之屬/其他診法

傷寒舌鑑一卷　（清）張登輯　清光緒四年（1878）刻本　章維持題記　一冊

330000－4735－0001094　00220、00324　經部/叢編

御纂七經五種二百九十四卷　（清）李光地等撰　清康熙至乾隆內府刻本　三十五冊　存一種

330000－4735－0001095　05170　子部/醫家類/類編之屬

薛氏醫按二十四種　（明）吳琯編　清漁古山房刻本　一冊　存一種

330000－4735－0001096　05171　子部/醫家類/醫案之屬

名醫類案十二卷　（明）江瓘輯　清乾隆三十五年（1770）歙縣鮑氏知不足齋刻本　二冊　存四卷（一至四）

330000－4735－0001097　02778　史部/地理類/雜志之屬

蜀景匯覽十四卷賦三卷　（清）鍾登甲撰　清光緒八年（1882）樂道齋刻本　十二冊

330000－4735－0001098　05172　子部/醫家類/綜合之屬/通論

醫學心悟六卷　（清）程國彭撰　清嘉慶二十四年（1819）上海掃葉山房刻本　蘇瑞卿批並跋　四冊

330000－4735－0001099　00221　經部/周禮類/傳說之屬

周禮精華六卷　（清）陳龍標輯　清同治十年（1871）禪山玉經樓刻本　一冊　存一卷（一）

330000－4735－0001100　05173　子部/醫家類/綜合之屬/通論

醫學心悟六卷　（清）程國彭撰　清刻本　二冊　存三卷（二至三、五）

330000－4735－0001101　00223　經部/周禮類/傳說之屬

周禮精華六卷　（清）陳龍標輯　清咸豐十年（1860）漁古山房刻本　六冊

330000－4735－0001102　00222　經部/周禮類/傳說之屬

周禮精華六卷　（清）陳龍標輯　清咸豐元年（1851）會文堂刻本　四冊　存四卷（一至四）

330000－4735－0001103　05174　子部/醫家類/綜合之屬/通論

醫學心悟六卷　（清）程國彭撰　清嘉慶二十四年（1819）上海掃葉山房刻本　六冊

330000－4735－0001104　00224　經部/周禮類/傳說之屬

周禮精華六卷　（清）陳龍標輯　清刻本　雲五題簽題記　六冊

330000－4735－0001106　00225　經部/周禮類/傳說之屬

周禮精華六卷首一卷　（清）陳龍標輯　清治經堂刻本　五冊

330000－4735－0001107　05176　子部/醫家類/方書之屬/歷代方書

醫方集解二十三卷　（清）汪昂撰　清光緒五年（1879）掃葉山房刻本　二冊　存五卷（一、十四至十七）

330000－4735－0001109　00227　經部/叢編

四經精華三十七卷　（清）魏朝俊輯　清光緒十一年（1885）魏氏古香閣刻本　四冊　存一種

330000－4735－0001110　08191　集部/總集類/選集之屬/通代

御選唐宋文醇五十八卷　（清）高宗弘曆輯

清刻本　七冊　存二十五卷(三至六、十一至十四、十九至二十一、二十六至三十七、四十五至四十六)

330000－4735－0001111　08192　集部/總集類/選集之屬/通代

御選唐宋文醇五十八卷目錄一卷　(清)高宗弘曆輯　清光緒三年(1877)浙江書局刻本二十冊

330000－4735－0001112　05177　子部/醫家類/綜合之屬/通論

醫醇賸義四卷醫方論四卷　(清)費伯雄撰清光緒三年(1877)刻本　二冊　存四卷(醫方論一至四)

330000－4735－0001113　00228　經部/周禮類/傳說之屬

周官精義十二卷　(清)連斗山輯　清刻本一冊　存二卷(八至九)

330000－4735－0001114　05178　子部/醫家類/方書之屬/單方驗方

串雅內編四卷　(清)趙學敏輯　清光緒十四年(1888)榆園刻本　二冊

330000－4735－0001115　00229　經部/周禮類/傳說之屬

周官精義十二卷　(清)連斗山輯　清刻本林鹿賓題籤並記　二冊　存三卷(八至九、十二)

330000－4735－0001116　05179　子部/醫家類/方書之屬/單方驗方

串雅內編四卷　(清)趙學敏輯　清光緒十四年(1888)榆園刻本　三冊

330000－4735－0001117　00230　經部/周禮類/傳說之屬

周官精義十二卷　(清)連斗山輯　清刻本四冊　存八卷(三至十)

330000－4735－0001118　00231　經部/周禮類/傳說之屬

周官精義十二卷　(清)連斗山輯　清蘇州綠蔭堂刻本　六冊

330000－4735－0001119　05180　子部/醫家類/方書之屬/單方驗方

良方集腋二卷　(清)謝元慶輯　清光緒五年(1879)浙西梧桐鄉刻本　四冊

330000－4735－0001120　00232　經部/周禮類/傳說之屬

周官精義十二卷　(清)連斗山輯　清蘇州綠蔭堂刻本　三冊

330000－4735－0001121　02779　史部/地理類/總志之屬/通代

天下郡國利病書一百二十卷　(清)顧炎武撰清光緒鉛印本　十四冊　存四十六卷(七至十、十七至十九、二十四至二十六、三十三至三十九、四十四至五十五、八十四至八十七、九十三至一百二、一百十八至一百二十)

330000－4735－0001122　00233　經部/周禮類/傳說之屬

周官精義十二卷　(清)連斗山輯　清乾隆四十一年(1776)刻本　二冊

330000－4735－0001123　05181　子部/醫家類/婦科之屬/通論

濟陰綱目十四卷　(明)武之望撰　(清)汪淇箋釋　**保生碎事一卷**　(清)汪淇輯　清金閶書業堂刻本　九冊　缺一卷(一)

330000－4735－0001124　02780　史部/地理類/總志之屬/通代

讀史方輿紀要歷代州域形勢十卷　(清)顧祖禹撰　**附統論歷朝形勢一卷**　(清)朱棠撰清嘉慶十年(1805)友蘭堂刻道光三十年(1850)續刻光緒十五年(1889)長沙傳忠書局印本　十二冊

330000－4735－0001125　00234　經部/叢編

七經精義　(清)黃淦撰　清嘉慶刻本　蔣默菴題記　一冊　存一種

330000－4735－0001126　00235　經部/叢編

十一經初學讀本　清光緒二年(1876)四川學院衙門刻本　二冊　存一種

330000－4735－0001127　02781－02772　史

部/地理類/外紀之屬

海國圖志一百卷首一卷 （清）魏源撰 清光緒六年(1880)邵陽急當務齋刻本 四冊 存十一卷(三十三至四十、五十六至五十八)

330000－4735－0001128 00236 經部/周禮類/傳說之屬

周官經疏備要六卷首一卷 （清）顧大治編 清嘉慶十年(1805)敦厚堂刻本 四冊

330000－4735－0001129 02782 史部/地理類/雜志之屬

廣陵通典十卷 （清）汪中撰 清同治八年(1869)揚州書局刻本 二冊

330000－4735－0001130 00237 經部/周禮類/傳說之屬

周禮政要二卷 （清）孫詒讓撰 清光緒二十八年(1902)瑞安普通學堂刻本 二冊

330000－4735－0001131 02783 史部/地理類/專志之屬/祠墓

曹江孝女廟誌八卷首一卷末一卷補遺一卷 (清)金廷棟輯 （清）唐煦春增輯 清光緒八年(1882)五社公所刻本 二冊

330000－4735－0001132 02060 史部/編年類/通代之屬

續資治通鑑綱目二十七卷 （明）商輅等撰 (明)陳仁錫評 清刻本 二冊 存二卷(十三、十五)

330000－4735－0001133 00238 經部/周禮類/傳說之屬

周禮政要二卷 （清）孫詒讓撰 清光緒二十八年(1902)瑞安普通學堂刻本 二冊

330000－4735－0001134 00239 經部/周禮類/傳說之屬

周禮節釋十二卷 （清）鮑梁撰 清刻本 一冊 存三卷(四至六)

330000－4735－0001135 02061 史部/編年類/通代之屬

資治通鑑綱目五十九卷 （宋）朱熹撰 清刻本 四冊 存四卷(五十六至五十九)

330000－4735－0001136 02784 史部/地理類/總志之屬/斷代

輿地紀勝二百卷 （宋）王象之撰 **補闕十卷** （清）岑建功輯 **校勘記五十二卷** （清）劉文淇 （清）劉毓崧校勘 清道光二十九年(1849)甘泉岑氏懼盈齋刻本 二冊 存三卷(一至三)

330000－4735－0001137 02062 史部/編年類/通代之屬

資治通鑑綱目五十九卷 （宋）朱熹撰 清刻本 十三冊 存十三卷(三、五、七、十二、十九至二十、二十三至二十五、三十二至三十三、四十三、五十一)

330000－4735－0001138 02097 史部/編年類/通代之屬

資治通鑑綱目五十九卷 （宋）朱熹撰 清刻本 七冊 存六卷(二十七、四十九至五十、五十二至五十四)

330000－4735－0001139 02100 史部/編年類/通代之屬

資治通鑑綱目五十九卷 （宋）朱熹撰 清刻本 五冊 存五卷(十四至十八)

330000－4735－0001141 02114 史部/編年類/通代之屬

中國歷史歌一卷 （清）袁桐輯 清光緒三十二年(1906)上海臺學社鉛印本 一冊

330000－4735－0001142 05182 子部/醫家類/溫病之屬/瘟疫

惡核良方釋疑一卷紀慎齋先生易學求雨圖說一卷蠱脹良方一卷 （清）勞守慎輯 清光緒三十二年(1906)刻本 一冊

330000－4735－0001143 00241 經部/周禮類/傳說之屬

周禮精華六卷 （清）陳龍標輯 清同治十三年(1874)連元閣刻本 六冊

330000－4735－0001144 00242 經部/周禮類/傳說之屬

周禮精華六卷 （清）陳龍標輯 清光緒二十

年(1894)聚奎堂刻本　三冊　存三卷(一至三)

330000－4735－0001145　00243　經部/周禮類/傳說之屬

周禮節訓六卷　(清)黃叔琳輯　(清)姚培謙重訂　清刻本　二冊

330000－4735－0001146　05183　子部/醫家類/方書之屬/歷代方書

唐王燾先生外臺秘要方四十卷　(唐)王燾撰　明崇禎十三年(1640)程氏經餘居刻本　一冊　存二卷(四至五)

330000－4735－0001147　00244　經部/周禮類/傳說之屬

周禮節訓六卷　(清)黃叔琳輯　(清)姚培謙重訂　清光緒十二年(1886)蘇州掃葉山房刻本　二冊

330000－4735－0001148　02787　史部/地理類/外紀之屬

游歷巴西圖經十卷　(清)傅雲龍撰　清光緒二十八年(1902)石印本　二冊

330000－4735－0001149　00245　經部/周禮類/分篇之屬

考工記圖解二卷　(宋)林希逸撰　(明)張鼎思補圖　(明)屠本畯補釋　**考工記補圖一卷**　(明)張鼎思補圖　明萬曆二十六年(1598)刻本　一冊　缺一卷(上)

330000－4735－0001150　05184　子部/醫家類/方書之屬/歷代方書

唐王燾先生外臺秘要方四十卷　(唐)王燾撰　清刻本　一冊　存一卷(三十二)

330000－4735－0001151　02785　史部/地理類/方志之屬/郡縣志

[嘉定]剡錄十卷　(宋)史安之修　(宋)高似孫纂　清同治九年(1870)刻本　二冊

330000－4735－0001152　00246　經部/周禮類/傳說之屬

周禮折衷四卷　(宋)魏了翁撰　清同治十三年(1874)望三益齋刻本　二冊

330000－4735－0001154　02786　類叢部/叢書類/彙編之屬

邵武徐氏叢書二十三種　(清)徐榦編　清光緒邵武徐氏刻本　一冊　存一種

330000－4735－0001155　05186　子部/醫家類/綜合之屬/通論

景岳全書六十四卷　(明)張介賓撰　清同文堂刻本　九冊　存二十五卷(一至二、九至十二、十九至二十五、三十四至三十七、五十四至六十、六十四)

330000－4735－0001156　05187　子部/醫家類/綜合之屬/通論

景岳全書六十四卷　(明)張介賓撰　清刻本　二冊　存二卷(五十四、六十四)

330000－4735－0001158　00248　經部/周禮類/傳說之屬

評點周禮政要二卷　(清)孫詒讓撰　清光緒三十年(1904)上海同文社鉛印本　一冊　存一卷(上)

330000－4735－0001159　08193　集部/總集類/郡邑之屬

金陵詩徵四十四卷國朝金陵詩徵四十八卷　(清)朱緒曾編　清光緒十三年(1887)、十八年(1892)刻本　二十五冊　缺五卷(金陵詩徵一至五)

330000－4735－0001160　05188　子部/醫家類/方書之屬/單方驗方

丹溪心法附餘二十四卷首一卷　(明)方廣輯　清光緒二十五年(1899)古越徐氏石印本　十二冊

330000－4735－0001162　00249　經部/小學類/訓詁之屬/譯語

東語入門二卷　(清)陳天麒輯譯　清光緒二十一年(1895)海鹽陳氏石印本　二冊

330000－4735－0001163　08195　集部/別集類/清別集

古微堂內集三卷外集七卷　(清)魏源撰　清光緒四年(1878)揚州淮南書局刻本　四冊

330000－4735－0001164　00250　經部/叢編

重刊宋本十三經注疏四百四十六卷　附十三經注疏校勘記四百十六卷 （清）阮元撰　（清）盧宣旬摘錄　**校勘記識語四卷** （清）汪文臺撰　清光緒十三年(1887)上海脈望仙館石印本　八冊　存三種

330000－4735－0001166　02788　史部/地理類/外紀之屬

游歷秘魯圖經四卷 （清）傅雲龍撰　清光緒二十七年(1901)石印本　二冊

330000－4735－0001168　08196　集部/別集類/清別集

青草堂集十二卷二集十六卷三集十六卷補集七卷 （清）趙國華撰　**皇清賜同進士出身誥授資政大夫二品頂帶賞戴花翎署理山東按察使軍機處存記候補道顯考菁衫府君行述一卷** 趙恩澎　趙恩澍撰　清同治至光緒刻民國十二年(1923)修補本　十二冊　缺十五卷（一至八、三集十至十六）

330000－4735－0001169　02789　史部/地理類/外紀之屬

游歷古巴圖經二卷 （清）傅雲龍撰　清光緒十五年(1889)鉛印本　一冊

330000－4735－0001171　00253、00289　經部/叢編

御纂七經五種二百九十四卷 （清）李光地等撰　清石印本　六冊　存一種

330000－4735－0001174　02790　史部/地理類/方志之屬/郡縣志

[光緒]重修奉賢縣志二十卷首一卷末一卷 (清)韓佩金修　（清）張文虎等纂　清光緒四年(1878)刻本　一冊　存四卷(三至六)

330000－4735－0001177　02791　史部/地理類/方志之屬/通志

湖北通志凡例一卷辨例一卷 （清）章學誠撰　清光緒八年(1882)武昌官書處鉛印本　一冊

330000－4735－0001178　00256　經部/叢編

十三經註疏三百三十三卷 明崇禎元年至十二年(1628－1639)古虞毛氏汲古閣刻本　九冊　存二種

330000－4735－0001179　00257　經部/叢編

重刊宋本十三經注疏四百四十六卷　附十三經注疏校勘記四百十六卷 （清）阮元撰　（清）盧宣旬摘錄　清光緒十八年(1892)湖南寶慶務本書局刻本　一冊　存一種

330000－4735－0001183　05192　子部/醫家類/方書之屬/單方驗方

絳雪園古方選註不分卷得宜本草一卷 （清）王子接撰　清掃葉山房刻本　二冊

330000－4735－0001184　02116　史部/編年類/通代之屬

御批通鑑輯覽一百二十卷 （清）傅恆等撰　清石印本　一冊　存五卷(八十至八十四)

330000－4735－0001185　02117　史部/編年類/斷代之屬

十一朝東華約錄二百三十二卷 （清）王祖顯輯　清光緒二十七年(1901)石印本　二十四冊

330000－4735－0001186　05193　子部/醫家類/綜合之屬/通論

新鍥雲林神彀四卷 （明）龔廷賢著　清同治六年(1867)經濟堂刻本　四冊

330000－4735－0001187　02118－02051　史部/編年類/通代之屬

尺木堂明鑑易知錄十五卷 （清）吳乘權 (清)周之炯　（清）周之燦輯　清鉛印本　一冊　存六卷(一至六)

330000－4735－0001188　05195　子部/醫家類/方書之屬/單方驗方

絳雪園古方選註不分卷得宜本草一卷 （清）王子接撰　清掃葉山房刻本　四冊

330000－4735－0001189　02119　史部/編年類/通代之屬

御批歷代通鑑輯覽一百二十卷 （清）傅恆等撰　清石印本　一冊　存八卷(四十三至五

十)

330000－4735－0001190　02120－02047　史部/編年類/通代之屬

通鑑釋文辯誤十二卷　（元）胡三省撰　清光緒二十八年(1902)上海積山書局石印本　曾士瀛題簽並記　一冊

330000－4735－0001191　00259　經部/叢編

御纂七經五種二百九十四卷　（清）李光地等撰　清同治六年至九年(1867－1870)浙江書局刻本　二十八冊　存一種

330000－4735－0001192　05194　子部/醫家類/綜合之屬/雜著

醫家四要四卷　（清）江誠　（清）程曦（清）雷大震纂　清光緒十二年(1886)養鶴山房刻本　一冊　存一卷(一)

330000－4735－0001193　02121　史部/編年類/通代之屬

尺木堂綱鑑易知錄九十二卷　（清）吳乘權（清）周之炯　（清）周之燦輯　清康熙五十年(1711)暨陽聚珍堂刻本　一冊　存三卷(六十一至六十三)

330000－4735－0001195　05196　子部/醫家類/婦科之屬/通論

女科經綸八卷　（清）蕭壎撰　清刻本　一冊　存四卷(五至八)

330000－4735－0001196　00323　經部/叢編

御纂七經五種二百九十四卷　（清）李光地等撰　清同治六年至九年(1867－1870)浙江書局刻本　四十八冊　存二種

330000－4735－0001197　05197　子部/醫家類/本草之屬/歷代綜合本草

珍珠囊指掌補遺藥性賦四卷　（金）李杲輯
雷公炮製藥性解六卷　（明）李中梓輯　清寧波墨玉山房刻本　二冊　存四卷(一至四)

330000－4735－0001198　02122　史部/編年類/通代之屬

資治通鑑二百九十四卷　（宋）司馬光撰（元）胡三省音注　**通鑑釋文辯誤十二卷**

（元）胡三省撰　明萬曆二十年(1592)新安吳勉學刻本　一冊　存三卷(八十七至八十九)

330000－4735－0001200　00263　經部/三禮總義類/通禮雜禮之屬

讀禮通考一百二十卷　（清）徐乾學撰　清光緒七年(1881)江蘇書局刻本　三十二冊

330000－4735－0001201　05198　子部/醫家類/本草之屬/本草藥性

雷公炮製藥性解六卷　（明）李中梓撰　清刻本　一冊　存三卷(一至三)

330000－4735－0001202　00264　經部/三禮總義類/通禮雜禮之屬

讀禮通考一百二十卷　（清）徐乾學撰　清光緒七年(1881)江蘇書局刻本　三十二冊

330000－4735－0001203　05199　子部/醫家類/本草之屬/歷代綜合本草

珍珠囊指掌補遺藥性賦四卷　（金）李杲輯　清刻本　一冊

330000－4735－0001204　00265　經部/三禮總義類/通禮雜禮之屬

讀禮通考一百二十卷　（清）徐乾學撰　清光緒二十四年(1898)新化三味堂刻本　三十九冊　存一百十八卷(三至一百二十)

330000－4735－0001205　02123　史部/編年類/通代之屬

令德堂增訂課兒鑑畧妥註善本五卷　（明）李廷機撰　（明）張瑞圖校正　（清）鄒聖脈原訂　（清）周光霽重校　清文富堂刻本　一冊

330000－4735－0001206　05200　子部/醫家類/本草之屬/本草藥性

雷公炮製藥性解六卷　（明）李中梓撰　清犛玉山房刻本　一冊　存三卷(一至三)

330000－4735－0001207　05201　子部/醫家類/本草之屬/本草藥性

雷公炮製藥性解六卷　（明）李中梓撰　清刻本　一冊

330000－4735－0001208　02124　史部/編年

類/斷代之屬

御撰資治通鑑綱目三編二十卷 （清）張廷玉
等撰　清刻本　四冊　存十三卷(五至十七)

330000－4735－0001209　02792　史部/地理
類/方志之屬/郡縣志

[同治]續增什邡縣志五十四卷 （清）傅華桂
修　（清）王璽尊等纂　清同治四年(1865)刻
本　一冊　存八卷(四十一至四十八)

330000－4735－0001211　05202　子部/醫家
類/傷寒金匱之屬/金匱要略

金匱心典三卷 （清）尤怡撰　清刻本　三冊

330000－4735－0001212　02125　史部/編年
類/通代之屬

通鑑釋文辯誤十二卷 （元）胡三省撰　清刻
本　二冊　存七卷(六至十二)

330000－4735－0001214　02126　類叢部/叢
書類/彙編之屬

增訂漢魏叢書八十六種 （清）王謨編　清乾
隆五十六年(1791)金谿王氏刻本　一冊　存
二種

330000－4735－0001215　02794　類叢部/叢
書類/彙編之屬

槐盧叢書四十六種 （清）朱記榮編　清光緒
三年至十五年(1877－1889)吳縣朱氏槐盧家
塾刻本　一冊　存一種

330000－4735－0001216　02127　史部/編年
類/通代之屬

元經薛氏傳十卷 （隋）王通撰　（唐）薛收傳
　（宋）阮逸註　清嘉慶元年(1796)掃葉山房
刻本　一冊

330000－4735－0001217　02795　史部/地理
類/方志之屬/郡縣志

[乾隆]寧河縣志十六卷 （清）關廷牧修
(清)徐以觀纂　清乾隆四十四年(1779)刻本
二冊　存五卷(八至十二)

330000－4735－0001219　02796　史部/地理
類/方志之屬/郡縣志

[光緒]續修浦城縣志四十二卷首一卷 （清）

翁天祜　（清）呂渭英修　（清）翁昭泰纂　清
光緒二十六年(1900)南浦書院刻本　一冊
存二卷(二十三至二十四)

330000－4735－0001220　05205　子部/醫家
類/醫話醫論之屬

醫方叢話八卷附鈔一卷 （清）徐士鑾輯　清
光緒十五年(1889)津門徐氏蜨園刻本　一冊
　存三卷(五至七)

330000－4735－0001221　05206　子部/醫家
類/眼科之屬

**秘傳眼科龍木醫書總論十卷附葆光道人秘傳
眼科一卷** （明）葆光道人撰　清大文堂刻本
　一冊

330000－4735－0001222　02128－02057　史
部/編年類/通代之屬

續資治通鑑綱目二十七卷 （明）商輅等撰
(明)陳仁錫評　清刻本　一冊　存一卷(十
七)

330000－4735－0001223　02129－02057　史
部/編年類/通代之屬

續資治通鑑綱目二十七卷 （明）商輅等撰
(明)陳仁錫評　清刻本　二冊　存二卷(一
至二)

330000－4735－0001224　00266　經部/儀禮
類/傳說之屬

儀禮易讀十七卷 （清）馬駉撰　清嘉慶二年
(1797)潯溪大酉堂刻本　四冊

330000－4735－0001225　02797　史部/地理
類/方志之屬/通志

[光緒]重修安徽通志三百五十卷補遺十卷
(清)吳坤修等修　（清）何紹基等纂　清光緒
四年(1878)刻本　三冊　存十卷(二百三十
至二百三十三、二百四十七至二百四十九、三
百十二至三百十四)

330000－4735－0001226　05207　子部/醫家
類/眼科之屬

銀海指南四卷 （清）顧錫撰　清同治六年
(1867)埽葉山房刻本　四冊

330000－4735－0001227　00267　經部/儀禮
類/傳說之屬

儀禮易讀十七卷 （清）馬駉撰　清乾隆三十
八年(1773)山陰縣學刻本　四冊

330000－4735－0001228　05208　子部/醫家
類/眼科之屬

銀海指南四卷 （清）顧錫撰　清刻本　一冊
存二卷(一至二)

330000－4735－0001230　02798　史部/地理
類/方志之屬/通志

[乾隆]續修臺灣府志二十六卷首一卷 （清）
余文儀修　（清）黃佾纂　清乾隆三十九年
(1774)刻本　十冊　存二十二卷(二至二十
一、二十三至二十四)

330000－4735－0001231　05209　子部/醫家
類/眼科之屬

傅氏眼科審視瑤函六卷首一卷 （明）傅仁宇
撰　（明）林長生校補　清小西堂刻本　六冊

330000－4735－0001232　00269　經部/儀禮
類/傳說之屬

儀禮初學讀本十七卷 清刻本　二冊

330000－4735－0001234　02132－02062　史
部/編年類/通代之屬

資治通鑑綱目五十九卷 （宋）朱熹撰　清刻
本　三冊　存三卷(六、三十四至三十五)

330000－4735－0001235　05210　子部/醫家
類/眼科之屬

傅氏眼科審視瑤函六卷首一卷 （明）傅仁宇
撰　（明）林長生校補　清蘇州綠蔭堂刻本
六冊

330000－4735－0001236　02130　史部/編年
類/通代之屬

資治通鑑二百九十四卷 （宋）司馬光撰
（元）胡三省音注　清嘉慶長沙佚老堂刻本
二冊　存六卷(一百三十三至一百三十八)

330000－4735－0001237　00271　類叢部/叢
書類/彙編之屬

高安朱文端公校輯藏書（朱文端公藏書）十三

種　（清）朱軾撰輯　清康熙至乾隆刻彙印本
十冊　存一種

330000－4735－0001238　02799　史部/地理
類/山川之屬/水志

莫愁湖志六卷首一卷 （清）馬士圖撰　清光
緒八年(1882)、十七年(1891)刻本　一冊
缺二卷(五至六)

330000－4735－0001239　05211　子部/醫家
類/綜合之屬/通論

醫醇賸義四卷醫方論四卷 （清）費伯雄撰
清光緒三年(1877)刻本　四冊　存四卷(一
至四)

330000－4735－0001240　00272　經部/叢編

七經精義 （清）黃淦撰　清嘉慶十六年
(1811)翼經堂刻本　一冊　存一種

330000－4735－0001241　00273－00234　經
部/叢編

七經精義 （清）黃淦撰　清嘉慶刻本　一冊
存一種

330000－4735－0001242　05212　子部/醫家
類/綜合之屬/通論

醫林纂要探源十卷附錄一卷 （清）汪紱撰
清道光二十九年(1849)遺經堂刻本　三冊
存三卷(四至六)

330000－4735－0001243　02800　史部/地理
類/山川之屬/山志

名山勝槩記四十八卷圖一卷附錄一卷 （明）
何鏜輯　（明）慎蒙續輯　（清）張繒彥等補輯
明崇禎刻本　五冊　存五卷(二十九、三十
一至三十三、三十五)

330000－4735－0001244　00274　經部/三禮
總義類/通禮雜禮之屬

讀禮通考一百二十卷 （清）徐乾學撰　清刻
本　一冊　存五卷(六十至六十四)

330000－4735－0001245　05213　子部/醫家
類/針灸之屬/通論

鍼灸大成十卷 （明）楊繼洲撰　清末紫文閣
刻本　一冊　存一卷(三)

330000－4735－0001246　05214　子部/醫家類/針灸之屬/通論

鍼灸大成十卷　(明)楊繼洲撰　清末紫文閣刻本　二冊　存二卷(七至八)

330000－4735－0001247　02134　史部/編年類/通代之屬

續資治通鑑綱目二十七卷　(明)商輅等撰　(明)陳仁錫評　清嘉慶八年(1803)敬書堂刻本　一冊　存一卷(三)

330000－4735－0001248　02133　史部/編年類/通代之屬

續資治通鑑綱目二十七卷　(明)商輅等撰　(明)陳仁錫評　清刻本　一冊　存一卷(二十一)

330000－4735－0001249　05215　子部/醫家類/綜合之屬/通論

醫學統旨八卷　(明)葉文齡撰　明刻本　二冊　存四卷(三至四、七至八)

330000－4735－0001250　07219　類叢部/叢書類/自著之屬

王漁洋遺書三十八種　(清)王士禎撰　清刻本　四冊　存三種

330000－4735－0001251　00275　經部/三禮總義類/名物制度之屬

天子肆獻裸饋食禮三卷　(清)任啟運撰　清光緒十一年(1885)浙江書局刻本　一冊

330000－4735－0001252　02135－1　史部/編年類/通代之屬

資治通鑑彙刻　清同治至光緒江蘇書局刻本　三冊　存一種

330000－4735－0001253　00276　經部/儀禮類/傳說之屬

儀禮經注一隅二卷　(清)朱駿聲撰　清道光二十九年(1849)朱氏家塾刻本　一冊

330000－4735－0001254　02802　史部/地理類/水利之屬

安瀾紀要二卷　(清)徐端撰　清刻本　一冊　存一卷(下)

330000－4735－0001255　00277　經部/三禮總義類

碻山所著書二種　(清)宋世犖撰　清光緒六年(1880)津門徐士鑾補刻印本　二冊　存一種

330000－4735－0001256　02135－2　史部/編年類/通代之屬

資治通鑑綱目五十九卷首一卷　(宋)朱熹撰　清刻本　一冊　存一卷(首)

330000－4735－0001257　02803　史部/地理類/山川之屬/水志

蜀水攷四卷　(清)陳登龍撰　(清)朱錫穀補注　(清)陳一津分疏　清光緒五年(1879)楊氏清泉精舍刻本　一冊　存二卷(三至四)

330000－4735－0001258　02804　史部/地理類/方志之屬/郡縣志

[光緒]西藏圖考八卷首一卷　(清)黃沛翹纂　清光緒十二年(1886)滇南李培榮刻本　四冊　缺一卷(首)

330000－4735－0001259　00278　經部/叢編

萬充宗先生經學五種十九卷　(清)萬斯大撰　清乾隆二十四年至二十六年(1759－1761)辨志堂刻本　一冊　存二種

330000－4735－0001260　02135－3　史部/編年類/通代之屬

資治通鑑綱目五十九卷　(宋)朱熹撰　清刻本　二冊　存二卷(四至五)

330000－4735－0001261　02805　史部/地理類/總志之屬/通代

彙輯輿圖備考全書十八卷　(明)潘光祖彙輯　(明)李雲翔參訂　清順治七年(1650)刻本　四冊　存十卷(三至六、八、十一至十五)

330000－4735－0001262　02135－4　史部/編年類/通代之屬

資治通鑑綱目五十九卷　(宋)朱熹撰　清刻本　一冊　存一卷(一)

330000－4735－0001263　00279　經部/儀禮類/傳說之屬

儀禮韻言二卷　（清）檀萃纂　清光緒十五年
（1889）篤學樓刻本　二冊

330000－4735－0001264　00280　經部/儀禮
類/傳說之屬

儀禮韻言二卷　（清）檀萃纂　清光緒八年
（1882）掃葉山房刻本　一冊

330000－4735－0001265　00281　經部/儀禮
類/傳說之屬

檀氏儀禮韻言塾課藏本二卷　（清）檀萃纂
清嘉慶十六年（1811）刻本　二冊

330000－4735－0001266　02806　新學/雜
著/叢編

江南製造局所刻書一百五十六種　江南製造
局編　清同治至民國江南機器製造總局刻
本、鉛印本暨石印本　四冊　存一種

330000－4735－0001267　02135－5　史部/
編年類/通代之屬

續資治通鑑綱目二十七卷　（明）商輅等撰
（明）陳仁錫評　清刻本　何以泉題簽並記
一冊　存一卷（十四）

330000－4735－0001268　00282　經部/儀禮
類/傳說之屬

儀禮釋官九卷首一卷　（清）胡匡衷撰　清同
治八年（1869）續谿胡肇智刻本　四冊

330000－4735－0001269　02807　史部/地理
類/方志之屬/郡縣志

［乾隆］光州志六十八卷附志餘十二卷　（清）
高兆煌纂修　清乾隆三十五年（1770）刻本
二十七冊　存六十八卷（一至六、八至十四、
十八至十九、二十四至三十八、四十至六十
八，志餘一至九）

330000－4735－0001271　02135－6　史部/
編年類/通代之屬

資治通鑑綱目五十九卷　（宋）朱熹撰　（明）
陳仁錫評　資治通鑑綱目續編一卷　（明）陳
桱撰　（明）陳仁錫評　資治通鑑綱目前編二
十五卷　（明）南軒撰　（明）陳仁錫評　續資
治通鑑綱目二十七卷　（明）商輅等撰　（明）

陳仁錫評　清嘉慶八年（1803）敬書堂刻本
一冊　存目錄序跋等

330000－4735－0001272　00283　經部/儀禮
類/傳說之屬

儀禮釋官九卷首一卷　（清）胡匡衷撰　清同
治八年（1869）續谿胡肇智刻本　四冊

330000－4735－0001274　00284　類叢部/叢
書類/彙編之屬

崇文書局彙刻書三十一種　（清）崇文書局編
清光緒元年至三年（1875－1877）湖北崇文
書局刻本　四冊　存一種

330000－4735－0001275　00285　經部/儀禮
類/圖說之屬

儀禮圖六卷　（清）張惠言撰　清同治九年
（1870）楚北崇文書局刻本　二冊　存四卷
（一至四）

330000－4735－0001276　05218　子部/醫家
類/醫話醫論之屬

醫方叢話八卷附鈔一卷　（清）徐士鑾輯　清
光緒十五年（1889）津門徐氏蜨園刻本　二冊
存四卷（一至四）

330000－4735－0001277　05219　子部/醫家
類/方書之屬/單方驗方

葛仙翁肘後備急方八卷　（晉）葛洪撰　（南
朝梁）陶弘景增補　清光緒十一年（1885）湖
州王文光齋刻本　四冊

330000－4735－0001278　02135－7　史部/
編年類/通代之屬

資治通鑑綱目五十九卷　（宋）朱熹撰　清刻
本　一冊　存一卷（八）

330000－4735－0001279　05220　子部/醫家
類/兒科之屬/通論

幼科證治準繩九卷　（明）王肯堂輯　清刻本
五冊　存五卷（一、三至六）

330000－4735－0001280　00286　經部/叢編

欽定篆文六經四書十種　（清）李光地等輯
清光緒九年（1883）上海同文書局石印本　二
冊　存一種

330000－4735－0001281　05221　子部/醫家類/類編之屬

吳氏醫學述　(清)吳儀洛輯　清刻本　一冊
　　存一種

330000－4735－0001282　05222　子部/醫家類/類編之屬

吳氏醫學述　(清)吳儀洛輯　清刻本　三冊
　　存一種

330000－4735－0001283　00287　類叢部/叢書類/彙編之屬

武英殿聚珍版書三十九種　清乾隆浙江刻本
　　一冊　存一種

330000－4735－0001284　02135－8　史部/編年類/通代之屬

綱鑑正史約三十六卷　(明)顧錫疇撰　清刻本　一冊　存一卷(十六)

330000－4735－0001285　05223　子部/醫家類/本草之屬/歷代綜合本草

本草從新十八卷　(清)吳儀洛輯　清光緒七年(1881)恒德堂刻本　四冊　缺五卷(二至三、九至十一)

330000－4735－0001286　05224　子部/醫家類/本草之屬/歷代綜合本草

本草從新十八卷　(清)吳儀洛輯　清光緒七年(1881)恒德堂刻本　郁成題簽並記　六冊

330000－4735－0001287　02135－9　史部/編年類/通代之屬

資治通鑑綱目五十九卷　(宋)朱熹撰　(明)陳仁錫評　**資治通鑑綱目續編一卷**　(明)陳𣏌撰　(明)陳仁錫評　**資治通鑑綱目前編二十五卷**　(明)南軒撰　(明)陳仁錫評　**續資治通鑑綱目二十七卷**　(明)商輅等撰　(明)陳仁錫評　清嘉慶八年(1803)敬書堂刻本　二冊　存二卷(二、四十三)

330000－4735－0001289　05225、05328　子部/醫家類/本草之屬/歷代綜合本草

本草從新十八卷　(清)吳儀洛輯　清刻本
二冊　存七卷(二至八)

330000－4735－0001291　05227　子部/醫家類/方書之屬/歷代方書

唐王燾先生外臺秘要方四十卷　(唐)王燾撰
清石印本　二冊　存七卷(七至十、二十八至三十)

330000－4735－0001295　00292　經部/禮記類/傳說之屬

禮記旁訓辨體合訂六卷　(清)徐立綱輯　清刻本　三冊　存三卷(二、四至五)

330000－4735－0001298　05231　子部/醫家類/本草之屬/歷代綜合本草

本草從新十八卷　(清)吳儀洛輯　清石印本
一冊　存六卷(四至九)

330000－4735－0001299　00293　經部/禮記類/傳說之屬

禮記旁訓辨體合訂六卷　(清)徐立綱輯　清循陔堂刻本　二冊　存二卷(五至六)

330000－4735－0001300　05232　子部/醫家類/本草之屬/歷代綜合本草

本草備要八卷　(清)汪昂撰　清鉛印本
二冊

330000－4735－0001301　02808　史部/地理類/總志之屬/斷代

太平寰宇記二百卷目錄二卷　(宋)樂史撰
(清)陳蘭森補闕　清乾隆五十八年(1793)萬廷蘭刻本　四十冊

330000－4735－0001302　00294　經部/禮記類/傳說之屬

禮記旁訓辨體合訂六卷　(清)徐立綱輯　清循陔堂刻本　六冊

330000－4735－0001303　08197　集部/總集類/選集之屬/斷代

元詩選初集一百十四卷二集一百三卷三集一百三卷首一卷　(清)顧嗣立集　清康熙三十三年(1694)顧氏秀野草堂刻本　八冊　存一百三卷(三集一至一百三)

330000－4735－0001306　00295　經部/禮記類/傳說之屬

禮記增訂旁訓六卷 （清）徐立綱撰 清咸豐
八年（1858）寧郡汲綆齋刻本 秦儒文題簽並
記 六冊

330000－4735－0001307 05235 子部/醫家
類/類編之屬

古今醫統正脈全書 （明）王肯堂編 明萬曆
吳勉學刻後印本 三冊 存一種

330000－4735－0001308 02136 史部/紀傳
類/正史之屬

二十四史附考證 清光緒十八年（1892）武林
竹簡齋石印本 一百九十四冊 缺七十七卷
（唐書三十一至六十，宋史七十七至九十、一
百六十一至一百七十二，元史五十八至六十
六、八十一至九十二）

330000－4735－0001309 05236 子部/醫家
類/本草之屬/歷代綜合本草

本草從新十八卷 （清）吳儀洛輯 清光緒七
年（1881）恒德堂刻本 五冊 缺四卷（十二
至十五）

330000－4735－0001310 00298 經部/禮記
類/傳說之屬

禮記增訂旁訓六卷 （清）徐立綱撰 清匠門
書屋刻本 一冊 存一卷（四）

330000－4735－0001311 00296 經部/禮記
類/傳說之屬

禮記增訂旁訓六卷 （清）徐立綱撰 清簡香
齋刻本 四冊 存四卷（一至二、四、六）

330000－4735－0001312 05237 子部/醫家
類/本草之屬/歷代綜合本草

增訂本草備要四卷 （清）汪昂撰 清刻本
陳德青題簽 一冊

330000－4735－0001313 05238 子部/醫家
類/本草之屬/歷代綜合本草

增訂本草備要四卷 （清）汪昂撰 清刻本
一冊 存一卷（二）

330000－4735－0001314 00297 經部/禮記
類/傳說之屬

禮記增訂旁訓六卷 （清）徐立綱撰 清匠門

書屋刻本 二冊 存二卷（二、五）

330000－4735－0001315 05239 子部/醫家
類/本草之屬/歷代綜合本草

湯液本草三卷 （元）王好古撰 清刻本 二
冊 存二卷（上、下）

330000－4735－0001316 02809 史部/地理
類/總志之屬/斷代

太平寰宇記二百卷目錄二卷 （宋）樂史撰
清刻本 三冊 存十七卷（五十七至六十一、
八十五至九十、一百五十五至一百六十）

330000－4735－0001317 02810 史部/地理
類/遊記之屬/紀行

蜀輶日記四卷 （清）陶澍撰 清光緒七年
（1881）刻本 四冊

330000－4735－0001318 00299 經部/禮記
類/傳說之屬

禮記增訂旁訓六卷 （清）徐立綱撰 清匠門
書屋刻本 三冊 存三卷（二至三、六）

330000－4735－0001319 00300 經部/禮記
類/傳說之屬

禮記旁訓辨體合訂六卷 （清）徐立綱輯 清
聚珍堂刻本 六冊

330000－4735－0001320 05240 新學/醫學

割症全書七卷 （美國）嘉約翰譯 清光緒十
六年（1890）羊城博濟醫局刻本 一冊 存一
卷（一）

330000－4735－0001323 02137 史部/紀傳
類/正史之屬

二十四史附考證 清光緒十八年（1892）武林
竹簡齋石印本 二百冊

330000－4735－0001324 00301 經部/禮記
類/傳說之屬

禮記旁訓辨體合訂六卷 （清）徐立綱輯 清
刻本 三冊 存三卷（一至三）

330000－4735－0001326 00302 經部/禮記
類/傳說之屬

禮記旁訓辨體合訂六卷 （清）徐立綱輯 清

刻本　一冊　存二卷(一至二)

330000－4735－0001327　02813　史部/地理
類/山川之屬/合志

寰瀛山水畧四卷　(清)葛銘撰　清光緒五年
(1879)葛氏家塾刻本　二冊

330000－4735－0001328　02138　史部/紀傳
類/正史之屬

二十四史附考證　清光緒十八年(1892)武林
竹簡齋石印本　五十六冊　存三種

330000－4735－0001329　05242　子部/醫家
類/方書之屬/單方驗方

類症普濟本事方十卷　(宋)許叔微撰　清刻
本　一冊　存四卷(一至四)

330000－4735－0001330　00303　經部/禮記
類/傳說之屬

禮記旁訓辨體合訂六卷　(清)徐立綱輯　清
刻本　一冊　存一卷(一)

330000－4735－0001331　02814　史部/地理
類/方志之屬/郡縣志

[道光]寶應圖經六卷首二卷　(清)劉寶楠纂
清刻本　一冊　存一卷(六)

330000－4735－0001332　00304　經部/禮記
類/傳說之屬

潄芳軒合纂禮記體註四卷　(清)范翔撰　清
刻本　四冊

330000－4735－0001333　02141　史部/紀傳
類/正史之屬

四史四百十五卷　清同治成都書局刻本　十
四冊　存一種

330000－4735－0001334　02815　史部/地理
類/方志之屬/郡縣志

營平二州地名記一卷昌平山水記二卷　(清)
顧炎武撰　清光緒十四年(1888)上海掃葉山
房刻本　一冊

330000－4735－0001335　02142　史部/紀傳
類/正史之屬

二十四史　清同治至光緒五省官書局據汲古

閣本等合刻光緒五年(1879)湖北書局彙印本
六冊　存一種

330000－4735－0001336　02143　史部/紀傳
類/正史之屬

二十四史　清同治至光緒五省官書局據汲古
閣本等合刻光緒五年(1879)湖北書局彙印本
八冊　存一種

330000－4735－0001337　02816－08124　類
叢部/叢書類/彙編之屬

海山仙館叢書五十六種　(清)潘仕成編　清
道光二十五年至咸豐元年(1845－1851)番禺
潘氏刻光緒十一年(1885)增刻彙印本　五冊
存二種

330000－4735－0001338　02144　史部/紀傳
類/正史之屬

南北史補志十四卷附贊一卷　(清)汪士鐸撰
清光緒四年(1878)淮南書局刻本　五冊
存十三卷(三至十四、贊)

330000－4735－0001339　02817　史部/地
理類

李氏五種　(清)李兆洛撰　清光緒十四年
(1888)掃葉山房刻本　曾士瀛題簽並記　六
冊　存二種

330000－4735－0001340　02145　史部/紀傳
類/正史之屬

十七史一千五百七十四卷　(明)毛晉編　明
崇禎元年至十七年(1628－1644)毛氏汲古閣
刻本　曾士瀛題簽題記　八冊　存一種

330000－4735－0001341　00305　經部/禮記
類/傳說之屬

全本禮記體註十卷　(清)徐瑄撰　清刻本
四冊　存四卷(六至八、十)

330000－4735－0001342　02146－02143　史
部/紀傳類/正史之屬

二十四史　清同治至光緒五省官書局據汲古
閣本等合刻光緒五年(1879)湖北書局彙印本
十二冊　存一種

330000－4735－0001343　02818　史部/傳記

類/日記之屬

鴻爪前遊日記六卷（清同治九年至十年）
(清)孔廣陶撰　清光緒十八年(1892)三十有
三萬卷堂刻本　五冊

330000－4735－0001344　00306　經部/禮記
類/傳說之屬

全本禮記體註十卷　(清)徐瑄撰　清刻本
四冊　存四卷(二至三、六至七)

330000－4735－0001345　02147　史部/紀傳
類/正史之屬

三國志六十五卷　（晉）陳壽撰　（南朝宋）裴
松之注　清古吳書業趙氏刻本　八冊

330000－4735－0001347　02819　史部/地理
類/總志之屬/斷代

大清一統志四百二十四卷　(清)和珅等纂修
清光緒二十七年(1901)上海寶善齋石印本
三十冊　存二百二十二卷(一至九、十七至
三十四、四十九至八十一、一百二十五至一百
六十四、一百九十七至二百二十五、三百十一
至三百二十三、三百二十九至三百五十九、三
百六十一至三百九十五、四百十一至四百二
十四)

330000－4735－0001348　02148　史部/紀傳
類/正史之屬

遼金元三史語解四十六卷　(清)高宗弘曆敕
撰　清光緒四年(1878)江蘇書局刻本　八冊
缺十一卷(金史一至七、元史十三至十六)

330000－4735－0001349　02149　史部/紀傳
類/正史之屬

遼金元三史語解四十六卷　(清)高宗弘曆敕
撰　清光緒四年(1878)江蘇書局刻本　十冊

330000－4735－0001350　00308　經部/禮記
類/傳說之屬

欽定禮記義疏八十二卷首一卷　(清)高宗弘
曆敕撰　清石印本　一冊　存八卷(四十三
至五十)

330000－4735－0001352　02820　史部/地理
類/總志之屬/斷代

廣輿記二十四卷　（明）陸應陽輯　（清）蔡方
炳增輯　清刻本　七冊　存十七卷(六至九、
十二至二十四)

330000－4735－0001353　05244　子部/醫家
類/類編之屬

黃氏醫書八種　(清)黃元御撰　清同治五年
(1866)重慶刻本　二冊　存二種

330000－4735－0001354　02150　史部/紀傳
類/正史之屬

三國志六十五卷　（晉）陳壽撰　（南朝宋）裴
松之注　（明）陳仁錫評　明天啓刻本　清陳
其榮批注　五冊　缺三十八卷(魏書一至二
十四,吳書一至三、十至二十)

330000－4735－0001355　02821　史部/地理
類/總志之屬/斷代

廣輿記二十四卷圖一卷提要一卷　（明）陸應
陽輯　（清）蔡方炳增輯　清大文堂刻本　十
冊　缺二卷(二至三)

330000－4735－0001356　02151　史部/紀傳
類/正史之屬

明史稿三百十卷目錄三卷　(清)王鴻緒撰
清雍正敬慎堂刻本　五冊　存十八卷(二至
三、四十四至四十八、一百三十四至一百三十
七、一百五十六至一百六十二)

330000－4735－0001357　05245　子部/醫家
類/溫病之屬/其他溫疫病證

溫病條辨六卷首一卷　(清)吳瑭撰　（清）朱
武曹點評　清刻本　一冊　存三卷(四至六)

330000－4735－0001358　05246　子部/醫家
類/溫病之屬/其他溫疫病證

溫病條辨六卷首一卷　(清)吳瑭撰　（清）朱
武曹點評　清刻本　五冊

330000－4735－0001359　02152－02143　史
部/紀傳類/正史之屬

二十四史　清同治至光緒五省官書局據汲古
閣本等合刻光緒五年(1879)湖北書局彙印本
八十冊　存一種

330000－4735－0001360　02822　史部/地理

類/總志之屬/斷代

廣輿記二十四卷 （明）陸應陽輯 （清）蔡方炳增輯 清刻本 一冊 存一卷（二）

330000－4735－0001361 02823 史部/地理類/總志之屬/斷代

廣輿記二十四卷 （明）陸應陽輯 （清）蔡方炳增輯 明刻本 一冊 存三卷（二十二至二十四）

330000－4735－0001362 05247 子部/醫家類/溫病之屬

治溫提要一卷 （清）曹文遠撰 清刻本 一冊

330000－4735－0001363 02153－02143 史部/紀傳類/正史之屬

二十四史 清同治至光緒五省官書局據汲古閣本等合刻光緒五年(1879)湖北書局彙印本 十六冊 存一種

330000－4735－0001364 02824 史部/地理類/總志之屬/斷代

廣輿記二十四卷 （明）陸應陽輯 （清）蔡方炳增輯 清刻本 一冊 存五卷（二十至二十四）

330000－4735－0001365 02825 史部/地理類/總志之屬/斷代

廣輿記二十四卷 （明）陸應陽輯 （清）蔡方炳增輯 清刻本 一冊 存二卷（十六至十七）

330000－4735－0001366 05248 子部/醫家類/内科之屬/中風

中風論一卷 （清）熊笏輯 清光緒十年(1884)醉經閣刻本 一冊

330000－4735－0001367 02826 史部/地理類/總志之屬/斷代

廣輿記二十四卷圖一卷 （明）陸應陽輯 (明)汪明際補圖 明末鍾人傑刻本 三冊 缺七卷（十一至十七）

330000－4735－0001368 05249 子部/醫家類/内科之屬/中風

中風論一卷 （清）熊笏輯 清光緒十年(1884)醉經閣刻本 一冊

330000－4735－0001369 05250 子部/醫家類/溫病之屬/其他溫疫病證

溫熱經緯五卷 （清）王士雄撰 （清）楊照藜 （清）汪曰楨評 清刻本 四冊

330000－4735－0001370 05251、05545 子部/醫家類/溫病之屬/其他溫疫病證

溫熱經緯五卷 （清）王士雄撰 （清）楊照藜 （清）汪曰楨評 清刻本 二冊 存三卷（一至三）

330000－4735－0001371 00309 經部/叢編

重刊宋本十三經注疏四百十六卷 附十三經注疏校勘記四百十六卷 （清）阮元撰 （清）盧宣旬摘錄 **校勘記識語四卷** （清）汪文臺撰 清末石印本 四冊 存一種

330000－4735－0001372 05252 子部/醫家類/溫病之屬/瘟疫

瘟疫論類編五卷 （明）吳有性撰 （清）劉奎等評釋 清咸豐十年(1860)佛山鎮近文堂刻本 二冊

330000－4735－0001373 00310 經部/禮記類/傳說之屬

寄傲山房塾課纂輯禮記全文備旨十一卷 (清)鄒聖脈纂輯 （清）鄒廷猷編次 清刻本 一冊 存二卷（五至六）

330000－4735－0001374 00311 經部/禮記類/傳說之屬

漱芳軒合纂禮記體註四卷 （清）范翔撰 清咸豐二年(1852)刻本 二冊

330000－4735－0001375 05253 子部/醫家類/溫病之屬/瘟疫

瘟疫論補注二卷 （明）吳有性撰 （清）鄭重光補注 清光緒六年(1880)掃葉山房刻本 一冊 存一卷（上）

330000－4735－0001376 05254 子部/醫家類/溫病之屬/其他溫疫病證

溫熱贅言一卷 （清）寄瓢子撰 清刻本

一冊

330000－4735－0001377 05255 子部/醫家類/溫病之屬/瘟疫

隨息居重訂霍亂論四卷 （清）王士雄撰 清刻本 一冊 存二卷（一至二）

330000－4735－0001379 05256 子部/醫家類/溫病之屬/其他溫疫病證

溫病條辨六卷首一卷 （清）吳瑭撰 （清）朱武曹點評 清刻本 孫海士題簽、題記 一冊 存一卷（三）

330000－4735－0001381 05257 子部/醫家類/溫病之屬/其他溫疫病證

溫病條辨六卷首一卷 （清）吳瑭撰 （清）朱武曹點評 清刻本 二冊 存二卷（一、三）

330000－4735－0001382 00314 經部/禮記類/傳說之屬

潄芳軒合纂禮記體註四卷 （清）范翔撰 清同治五年（1866）刻本 三冊 存三卷（一至三）

330000－4735－0001383 05258 子部/醫家類/溫病之屬/瘟疫

廣瘟疫論四卷末一卷 （清）戴天章撰 清刻本 一冊 存四卷（一至四）

330000－4735－0001385 05259 子部/醫家類/溫病之屬/瘟疫

瘟疫論四卷 （明）吳有性撰 清葆真堂刻本 一冊 存二卷（一至二）

330000－4735－0001386 00317 經部/叢編

十三經註疏附考證 清乾隆四年（1739）武英殿刻本 十三冊 存一種

330000－4735－0001387 05261 子部/醫家類/傷寒金匱之屬/傷寒論

劉河間傷寒三書二十卷 （金）劉完素撰 清懷德堂刻本 二冊 存一種

330000－4735－0001388 00318 經部/禮記類/傳說之屬

禮記註疏六十三卷 （漢）鄭玄注 （唐）陸德明音義 （唐）孔穎達疏 清四友堂刻本 三十冊

330000－4735－0001390 05264 子部/醫家類/類編之屬

薛氏醫按二十四種 （明）吳琯編 清刻本 一冊 存一種

330000－4735－0001395 02827 史部/地理類/山川之屬/水志

莫愁湖志六卷首一卷 （清）馬士圖撰 清光緒八年（1882）刻本 一冊 存三卷（首、五至六）

330000－4735－0001399 05266 子部/醫家類/方書之屬/歷代方書

醫方集解六卷 （清）汪昂撰 清刻本 三冊

330000－4735－0001400 02829 史部/地理類/水利之屬

浙西水利備考不分卷 （清）王鳳生撰 清光緒四年（1878）浙江書局刻本 三冊

330000－4735－0001401 05267 子部/醫家類/綜合之屬/雜著

筆花醫鏡四卷 （清）江涵暾撰 清光緒十一年（1885）田氏刻本 一冊 存二卷（一至二）

330000－4735－0001402 02830 史部/地理類/山川之屬/水志

南湖考一卷 （明）陳幼學撰 **節錄餘杭縣南湖事略一卷南湖誌考一卷** （清）陳善撰 清光緒五年（1879）浙江官書局刻本 一冊

330000－4735－0001403 02831 史部/地理類/外紀之屬

地球韻言四卷 （清）張士瀛撰 清光緒二十四年（1898）鄂垣務急書館刻本 二冊

330000－4735－0001404 05268 子部/醫家類/綜合之屬/通論

醫宗說約五卷首一卷 （清）蔣示吉撰 清刻本 四冊

330000－4735－0001405 02832 史部/地理類/外紀之屬

地球韻言四卷 （清）張士瀛撰 清文奎堂刻本 二冊

330000－4735－0001406 05269 子部/醫家類/方書之屬/單方驗方

先醒齋筆記一卷 （明）繆希雍撰 （明）丁元薦輯 清刻本 項沛題簽 二冊

330000－4735－0001407 02833 史部/地理類/山川之屬/山志

泰山道里記一卷 （清）聶鈫撰 清光緒二十三年（1897）雨花道院刻本 王舟瑤題記 一冊

330000－4735－0001409 00326 經部/叢編

御纂七經五種二百九十四卷 （清）李光地等撰 清康熙至乾隆內府刻本 二冊 存一種

330000－4735－0001410 02154 史部/紀傳類/正史之屬

史記一百三十卷首一卷 （漢）司馬遷撰 （南朝宋）裴駰集解 （唐）司馬貞索隱 （唐）張守節正義 （明）徐孚遠 （明）陳子龍測議 清嘉慶十一年（1806）同人堂刻本 二十三冊 缺二十五卷（一至四、十九至三十九）

330000－4735－0001411 05270 子部/醫家類/傷寒金匱之屬/傷寒論

陶節菴傷寒全生集四卷 （明）陶華撰 清刻本 一冊 存一卷（三）

330000－4735－0001412 02834 史部/地理類/山川之屬/水志

曹娥江志八卷首一卷 （清）胡鳳丹輯 清光緒三年（1877）永康胡氏退補齋刻本 二冊

330000－4735－0001414 05271 子部/醫家類/眼科之屬

銀海精微四卷 題（唐）孫思邈撰 清刻本 一冊

330000－4735－0001415 00327 經部/禮記類/傳說之屬

禮記集說十卷 （元）陳澔撰 清文瑞樓刻本 十冊

330000－4735－0001416 05272 子部/醫家類/眼科之屬

銀海精微二卷 題（唐）孫思邈撰 清醉畊堂刻本 一冊 存一卷（上）

330000－4735－0001417 00328 經部/禮記類/傳說之屬

禮記集說十卷 （元）陳澔撰 清道光二十三年（1843）申江文海堂刻本 陳壽題簽並記 十冊

330000－4735－0001418 02836 史部/地理類/外紀之屬

游歷英屬地加納大圖經八卷 （清）傅雲龍撰 清光緒二十八年（1902）石印本 一冊 存二卷（一至二）

330000－4735－0001419 02156 史部/紀傳類/正史之屬

二十四史附考證 清光緒十八年（1892）武林竹簡齋石印本 六冊 存一種

330000－4735－0001420 05273 子部/醫家類/眼科之屬

銀海精微四卷 題（唐）孫思邈撰 清愛日堂刻本 二冊

330000－4735－0001421 02837 史部/地理類/方志之屬/郡縣志

[同治]鸚鵡洲小志四卷首一卷 （清）胡鳳丹纂 清同治十三年（1874）退補齋刻本 一冊 存二卷（三至四）

330000－4735－0001422 02157－02143 史部/紀傳類/正史之屬

二十四史 清同治至光緒五省官書局據汲古閣本等合刻光緒五年（1879）湖北書局彙印本 二十冊 存一種

330000－4735－0001423 00329 經部/禮記類/傳說之屬

禮記集解六十一卷尚書顧命解一卷 （清）孫希旦撰 敬軒先生行狀一卷 （清）孫衣言撰 清咸豐十年至同治七年（1860－1868）瑞安孫氏盤谷草堂刻本 曹愷題簽並記 二十三

冊　缺二卷(三十七至三十八)

330000－4735－0001424　05274　子部/醫家
類/眼科之屬

異授眼科一卷　清同治六年(1867)劉繼禮刻
本　一冊

330000－4735－0001425　02838　史部/地理
類/外紀之屬

環遊地球新錄四卷　(清)李圭撰　清光緒三
年(1877)刻本　陳壽題簽　四冊

330000－4735－0001426　00330　經部/禮記
類/傳說之屬

禮記集解六十一卷尚書顧命解一卷　(清)孫
希旦撰　**敬軒先生行狀一卷**　(清)孫衣言撰
　清咸豐十年至同治七年(1860－1868)瑞安
孫氏盤谷草堂刻本　一冊　缺五十九卷(四
至六十一、尚書顧命解)

330000－4735－0001427　02839　史部/地理
類/山川之屬/山志

九疑山志四卷　(清)吳繩祖纂　清嘉慶元年
(1796)吳氏退思齋刻光緒九年(1883)修補印
本　二冊

330000－4735－0001428　05275　子部/醫家
類/眼科之屬

**秘傳眼科龍木醫書總論十卷附葆光道人秘傳
眼科一卷**　(明)葆光道人撰　清大文堂刻本
　一冊

330000－4735－0001429　00331　經部/禮記
類/傳說之屬

禮記集解六十一卷尚書顧命解一卷　(清)孫
希旦撰　清咸豐十年至同治七年(1860－
1868)瑞安孫氏盤谷草堂刻本　二十二冊
缺八卷(一至八)

330000－4735－0001430　05276　子部/醫家
類/眼科之屬

傅氏眼科審視瑤函六卷首一卷　(明)傅仁宇
撰　(明)林長生校補　清大文堂刻本　六冊

330000－4735－0001431　02840　史部/地理
類/外紀之屬

五洲圖考五卷　(清)龔柴　(清)許彬撰　清
光緒二十八年(1902)上海徐家匯印書館鉛印
本　二冊　存四卷(歐洲、墨洲、斐洲、澳洲)

330000－4735－0001432　02841　史部/地理
類/山川之屬/水志

曹娥江志八卷首一卷　(清)胡鳳丹輯　清光
緒三年(1877)永康胡氏退補齋刻本　一冊

330000－4735－0001433　05277　類叢部/叢
書類/自著之屬

古愚老人消夏錄十七種　(清)汪汲撰輯　清
乾隆至嘉慶古愚山房刻本　一冊　存一種

330000－4735－0001434　00332　經部/禮記
類/傳說之屬

禮記集說十卷　(元)陳澔撰　清光緒二十一
年(1895)刻本　八冊　存八卷(一至八)

330000－4735－0001436　00333　經部/禮記
類/傳說之屬

禮記集說十卷　(元)陳澔撰　清刻本　八冊
　缺二卷(二、九)

330000－4735－0001438　05278　子部/醫家
類/方書之屬/單方驗方

幾希錄續刻一卷附集經驗諸方一卷　(清)金
纓撰　清刻本　一冊　存一卷(集經驗諸方)

330000－4735－0001439　05279　子部/醫家
類/方書之屬/單方驗方

良方集腋合璧一卷　(清)謝元慶輯　清刻本
　一冊

330000－4735－0001441　02843　史部/地理
類/遊記之屬/紀行

越南游歷記一卷　嚴璩等撰　清光緒三十一
年(1905)鉛印本　一冊

330000－4735－0001442　05280　子部/醫家
類/方書之屬/單方驗方

救急良方一卷　(清)黃秉越輯　清刻本
一冊

330000－4735－0001444　05281　子部/醫家
類/方書之屬/單方驗方

經驗秘方一卷　清刻本　一冊

330000－4735－0001445　00337　類叢部/叢書類/彙編之屬

高安朱文端公校輯藏書(朱文端公藏書)十三種　(清)朱軾撰輯　清康熙至乾隆刻彙印本　十四冊　存一種

330000－4735－0001447　05283　子部/醫家類/方書之屬/單方驗方

良方一卷　清刻本　一冊

330000－4735－0001449　05284　子部/醫家類/方書之屬/單方驗方

經驗簡便良方一卷備用藥物一卷　(清)□□輯　清刻本　一冊

330000－4735－0001450　00338－00273－00234　經部/叢編

七經精義　(清)黃淦撰　清嘉慶刻本　蔣黙菴題記　一冊　存一種

330000－4735－0001451　02847　史部/地理類/專志之屬/宮殿

三輔黃圖六卷補遺一卷　(漢)□□撰　(清)畢沅校　清光緒十七年(1891)思賢講舍刻本　一冊

330000－4735－0001452　02848　類叢部/叢書類/彙編之屬

武英殿聚珍版書一百四十八種　清乾隆四十二年(1777)福建刻道光至同治遞修光緒二十一年(1895)增刻本　二冊　存一種

330000－4735－0001453　00339　經部/禮記類/傳說之屬

禮記精義六卷　(清)黃淦撰　清光緒十年(1884)魏氏古香閣刻本　六冊

330000－4735－0001454　05285　子部/醫家類/類編之屬

六醴齋醫書十種　(清)程永培編　清乾隆五十九年(1794)修敬堂刻本　二冊　存一種

330000－4735－0001456　05286　子部/醫家類/兒科之屬/痘疹

沈氏痲科一卷　(清)趙開泰輯　清光緒二年(1876)黃邑管作鼎刻本　一冊

330000－4735－0001457　02849　史部/地理類/遊記之屬/紀勝

徐霞客遊記十卷　(明)徐弘祖撰　外編一卷　(清)徐鎮輯　補編一卷　(清)葉廷甲輯　清光緒七年(1881)瘦影山房木活字印本　四冊　存三卷(四至五、八)

330000－4735－0001458　05287　子部/醫家類/兒科之屬/痘疹

沈氏痲科一卷　(清)趙開泰輯　清光緒二年(1876)黃邑管作鼎刻本　一冊

330000－4735－0001459　05289　子部/醫家類/兒科之屬/痘疹

沈氏痲科一卷　(清)趙開泰輯　清光緒二年(1876)黃邑管作鼎刻本　一冊

330000－4735－0001460　00341　類叢部/叢書類/自著之屬

心齋十種　(清)任兆麟撰　清乾隆五十年至五十五年(1785－1790)震澤任氏忠敏家塾刻本　一冊　存二種

330000－4735－0001461　02159－02143　史部/紀傳類/正史之屬

二十四史　清同治至光緒五省官書局據汲古閣本等合刻光緒五年(1879)湖北書局彙印本　一百四冊　存十種

330000－4735－0001463　00342　類叢部/叢書類/自著之屬

范氏三種　(清)范家相撰　清乾隆至嘉慶會稽范氏刻光緒十三年(1887)墨潤堂重修本　一冊　存一種

330000－4735－0001464　00343　經部/大戴禮記類/分篇之屬

夏小正一卷　(漢)戴德傳　(清)朱駿聲補傳　清刻本　一冊

330000－4735－0001465　02158　史部/紀傳類/正史之屬

唐書二百二十五卷　(宋)歐陽修　(宋)宋祁

等撰　元大德九年(1305)建康路儒學刻明清
遞修本　二十三冊　存八十七卷(一、九至二
十三、三十八至四十一、四十九至五十二、六
十三至六十五、七十二、七十四、九十六至九
十九、一百五至一百十二、一百十七至一百十
九、一百二十六至一百三十一、一百四十三至
一百四十七、一百五十八至一百六十二、一百
七十至一百七十五、一百八十一至一百八十
七、二百一至二百三、二百八至二百十四、二
百二十二至二百二十五)

330000－4735－0001466　00344　經部/大戴
禮記類/分篇之屬

夏小正一卷　（清）王氏注　清光緒十年
(1884)成都尊經書局校刻本　洪滌懷題記
一冊

330000－4735－0001467　00345　經部/大戴
禮記類/分篇之屬

夏小正一卷　（清）王氏注　清光緒十年
(1884)成都尊經書局校刻本　一冊

330000－4735－0001468　05290　子部/醫家
類/兒科之屬/痘疹

治疹全書三卷首一卷尾一卷　（清）夏禹鑄撰
　清光緒二十六年(1900)東陽長衢里方氏刻
本　二冊

330000－4735－0001469　00346　經部/大戴
禮記類/分篇之屬

夏小正四卷　（清）任兆麟注　清刻本　一冊

330000－4735－0001471　05292　子部/醫家
類/眼科之屬

傅氏眼科審視瑤函六卷首一卷　（明）傅仁宇
撰　（明）林長生校補　清刻本　一冊

330000－4735－0001472　00347　類叢部/叢
書類/彙編之屬

增訂漢魏叢書八十六種　（清）王謨編　清乾
隆五十六年(1791)金谿王氏刻本　一冊　存
一種

330000－4735－0001473　02169－02143　史
部/紀傳類/正史之屬

二十四史　清同治至光緒五省官書局據汲古
閣本等合刻光緒五年(1879)湖北書局彙印本
　二冊　存一種

330000－4735－0001474　02170－02143　史
部/紀傳類/正史之屬

二十四史　清同治至光緒五省官書局據汲古
閣本等合刻光緒五年(1879)湖北書局彙印本
　一冊　存一種

330000－4735－0001475　00348　類叢部/叢
書類/彙編之屬

增訂漢魏叢書八十六種　（清）王謨編　清乾
隆五十六年(1791)金谿王氏刻本　二冊　存
一種

330000－4735－0001476　00349　類叢部/叢
書類/彙編之屬

增訂漢魏叢書八十六種　（清）王謨編　清乾
隆五十六年(1791)金谿王氏刻本　一冊　存
一種

330000－4735－0001477　02171　史/紀傳
類/正史之屬

唐書二百二十五卷　（宋）歐陽修　（宋）宋祁
等撰　清古吳書業趙氏刻本　二冊　存十卷
(五至十、二十五至二十八)

330000－4735－0001478　05293　子部/醫家
類/類編之屬

喻氏醫書三種　（清）喻昌撰　清同治竹秀山
房刻本　二冊　存一種

330000－4735－0001479　05294　子部/醫家
類/類編之屬

喻氏醫書三種　（清）喻昌撰　清刻本　二冊
　存一種

330000－4735－0001480　00350－00185－
00036　類叢部/叢書類/彙編之屬

增訂漢魏叢書八十六種　（清）王謨編　清乾
隆五十六年(1791)金谿王氏刻本　一冊　存
一種

330000－4735－0001481　05295　子部/醫家
類/溫病之屬

時病論八卷 （清）雷豐撰 清光緒三十年
(1904)石印本 一冊

330000－4735－0001482 02172 史部/紀傳
類/正史之屬

二十四史附考證 清光緒十八年(1892)武林
竹簡齋石印本 二冊 存一種

330000－4735－0001483 02173 史部/紀傳
類/正史之屬

五代史記七十四卷 （宋）歐陽修撰 （宋）徐
無黨注 （清）彭元瑞增注 （清）劉鳳誥排次
清刻本 一冊 存三卷(六、十至十一)

330000－4735－0001484 02850 類叢部/叢
書類/彙編之屬

後知不足齋叢書四十七種 （清）鮑廷爵編
清同治至光緒常熟鮑氏刻本 一冊 存一種

330000－4735－0001485 05296 子部/醫家
類/方書之屬/單方驗方

驗方新編十六卷 （清）鮑相璈輯 清光緒十
六年(1890)刻本 五冊 存八卷(一、九至
十、十二至十六)

330000－4735－0001486 02174 類叢部/叢
書類/彙編之屬

後知不足齋叢書四十七種 （清）鮑廷爵編
清同治至光緒常熟鮑氏刻本 三冊 存一種

330000－4735－0001487 02175 史部/紀傳
類/正史之屬

十七史一千五百七十四卷 （明）毛晉編 明
崇禎至清順治琴川毛氏汲古閣刻本 七冊
存一種

330000－4735－0001488 02851 史部/地理
類/專志之屬/書院

重脩南溪書院志四卷 （清）楊毓健等撰 清
同治九年(1870)刻本 二冊 缺一卷(四)

330000－4735－0001489 05297 子部/醫家
類/類編之屬

婦嬰至寶三種六卷 （清）徐尚慧編 催生符
一卷 （清）蔡松汀撰 清刻本 一冊 缺一
卷(一)

330000－4735－0001490 02852 史部/地理
類/專志之屬/書院

鼇峯書院志十六卷首一卷 （清）游光繹等纂
清嘉慶十一年(1806)正誼堂刻本 一冊
存二卷(十至十一)

330000－4735－0001491 05298 子部/醫家
類/喉科口齒之屬/通論

重錄增補經驗喉科紫珍集二卷 （清）朱翔宇
輯 專治時疫白喉嚨症論一卷 （清）張紹修
撰 清光緒三年(1877)刻本 三冊

330000－4735－0001492 02176－02143 史
部/紀傳類/正史之屬

二十四史 清同治至光緒五省官書局據汲古
閣本等合刻光緒五年(1879)湖北書局彙印本
二十六冊 存一種

330000－4735－0001493 05299 子部/醫家
類/喉科口齒之屬/通論

喉科秘旨二卷 （清）海山仙館輯 清同治十
三年(1874)紅杏山房刻本 一冊

330000－4735－0001494 02853 史部/地理
類/水利之屬

河防志十二卷 （清）張希良纂 清雍正三年
(1725)刻本 一冊 存一卷(一)

330000－4735－0001495 05300 子部/醫家
類/眼科之屬

眼科秘旨二卷 清刻本 二冊

330000－4735－0001496 00351 經部/大戴
禮記類/傳說之屬

大戴禮記補注十三卷序錄一卷 （清）孔廣森
撰 清同治十三年(1874)淮南書局刻本 三
冊 缺四卷(四至七)

330000－4735－0001497 00352 經部/大戴
禮記類/傳說之屬

大戴禮記十三卷 （漢）戴德撰 （北周）盧辯
注 清乾隆二十五年(1760)刻本 二冊

330000－4735－0001498 05301 子部/醫家
類/類編之屬

喻氏醫書三種 （清）喻昌撰 清刻本 二冊

存一種

330000－4735－0001499　00353　類叢部/叢書類/彙編之屬

廣雅書局叢書一百五十九種　徐紹棨編　清光緒廣雅書局刻民國九年(1920)番禺徐紹棨彙編重印本　三冊　存一種

330000－4735－0001500　02177　史部/紀傳類/正史之屬

二十四史附考證　清光緒十四年(1888)上海圖書集成印書局鉛印本　一百十四冊　存七種

330000－4735－0001501　05302　子部/醫家類/綜合之屬/通論

御纂醫宗金鑑九十卷首一卷　(清)吳謙等撰　清光緒二十九年(1903)上海醉六堂石印本三冊　存七卷(編輯外科心法要訣一至七)

330000－4735－0001502　02854　史部/地理類/水利之屬

續浚南湖圖志一卷　清光緒三十一年(1905)浙江官書局刻三十三年(1907)增刻本　一冊

330000－4735－0001503　00354　經部/三禮總義類/通禮雜禮之屬

五禮通考二百六十二卷首四卷總目二卷　(清)秦蕙田撰　清光緒六年(1880)江蘇書局刻本　一百冊

330000－4735－0001504　02855　史部/地理類/雜志之屬

甌江小記一卷　(清)郭鍾岳撰　清光緒四年(1878)和天倪齋刻本　一冊

330000－4735－0001506　00355　經部/三禮總義類/通禮雜禮之屬

五禮通考二百六十二卷首四卷總目二卷　(清)秦蕙田撰　清光緒六年(1880)江蘇書局刻本　九十九冊　缺三卷(六十四至六十六)

330000－4735－0001507　00356　經部/三禮總義類/通禮雜禮之屬

五禮通考二百六十二卷首四卷總目二卷　(清)秦蕙田撰　清光緒二十二年(1896)新化

三味堂刻本　四十七冊　缺一百五十六卷(七十三至二百二十八)

330000－4735－0001510　02856　類叢部/叢書類/彙編之屬

連筠簃叢書十二種　(清)楊尚文編　清道光二十七年至二十九年(1847－1849)靈石楊氏刻本(羣書治要卷四、十三、二十原缺)　一冊存一種

330000－4735－0001511　05307　子部/醫家類/綜合之屬/通論

醫門法律六卷　(清)喻昌撰　清光緒三十三年(1907)上海簡青齋書局石印本　一冊

330000－4735－0001513　00357　經部/三禮總義類/通論之屬

讀禮條考二十卷　(清)王曜南撰　清光緒二十三年(1897)武林尚友齋石印本　五冊　缺三卷(四至六)

330000－4735－0001514　02857　史部/地理類/山川之屬/水志

蜀水攷四卷　(清)陳登龍撰　(清)朱錫穀補注　(清)陳一津分疏　清刻本　一冊　存一卷(三)

330000－4735－0001515　00358　經部/三禮總義類/通禮雜禮之屬

禮書一百五十卷　(宋)陳祥道撰　清嘉慶九年(1804)福清韶溪郭龍光校經堂刻本　項冰夫題簽並記　二冊　存十一卷(一至三、十六至二十三)

330000－4735－0001517　00359　經部/三禮總義類/通禮雜禮之屬

四禮初稿四卷　(明)宋繡撰　**四禮約言四卷**　(明)呂維祺撰　清刻本　一冊

330000－4735－0001518　02859、03325　史部/地理類/雜志之屬

湖南全省掌故備攷三十五卷　王先謙撰　清光緒十四年(1888)刻本　七冊　存二十七卷(一至十八、二十一至二十九)

330000－4735－0001519　00360　經部/三禮

總義類/名物制度之屬

求古錄禮説校勘記三卷 （清）王士駿輯　清光緒二年(1876)吳縣孫憙刻本　一冊

330000－4735－0001520　02860　史部/地理類/外紀之屬

俄游彙編十二卷 （清）繆祐孫撰　清石印本　一冊　存三卷(六至八)

330000－4735－0001521　00361　經部/三禮總義類/目録之屬

重修通禮凡例一卷　清鉛印本　一冊

330000－4735－0001523　02861　史部/地理類/外紀之屬

游歷聞見録十八卷 （清）洪勳輯　清光緒十六年(1890)上海仁記石印本　三冊　存十二卷(一至十二)

330000－4735－0001525　02862　史部/地理類/外紀之屬

海國圖志一百卷 （清）魏源撰　**海國圖志續集二十五卷** （英國）麥高爾輯著　（美國）林樂知　（清）瞿昂來譯　（英國）賈密倫　（英國）裴路原書　（英國）傅蘭雅口譯　（清）徐建寅筆述　清石印本　十一冊　存九十二卷(四至二十五、四十至五十四、六十一至一百，續集十一至二十五)

330000－4735－0001526　00364　經部/三禮總義類/通禮雜禮之屬

文公家禮儀節八卷 （宋）朱熹編　（明）楊慎輯　清多文堂刻本　五冊

330000－4735－0001527　00365　經部/三禮總義類/通禮雜禮之屬

朱子家禮八卷首一卷 （宋）朱熹撰　（明）丘濬輯　（明）楊廷筠補　清康熙四十年(1701)同德堂刻本　二冊

330000－4735－0001528　00366　經部/三禮總義類/通禮雜禮之屬

泰泉鄉禮七卷 （明）黃佐撰　清道光元年(1821)刻本　一冊

330000－4735－0001529　02863　史部/地

理類

李氏五種 （清）李兆洛撰　清光緒二十四年(1898)掃葉山房石印本　一冊　存一種

330000－4735－0001530　00367　經部/春秋左傳類/傳說之屬

春秋左傳杜注三十卷首一卷 （清）姚培謙撰　清光緒十五年(1889)江南書局刻本　十冊

330000－4735－0001531　00368　經部/春秋左傳類/傳說之屬

春秋左傳杜注三十卷首一卷 （清）姚培謙撰　清光緒十五年(1889)江南書局刻本　八冊　缺六卷(七至九、十九至二十一)

330000－4735－0001532　02864　史部/地理類/外紀之屬

中外輿地通考不分卷 （清）龔柴　（清）許彬撰　清石印本　三冊

330000－4735－0001534　05309　子部/叢編

子書二十八種彙函 （清）文瑞樓編　清光緒二十二年至三十四年(1896－1908)鉛印本　玉京洞天道人題簽並記　四冊　存一種

330000－4735－0001535　02865　類叢部/叢書類/彙編之屬

嘯園叢書五十七種 （清）葛元煦編　清光緒二年至七年(1876－1881)仁和葛氏刻本　二冊　存一種

330000－4735－0001536　00370　經部/春秋左傳類/傳說之屬

春秋左傳五十卷 （晉）杜預　（宋）林堯叟註釋　（唐）陸德明音義　（明）鍾惺　（明）孫鑛　（明）韓范評點　清刻本　十冊　存四十一卷(十至五十)

330000－4735－0001537　05310　子部/醫家類/醫案之屬

三家醫案合刻三種 （清）吳金壽編　清文聚堂刻本　一冊　存一種

330000－4735－0001538　00371　經部/春秋左傳類/傳說之屬

春秋左傳五十卷 （晉）杜預　（宋）林堯叟註

釋　（唐）陸德明音義　（明）鍾惺　（明）孫
鑛　（明）韓范評點　清刻本　五冊　存二十
一卷（二十五至四十一、四十七至五十）

330000－4735－0001540　00372　經部／春秋
左傳類／傳說之屬

春秋左傳五十卷　（晉）杜預　（宋）林堯叟註
釋　（唐）陸德明音義　（明）鍾惺　（明）孫
鑛　（明）韓范評點　清刻本　九冊　存三十
五卷（一至三、十九至五十）

330000－4735－0001541　05312　子部／醫家
類／綜合之屬／通論

慎疾芻言一卷　（清）徐大椿撰　清刻本
一冊

330000－4735－0001542　02866　類叢部／叢
書類／彙編之屬

知不足齋叢書一百九十五種　（清）鮑廷博編
　（清）鮑士恭續編　清乾隆三十七年至道光
三年（1772－1823）長塘鮑氏刻彙印本　三冊
　存一種

330000－4735－0001543　05313　子部／醫家
類／針灸之屬／經絡腧穴

奇經八脈考一卷　（明）李時珍撰　清刻本
柏良題簽並記　一冊

330000－4735－0001544　05314　子部／醫家
類／綜合之屬／通論

雷真君親傳活人錄一卷　清刻本　一冊

330000－4735－0001545　05315　子部／醫家
類／溫病之屬／瘟疫

經驗鼠疫約編節要一卷　（清）王漱巖編　清
宣統三年（1911）鉛印本　一冊

330000－4735－0001547　00374　經部／叢編

十三經註疏三百三十三卷　明崇禎元年至十
二年（1628－1639）古虞毛氏汲古閣刻本　二
十四冊　存一種

330000－4735－0001548　05316　子部／醫家
類／溫病之屬／瘟疫

經驗鼠疫約編節要一卷　（清）王漱巖編　清
宣統三年（1911）鉛印本　一冊

330000－4735－0001549　00375　經部／春秋
左傳類／傳說之屬

春秋左傳註疏六十卷　（晉）杜預註　（唐）陸
德明音義　（唐）孔穎達疏　清刻本　二十九
冊　存五十八卷（三至六十）

330000－4735－0001550　05317　子部／醫家
類／溫病之屬／瘟疫

經驗鼠疫約編節要一卷　（清）王漱巖編　清
宣統三年（1911）鉛印本　一冊

330000－4735－0001551　02867　史部／地理
類／外紀之屬

海國圖志一百卷　（清）魏源撰　清石印本
四冊　存二十六卷（二十三至三十、七十九至
八十六、九十一至一百）

330000－4735－0001553　05318　子部／醫家
類／傷寒金匱之屬／傷寒論

劉河間傷寒六書（劉河間醫學六書）附二種
（金）劉完素等撰　清刻本　一冊　存一種

330000－4735－0001554　02868　史部／地理
類／總志之屬／通代

讀史方輿紀要一百三十卷方輿全圖總說五卷
　（清）顧祖禹撰　清光緒二十七年（1901）上
海圖書集成印書局鉛印本暨石印本　十一冊
　存四十四卷（十九至二十五、三十四至三十
八、五十六至五十九、六十六至六十九、七十
五至八十二、九十五至九十九、一百十三至一
百十九、一百二十八至一百三十，方輿全圖總
說三）

330000－4735－0001556　00377　經部／春秋
左傳類／傳說之屬

曲江書屋新訂批註左傳快讀十八卷首一卷
（清）李紹崧輯　清乾隆五十二年（1787）小酉
山房刻本　十四冊　缺二卷（六、十二）

330000－4735－0001557　00378　經部／叢編

重刊宋本十三經注疏四百十六卷　附十三經
注疏校勘記四百十六卷　（清）阮元撰　（清）
盧宣旬摘錄　清嘉慶二十年（1815）南昌府學
刻本　七冊　存一種

330000－4735－0001558　05320　子部/醫家類/眼科之屬

傅氏眼科審視瑤函六卷　（明）傅仁宇撰（明）林長生校補　清刻本　三冊　存三卷（三至五）

330000－4735－0001559　05321　子部/醫家類/眼科之屬

傅氏眼科審視瑤函六卷　（明）傅仁宇撰（明）林長生校補　清刻本　二冊　存四卷（三至六）

330000－4735－0001560　05322　子部/醫家類/眼科之屬

傅氏眼科審視瑤函六卷　（明）傅仁宇撰（明）林長生校補　清刻本　一冊　存二卷（四至五）

330000－4735－0001561　00379　經部/春秋左傳類/傳說之屬

左繡三十卷首一卷　（清）馮李驊　（清）陸浩評輯　清宣統三年(1911)上海會文堂石印本　八冊

330000－4735－0001562　00380　經部/春秋左傳類/傳說之屬

左繡三十卷首一卷　（清）馮李驊　（清）陸浩評輯　清經綸堂刻本　十四冊

330000－4735－0001563　05323　子部/醫家類/傷寒金匱之屬/傷寒論

長沙方歌括六卷　（清）陳念祖撰　清刻本一冊　存二卷（二至三）

330000－4735－0001564　00381　經部/春秋左傳類/傳說之屬

左繡三十卷首一卷　（清）馮李驊　（清）陸浩評輯　清漁古山房刻本　一冊　存二卷（首、一）

330000－4735－0001565　05324　子部/醫家類/綜合之屬/通論

醫學心悟六卷　（清）程國彭撰　清刻本　一冊　存一卷（二）

330000－4735－0001566　00382　經部/春秋左傳類/傳說之屬

左繡三十卷首一卷　（清）馮李驊　（清）陸浩評輯　清華川書屋刻本　一冊　存三卷（首、一至二）

330000－4735－0001567　05325　子部/醫家類/傷寒金匱之屬/傷寒論

劉河間傷寒六書(劉河間醫學六書)附二種（金）劉完素等撰　清刻本　二冊　存四種

330000－4735－0001568　00383　經部/春秋左傳類/傳說之屬

左繡三十卷首一卷　（清）馮李驊　（清）陸浩評輯　清刻本　曹愷題簽並記　十二冊　存二十八卷（二至二十九）

330000－4735－0001569　00384　經部/春秋左傳類/傳說之屬

左繡三十卷首一卷　（清）馮李驊　（清）陸浩評輯　清三餘堂刻本　嚴渭綸題簽並記　十四冊

330000－4735－0001570　05327　子部/醫家類/醫經之屬/內經

黃帝素問宣明論方十五卷　（金）劉完素撰　清刻本　一冊　存十一卷（五至十五）

330000－4735－0001571　00385　經部/春秋左傳類/傳說之屬

春秋左傳五十卷　（晉）杜預　（宋）林堯叟註釋　（唐）陸德明音義　（明）鍾惺　（明）孫鑛　（明）韓范評點　清刻本　十一冊　缺五卷（十四至十八）

330000－4735－0001572　00386　經部/春秋左傳類/傳說之屬

春秋左傳五十卷　（晉）杜預　（宋）林堯叟註釋　（唐）陸德明音義　（明）鍾惺　（明）孫鑛　（明）韓范評點　清刻本　十冊　存十六卷（五至二十）

330000－4735－0001573　00387　經部/春秋左傳類/傳說之屬

春秋左傳五十卷　（晉）杜預　（宋）林堯叟註釋　（唐）陸德明音義　（明）鍾惺　（明）孫

鑛 （明）韓范評點　清刻本　八冊

330000－4735－0001575　00388　經部/春秋
左傳類/傳說之屬

春秋左傳(春秋左傳杜林合註)五十卷　（晉）
杜預　（宋）林堯叟註釋　（唐）陸德明音義
（明）鍾惺　（明）孫鑛　（明）韓范評點　清
浙紹奎照樓刻本　十一冊　缺五卷(十七至
二十一)

330000－4735－0001578　00389　經部/春秋
左傳類/傳說之屬

春秋左傳(校經山房左傳杜林合註)五十卷
（晉）杜預　（宋）林堯叟註釋　（唐）陸德明
音義　（明）鍾惺　（明）孫鑛　（明）韓范評
點　清光緒三十一年(1905)上海校經山房石
印本　七冊　存二十九卷(一至四、十三至二
十、二十六至三十七、四十二至四十六)

330000－4735－0001582　02869　史部/地理
類/山川之屬/水志

重修輞川志六卷　（清）胡元焕纂　清道光十
八年(1838)刻本　一冊　存二卷(五至六)

330000－4735－0001584　02870　史部/地理
類/雜志之屬

蒙古游牧記十六卷　（清）張穆撰　清同治六
年(1867)壽陽祁氏刻本　四冊

330000－4735－0001585　05337　子部/醫家
類/綜合之屬/通論

羣玉山房重校醫宗必讀十卷　（明）李中梓撰
　清光緒九年(1883)羣玉山房刻本　三冊
存六卷(一至四、九至十)

330000－4735－0001586　02871　類叢部/叢
書類/彙編之屬

平津館叢書八集三十八種　（清）孫星衍編
清嘉慶蘭陵孫氏刻本　一冊　存二種

330000－4735－0001587　05338　子部/醫家
類/綜合之屬/通論

詳校醫宗必讀十卷　（明）李中梓撰　清刻本
　二冊　存六卷(一至二、七至十)

330000－4735－0001588　05339　子部/醫家

類/綜合之屬/通論

羣玉山房重校醫宗必讀十卷　（明）李中梓撰
　清光緒九年(1883)羣玉山房刻本　三冊
存六卷(一至二、七至十)

330000－4735－0001589　05340　子部/醫家
類/綜合之屬/通論

瀛經堂詳校醫宗必讀十卷　（明）李中梓撰
清刻本　一冊　存二卷(一至二)

330000－4735－0001591　05340－1　子部/
醫家類/綜合之屬/通論

羣玉山房重校醫宗必讀十卷　（明）李中梓撰
　清光緒九年(1883)羣玉山房刻本　二冊
存六卷(五至十)

330000－4735－0001592　00390　經部/春秋
左傳類/傳說之屬

春秋左傳五十卷　（晉）杜預　（宋）林堯叟註
釋　（唐）陸德明音義　（明）鍾惺　（明）孫
鑛　（明）韓范評點　清刻本　一冊　存八卷
(二十九至三十六)

330000－4735－0001593　05341　子部/醫家
類/綜合之屬/通論

詳校醫宗必讀十卷　（明）李中梓撰　清刻本
　五冊　缺一卷(五)

330000－4735－0001594　00391　經部/春秋
左傳類/傳說之屬

春秋左傳五十卷　（晉）杜預　（宋）林堯叟註
釋　（唐）陸德明音義　（明）鍾惺　（明）孫
鑛　（明）韓范評點　清刻本　三冊　存二十
六卷(二十五至五十)

330000－4735－0001595　00392　經部/春秋
左傳類/傳說之屬

春秋左傳五十卷　（晉）杜預　（宋）林堯叟註
釋　（唐）陸德明音義　（明）鍾惺　（明）孫
鑛　（明）韓范評點　清刻本　五冊　存二十
二卷(十三至二十、二十五至二十九、三十四
至三十七、四十二至四十六)

330000－4735－0001596　02184　史部/紀傳
類/正史之屬

四史四百十五卷　清光緒十四年（1888）上海蜚英館石印本　十一冊　存一種

330000－4735－0001597　02874　史部/地理類/外紀之屬

地球韻言四卷　（清）張士瀛撰　清光緒二十七年（1901）杞廬杭州刻本　一冊　存二卷（一至二）

330000－4735－0001598　02873　史部/地理類

晏彤甫大中丞程記三種　（清）晏端書撰　清光緒十三年（1887）晏方琦刻本　一冊　存一種

330000－4735－0001599　00393　經部/春秋左傳類/傳說之屬

春秋左傳五十卷　（晉）杜預　（宋）林堯叟註釋　（唐）陸德明音義　（明）鍾惺　（明）孫鑛　（明）韓范評點　清刻本　五冊　存十八卷（二十至三十、三十八至四十四）

330000－4735－0001600　05342　子部/醫家類/綜合之屬/通論

映雪堂詳校醫宗必讀十卷　（明）李中梓撰　清刻本　五冊

330000－4735－0001601　00394　經部/春秋左傳類/傳說之屬

春秋左傳五十卷　（晉）杜預　（宋）林堯叟註釋　（明）韓范評閱　清刻本　二冊　存十三卷（十五至二十、四十四至五十）

330000－4735－0001602　05343　子部/醫家類/綜合之屬/通論

羣玉山房重校醫宗必讀十卷　（明）李中梓撰　清光緒九年（1883）羣玉山房刻本　五冊

330000－4735－0001603　02875　史部/地理類/外紀之屬

地球韻言四卷　（清）張士瀛撰　清光緒二十四年（1898）兩湖書院刻本　二冊

330000－4735－0001604　05344　子部/醫家類/綜合之屬/通論

鴻文堂詳校醫宗必讀十卷　（明）李中梓撰

清刻本　一冊　存五卷（六至十）

330000－4735－0001605　02876　類叢部/叢書類/彙編之屬

增訂漢魏叢書八十六種　（清）王謨編　清乾隆五十六年（1791）金谿王氏刻本　一冊　存一種

330000－4735－0001606　00395　經部/春秋左傳類/傳說之屬

讀左補義五十卷首一卷　（清）姜炳璋輯　清光緒三十年（1904）浙甯汲綆齋刻本　十六冊

330000－4735－0001607　02877　類叢部/叢書類/彙編之屬

二酉堂叢書（張氏叢書）二十一種　（清）張澍輯　清道光元年（1821）武威張氏二酉堂刻本　一冊　存六種

330000－4735－0001608　00396　經部/春秋左傳類/傳說之屬

讀左補義五十卷首一卷　（清）姜炳璋輯　清光緒三十年（1904）浙甯汲綆齋刻本　二冊　存六卷（五至七、十四至十六）

330000－4735－0001609　02185－02184　史部/紀傳類/正史之屬

四史四百十五卷　清光緒十四年（1888）上海蜚英館石印本　五冊　存一種

330000－4735－0001610　00397　經部/春秋左傳類/傳說之屬

讀左補義五十卷首一卷　（清）姜炳璋輯　清光緒三十年（1904）浙甯汲綆齋刻本　曹愷題簽並記　六冊　存十八卷（首,四至十、十四至十六、三十至三十六）

330000－4735－0001611　02186　史部/紀傳類/正史之屬

二十四史附考證　清光緒十年（1884）上海同文書局石印本　三十二冊　存一種

330000－4735－0001612　00398　經部/春秋左傳類/傳說之屬

讀左補義五十卷首一卷　（清）姜炳璋輯　清光緒三十年（1904）浙甯汲綆齋刻本　九冊

缺二十二卷(二至十、十四至二十六)

330000－4735－0001613　02878　類叢部/叢
書類/自著之屬

徐位山六種　(清)徐文靖撰　清光緒刻彙印
本　三冊　存一種

330000－4735－0001614　02187　類叢部/叢
書類/彙編之屬

古香齋袖珍十種　清同治至光緒南海孔氏刻
本　二十四冊　存一種

330000－4735－0001615　00399　經部/春秋
左傳類/傳說之屬

評點春秋綱目左傳句解彙雋六卷　(清)韓菼
重訂　清宣統元年(1909)石印本　一冊

330000－4735－0001616　02188　史部/紀傳
類/正史之屬

四史四百十五卷　清光緒二十六年(1900)煥
文書局石印本　十二冊　存一種

330000－4735－0001617　02189　史部/紀傳
類/正史之屬

四史四百十五卷　清光緒十四年(1888)上海
蜚英館石印本　十二冊　存一種

330000－4735－0001618　02190　史部/紀傳
類/正史之屬

四史四百十五卷　清光緒二十四年(1898)上
海點石齋石印本　八冊　存一種

330000－4735－0001619　00400　經部/春秋
左傳類/傳說之屬

評點春秋綱目左傳句解彙雋六卷　(清)韓菼
重訂　清道光二十三年(1843)聚源堂刻本
六冊

330000－4735－0001620　02879　史部/地理
類/山川之屬/山志

峨眉山志十八卷　(清)蔣超纂　清康熙二十
八年(1689)刻增修本　一冊　存六卷(三至
八)

330000－4735－0001621　02191　史部/紀傳
類/正史之屬

四史四百十五卷　清光緒十四年(1888)上海
蜚英館石印本　十二冊　存一種

330000－4735－0001622　02192－02186　史
部/紀傳類/正史之屬

二十四史附考證　清光緒十年(1884)上海同
文書局石印本　六冊　存一種

330000－4735－0001623　02193－02188　史
部/紀傳類/正史之屬

四史四百十五卷　清光緒二十六年(1900)煥
文書局石印本　七冊　存一種

330000－4735－0001624　00401　經部/春秋
左傳類/傳說之屬

左傳分國纂畧十六卷　(清)盧元昌撰　清刻
本　三冊　存十三卷(四至十六)

330000－4735－0001625　02880　史部/地理
類/總志之屬/斷代

春秋輿圖一卷附錄一卷　(清)顧棟高撰　清
乾隆十四年(1749)萬卷樓刻本　一冊

330000－4735－0001626　00402　經部/春秋
左傳類/傳說之屬

東萊先生左氏博議二十五卷　(宋)呂祖謙撰
　虛字註釋備考六卷　(清)張文炳點定　清
道光十九年(1839)錢唐瞿氏清吟閣刻本
四冊

330000－4735－0001627　05345　子部/醫家
類/婦科之屬/產科

胎產指南八卷首一卷　(清)單南山撰　清咸
豐七年(1857)四明歐立三堂刻本　二冊

330000－4735－0001628　02881　史部/地理
類/方志之屬/郡縣志

[同治]泰順分疆錄十二卷首一卷　(清)林鶚
纂　(清)林用霖續纂　清光緒四年至五年
(1878－1879)林氏望山堂刻本　四冊　缺四
卷(五至六、九至十)

330000－4735－0001629　02194　史部/紀傳
類/正史之屬

二十四史附考證　清光緒十四年(1888)上海
鴻文書局石印本　十冊　存一種

330000－4735－0001630　05346　子部/醫家類/婦科之屬/產科

胎產指南八卷首一卷　（清）單南山撰　清光緒三年(1877)刻本　一冊

330000－4735－0001631　02882　史部/地理類/方志之屬/郡縣志

[光緒]江陰縣志三十卷首一卷　（清）盧思誠（清）馮壽鏡修　（清）季念詒　（清）夏煒如纂　清光緒四年(1878)刻本　一冊　存一卷(四)

330000－4735－0001634　05347　子部/醫家類/類編之屬

婦嬰至寶三種六卷　（清）徐尚慧編　**催生符一卷**　（清）蔡松汀撰　清光緒元年(1875)廣信立德刻本　一冊

330000－4735－0001636　05349　子部/醫家類/類編之屬

婦嬰至寶三種六卷　（清）徐尚慧編　清刻本　一冊

330000－4735－0001637　00405　經部/春秋左傳類/傳說之屬

左傳事緯十二卷字釋一卷　（清）馬驌撰　清光緒四年(1878)吳縣潘氏敏德堂刻本　八冊

330000－4735－0001639　05350　子部/醫家類/兒科之屬/通論

鼎鍥幼幼集成六卷　（清）陳復正輯　清光緒二十九年(1903)上海醉六堂石印本　二冊

330000－4735－0001640　05351　子部/醫家類/婦科之屬/產科

傅氏婦科(傅青主先生女科)二卷　（清）傅山撰　清長沙南陽街章經濟書坊刻本　二冊

330000－4735－0001641　00406　經部/春秋左傳類/傳說之屬

評點春秋綱目左傳句解彙雋六卷　（清）韓菼重訂　清道光二十六年(1846)三益德記刻本　六冊

330000－4735－0001643　05352　新學/醫學

兒科撮要二卷　尹端模筆釋　清光緒十八年

(1892)羊城博濟醫局刻本　二冊

330000－4735－0001644　00407　經部/春秋左傳類/傳說之屬

評點春秋綱目左傳句解彙雋六卷　（清）韓菼重訂　清刻本　一冊　存一卷(三)

330000－4735－0001645　02885　史部/政書類/軍政之屬/兵制

杭州八旗駐防營志略二十五卷　（清）張大昌輯　清光緒十九年(1893)浙江書局刻本　二冊　存七卷(一至七)

330000－4735－0001646　00408　經部/春秋左傳類/傳說之屬

評點春秋綱目左傳句解彙雋六卷　（清）韓菼重訂　清步月樓刻本　三冊　存三卷(一、五至六)

330000－4735－0001647　05353　子部/醫家類/婦科之屬/產科

胎產全書一卷　（清）戴堯撰　清刻本　一冊

330000－4735－0001648　05354　子部/醫家類/婦科之屬/產科

丹溪先生胎產秘書三卷　（元）朱震亨撰　清刻本　葉荊山題簽並記　一冊

330000－4735－0001649　00409　經部/春秋左傳類/傳說之屬

評點春秋綱目左傳句解彙雋六卷　（清）韓菼重訂　清刻本　一冊　存一卷(三)

330000－4735－0001651　05355　子部/醫家類/婦科之屬/產科

產科心法二卷　（清）汪喆撰　清刻本　一冊

330000－4735－0001652　00410　經部/春秋左傳類/傳說之屬

評點春秋綱目左傳句解彙雋六卷　（清）韓菼重訂　清刻本　一冊　存一卷(二)

330000－4735－0001653　02887　史部/地理類/專志之屬/祠墓

漂母祠志七卷首一卷　（清）胡鳳丹輯　清光緒三年(1877)胡氏退補齋刻本　二冊

330000－4735－0001654　05356　子部/醫家
類/婦科之屬/產科

大生要旨五卷　（清）唐千頃撰　清成都讀書
堂張鵬玢刻本　一冊

330000－4735－0001655　02888　史部/地理
類/專志之屬/祠墓

吳山伍公廟志六卷首一卷附一卷　（清）金文
淳纂修　（清）沈永青增輯　清光緒二年
(1876)刻本　一冊

330000－4735－0001656　02195－02189　史
部/紀傳類/正史之屬

四史四百十五卷　清光緒十四年(1888)上海
蜚英館石印本　十二冊　存一種

330000－4735－0001657　00411　經部/春秋
左傳類/傳說之屬

評點春秋綱目左傳句解彙雋六卷　（清）韓葵
重訂　清令德堂刻本　一冊　存一卷(六)

330000－4735－0001658　02889　史部/地理
類/專志之屬/祠墓

岳廟志略十卷首一卷　（清）馮培輯　清光緒
五年(1879)浙江書局刻本　一冊　存二卷
(九至十)

330000－4735－0001659　00412　經部/春秋
左傳類/傳說之屬

評點春秋綱目左傳句解彙雋六卷　（清）韓葵
重訂　清刻本　一冊　存一卷(四)

330000－4735－0001660　02197　史部/紀傳
類/正史之屬

四史四百十五卷　清光緒二十六年(1900)煥
文書局石印本　八冊　存一種

330000－4735－0001661　02890　史部/地理
類/總志之屬/斷代

大清一統志四百二十四卷　（清）和珅等纂修
清石印本　九冊　存五十九卷(二百四十
九至二百六十四、三百二十四至三百四十四、
三百九十六至四百三、四百十一至四百二十
四)

330000－4735－0001662　05357　子部/醫家

類/婦科之屬

女科輯要八卷附單養賢胎產全書一卷　（清）
周紀常撰　清刻本　一冊　存六卷(一至六)

330000－4735－0001664　05358　子部/醫
家類

傅青主男科二卷女科補遺一卷　（清）傅山撰
清光緒七年(1881)郭鍾岳刻本　二冊

330000－4735－0001665　00413　經部/春秋
左傳類/傳說之屬

太史張天如詳節春秋綱目句解左傳彙雋六卷
（明）張溥重訂　（清）韓葵重編　清刻本
二冊　存二卷(三至四)

330000－4735－0001666　02198－02197　史
部/紀傳類/正史之屬

四史四百十五卷　清光緒二十六年(1900)煥
文書局石印本　五冊　存一種

330000－4735－0001667　02891　類叢部/叢
書類/彙編之屬

增訂漢魏叢書八十六種　（清）王謨編　清乾
隆五十六年(1791)金谿王氏刻本　一冊　存
二種

330000－4735－0001668　02199－02194　史
部/紀傳類/正史之屬

二十四史附考證　清光緒十四年(1888)上海
鴻文書局石印本　七冊　存一種

330000－4735－0001669　05359　子部/醫家
類/婦科之屬/產科

**達生編二卷神效保產方一卷附刊救急神方一
卷**　（清）亟齋居士撰　清同治十一年(1872)
刻本　一冊

330000－4735－0001670　05360　子部/醫家
類/婦科之屬/產科

達生編二卷補遺一卷　（清）亟齋居士撰　清
米船樓刻本　一冊

330000－4735－0001671　00414　經部/春秋
左傳類/傳說之屬

太史張天如詳節春秋綱目句解左傳彙雋六卷
（明）張溥重訂　（清）韓葵重編　清刻本

曹壽康、曹立夫題簽並記　二冊　存二卷（四至五）

330000－4735－0001673　02200　史部/紀傳類/正史之屬

二十四史附考證　清光緒二十八年（1902）武林竹簡齋石印本　五冊　存一種

330000－4735－0001674　05361　子部/醫家類/婦科之屬/產科

達生編二卷　（清）亟齋居士撰　清道光二十一年（1841）刻本　一冊

330000－4735－0001675　00415　經部/春秋左傳類/傳說之屬

如酉所刻諸名家評點春秋綱目左傳句解彙雋六卷　（清）韓菼重訂　清刻本　二冊　存四卷（一至四）

330000－4735－0001677　05362　子部/醫家類/婦科之屬/產科

達生編三卷　（清）亟齋居士撰　清同治七年（1868）清白堂刻本　蔚青題記　一冊

330000－4735－0001678　00416　經部/春秋左傳類/傳說之屬

評點春秋綱目左傳句解彙雋六卷　（清）韓菼重訂　清道光二十五年（1845）文華堂刻本　一冊　存一卷（一）

330000－4735－0001679　08199　史部/地理類/雜志之屬

會稽三賦四卷　（宋）王十朋撰　（明）南逢吉注　（明）尹壇補注　清同治十二年（1873）會稽章氏刻本　二冊

330000－4735－0001680　00417　經部/春秋左傳類/傳說之屬

評點春秋綱目左傳句解彙雋六卷　（清）韓菼重訂　清石印本　一冊　存一卷（四）

330000－4735－0001681　05363　子部/醫家類/婦科之屬/產科

達生編二卷　（清）亟齋居士撰　清鉛印本　一冊

330000－4735－0001683　02895　史部/地理類/雜志之屬

廣陵通典十卷　（清）汪中撰　清同治八年（1869）揚州書局刻本　二冊

330000－4735－0001684　00418　經部/春秋左傳類/傳說之屬

評點春秋綱目左傳句解彙雋六卷　（清）韓菼重訂　清石印本　一冊　存一卷（四）

330000－4735－0001685　02202－02188　史部/紀傳類/正史之屬

四史四百十五卷　清光緒二十六年（1900）煥文書局石印本　四冊　存一種

330000－4735－0001686　05364　子部/醫家類/婦科之屬/產科

增訂達生編一卷補遺一卷　（清）亟齋居士撰　清刻本　一冊

330000－4735－0001687　00419　經部/春秋左傳類/傳說之屬

評點春秋綱目左傳句解彙雋六卷　（清）韓菼重訂　清石印本　一冊　存三卷（四至六）

330000－4735－0001688　02203－02200　史部/紀傳類/正史之屬

二十四史附考證　清光緒二十八年（1902）武林竹簡齋石印本　四冊　存一種

330000－4735－0001689　05365　子部/醫家類/婦科之屬/產科

達生編二卷　（清）亟齋居士撰　清光緒二十年（1894）浙台黃邑刻本　一冊

330000－4735－0001690　02896　史部/地理類/方志之屬/郡縣志

[乾隆]湯陰縣志十卷　（清）楊世達纂修　清乾隆三年（1738）刻本　二冊　存五卷（一至三、九至十）

330000－4735－0001691　00420　經部/春秋左傳類/傳說之屬

評點春秋綱目左傳句解彙雋六卷　（清）韓菼重訂　清宣統三年（1911）天寶書局石印本　四冊　存四卷（一、四至六）

330000－4735－0001692　05366　子部/醫家類/婦科之屬/通論

竹林寺婦科秘方一卷　（清）竹林寺僧撰　清刻本　一冊

330000－4735－0001693　02204－02189　史部/紀傳類/正史之屬

四史四百十五卷　清光緒十四年(1888)上海蜚英館石印本　八冊　存一種

330000－4735－0001695　02897　史部/地理類/水利之屬

莆田水利志八卷　（清）陳池養撰　清光緒元年(1875)刻本　八冊

330000－4735－0001697　05367　子部/醫家類/婦科之屬/通論

竹林寺婦科秘方一卷　（清）竹林寺僧撰　清刻本　李石洲批注、題簽並記　一冊

330000－4735－0001698　00422　經部/春秋左傳類/傳說之屬

左傳翼三十八卷　（清）周大璋評　清乾隆五年(1740)遂初堂刻本　十五冊　存三十五卷(四至三十八)

330000－4735－0001699　02206　史部/紀傳類/正史之屬

四史四百十五卷　清光緒十四年(1888)上海蜚英館石印本　十冊　存一種

330000－4735－0001700　00423　經部/春秋左傳類/傳說之屬

左傳統箋三十五卷　（清）姜希轍撰　清刻本　一冊　存五卷(四至八)

330000－4735－0001701　05368　子部/醫家類/傷寒金匱之屬/傷寒論

尚論張仲景傷寒論重編三百九十七法二卷首一卷後四卷　（清）喻昌撰　清同文堂刻本　三冊　缺二卷(後一至二)

330000－4735－0001702　05369　子部/醫家類/外科之屬/外科方

外科症治全生前集三卷後集三卷　（清）王維德撰　清本立堂刻本　二冊

330000－4735－0001703　00424　類叢部/叢書類/自著之屬

朱氏羣書六種　（清）朱駿聲撰　清光緒八年(1882)臨嘯閣刻本　一冊　存一種

330000－4735－0001704　02207－02191　史部/紀傳類/正史之屬

四史四百十五卷　清光緒十四年(1888)上海蜚英館石印本　十三冊　存一種

330000－4735－0001705　00425　經部/春秋左傳類/傳說之屬

左傳事緯十二卷左傳字釋一卷　（清）馬驌撰　清乾隆四十九年(1784)仁和黃暹懷澄堂刻本　一冊　缺十卷(三至十二)

330000－4735－0001706　02209　史部/紀傳類/正史之屬

漢書一百卷　（漢）班固撰　（唐）顏師古注　清石印本　二冊　存四十八卷(三十一至五十八、八十一至一百)

330000－4735－0001707　02210　史部/紀傳類/正史之屬

四史四百十五卷　清光緒二十四年(1898)上海點石齋石印本　四冊　存一種

330000－4735－0001708　05370、05372　子部/醫家類/綜合之屬/通論

御纂醫宗金鑑九十卷首一卷　（清）吳謙等撰　清宣統元年(1909)簡青齋書局石印本　吳祖貽題簽並記　三冊　存十六卷(編輯外科心法要訣一至十六)

330000－4735－0001709　00426　經部/春秋左傳類/傳說之屬

左傳舊疏考正八卷　（清）劉文淇撰　清刻本　三冊　存六卷(三至八)

330000－4735－0001710　05371　子部/醫家類/綜合之屬/通論

御纂醫宗金鑑九十卷首一卷　（清）吳謙等撰　清光緒三十一年(1905)上海錦章圖書局石印本　一冊　存十六卷(編輯外科心法要訣一至十六)

330000－4735－0001711　02211　史部/紀傳類/正史之屬

二十四史附考證　清光緒十四年(1888)上海鴻文書局石印本　十四冊　存一種

330000－4735－0001713　05373　子部/醫家類/外科之屬/外科方

外科正宗十二卷　(明)陳實功撰　(清)徐大椿評　清石印本　一冊

330000－4735－0001716　02212　史部/紀傳類/正史之屬

四史四百十五卷　清光緒二十六年(1900)煥文書局石印本　一冊　存一種

330000－4735－0001718　02213－02189　史部/紀傳類/正史之屬

四史四百十五卷　清光緒十四年(1888)上海蜚英館石印本　七冊　存一種

330000－4735－0001719　02214　史部/紀傳類/正史之屬

二十四史附考證　清光緒十四年(1888)上海圖書集成印書局鉛印本　十二冊　存一種

330000－4735－0001723　02215　史部/紀傳類/正史之屬

三國志六十五卷　(晉)陳壽撰　(南朝宋)裴松之注　清刻本　十二冊　存三十三卷(魏志二至十一、二十九至三十,蜀志一至九、十三至十五,吳志一至二、十至十六)

330000－4735－0001726　02216－02184　史部/紀傳類/正史之屬

四史四百十五卷　清光緒十四年(1888)上海蜚英館石印本　十冊　存一種

330000－4735－0001728　05379　子部/醫家類/方書之屬/歷代方書

醫方集解三卷　(清)汪昂撰　清大成齋刻本　曉波氏題簽　一冊

330000－4735－0001729　02898　史部/地理類/方志之屬/郡縣志

[同治]玉山縣志十卷首一卷續補遺一卷　(清)黃壽祺修　(清)吳華辰　(清)任廷槐纂　清同治十二年(1873)尊經閣刻本　十冊

330000－4735－0001731　05381　子部/醫家類/喉科口齒之屬/白喉

洞主仙師白喉治法忌表抉微一卷　(清)耐修子輯並注　清光緒二十二年(1896)成都省齋刻本　一冊

330000－4735－0001734　05383　子部/醫家類/傷寒金匱之屬/金匱要略

金匱懸解二十二卷　(清)黃元御注　清刻本　一冊　存七卷(十六至二十二)

330000－4735－0001736　02218、02223、02225　史部/紀傳類/正史之屬

四史四百十五卷　清同治成都書局刻本　一百冊

330000－4735－0001737　05384　子部/醫家類/傷科之屬

跌損妙方一卷　(明)異遠真人撰　清道光十六年(1836)黃巖管頌聲刻本　一冊

330000－4735－0001738　02900　史部/地理類/總志之屬/斷代

廣輿記二十四卷　(明)陸應陽輯　(清)蔡方炳增輯　清刻本　一冊　存三卷(十五至十七)

330000－4735－0001740　05385　子部/醫家類/喉科口齒之屬/白喉

仙傳白喉治法忌表抉微一卷　(清)耐修子錄　清光緒二十三年(1897)寧波百歲坊學林堂書局刻本　一冊

330000－4735－0001742　02221、02224、02226　史部/紀傳類/正史之屬

四史四百十五卷　清同治成都書局刻本　七十三冊　存三種

330000－4735－0001743　05386　子部/醫家類/婦科之屬/產科

胎產秘書三卷　(清)錢□□撰　清抄本　一冊

330000－4735－0001745　05387　子部/醫家

類/類編之屬

醫門棒喝二種 （清）章楠撰　清刻本　金崶批注　二冊　存二卷（醫門棒喝二、醫門棒喝傷寒論本旨六）

330000－4735－0001747　05388、05681　子部/醫家類/類編之屬

醫門棒喝二種 （清）章楠撰　清刻本　三冊　存一種

330000－4735－0001751　02903　史部/地理類/總志之屬/斷代

廣輿記二十四卷 （明）陸應陽輯　（清）蔡方炳增輯　清康熙刻本　一冊　存二卷（十至十一）

330000－4735－0001755　02904　史部/地理類/總志之屬/斷代

大明一統志九十卷 （明）李賢等纂修　明萬壽堂刻清初印本　一冊　存三卷（六十一至六十三）

330000－4735－0001757　05391　子部/醫家類/類編之屬

古今醫統正脈全書 （明）王肯堂編　清刻本　一冊　存一種

330000－4735－0001759　05392　子部/醫家類/推拿按摩外治之屬

推拿廣意三卷 （清）熊應雄輯　（清）陳世凱訂　清光緒蘇州綠蔭堂刻本　二冊

330000－4735－0001762　00439　經部/春秋左傳類/傳說之屬

左傳選十四卷 （清）儲欣評選　清刻本　三冊　存五卷（九至十一、十三至十四）

330000－4735－0001763　05394　子部/醫家類/溫病之屬/其他溫疫病證

問心堂溫病條辨六卷首一卷 （清）吳瑭撰　清刻本　一冊　存一卷（三）

330000－4735－0001764　02906　史部/地理類/方志之屬/郡縣志

宋元四明六志 （清）徐時棟輯　清咸豐四年（1854）甬上徐氏煙嶼樓刻本　一冊　存一種

330000－4735－0001765　00440　經部/春秋左傳類/傳說之屬

左傳選十四卷 （清）儲欣評選　清刻本　四冊　存七卷（四至十）

330000－4735－0001766　05395　子部/醫家類/類編之屬

述古齋幼科新書三種 （清）張振鋆編　清光緒十五年（1889）邗上張氏刻本　一冊　存一種

330000－4735－0001767　00441　經部/春秋左傳類/傳說之屬

左傳選十四卷 （清）儲欣評選　清刻本　一冊　存二卷（十三至十四）

330000－4735－0001768　00442　經部/春秋左傳類/傳說之屬

左傳選十四卷 （清）儲欣評選　清刻本　二冊　存六卷（七至九、十二至十四）

330000－4735－0001769　02907、03503　新學/史志/諸國史

萬國史記二十卷 （日本）岡本監輔撰　清光緒二十一年（1895）讀有用書齋石印本　洪□孫題記　九冊　存十八卷（一至十二、十五至二十）

330000－4735－0001770　02908　新學/地學/地志學

海道圖說十五卷長江圖說一卷 （英國）金約翰輯　（英國）傅蘭雅　（美國）金楷理口譯　（清）王德均筆述　清石印本　二冊　存四卷（海道圖說五至八）

330000－4735－0001771　02227－02143　史部/紀傳類/正史之屬

二十四史　清同治至光緒五省官書局據汲古閣本等合刻光緒五年（1879）湖北書局彙印本　四十冊　存一種

330000－4735－0001772　00443　經部/春秋左傳類/傳說之屬

左傳摘抄不分卷　清抄本　一冊

330000－4735－0001773　00444　經部/春秋

左傳類/傳說之屬

春秋左傳(春秋左傳杜林)五十卷 (晉)杜預
(宋)林堯叟註釋 (唐)陸德明音義
(明)鍾惺 (明)孫鑛 (明)韓范評點 清
同治五年(1866)刻本 三冊 存三十六卷
(一至十四、二十九至五十)

330000－4735－0001775 02909 類叢部/叢
書類/彙編之屬

藝苑捃華四十八種 (清)顧之逵編 清同治
刻本 一冊 存一種

330000－4735－0001776 02229－02143 史
部/紀傳類/正史之屬

二十四史 清同治至光緒五省官書局據汲古
閣本等合刻光緒五年(1879)湖北書局彙印本
三十二冊 存一種

330000－4735－0001778 02230 史部/紀傳
類/正史之屬

二十一史二千五百六十七卷 明萬曆二十三
年至三十四年(1595－1606)北京國子監刻本
十九冊 存一種

330000－4735－0001779 00446 經部/叢編

十三經註疏三百三十三卷 明崇禎元年至十
二年(1628－1639)古虞毛氏汲古閣刻本 七
冊 存一種

330000－4735－0001780 02910 史部/地理
類/遊記之屬/紀行

游蜀紀程二卷 (清)王鴻朗撰 清同治九年
(1870)刻本 二冊

330000－4735－0001782 02911 史部/地理
類/雜志之屬

衛藏圖識四卷附蠻語一卷 (清)盛繩祖撰
清乾隆五十七年(1792)刻本 一冊 存二卷
(圖考上下)

330000－4735－0001783 02231 史部/紀傳
類/正史之屬

後漢書九十卷 (南朝宋)范曄撰 (唐)李賢
注 (明)陳仁錫評 **志三十卷** (晉)司馬彪
撰 (南朝梁)劉昭注 (明)陳仁錫評 明天

啓七年(1627)刻本 二十八冊 存九十卷
(四至八十一、一百至一百九、一百十六至一
百十七)

330000－4735－0001784 00448 經部/叢編

**重刊宋本十三經注疏四百十六卷 附十三經
注疏校勘記四百十六卷** (清)阮元撰 (清)
盧宣旬摘錄 清嘉慶二十年(1815)南昌府學
刻本 三冊 存二種

330000－4735－0001785 02912 新學/議
論/通論

揚子江流域現勢論四編 (日本)林繁撰
(清)汪國屏譯 清光緒二十八年(1902)上海
廣智書局鉛印本(編三原缺) 一冊

330000－4735－0001786 00449 經部/春秋
公羊傳類/傳說之屬

春秋經傳解詁十一卷 王闓運撰 清光緒十
一年(1885)成都尊經書局刻本 四冊

330000－4735－0001787 02913 史部/地理
類/總志之屬/通代

讀史方輿紀要一百三十卷方輿全圖總說五卷
(清)顧祖禹撰 清石印本 一冊 存一卷
(方輿全圖總說一)

330000－4735－0001788 00450 經部/叢編

遵阮本重校印十三經注疏并校勘記 (清)阮
元撰校勘記 (清)盧宣旬摘錄校勘記 清光
緒十三年(1887)上海點石齋石印本 二冊
存二種

330000－4735－0001790 02914 史部/地理
類/遊記之屬/紀行

蜀道驛程攷略一卷 (清)胡薇元考訂 清光
緒刻本 一冊

330000－4735－0001791 00451 經部/叢編

四益館經學叢書 廖平撰 清光緒十二年
(1886)成都刻本 一冊 存一種

330000－4735－0001792 02915 類叢部/叢
書類/彙編之屬

武英殿聚珍版書 清江蘇刻本 一冊 存
一種

330000－4735－0001793　00452　　經部/叢編

十一經初學讀本　清嘉慶元年(1796)南昌萬氏刻本　二冊　存一種

330000－4735－0001795　02233　　類叢部/叢書類/自著之屬

郝氏遺書三十三種　(清)郝懿行撰　清嘉慶至光緒刻彙印本　一冊　存二種

330000－4735－0001796　00453　　經部/春秋公羊傳類/傳說之屬

春秋公羊傳十一卷　(漢)何休注　(唐)陸德明音義　清光緒十二年(1886)星沙文昌書局刻本　六冊

330000－4735－0001798　00454　　經部/春秋公羊傳類/傳說之屬

春秋公羊傳十一卷　(漢)何休注　(唐)陸德明音義　清刻本　四冊

330000－4735－0001799　02234　　史部/紀傳類/正史之屬

史記一百三十卷　(漢)司馬遷撰　(南朝宋)裴駰集解　(唐)司馬貞索隱　(唐)張守節正義　(明)徐孚遠　(明)陳子龍測議　清道光十四年(1834)三元堂刻本　十三冊　存一百五卷(七至二十三、二十九至八十七、九十四至一百二十二)

330000－4735－0001801　00455　　經部/春秋公羊傳類/傳說之屬

春秋公羊傳十一卷　(漢)何休學　(唐)陸德明音義　**春秋公羊傳校刊記一卷**　清光緒八年(1882)錦江書局刻本　四冊

330000－4735－0001802　02235　　史部/紀傳類/正史之屬

宋史四百九十六卷目錄三卷　(元)脫脫等撰　明成化七年至十六年(1471－1480)朱英刻明清南京國子監遞修本　十四冊　存五十九卷(四十八至五十七、一百十六至一百二十三、一百三十八至一百四十一、一百四十七至一百五十、二百十四至二百二十二、二百二十五、二百四十二至二百四十四、二百六十三至二百七十一、三百四十一至三百四十三、三百

五十一至三百五十三、四百四十一至四百四十五)

330000－4735－0001803　02236　　史部/紀傳類/正史之屬

宋史四百九十六卷目錄三卷　(元)脫脫等撰　明成化七年至十六年(1471－1480)朱英刻明清南京國子監遞修本　九冊　存四十七卷(一百五十九至一百七十五、二百四至二百六、二百九至二百十一、二百七十六至二百八十四、二百八十九至二百九十二、三百三十七至三百四十、三百七十四至三百七十六、三百八十二至三百八十五)

330000－4735－0001808　00143　　經部/叢編

十三經註疏三百三十三卷　明崇禎元年至十二年(1628－1639)古虞毛氏汲古閣刻本　陳邦澤題簽　三十四冊　存三種

330000－4735－0001810　00460　　經部/春秋穀梁傳類/傳說之屬

穀梁初學讀本不分卷　清刻本　一冊

330000－4735－0001811　05402　　子部/醫家類/方書之屬/歷代方書

醫方集解三卷　(清)汪昂撰　清刻本　二冊　缺一卷(上)

330000－4735－0001812　05403、05460　　子部/醫家類/兒科之屬/痘疹

引痘略一卷　(清)邱熺撰　清刻本　二冊

330000－4735－0001813　02916　　新學/史志/別國史

法國新志四卷　(英國)該勒低輯　(英國)傅紹蘭　(英國)秀耀春口譯　(清)潘松　(清)范熙庸筆述　清光緒二十七年(1901)上海書局石印本　二冊

330000－4735－0001814　00461　　經部/春秋穀梁傳類/傳說之屬

春秋穀梁傳十二卷　(晉)范甯集解　(唐)陸德明音義　**春秋穀梁傳校刊記一卷**　清光緒八年(1882)錦江書局刻本　四冊

330000－4735－0001815　02237　　史部/紀傳

類/正史之屬

二十四史附考證 清光緒二十年(1894)上海同文書局石印本 六百三十四冊 缺三百二十六卷(史記一至七;前漢書一至十六;後漢書三十三至九十二、九十七至一百、一百八至一百二十;三國志魏志一至三、十一至十三,吳志四至十四;晉書六十至六十四、一百十二至一百三十;南史一至六、四十八至八十;北史一至五、十五至二十四、四十六至一百;新唐書七十三至一百二、一百五十三至一百九十一、一百九十八至二百一;明史二百十二至二百十四)

330000 – 4735 – 0001816　05404　子部/醫家類/兒科之屬/痘疹

引痘略一卷 (清)邱熺撰 清同治九年(1870)天台趙氏刻本 吳祖貽題簽並記 一冊

330000 – 4735 – 0001817　02917　史部/地理類/外紀之屬

續瀛環志略初編不分卷 (清)薛福成鑒定 (清)瞿昂來 (清)世增譯 (清)陳星庚述 清光緒二十八年(1902)無錫傳經樓石印本 四冊

330000 – 4735 – 0001819　05405　子部/醫家類/兒科之屬/痘疹

痘瘡一卷 清刻本 一冊

330000 – 4735 – 0001820　05406　子部/醫家類/方書之屬/單方驗方

名醫方論四卷 (清)羅美 (清)柯琴輯並評 清刻本 一冊 存一卷(一)

330000 – 4735 – 0001821　02918　史部/地理類/外紀之屬

續瀛環志略初編不分卷 (清)薛福成鑒定 (清)瞿昂來 (清)世增譯 (清)陳星庚述 清光緒二十八年(1902)無錫傳經樓石印本 一冊 存四種

330000 – 4735 – 0001823　05407　子部/醫家類/方書之屬/單方驗方

平易方四卷 (清)葉香侶輯 清嘉慶九年(1804)武林葉敦善刻本 一冊 存一卷(一)

330000 – 4735 – 0001824　05408　子部/醫家類/方書之屬/單方驗方

絳雪園古方選註不分卷 (清)王子接撰 清刻本 一冊 存內科

330000 – 4735 – 0001825　02919　史部/地理類/外紀之屬

萬國名勝誌六卷 (清)啓秀書局譯 清光緒二十八年(1902)上海富文書局石印本 二冊 存五卷(一至五)

330000 – 4735 – 0001826　05409　子部/醫家類/方書之屬/單方驗方

絳雪園古方選註不分卷 (清)王子接撰 清刻本 一冊 存內科

330000 – 4735 – 0001827　02238 – 02145　史部/紀傳類/正史之屬

十七史一千五百七十四卷 (明)毛晉編 明崇禎元年至十七年(1628 – 1644)毛氏汲古閣刻本 二十冊 存一種

330000 – 4735 – 0001828　02920　史部/地理類/外紀之屬

瀛環志略十卷 (清)徐繼畬撰 續集四卷末一卷 (英國)慕維廉纂 補遺一卷 (清)陳俠君校正 清光緒二十四年(1898)上海掃葉山房石印本 八冊

330000 – 4735 – 0001829　00464　經部/春秋總義類/傳說之屬

春秋說約□□卷 (清)嚴天顏等輯著 清刻本 一冊 存九卷(一至九)

330000 – 4735 – 0001830　05410　子部/醫家類/診法之屬/脈經脈訣

刪註脈訣規正二卷 (清)沈鏡刪註 清小西山房刻本 一冊 存一卷(上)

330000 – 4735 – 0001831　02239　史部/紀事本末類/斷代之屬

左傳紀事本末五十三卷 (清)高士奇撰 清光緒二十一年(1895)上海積山書局石印本 五冊

330000－4735－0001832　05411　子部/醫家類/診法之屬/脈經脈訣

圖註脈訣辨真四卷脈訣附方一卷　題（晉）王叔和撰　（明）張世賢注　清刻本　二冊

330000－4735－0001833　00465　經部/春秋總義類/專著之屬

陸氏三傳釋文音義十六卷　（唐）陸德明音義　清刻本　一冊　存九卷（一至九）

330000－4735－0001834　05412　子部/醫家類/診法之屬/脈經脈訣

石頑老人診宗三昧一卷　（清）張璐撰　（清）張登　（清）張倬　（清）張以柔編　清刻本　一冊

330000－4735－0001836　02240　史部/紀傳類/正史之屬

十七史一千五百七十四卷　（明）毛晉編　明崇禎元年至十七年（1628－1644）毛氏汲古閣刻本　十冊　存一種

330000－4735－0001837　02921　史部/政書類/軍政之屬/邊政

朔方備乘六十八卷首十二卷　（清）何秋濤撰　清光緒石印本　五冊　缺二十六卷（三十五至五十九、六十八）

330000－4735－0001838　05413　子部/醫家類/類編之屬

六科證治準繩七種　（明）王肯堂撰　清刻本　六冊　存三種

330000－4735－0001839　02242－02230　史部/紀傳類/正史之屬

晉書一百三十卷　（唐）房玄齡等撰　**音義三卷**　（唐）何超音義　明萬曆二十四年（1596）北京國子監刻二十一史本　清王棻校　八冊　存二十五卷（十三至十五、三十四至四十五、五十一至五十五、一百一至一百五）

330000－4735－0001840　00467　經部/叢編

七經精義　（清）黃淦撰　清嘉慶刻本　一冊　存一種

330000－4735－0001841　05414　子部/醫家類/類編之屬

六科證治準繩七種　（明）王肯堂輯　清乾隆五十八年（1793）程永培刻本　一冊　存一種

330000－4735－0001842　00468　經部/春秋總義類/傳說之屬

春秋三傳揭要六卷首一卷　（清）周惠田輯錄　清乾隆五十九年（1794）自怡軒刻本　一冊　缺三卷（四至六）

330000－4735－0001843　02243－02230　史部/紀傳類/正史之屬

二十一史二千五百六十七卷　明萬曆二十三年至三十四年（1595－1606）北京國子監刻本　十五冊　存一種

330000－4735－0001844　02922　新學/史志/別國史

羅馬志畧十三卷　（英國）艾約瑟譯　清光緒二十四年（1898）石印本　一冊

330000－4735－0001845　02244　史部/紀傳類/正史之屬

二十一史二千五百六十七卷　明萬曆二十三年至三十四年（1595－1606）北京國子監刻本　一冊　存一種

330000－4735－0001846　05417　子部/醫家類/方書之屬/歷代方書

醫方集解三卷　（清）汪昂撰　清正業堂刻本　一冊　存一卷（上）

330000－4735－0001848　02923　史部/地理類/外紀之屬

日本國志四十卷首一卷　（清）黃遵憲輯　清光緒二十四年（1898）上海圖書集成印書局鉛印本　九冊　存三十八卷（三至四十）

330000－4735－0001849　05418　子部/醫家類/溫病之屬/其他溫疫病證

問心堂溫病條辨六卷首一卷　（清）吳瑭撰　（清）朱武曹點評　清刻本　三冊　缺一卷（二）

330000－4735－0001850　02246、02247　史部/紀傳類/正史之屬

三國疆域志補注十九卷　（清）洪亮吉撰
（清）謝鍾英補注　清光緒刻本　五冊　存十二卷（三至六、九至十六）

330000－4735－0001851　02924　史部/地理類/外紀之屬

瀛環志略十卷　（清）徐繼畬撰　清光緒二十一年（1895）上海寶文局石印本　一冊　存二卷（一至二）

330000－4735－0001852　05419　子部/醫家類/類編之屬

喻氏醫書三種　（清）喻昌撰　清同治竹秀山房刻本　二冊　存一種

330000－4735－0001853　05420　子部/醫家類/溫病之屬

時病論八卷　（清）雷豐撰　清光緒三十年（1904）石印本　二冊

330000－4735－0001854　02248　史部/叢編

常熟丁氏叢書二種　丁國鈞撰　清光緒木活字印本　二冊　存一種

330000－4735－0001855　02249　史部/紀傳類/正史之屬

二十一史二千五百六十七卷　明萬曆二十三年至三十四年（1595－1606）北京國子監刻本　一冊　存一種

330000－4735－0001856　05421　子部/醫家類/溫病之屬

時病論八卷　（清）雷豐撰　清光緒三十年（1904）石印本　一冊

330000－4735－0001857　02925　類叢部/叢書類/彙編之屬

藝苑捃華四十八種　（清）顧之逵編　清同治刻本　一冊　存一種

330000－4735－0001858　02250－02236　史部/紀傳類/正史之屬

宋史四百九十六卷目錄三卷　（元）脫脫等撰　明成化七年至十六年（1471－1480）朱英刻明清南京國子監遞修本　一冊　存七卷（三百六十九至三百七十二、三百七十六至三百七十七、四百四十一）

330000－4735－0001859　02926　類叢部/叢書類/彙編之屬

藝苑捃華四十八種　（清）顧之逵編　清同治刻本　二冊　存一種

330000－4735－0001860　02251　史部/紀傳類/正史之屬

宋史四百九十六卷目錄三卷　（元）脫脫等撰　明成化七年至十六年（1471－1480）朱英刻明清南京國子監遞修本　一冊　存三卷（一百二十一至一百二十三）

330000－4735－0001861　05422　子部/醫家類/溫病之屬

時病論八卷　（清）雷豐撰　清石印本　二冊　存四卷（五至八）

330000－4735－0001862　02253　史部/紀傳類/正史之屬

後漢書九十卷　（南朝宋）范曄撰　（唐）李賢注　志三十卷　（晉）司馬彪撰　（南朝梁）劉昭注　明嘉靖刻本　一冊　存六卷（志六至十一）

330000－4735－0001863　03709　史部/目錄類/專錄之屬

東西學書錄二卷附一卷　徐維則輯　清光緒二十五年（1899）石印本　三冊

330000－4735－0001864　02252－02235　史部/紀傳類/正史之屬

宋史四百九十六卷目錄三卷　（元）脫脫等撰　明成化七年至十六年（1471－1480）朱英刻明清南京國子監遞修本　一冊　存六卷（七十一至七十六）

330000－4735－0001865　05425　子部/醫家類/類編之屬

吳氏醫學述　（清）吳儀洛輯　清刻本　四冊　存一種

330000－4735－0001866　02927　類叢部/叢書類/彙編之屬

祕書廿一種　（清）汪士漢編　清刻本　一冊

存三種

330000－4735－0001868　02254　史部/紀傳
類/正史之屬

宋史四百九十六卷目錄三卷　（元）脫脫等撰
明刻明清遞修本　一冊　存六卷（四百六
至四百十一）

330000－4735－0001870　00469　經部/春秋
總義類/傳說之屬

春秋集傳大全三十七卷　（明）胡廣等撰　明
刻本　一冊　存三卷（四至六）

330000－4735－0001871　02928　史部/地理
類/外紀之屬

海國圖志一百卷　（清）魏源撰　清光緒二十
一年（1895）上海積山書局石印本　四冊　存
二十三卷（一至三、二十六至三十九、五十五
至六十）

330000－4735－0001872　00470　經部/春秋
總義類/傳說之屬

春秋集傳大全三十七卷　（明）胡廣等撰　明
刻本　一冊　存四卷（二十五至二十八）

330000－4735－0001873　00471　經部/春秋
總義類/傳說之屬

春秋例表二十八篇　（清）王代豐撰　清光緒
七年（1881）四川尊經書院刻本　一冊

330000－4735－0001875　00472　經部/春秋
總義類/傳說之屬

春秋例表二十八篇　（清）王代豐撰　清光緒
七年（1881）四川尊經書院刻本　一冊

330000－4735－0001876　02929　史部/地理
類/外紀之屬

海國圖志續集二十五卷首一卷　（英國）麥高
爾輯著　（美國）林樂知　（清）瞿昂來譯
（英國）賈密倫　（英國）裴路原書　（英國）
傅蘭雅口譯　（清）徐建寅筆述　清光緒二十
一年（1895）上海書局石印本　一冊　缺十五
卷（十一至二十五）

330000－4735－0001877　02930　史部/地理
類/外紀之屬

海國圖志一百卷　（清）魏源撰　清石印本
六冊　存五十一卷（五至二十八、三十七至四
十九、八十二至八十七、九十三至一百）

330000－4735－0001878　00473　經部/春秋
總義類/傳說之屬

公羊穀梁春秋合編附註疏纂十二卷　（明）朱
泰禎撰　清經綸堂刻本　張伯炘題簽並記
六冊

330000－4735－0001879　02256　史部/紀傳
類/正史之屬

明史三百三十二卷　（清）張廷玉等撰　清刻
本　一冊　存三卷（三百二十四至三百二十
六）

330000－4735－0001880　02257－02230　史
部/紀傳類/正史之屬

二十一史二千五百六十七卷　明萬曆二十三
年至三十四年（1595－1606）北京國子監刻本
八冊　存一種

330000－4735－0001881　00474　經部/春秋
總義類/傳說之屬

**春秋胡傳三十卷提要一卷綱領一卷列國東坡
圖說一卷諸國興廢說一卷**　（宋）胡安國撰
（宋）林堯叟音註　清刻本　二冊　缺十九卷
（五至二十三）

330000－4735－0001882　02931　史部/地理
類/外紀之屬

日本國志四十卷首一卷　（清）黃遵憲輯　清
石印本　一冊　存三卷（十至十二）

330000－4735－0001883　00475　經部/春秋
總義類/傳說之屬

春秋胡傳三十卷　（宋）胡安國撰　（宋）林堯
叟音註　清刻本　一冊　存六卷（二十五至
三十）

330000－4735－0001884　00476　類叢部/叢
書類/彙編之屬

武英殿聚珍版書三十九種　清乾隆浙江刻本
一冊　存一種

330000－4735－0001885　02932　新學/史

志/別國史

日本新史攬要七卷 （日本）石村貞一編輯 （清）游瀛主人譯 清光緒二十七年(1901)時學廬石印本 七冊

330000－4735－0001887 02255 史部/紀傳類/正史之屬

二十一史二千五百六十七卷 明萬曆二十三年至三十四年(1595－1606)北京國子監刻本 二冊 存一種

330000－4735－0001888 00478 經部/叢編

御纂七經五種二百九十四卷 （清）李光地等撰 清光緒十七年(1891)上海鴻寶齋石印本 一冊 存一種

330000－4735－0001889 02258－02230 史部/紀傳類/正史之屬

二十一史二千五百六十七卷 明萬曆二十三年至三十四年(1595－1606)北京國子監刻本 七冊 存一種

330000－4735－0001890 02259 史部/紀傳類/正史之屬

二十一史二千五百六十七卷 明萬曆二十三年至三十四年(1595－1606)北京國子監刻本 三冊 存一種

330000－4735－0001891 05427 子部/醫家類/綜合之屬/雜著

筆花醫鏡四卷 （清）江涵暾撰 清光緒三十年(1904)上海書局石印本 陳逸民題簽 一冊 存二卷(一至二)

330000－4735－0001892 02933 史部/地理類/山川之屬/水志

西湖志四十八卷 （清）李衛 （清）程元章修 （清）傅王露撰 清乾隆吳家龍刻本 八冊 存十五卷(六至十一、四十至四十八)

330000－4735－0001893 05429 子部/醫家類/類編之屬

陳修園醫書二十四種 （清）陳念祖等撰 清刻本 三冊 存二種

330000－4735－0001894 02934 史部/地理

類/外紀之屬

中外輿地彙鈔七種 （清）馬冠羣撰 清光緒二十年(1894)蘇州文瑞樓石印本 一冊 存一種

330000－4735－0001895 02935 史部/政書類/軍政之屬/邊政

朔方備乘六十八卷首十二卷 （清）何秋濤撰 清光緒石印本 七冊 缺十卷(二十六至三十五)

330000－4735－0001896 02936 史部/政書類/軍政之屬/邊政

朔方備乘六十八卷首十二卷 （清）何秋濤撰 清光緒石印本 一冊 存一卷(六十八)

330000－4735－0001897 05428 子部/醫家類/傷寒金匱之屬/金匱要略

金匱方歌括六卷 （清）陳念祖撰 清刻本 一冊 存一卷(三)

330000－4735－0001898 05431 子部/醫家類/外科之屬/通論

瘍醫大全四十卷 （清）顧世澄撰 清刻本 一冊 存一卷(二十九)

330000－4735－0001899 02937 史部/政書類/軍政之屬/邊政

朔方備乘六十八卷首十二卷 （清）何秋濤撰 清光緒石印本 一冊 存十七卷(四十五至六十一)

330000－4735－0001901 02938 史部/地理類/遊記之屬/紀行

出使英法義比四國日記六卷(清光緒十六年正月十一日至十七年二月三十日) （清）薛福成撰 清光緒十八年(1892)石印本 曾士瀛題簽並記 一冊 存二卷(一至二)

330000－4735－0001902 00251 經部/叢編

御纂七經五種二百九十四卷 （清）李光地等撰 清光緒十四年(1888)上海鴻文書局石印本 十二冊 存二種

330000－4735－0001903 02939 史部/地理類/雜志之屬

都門紀略四卷 （清）楊靜亭編 清光緒元年
（1875）北京琉璃廠松竹齋刻本 四冊

330000－4735－0001904 00291 經部/叢編

御纂七經五種二百九十四卷 （清）李光地等
撰 清光緒二十年（1894）上海書局石印本
十八冊 存二種

330000－4735－0001906 05434 子部/醫家
類/類編之屬

陳修園醫書三十種 （清）陳念祖等撰 清末
上海經香閣書莊石印本 二冊 存三種

330000－4735－0001909 00481、00217 經
部/叢編

御纂七經五種二百九十四卷 （清）李光地等
撰 清同治六年至九年（1867－1870）浙江書
局刻本 四十四冊 存二種

330000－4735－0001911 02941 史部/政書
類/軍政之屬/邊政

浙江通志水利海防十四卷 （清）李衛 （清）
嵇曾筠等修 （清）沈翼機 （清）傅王露等纂
清光緒五年（1879）墨潤堂刻本 一冊 存
一卷（十四）

330000－4735－0001912 00483 經部/叢編

御纂七經五種二百九十四卷 （清）李光地等
撰 清同治六年至九年（1867－1870）浙江書
局刻本 三十二冊 存一種

330000－4735－0001913 00484 經部/叢編

御纂七經五種二百九十四卷 （清）李光地等
撰 清康熙至乾隆內府刻本 十六冊 存
一種

330000－4735－0001914 02942 史部/地理
類/外紀之屬

瀛環志略十卷 （清）徐繼畬撰 續集四卷末
一卷 （英國）慕維廉纂 補遺一卷 （清）陳
俠君校正 清石印本 四冊 缺十卷（一至
十）

330000－4735－0001916 00485 類叢部/叢
書類/彙編之屬

增訂漢魏叢書八十六種 （清）王謨編 清乾

隆五十六年（1791）金谿王氏刻本 二冊 存
一種

330000－4735－0001917 05447 子部/醫家
類/方書之屬/單方驗方

普濟應驗良方八卷末一卷 （清）德軒氏輯
清刻本 一冊

330000－4735－0001918 00486 類叢部/叢
書類/彙編之屬

增訂漢魏叢書八十六種 （清）王謨編 清乾
隆五十六年（1791）金谿王氏刻本 二冊 存
二種

330000－4735－0001919 05448 子部/醫家
類/綜合之屬/通論

蘭室秘藏三卷 （金）李杲撰 清刻本 一冊
存一卷（一）

330000－4735－0001920 00487 類叢部/叢
書類/彙編之屬

增訂漢魏叢書八十六種 （清）王謨編 清乾
隆五十六年（1791）金谿王氏刻本 二冊 存
一種

330000－4735－0001921 02260 史部/紀傳
類/正史之屬

二十一史二千五百六十七卷 明刻明清遞修
本 四冊 存一種

330000－4735－0001922 05449 子部/醫家
類/綜合之屬/通論

東醫寶鑑二十三卷目錄二卷 （朝鮮）許浚撰
清刻本 一冊 存一卷（外形篇二）

330000－4735－0001923 00488 經部/春秋
總義類/專著之屬

春秋繁露十七卷 （漢）董仲舒撰 清光緒八
年（1882）淮南書局刻本 一冊 存九卷（一
至九）

330000－4735－0001924 05450 子部/醫家
類/綜合之屬/通論

訂補明醫指掌十卷 （明）皇甫中撰 （明）王
肯堂等訂補 清刻本 一冊 存二卷（九至
十）

330000－4735－0001925　00489　經部/春秋
總義類/專著之屬

春秋繁露十七卷　（漢）董仲舒撰　清刻本
一冊　存九卷（九至十七）

330000－4735－0001926　00490　經部/春秋
左傳類/傳說之屬

**春秋大事表五十卷讀春秋偶筆一卷輿圖一卷
附錄一卷**　（清）顧棟高輯　清乾隆十四年
（1749）錫山顧氏萬卷樓刻本　十六冊

330000－4735－0001927　05451　子部/醫家
類/傷寒金匱之屬/傷寒論

醫效秘傳三卷　（清）葉桂撰　清刻本　一冊
存二卷（二至三）

330000－4735－0001928　02261　史部/紀傳
類/正史之屬

漢書一百卷　（漢）班固撰　（唐）顏師古注
清刻本　一冊　存一卷（二十）

330000－4735－0001929　05452　子部/醫家
類/醫經之屬/内經

醫經原旨六卷　（清）薛雪集註　清寧郡簡香
齋刻本　一冊　存二卷（五至六）

330000－4735－0001930　05453　子部/醫家
類/綜合之屬/通論

類證治裁八卷首一卷　（清）林珮琴撰　清刻
本　一冊　存一卷（六）

330000－4735－0001931　00491　經部/春秋
左傳類/傳說之屬

**春秋大事表五十卷讀春秋偶筆一卷輿圖一卷
附錄一卷**　（清）顧棟高輯　清乾隆十三年
（1748）錫山顧氏萬卷樓刻本　十七冊　存三
十七卷（一至二十五、三十五至四十五，讀春
秋偶筆）

330000－4735－0001932　02262　史部/紀傳
類/正史之屬

漢書評林一百卷　（明）凌稚隆輯　明萬曆九
年（1581）吳興凌稚隆刻本　一冊　存序跋、
目錄

330000－4735－0001933　00492　經部/春秋
左傳類/傳說之屬

**春秋大事表五十卷讀春秋偶筆一卷輿圖一卷
附錄一卷**　（清）顧棟高輯　清乾隆錫山顧氏
萬卷樓刻本　二十一冊　存五十卷（一至五
十）

330000－4735－0001934　05454　子部/醫家
類/溫病之屬/痧症

痧症全書三卷　（清）王凱輯　清刻本　一冊
存二卷（中、下）

330000－4735－0001935　02263－02231　史
部/紀傳類/正史之屬

後漢書九十卷　（南朝宋）范曄撰　（唐）李賢
注　（明）陳仁錫評　**志三十卷**　（晉）司馬彪
撰　（南朝梁）劉昭注　（明）陳仁錫評　明天
啓七年（1627）刻本　二冊　存四卷（一至三、
一百十八）

330000－4735－0001936　00493　經部/春秋
總義類/傳說之屬

春秋比二卷　（清）郝懿行撰　清刻本　一冊

330000－4735－0001937　02264－02231　史
部/紀傳類/正史之屬

後漢書九十卷　（南朝宋）范曄撰　（唐）李賢
注　（明）陳仁錫評　**志三十卷**　（晉）司馬彪
撰　（南朝梁）劉昭注　（明）陳仁錫評　明天
啓七年（1627）刻本　八冊　存二十一卷（八
十二至九十九、一百十至一百十二）

330000－4735－0001938　00494　經部/春秋
總義類/傳說之屬

春秋世族譜一卷　（清）陳厚耀撰　清道光二
十年（1840）寶翰樓刻本　一冊

330000－4735－0001939　05455　子部/醫家
類/醫理之屬/綜合

中藏經八卷附華佗内照法一卷　（漢）華佗撰
清刻本　一冊　缺四卷（一至四）

330000－4735－0001940　05456　子部/醫家
類/傷寒金匱之屬/傷寒論

新鐫陶節菴家藏傷寒六書六卷　（明）陶華撰
清刻本　一冊　存二卷（一至二）

330000－4735－0001941　02265、02271　史部/紀傳類/正史之屬

三國志六十五卷　（晉）陳壽撰　（南朝宋）裴松之注　清刻本　五冊　存二十七卷（十至十九、二十一至二十五、二十八至三十、五十二至六十）

330000－4735－0001942　02943　史部/地理類/外紀之屬

瀛環志略十卷　（清）徐繼畬撰　清光緒二十一年(1895)上海寶文局石印本　四冊

330000－4735－0001943　00495　類叢部/叢書類/彙編之屬

邵武徐氏叢書二十三種　（清）徐榦編　清光緒邵武徐氏刻本　一冊　存一種

330000－4735－0001944　02266－02230　史部/紀傳類/正史之屬

二十一史二千五百六十七卷　明萬曆二十三年至三十四年(1595－1606)北京國子監刻本　一冊　存一種

330000－4735－0001945　02267－02230　史部/紀傳類/正史之屬

二十一史二千五百六十七卷　明萬曆二十三年至三十四年(1595－1606)北京國子監刻本　一冊　存一種

330000－4735－0001946　05457　子部/醫家類/方書之屬/單方驗方

醫方考六卷脈語二卷　（明）吳崑撰　清刻本　一冊　存三卷（六、脈語一至二）

330000－4735－0001947　02944　史部/地理類/外紀之屬

瀛環志略十卷　（清）徐繼畬撰　清光緒十九年(1893)上海鴻寶齋石印本　一冊　存二卷（一至二）

330000－4735－0001948　02268－02230　史部/紀傳類/正史之屬

二十一史二千五百六十七卷　明萬曆二十三年至三十四年(1595－1606)北京國子監刻本　十二冊　存一種

330000－4735－0001949　05458　子部/醫家類/方書之屬/單方驗方

普濟應驗良方十一卷　（清）德軒氏輯　清刻本　一冊　存四卷（八至十一）

330000－4735－0001950　02269　史部/紀傳類/正史之屬

漢書地理志二卷　（漢）班固撰　（唐）顏師古注　清抄本　一冊　存一卷（下）

330000－4735－0001951　05459　子部/醫家類/兒科之屬/痘疹

痘科正傳六卷　（清）沈巨源輯　清刻本　一冊　存二卷（三至四）

330000－4735－0001952　02945　史部/地理類/外紀之屬

瀛環志略十卷　（清）徐繼畬撰　續集二卷（英國）慕維廉纂　補遺一卷　（清）陳俠君校正　清光緒二十九年(1903)上海有用書齋石印本　五冊　缺一卷（續集上）

330000－4735－0001953　02270　史部/紀傳類/正史之屬

北史一百卷　（唐）李延壽撰　清刻本　一冊　存四卷（九十七至一百）

330000－4735－0001954　05461　子部/醫家類/外科之屬/癰疽、疔瘡

瘍科選粹八卷　（明）陳文撰　清刻本　一冊　存一卷（四）

330000－4735－0001955　02946　史部/地理類/外紀之屬

瀛海論三篇　（清）張自牧撰　清光緒五年(1879)森寶閣刻本　一冊

330000－4735－0001956　02272　史部/紀傳類/正史之屬

明史三百三十二卷　（清）張廷玉等撰　清刻本　一冊　存二卷（一百至一百一）

330000－4735－0001957　05462　子部/醫家類/外科之屬/外科方

華佗外科十法一卷　（清）程國彭撰　外科大成四卷　（清）祁坤撰　清刻本　一冊　缺三

卷(外科大成一至二、四)

330000 - 4735 - 0001959　02274　史部/紀傳類/正史之屬

二十四史　清同治至光緒五省官書局據汲古閣本等合刻光緒五年(1879)湖北書局彙印本
　一冊　存一種

330000 - 4735 - 0001960　00496　類叢部/叢書類/彙編之屬

邵武徐氏叢書二十三種　(清)徐幹編　清光緒邵武徐氏刻本　一冊　存一種

330000 - 4735 - 0001961　02276　史部/紀傳類/正史之屬

後漢書九十卷　(南朝宋)范曄撰　(唐)李賢注　(明)陳仁錫評　志三十卷　(晉)司馬彪撰　(南朝梁)劉昭注　(明)陳仁錫評　明天啓七年(1627)刻本　一冊　存三卷(八十八至九十)

330000 - 4735 - 0001963　02947　史部/地理類/輿圖之屬/全國

大清中外壹統輿圖(皇朝中外壹統輿圖)三十一卷首一卷　(清)鄒世詒　(清)晏啟鎮編(清)李廷簫　(清)汪士鐸增訂　清石印本
一冊　存二卷(北十一至十二)

330000 - 4735 - 0001964　02277 - 02234　史部/紀傳類/正史之屬

史記一百三十卷　(漢)司馬遷撰　(南朝宋)裴駰集解　(唐)司馬貞索隱　(唐)張守節正義　(明)徐孚遠　(明)陳子龍測議　清道光十四年(1834)三元堂刻本　二冊　存十一卷(一至六、二十四至二十八)

330000 - 4735 - 0001965　02278、04098　史部/紀傳類/正史之屬

明史稿三百十卷目錄三卷　(清)王鴻緒撰清雍正敬慎堂刻本　六十冊　存二百四十一卷(本紀五至十五、志十四至四十三、四十九至七十七、表一、四至九,列傳一至八十四、一百十四至一百三十二、一百三十八至一百五十五、一百六十三至二百五)

330000 - 4735 - 0001966　02279　史部/紀傳類/正史之屬

二十四史　清同治至光緒五省官書局據汲古閣本等合刻光緒五年(1879)湖北書局彙印本
　一冊　存一種

330000 - 4735 - 0001967　02948　史部/地理類/外紀之屬

海國圖志徵實一百卷首一卷　(清)孫灝輯清石印本　二冊　存一卷(三)

330000 - 4735 - 0001968　00497　類叢部/叢書類/彙編之屬

邵武徐氏叢書二十三種　(清)徐幹編　清光緒邵武徐氏刻本　一冊　存一種

330000 - 4735 - 0001969　02949　史部/地理類/外紀之屬

日本國志四十卷首一卷　(清)黃遵憲輯　清石印本　一冊　存四卷(二十一至二十四)

330000 - 4735 - 0001970　02280　史部/紀傳類/正史之屬

二十四史附考證　清光緒十年(1884)上海同文書局石印本　二冊　存一種

330000 - 4735 - 0001971　02950　史部/地理類/總志之屬/斷代

皇朝輿地沿革攷一卷　遁天撰　清石印本
一冊

330000 - 4735 - 0001972　00498　經部/春秋總義類/傳說之屬

春秋世族譜一卷　(清)陳厚耀撰　清雍正三年(1725)陳氏刻本　一冊

330000 - 4735 - 0001973　00499　經部/春秋總義類/傳說之屬

春秋旁訓辨體合訂四卷　(清)徐立綱撰　清萬卷樓刻本　二冊

330000 - 4735 - 0001974　02951　史部/地理類/總志之屬/斷代

皇朝輿地沿革攷一卷　遁天撰　清石印本
一冊

330000－4735－0001977 02282－02210 史部/紀傳類/正史之屬

四史四百十五卷 清光緒二十四年(1898)上海點石齋石印本 一冊 存一種

330000－4735－0001978 00500 經部/春秋總義類/傳說之屬

春秋三傳十六卷首一卷 清嘉慶十年(1805)刻本 八冊

330000－4735－0001979 02952 史部/地理類/遊記之屬/紀行

蜀道驛程記二卷 (清)王士禎撰 清光緒十七年(1891)雛園刻本 二冊

330000－4735－0001980 00501 經部/叢編

仿宋相臺五經九十六卷附考證 清乾隆四十八年(1783)武英殿刻本 十六冊 存一種

330000－4735－0001981 02284 史部/紀傳類/正史之屬

四史四百十五卷 清石印本 四冊 存一種

330000－4735－0001982 02953 史部/地理類/雜志之屬

西招圖畧一卷圖說一卷附錄自成都府至後藏路程一卷前藏至西寧路程一卷 (清)松筠撰 清道光二十七年(1847)刻本 二冊

330000－4735－0001984 05464 子部/醫家類/醫案之屬

臨證指南醫案十卷 (清)葉桂撰 (清)徐大椿評 清刻本 一冊 存一卷(七)

330000－4735－0001985 00503 經部/孝經類/傳說之屬

孝經講義一卷 (清)鍾福球注 清光緒三十四年(1908)杭州崇寔齋書局鉛印本 一冊

330000－4735－0001986 02954、03565 史部/地理類/遊記之屬/紀行

出使英法義比四國日記六卷(清光緒十六年正月十一日至十七年二月三十日) (清)薛福成撰 清光緒二十年(1894)孫谿校經堂刻本 六冊

330000－4735－0001987 05463 子部/醫家類/本草之屬/歷代綜合本草

重鐫京板醫方捷徑指南全書二卷 (明)羅必煒訂 清刻本 一冊 存一卷(下)

330000－4735－0001989 05465 子部/醫家類/方書之屬/成方藥目

養頤指掌一卷 (清)良濟藥房撰 清光緒十三年(1887)刻本 一冊

330000－4735－0001991 00505 經部/孝經類/傳說之屬

孝經旁訓一卷 (清)孫傳澂訂 清刻本 一冊

330000－4735－0001993 02957 史部/政書類/軍政之屬/邊政

朔方備乘六十八卷首十二卷 (清)何秋濤撰 清光緒石印本 一冊

330000－4735－0001995 02283 史部/紀傳類/正史之屬

晉書一百三十卷 (唐)房玄齡等撰 清光緒七年(1881)王棻抄本 清王棻校注並跋 一冊 存四卷(一至四)

330000－4735－0001996 02958 新學/交涉/公法

五大洲圖說簡明萬國公法一卷 清末石印本 一冊

330000－4735－0001997 05467 子部/醫家類/兒科之屬/痘疹

明王曉九先生麻科一卷 (明)王曉九撰 清宣統二年(1910)太平金氏木活字印本 王舟瑤題簽並記 一冊

330000－4735－0001998 05468 子部/醫家類/醫經之屬/內經

素問□□卷 清刻本 一冊 存一卷(八)

330000－4735－0001999 00506 經部/孝經類/傳說之屬

朱子孝經二卷 (宋)朱熹撰 (清)吳易齋學
孝經古今文考一卷 (清)溫汝能撰 清道光二十六年(1846)陳第頌全性堂刻本 一冊

330000－4735－0002000　02959　史部/史表類/通代之屬

四裔編年表四卷　(清)李鳳苞輯　清刻本三冊　缺一卷(一)

330000－4735－0002001　05469　子部/醫家類/方書之屬/成方藥目

萬承志堂丸散膏丹全集不分卷　(清)萬承志堂編　清光緒十一年(1885)杭州萬承志堂刻本　一冊

330000－4735－0002003　00508　經部/孝經類/傳說之屬

孝經問業合纂輯註大全三卷　(明)呂維祺輯註　(清)張夏問　(清)傅謙牧參問　清光緒二年(1876)刻本　何敍塏題簽並記　一冊

330000－4735－0002005　02285　史部/紀傳類/正史之屬

史記一百三十卷　(漢)司馬遷撰　(南朝宋)裴駰集解　清石印本　一冊　存二十五卷(一百六至一百三十)

330000－4735－0002006　05471　子部/醫家類/本草之屬/歷代綜合本草

得宜本草一卷　清光緒二十七年(1901)濬齋氏抄本　一冊

330000－4735－0002007　05472、05518　子部/醫家類/類編之屬

中西匯通醫書五種　唐宗海撰　清光緒三十四年(1908)上海千頃堂書局石印本　四冊存二種

330000－4735－0002008　00509　經部/孝經類/傳說之屬

孝經問業合纂輯註大全三卷　(明)呂維祺輯註　(清)張夏問　(清)傅謙牧參問　清光緒二年(1876)刻本　一冊

330000－4735－0002009　02286－02197　史部/紀傳類/正史之屬

四史四百十五卷　清光緒二十六年(1900)煥文書局石印本　一冊　存一種

330000－4735－0002011　02287　史部/紀傳類/正史之屬

二十四史附考證　清石印本　一冊　存一種

330000－4735－0002012　02288　史部/紀傳類/正史之屬

二十四史附考證　清石印本　二冊　存一種

330000－4735－0002013　00511　經部/孝經類/正文之屬

至聖孝經一卷　清刻本　洪滌懷題記　一冊

330000－4735－0002015　02289－02213　史部/紀傳類/正史之屬

四史四百十五卷　清光緒十四年(1888)上海蜚英館石印本　九冊　存一種

330000－4735－0002016　00512　經部/孝經類/傳說之屬

孝經一卷弟子職一卷　(清)任兆麟集注　清嘉慶十九年(1814)武林三德堂刻本　一冊

330000－4735－0002017　00513　經部/孝經類/傳說之屬

孝經一卷弟子職一卷　(清)任兆麟集注　清刻本　一冊

330000－4735－0002020　00514　經部/孝經類/傳說之屬

孝經易知一卷　(清)耿介輯注　清光緒二十二年(1896)陽湖張氏刻本　一冊

330000－4735－0002021　00515　經部/孝經類/傳說之屬

孝經易知一卷　(清)耿介輯注　清光緒二十二年(1896)陽湖張氏刻本　一冊

330000－4735－0002023　00517　經部/叢編

十三經註疏三百三十三卷　明崇禎元年至十二年(1628－1639)古虞毛氏汲古閣刻本　一冊　存一種

330000－4735－0002024　02290　類叢部/叢書類/彙編之屬

知不足齋叢書一百九十五種　(清)鮑廷博編　(清)鮑士恭續編　清乾隆三十七年至道光三年(1772－1823)長塘鮑氏刻彙印本　一冊

存一種

330000-4735-0002028　05480　子部/醫家類/綜合之屬/通論

醫學心悟六卷　（清）程國彭撰　清光緒二十年(1894)上海圖書集成印書局鉛印本　一冊

330000-4735-0002029　02960　史部/地理類/總志之屬

歷代輿地沿革險要圖註一卷　楊守敬　饒敦秩撰　清光緒二十二年(1896)石印本　一冊

330000-4735-0002031　02291　史部/史抄類

前漢書列傳摘鈔一卷　清乾隆抄本　一冊

330000-4735-0002033　05484　子部/醫家類/本草之屬/歷代綜合本草

本草從新十八卷　（清）吳儀洛輯　清光緒三十三年(1907)上海同文新譯書局石印本　一冊　存九卷(一至九)

330000-4735-0002034　02961　史部/地理類/總志之屬

歷代輿地沿革險要圖註一卷　楊守敬　饒敦秩撰　清光緒二十二年(1896)石印本　項士元題記　一冊

330000-4735-0002035　02292　史部/紀傳類/別史之屬

弘簡錄二百五十四卷　（明）邵經邦撰　清康熙刻本　五十六冊　缺三十二卷(九十至一百十二、一百十七至一百二十、一百五十八至一百六十二)

330000-4735-0002036　02962　史部/地理類/山川之屬/水志

長江圖說十二卷首一卷　（清）馬徵麟等撰　清同治十年(1871)湖北崇文書局刻本(卷一至二原缺)　四冊　缺二卷(九至十)

330000-4735-0002037　02293、02295　史部/紀傳類/別史之屬

弘簡錄二百五十四卷　（明）邵經邦撰　清康熙刻本　三十二冊　存一百二十三卷(二十四至八十五、一百九十四至二百五十四)

330000-4735-0002039　02963　史部/地理類/外紀之屬

瀛環志略十卷　（清）徐繼畬撰　清光緒二十一年(1895)上海寶文局石印本　四冊

330000-4735-0002041　02294-03962　史部/紀傳類/別史之屬

續弘簡錄元史類編四十二卷　（清）邵遠平撰　清康熙三十八年(1699)刻本　七冊　存十九卷(二十一至二十五、二十九至四十二)

330000-4735-0002043　02964　史部/地理類/外紀之屬

瀛環志略十卷　（清）徐繼畬撰　清光緒二十一年(1895)上海寶文局石印本　四冊

330000-4735-0002044　02296　史部/紀傳類/別史之屬

續弘簡錄元史類編四十二卷　（清）邵遠平撰　清刻本　十六冊

330000-4735-0002045　02965　史部/地理類/外紀之屬

瀛環志略十卷　（清）徐繼畬撰　清光緒二十一年(1895)上海寶文局石印本　曾士瀛題記　三冊　存八卷(三至十)

330000-4735-0002046　05488　子部/醫家類/類編之屬

貽令堂醫學三書　（清）黃保康撰　清刻本　一冊　存二種

330000-4735-0002047　00519　經部/叢編

皇清經解一千四百八卷首一卷　（清）阮元輯　清道光九年(1829)廣東學海堂刻咸豐十一年(1861)補刻本　二百八冊　缺五百五十一卷(二百八至二百三十八、二百四十三至二百八十九、二百九十七至三百二十九、三百四十八至三百五十四、四百七十四至四百七十九、五百三十七至六百三十三、六百三十七至六百四十、六百五十三、六百六十七至七百三十四、七百七十五至八百三十九、八百六十四至九百四十八、九百八十七至一千二十六、一千五十至一千一百十三、一千一百七十九、一千二百四十九至一千二百五十)

330000－4735－0002048　02297　史部/紀傳類/別史之屬

續弘簡錄元史類編四十二卷　（清）邵遠平撰　清刻本　暝樓主人題簽並記　十三冊　存三十六卷（一至二十二、二十六至三十九）

330000－4735－0002049　02298　史部/紀傳類/別史之屬

弘簡錄二百五十四卷　（明）邵經邦撰　清康熙刻本　二冊　存三卷（八至十）

330000－4735－0002050　02299　類叢部/叢書類/彙編之屬

武英殿聚珍版書一百四十八種　清乾隆四十二年（1777）福建刻道光至同治遞修光緒二十一年（1895）增刻本　二冊　存一種

330000－4735－0002051　02966　史部/地理類/外紀之屬

海國圖志一百卷　（清）魏源撰　清光緒二十一年（1895）上海積山書局石印本　八冊　存五十六卷（一至二十二、三十九至五十七、六十六至七十八、八十九至九十）

330000－4735－0002052　02967　史部/地理類/外紀之屬

海國圖志續集二十五卷　（英國）麥高爾輯著　（美國）林樂知　（清）瞿昂來譯　（英國）賈密倫　（英國）裴路原書　（英國）傅蘭雅口譯　（清）徐建寅筆述　清石印本　一冊　存十五卷（十一至二十五）

330000－4735－0002053　02300　史部/紀傳類/別史之屬

尚史七十二卷　（清）李鍇撰　清刻本　三冊　存十二卷（志五至十、晉諸臣傳十五至二十）

330000－4735－0002054　02301　史部/紀傳類/別史之屬

尚史七十二卷　（清）李鍇撰　清刻本　二冊　存十卷（志一至十）

330000－4735－0002055　02968　類叢部/叢書類/自著之屬

庸庵全集七種　（清）薛福成撰　清光緒十年至二十四年（1884－1898）無錫薛氏刻本　一冊　存一種

330000－4735－0002056　02302　史部/雜史類/斷代之屬

晉畧六十五卷序目一卷　（清）周濟撰　清光緒二年（1876）味雋齋刻本　十冊

330000－4735－0002057　05490　子部/醫家類/方書之屬/單方驗方

種福堂公選良方四卷　（清）葉桂撰　清刻本　一冊　存二卷（三至四）

330000－4735－0002058　05491　子部/醫家類/方書之屬/單方驗方

種福堂公選良方四卷　（清）葉桂撰　清刻本　一冊　存二卷（三至四）

330000－4735－0002059　02303　史部/紀傳類/別史之屬

尚史七十二卷　（清）李鍇撰　清刻本　十五冊　存三十七卷（世系圖一,本紀一至四,列傳二至十一、十四至十八、二十二至二十九、三十四,繫一至四,表一至四）

330000－4735－0002060　05492　子部/醫家類/方書之屬/單方驗方

種福堂公選良方四卷　（清）葉桂撰　清刻本　一冊　存二卷（一至二）

330000－4735－0002061　05493　子部/醫家類/類編之屬

陳修園醫書四十八種　（清）陳念祖等撰　清光緒三十四年（1908）上海章福記石印本　傅郁文題簽　四冊　存十二種

330000－4735－0002062　02307　史部/紀傳類/別史之屬

七家後漢書七種附一種　（清）汪文臺輯　清光緒八年（1882）太平崔國榜等刻本　六冊

330000－4735－0002063　00520　經部/叢編

皇清經解一千四百八卷首一卷　（清）阮元輯　清道光九年（1829）廣東學海堂刻咸豐十一年（1861）補刻本　十八冊　存九十三卷（九

十至一百十九、一百二十一至一百二十八、一百三十八至一百四十五、一百七十七至一百九十四、一百九十八至二百四、一千三百七十一至一千三百九十二)

330000－4735－0002064　02969　類叢部/類書類/通類之屬

玉海二百卷辭學指南四卷詩攷一卷詩地理攷六卷漢藝文志攷證十卷通鑑地理通釋十四卷漢制攷四卷踐阼篇集解一卷周易鄭康成注一卷姓氏急就篇二卷急就篇補注四卷周書王會補注一卷小學紺珠十卷六經天文編二卷通鑑答問五卷　（宋）王應麟撰　元至元六年(1340)慶元路儒學刻元明清遞修本　三冊存十二卷(通鑑地理通釋一至四、十一至十四,漢制攷一至四)

330000－4735－0002065　02308　史部/雜史類/斷代之屬

逸周書集訓校釋十卷逸文一卷　（清）朱右曾撰　清光緒三年(1877)湖北崇文書局刻本一冊　存六卷(六至十、逸文)

330000－4735－0002066　05497　子部/醫家類/類編之屬

陳修園醫書五十種　（清）陳念祖等撰　清光緒三十一年(1905)上海商務印書館鉛印本一冊　存一種

330000－4735－0002067　05498　子部/醫家類/類編之屬

陳修園醫書二十八種　（清）陳念祖等撰　清石印本　一冊　存一種

330000－4735－0002068　02309　類叢部/叢書類/彙編之屬

增訂漢魏叢書八十六種　（清）王謨編　清乾隆五十六年(1791)金谿王氏刻本　一冊　存三種

330000－4735－0002072　02310　史部/雜史類/斷代之屬

汲冢周書十卷　（晉）孔晁注　清刻本　一冊存七卷(四至十)

330000－4735－0002073　00521　經部/叢編

皇清經解續編一千四百三十卷　王先謙輯清光緒十四年(1888)江陰南菁書院刻本（卷三十原缺）　二百八十冊　缺一百七十三卷(一百二十二至一百三十、一百三十九至一百四十六、二百九至二百十五、二百四十五至二百四十七、二百五十至二百六十九、二百八十一至二百八十四、二百九十七至二百九十九、三百七至三百九、三百十六至三百十九、三百五十九至三百六十四、三百九十八、四百五十五至四百五十七、五百二十五至五百二十九、五百六十一至五百七十、五百七十九至六百八、六百三十五至六百四十九、六百九十六至六百九十七、七百二十九至七百三十一、七百四十、七百六十六至七百六十九、七百七十四至七百七十七、八百八十至八百八十一、一千三十九至一千四十一、一千二百三十四至一千二百三十八、一千二百六十五至一千二百六十九、一千三百十七至一千三百二十九)

330000－4735－0002075　02311　史部/編年類/通代之屬

司馬溫公稽古錄二十卷　（宋）司馬光撰　清同治十一年(1872)湖北崇文書局刻本　三冊缺三卷(十至十二)

330000－4735－0002079　02970　史部/職官類/官箴之屬

實政錄七卷　（明）呂坤撰　清同治十一年(1872)浙江書局刻本　五冊　存五卷(一至五)

330000－4735－0002080　02312　史部/雜史類/通代之屬

重訂路史全本四十七卷　（宋）羅泌撰　（宋）羅苹注　（明）吳弘基等重編　清刻本　二冊存二卷(國名紀六至七)

330000－4735－0002085　00522　經部/叢編

皇清經解一千四百八卷首一卷　（清）阮元輯清道光九年(1829)廣東學海堂刻咸豐十一年(1861)補刻本　十九冊　存九十三卷(一百四十六至一百六十九、二百八至二百十三、二百二十至二百三十、二百八十八至二百八

十九、二百九十七至三百十五、三百二十四至三百五十四）

330000－4735－0002087　05509　子部/醫家類/醫經之屬/內經

素問靈樞類纂約註三卷　（清）汪昂撰　清光緒二十二年(1896)上海圖書集成印書局鉛印本　二冊　存二卷（一、三）

330000－4735－0002088　02973　史部/政書類/律令之屬/刑制

名法指掌新例增訂四卷　（清）沈辛田撰（清）鈕大煒增訂　清道光四年(1824)廣東遠安堂刻本　四冊

330000－4735－0002089　02333　史部/紀事本末類

歷朝紀事本末九種　（清）陳如升（清）朱記榮輯　（清）慎記主人增輯　清光緒石印本六冊　存一種

330000－4735－0002090　00523　經部/叢編

皇清經解一百九十卷首一卷正訛記一卷（清）阮元輯　清光緒上海點石齋石印本　十二冊　存一百一卷（九十一至一百九十、正訛記）

330000－4735－0002092　05510　子部/醫家類/醫經之屬/內經

素問靈樞類纂約註三卷　（清）汪昂撰　清光緒二十二年(1896)上海圖書集成印書局鉛印本　一冊

330000－4735－0002094　02975　史部/政書類/公牘檔冊之屬

大理院統計表不分卷　清宣統元年(1909)鉛印本　二冊

330000－4735－0002096　02976　新學/史志/戰記

中東戰紀本末八卷首一卷末一卷續編四卷首一卷末一卷三編四卷　（美國）林樂知撰並譯　蔡爾康輯　**文學興國策二卷**　（美國）林樂知譯　清光緒二十二年(1896)、二十三年(1897)、二十六年(1900)上海廣學會鉛印本

九冊　存十二卷（中東戰紀本末首、一至八、末，文學興國策上下）

330000－4735－0002101　02313　史部/雜史類/通代之屬

重訂路史全本四十七卷　（宋）羅泌撰　（宋）羅苹注　（明）吳弘基等重編　清乾隆元年(1736)進修書院刻本　五冊　存十三卷（後紀一至四、國名紀四至六、發揮五至六、餘論一至四）

330000－4735－0002102　00524　經部/叢編

皇清經解一千四百八卷　（清）阮元輯　清光緒十八年(1892)上海古香閣石印本　三十八冊　存一百六十八種

330000－4735－0002103　02314　史部/雜史類/通代之屬

路史四十七卷　（宋）羅泌撰　（宋）羅苹注清刻本　二冊　存三卷（後紀八至九、國名紀巳）

330000－4735－0002104　02977　史部/政書類/律令之屬/刑制

元刑法志四卷　（明）宋濂等修　（明）侯恪（明）謝德溥等修補　清光緒法律館鉛印本一冊

330000－4735－0002105　02315　史部/雜史類/通代之屬

路史四十七卷　（宋）羅泌撰　（宋）羅苹注清刻本　一冊　存二卷（發揮一至二）

330000－4735－0002106　05517　子部/醫家類/類編之屬

陳修園醫書二十八種　（清）陳念祖等撰　清末石印本　一冊　存一種

330000－4735－0002107　02978　史部/雜史類/斷代之屬

本朝史講義不分卷　汪榮寶撰　清京師學務印書官局鉛印本　一冊

330000－4735－0002108　02316　類叢部/叢書類/彙編之屬

崇文書局彙刻書三十一種　（清）崇文書局編

清光緒元年至三年(1875－1877)湖北崇文書局刻本　一冊　存一種

330000－4735－0002109　05519　子部/醫家類/類編之屬

中西匯通醫書五種　唐宗海撰　清光緒三十四年(1908)上海千頃堂書局石印本　一冊　存一種

330000－4735－0002110　02979　史部/政書類/儀制之屬/專志/科舉校規

杭州府中學堂章程一卷　清光緒三十二年(1906)刻本　一冊

330000－4735－0002111　02317　類叢部/叢書類/彙編之屬

增訂漢魏叢書八十六種　(清)王謨編　清乾隆五十六年(1791)金谿王氏刻本　一冊　存三種

330000－4735－0002115　05522　子部/醫家類/方書之屬/單方驗方

醫方襍鈔不分卷　清抄本　一冊

330000－4735－0002116　02980　史部/政書類/律令之屬

秋審比校條款五卷　沈家本輯　清光緒刻本　一冊　存二卷(四至五)

330000－4735－0002117　02318　類叢部/叢書類/彙編之屬

增訂漢魏叢書八十六種　(清)王謨編　清乾隆五十六年(1791)金谿王氏刻本　一冊　存一種

330000－4735－0002118　02981　史部/政書類/律令之屬/律例

法部奏定考試法官主要科應用法律章程不分卷　清宣統石印本　一冊

330000－4735－0002119　02319　類叢部/叢書類/彙編之屬

增訂漢魏叢書八十六種　(清)王謨編　清乾隆五十六年(1791)金谿王氏刻本　一冊　存一種

330000－4735－0002120　00525　經部/叢編

皇清經解一百九十卷首一卷正訛記一卷　(清)阮元輯　清光緒十四年(1888)上海石印本　二十四冊

330000－4735－0002122　02320　史部/紀傳類/別史之屬

後漢書補逸二十一卷　(清)姚之駰輯　清刻本　一冊　存三卷(一至三)

330000－4735－0002123　02982　史部/政書類/公牘檔冊之屬

交河爪印一卷　(清)程穌撰　清石印本　朱連城題記　一冊

330000－4735－0002124　02321　史部/雜史類/通代之屬

重訂路史全本十六卷　(宋)羅泌撰　(宋)羅苹注　(明)吳弘基等重編　清光緒二十年(1894)上海文瑞樓石印本　六冊

330000－4735－0002126　02322　類叢部/叢書類/彙編之屬

漸西村舍彙刊(漸西村舍叢刻)四十四種　(清)袁昶編　清光緒十六年至二十四年(1890－1898)桐廬袁氏刻本　二冊　存一種

330000－4735－0002127　02983　史部/政書類/邦計之屬/荒政

欽定康濟錄四卷　(清)陸曾禹撰　(清)倪國璉釐正　清同治三年(1864)浙江撫署刻本　三冊

330000－4735－0002128　00526　經部/叢編

皇清經解一百九十卷首一卷正訛記一卷　(清)阮元輯　清光緒上海點石齋石印本　二十二冊　缺二十八卷(五十八、六十六至八十七、九十六、一百四十一至一百四十四)

330000－4735－0002130　02323－02301　史部/紀傳類/別史之屬

尚史七十二卷　(清)李鍇撰　清刻本　十八冊　缺十卷(志一至十)

330000－4735－0002131　02984　史部/政書類/律令之屬/刑制

成案新編二十四卷 （清）律例館編 清道光二十七年(1847)刻本 五冊 存五卷(一、三、五至六、十一)

330000－4735－0002132 02324 史部/紀事本末類/斷代之屬
宋史紀事本末一百九卷 （明）馮琦撰 （明）陳邦瞻增訂 （明）張溥論正 清光緒十三年(1887)廣雅書局刻紀事本末彙刻八種本 清益矞題記 十六冊

330000－4735－0002133 02985 史部/政書類/邦交之屬
約章分類輯要不分卷 清光緒三十年(1904)上海緯文閣石印本 四冊 存壬寅中英商約、欽定商律、中日新訂商約、中美新訂商約

330000－4735－0002136 02325 史部/紀事本末類/通代之屬
繹史一百六十卷世系圖一卷年表一卷 （清）馬驌撰 清光緒三十年(1904)浙江書局刻本 四十六冊 缺八卷(二十二、四十五至五十,世系圖)

330000－4735－0002137 00527 經部/叢編
皇清經解一百九十卷首一卷正訛記一卷 (清)阮元輯 清光緒十四年(1888)石印本 二十二冊 缺十六卷(六至九、二十二、六十、六十五至六十六、六十九、七十七至七十九、九十三、一百五十六、一百七十五、一百七十九)

330000－4735－0002138 02326 史部/紀事本末類/斷代之屬
明朝紀事本末八十卷 （清）谷應泰撰 清順治十五年(1658)築益堂刻本 二十四冊

330000－4735－0002139 02328 史部/紀事本末類
歷朝紀事本末九種 （清）陳如升 （清）朱記榮輯 （清）慎記主人增輯 清光緒二十九年(1903)上海文盛書局石印本 四十二冊

330000－4735－0002140 02987 史部/職官類/官箴之屬

增刪佐雜須知四卷 （清）方汝謙撰 清同治元年(1862)刻本 一冊

330000－4735－0002141 02988 史部/政書類/軍政之屬/邊政
歷代邊事彙鈔十二卷 （清）朱克敬輯 清光緒二十八年(1902)上海捷記書局石印本 三冊 存九卷(一至九)

330000－4735－0002142 02329 史部/紀事本末類/通代之屬
通鑑紀事本末二百三十九卷 （宋）袁樞撰 (明)張溥論正 清石印本 十四冊 存一百十卷(四十三至六十一、一百十一至一百二十二、一百三十四至一百五十四、一百六十七至二百二十四)

330000－4735－0002143 02989 史部/政書類
九通提要十二卷 （清）柴紹炳纂 清光緒二十八年(1902)鴻寶齋石印本 六冊

330000－4735－0002144 02330 史部/紀事本末類
歷朝紀事本末七種 （清）陳如升 （清）朱記榮輯 清光緒二十一年(1895)上海積山書局石印本 三冊 存一種

330000－4735－0002145 02331 史部/紀事本末類
歷朝紀事本末九種 （清）陳如升 （清）朱記榮輯 （清）慎記主人增輯 清光緒二十五年(1899)上海慎記書莊石印本 三冊 存二種

330000－4735－0002147 02332 史部/紀事本末類
歷朝紀事本末七種 （清）陳如升 （清）朱記榮輯 清光緒二十一年(1895)上海積山書局石印本 一冊 存一種

330000－4735－0002148 02990 史部/政書類
九通二千三百二十一卷 （清）□□輯 清光緒二十八年(1902)上海鴻寶書局石印本 十一冊 存一種

330000－4735－0002152　02327　史部/紀事本末類

歷朝紀事本末九種　（清）陳如升　（清）朱記榮輯　（清）捷記主人增輯　清光緒二十八年(1902)上海捷記書局石印本　四冊　存一種

330000－4735－0002154　05528　子部/醫家類/外科之屬/通論

重訂外科正宗十二卷　（明）陳實功撰　（清）張鶯翼重訂　清刻本　一冊　存三卷(十至十二)

330000－4735－0002155　02335－02327　史部/紀事本末類

歷朝紀事本末九種　（清）陳如升　（清）朱記榮輯　（清）捷記主人增輯　清光緒二十八年(1902)上海捷記書局石印本　二冊　存一種

330000－4735－0002156　02336－02327　史部/紀事本末類

歷朝紀事本末九種　（清）陳如升　（清）朱記榮輯　（清）捷記主人增輯　清光緒二十八年(1902)上海捷記書局石印本　一冊　存一種

330000－4735－0002157　02992　史部/紀事本末類/斷代之屬

聖武記十四卷　（清）魏源撰　清石印本　一冊　存三卷(十二至十四)

330000－4735－0002159　02338　史部/紀事本末類/斷代之屬

三藩紀事本末四卷　（清）楊陸榮撰　清康熙五十六年(1717)刻本　一冊　存一卷(一)

330000－4735－0002161　02339　史部/紀事本末類/斷代之屬

明朝紀事本末八十卷　（清）谷應泰撰　清順治十五年(1658)築益堂刻本　一冊　存七卷(二十六至三十二)

330000－4735－0002163　02340　史部/紀事本末類/斷代之屬

聖武記十四卷　（清）魏源撰　清光緒二十八年(1902)上海書局石印本　二冊　存五卷(三至七)

330000－4735－0002164　05532　子部/醫家類/方書之屬/單方驗方

急救經驗良方一卷　清石印本　一冊

330000－4735－0002165　02341　史部/紀事本末類/斷代之屬

聖武記十四卷　（清）魏源撰　清刻本　四冊　存十一卷(一至八、十二至十四)

330000－4735－0002166　00528　經部/叢編

皇清經解續編二百九卷　王先謙輯　清光緒十五年(1889)上海蜚英館石印本　二十九冊　缺三十六卷(一、五、十一、三十二、三十七、四十至四十一、四十三、四十五、四十八至四十九、六十五、七十、七十二至七十四、七十八至七十九、八十三、一百九、一百二十二至一百二十三、一百二十七、一百四十、一百四十二、一百四十七、一百五十六、一百六十五、一百七十三至一百七十四、一百七十九至一百八十、二百三至二百四、二百六、二百九)

330000－4735－0002168　05534　子部/醫家類/類編之屬

馮氏錦囊秘錄三種五十卷　（清）馮兆張編　清嘉慶二十三年(1818)大文堂刻本　一冊　存一種

330000－4735－0002170　05536　子部/醫家類/溫病之屬/其他溫疫病證

溫病條辨六卷首一卷　（清）吳瑭撰　（清）朱武曹點評　清光緒三十二年(1906)上海千頃堂石印本　一冊

330000－4735－0002173　05538　子部/醫家類/兒科之屬/痘疹

麻科至寶一卷　（清）王瑞圖編　清光緒二十九年(1903)刻本　叔甫氏題簽　一冊

330000－4735－0002174　02342　史部/紀事本末類/斷代之屬

聖武記十四卷　（清）魏源撰　清刻本　一冊　存一卷(一)

330000－4735－0002177　05539、05595　子部/醫家類/婦科之屬

女科輯要八卷附單養賢胎產全書一卷 （清）周紀常撰　清宣統二年(1910)上海千頃堂書局石印本　二冊

330000－4735－0002178　05540　子部/醫家類/方書之屬/成方藥目

同仁堂藥目不分卷　（清）同仁堂編　清宣統二年(1910)京都同仁堂刻本　一冊

330000－4735－0002183　02993　史部/紀事本末類/斷代之屬

聖武記十四卷　（清）魏源撰　清鉛印本　一冊　存二卷(三至四)

330000－4735－0002184　02994　史部/紀事本末類/斷代之屬

聖武記十四卷　（清）魏源撰　清刻本　二冊　存二卷(二、十)

330000－4735－0002185　02995　史部/紀事本末類/斷代之屬

聖武記十四卷　（清）魏源撰　清道光二十六年(1846)古微堂刻本　六冊　存八卷(一、七至九、十一至十四)

330000－4735－0002186　02343　史部/紀事本末類/斷代之屬

聖武記十四卷　（清）魏源撰　清道光二十六年(1846)古微堂刻本　十冊

330000－4735－0002187　05542　子部/醫家類/綜合之屬/雜著

筆花醫鏡四卷　（清）江涵暾撰　清光緒三十年(1904)上海書局石印本　一冊

330000－4735－0002190　00529　經部/叢編

皇清經解續編二百九卷　王先謙輯　清光緒十五年(1889)上海蜚英館石印本　十三冊　存九十三卷(一至十五、三十至五十一、六十一至七十二、八十七至九十五、一百三十四至一百五十二、一百六十六至一百七十三、一百八十五至一百九十二)

330000－4735－0002191　05544　子部/醫家類/方書之屬/單方驗方

急救經驗良方一卷　清石印本　一冊

330000－4735－0002193　05546　子部/醫家類/綜合之屬/通論

訂補明醫指掌十卷　（明）皇甫中撰　（明）王肯堂等訂補　清刻本　一冊　存二卷(五至六)

330000－4735－0002194　05547　子部/醫家類/兒科之屬/通論

嬰童百問十卷　（明）魯伯嗣撰　清刻本　一冊　存五卷(六至十)

330000－4735－0002195　02996　史部/紀事本末類/斷代之屬

聖武記十四卷　（清）魏源撰　清道光二十二年(1842)古微堂刻本　十一冊　缺一卷(九)

330000－4735－0002196　05548　子部/醫家類/婦科之屬/通論

濟陰綱目十四卷　（明）武之望撰　（清）汪淇箋釋　**保生碎事一卷**　（清）汪淇輯　清刻本　一冊　缺十二卷(一至十二)

330000－4735－0002198　05549　子部/醫家類/溫病之屬/痧症

痧症全書三卷　（清）王凱輯　清刻本　一冊

330000－4735－0002199　05550　子部/醫家類/兒科之屬/痘疹

麻科至寶一卷　（清）王瑞圖編　清光緒二十九年(1903)刻本　一冊

330000－4735－0002200　00530　經部/叢編

五經合纂大成四十四卷首五卷　（清）同文書局主人輯　清光緒十一年(1885)上海同文書局石印本　十七冊　缺十卷(詩經三至四,書經首、一至二,春秋十二至十六)

330000－4735－0002201　02998　史部/雜史類/斷代之屬

皇朝紀略一卷　何琪輯　清光緒二十七年(1901)上海普通學書室刻本　一冊

330000－4735－0002203　05551　子部/醫家類/兒科之屬/痘疹

麻科至寶一卷　（清）王瑞圖編　清光緒二十九年(1903)刻本　一冊

330000－4735－0002204　00532　經部/叢編

五經合纂大成四十四卷首五卷　（清）同文書局主人輯　清光緒十一年（1885）石印本　十七冊　缺十一卷（周易三至四,詩經三至四,春秋首、一至三,禮記三至五）

330000－4735－0002205　07437　史部/政書類/通制之屬

五大洲政治通考四十八卷　題急先務齋主人等編　清光緒二十七年（1901）石印本　十二冊

330000－4735－0002206　05552　子部/醫家類/兒科之屬/痘疹

麻科至寶一卷　（清）王瑞圖編　清光緒二十九年（1903）刻本　金肖圃批注、題記　一冊

330000－4735－0002207　05553　子部/醫家類/兒科之屬/痘疹

麻科至寶一卷　（清）王瑞圖編　清刻本　一冊

330000－4735－0002209　05554　子部/醫家類/兒科之屬/痘疹

麻科至寶一卷　（清）王瑞圖編　清光緒二十九年（1903）刻本　一冊

330000－4735－0002210　05555　子部/醫家類/兒科之屬/痘疹

麻科至寶一卷　（清）王瑞圖編　清刻本　一冊

330000－4735－0002211　00533　經部/叢編

阮本十三經注疏坿校勘記　清光緒二十四年（1898）點石齋石印本　二十冊　存十二種

330000－4735－0002212　05556　子部/醫家類/兒科之屬/痘疹

麻科至寶一卷　（清）王瑞圖編　清光緒二十九年（1903）刻本　一冊

330000－4735－0002213　05557　子部/醫家類/兒科之屬/痘疹

麻科至寶一卷　（清）王瑞圖編　清光緒二十九年（1903）刻本　一冊

330000－4735－0002214　05558　子部/醫家類/溫病之屬/痧症

痧症全書三卷　（清）王凱輯　清刻本　何潤森題記　一冊

330000－4735－0002215　02344　史部/紀事本末類/斷代之屬

聖武記十四卷　（清）魏源撰　清刻本　七冊　存七卷（二至五、八至十）

330000－4735－0002216　05559　子部/醫家類/溫病之屬/其他溫疫病證

溫病條辨六卷首一卷　（清）吳瑭撰　（清）朱武曹點評　清刻本　一冊　存二卷（首、一）

330000－4735－0002217　02345　史部/雜史類/斷代之屬

明季稗史彙編十六種　（清）留雲居士輯　清都城琉璃廠刻本　十九冊　存十五種

330000－4735－0002219　05560　子部/醫家類/溫病之屬/其他溫疫病證

溫病條辨六卷首一卷　（清）吳瑭撰　（清）朱武曹點評　清刻本　一冊　存二卷（首、一）

330000－4735－0002220　05561　子部/醫家類/溫病之屬/其他溫疫病證

溫病條辨六卷首一卷　（清）吳瑭撰　清刻本　一冊　存一卷（一）

330000－4735－0002221　00534　經部/群經總義類/傳說之屬

經義述聞三十二卷　（清）王引之撰　清光緒七年（1881）上海文瑞樓鉛印本　十六冊

330000－4735－0002223　05562　子部/醫家類/綜合之屬/通論

簡易醫訣六卷　（清）周雲章撰　清光緒十八年（1892）四明伴梅軒刻本　一冊

330000－4735－0002224　00535　經部/群經總義類/傳說之屬

經義述聞三十二卷　（清）王引之撰　清光緒七年（1881）上海文瑞樓鉛印本　十六冊

330000－4735－0002225　05563　子部/醫家

類/兒科之屬/痘疹

痘瘡一卷麻疹一卷 清刻本 一冊

330000－4735－0002226 00536 經部/群經總義類/傳説之屬

五經經解萃精不分卷 （清）□□輯 清石印本 曾士瀛題簽並記 一冊

330000－4735－0002227 03003 史部/雜史類/斷代之屬

明季稗史彙編十六種 （清）留雲居士輯 清都城琉璃廠刻本 二冊 存四種

330000－4735－0002228 02346 類叢部/叢書類/彙編之屬

增訂漢魏叢書八十六種 （清）王謨編 清乾隆五十六年(1791)金谿王氏刻本 一冊 存一種

330000－4735－0002229 05564 子部/醫家類/方書之屬/單方驗方

通天曉十八卷 （清）王綬堂輯 清刻本 一冊 存二卷(十一至十二)

330000－4735－0002230 02347 史部/雜史類/斷代之屬

明季北略二十四卷 （清）計六奇撰 清都城琉璃廠半松居士木活字印本 十冊

330000－4735－0002231 05565 子部/醫家類/本草之屬/歷代綜合本草

藥要便蒙新編二卷 （清）談鴻鋆撰 清光緒十八年(1892)京都楊梅竹斜街龍光齋刻本 一冊

330000－4735－0002232 02348 類叢部/叢書類/彙編之屬

平津館叢書六集三十五種 （清）孫星衍編 清嘉慶蘭陵孫氏刻本 一冊 存一種

330000－4735－0002233 03004 史部/雜史類/斷代之屬

幸存錄二卷 （明）夏允彝述 清刻本 一冊

330000－4735－0002234 02349 類叢部/叢書類/彙編之屬

邵武徐氏叢書二十三種 （清）徐榦編 清光緒邵武徐氏刻本 二冊 存一種

330000－4735－0002235 02350 類叢部/叢書類/彙編之屬

邵武徐氏叢書二十三種 （清）徐榦編 清光緒邵武徐氏刻本 二冊 存一種

330000－4735－0002236 03005 史部/叢編

痛史二十一種附十種 樂天居士輯 清宣統至民國上海商務印書館鉛印本 一冊 存一種

330000－4735－0002237 02351 類叢部/叢書類/彙編之屬

邵武徐氏叢書二十三種 （清）徐榦編 清光緒邵武徐氏刻本 二冊 存一種

330000－4735－0002238 02352 類叢部/叢書類/彙編之屬

邵武徐氏叢書二十三種 （清）徐榦編 清光緒邵武徐氏刻本 二冊 存一種

330000－4735－0002239 03006 史部/雜史類

荆駝逸史五十一種 （清）陳湖逸士輯 清宣統三年(1911)中國圖書館石印本 一冊 存一種

330000－4735－0002240 02353－02352 類叢部/叢書類/彙編之屬

邵武徐氏叢書二十三種 （清）徐榦編 清光緒邵武徐氏刻本 二冊 存一種

330000－4735－0002241 02354－02349 類叢部/叢書類/彙編之屬

邵武徐氏叢書二十三種 （清）徐榦編 清光緒邵武徐氏刻本 二冊 存一種

330000－4735－0002242 03007 史部/雜史類/斷代之屬

歐陽氏遺書一卷 （清）歐陽直撰 清道光二十年(1840)歐陽氏梅花書屋刻本 一冊

330000－4735－0002243 02355 類叢部/叢書類/彙編之屬

邵武徐氏叢書二十三種　(清)徐榦編　清光緒邵武徐氏刻本　一冊　存一種

330000－4735－0002245　02356　類叢部/叢書類/彙編之屬
邵武徐氏叢書二十三種　(清)徐榦編　清光緒邵武徐氏刻本　一冊　存一種

330000－4735－0002246　00539　經部/群經總義類/傳說之屬
增訂五經體註大全五種四十卷　(清)嚴氏家塾主人輯　清光緒五年(1879)慈水古草堂刻本　五冊　缺五卷(全本禮記體註一至五)

330000－4735－0002249　03010　類叢部/叢書類/郡邑之屬
永嘉叢書十三種　(清)孫衣言編　清同治至光緒瑞安孫氏詒善祠塾刻本　一冊　存一種

330000－4735－0002250　02357　史部/雜史類/斷代之屬
戰國策十卷　(宋)鮑彪校注　(元)吴師道補正　清刻本　六冊

330000－4735－0002251　03011　史部/雜史類/斷代之屬
明季稗史彙編十六種　(清)留雲居士輯　清都城琉璃廠刻本　一冊　存二種

330000－4735－0002252　03012　史部/政書類/儀制之屬/專志/科舉校規
東瀛參觀學校記不分卷　呂珮芬撰　清光緒三十四年(1908)呂氏晚節香齋鉛印本　一冊

330000－4735－0002253　00540　經部/群經總義類/傳說之屬
經義述聞三十二卷　(清)王引之撰　清光緒七年(1881)上海文瑞樓鉛印本　十四冊　缺四卷(二十三至二十六)

330000－4735－0002254　02358　史部/雜史類/斷代之屬
南疆繹史勘本三十卷首二卷　(清)溫睿臨撰　(清)李瑤勘定　**繹史摭遺十八卷卹謚考八卷**　(清)李瑤撰　清道光十年(1830)都城琉璃廠木活字印本　芍國居士題簽並記　十六冊

330000－4735－0002255　00541　經部/群經總義類/傳說之屬
張謇批選五經新義六卷　張謇撰　清光緒三十年(1904)申江石印本　一冊　存三卷(一至三)

330000－4735－0002256　03013、03015　史部/政書類
九通二千三百二十一卷　(清)□□輯　清光緒二十八年(1902)上海鴻寶書局石印本　四十八冊　存二種

330000－4735－0002257　02359　史部/雜史類/斷代之屬
戰國策三十三卷　(漢)高誘注　**重刻剡川姚氏本戰國策札記三卷**　(清)黄丕烈撰　清同治八年(1869)湖北崇文書局刻本　四冊

330000－4735－0002258　00542　經部/群經總義類/傳說之屬
經解入門八卷　題(清)江藩撰　清光緒十六年(1890)槐蔭書屋刻本　一冊

330000－4735－0002259　03014　史部/政書類
九通二千三百二十一卷　(清)□□輯　清光緒八年至二十二年(1882－1896)浙江書局刻本　十八冊　存一種

330000－4735－0002260　02360　史部/雜史類/斷代之屬
國語二十一卷　(三國吴)韋昭注　**校刊明道本韋氏解國語札記一卷**　(清)黄丕烈撰　**明道本考異四卷**　(清)汪遠孫撰　清同治八年(1869)湖北崇文書局刻本　四冊

330000－4735－0002261　05566　子部/醫家類/類編之屬
陳修園醫書二十八種　(清)陳念祖等撰　清末石印本　三冊　存三種

330000－4735－0002262　00543　經部/群經總義類/傳說之屬
經解入門八卷　題(清)江藩撰　清光緒十六

年(1890)槐蔭書屋刻本　餘道題簽　二冊

330000－4735－0002263　00544　經部/群經總義類/傳說之屬

五經集解三十卷附錄三卷石經考辨二卷增訂畊餘瑣錄十二卷　（清）馮世瀛輯　清同治十年(1871)味無味齋刻本　八冊　存二十二卷（一至二、二十五至三十,石經考辨一至二,增訂畊餘瑣錄一至十二）

330000－4735－0002264　02361　類叢部/叢書類/自著之屬

振綺堂遺書五種　（清）汪遠孫撰　清道光刻民國十一年(1922)錢唐汪氏彙印本　一冊　存一種

330000－4735－0002265　05569　子部/醫家類/類編之屬

陳修園醫書三十種　（清）陳念祖等撰　清末上海經香閣書莊石印本　二冊　存二種

330000－4735－0002266　02493　類叢部/叢書類/自著之屬

崔東壁先生遺書八種附一種　（清）崔述撰　清嘉慶至道光陳履和刻本　三冊　存二種

330000－4735－0002267　05571　子部/醫家類/類編之屬

陳修園醫書二十八種　（清）陳念祖等撰　清光緒二十九年(1903)上海錦章書局石印本　一冊　存二種

330000－4735－0002270　02364　史部/雜史類/斷代之屬

巡臺退思錄不分卷　（清）劉璈撰　清木活字印本　四冊

330000－4735－0002271　05572　子部/醫家類/類編之屬

陳修園醫書二十八種　（清）陳念祖等撰　清光緒二十九年(1903)上海錦章書局石印本　一冊　存一種

330000－4735－0002272　02365、02377、03019　史部/雜史類/斷代之屬

南疆繹史勘本三十卷首二卷　（清）溫睿臨撰

（清）李瑤勘定　**繹史摭遺十八卷卹諡考八卷**　（清）李瑤撰　清道光十年(1830)都城琉璃廠木活字印本　十六冊

330000－4735－0002273　00546　經部/叢編

御纂七經五種二百九十四卷　（清）李光地等撰　清光緒二十九年(1903)鑄記書局石印本　十四冊　存四種

330000－4735－0002274　02366　史部/雜史類/斷代之屬

明季南略十八卷　（清）計六奇撰　清都城琉璃廠半松居士木活字印本　十冊　缺二卷（四至五）

330000－4735－0002275　02367　史部/雜史類/斷代之屬

明季北略二十四卷　（清）計六奇撰　清刻本　二冊　存七卷（十至十六）

330000－4735－0002276　00547　經部/叢編

古經解彙函十六種附小學彙函十四種續附十種　（清）鍾謙鈞等輯　清光緒十四年(1888)上海蜚英館石印本　曾士瀛批校並跋　二十冊　存古經解彙函十六種、小學彙函十三種、續附十種

330000－4735－0002277　03016　史部/政書類

九通二千三百二十一卷　（清）□□輯　清光緒八年至二十二年(1882－1896)浙江書局刻本　二十二冊　存一種

330000－4735－0002279　03017　史部/政書類

三通志輯要八十三卷　蔣麟振輯　清光緒二十八年(1902)上海編譯局石印本　八冊　缺七卷（欽定續通志輯要二十二至二十八）

330000－4735－0002280　05575　子部/醫家類/婦科之屬/通論

女科要旨四卷　（清）陳念祖撰　清羊城聚經堂刻本　二冊

330000－4735－0002281　02368、02370　史部/雜史類/斷代之屬

113

戰國策三十三卷　（漢）高誘注　重刻剡川姚氏本戰國策札記三卷　（清）黃丕烈撰　清宣統元年(1909)鴻寶齋石印本　三冊　缺十二卷(一至十二)

330000－4735－0002282　05576　子部/醫家類/綜合之屬/通論

醫學心悟六卷　（清）程國彭撰　清刻本　一冊　存二卷(五至六)

330000－4735－0002283　02369、02371　史部/雜史類/斷代之屬

戰國策三十三卷　（漢）高誘注　重刻剡川姚氏本戰國策札記三卷　（清）黃丕烈撰　清宣統元年(1909)鴻寶齋石印本　三冊　缺二十二卷(一至二十二)

330000－4735－0002284　05577　子部/醫家類/溫病之屬/瘟疫

松峯說疫六卷　（清）劉奎撰　清刻本　一冊　存一卷(二)

330000－4735－0002285　03018　史部/政書類

九通二千三百二十一卷　（清）□□輯　清光緒二十八年(1902)上海鴻寶書局石印本　二十三冊　存一種

330000－4735－0002287　05578　子部/醫家類/方書之屬/單方驗方

蘭臺軌範八卷　（清）徐大椿撰　清刻本　一冊　存一卷(七)

330000－4735－0002288　00548　經部/叢編

古經解彙函十六種附小學彙函十四種續附十種　（清）鍾謙鈞等輯　清光緒十四年(1888)上海蜚英館石印本　八冊　存古經解彙函十四種

330000－4735－0002289　00559　類叢部/叢書類/彙編之屬

崇文書局彙刻書三十一種　（清）崇文書局編　清光緒元年至三年(1875－1877)湖北崇文書局刻本　一冊　存一種

330000－4735－0002290　05579　子部/醫家類/醫理之屬/綜合

醫林改錯二卷　（清）王清任撰　清刻本　一冊　存一卷(下)

330000－4735－0002292　05580　子部/醫家類/綜合之屬/通論

醫宗說約六卷　（清）蔣示吉撰　清刻本　一冊　存一卷(五)

330000－4735－0002293　00549　經部/叢編

仿宋相臺五經九十六卷附考證　清光緒二年(1876)江南書局刻本　十七冊　存三種

330000－4735－0002295　03020　史部/政書類/通制之屬

通志略五十二卷　（宋）鄭樵撰　清金匱山房刻本　二十冊　缺十八卷(氏族略五至六,六書略三至五,七音略一,都邑略一,禮略一、三至四,謚略一,器服略一至二,職官略五至六,藝文略二,災祥略一,昆蟲草木略一)

330000－4735－0002297　05583　子部/醫家類/方書之屬/單方驗方

丹溪心法附餘二十四卷　（明）方廣輯　清刻本　一冊　存二卷(二十至二十一)

330000－4735－0002300　03021　史部/政書類/通制之屬

通志略五十二卷　（宋）鄭樵撰　清嘉慶二十二年(1817)吳興通志堂彭氏刻本　十八冊　缺五卷(刑法略一、食貨略一至二、昆蟲草木略一至二)

330000－4735－0002301　05584　子部/醫家類/綜合之屬/通論

醫門法律六卷　（清）喻昌撰　清黎川陳守誠刻本　二冊　存四卷(二至三、五至六)

330000－4735－0002302　00550　經部/群經總義類/文字音義之屬

十三經集字摹本四卷韻有經無各字摘錄一卷分畫便查一卷　（清）彭玉雯撰　清刻本　八冊　存五卷(一、三至四,韻有經無各字摘錄,分畫便查)

330000－4735－0002303　00551　經部/群經

總義類/文字音義之屬

十三經集字摹本四卷 （清）彭玉雯撰　清刻本　二冊　存二卷（一、四）

330000－4735－0002304　03022、03586　史部/史抄類

史記菁華錄六卷 （清）姚祖恩輯　清光緒二十二年（1896）上海書局石印本　四冊　存四卷（一、四至六）

330000－4735－0002306　00552　經部/群經總義類/傳說之屬

素行室經說二卷 楊譽龍撰　清光緒二十二年（1896）刻本　一冊

330000－4735－0002307　03023　史部/史抄類

史記菁華錄六卷 （清）姚祖恩輯　清光緒八年（1882）扶荔山房刻朱墨套印本　三冊　存三卷（一、三至四）

330000－4735－0002308　05585　子部/醫家類/本草之屬/歷代綜合本草

本草綱目五十二卷 （明）李時珍撰　清刻本　一冊　存三卷（二十三至二十五）

330000－4735－0002309　05586　子部/醫家類/外科之屬/通論

重訂外科正宗十二卷 （明）陳實功撰　（清）張鴛翼重訂　清刻本　二冊　存五卷（一至三、九至十）

330000－4735－0002310　05587　子部/醫家類/方書之屬/歷代方書

醫方集解三卷 （清）汪昂撰　清刻本　一冊　存一卷（下）

330000－4735－0002311　03024　史部/史抄類

史記菁華錄六卷 （清）姚祖恩輯　清光緒二十四年（1898）上海宏文閣鉛印本　一冊　存三卷（一至三）

330000－4735－0002312　00553　類叢部/叢書類/自著之屬

徐位山六種 （清）徐文靖撰　清雍正至乾隆刻志寧堂彙印本　二冊　存一種

330000－4735－0002313　03025　史部/紀傳類/正史之屬

二十四史 清光緒二十四年（1898）上海點石齋鉛印本　一冊　存一種

330000－4735－0002314　00554　經部/群經總義類/文字音義之屬

五經小學述二卷 （清）莊述祖撰　**五經小學述校勘記一卷** （清）王銘西　（清）薛紹元校　清光緒九年（1883）刻本　一冊

330000－4735－0002315　05588　子部/醫家類/溫病之屬

時病論八卷 （清）雷豐撰　清刻本　二冊　存四卷（三至六）

330000－4735－0002316　00555　類叢部/類書類/通類之屬

玉海二百卷辭學指南四卷詩攷一卷詩地理攷六卷漢藝文志攷證十卷通鑑地理通釋十四卷漢制攷四卷踐阼篇集解一卷周易鄭康成注一卷姓氏急就篇二卷急就篇補注四卷周書王會補注一卷小學紺珠十卷六經天文編二卷通鑑答問五卷 （宋）王應麟撰　**校補玉海瑣記二卷王深甯先生年譜一卷** （清）張大昌撰　清光緒九年至十六年（1883－1890）浙江書局刻本　一冊　存一卷（六經天文編上）

330000－4735－0002317　05589　子部/醫家類/類編之屬

馮氏錦囊秘錄三種五十卷 （清）馮兆張編　清刻本　一冊　存一種

330000－4735－0002318　02378　史部/雜史類/斷代之屬

國語二十一卷 （三國吳）韋昭注　（宋）宋庠補音　清刻本　四冊

330000－4735－0002319　05589　子部/醫家類/外科之屬

瘡瘍經驗全書十三卷 （宋）竇默撰　（明）竇夢麟增輯　清刻本　與330000－4735－0002317合冊　存一卷（七）

330000－4735－0002320　03026　史部/紀傳類/正史之屬

十七史一千五百七十四卷　（明）毛晉編　明崇禎元年至十七年（1628－1644）毛氏汲古閣刻本　一冊　存一種

330000－4735－0002321　03027　史部/紀傳類/正史之屬

十七史一千五百七十四卷　（明）毛晉編　明崇禎元年至十七年（1628－1644）毛氏汲古閣刻本　一冊　存一種

330000－4735－0002322　05590　子部/醫家類/傷寒金匱之屬/傷寒論

傷寒論註四卷　（清）柯琴撰　清刻本　一冊　存一卷（三）

330000－4735－0002323　00556　經部/叢編

省吾堂四種二十五卷　（清）蔣光弼輯　清常熟蔣氏省吾堂刻本　二冊　存一種

330000－4735－0002324　02379　史部/雜史類/斷代之屬

國語二十一卷　（三國吳）韋昭注　（宋）宋庠補音　清刻本　二冊　存八卷（十至十三、十八至二十一）

330000－4735－0002325　00557　類叢部/叢書類/彙編之屬

槐廬叢書四十六種　（清）朱記榮編　清光緒三年至十五年（1877－1889）吳縣朱氏槐廬家塾刻本　四冊　存一種

330000－4735－0002326　00558　經部/叢編

省吾堂四種二十五卷　（清）蔣光弼輯　清常熟蔣氏省吾堂刻本　二冊　存二種

330000－4735－0002327　02380　史部/雜史類/斷代之屬

國語二十一卷　（三國吳）韋昭注　**校刊明道本韋氏解國語札記一卷**　（清）黃丕烈撰　**明道本考異四卷**　（清）汪遠孫撰　清光緒三年（1877）永康胡氏退補齋刻本　二冊　存十四卷（一至十四）

330000－4735－0002328　05758、05591　子部/醫家類/綜合之屬/通論

醫門法律六卷　（清）喻昌撰　清刻本　三冊　存三卷（三至四、六）

330000－4735－0002329　03028　史部/紀傳類/正史之屬

唐書釋音二卷　（宋）董衝撰　清刻本　一冊

330000－4735－0002330　05592　子部/醫家類/本草之屬/歷代綜合本草

本草從新十八卷　（清）吳儀洛輯　清石印本　四冊

330000－4735－0002331　00560　類叢部/類書類/專類之屬

五經類編二十八卷　（清）周世樟撰　清刻本　一冊　存三卷（十六至十八）

330000－4735－0002333　03029　類叢部/叢書類/自著之屬

振綺堂遺書五種　（清）汪遠孫撰　清道光刻民國十一年（1922）錢唐汪氏彙印本　二冊　存一種

330000－4735－0002334　00561　經部/群經總義類/圖說之屬

羣經宮室圖二卷　（清）焦循撰　清光緒十一年（1885）無錫朱鑑章小暴書亭刻本　一冊　存一卷（上）

330000－4735－0002335　03030　史部/傳記類/總傳之屬/姓名

歷代名賢列女氏姓譜一百五十七卷　（清）蕭智漢輯　清嘉慶二十年（1815）刻本　一百冊

330000－4735－0002336　05593　子部/醫家類/方書之屬/單方驗方

經驗良方一卷補錄一卷　碧雲居士輯　清刻本　一冊

330000－4735－0002337　00562　經部/叢編

萬充宗先生經學五書五種十九卷　（清）萬斯大撰　清乾隆萬福辨志堂刻嘉慶元年（1796）印本　四冊

330000－4735－0002338　05594、05744　子

部/醫家類/方書之屬/單方驗方

丹溪心法附餘二十四卷 （明）方廣輯　清石印本　二冊　存五卷(二至四、十五至十六)

330000－4735－0002339　00563　經部/群經總義類/傳說之屬

經義述聞三十二卷 （清）王引之撰　清道光七年(1827)京師西江米巷壽藤書屋刻本　十六冊　存二十六卷(一至九、十四至十八、二十至二十六、二十八至三十二)

330000－4735－0002342　00564　經部/群經總義類/傳說之屬

五經典要註釋五卷總目一卷 （清）袁壯行纂註　（清）袁時行編輯　清康熙五十四年(1715)書林怡怡堂刻本　四冊

330000－4735－0002343　02383　類叢部/叢書類/自著之屬

振綺堂遺書五種 （清）汪遠孫撰　清道光刻民國十一年(1922)錢唐汪氏彙印本　一冊　存一種

330000－4735－0002344　03031　史部/傳記類/科舉錄之屬/總錄

國朝狀元事考二種 （清）饒玉成輯　清光緒雙峰書屋刻本　一冊　存一種

330000－4735－0002346　00565　經部/群經總義類/傳說之屬

經傳繹義五十卷 （清）陳煒撰　清嘉慶九年(1804)校字齋刻本　十七冊　存三十八卷(四至三十八、四十至四十二)

330000－4735－0002348　03032　史部/地理類/專志之屬/祠墓

兩浙防護陵寢祠墓錄不分卷 （清）阮元輯　清末會稽董氏取斯家塾木活字印本　四冊

330000－4735－0002349　02384　類叢部/叢書類/彙編之屬

平津館叢書六集三十五種 （清）孫星衍編　清嘉慶蘭陵孫氏刻本　一冊　存一種

330000－4735－0002350　00566　經部/群經總義類/傳說之屬

皇朝五經彙解二百七十卷附五經正文五卷 （清）朱鏡清輯　經解入門一卷 （清）江藩纂　清光緒十九年(1893)上海積山書局石印本　三十二冊

330000－4735－0002351　05599　子部/醫家類/綜合之屬/通論

醫門法律六卷 （清）喻昌撰　清上海掃葉山房石印本　一冊　存二卷(三至四)

330000－4735－0002352　00567　經部/群經總義類/傳說之屬

皇朝五經彙解二百七十卷 （清）抉經心室纂　清石印本　十七冊　存一百三十六卷(一百二十七至二百四十一、二百五十至二百七十)

330000－4735－0002353　02387　類叢部/叢書類/彙編之屬

邵武徐氏叢書二十三種 （清）徐幹編　清光緒邵武徐氏刻本　二冊　存一種

330000－4735－0002354　05600　子部/醫家類/綜合之屬/通論

醫門法律六卷 （清）喻昌撰　清石印本　二冊　存四卷(一至四)

330000－4735－0002355　05601　子部/醫家類/綜合之屬/通論

醫門法律六卷 （清）喻昌撰　清光緒三十三年(1907)上海簡青齋書局石印本　一冊　存四卷(一至四)

330000－4735－0002356　00568　經部/群經總義類/傳說之屬

皇朝五經彙解二百七十卷 （清）抉經心室纂　清石印本　六冊　存四十九卷(四十一至四十八、一百二十七至一百五十二、一百六十九至一百八十三)

330000－4735－0002357　00569　經部/群經總義類/傳說之屬

皇朝五經彙解二百七十卷附五經正文五卷 （清）抉經心室纂　清光緒十九年(1893)寶文書局石印本　二十四冊　缺七十六卷(九十

三至一百六十八）

330000－4735－0002358　00570　經部/群經
總義類/傳說之屬

皇朝五經彙解二百七十卷　（清）抉經心室纂
　清光緒十四年(1888)上海鴻文書局石印本
　十五冊　存一百三十四卷（一至一百二十
六、二百四十二至二百四十九）

330000－4735－0002359　05603　子部/醫家
類/傷寒金匱之屬/傷寒論

長沙方歌括六卷　（清）陳念祖撰　清刻本
二冊　缺一卷（三）

330000－4735－0002360　02389　史部/雜史
類/斷代之屬

平浙紀略十六卷　（清）秦緗業　（清）陳鍾英
撰　清同治十二年(1873)浙江書局刻本
四冊

330000－4735－0002362　02390　史部/雜史
類/斷代之屬

平浙紀略十六卷　（清）秦緗業　（清）陳鍾英
撰　清同治十二年(1873)浙江書局刻本
四冊

330000－4735－0002363　00571　經部/群經
總義類/傳說之屬

皇朝五經彙解二百七十卷附五經正文五卷
(清)抉經心室纂　清光緒十九年(1893)寶文
書局石印本　二十五冊　存二百二十四卷（一
至十三、二十二至七十、八十二至九十二、九
十九至一百七十五、一百八十四至一百九十
九、二百十至二百五十七）

330000－4735－0002364　02391　史部/紀事
本末類/斷代之屬

平定粵匪紀略十八卷附記四卷　（清）杜文瀾
撰　清同治十年(1871)京都聚珍齋木活字印
本　二冊　存七卷（七至九、附記一至四）

330000－4735－0002365　05606　子部/醫家
類/兒科之屬/痘疹

麻症集成四卷　（清）朱載揚輯撰　（清）朱夢
裝校編　清宣統元年(1909)紹興公報社鉛印

本　一冊

330000－4735－0002366　02385－02366　史
部/雜史類/斷代之屬

明季南略十八卷　（清）計六奇撰　清都城琉
璃廠半松居士木活字印本　二冊　存二卷
（四至五）

330000－4735－0002367　03033　史部/地理
類/專志之屬/祠墓

兩浙防護陵寢祠墓錄不分卷　（清）阮元輯
清末會稽董氏取斯家塾木活字印本　三冊

330000－4735－0002368　00572　經部/群經
總義類/文字音義之屬

經典釋文三十卷　（唐）陸德明撰　**經典釋文
攷證三十卷**　（清）盧文弨撰　**孟子音義二卷**
　（宋）孫奭撰　**孟子音義札記一卷**　繆荃孫
撰　清同治十三年(1874)成都尊經書院刻光
緒元年(1875)增刻本　四冊　缺四十二卷
（八至二十八、攷證八至二十八）

330000－4735－0002369　02386　史部/雜史
類/斷代之屬

明季北略二十四卷　（清）計六奇撰　清刻本
　二冊　存二卷（二十至二十一）

330000－4735－0002371　00573　經部/讖緯
類/總義之屬

古微書三十六卷　（明）孫瑴輯　清光緒十四
年(1888)刻本　六冊

330000－4735－0002373　02394　史部/紀事
本末類/斷代之屬

平定粵匪紀略十八卷附記四卷　（清）杜文瀾
撰　清同治九年(1870)刻本　五冊

330000－4735－0002376　00574　經部/群經
總義類/文字音義之屬

經典釋文三十卷　（唐）陸德明撰　**經典釋文
攷證三十卷**　（清）盧文弨撰　**孟子音義二卷**
　（宋）孫奭撰　清刻本　十二冊　缺十四卷
（一至二、十、十七至十八、二十一至二十二，
攷證一至二、十、十七至十八、二十一至二十二）

330000－4735－0002377　00575　經部/讖緯

類/春秋緯之屬

春秋緯潛潭巴一卷春秋緯說題辭一卷春秋緯演孔圖一卷 （三國魏）宋均注　清刻本　一冊

330000－4735－0002378　00576　經部/叢編

重刊宋本十三經注疏四百十六卷　附十三經注疏校勘記四百十六卷 （清）阮元撰　（清）盧宣旬摘錄　**校勘記識語四卷** （清）汪文臺撰　清光緒十三年(1887)上海脈望仙館石印本　三十二冊

330000－4735－0002379　03035　史部/傳記類/別傳之屬/事狀

晏子春秋七卷　蘇輿校注　清光緒十八年(1892)思賢講舍刻本　二冊

330000－4735－0002380　02395　史部/紀事本末類/斷代之屬

平定粵匪紀略十八卷附記四卷 （清）杜文瀾撰　清同治九年(1870)刻本　一冊　存二卷(十一至十二)

330000－4735－0002381　02396　史部/紀事本末類/斷代之屬

平定粵匪紀略十八卷附記四卷 （清）杜文瀾撰　清光緒七年(1881)刻本　六冊

330000－4735－0002382　03036　史部/編年類/斷代之屬

東華全錄四百九十四卷　王先謙編　清光緒十三年(1887)刻本　一百二十七冊　缺四十三卷(乾隆朝四十七至四十八、五十一至五十四,咸豐朝十六至三十六、四十九至五十五、六十一至六十九)

330000－4735－0002383　02388　類叢部/叢書類/彙編之屬

海山仙館叢書五十六種 （清）潘仕成編　清道光二十五年至咸豐元年(1845－1851)番禺潘氏刻光緒十一年(1885)增刻彙印本　一冊　存一種

330000－4735－0002384　02398－02388　類叢部/叢書類/彙編之屬

海山仙館叢書五十六種 （清）潘仕成編　清道光二十五年至咸豐元年(1845－1851)番禺潘氏刻光緒十一年(1885)增刻彙印本　一冊　存一種

330000－4735－0002385　02399－02388　類叢部/叢書類/彙編之屬

海山仙館叢書五十六種 （清）潘仕成編　清道光二十五年至咸豐元年(1845－1851)番禺潘氏刻光緒十一年(1885)增刻彙印本　四冊　存一種

330000－4735－0002387　03037　史部/編年類/斷代之屬

東華錄天命朝四卷天聰朝十一卷崇德朝八卷順治朝三十六卷康熙朝一百十卷雍正朝二十六卷東華續錄乾隆朝一百二十卷嘉慶朝五十卷道光朝六十卷咸豐朝一百卷同治朝一百卷　王先謙　潘頤福撰　清光緒上海圖書集成印書局鉛印本　十八冊　存一百八卷(乾隆朝五十八至一百二十,嘉慶朝一至八、十四至五十)

330000－4735－0002389　00577　經部/叢編

重刊宋本十三經注疏四百十六卷　附十三經注疏校勘記四百十六卷 （清）阮元撰　（清）盧宣旬摘錄　**校勘記識語四卷** （清）汪文臺撰　清光緒十三年(1887)上海脈望仙館石印本　三十二冊

330000－4735－0002390　03038　史部/編年類/斷代之屬

十一朝東華約錄二百三十二卷 （清）王祖顯輯　清光緒二十八年(1902)石印本　十五冊　存一百四十九卷(一至十二、二十四至四十三、六十二至八十四、九十一至一百、一百四十三至二百十四、二百二十、二百二十二至二百三十二)

330000－4735－0002391　00578　經部/叢編

重刊宋本十三經注疏四百十六卷　附十三經注疏校勘記四百十六卷 （清）阮元撰　（清）盧宣旬摘錄　**校勘記識語四卷** （清）汪文臺撰　清光緒十三年(1887)上海脈望仙館石印

本　二十八册　缺六十三卷(附釋音毛詩注疏十五至二十、附釋音周禮注疏十七至三十三、禮記注疏校勘記二十四至六十三)

330000－4735－0002392　03039　史部/編年類/斷代之屬

東華錄詳節二十四卷　(清)鄔樹庭編　清光緒二十六年(1900)上海東文學堂石印本　十六册

330000－4735－0002393　00579　經部/叢編

重刊宋本十三經注疏四百十六卷　附十三經注疏校勘記四百十六卷　(清)阮元撰　(清)盧宣旬摘錄　校勘記識語四卷　(清)汪文臺撰　清光緒十三年(1887)上海脈望仙館石印本　三册　存二種

330000－4735－0002394　00580　經部/叢編

重刊宋本十三經注疏四百十六卷　附十三經注疏校勘記四百十六卷　(清)阮元撰　(清)盧宣旬摘錄　校勘記識語四卷　(清)汪文臺撰　清光緒十三年(1887)上海脈望仙館石印本　八册　存八種

330000－4735－0002395　03040　史部/編年類/斷代之屬

東華錄詳節二十四卷　(清)鄔樹庭編　清光緒二十六年(1900)上海東文學堂石印本　八册　存十一卷(五至八、十、十二、十四至十五、十八至十九、二十一)

330000－4735－0002396　03041　史部/編年類/斷代之屬

東華錄詳節二十四卷　(清)鄔樹庭編　清光緒二十六年(1900)上海東文學堂石印本　一册　存一卷(二十一)

330000－4735－0002397　02403　史部/雜史類/斷代之屬

戰國策三十三卷　(漢)高誘注　重刻剡川姚氏本戰國策札記三卷　(清)黃丕烈撰　清同治八年(1869)湖北崇文書局刻本　三册　缺二十卷(一至二十)

330000－4735－0002398　02404　史部/雜史

類/斷代之屬

戰國策三十三卷　(漢)高誘注　重刻剡川姚氏本戰國策札記三卷　(清)黃丕烈撰　清同治八年(1869)湖北崇文書局刻本　四册　缺九卷(二十五至三十三)

330000－4735－0002399　00581　經部/叢編

重刊宋本十三經注疏四百十六卷　附十三經注疏校勘記四百十六卷　(清)阮元撰　(清)盧宣旬摘錄　校勘記識語四卷　(清)汪文臺撰　清光緒十三年(1887)上海脈望仙館石印本　二十一册　缺二百九十卷(附釋音毛詩注疏十九至二十;附釋音周禮注疏三十四至四十二、校勘記一至四十二;儀禮注疏一至二十四、校勘記一至五十;附釋音禮記注疏一至二十六、四十四至六十三,校勘記一至四十二;附釋音春秋左傳注疏一至十五、三十一至六十,校勘記一至三十)

330000－4735－0002400　03042　史部/編年類/斷代之屬

東華錄天命朝四卷天聰朝十一卷崇德朝八卷順治朝三十六卷康熙朝一百十卷雍正朝二十六卷東華續錄乾隆朝一百二十卷嘉慶朝五十卷道光朝六十卷咸豐朝一百卷同治朝一百卷　王先謙　潘頤福撰　清光緒二十五年(1899)石印本　六十九册　存五百十九卷(天聰朝八至十一,崇德朝一至八,順治朝十二至三十六,康熙朝一至一百十,雍正朝一至八、二十至二十六,乾隆朝十二至一百十三,嘉慶朝一至七、十二至五十,道光朝一至五十一,咸豐朝一至六十八、七十七至八十二、八十七至一百,同治朝十一至十四、十八至三十一、三十五至四十三、五十三至八十一、八十七至一百)

330000－4735－0002401　00582　經部/叢編

遵阮本重校印十三經注疏并校勘記　(清)阮元撰校勘記　(清)盧宣旬摘錄校勘記　清光緒十三年(1887)上海點石齋石印本　十二册　存六種

330000－4735－0002402　02405　史部/雜史類/斷代之屬

國語二十一卷 （三國吳）韋昭注 **校刊明道本韋氏解國語札記一卷** （清）黃丕烈撰 **明道本考異四卷** （清）汪遠孫撰 清光緒三年(1877)永康胡氏退補齋刻本 三冊 缺四卷(明道本考異一至四)

330000－4735－0002403 02406 史部/雜史類/斷代之屬

國語二十一卷 （三國吳）韋昭注 **校刊明道本韋氏解國語札記一卷** （清）黃丕烈撰 **明道本考異四卷** （清）汪遠孫撰 清光緒三年(1877)永康胡氏退補齋刻本 一冊 缺十八卷(一至十四、明道本考異一至四)

330000－4735－0002404 00583 經部/叢編

欽定篆文六經四書十種 （清）李光地等輯 清光緒九年(1883)上海同文書局石印本 十冊

330000－4735－0002407 03044 史部/編年類/通代之屬

資治通鑑二百九十四卷目錄三十卷 （宋）司馬光撰 （元）胡三省音注 **續資治通鑑二百二十卷** （清）畢沅撰 清光緒十四年(1888)上海蜚英館石印本 六十冊

330000－4735－0002408 05612 子部/醫家類/類編之屬

陳修園醫書二十八種 （清）陳念祖等撰 清上海錦章書局石印本 十四冊 存二十五種

330000－4735－0002411 03046 史部/編年類/通代之屬

資治通鑑二百九十四卷目錄三十卷 （宋）司馬光撰 （元）胡三省音注 **續資治通鑑二百二十卷** （清）畢沅撰 清光緒十四年(1888)上海蜚英館石印本 歟題記 二十一冊 存一百七十一卷(一至三十三、四十二至八十四、九十四至一百十、一百十九至一百二十七、一百三十七至一百四十五、一百五十六至一百六十四、二百五至二百十八、二百四十二至二百六十二、二百七十一至二百七十八、二百八十七至二百九十四)

330000－4735－0002412 05623 子部/醫家

類/傷寒金匱之屬/傷寒論

張仲景傷寒論原文淺註六卷 （清）陳念祖集注 清刻本 二冊 存四卷(二至五)

330000－4735－0002417 05626 子部/醫家類/傷寒金匱之屬/傷寒論

傷寒醫訣串解六卷 （清）陳念祖撰 清味根齋刻本 二冊

330000－4735－0002418 05627 子部/醫家類/類編之屬

霄鵬先生遺著 （清）黃保康撰 清宣統三年(1911)南海黃氏刻本 一冊 存一種

330000－4735－0002419 02412 史部/雜史類/斷代之屬

兩宮大行記一卷 清末石印本 一冊

330000－4735－0002420 05628 子部/醫家類/針灸之屬/通論

鍼灸大成十卷 （明）楊繼洲撰 清刻本 一冊 存一卷(十)

330000－4735－0002421 03048 史部/編年類/通代之屬

續資治通鑑二百二十卷 （清）畢沅撰 清末石印本 十二冊 存一百三十五卷(一至七十、八十二至九十二、一百三十五至一百六十五、一百八十六至一百九十七、二百十至二百二十)

330000－4735－0002423 02413 新學/史志/別國史

中國文明小史一卷 （日本）田口卯吉撰 （清）劉陶譯 清光緒二十八年(1902)上海廣智書局鉛印本 洪蔚森題記 一冊

330000－4735－0002424 03049 史部/編年類/通代之屬

續資治通鑑二百二十卷 （清）畢沅撰 清光緒二十八年(1902)上海積山書局石印本 曾士瀛題簽並批注 十一冊

330000－4735－0002427 02414 集部/別集類

萬物炊累室類稿四種十八卷 沈同芳撰 清

宣統三年(1911)上海中國圖書公司鉛印本
一冊　存一種

330000－4735－0002429　03050　史部/編年
類/通代之屬

御批歷代通鑑輯覽一百二十卷　（清）傅恆等
撰　清石印本　二十二冊　存八十二卷（五
至九、十五至四十六、五十五至六十、六十八
至七十六、八十至八十三、八十八至九十、九
十四至一百七、一百十二至一百二十）

330000－4735－0002430　02415　史部/雜史
類/斷代之屬

明季北略二十四卷　（清）計六奇撰　清鉛印
本　一冊　存二卷（二十二至二十三）

330000－4735－0002431　03051　史部/編年
類/通代之屬

御批歷代通鑑輯覽一百二十卷　（清）傅恆等
撰　清光緒三十年(1904)上海經藝書局石印
本　二十冊　存一百卷（一至三十三、四十四
至四十八、五十四至九十四、九十九至一百十
九）

330000－4735－0002433　05634　子部/醫家
類/方書之屬/單方驗方

經驗百方一卷　（清）汪氏叢桂堂輯　清刻本
翰青題簽並記　一冊

330000－4735－0002435　03052　史部/編年
類/通代之屬

御批歷代通鑑輯覽一百二十卷　（清）傅恆等
撰　清光緒三十年(1904)上海圖書集成局鉛
印本　二十八冊　存九十九卷（一至九、十五
至十八、二十三至七十一、七十五至九十六、
九十九至一百、一百二至一百十四）

330000－4735－0002436　02418　史部/雜史
類/斷代之屬

明季稗史彙編十六種　（清）留雲居士輯　清
刻本　一冊　存一種

330000－4735－0002438　03053　史部/編年
類/通代之屬

御批歷代通鑑輯覽一百二十卷　（清）傅恆等

撰　清光緒二十八年(1902)上海文林書局石
印本　十七冊　存一百一卷（一至五十二、五
十八至一百六）

330000－4735－0002440　03054　史部/編年
類/通代之屬

御批歷代通鑑輯覽一百二十卷　（清）傅恆等
撰　清石印本　十冊　存一百一卷（一至六
十、八十至一百二十）

330000－4735－0002442　02419　史部/雜史
類/斷代之屬

蜀碧四卷附記一卷　（清）彭遵泗撰　清文星
堂刻本　一冊

330000－4735－0002444　05639　子部/醫家
類/本草之屬/歷代綜合本草

本草從新十八卷　（清）吳儀洛輯　清石印本
一冊　存五卷（十四至十八）

330000－4735－0002445　02420　類叢部/叢
書類/自著之屬

庸庵全集七種　（清）薛福成撰　清光緒十年
至二十四年(1884－1898)無錫薛氏刻本　五
冊　存一種

330000－4735－0002446　03055　史部/編年
類/通代之屬

御批歷代通鑑輯覽一百二十卷　（清）傅恆等
撰　清光緒二十八年(1902)上海藻文書局石
印本　二十冊

330000－4735－0002447　05640　子部/醫家
類/類編之屬

陳修園醫書四十八種　（清）陳念祖等撰　清
石印本　一冊　存一種

330000－4735－0002448　03056　史部/編年
類/通代之屬

御批歷代通鑑輯覽一百二十卷　（清）傅恆等
撰　清官書局石印本　十三冊　存七十六卷
（二十三至五十八、六十四至七十八、九十一
至九十五、一百一至一百二十）

330000－4735－0002452　03057　史部/編年
類/通代之屬

御批歷代通鑑輯覽一百二十卷　（清）傅恆等撰　清同治十年（1871）浙江書局刻朱墨套印本　劍鳴題記　三十九冊　缺二十二卷（八十八至九十五、一百至一百十三）

330000－4735－0002455　00587　經部/四書類/總義之屬/傳說

四書集註十九卷　（宋）朱熹撰　疑字辨一卷　清光緒十八年（1892）浙江書局刻本　六冊

330000－4735－0002456　03058　史部/編年類/通代之屬

御批歷代通鑑輯覽一百二十卷　（清）傅恆等撰　清光緒二十年（1894）湖南澹雅書局刻本　四十三冊　存六十七卷（一至三十九、八十七至一百二、一百五至一百十一、一百十三、一百十七至一百二十）

330000－4735－0002458　00588　經部/四書類/總義之屬/傳說

四書集註十九卷　（宋）朱熹撰　疑字辨一卷　清光緒十八年（1892）浙江書局刻本　一冊　存二卷（大學、中庸）

330000－4735－0002459　00589　經部/四書類/總義之屬/傳說

四書反身錄八卷　（清）李顒撰　清道光十一年（1831）浙江書局刻本　四冊

330000－4735－0002461　05647　子部/醫家類/婦科之屬/通論

萬氏家藏女科一卷　（明）萬全撰　治痢奇方妙論一卷　（清）倪涵初撰　清抄本　一冊

330000－4735－0002462　00590　經部/四書類/總義之屬/傳說

四書人物考訂補四十卷　（明）薛應旂撰　（明）朱焯註釋　（明）許胥臣訂補　明天啓七年（1627）西爽堂刻本　四冊

330000－4735－0002463　05648　子部/醫家類/外科之屬/外科方

選集外症良方一卷　（清）既勤氏輯　清淮山壽籐軒既勤氏抄本　一冊

330000－4735－0002464　00591　經部/四書

類/總義之屬/傳說

增補四書精繡圖像人物備考十二卷　（明）薛應旂撰　（明）陳仁錫增定　清世榮堂刻本　六冊

330000－4735－0002466　00592　經部/四書類/總義之屬/傳說

四書典林三十卷四書古人典林十二卷　（清）江永輯　清刻本　十八冊

330000－4735－0002467　00593　經部/四書類/總義之屬/傳說

四書古人典林十二卷　（清）江永輯　清刻本　一冊

330000－4735－0002468　03061　史部/編年類/斷代之屬

明通鑑九十卷首一卷前編四卷坿編六卷　（清）夏燮撰　清光緒二十三年（1897）湖北官書處刻本　四十冊

330000－4735－0002469　00594　經部/四書類/總義之屬/傳說

約齋四書大全諸說合解十九卷　（清）王勤家輯　清刻本　四冊　缺四卷（孟子四至七）

330000－4735－0002471　05651　子部/醫家類/兒科之屬/通論

兒科舉要一卷　清抄本　一冊

330000－4735－0002472　05652　子部/醫家類/綜合之屬/通論

醫理信述補遺二卷　（清）夏子俊撰　清光緒十年（1884）刻本　一冊　存一卷（一）

330000－4735－0002473　00595　經部/四書類/總義之屬/傳說

四書集註大全四十三卷　（明）胡廣等輯　清康熙三十七年（1698）刻本　二十一冊　缺四卷（大學大全章句,孟子集註大全一至二、序說）

330000－4735－0002474　05653　子部/醫家類/類編之屬

陳修園醫書二十八種　（清）陳念祖等撰　清光緒二十九年（1903）上海錦章書局石印本

123

一冊　存一種

330000－4735－0002475　03062　史部/編年類/通代之屬

資治通鑑綱目全書四種　明萬曆金陵唐翀宇刻本　五十冊　存二種

330000－4735－0002479　00596　經部/四書類/總義之屬/傳說

增訂四書集註大全四十七卷附錄一卷　（明）胡廣等輯　（清）汪份增訂　清刻本　十一冊　存二十一卷（大學章句大全一、讀大學法一，中庸或問一，論語集註大全一、四至五、八至二十，讀論語孟子法一、序說一）

330000－4735－0002482　03063　史部/編年類/通代之屬

御批續資治通鑑綱目二十七卷　（明）商輅等撰　（清）聖祖玄燁批　清刻本　萬德懿題籤並記　十二冊

330000－4735－0002484　00597　經部/四書類/總義之屬/傳說

四書詮義三十八卷　（清）汪紱撰　清道光六年(1826)一經堂刻本　十四冊

330000－4735－0002486　00598　經部/四書類/總義之屬/傳說

四書纂言四十卷　（清）宋翔鳳撰　清光緒八年(1882)古吳李祖榮崇崿山房刻本　十六冊

330000－4735－0002487　00599　經部/四書類/總義之屬/傳說

四書一貫講十九卷　（清）顧天健撰　清乾隆二十八年(1763)啟後堂刻本　十冊

330000－4735－0002489　00600、00675　經部/四書類/總義之屬/傳說

四書朱子本義匯參四十三卷首四卷　（清）王步青輯　清乾隆十年(1745)敦復堂刻本　沈德懋題籤並記　趙洛題記　二十九冊　缺五卷(孟子首，一至二、九至十)

330000－4735－0002491　02424　史部/雜史類/斷代之屬

皇朝紀略一卷　何琪輯　清光緒二十七年

(1901)越郡北鄉學堂刻本　陳銘丹題籤　一冊

330000－4735－0002493　00601　經部/四書類/總義之屬/傳說

四書朱子本義匯參四十三卷首四卷　（清）王步青輯　清乾隆十年(1745)敦復堂刻本　三冊　存五卷(孟子首，一、九至十、十三)

330000－4735－0002494　00603　經部/四書類/總義之屬/傳說

四書朱子本義匯參四十三卷首四卷　（清）王步青輯　清乾隆十年(1745)敦復堂刻本　五冊　存七卷(孟子首，一、六至十)

330000－4735－0002498　00605　經部/四書類/總義之屬/傳說

四書類考三十卷　（清）陳詩纂　清嘉慶六年(1801)蘄州陳氏家塾刻本　十三冊　存二十四卷(一至三、六至七、十至十八、二十一至三十)

330000－4735－0002500　00608　經部/四書類/總義之屬/傳說

四書集註十九卷　（宋）朱熹撰　（清）儲欣批　清臨桂謝氏毓蘭書屋刻本　六冊

330000－4735－0002501　02426　史部/雜史類/斷代之屬

國語二十一卷　（三國吳）韋昭注　（宋）宋庠補音　清成文堂刻本　二冊　存六卷(一至二、六至九)

330000－4735－0002504　02427　史部/雜史類/斷代之屬

國朝事略八卷　（清）金陵江楚編譯官書局輯　清光緒三十二年(1906)金陵江楚編譯官書局石印本　一冊

330000－4735－0002505　00606　經部/四書類/總義之屬/傳說

四書正本十九卷　（清）童槭校輯　清同治四年(1865)童氏忠恕堂刻本　十二冊

330000－4735－0002507　02428　史部/雜史類/斷代之屬

戰國策三十三卷　（漢）高誘注　**重刻剡川姚氏本戰國策札記三卷**　（清）黃丕烈撰　清光緒三年(1877)永康胡氏退補齋刻本　二冊　存十三卷（一至十三）

330000－4735－0002508　00607　經部/四書類/總義之屬/傳說

四書集註十九卷　（宋）朱熹撰　**四書正文一卷**　（清）童棫校輯　清光緒十七年(1891)魏氏古香閣刻本　洪滌懷題記　十二冊

330000－4735－0002509　02429－02322　類叢部/叢書類/彙編之屬

漸西村舍彙刊（漸西村舍叢刻）四十四種　（清）袁昶編　清光緒十六年至二十四年(1890－1898)桐廬袁氏刻本　一冊　存一種

330000－4735－0002511　00609　經部/四書類/總義之屬/傳說

四書經註集證十九卷　（清）吳昌宗撰　清嘉慶三年(1798)江都汪廷機刻本　十六冊

330000－4735－0002514　00610　經部/四書類/總義之屬/傳說

四書經註集證十九卷　（清）吳昌宗撰　清嘉慶三年(1798)江都汪廷機刻本　坐花仙館主人題簽並記　五冊　缺五卷（孟子一至五）

330000－4735－0002515　00611　經部/四書類/總義之屬/傳說

四書經註集證十九卷　（清）吳昌宗撰　清嘉慶三年(1798)江都汪廷機刻本　七冊　存七卷（孟子一至七）

330000－4735－0002516　05675　子部/醫家類/針灸之屬/通論

銅人腧穴鍼灸圖經三卷　（宋）王惟一撰　清刻本　一冊　存一卷（中）

330000－4735－0002517　00612　經部/四書類/總義之屬/傳說

集虛齋四書口義十卷　（清）方棫如撰　（清）于光華編　清乾隆五十三年(1788)刻本　三冊　缺二卷（五至六）

330000－4735－0002518　00613　經部/四書類/總義之屬/傳說

集虛齋四書口義十卷　（清）方棫如撰　（清）于光華編　清乾隆五十三年(1788)刻本　五冊　存六卷（三至四、七至十）

330000－4735－0002519　05680　子部/醫家類/婦科之屬/通論

女科切要八卷　（清）吳道源撰　清刻本　一冊　存四卷（五至八）

330000－4735－0002520　00614　經部/四書類/總義之屬/傳說

集虛齋四書口義十卷　（清）方棫如撰　（清）于光華編　清刻本　二冊　存二卷（七、十）

330000－4735－0002521　05682　子部/醫家類/眼科之屬

秘傳眼科龍木醫書總論十卷附葆光道人秘傳眼科一卷　（明）葆光道人撰　清刻本　一冊　存七卷（四至十）

330000－4735－0002522　00615　經部/四書類/總義之屬/傳說

增補四書人物聚考十二卷圖考一卷　（明）鍾惺　（清）汪份增定　（清）黃澍糸訂　清乾隆四十年(1775)帶月樓刻本　十二冊

330000－4735－0002524　05683　子部/醫家類/綜合之屬/通論

新刊萬病回春原本八卷　（明）龔廷賢編　清刻本　二冊　存四卷（三至六）

330000－4735－0002525　00616　經部/四書類/總義之屬/傳說

增補四書人物聚考十二卷圖考一卷　（明）鍾惺　（清）汪份增定　（清）黃澍糸訂　清刻本　二冊　存二卷（七、十）

330000－4735－0002526　05683－1　子部/醫家類/綜合之屬/通論

新刊萬病回春原本八卷　（明）龔廷賢編　清刻本　□卿題簽　一冊　存一卷（六）

330000－4735－0002527　05683－2　子部/醫家類/綜合之屬/通論

萬病回春八卷　（明）龔廷賢輯　清刻本　一

冊　存一卷(四)

330000 – 4735 – 0002529　05683 – 3　子部/
醫家類/綜合之屬/通論

重刻增補萬病回春八卷　（明）龔廷賢輯集
（明）胡廷訓等增補　明萬曆萃慶堂余泗泉刻
本　一冊　存二卷(七至八)

330000 – 4735 – 0002530　02430　史部/雜史
類/斷代之屬

拳匪紀略八卷前編二卷後編二卷圖一卷
（清）楊鳳藻等輯　清光緒二十九年(1903)上
洋書局石印本　五冊　缺三卷(一至三)

330000 – 4735 – 0002531　00618　經部/四書
類/總義之屬/傳說

石渠閣精訂徐趙兩先生四書集說二十八卷
（清）徐養元輯　清刻本　五冊　存十六卷
(五至七、十六至二十八)

330000 – 4735 – 0002532　05684　子部/醫家
類/方書之屬/歷代方書

醫方集解三卷　（清）汪昂撰　清刻本　一冊
存一卷(中)

330000 – 4735 – 0002533　02431　史部/雜史
類/斷代之屬

明季稗史彙編十六種　（清）留雲居士輯　清
光緒二十二年(1896)上海圖書集成印書局鉛
印本　四冊　存六種

330000 – 4735 – 0002534　08200　集部/總集
類/課藝之屬

愛山書院課藝不分卷　（清）郭式昌編　清光
緒八年(1882)刻本　四冊

330000 – 4735 – 0002535　03065　史部/編年
類/斷代之屬

明通鑑九十卷首一卷前編四卷坿編六卷
（清）夏燮撰　清光緒二十六年(1900)上海掃
葉山房石印本　十四冊　缺十三卷(八至十
四、坿編一至六)

330000 – 4735 – 0002536　00619　經部/四書
類/總義之屬/傳說

四書左國彙纂四卷　（清）高其名　（清）鄭師

成輯　清三多齋聚錦堂刻本　四冊

330000 – 4735 – 0002539　05708　子部/醫家
類/兒科之屬/通論

醫林枕秘保赤存真十卷　（清）余含棻輯　清
刻本　一冊　存二卷(九至十)

330000 – 4735 – 0002540　00620　經部/四書
類/總義之屬/傳說

四書左國輯要四卷　（清）周龍官輯　清乾隆
二十三年(1758)山陽周龍官刻本　一冊

330000 – 4735 – 0002541　03066　史部/編年
類/通代之屬

御批歷代通鑑輯覽一百二十卷　（清）傅恆等
撰　清光緒三十年(1904)文通書局石印本
二十八冊　存一百六卷(一至二十六、三十一
至五十、五十八至七十三、七十七至一百二
十)

330000 – 4735 – 0002543　05713、05721　子
部/醫家類/方書之屬/單方驗方

四科簡效方四卷　（清）王士雄撰　清光緒十
一年(1885)越州徐氏刻本　二冊

330000 – 4735 – 0002544　02433 – 02092　類
叢部/叢書類/彙編之屬

古文七種附一種　（清）儲欣選評　清雍正元
年(1723)受祉堂刻本　二冊　存二種

330000 – 4735 – 0002545　08209　集部/別集
類/清別集

今白華堂詩錄八卷　（清）童槐撰　清同治八
年(1869)童華刻本　一冊　存四卷(一至四)

330000 – 4735 – 0002546　02435　史部/雜史
類/斷代之屬

二申野錄八卷　（清）孫之騄撰　清道光二十
一年(1841)吟香館刻同治六年(1867)印本
四冊

330000 – 4735 – 0002548　03067　史部/編年
類/通代之屬

兩朝御批通鑑輯覽一百二十卷　（清）傅恒等
撰　清宣統元年(1909)上海公記書局石印本
二十冊　存九十八卷(一至十九、三十至七

一年(1841)吟香館刻同治六年(1867)印本
一冊

330000－4735－0002574　00627　經部/四書
類/總義之屬/傳說

**四書釋地補一卷續補一卷又續補一卷三續補
一卷**　(清)閻若璩撰　(清)樊廷枚校補　清
刻本　五冊　缺一卷(三續補)

330000－4735－0002576　02443　史部/雜史
類/斷代之屬

戰國策十卷　(宋)鮑彪校注　(元)吳師道補
正　清刻本　一冊　存一卷(六)

330000－4735－0002577　02444　史部/傳記
類/總傳之屬/仕宦

歷代名臣言行錄二十四卷　(清)朱桓輯　清
光緒元年(1875)刻本　三十六冊

330000－4735－0002578　00628　經部/四書
類/總義之屬/傳說

四書句辨不分卷　清刻本　一冊

330000－4735－0002579　00629　經部/四書
類/總義之屬/傳說

松陽講義十二卷　(清)陸隴其撰　清咸豐九
年(1859)敬義齋刻本　四冊

330000－4735－0002580　03073　史部/編年
類/斷代之屬

欽定明鑑二十四卷首一卷　(清)胡敬等輯
清同治九年(1870)湖北崇文書局刻本　十冊

330000－4735－0002581　00631　經部/四書
類/總義之屬/文字音義

四書音義不分卷　(清)陳國琳釋　清光緒二
十五年(1899)浙台路橋金師古齋刻本　劉彩
鸞題簽並記　二冊

330000－4735－0002582　08201　集部/別集
類/清別集

培遠堂手札節存三卷　(清)陳弘謀撰　清同
治十三年(1874)桂林唐濟刻本　哲臣題簽
一冊　存一卷(上)

330000－4735－0002583　03075　史部/編年

類/通代之屬

資治通鑑綱目五十九卷　(宋)朱熹撰　清刻
本　二十冊　存二十卷(二十三至二十九、四
十四至四十八、五十二至五十九)

330000－4735－0002584　03074　史部/編年
類/通代之屬

資治通鑑綱目五十九卷　(宋)朱熹撰　清刻
本　十四冊　存十三卷(九至十一、十三、二
十二、二十八至三十一、四十四至四十六、四
十八)

330000－4735－0002585　02445　史部/傳記
類/總傳之屬/仕宦

歷代名臣言行錄二十四卷　(清)朱桓輯　清
光緒十三年(1887)上海廣百宋齋鉛印本　八
冊　存十六卷(三至十四、十七至十八、二十
一至二十二)

330000－4735－0002586　02446　史部/傳記
類/總傳之屬/仕宦

歷代名臣言行錄二十四卷　(清)朱桓輯　清
光緒十三年(1887)上海廣百宋齋鉛印本　十
一冊　存二十二卷(一至二十二)

330000－4735－0002587　00630　經部/四書
類/總義之屬/文字音義

四書音義不分卷　(清)陳國琳釋　清光緒二
十五年(1899)浙台路橋金師古齋刻本　一冊

330000－4735－0002588　02447　史部/傳記
類/總傳之屬/仕宦

歷代名臣言行錄二十四卷首一卷　(清)朱桓
輯　清光緒三十年(1904)上海商務印書館鉛
印本　二冊　缺十九卷(三至二十一)

330000－4735－0002589　02448　史部/傳記
類/總傳之屬/仕宦

歷代名臣言行錄二十四卷　(清)朱桓輯　清
鉛印本　二冊　存四卷(十五至十六、二十一
至二十二)

330000－4735－0002590　00632　經部/四書
類/總義之屬/傳說

四書集註十九卷　(宋)朱熹撰　清光緒三十

二年(1906)上海商務印書館鉛印本　六冊

330000－4735－0002591　08202　集部/別集
類/清別集

培遠堂手札節存三卷 （清）陳弘謀撰　清同
治十三年(1874)桂林唐濟刻本　朱氏題籤
一冊　存一卷(中)

330000－4735－0002592　08203　集部/總集
類/彙編之屬

吳顧賦合刻　清光緒三年(1877)刻本　一冊
存一種

330000－4735－0002593　02449　史部/傳記
類/總傳之屬/仕宦

歷代名臣言行錄二十四卷 （清）朱桓輯　清
光緒二十八年(1902)上海煥文書局石印本
二冊　存六卷(十九至二十四)

330000－4735－0002595　00633　經部/四書
類/總義之屬/傳說

四書題鏡不分卷 （清）汪鯉翔撰　清刻本
一冊

330000－4735－0002596　03076　史部/編年
類/通代之屬

綱鑑會纂三十九卷首一卷 （明）王世貞編
清刻本　十二冊　存十二卷(二十四、二十六
至二十七、三十至三十八)

330000－4735－0002597　02450　史部/傳記
類/總傳之屬/仕宦

歷代名臣言行錄二十四卷 （清）朱桓輯　清
末石印本　二冊　存四卷(二十一至二十四)

330000－4735－0002598　08205　集部/別集
類/清別集

**三魚堂文集十二卷附錄一卷外集六卷全集附
錄一卷** （清）陸隴其撰　清嘉慶至道光老掃
葉山房刻本　八冊

330000－4735－0002599　03077　史部/編年
類/通代之屬

綱鑑會纂三十九卷首一卷 （明）王世貞編
清刻本　一冊　存一卷(十)

330000－4735－0002600　02451　史部/傳記
類/總傳之屬/仕宦

歷代名臣言行錄二十四卷 （清）朱桓輯　清
光緒二十一年(1895)文海書局石印本　四冊
存十二卷(一至六、十三至十八)

330000－4735－0002601　03078　史部/編年
類/斷代之屬

御撰資治通鑑綱目三編二十卷 （清）張廷玉
等撰　清刻本　五冊　存十七卷(一至十七)

330000－4735－0002602　05711　子部/醫家
類/診法之屬/脈經脈訣

脈理求真三卷 （清）黃宮繡撰　清光緒三十
四年(1908)上海緯文閣石印本　一冊

330000－4735－0002603　02452　史部/傳記
類/總傳之屬/仕宦

歷代名臣言行錄二十四卷 （清）朱桓輯　清
光緒二十八年(1902)上海寶善書局石印本
八冊

330000－4735－0002604　02453　史部/傳記
類/總傳之屬/仕宦

歷代名臣言行錄二十四卷 （清）朱桓輯　清
光緒二十六年(1900)文瀾書局石印本　八冊

330000－4735－0002607　03079　史部/編年
類/斷代之屬

御撰資治通鑑綱目三編二十卷 （清）張廷玉
等撰　清刻本　一冊　存二卷(六至七)

330000－4735－0002609　02456　史部/傳記
類/總傳之屬/仕宦

中興名臣事略八卷　朱孔彰撰　清光緒二十
八年(1902)漢讀樓書局石印本　二冊

330000－4735－0002610　02457　史部/傳記
類/總傳之屬/仕宦

中興名臣事略八卷　朱孔彰撰　清光緒二十
九年(1903)上海書局石印本　二冊

330000－4735－0002611　03080　史部/編年
類/通代之屬

湯睡菴先生歷朝綱鑑全史七十卷首一卷
（明）湯賓尹撰　（明）陳繼儒注　明萬曆刻本

七冊　存二十七卷(十二至二十四、四十一至四十六、五十三至五十七、六十八至七十)

330000－4735－0002612　02458　史部/傳記類/總傳之屬/仕宦

中興名臣事略八卷　朱孔彰撰　清光緒二十五年(1899)上海圖書集成印書局鉛印本　三冊　存六卷(三至八)

330000－4735－0002613　05723　子部/醫家類/溫病之屬/瘟疫

霍亂論二卷　(清)王士雄撰　清刻本　一冊

330000－4735－0002614　02459　史部/傳記類/總傳之屬/仕宦

中興名臣事略八卷　朱孔彰撰　清光緒二十四年(1898)上海書局石印本　四冊

330000－4735－0002615　02460　史部/傳記類/總傳之屬/仕宦

中興名臣事略八卷　朱孔彰撰　清光緒二十五年(1899)上海圖書集成印書局鉛印本　四冊

330000－4735－0002616　05724　子部/醫家類/兒科之屬/通論

幼科鐵鏡六卷　(清)夏鼎撰　清道光十年(1830)綠蔭堂刻本　一冊　存三卷(一至三)

330000－4735－0002617　02461　史部/傳記類/總傳之屬/仕宦

歷代名臣言行錄二十四卷　(清)朱桓輯　清光緒十三年(1887)上海廣百宋齋鉛印本　一冊　存二卷(十七至十八)

330000－4735－0002618　05725　子部/醫家類/外科之屬/通論

新刻秘授外科百効全書六卷　(明)龔居中編　清繡谷滸灣書林五雲堂刻本　一冊

330000－4735－0002619　02462　史部/傳記類/總傳之屬/仕宦

國朝名臣言行錄三十卷首一卷　(清)董壽輯　清光緒二十九年(1903)上海順成書局石印本　八冊

330000－4735－0002620　05726　子部/醫家類/兒科之屬/通論

鼎鍥幼幼集成六卷　(清)陳復正輯　清刻本　一冊　存一卷(一)

330000－4735－0002621　02463　史部/傳記類/總傳之屬/仕宦

歷代名臣言行錄二十四卷　(清)朱桓輯　清光緒二十八年(1902)鴻寶書局鉛印本　十二冊

330000－4735－0002622　05726－1　子部/醫家類/兒科之屬/通論

幼幼集成六卷　(清)陳復正輯　清刻本　一冊　存一卷(六)

330000－4735－0002623　03081　史部/編年類/通代之屬

尺木堂綱鑑易知錄九十二卷　(清)吳乘權　(清)周之炯　(清)周之燦輯　清光緒二十七年(1901)上海商務印書館鉛印本　水雲居主人題簽並記　十三冊　缺四卷(一至四)

330000－4735－0002624　03082　史部/編年類/通代之屬

御批歷代通鑑輯覽一百二十卷　(清)傅恆等撰　清光緒三十年(1904)文通書局石印本　九冊　存三十八卷(一至十四、二十七至五十)

330000－4735－0002625　02464　史部/傳記類/總傳之屬/仕宦

歷代名臣言行錄二十四卷　(清)朱桓輯　清光緒二十八年(1902)上海寶善書局石印本　王曜祖題簽並批　六冊　存十八卷(一至三、八至十九、二十二至二十四)

330000－4735－0002627　05727　子部/醫家類/推拿按摩外治之屬

推拿廣意三卷　(清)熊應雄輯　(清)陳世凱訂　清金閶同文堂刻本　秋暉題簽並記　二冊

330000－4735－0002628　05728　子部/醫家類/外科之屬/通論

重訂外科正宗十二卷 （明）陳實功撰 （清）張鰲翼重訂 清刻本 一冊 存三卷（三至五）

330000－4735－0002629 03083、03128 史部/編年類/通代之屬

尺木堂綱鑑易知錄九十二卷明鑑易知錄十五卷 （清）吳乘權 （清）周之炯 （清）周之燦輯 清京都文貴堂刻本 三十八冊 缺二十三卷（十四至二十六、四十四至四十五、四十八至五十、五十九至六十一、六十五至六十六）

330000－4735－0002631 05687 子部/醫家類/兒科之屬/通論

幼幼集成六卷 （清）陳復正輯 清刻本 一冊 存一卷（三）

330000－4735－0002632 03085 史部/編年類/通代之屬

尺木堂綱鑑易知錄九十二卷 （清）吳乘權 （清）周之炯 （清）周之燦輯 清鉛印本 二冊 存十四卷（四十七至五十三、七十四至八十）

330000－4735－0002633 03086 史部/編年類/通代之屬

御批歷代通鑑輯覽一百二十卷 （清）傅恆等撰 清石印本 三冊 存九卷（六十五至六十七、八十八至九十、九十七至九十九）

330000－4735－0002634 02466 史部/傳記類/總傳之屬/忠孝

忠義紀聞錄三十卷續錄十卷 （清）陳繼聰撰 清光緒八年（1882）刻九年（1883）續刻十六年（1890）印本 八冊

330000－4735－0002636 03087 史部/編年類/通代之屬

御批歷代通鑑輯覽一百二十卷 （清）傅恆等撰 清石印本 二冊 存十九卷（六十一至七十九）

330000－4735－0002637 02468 類叢部/叢書類/自著之屬

庸庵全集七種 （清）薛福成撰 清光緒十年至二十四年（1884－1898）無錫薛氏刻本 十冊 存一種

330000－4735－0002638 03088 史部/編年類/通代之屬

御批歷代通鑑輯覽一百二十卷 （清）傅恆等撰 清石印本 二冊 存十四卷（一百七至一百二十）

330000－4735－0002639 03090 史部/編年類/通代之屬

萬國綱鑑易知錄二十卷 （日本）岡本監輔撰 清石印本 一冊 存二卷（七至八）

330000－4735－0002640 03089 史部/編年類/通代之屬

富文堂綱鑑易知錄九十二卷 （清）吳乘權 （清）周之炯 （清）周之燦輯 清刻本 一冊 存二卷（七十九至八十）

330000－4735－0002641 02469 史部/傳記類/總傳之屬/仕宦

宋名臣言行錄前集十卷後集十四卷 （宋）朱熹纂集 宋名臣言行錄續集八卷別集上四卷別集下十三卷外集十三卷 （宋）李幼武纂集 清乾隆二年（1737）刻本 二十三冊 缺二卷（外集十二至十三）

330000－4735－0002643 03091 史部/編年類/通代之屬

萬國綱鑑易知錄二十卷 （日本）岡本監輔撰 清光緒五年（1879）申江書局石印本 六冊

330000－4735－0002644 05692 子部/醫家類/類編之屬

南雅堂醫書全集 （清）陳念祖撰 清同治五年（1866）南雅堂刻本 一冊 存一種

330000－4735－0002645 05693 子部/醫家類/類編之屬

陳修園醫書二十三種 （清）陳念祖等撰 清同治元年（1862）經綸堂刻本 一冊 存一種

330000－4735－0002646 00635 經部/四書類/總義之屬/傳說

四書考二十八卷考異一卷　（明）陳仁錫撰
清刻本　一冊　存二卷（四至五）

330000－4735－0002647　05694　子部/醫家
類/類編之屬

陳修園醫書十八種　（清）陳念祖等撰　清同
治元年（1862）務本書局刻本　一冊　存一種

330000－4735－0002648　08670　類叢部/叢
書類/郡邑之屬

武林掌故叢編一百九十種　（清）丁丙編　清
光緒三年至二十六年（1877－1900）錢塘丁氏
嘉惠堂刻本　七冊　存五種

330000－4735－0002650　00636　經部/四書
類/總義之屬/傳說

新訂四書補註備旨十卷　（明）鄧林撰　（清）
杜定基增訂　清光緒十八年（1892）文奎堂刻
本　一冊　存二卷（大學、中庸）

330000－4735－0002651　05695　子部/醫家
類/類編之屬

陳修園醫書二十三種　（清）陳念祖等撰　清
光緒二十一年（1895）學庫山房刻本　二冊
存一種

330000－4735－0002652　03093　史部/編年
類/通代之屬

御批歷代通鑑輯覽一百二十卷　（清）傅恆等
撰　清光緒二十四年（1898）杭省衢樽局石印
本　一冊　存五卷（九十六至一百）

330000－4735－0002653　00637　經部/四書
類/總義之屬/傳說

新訂四書補註備旨十卷　（明）鄧林撰　（清）
杜定基增訂　清刻本　一冊　存二卷（孟子
一至二）

330000－4735－0002654　08207　類叢部/叢
書類/郡邑之屬

武林往哲遺箸五十六種後編十種　（清）丁丙
編　清光緒二十年至二十六年（1894－1900）
錢塘丁氏嘉惠堂刻本　八冊　存八種

330000－4735－0002655　03094　史部/編年
類/通代之屬

御批歷代通鑑輯覽一百二十卷　（清）傅恆等
撰　清石印本　一冊　存五卷（四十四至四
十八）

330000－4735－0002656　05696　子部/醫家
類/傷寒金匱之屬/金匱要略

金匱要略淺注十卷　（清）陳念祖撰　清刻本
一冊　存一卷（一）

330000－4735－0002657　00638　經部/四書
類/總義之屬/傳說

四書典故辨正二十卷附錄一卷　（清）周柄中
撰　清刻本　五冊　缺三卷（一至三）

330000－4735－0002658　05697　子部/醫家
類/婦科之屬/通論

女科要旨四卷　（清）陳念祖撰　清刻本
一冊

330000－4735－0002659　05698　子部/醫家
類/醫經之屬/内經

靈素提要淺註十二卷　（清）陳念祖集註
（清）陳元犀參訂　清光緒元年（1875）刻本
二冊　存四卷（一至四）

330000－4735－0002661　05699　子部/醫家
類/綜合之屬/通論

醫學實在易八卷　（清）陳念祖撰　清刻本
二冊　存二卷（五至六）

330000－4735－0002662　03096　史部/編年
類/通代之屬

御批歷代通鑑輯覽一百二十卷　（清）傅恆等
撰　清石印本　一冊　存七卷（一百十四至
一百二十）

330000－4735－0002663　08208　集部/別集
類/清別集

遜學齋文鈔十二卷首一卷末一卷　（清）孫衣
言撰　清同治十二年（1873）刻本　六冊

330000－4735－0002664　00639　經部/四書
類/總義之屬/傳說

四書體註合講十九卷附圖考一卷　（清）翁復
編　清文奎堂刻本　金雲舫題簽並記　六冊

330000－4735－0002665　05700　子部/醫家類/類編之屬

公餘醫錄五種　（清）陳念祖撰　清光緒十五年(1889)江左書林刻本　一冊　存一種

330000－4735－0002666　00640　經部/四書類/總義之屬/傳說

四書體註合講十九卷附圖考一卷　（清）翁復編　清文奎堂刻本　三冊　缺七卷(孟子一至七)

330000－4735－0002667　00641　經部/四書類/總義之屬/傳說

四書體註合講十九卷附圖考一卷　（清）翁復編　清文奎堂刻本　五冊　缺三卷(孟子一至三)

330000－4735－0002668　05701　子部/醫家類/類編之屬

陳修園醫書十六種　（清）陳念祖等撰　清光緒十四年(1888)江左書林刻本　一冊　存一種

330000－4735－0002669　05702　子部/醫家類/類編之屬

陳修園醫書十六種　（清）陳念祖等撰　清光緒十四年(1888)江左書林刻本　一冊　存一種

330000－4735－0002670　00642　經部/四書類/總義之屬/傳說

四書體註合講十九卷附圖考一卷　（清）翁復編　清掃葉山房刻本　六冊

330000－4735－0002671　05703　子部/醫家類/類編之屬

陳修園醫書十八種　（清）陳念祖等撰　清光緒十四年(1888)掃葉山房刻本　鏡堂氏題簽並記　四冊　存四種

330000－4735－0002672　00643　經部/四書類/總義之屬/傳說

四書體註合講十九卷附圖考一卷　（清）翁復編　清刻本　五冊　存十七卷(論語一至十、孟子一至七)

330000－4735－0002673　05674　子部/醫家類/綜合之屬/通論

醫學從衆錄八卷　（清）陳念祖撰　清刻本　一冊　存二卷(五至六)

330000－4735－0002674　00644　經部/四書類/總義之屬/傳說

四書體註合講十九卷附圖考一卷　（清）翁復編　清刻本　五冊　存十七卷(論語一至十、孟子一至七)

330000－4735－0002675　00645　經部/四書類/總義之屬/傳說

四書體註合講十九卷附圖考一卷　（清）翁復編　清刻本　三冊　存七卷(孟子一至七)

330000－4735－0002676　00646　經部/四書類/總義之屬/傳說

四書遵註合講十九卷圖說一卷　（清）翁復編　清嘉慶六年(1801)酌雅齋刻本　四冊　缺七卷(論語一至五、孟子四至五)

330000－4735－0002678　08210　集部/總集類/選集之屬/斷代

道咸同光四朝詩史甲集八卷首一卷乙集八卷　孫雄輯　清宣統二年至三年(1910－1911)刻本　九冊　存八卷(甲集首,一至二、四至八)

330000－4735－0002680　05732　子部/醫家類/婦科之屬/產科

達生編二卷附刊救急神方一卷　（清）亟齋居士撰　清刻本　一冊

330000－4735－0002681　00647　經部/四書類/總義之屬/傳說

四書遵註合講十九卷圖說一卷　（清）翁復編　清刻本　三冊　缺九卷(論語一至五、孟子四至七)

330000－4735－0002682　00648　經部/四書類/總義之屬/傳說

四書體註合講十九卷附圖考一卷　（清）翁復編　清奎照樓刻本　德齋氏題簽　六冊

330000－4735－0002683　05733　子部/醫家

類/婦科之屬/產科

達生編一卷調經至言一卷慈幼編一卷遂生編
一卷 福幼編一卷 （清）莊一夔撰 清刻本
一冊

330000－4735－0002684 00649 經部/四書
類/總義之屬/傳說

四書體註合講十九卷附圖考一卷 （清）翁復
編 清刻本 一冊 存三卷（大學、中庸、圖
考）

330000－4735－0002685 03097 類叢部/叢
書類/自著之屬

徐位山六種 （清）徐文靖撰 清光緒刻彙印
本 一冊 存一種

330000－4735－0002688 00650 經部/四書
類/總義之屬/傳說

四書遵註合講十九卷圖說一卷 （清）翁復編
清刻本 一冊 缺十七卷（論語一至十、孟
子一至七）

330000－4735－0002690 00651 經部/四書
類/總義之屬/傳說

四書遵註合講十九卷圖說一卷 （清）翁復編
清刻本 一冊 缺十七卷（論語一至十、孟
子一至七）

330000－4735－0002692 02470 史部/傳記
類/總傳之屬/仕宦

五朝宋名臣言行錄前集十卷後集十四卷
（宋）朱熹輯 宋名臣言行錄續集八卷別集二
十六卷外集十三卷附一卷 （宋）李幼武輯
清刻本 十二冊

330000－4735－0002693 00652 經部/四書
類/總義之屬/傳說

四書體註合講十九卷附圖考一卷 （清）翁復
編 清刻本 一冊 存二卷（孟子六至七）

330000－4735－0002694 03098 類叢部/叢
書類/彙編之屬

增訂漢魏叢書八十六種 （清）王謨編 清乾
隆五十六年（1791）金谿王氏刻本 一冊 存
一種

330000－4735－0002697 00653 經部/四書
類/總義之屬/傳說

四書體註合講十九卷附圖考一卷 （清）翁復
編 清刻本 一冊 存三卷（孟子一至三）

330000－4735－0002698 05739 子部/醫家
類/方書之屬/單方驗方

醫方湯頭歌括一卷經絡歌訣一卷 （清）汪昂
編輯 清鉛印本 一冊

330000－4735－0002699 00654 經部/四書
類/孟子之屬/傳說

孟子註疏解經十四卷 （漢）趙岐註 （宋）孫
奭疏 清刻本 七冊

330000－4735－0002700 03099 史部/編年
類/斷代之屬

御撰資治通鑑綱目三編二十卷 （清）張廷玉
等撰 清刻本 一冊 存七卷（十四至二十）

330000－4735－0002702 00655 經部/四書
類/孟子之屬/傳說

孟子註疏解經十四卷 （漢）趙岐註 （宋）孫
奭疏 清嘉慶十三年（1808）海涵堂刻本 八
冊 存六卷（一至六）

330000－4735－0002706 02472 史部/傳記
類/總傳之屬/儒林

宋元學案一百卷首一卷考畧一卷 （清）黃宗
羲撰 （清）全祖望修定 （清）王梓材
（清）馮雲濠校並考 清光緒五年（1879）長沙
寄廬刻本 四十八冊

330000－4735－0002707 05742 子部/醫家
類/外科之屬/外科方

療癥花柳良方錄要一卷 清廣州九曜坊守經
堂刻本 明裝題簽並記 二冊

330000－4735－0002709 03101 類叢部/叢
書類/彙編之屬

增訂漢魏叢書八十六種 （清）王謨編 清乾
隆五十六年（1791）金谿王氏刻本 一冊 存
一種

330000－4735－0002711 03102 類叢部/叢
書類/彙編之屬

訓纂堂叢書六種 （清）楊調元輯　清光緒貴筑楊氏刻本　一冊　存二種

330000－4735－0002712　05746　子部/醫家類/方書之屬/歷代方書

醫方集解二十三卷 （清）汪昂撰　清鉛印本　二冊　存十卷(六至十五)

330000－4735－0002713　02473　史部/傳記類/總傳之屬/儒林

宋元學案一百卷首一卷考畧一卷 （清）黃宗羲撰　（清）全祖望修定　（清）王梓材　(清)馮雲濠校並考　清光緒五年(1879)長沙寄廬刻本　四十冊

330000－4735－0002715　03103　史部/編年類/通代之屬

資治通鑑二百九十四卷 （宋）司馬光撰　(元)胡三省音注　清嘉慶長沙佚老堂刻本　一冊　存三卷(一百六十至一百六十二)

330000－4735－0002716　02474　史部/傳記類/總傳之屬/儒林

宋元學案一百卷首一卷考畧一卷 （清）黃宗羲撰　（清）全祖望修定　（清）王梓材　(清)馮雲濠校並考　清光緒五年(1879)長沙寄廬刻本　三十九冊　存九十九卷(二至一百)

330000－4735－0002717　00658　經部/叢編

重刊宋本十三經注疏四百十六卷　附十三經注疏校勘記四百十六卷 （清）阮元撰　（清）盧宣旬摘錄　清嘉慶二十一年(1816)陳煦重刻文選樓本　二冊　存一種

330000－4735－0002718　02475　史部/傳記類/總傳之屬/儒林

宋元學案一百卷首一卷考畧一卷 （清）黃宗羲撰　（清）全祖望修定　（清）王梓材　(清)馮雲濠校並考　清光緒五年(1879)長沙寄廬刻本　三十冊　缺八卷(三十三至三十七、七十一至七十三)

330000－4735－0002722　00660　經部/四書類/論語之屬

鄉黨便蒙二卷 （清）劉傳一著　（清）劉潮補考　清道光五年(1825)劉氏錫類堂刻本　二冊

330000－4735－0002723　03104　史部/史抄類

綱鑑擇語十卷 （清）司徒修輯　清刻本　三冊　存三卷(一、五、八)

330000－4735－0002725　05750　子部/醫家類/綜合之屬/通論

醫學十書十二種 （清）陳璞撰　清石印本　六冊

330000－4735－0002726　00661　經部/四書類/孟子之屬/傳說

孟子集註七卷 （宋）朱熹撰　清刻本　一冊　存二卷(四至五)

330000－4735－0002727　03105　類叢部/類書類/通類之屬

玉海二百卷附刻辭學指南四卷詩考一卷詩地理考六卷漢藝文志考證十卷通鑑地理通釋十四卷漢制考四卷踐阼篇集解一卷周易鄭康成注一卷姓氏急就篇二卷急就篇補注四卷周書王會補注一卷小學紺珠十卷六經天文編二卷通鑑答問五卷 （宋）王應麟撰　**校補玉海瑣記二卷王深寗先生年譜一卷** （清）張大昌撰　清光緒九年至十六年(1883－1890)浙江書局刻本　一冊　存四卷(通鑑地理通釋一至四)

330000－4735－0002728　00662　經部/四書類/孟子之屬/傳說

孟子集註七卷 （宋）朱熹撰　清刻本　一冊　存二卷(四至五)

330000－4735－0002729　00663　經部/四書類/總義之屬/傳說

四書集註十九卷 （宋）朱熹撰　清同治十三年(1874)寧郡汲綆齋刻本　治煊題簽　三冊　存十卷(大學、中庸、論語六至十、孟子一至三)

330000－4735－0002730　02476、02583　史

部/傳記類/總傳之屬/儒林

明儒學案六十二卷師說一卷 （清）黃宗羲撰
清光緒十四年(1888)南昌縣學刻本 三十
九冊 缺二卷(三十至三十一)

330000－4735－0002732 02477、02585 史
部/傳記類/總傳之屬/儒林

明儒學案六十二卷師說一卷附案一卷 （清）
黃宗羲撰 清康熙三十年(1691)萬言、三十
二年(1693)賈樸、雍正十三年至乾隆四年
(1735－1739)慈溪鄭性二老閣刻光緒八年
(1882)馮全垓修補本 二十冊

330000－4735－0002733 00665 經部/四書
類/總義之屬/傳說

四書朱子本義匯參四十三卷首四卷 （清）王
步青輯 清乾隆十年(1745)敦復堂刻本 一
冊 存一卷(孟子七)

330000－4735－0002734 02478 史部/傳記
類/總傳之屬/仕宦

滿洲名臣傳四十八卷 （清）國史館撰 清刻
本 三十一冊 缺十七卷(一至八、二十六、
三十三至四十)

330000－4735－0002737 03106 史部/編年
類/通代之屬

綱鑑正史約三十六卷綱鑑附記一卷 （明）顧
錫疇撰 明崇禎刻本 一冊 存二卷(一、綱
鑑附記)

330000－4735－0002738 05757 子部/醫家
類/傷寒金匱之屬/傷寒論

再重訂傷寒集註十卷附五卷 （清）舒詔撰
清刻本 三冊 存十三卷(三至十五)

330000－4735－0002742 00668－00588 經
部/四書類/總義之屬/傳說

四書集註十九卷 （宋）朱熹撰 清光緒十八
年(1892)浙江書局刻本 五冊 存十七卷
(論語一至十、孟子一至七)

330000－4735－0002743 03107 類叢部/叢
書類/彙編之屬

增訂漢魏叢書八十六種 （清）王謨編 清乾

隆五十六年(1791)金谿王氏刻本 二冊 存
二種

330000－4735－0002745 02481 史部/傳記
類/別傳之屬/事狀

**華亭姜氏恩慶編二卷首一卷附錄一卷敬學堂
續附投贈碑記序跋銘贊一卷酬贈詩詞一卷**
（清）雷鋆 （清）朱逢寅 （清）王友光輯選
敬學堂雜著一卷 （清）姜熙篹 （清）王友
光 （清）朱應禧選錄 **孝友堂宗規一卷**
（清）姜熙述 清道光二十一年(1841)姜氏敬
學堂刻本 二冊

330000－4735－0002746 05760 子部/醫家
類/綜合之屬/通論

景岳全書六十四卷 （明）張介賓撰 清刻本
三冊 存四卷(五十三、五十八至六十)

330000－4735－0002747 05761 子部/醫家
類/綜合之屬/通論

訂補明醫指掌十卷 （明）皇甫中撰 （明）王
肯堂等訂補 **附刻診家樞要一卷** （明）滑壽
編纂 清嘉慶十六年(1811)詩業堂刻本 五
冊 缺二卷(一至二)

330000－4735－0002748 00140 經部/叢編

十三經註疏三百三十三卷 明崇禎元年至十
二年(1628－1639)古虞毛氏汲古閣刻本 二
十冊 存一種

330000－4735－0002749 03108 類叢部/叢
書類/彙編之屬

十萬卷樓叢書五十一種 （清）陸心源編 清
光緒歸安陸氏刻本 四冊 存一種

330000－4735－0002752 05762 子部/醫家
類/眼科之屬

傅氏眼科審視瑤函六卷首一卷 （明）傅仁宇
撰 （明）林長生校補 清石印本 一冊

330000－4735－0002753 00671 經部/四書
類/論語之屬/專著

鄉黨圖考十卷 （清）江永撰 清綠蔭堂刻本
四冊

330000－4735－0002754 05763 子部/醫家

類/眼科之屬

傅氏眼科審視瑤函六卷 （明）傅仁宇撰
（明）林長生校補　清石印本　一冊　存二卷
（五至六）

330000－4735－0002755　03109　史部/編年
類/通代之屬

訂正通鑑綱目前編二十五卷 （明）南軒撰
明萬曆刻本　五冊　存十二卷（三至五、十四
至十六、十八至二十、二十三至二十五）

330000－4735－0002756　00672　經部/四書
類/論語之屬/專著

鄉黨圖考十卷 （清）江永撰　清綠蔭堂刻本
四冊　存六卷（一、四、七至十）

330000－4735－0002757　00673　經部/四書
類/總義之屬/傳說

御製繙譯四書六卷（滿漢合璧） （清）鄂爾泰
等譯　清光緒十六年（1890）荊州駐防繙譯總
學刻本　六冊

330000－4735－0002759　05791　類叢部/叢
書類/彙之屬

藝海珠塵二百六種 （清）吳省蘭輯　清嘉慶
南匯吳氏聽彝堂刻本　一冊　存三種

330000－4735－0002762　05766　子部/醫家
類/兒科之屬/痘疹

麻症集成四卷 （清）朱載揚輯撰　（清）朱夢
裘校編　清宣統元年（1909）紹興公報社鉛印
本　一冊

330000－4735－0002768　00676－00601　經
部/四書類/總義之屬/傳說

四書朱子本義匯參四十三卷首四卷 （清）王
步青輯　清乾隆十年（1745）敦復堂刻本　三
冊　存四卷（大學二、中庸六、論語十五至十
六）

330000－4735－0002771　00677－00603　經
部/四書類/總義之屬/傳說

四書朱子本義匯參四十三卷首四卷 （清）王
步青輯　清乾隆十年（1745）敦復堂刻本　七
冊　存十四卷（中庸首，一至二、五至六；論語

首,一至五、七至八、十四）

330000－4735－0002774　00678　經部/四書
類/總義之屬/傳說

四書朱子本義匯參四十三卷首四卷 （清）王
步青輯　清乾隆十年（1745）敦復堂刻本　八
冊　存十四卷（論語七至二十）

330000－4735－0002775　03110　史部/編年
類/通代之屬

續通鑑綱目二十七卷 （明）商輅等撰　（明）
周禮發明　（明）張時泰廣義　明刻本　三冊
存三卷（九、十一至十二）

330000－4735－0002778　02490　類叢部/叢
書類/自著之屬

留書種閣集九種 （清）黃炳垕撰　清同治六
年至光緒二十年（1867－1894）餘姚黃氏留書
種閣刻本　一冊　存一種

330000－4735－0002780　00679　經部/四書
類/論語之屬/傳說

論語集註十卷 （宋）朱熹撰　清刻本　二冊

330000－4735－0002781　03112　史部/編年
類/斷代之屬

東華錄詳節二十四卷 （清）鄔樹庭編　清光
緒二十六年（1900）上海東文學堂石印本　十
六冊

330000－4735－0002782　00680　經部/四書
類/總義之屬/傳說

留楳大學中庸訂解二卷 （清）周鑑輯　清乾
隆六十年（1795）刻本　林璋題簽並記　一冊

330000－4735－0002783　05773　子部/醫家
類/方書之屬/單方驗方

急救經驗良方一卷 清石印本　一冊

330000－4735－0002784　00681　經部/四書
類/論語之屬/傳說

論語集註十卷 （宋）朱熹撰　清刻本　一冊
存一卷（八）

330000－4735－0002786　03113　史部/編年
類/斷代之屬

137

東華續錄一百卷(咸豐朝) 潘頤福編 清刻本 一冊 存六卷(六十一至六十六)

330000－4735－0002787 02432 史部/雜史類/斷代之屬

平湖殉難錄一卷 (清)彭潤章輯 清光緒刻本 一冊

330000－4735－0002788 03114－03822 史部/編年類/通代之屬

綱鑑正史約三十六卷綱鑑附記一卷 (明)顧錫疇撰 明崇禎刻本 一冊 存二卷(三至四)

330000－4735－0002790 00682 經部/四書類/論語之屬/傳說

論語集註十卷 (宋)朱熹撰 清刻本 一冊 存五卷(一至五)

330000－4735－0002791 03115 史部/編年類/通代之屬

資治通鑑綱目五十九卷 (宋)朱熹撰 (明)陳仁錫評 資治通鑑綱目續編一卷 (明)陳樫撰 (明)陳仁錫評 資治通鑑綱目前編二十五卷 (明)南軒撰 (明)陳仁錫評 續資治通鑑綱目二十七卷 (明)商輅等撰 (明)陳仁錫評 清嘉慶八年(1803)敬書堂刻本 二冊 存二卷(七至八)

330000－4735－0002792 03116 史部/編年類/通代之屬

資治通鑑綱目五十九卷 (宋)朱熹撰 清刻本 一冊 存一卷(五十二)

330000－4735－0002794 02492 史部/傳記類/總傳之屬/斷代

碑傳集一百六十卷 (清)錢儀吉輯 清光緒十九年(1893)江蘇書局刻本 二冊 存六卷(一百四十二至一百四十三、一百四十九至一百五十二)

330000－4735－0002795 03117 史部/編年類/通代之屬

資治通鑑彙刻 清同治至光緒江蘇書局刻本 二冊 存一種

330000－4735－0002797 03118 史部/編年類/通代之屬

資治通鑑綱目全書四種 明崇禎刻本 一冊 存一種

330000－4735－0002798 00684 經部/四書類/總義之屬/傳說

留楹大學中庸訂解二卷 (清)周鑑輯 清乾隆六十年(1795)刻本 一冊

330000－4735－0002799 03119 史部/編年類/通代之屬

資治通鑑綱目五十九卷 (宋)朱熹撰 明刻本 一冊 存一卷(二十一)

330000－4735－0002802 00687 經部/四書類/總義之屬/傳說

學庸或問二卷 清刻本 一冊

330000－4735－0002803 00688 經部/叢編

鍾秀盦經學 (清)李鐐輯 清光緒李氏習琴書堂刻本 一冊 存一種

330000－4735－0002804 00689 經部/四書類/總義之屬/傳說

四書集註大全四十三卷 (明)胡廣等輯 清刻本 一冊 存一卷(中庸章句大全)

330000－4735－0002805 03120 類叢部/叢書類/家集之屬

江都陳氏叢書七種 (清)陳本禮 (清)陳逢衡撰 清嘉慶至道光刻本 四冊 存一種

330000－4735－0002806 00690 經部/四書類/總義之屬/傳說

三魚堂四書大全三十九卷 (清)陸隴其輯 論語考異孟子考異 (宋)王應麟撰 清康熙四十一年(1702)當湖陸氏刻本 一冊 存一卷(大學大全章句)

330000－4735－0002807 03121 史部/編年類/斷代之屬

十一朝東華約錄二百三十二卷 (清)王祖顯輯 清光緒二十八年(1902)石印本 四冊 存十二卷(二百二十、二百二十二至二百三十二)

330000－4735－0002808　03122　史部/編年類/斷代之屬

東華錄三十二卷　（清）蔣良騏撰　清刻本
八冊

330000－4735－0002809　00691　類叢部/叢書類/自著之屬

槐軒全書二十一種附九種　（清）劉沅撰　清咸豐至民國刻彙印本　一冊　存一種

330000－4735－0002810　02494　史部/傳記類/別傳之屬/事狀

皇清賜進士出身誥授光祿大夫諭賜祭葬都察院左副都御使署兩廣總督前浙江巡撫顯考彤甫府君[晏端書]行略不分卷　（清）晏方琦述　清刻本　一冊

330000－4735－0002812　06319　子部/農家農學類/蠶桑之屬

蠶桑萃編十五卷首一卷　（清）衛杰撰　清光緒二十六年(1900)浙江書局刻本　二冊　存三卷(首、一至二)

330000－4735－0002813　00692　類叢部/叢書類/自著之屬

槐軒全書二十一種附九種　（清）劉沅撰　清咸豐至民國刻彙印本　一冊　存一種

330000－4735－0002814　02496　史部/政書類/公牘檔冊之屬

南洋勸業會審查得獎名冊不分卷　清宣統二年(1910)上海商務印書館鉛印本　二冊

330000－4735－0002815　03123　史部/史評類/史論之屬

歷朝綱鑑總論不分卷　（明）楊古度撰　清光緒二十七年(1901)文奎堂刻本　二冊

330000－4735－0002816　00693　經部/四書類/中庸之屬/傳說

十先生中庸集解二卷附錄一卷　（宋）石𪟝編　清道光二十九年(1849)莫氏影山草堂刻本　二冊

330000－4735－0002817　02397　史部/傳記類/總傳之屬/仕宦

貳臣傳十二卷逆臣傳四卷　（清）國史館撰　清都城琉璃廠半松居士刻本　二冊　存四卷(逆臣傳一至四)

330000－4735－0002818　05777　子部/雜著類/雜說之屬

定香亭筆談四卷　（清）阮元撰　清光緒二十五年(1899)浙江書局刻本　三冊　存三卷(一至二、四)

330000－4735－0002819　05781　子部/小說家類/異聞之屬

山海經廣注十八卷雜述一卷圖五卷　（清）吳任臣撰　清刻本　二冊　存五卷(一至三、雜述、圖一)

330000－4735－0002820　02402　史部/傳記類/總傳之屬/仕宦

貳臣傳十二卷逆臣傳四卷　（清）國史館撰　清都城琉璃廠半松居士刻本　四冊　存十二卷(一至十二)

330000－4735－0002821　00694　經部/四書類/總義之屬/傳說

四書朱子本義匯參四十三卷首四卷　（清）王步青輯　清漁古山房刻本　陳壽題簽並記十二冊

330000－4735－0002822　03124　類叢部/叢書類/彙編之屬

增訂漢魏叢書八十六種　（清）王謨編　清乾隆五十六年(1791)金谿王氏刻本　一冊　存一種

330000－4735－0002824　08212　集部/詞類/類編之屬

宋元名家詞十五種　（清）江標編　清光緒二十一年(1895)湖南思賢書局刻本　四冊

330000－4735－0002825　02304　史部/目錄類/總錄之屬/彙刻

皇清經解檢目八卷通用表一卷　（清）蔡啟盛編　清光緒十二年(1886)武林刻本　清章桂馨題記　一冊　存四卷(一至四)

330000－4735－0002826　00695　經部/四書

類/總義之屬/傳說

四書味根錄三十九卷 （清）金澂撰 清刻本
六冊 存三十二卷（論語首、一至二十；孟
子首、一至六、十一至十四）

330000－4735－0002827 05800 子部/小說
家類/異聞之屬

夷堅甲志二十卷乙志二十卷丙志二十卷丁志
二十卷 （宋）洪邁撰 清光緒五年（1879）吳
興陸氏十萬卷樓刻本 三冊 存二十五卷
（甲志一至十四、丙志十至二十）

330000－4735－0002828 03125 類叢部/叢
書類/彙編之屬

祕書廿一種 （清）汪士漢編 清康熙七年
（1668）汪士漢據明刻古今逸史板重編印本
一冊 存三種

330000－4735－0002829 05784 子部/小說
家類/瑣語之屬

觚賸八卷續編四卷 （清）鈕琇輯 清康熙臨
野堂刻本 一冊 存二卷（續編一至二）

330000－4735－0002830 02305 史部/目錄
類/總錄之屬/彙刻

皇清經解檢目八卷通用表一卷 （清）蔡啟盛
編 清光緒十二年（1886）武林刻本 一冊
存四卷（一至四）

330000－4735－0002831 00696 經部/四書
類/總義之屬/傳說

四書味根錄三十九卷 （清）金澂撰 清刻本
雨亭題籤並記 七冊 存二十八卷（論語
首、一至二十，孟子四至八、十三至十四）

330000－4735－0002832 02306 史部/目錄
類/總錄之屬/彙刻

皇清經解檢目八卷通用表一卷 （清）蔡啟盛
編 清光緒十二年（1886）武林刻本 二冊

330000－4735－0002833 00697 經部/四書
類/總義之屬/傳說

四書襯十九卷 （清）駱培撰 清刻本 陳氏
題籤 六冊

330000－4735－0002834 02421 史部/目錄

類/總錄之屬/彙刻

皇清經解橫直縮編目十六卷 （清）凌忠照編
（清）張紹銘分輯 清光緒十八年（1892）上
海古香閣石印本 三冊 缺四卷（三至六）

330000－4735－0002835 03126 類叢部/叢
書類/彙編之屬

增訂漢魏叢書八十六種 （清）王謨編 清乾
隆五十六年（1791）金谿王氏刻本 一冊 存
二種

330000－4735－0002836 02422 史部/目錄
類/總錄之屬/彙刻

皇清經解縮版編目十六卷 （清）陶治元編
清石印本 一冊 存十卷（七至十六）

330000－4735－0002837 05785 子部/小說
家類/異聞之屬

博物志十卷 （晉）張華撰 清刻本 一冊
存七卷（四至十）

330000－4735－0002838 03127 史部/編年
類/斷代之屬

清史攬要六卷 （日本）增田貢撰 清光緒二
十七年（1901）杭州白話報館石印本 一冊
存三卷（四至六）

330000－4735－0002839 05786 類叢部/叢
書類/彙編之屬

二酉堂叢書（張氏叢書）二十一種 （清）張澍
輯 清道光元年（1821）武威張氏二酉堂刻本
一冊 存三種

330000－4735－0002840 03129 史部/編年
類/通代之屬

富文堂綱鑑易知錄九十二卷 （清）吳乘權
（清）周之炯 （清）周之燦輯 清刻本 一冊
存三卷（八十至八十二）

330000－4735－0002841 03130 史部/編年
類/通代之屬

萬國綱鑑易知錄二十卷 （日本）岡本監輔撰
清光緒二十七年（1901）上海書局石印本
六冊

330000－4735－0002842 08213 集部/總集

類/選集之屬/斷代

唐詩三百首續選一卷 （清）于慶元編　清刻本　一冊

330000－4735－0002844　02334　史部/地理類/專志之屬/祠墓

兩浙防護陵寢祠墓錄不分卷 （清）阮元輯　清光緒十五年(1889)浙江書局刻本　二冊

330000－4735－0002845　05792　類叢部/叢書類/彙編之屬

增訂漢魏叢書八十六種 （清）王謨編　清乾隆五十六年(1791)金谿王氏刻本　一冊　存一種

330000－4735－0002846　05793　類叢部/叢書類/彙編之屬

增訂漢魏叢書八十六種 （清）王謨編　清乾隆五十六年(1791)金谿王氏刻本　二冊　存一種

330000－4735－0002847　02337　史部/地理類/專志之屬/祠墓

兩浙防護陵寢祠墓錄不分卷 （清）阮元輯　清光緒十五年(1889)浙江書局刻本　二冊

330000－4735－0002848　05794　子部/雜著類/雜纂之屬

陳刻二種 （清）陳世修輯　清光緒元年至二年(1875－1876)陳氏庸閒齋刻本　二冊　存一種

330000－4735－0002849　03132－08116　類叢部/叢書類/自著之屬

李文忠公全集六種 （清）李鴻章撰　（清）吳汝綸編錄　清光緒三十一年(1905)金陵刻三十四年(1908)印本　六冊　存一種

330000－4735－0002850　02497　史部/傳記類/總傳之屬/仕宦

碧血錄五卷 （清）莊仲方撰　（清）夏鸞翔繪圖　清光緒八年(1882)上海同文書局石印本　五冊

330000－4735－0002851　02498　史部/傳記類/總傳之屬/儒林

北學編四卷補遺一卷 （清）魏一鼇輯　（清）尹會一續　清光緒十四年(1888)四川尊經書院刻本　二冊

330000－4735－0002852　05780　子部/小說家類/異聞之屬

酉陽雜俎二十卷 （唐）段成式撰　清刻本　一冊　存五卷(十六至二十)

330000－4735－0002853　03133　史部/詔令奏議類/奏議之屬

唐陸宣公奏議讀本四卷首一卷 （唐）陸贄撰　（清）汪銘謙輯　清道光九年(1829)貽安堂刻本　一冊

330000－4735－0002854　03134　史部/詔令奏議類/奏議之屬

唐陸宣公奏議讀本四卷首一卷 （唐）陸贄撰　（清）汪銘謙輯　清道光九年(1829)貽安堂刻本　二冊　缺二卷(二、四)

330000－4735－0002855　05795　子部/小說家類/異聞之屬

酉陽雜俎二十卷 （唐）段成式撰　清刻本　雨孫題簽　一冊　存八卷(八至十五)

330000－4735－0002856　05796　子部/小說家類/異聞之屬

酉陽雜俎二十卷 （唐）段成式撰　清刻本　二冊　存十卷(六至十五)

330000－4735－0002857　03135　史部/詔令奏議類/奏議之屬

陸宣公奏議願學編二卷 （唐）陸贄撰　（清）蔡方炳評輯　清刻本　白鶴山樵題簽　二冊

330000－4735－0002858　03136　史部/詔令奏議類/奏議之屬

郭侍郎奏疏十二卷 （清）郭嵩燾撰　清光緒十八年(1892)刻本　七冊　存七卷(一、三至五、八、十、十二)

330000－4735－0002859　05787　類叢部/叢書類/彙編之屬

增訂漢魏叢書八十六種 （清）王謨編　清乾隆五十六年(1791)金谿王氏刻本　三冊　存

九種

330000 – 4735 – 0002860　02499　類叢部/叢書類/自著之屬

顧亭林先生遺書彙輯二十三種附錄三種　清光緒十一年至三十二年(1885－1906)朱氏槐廬家塾刻本　一冊　存三種

330000 – 4735 – 0002861　03137　史部/詔令奏議類/奏議之屬

郭侍郎奏疏十二卷　(清)郭嵩燾撰　清光緒十八年(1892)刻本　十冊　缺二卷(四、八)

330000 – 4735 – 0002862　05790　子部/小說家類/雜事之屬

世說新語六卷　(南朝宋)劉義慶撰　清刻本　一冊　存二卷(三至四)

330000 – 4735 – 0002863　05798　類叢部/叢書類/彙編之屬

增訂漢魏叢書八十六種　(清)王謨編　清乾隆五十六年(1791)金谿王氏刻本　一冊　存一種

330000 – 4735 – 0002864　08214　集部/總集類/選集之屬/通代

御選唐宋文醇五十八卷目錄一卷　(清)高宗弘曆輯　清乾隆刻本　一冊　存四卷(十五至十八)

330000 – 4735 – 0002865　08218　類叢部/叢書類/自著之屬

顧亭林先生遺書十種補遺十一種　(清)顧炎武撰　(清)席威　(清)朱記榮　清蓬瀛閣刻吳縣朱記榮增刻光緒三十二年(1906)彙印本　一冊　存二種

330000 – 4735 – 0002866　05803　類叢部/叢書類/彙編之屬

增訂漢魏叢書八十六種　(清)王謨編　清乾隆五十六年(1791)金谿王氏刻本　一冊　存四種

330000 – 4735 – 0002867　02392　史部/目錄類/專錄之屬

全上古三代秦漢三國晉南北朝文編目一百三卷　(清)嚴可均輯　(清)蔣壑編　清光緒五年(1879)刻本　一冊　存六卷(九十一至九十六)

330000 – 4735 – 0002868　05808 – 05803　類叢部/叢書類/彙編之屬

增訂漢魏叢書八十六種　(清)王謨編　清乾隆五十六年(1791)金谿王氏刻本　一冊　存四種

330000 – 4735 – 0002869　08216　集部/總集類/課藝之屬

狀元策不分卷(清嘉慶辛酉科至同治戊辰科)　清末京都琉璃廠文琳堂書坊刻本　十冊

330000 – 4735 – 0002870　02500　史部/傳記類/總傳之屬/仕宦

貳臣傳十二卷逆臣傳四卷　(清)國史館撰　清都城琉璃廠半松居士刻本　曾士瀛批跋　四冊

330000 – 4735 – 0002872　02501　史部/傳記類/總傳之屬/仕宦

貳臣傳十二卷逆臣傳四卷　(清)國史館撰　清都城琉璃廠半松居士刻本　一冊　存二卷(逆臣傳一至二)

330000 – 4735 – 0002873　02502　史部/傳記類/總傳之屬/仕宦

貳臣傳十二卷逆臣傳四卷　(清)國史館撰　清都城琉璃廠半松居士刻本　三冊　存六卷(五至六、九至十二)

330000 – 4735 – 0002874　05806　子部/小說家類/異聞之屬

山海經十八卷圖讚一卷　(晉)郭璞傳　**山海經補註一卷**　(明)楊慎撰　清光緒十年(1884)汗青簃刻本　二冊

330000 – 4735 – 0002875　02503　史部/傳記類/總傳之屬/仕宦

貳臣傳十二卷逆臣傳四卷　(清)國史館撰　清都城琉璃廠半松居士刻本　二冊　存四卷(逆臣傳一至四)

330000 – 4735 – 0002877　00698　經部/四書

類/總義之屬/傳說

四書體註合講十九卷 （清）翁復編 清光緒
四年(1878)翠筠山房刻本 六冊

330000－4735－0002878 00699 經部/四書
類/總義之屬/傳說

四書貫珠講義十九卷 （清）林文竹輯 清光
緒三年(1877)酉腴仙館鉛印本 十冊

330000－4735－0002879 02504 史部/傳記
類/總傳之屬/仕宦

貳臣傳十二卷逆臣傳四卷 （清）國史館撰
清都城琉璃廠半松居士刻本 六冊 缺四卷
（一至二、十一至十二）

330000－4735－0002880 00700 經部/四書
類/總義之屬/傳說

四書味根錄三十九卷 （清）金澂撰 清刻本
五冊 存二十九卷(論語首、一至二十,孟
子七至十四)

330000－4735－0002881 05811 子部/小說
家類/異聞之屬

**山海經箋疏十八卷圖讚一卷訂譌一卷敘錄一
卷** （清）郝懿行撰 清光緒十九年(1893)上
海仿古齋石印本 五冊 缺一卷(五)

330000－4735－0002882 02505 史部/傳記
類/總傳之屬/仕宦

貳臣傳十二卷逆臣傳四卷 （清）國史館撰
清都城琉璃廠半松居士刻本 六冊 存十二
卷(一至十二)

330000－4735－0002883 00701 經部/四書
類/總義之屬/傳說

四書襯十九卷 （清）駱培撰 清刻本 六冊

330000－4735－0002885 05812 子部/小說
家類/異聞之屬

**山海經箋疏十八卷圖讚一卷訂譌一卷敘錄一
卷** （清）郝懿行撰 清光緒十九年(1893)上
海仿古齋石印本 一冊 缺十二卷(一至十
二)

330000－4735－0002886 05813 子部/雜著
類/雜纂之屬

兩般秋雨盦隨筆八卷 （清）梁紹壬撰 清刻
本 一冊 存一卷(三)

330000－4735－0002887 05814 子部/小說
家類/雜事之屬

虞初續志十二卷 （清）鄭澍若輯 清咸豐元
年(1851)小嬛嬛山館刻本 一冊 存三卷
（十至十二）

330000－4735－0002888 02506 史部/傳記
類/別傳之屬/事狀

李鴻章（中國四十年來大事記）十二章 梁啟
超撰 清末鉛印本 一冊

330000－4735－0002894 05816 類叢部/叢
書類/自著之屬

隨園三十種 （清）袁枚撰 清刻本 一冊
存一種

330000－4735－0002896 05817 類叢部/叢
書類/自著之屬

隨園三十種 （清）袁枚撰 清刻本 一冊
存一種

330000－4735－0002897 05818 子部/小說
家類/異聞之屬

博物志十卷 （晉）張華撰 **續博物志十卷**
(唐)李石撰 清刻本 一冊

330000－4735－0002899 05815 類叢部/叢
書類/彙編之屬

祕書廿一種 （清）汪士漢編 清康熙七年
(1668)汪士漢據明刻古今逸史板重編印本
一冊 存一種

330000－4735－0002903 05822 子部/小說
家類/異聞之屬

剪燈新話二卷 （明）瞿祐撰 清同治十年
(1871)文盛堂刻本 二冊

330000－4735－0002907 05823 子部/小說
家類/異聞之屬

剪燈新話二卷 （明）瞿祐撰 清同治十年
(1871)文盛堂刻本 二冊

330000－4735－0002909 05824 子部/小說

家類/異聞之屬

剪燈餘話三卷 （明）李禎撰　清刻本　二冊
　存二卷(一至二)

330000－4735－0002912　05826　子部/小說
家類/異聞之屬

閱微草堂筆記二十四卷 （清）紀昀撰　清刻
本　一冊　存二卷(槐西雜志三至四)

330000－4735－0002915　05827　子部/小說
家類/諧謔之屬

增補一夕話六卷 （清）咄咄夫撰　清刻本
一冊　存二卷(五至六)

330000－4735－0002916　05830　子部/小說
家類/異聞之屬

閱微草堂筆記二十四卷 （清）紀昀撰　清光
緒十三年(1887)上海廣百宋齋鉛印本　三冊
　存二十卷(一至十二、十七至二十四)

330000－4735－0002921　05828　子部/小說
家類/瑣語之屬

客窗閒話八卷續八卷 （清）吳熾昌撰　清光
緒元年(1875)味經堂刻本　二冊　存四卷
(續三至四、七至八)

330000－4735－0002925　05835　子部/小說
家類/異聞之屬

夷堅志十集二十卷 （宋）洪邁撰　清刻本
四冊　存八卷(丙上下、辛上下、壬上下、癸上
下)

330000－4735－0002926　00714　經部/四書
類/總義之屬/傳說

四書論經正篇二卷首一卷 清光緒二十七年
(1901)石印本　四冊

330000－4735－0002927　05837　子部/雜著
類/雜纂之屬

兩般秋雨盦隨筆八卷 （清）梁紹壬撰　清木
活字印本　項士元批　三冊　存七卷(一至
四、六至八)

330000－4735－0002928　00715　經部/四書
類/總義之屬/傳說

四書論經正篇二卷首一卷 清光緒二十七年

(1901)石印本　馬子東題簽並記　二冊

330000－4735－0002929　03151　史部/詔令
奏議類/詔令之屬

**諭摺彙存不分卷(清光緒二十一年至二十三
年、二十五年至二十八年)** 　清光緒鉛印本
一百六冊

330000－4735－0002930　00716　經部/四書
類/總義之屬/傳說

四書義經正篇二卷首一卷 （清）三魚書屋輯
　清光緒二十七年(1901)上海掃葉山房石印
本　二冊　存二卷(一至二)

330000－4735－0002931　05838　類叢部/叢
書類/彙編之屬

藝苑捃華四十八種 （清）顧之逵編　清同治
刻本　六冊　存二十七種

330000－4735－0002933　03152　史部/詔令
奏議類/詔令之屬

**諭摺彙存不分卷(清光緒二十六年、二十八
年)** 　清光緒鉛印本　二冊

330000－4735－0002936　03153　史部/詔令
奏議類/奏議之屬

變法奏議叢鈔不分卷 （清）欣賞齋主人編
清光緒二十七年(1901)上海書局石印本
一冊

330000－4735－0002939　03154　史部/詔令
奏議類/奏議之屬

聖朝名公奏議八卷 （清）陳弢輯　清石印本
　朱怡菴題簽　一冊　存二卷(二至三)

330000－4735－0002945　00723　經部/四書
類/總義之屬/傳說

四書圖考十三卷 （清）杜炳撰　清光緒十三
年(1887)鴻文書局石印本　四冊

330000－4735－0002947　05851　子部/小說
家類/異聞之屬

山海經十八卷 （晉）郭璞傳　（明）吳中珩校
　清刻本　一冊　存四卷(一至四)

330000－4735－0002948　00724　經部/四書

類/總義之屬/傳說

四書圖考十三卷 （清）杜炳撰　清光緒十三年(1887)鴻文書局石印本　二冊

330000－4735－0002949　05856　子部/小說家類/雜事之屬

漁磯漫鈔十卷 （清）汪琇瑩　（清）雷琳（清）莫劍光輯　清同治十年(1871)刻本　蔚青題簽　四冊

330000－4735－0002950　00725　經部/四書類/總義之屬/傳說

四書典林三十卷 （清）江永輯　清刻本　四冊　存十卷(六至七、十至十五、十九至二十)

330000－4735－0002952　05858　子部/小說家類/異聞之屬

池上草堂筆記八卷 （清）梁恭辰撰　清同治十二年(1873)聽鸝館主人金陵刻本　四冊存四卷(二、五至七)

330000－4735－0002953　00726　經部/四書類/總義之屬/傳說

四書典林三十卷 （清）江永輯　清刻本　一冊　存四卷(二十至二十三)

330000－4735－0002954　02510　史部/傳記類/別傳之屬/年譜

胡少師[舜陟]年譜二卷 （清）胡培翬輯(清)胡培系補編　清光緒十年(1884)胡廷楨刻本　一冊

330000－4735－0002955　00727　經部/四書類/總義之屬/傳說

四書人物類典串珠四十卷 （清）臧志仁輯　清刻本　二冊　存七卷(一至二、三十六至四十)

330000－4735－0002956　00728　經部/四書類/總義之屬/傳說

四書人物類典串珠四十卷 （清）臧志仁輯　清刻本　二冊　存六卷(五至七、二十五至二十七)

330000－4735－0002957　05859　類叢部/叢書類/彙編之屬

說鈴前集三十七種後集十六種 （清）吳震方編　清刻本　一冊　存一種

330000－4735－0002958　05854　類叢部/叢書類/彙編之屬

藝苑捃華四十八種 （清）顧之逵編　清同治刻本　二冊　存一種

330000－4735－0002959　00729　經部/四書類/論語之屬/傳說

論語集註十卷 （宋）朱熹撰　清刻本　二冊

330000－4735－0002961　03155　史部/詔令奏議類/奏議之屬

維新奏議二十卷 （清）李宗堂等輯　（清）朱鋕纂訂　清光緒二十八年(1902)上海書局石印本　五冊　存十六卷(一至十二、十七至二十)

330000－4735－0002962　00730　經部/四書類/論語之屬/傳說

論語集註十卷 （宋）朱熹撰　清刻本　王盛恐題簽　一冊　存五卷(一至五)

330000－4735－0002963　02512　史部/傳記類/別傳之屬

宜堂類編二十五卷 丁立中編　清光緒二十六年(1900)錢塘丁氏嘉惠堂刻本　三冊　存七卷(十八至二十四)

330000－4735－0002964　05820　類叢部/叢書類/彙編之屬

祕書廿一種 （清）汪士漢編　清刻本　二冊　存四種

330000－4735－0002965　00731　類叢部/叢書類/彙編之屬

海山仙館叢書五十六種 （清）潘仕成編　清道光二十五年至咸豐元年(1845－1851)番禺潘氏刻光緒十一年(1885)增刻彙印本　一冊　存一種

330000－4735－0002966　02513　史部/傳記類/別傳之屬

宜堂類編二十五卷 丁立中編　清光緒二十六年(1900)錢塘丁氏嘉惠堂刻本　一冊　存

二卷(二十至二十一)

330000－4735－0002972　03167　類叢部/叢書類/郡邑之屬

武林掌故叢編一百九十種　（清）丁丙編　清光緒三年至二十六年(1877－1900)錢塘丁氏嘉惠堂刻本　十冊　存十一種

330000－4735－0002974　05876　子部/儒家類/儒家之屬

孔氏家語十卷　（三國魏）王肅注　清刻本　二冊

330000－4735－0002976　02516　史部/傳記類/別傳之屬/事狀

鄂國金佗稡編二十八卷續編三十卷　（宋）岳珂編　清光緒九年(1883)浙江書局刻本　九冊　存四十五卷(五至八、十三至二十八，續編一至二十、二十六至三十)

330000－4735－0002977　05878　子部/儒家類/儒學之屬/性理

近思錄集注十四卷考訂朱子世家一卷　（清）江永撰　**校勘記一卷**　（清）王炳撰　清同治八年(1869)刻本　曾士瀛題簽並記　二冊　缺九卷(一至九)

330000－4735－0002979　05886　子部/儒家類/儒學之屬/禮教/家訓

治嘉格言一卷　（清）陸隴其撰　清刻本　一冊

330000－4735－0002980　02092　類叢部/叢書類/彙編之屬

古文七種附一種　（清）儲欣選評　清雍正元年(1723)受祉堂刻本　二冊　存二種

330000－4735－0002981　00736　經部/四書類/總義之屬

四書古註羣義彙解九種九十四卷　（清）□□輯　清光緒十六年(1890)上海珍藝書局鉛印本　一冊　存一種

330000－4735－0002982　05889　子部/儒家類/儒學之屬/性理

御纂性理精義十二卷　（清）李光地等纂修

清刻本　六冊

330000－4735－0002983　05890　類叢部/叢書類/彙編之屬

廣漢魏叢書八十種　（明）何允中編　清嘉慶刻本　一冊　存一種

330000－4735－0002985　02518　類叢部/叢書類/自著之屬

敝帚齋遺書四種　（清）徐鼒撰　清光緒三年(1877)六合徐氏刻本　一冊　存一種

330000－4735－0002986　05891、05989　子部/儒家類/儒學之屬/性理

性理標題綜要二十二卷　（明）詹淮撰　（明）陳仁錫訂正　明崇禎刻本　六冊　存十二卷(二至五、八至十一、十四至十七)

330000－4735－0002987　03156　史部/詔令奏議類/奏議之屬

皇清奏議六十八卷首一卷　題（清）琴川居士編　清光緒二十八年(1902)雲間麗澤學會石印本　一冊　存九卷(四十二至五十)

330000－4735－0002988　02519　史部/傳記類/別傳之屬/年譜

徵君孫先生[奇逢]年譜二卷　（清）湯斌等編　（清）方苞訂正　清光緒十三年(1887)繼善堂刻本　一冊

330000－4735－0002989　00738　經部/叢編

遵阮本重校印十三經注疏并校勘記　（清）阮元撰校勘記　（清）盧宣旬摘錄校勘記　清光緒十三年(1887)上海點石齋石印本　一冊　存一種

330000－4735－0002991　02520　史部/傳記類/別傳之屬/事狀

鄉賢商巖公[傅羮梅]事略三卷　（清）傅雲龍編　清末德清傅氏籑喜廬石印本　一冊

330000－4735－0002992　00739　經部/四書類/孟子之屬/傳說

孟子集註七卷　（宋）朱熹撰　清刻本　一冊　存二卷(六至七)

330000 – 4735 – 0002994　03158　　史部/詔令奏議類/奏議之屬

撫黔奏疏八卷　（清）楊雍建撰　清刻本　一冊　存一卷（五）

330000 – 4735 – 0002995　02521　史部/傳記類/別傳之屬/年譜

朱子年譜四卷考異四卷附錄朱子論學切要語二卷附校勘記三卷　（清）王懋竑撰并輯（清）王炳校勘　清同治九年（1870）永康應氏刻本　三冊　缺四卷（考異一至四）

330000 – 4735 – 0002996　00741　經部/四書類/總義之屬/傳說

便蒙四書正文四種　清寧郡汲綆齋刻本　一冊　存一種

330000 – 4735 – 0002997　03159　史部/雜史類/斷代之屬

本朝史講義不分卷　汪榮寶撰　清京師學務印書官局鉛印本　一冊

330000 – 4735 – 0002998　00742　經部/四書類

四書正文七卷　清黃邑大酉山房刻本　三冊　缺二卷（論語一、孟子一）

330000 – 4735 – 0002999　02522　史部/傳記類/別傳之屬/年譜

朱子年譜四卷考異四卷附錄朱子論學切要語二卷附校勘記三卷　（清）王懋竑撰并輯（清）王炳校勘　清同治九年（1870）永康應氏刻本　一冊　存五卷（朱子論學切要語一至二、校勘記一至三）

330000 – 4735 – 0003000　00743　經部/四書類

四書正文七卷　清刻本　一冊　存一卷（論語二）

330000 – 4735 – 0003001　03160　史部/政書類/儀制之屬/專志/科舉校規

學部奏咨輯要四卷續編四卷三編一卷　（清）學部總務司案牘科編　清宣統元年（1909）鉛印本　一冊　存一卷（一）

330000 – 4735 – 0003002　02523　史部/傳記類/別傳之屬/年譜

漁洋山人自撰年譜二卷　（清）王士禛撰（清）惠棟註補　**金氏精華錄箋註辯訛一卷**（清）惠棟撰　清乾隆東吳惠棟紅豆齋刻本　一冊

330000 – 4735 – 0003003　03161　史部/詔令奏議類/奏議之屬

分年籌備事宜摺一卷　清宣統元年（1909）浙江官紙總局鉛印本　一冊

330000 – 4735 – 0003004　00433　經部/叢編

四益館經學叢書　廖平撰　清光緒十二年（1886）成都刻本　四冊　存四種

330000 – 4735 – 0003005　03162　史部/詔令奏議類/奏議之屬

嘉定長白二先生奏議四卷附長白先生年譜一卷　夏震武輯　清宣統二年（1910）京邸鉛印本　二冊

330000 – 4735 – 0003007　00745　經部/四書類/總義之屬/傳說

四書翼注論文三十卷　（清）張甄陶撰　清刻本　曾士瀛題簽、題記並跋　三冊　存十七卷（下論一至十、上孟一至三、下孟一至四）

330000 – 4735 – 0003008　03163　史部/詔令奏議類/詔令之屬

硃批諭旨不分卷　（清）世宗胤禛批　（清）張廷玉等編次　清乾隆三年（1738）刻朱墨套印本　三冊

330000 – 4735 – 0003013　05898　子部/雜著類/雜說之屬

定香亭筆談四卷　（清）阮元撰　清光緒二十五年（1899）浙江書局刻本　四冊

330000 – 4735 – 0003015　03164　史部/詔令奏議類/詔令之屬

諭旨一卷（清光緒十二年）　清光緒鉛印本　一冊

330000 – 4735 – 0003016　05899　類叢部/叢書類/彙編之屬

增訂漢魏叢書八十六種 （清）王謨編 清乾隆五十六年(1791)金谿王氏刻本 一冊 存二種

330000－4735－0003018 03165 史部/詔令奏議類/詔令之屬

諭旨一卷（清光緒二十六年至宣統元年） 清宣統鉛印本 一冊

330000－4735－0003019 03166 史部/詔令奏議類/奏議之屬

南海先生戊戌奏稿一卷 康有為撰 清宣統三年(1911)鉛印本 一冊

330000－4735－0003023 05987 子部/儒家類/儒學之屬/性理

性理標題綜要二十二卷 （明）詹淮撰 （明）陳仁錫訂正 明刻本 一冊 存一卷(十九)

330000－4735－0003024 02530 史部/傳記類/別傳之屬/年譜

顏習齋先生[元]年譜二卷 （清）李塨纂 （清）王源訂 清刻本 二冊

330000－4735－0003026 05986 子部/儒家類/儒學之屬/性理

顏氏學記十卷 （清）戴望撰 清刻本 二冊 存五卷(六至十)

330000－4735－0003027 02531 類叢部/叢書類/自著之屬

汪雙池先生叢書二十種附浙刻雙池遺書十二種 （清）汪紱撰 清道光至光緒刻光緒二十三年(1897)長安趙舒翹等彙印本 二冊 存一種

330000－4735－0003028 00754 經部/四書類/總義之屬/傳說

四書合纂大成不分卷 （清）沈祖燕輯 清上海鴻寶齋石印本 甄石道人題記 四冊

330000－4735－0003029 03168 類叢部/叢書類/彙編之屬

增訂漢魏叢書八十六種 （清）王謨編 清乾隆五十六年(1791)金谿王氏刻本 二冊 存一種

330000－4735－0003030 05988 類叢部/叢書類/自著之屬

庸書二種附一種 （清）張貞生撰 清講學山房刻本 二冊 存二種

330000－4735－0003031 00755 經部/四書類/總義之屬/傳說

四書全章聯章文備不分卷 清光緒十四年(1888)石印本 七冊

330000－4735－0003033 05998 子部/儒家類/儒學之屬/蒙學

重刻神童詩一卷 清刻本 王盛恐題簽 一冊

330000－4735－0003034 05999 子部/儒家類/儒學之屬/蒙學

德元齋幼學須知直解二卷 （清）程登吉撰 （清）唐良瑜 （清）唐良瑚集注 清德元齋刻本 一冊 存一卷(上)

330000－4735－0003035 02533 史部/傳記類/別傳之屬/年譜

皇清誥授光祿大夫特贈太子太保兵部尚書兼都察院右都御史兩江總督馬端敏公[新貽]年譜一卷 （清）馬新佑編 清刻本 一冊

330000－4735－0003039 06002 子部/儒家類/儒學之屬/蒙學

童子問路四卷 （清）鄭之琮輯 清光緒五年(1879)刻本 二冊

330000－4735－0003041 03169 類叢部/叢書類/彙編之屬

增訂漢魏叢書八十六種 （清）王謨編 清乾隆五十六年(1791)金谿王氏刻本 二冊 存一種

330000－4735－0003044 06004 子部/儒家類/儒學之屬/禮教/女範

女兒經師古重刻一卷 清刻本 柳玉珮題簽 一冊

330000－4735－0003045 06005 子部/儒家類/儒家之屬

孔子家語十卷 （三國魏）王肅注 清刻本

徐耻躬題簽　一冊　存五卷(六至十)

330000－4735－0003046　03170　類叢部/叢書類/彙編之屬

武英殿聚珍版書一百四十八種　清光緒二十五年(1899)廣雅書局刻本　一冊　存一種

330000－4735－0003047　06006　子部/儒家類/儒學之屬/禮教

養正遺規二卷補編一卷　（清）陳弘謀編　清刻本　一冊　存一卷(補編)

330000－4735－0003048　06007　子部/儒家類/儒學之屬/性理

漢學商兌三卷　（清）方東樹撰　清光緒二十六年(1900)浙江書局刻本　三冊　存二卷(中、下)

330000－4735－0003050　06010　子部/儒家類/儒學之屬/經濟

大學衍義四十三卷　（宋）真德秀撰　清刻本　五冊　存二十卷(五至九、二十二至二十六、三十至三十八、四十三)

330000－4735－0003051　03172　史部/紀事本末類/通代之屬

蜀鑑十卷　（宋）郭允蹈撰　**蜀鑑札記一卷**　（清）吳文昇撰　清光緒五年(1879)吳氏詒穀堂刻七年(1881)存仁堂補刻本　二冊

330000－4735－0003052　06012　子部/儒家類/儒學之屬/性理

朱子全書六十六卷　（宋）朱熹撰　（清）李光地等輯　清刻本　一冊　存一卷(六十六)

330000－4735－0003053　06013　子部/儒家類/儒學之屬/俗訓

聖諭廣訓直解一卷　（清）世宗胤禛撰　（清）□□直解　清刻本　一冊

330000－4735－0003054　06014　子部/儒家類/儒學之屬/俗訓

聖諭廣訓直解一卷　（清）世宗胤禛撰　（清）□□直解　清刻本　一冊

330000－4735－0003055　03173　類叢部/叢書類/彙編之屬

增訂漢魏叢書八十六種　（清）王謨編　清乾隆五十六年(1791)金谿王氏刻本　三冊　存二種

330000－4735－0003056　05871　子部/叢編

唐開元小說六種　葉德輝輯　清宣統三年(1911)長沙葉氏觀古堂刻本　一冊　存一種

330000－4735－0003057　03174　類叢部/叢書類/彙編之屬

增訂漢魏叢書八十六種　（清）王謨編　清乾隆五十六年(1791)金谿王氏刻本　二冊　存二種

330000－4735－0003058　06015　子部/儒家類/儒學之屬/勸學

勸學篇二卷　（清）張之洞撰　清鉛印本　一冊　存一卷(下)

330000－4735－0003060　06016　子部/雜著類/雜纂之屬

論學初編不分卷　清石印本　一冊

330000－4735－0003061　02416　史部/雜史類/斷代之屬

明季稗史彙編十六種　（清）留雲居士輯　清刻本　一冊　存二種

330000－4735－0003062　03175　類叢部/叢書類/彙編之屬

增訂漢魏叢書八十六種　（清）王謨編　清乾隆五十六年(1791)金谿王氏刻本　一冊　存一種

330000－4735－0003063　03550　史部/傳記類/別傳之屬/事狀

儒教學一卷　清刻本　一冊

330000－4735－0003064　03176　類叢部/叢書類/彙編之屬

增訂漢魏叢書八十六種　（清）王謨編　清乾隆五十六年(1791)金谿王氏刻本　一冊　存一種

330000－4735－0003065　02536　史部/傳記

149

類/別傳之屬/年譜

明李文正公[東陽]年譜七卷 （清）法式善纂輯 （清）唐仲冕增補 清刻本 一冊 存三卷(五至七)

330000－4735－0003067 03177 類叢部/叢書類/彙編之屬

增訂漢魏叢書八十六種 （清）王謨編 清乾隆五十六年(1791)金谿王氏刻本 一冊 存一種

330000－4735－0003068 02537 史部/傳記類/別傳之屬/年譜

朱子年譜四卷考異四卷附錄朱子論學切要語二卷附校勘記三卷 （清）王懋竑撰并輯 （清）王炳校勘 清同治九年(1870)永康應氏刻本 四冊 缺一卷(年譜二)

330000－4735－0003070 03178 類叢部/叢書類/彙編之屬

增訂漢魏叢書八十六種 （清）王謨編 清乾隆五十六年(1791)金谿王氏刻本 一冊 存二種

330000－4735－0003073 02538 史部/傳記類

孔孟編年 （清）狄子奇輯 清光緒十三年(1887)浙江書局刻本 二冊 存二種

330000－4735－0003075 02539 史部/傳記類

孔孟編年 （清）狄子奇輯 清光緒十三年(1887)浙江書局刻本 二冊 存二種

330000－4735－0003076 06003 經部/四書類/總義之屬/傳說

宋十家四書義一卷 王世裕編 清刻本 一冊

330000－4735－0003078 02540 史部/傳記類/別傳之屬/年譜

朱子年譜四卷考異四卷附錄朱子論學切要語二卷附校勘記三卷 （清）王懋竑撰并輯 （清）王炳校勘 清同治九年(1870)永康應氏刻本 五冊 缺二卷(年譜四、考異一)

330000－4735－0003080 02541 類叢部/叢書類/自著之屬

葵園四種 王先謙撰 清光緒至民國長沙王氏刻本 三冊 存一種

330000－4735－0003081 03181 史部/政書類/公牘檔冊之屬

浙江諮議局第二屆常年會議決案不分卷 （清）浙江諮議局編 清宣統三年(1911)鉛印本 一冊

330000－4735－0003082 06023 經部/四書類/總義之屬/傳說

宋十家四書義一卷 王世裕編 清刻本 守拙居士題簽並記 一冊

330000－4735－0003083 06024 子部/儒家類/儒學之屬/禮教/女範

女四書 （清）王相箋注 清刻本 一冊 存一種

330000－4735－0003085 06027 子部/儒家類/儒學之屬/蒙學

小學集注六卷 （明）陳選集注 **總論一卷** （清）趙鳳翔 （清）趙慎微編輯 **校勘記六卷首一卷** （清）高均儒錄 **小學校語一卷** （清）孫崇晉等撰 清同治元年至二年(1862－1863)刻本 一冊 存二卷(六、總論)

330000－4735－0003086 00759 經部/樂類/樂理之屬

樂書二百卷總目二十卷 （宋）陳暘撰 清光緒二年(1876)方氏菊坡精舍刻本 十八冊

330000－4735－0003087 03183 史部/政書類/公牘檔冊之屬

浙江諮議局第二屆常年會議事錄二卷 （清）浙江諮議局編 清宣統鉛印本 一冊 存一卷(上)

330000－4735－0003088 06028 子部/儒家類/儒學之屬/蒙學

小學集註六卷 （明）陳選集注 清寶文堂刻本 一冊 存二卷(五至六)

330000 – 4735 – 0003089　03184　史部/政書
類/公牘檔冊之屬

浙江諮議局第一屆常年會議事錄不分卷
(清)浙江諮議局編　清宣統鉛印本　一冊

330000 – 4735 – 0003090　00760　經部/樂
類/律呂之屬

古樂經傳五卷　(清)李光地撰　清刻本　陳
氏題簽並記　一冊　存二卷(二至三)

330000 – 4735 – 0003091　06029　子部/儒家
類/儒學之屬/蒙學

小學集注六卷　(明)陳選集注　清刻本　二
冊　存四卷(二至五)

330000 – 4735 – 0003094　06030　子部/儒家
類/儒學之屬/蒙學

小學六卷　(宋)朱熹撰　(明)陳選集注
(清)高愈纂注　清刻本　一冊　存二卷(五
至六)

330000 – 4735 – 0003095　06031　子部/儒家
類/儒家之屬

孔氏家語十卷　(三國魏)王肅注　清刻本
一冊　存七卷(一至七)

330000 – 4735 – 0003098　06032　子部/儒家
類/儒家之屬

孔子家語十卷　(三國魏)王肅注　清刻本
一冊　存五卷(一至五)

330000 – 4735 – 0003099　03187　史部/政書
類/公牘檔冊之屬

**浙江諮議局第二屆第一次臨時會議決案不分
卷**　(清)浙江諮議局編　清宣統三年(1911)
鉛印本　二冊

330000 – 4735 – 0003100　00763　經部/小學
類/文字之屬/說文

說文解字注十五卷附六書音韻表五卷　(清)
段玉裁撰　說文部目分韻一卷　(清)陳煥編
　清乾隆至嘉慶段氏經韻樓刻同治六年至十
一年(1867 – 1872)蘇州保息局補刻本　十
六冊

330000 – 4735 – 0003101　00764　經部/小學
類/文字之屬/說文

說文解字義證五十卷　(清)桂馥撰　清同治
九年(1870)湖北崇文書局刻本　三十一冊
存四十九卷(一至四十、四十二至五十)

330000 – 4735 – 0003102　02542　史部/傳記
類/總傳之屬/列女

杭女表微錄十六卷首一卷　(清)孫樹禮輯
清光緒三十二年(1906)刻本　二冊　存二卷
(三、六)

330000 – 4735 – 0003103　03188　史部/政書
類/公牘檔冊之屬

**浙江諮議局籌辦處報告甲編一卷乙編二卷補
遺一卷**　清光緒至宣統鉛印本　一冊　存一
卷(補遺)

330000 – 4735 – 0003104　00765　經部/小學
類/文字之屬/說文/傳說

說文解字句讀三十卷　(清)王筠撰　清光緒
八年(1882)四川尊經書局刻本　十五冊　存
二十八卷(一至二十八)

330000 – 4735 – 0003105　02543　史部/傳記
類/總傳之屬/儒林

儒林宗派十六卷　(清)萬斯同撰　清宣統三
年(1911)浙江圖書館刻本　二冊

330000 – 4735 – 0003106　06033　類叢部/叢
書類/彙編之屬

增訂漢魏叢書八十六種　(清)王謨編　清乾
隆五十六年(1791)金谿王氏刻本　三冊　存
四種

330000 – 4735 – 0003107　03189　史部/政書
類/公牘檔冊之屬

**浙江諮議局議員質問書一卷附巡撫諮詢事件
一卷**　(清)浙江諮議局編　清宣統鉛印本
一冊

330000 – 4735 – 0003108　00766　經部/小學
類/文字之屬/說文

說文解字注十五卷附六書音韻表五卷　(清)
段玉裁撰　說文部目分韻一卷　(清)陳煥編
　清乾隆至嘉慶段氏經韻樓刻同治六年至十

一年(1867－1872)蘇州保息局補刻本　十五
冊　存十五卷(一至十五)

330000－4735－0003109　06037　子部/儒家
類/儒學之屬/蒙學

小學集注六卷　(明)陳選集注　**總論一卷**
(清)趙鳳翔　(清)趙慎徽編輯　**校勘記六卷
首一卷**　(清)高均儒錄　**小學校語一卷**
(清)孫崇晉等撰　清同治元年至二年(1862－
1863)刻本　三冊　存七卷(一至六、總論)

330000－4735－0003111　02544　史部/傳記
類/總傳之屬/仕宦

鶴徵錄八卷首一卷　(清)李集輯　(清)李富
孫　(清)李遇孫續輯　**鶴徵後錄十二卷首一
卷**　(清)李富孫輯　清嘉慶漾葭老屋刻同治
修補本　八冊

330000－4735－0003113　00767　經部/小學
類/文字之屬/說文

**說文通訓定聲十八卷分部柬韻一卷說雅一卷
古今韻準一卷**　(清)朱駿聲撰　(清)朱鏡蓉
參訂　**行述一卷**　朱孔彰撰　清道光二十九
年(1849)刻咸豐元年(1851)朱孔彰臨嘯閣補
刻本　三十二冊

330000－4735－0003114　06172　子部/天文
曆算類/天文之屬

御製曆象考成上編十六卷下編十卷後編十卷
(清)允祿　(清)允祉纂修　清石印本　二
冊　存三卷(上編十五至十六、後編一)

330000－4735－0003115　02545　史部/傳記
類/總傳之屬

桑梓潛德錄五卷　(清)劉芳等纂修　**桑梓潛
德續錄四卷**　(清)畢應箕等纂修　**桑梓潛德
錄三集六卷**　(清)湯成烈等纂修　清光緒六
年(1880)木活字印本　六冊

330000－4735－0003116　06173　子部/天文
曆算類/算書之屬

中西算學大成一百卷　(清)陳維祺等撰　清
光緒二十七年(1901)陳氏石印本　一冊　存
一卷(九十九)

330000－4735－0003117　00768　經部/小學
類/文字之屬/說文

**說文通訓定聲十八卷分部柬韻一卷說雅一卷
古今韻準一卷**　(清)朱駿聲撰　(清)朱鏡蓉
參訂　**行述一卷**　朱孔彰撰　清道光二十九
年(1849)刻咸豐元年(1851)朱孔彰臨嘯閣補
刻本　三十二冊　缺一卷(行述)

330000－4735－0003118　06175　子部/天文
曆算類/算書之屬

御製數理精蘊上編五卷下編四十卷表八卷
(清)聖祖玄燁撰　清石印本　十冊　存七卷
(表一至四、六至八)

330000－4735－0003119　02546　史部/傳記
類/總傳之屬/儒林

學案小識十四卷首一卷末一卷　(清)唐鑑撰
清光緒十年(1884)刻本　十冊　缺三卷
(四、十四，末)

330000－4735－0003120　06177　新學/算
學/代數

代數通藝錄十六卷　(清)方愷撰　清刻本
一冊　存四卷(八至十一)

330000－4735－0003122　00769－00424　類
叢部/叢書類/自著之屬

朱氏羣書六種　(清)朱駿聲撰　清光緒八年
(1882)臨嘯閣刻本　一冊　存一種

330000－4735－0003124　02547　史部/傳記
類/總傳之屬/郡邑

兩浙名賢錄六十二卷　(明)徐象梅撰　清光
緒二十六年(1900)浙江書局刻本　四十三冊
存四十二卷(二至六、八、十四至十八、二
十、二十三至二十七、三十至四十二、四十五、
四十八至五十二、五十七至六十二)

330000－4735－0003125　06180　子部/天文
曆算類/算書之屬

集賢講舍算稿不分卷　崔朝慶編　清光緒二
十二年(1896)刻本　一冊

330000－4735－0003127　00770　經部/小學
類/文字之屬/說文

說文通訓定聲十八卷分部柬韻一卷說雅一卷
古今韻準一卷 （清）朱駿聲撰 （清）朱鏡蓉
參訂 行述一卷 朱孔彰撰 清道光二十九
年(1849)刻咸豐元年(1851)朱孔彰臨嘯閣補
刻本 二十三冊 存十八卷（一至十八）

330000－4735－0003128 06181 子部/天文
曆算類/算書之屬

算學十書 （清）賈步緯輯 清同治至光緒江
南機器製造總局刻本暨鉛印本 一冊 存
一種

330000－4735－0003129 02548－02512 史
部/傳記類/別傳之屬

宜堂類編二十五卷 丁立中編 清光緒二十
六年(1900)錢塘丁氏嘉惠堂刻本 丁仕奎題
記 五冊 存十七卷（一至十七）

330000－4735－0003132 00771 類叢部/叢
書類/彙編之屬

咫進齋叢書三十七種 （清）姚覲元編 清光
緒九年(1883)歸安姚氏刻本 七冊 存七種

330000－4735－0003133 00772 類叢部/叢
書類/彙編之屬

咫進齋叢書三十五種 （清）姚覲元編 清光
緒九年(1883)歸安姚氏刻本 一冊 存一種

330000－4735－0003134 02550 史部/傳記
類/總傳之屬/仕宦

忠獻韓魏王[琦]家傳十卷 （宋）王巖叟撰
清刻本 二冊 存八卷（三至十）

330000－4735－0003135 00773 經部/小學
類/文字之屬/說文/專著

說文古籀補十四卷補遺一卷附錄一卷 （清）
吳大澂撰 清光緒七年(1881)刻本 二冊

330000－4735－0003137 00774 經部/小學
類/文字之屬/說文

說文通訓定聲十八卷分部柬韻一卷說雅一卷
古今韻準一卷 （清）朱駿聲撰 （清）朱鏡蓉
參訂 行述一卷 朱孔彰撰 清道光二十
九年(1849)刻咸豐元年(1851)朱孔彰臨嘯閣補
刻本 二十七冊 缺一卷（七）

330000－4735－0003138 02551 史部/傳記
類/科舉錄之屬/歷科登科錄

國朝歷科題名碑錄初集不分卷附明洪武至崇
禎各科題名錄不分卷 （清）李周望等輯 清
康熙五十九年(1720)刻雍正至乾隆遞增刻本
四冊

330000－4735－0003139 03197 史部/職官
類/官箴之屬

州縣須知四卷 （清）程際盛評定 清乾隆五
十九年(1794)刻本 二冊 存二卷（一、四）

330000－4735－0003140 03198 史部/政書
類/儀制之屬/專志/科舉校規

奏定學堂章程二十種 （清）張百熙 （清）榮
慶 （清）張之洞撰 清鉛印本 一冊 存
三種

330000－4735－0003141 02552 史部/傳記
類/科舉錄之屬/歷科登科錄

國朝歷科題名碑錄初集不分卷附明洪武至崇
禎各科題名錄不分卷 （清）李周望等輯 清
康熙五十九年(1720)刻雍正至乾隆遞增刻本
十二冊

330000－4735－0003142 00775 經部/群經
總義類/文字音義之屬

經籍籑詁一百六卷補遺一百六卷首一卷
(清)阮元撰 清嘉慶十七年(1812)揚州阮元
琅嬛仙館刻同治十二年(1873)淮南書局補刻
本 三十六冊

330000－4735－0003144 02554 史部/傳記
類/總傳之屬/忠孝

浙省節孝全錄十一卷 （清）高念曾輯 清光
緒十九年(1893)刻本 三冊

330000－4735－0003145 03199 史部/政書
類/儀制之屬/專志/科舉校規

奏定學堂章程二十種 （清）張百熙 （清）榮
慶 （清）張之洞撰 清鉛印本 一冊 存
四種

330000－4735－0003146 02555－02513 史
部/傳記類/別傳之屬

宜堂類編二十五卷　丁立中編　清光緒二十六年(1900)錢塘丁氏嘉惠堂刻本　二冊　存七卷(十七至十九、二十二至二十五)

330000－4735－0003147　03200　史部/政書類/儀制之屬/專志/科舉校規

欽定學堂章程不分卷　(清)張百熙等編　清鉛印本　一冊

330000－4735－0003150　03201　史部/政書類/律令之屬/刑制

大清宣統新法令不分卷　商務印書館輯　清宣統元年(1909)上海商務印書館鉛印本　四冊　存四冊(一至二、四至五)

330000－4735－0003152　02559　史部/傳記類/總傳之屬/家乘

永康應氏先型錄六卷首一卷家規一卷　(清)應正祿輯　清同治五年(1866)上海道署刻本　一冊

330000－4735－0003153　08215　集部/總集類/彙編之屬

七家試帖輯註彙鈔七種九卷　(清)張熙宇輯評　(清)王植桂輯註　清刻本　蔡春華題簽　三冊　存二種

330000－4735－0003154　00776　經部/小學類/音韻之屬/古今韻說

音學五書五種三十八卷　(清)顧炎武撰　清康熙六年(1667)刻本　十二冊

330000－4735－0003156　05959　子部/叢編

二十二子(二十二子彙函)　(清)浙江書局編　清光緒元年至三年(1875－1877)浙江書局刻本　七十六冊　存二十種

330000－4735－0003157　00777　經部/小學類/音韻之屬/古今韻說

音學五書五種三十八卷　(清)顧炎武撰　清康熙六年(1667)刻本　九冊　存二種

330000－4735－0003158　02561　史部/傳記類/總傳之屬/斷代

國史列傳不分卷　清抄本　六冊

330000－4735－0003160　00778　經部/小學類/音韻之屬/古今韻說

音學五書五種三十八卷　(清)顧炎武撰　清光緒十六年(1890)思賢講舍刻本　十六冊　缺一卷(詩本音十)

330000－4735－0003161　06302　子部/叢編

二十二子(二十二子彙函)　(清)浙江書局編　清光緒元年至三年(1875－1877)浙江書局刻本　六冊　存一種

330000－4735－0003162　02562　史部/傳記類/科舉錄之屬/諸貢錄

毘陵鄉貢考五卷　(清)林湘洲　(清)徐新心原編　(清)莊笠樵續編　(清)莊毓鋐(清)莊善孫增輯　(清)陸鼎翰續補　清光緒十年(1884)刻本　一冊

330000－4735－0003163　06303　子部/叢編

二十二子(二十二子彙函)　(清)浙江書局編　清光緒元年至三年(1875－1877)浙江書局刻本　十冊　存二種

330000－4735－0003164　00779　經部/小學類/訓詁之屬/群雅

駢雅訓纂十六卷首一卷　(明)朱謀㙔撰(清)魏茂林訓纂　清光緒七年(1881)成都瀹雅齋刻本　洪滌懷題記　八冊

330000－4735－0003165　02563　史部/傳記類/科舉錄之屬/歷科登科錄

增續毘陵科第攷八卷　(清)趙熙鴻編　(清)錢人麟等續編　(清)陸鼎翰等校補　清同治七年(1868)刻光緒十八年(1892)補刻本　二冊

330000－4735－0003166　07168　子部/叢編

二十二子(二十二子彙函)　(清)浙江書局編　清光緒元年至三年(1875－1877)浙江書局刻本　四十四冊　存十二種

330000－4735－0003167　02564　史部/傳記類/總傳之屬/儒林

學案小識十四卷首一卷末一卷　(清)唐鑑撰　清光緒十年(1884)刻本　十二冊

330000－4735－0003168　00780　類叢部/叢書類/自著之屬

邃雅堂全集九種 （清）姚文田撰　清嘉慶至光緒歸安姚氏刻本　五冊　存一種

330000－4735－0003169　06305　子部/叢編

二十五子彙函 （清）鴻文書局編　清光緒十九年(1893)上海鴻文書局石印本　六冊　存八種

330000－4735－0003170　02565　史部/傳記類/總傳之屬/列女

杭女表微錄十六卷首一卷 （清）孫樹禮輯　清光緒三十二年(1906)刻本　六冊　存十一卷(二至十二)

330000－4735－0003171　00781　經部/小學類/文字之屬/字書/通論

六書正譌五卷 （元）周伯琦撰　清同治五年(1866)大興邵綬名重刻惜古齋刻本　五冊

330000－4735－0003173　00782　經部/小學類/文字之屬/說文/傳說

說文解字斠詮十四卷 （清）錢坫撰　清光緒九年(1883)淮南書局刻本　五冊　存十一卷(一至十一)

330000－4735－0003174　02588　類叢部/叢書類/彙編之屬

高安朱文端公校輯藏書(朱文端公藏書)十三種 （清）朱軾撰輯　清康熙至乾隆刻彙印本　二冊　存一種

330000－4735－0003175　02584　史部/傳記類/科舉錄之屬/諸貢錄

[宣統己酉科]簡易明經通譜不分卷各行省優貢全錄不分卷 清宣統二年(1910)京師琉璃廠刻本　五冊

330000－4735－0003176　00783　經部/小學類/文字之屬/說文

說文解字義證五十卷 （清）桂馥撰　清同治九年(1870)湖北崇文書局刻本　三十二冊

330000－4735－0003177　02586　史部/傳記類/總傳之屬/仕宦

歷代名臣言行錄二十四卷 （清）朱桓輯　清光緒元年(1875)刻本　一冊　存一卷(二十二)

330000－4735－0003178　02587　史部/傳記類/總傳之屬/忠孝

續表忠記八卷 （清）趙吉士纂編　（清）盧宜彙輯　清康熙三十七年(1698)寄園刻本　一冊　存一卷(二)

330000－4735－0003179　00784　經部/小學類/文字之屬/說文

讀說文雜識一卷 （清）許棫撰　清光緒七年(1881)刻本　一冊

330000－4735－0003180　00785　經部/小學類/文字之屬/說文

說文引經攷證七卷說文引經互異說一卷 (清)陳瑑撰　清刻本　一冊　存四卷(一至四)

330000－4735－0003182　00786　經部/叢編

許學叢刻九種九卷 （清）許頌鼎　（清）許溎祥輯　清光緒十三年(1887)海寧許氏古均閣刻本　四冊

330000－4735－0003183　06307　子部/農家農學類/園藝之屬/花卉

佩文齋廣羣芳譜一百卷目錄二卷 （清）汪灝等撰　清康熙刻本　二十二冊　存五十六卷(一至五、七至十七、二十至二十四、五十七至六十五、七十三至八十四、八十七至九十六、九十九至一百,目錄上下)

330000－4735－0003184　02589　史部/傳記類/科舉錄之屬/諸貢錄

湖南校士錄四卷 （清）張亨嘉輯　清光緒十七年(1891)湖南書院刻本　二冊　存一卷(一)

330000－4735－0003185　00787　類叢部/叢書類/彙編之屬

木犀軒叢書二十七種 李盛鐸編　清光緒德化李氏木犀軒刻本　二冊　存一種

330000－4735－0003186　02590　史部/傳記

類/總傳之屬/列女

列女傳八卷　（漢）劉向撰　（清）梁端校注
清道光十七年（1837）錢唐汪氏振綺堂刻同治
十三年（1874）補刻本　二冊

330000－4735－0003187　06308　類叢部/叢
書類/彙編之屬

藝苑捃華四十八種　（清）顧之逵編　清同治
刻本　一冊　存三種

330000－4735－0003188　02591－02513　史
部/傳記類/別傳之屬

宜堂類編二十五卷　丁立中編　清光緒二十
六年（1900）錢塘丁氏嘉惠堂刻本　二冊　存
六卷（六至十一）

330000－4735－0003189　00788　經部/小學
類/文字之屬/說文

說文辨疑一卷附條記一卷　（清）顧廣圻撰
清光緒三年（1877）湖北崇文書局刻本　一冊

330000－4735－0003191　00789　經部/小學
類/文字之屬/說文

說文新附攷六卷續攷一卷　（清）鈕樹玉撰
清嘉慶六年（1801）非石居刻同治七年（1868）
碧螺山館補刻本　清陳爾常題簽並記　一冊

330000－4735－0003193　06311　子部/農家
農學類/總論之屬

農話一卷　（清）陳啓謙撰　清光緒三十三年
（1907）上海商務印書館鉛印本　一冊

330000－4735－0003195　02592　史部/傳記
類/別傳之屬/事狀

曾文正公[國藩]榮哀錄一卷　清同治十一年
（1872）刻本　一冊

330000－4735－0003198　02593　史部/傳記
類/總傳之屬/通代

學統五十六卷　（清）熊賜履編　清刻本　一
冊　存十卷（十五至二十四）

330000－4735－0003200　00792　經部/小學
類/文字之屬/說文

說文通檢十四卷首一卷末一卷　（清）黎永椿
撰　清光緒二年（1876）崇文書局刻本　二冊

330000－4735－0003201　08219　子部/儒家
類/儒學之屬

皇朝蓄艾文編八十卷　（清）于寶軒輯　清光
緒二十九年（1903）上海官書局鉛印本　三十
六冊　缺十卷（七至八、三十二至三十四、六
十六至六十七、七十六至七十八）

330000－4735－0003203　00793　類叢部/叢
書類/彙編之屬

宏達堂叢書　清光緒四年（1878）宏達堂刻本
四冊　存一種

330000－4735－0003205　06313　子部/農家
農學類/總論之屬

三農記十卷　（清）張宗法撰　清刻本　五冊
存五卷（三、六、八至十）

330000－4735－0003206　02597　史部/傳記
類/總傳之屬/列女

越女表微錄五卷　（清）汪輝祖纂　清光緒十
八年（1892）杭州浙江學院刻本　一冊

330000－4735－0003208　03202、03383　史
部/政書類/儀制之屬/專志/諡法

皇朝諡法考五卷續編一卷補編一卷　（清）鮑
康輯　皇朝諡法考續補編一卷　（清）徐士鑾
輯　皇朝諡法考再補編一卷　（清）王作富輯
清光緒十五年（1889）成都志古堂刻本
二冊

330000－4735－0003209　00794　類叢部/叢
書類/彙編之屬

天壤閣叢書二十種　（清）王祖源　（清）王懿
榮編　清同治至光緒福山王氏刻彙印本　一
冊　存一種

330000－4735－0003210　06315　子部/農家
農學類/蠶桑之屬

蠶桑輯要三卷　（清）沈秉成撰　清刻本
一冊

330000－4735－0003211　02598　類叢部/叢
書類/郡邑之屬

金華叢書六十八種　（清）胡鳳丹編　清同治
七年至光緒八年（1868－1882）永康胡氏退補

齋刻民國補刻本　九冊　存一種

330000 – 4735 – 0003212　00795　經部/小學類/文字之屬/說文

繫傳四十卷　（南唐）徐鍇撰　（南唐）朱翱反切　清刻本　二冊　存十一卷（十一至十四、二十一至二十七）

330000 – 4735 – 0003213　06316　子部/農家農學類/蠶桑之屬

野蠶錄四卷　（清）王元綖撰　清鉛印本　一冊　存二卷（三至四）

330000 – 4735 – 0003214　06317　子部/農家農學類/鳥獸蟲之屬

治飛蝗捷法一卷　清刻本　一冊

330000 – 4735 – 0003215　00796　經部/小學類/文字之屬/說文

繫傳四十卷　（南唐）徐鍇撰　（南唐）朱翱反切　**校勘記三卷**　（清）苗夔等撰　清刻本四冊　缺十八卷（一至十一、二十二至二十八）

330000 – 4735 – 0003216　03203　史部/政書類/邦計之屬

秦晉實官捐輸章程不分卷　岑春煊撰　清光緒杭州紅蝠山房刻本　一冊

330000 – 4735 – 0003218　00797　經部/小學類/文字之屬/說文

王氏說文三種一百三卷　（清）王筠撰　清道光至咸豐刻同治四年（1865）彙印本　十六冊　存一種

330000 – 4735 – 0003219　06036　經部/三禮總義類/通禮雜禮之屬

齊家寶要二卷　（清）張文嘉撰　（清）朱玫重輯　**呂氏四禮翼不分卷**　（明）呂坤撰　清光緒七年（1881）、二十四年（1898）山陰朱氏刻本　二冊

330000 – 4735 – 0003220　03204　史部/政書類/律令之屬/律例

欽定吏部處分章程三十三卷　清同治刻本四冊

330000 – 4735 – 0003222　06318　新學/農政/農務

農學階梯二卷　（清）陳健生譯　清末直隸學校司排印局鉛印本　一冊

330000 – 4735 – 0003224　00798　經部/小學類/文字之屬/說文

說文解字十五卷標目一卷　（漢）許慎撰（宋）徐鉉等校定　清光緒十一年（1885）蕉心室刻本　八冊

330000 – 4735 – 0003225　06320　子部/農家農學類/總論之屬

補農書二卷首一卷　（明）沈□撰　（清）張履祥補　清光緒二十三年（1897）然藜閣木活字印本　一冊

330000 – 4735 – 0003229　06321　子部/農家農學類/蠶桑之屬

飼蠶新法一卷　（清）鄭愷撰　清光緒二十八年（1902）刻本　一冊

330000 – 4735 – 0003230　03206　史部/政書類/邦計之屬/荒政

欽定康濟錄四卷　（清）陸曾禹撰　（清）倪國璉釐正　清同治八年（1869）楚北崇文書局刻本　一冊　存一卷（四）

330000 – 4735 – 0003232　03207　史部/政書類/公牘檔冊之屬

擬辦中國漁業公司紀要一卷　清光緒鉛印本一冊

330000 – 4735 – 0003233　02603　史部/傳記類/別傳之屬/年譜

駱文忠公自訂年譜二卷　（清）駱秉章自撰清光緒二十一年（1895）思賢書局刻本　一冊　存一卷（下）

330000 – 4735 – 0003235　06322　子部/農家農學類/總論之屬

農務實業新編二卷　（清）王上達撰　清宣統二年（1910）浙杭萬春農務局刻本　二冊

330000 – 4735 – 0003237　06323　子部/農家農學類/總論之屬

農務實業新編二卷　（清）王上達撰　清宣統二年(1910)浙杭萬春農務局刻本　一冊　存一卷(下)

330000－4735－0003239　00803　經部/小學類/文字之屬/說文/專著

許氏說文解字雙聲疊韻譜一卷　（清）鄧廷楨撰　清光緒九年(1883)上海同文書局石印本　一冊

330000－4735－0003240　03208　史部/政書類/儀制之屬/專志/科舉校規

奏定學堂章程二十種　（清）張百熙　（清）榮慶　（清）張之洞撰　清刻本　一冊　存一種

330000－4735－0003241　06324　子部/農家農學類/蠶桑之屬

湖蠶述四卷　（清）汪曰楨撰　清光緒六年(1880)刻本　一冊

330000－4735－0003242　00804　經部/小學類/文字之屬/說文

說文釋例二十卷　（清）王筠撰　清光緒十三年(1887)上海積山書局石印本　六冊

330000－4735－0003243　02605　史部/傳記類/總傳之屬/郡邑

浙江忠義錄十卷表八卷又一卷續編二卷續表九卷　（清）浙江采訪忠義總局編　清同治六年(1867)浙江采訪忠義總局刻光緒元年(1875)續刻本　一冊　存一卷(續表一)

330000－4735－0003244　08220　集部/總集類/選集之屬/斷代

全唐詩鈔八十卷補遺十六卷　（清）吳成儀輯　清嘉慶十三年(1808)刻本　三十一冊

330000－4735－0003245　03209　史部/政書類/律令之屬/律例

法部奏定官制章程一卷　清光緒三十三年(1907)鉛印本　一冊

330000－4735－0003246　00805　經部/小學類/文字之屬/說文

說文釋例二十卷　（清）王筠撰　清光緒十三年(1887)上海積山書局石印本　六冊

330000－4735－0003247　06325　子部/農家農學類/總論之屬

農政全書六十卷　（明）徐光啓撰　清刻本十六冊　存四十卷(二十一至六十)

330000－4735－0003248　00806　經部/小學類/文字之屬/說文

說文釋例二十卷　（清）王筠撰　清光緒十三年(1887)上海積山書局石印本　六冊

330000－4735－0003249　02606　史部/傳記類/別傳之屬/年譜

左文襄公[宗棠]年譜十卷　（清）羅正鈞編　清光緒二十三年(1897)湘陰左氏刻本　五冊　缺五卷(四至八)

330000－4735－0003250　00807　經部/小學類/文字之屬/說文

說文引經攷二卷補遺一卷　（清）吳玉搢撰　清光緒八年(1882)檀玉山房刻本　一冊

330000－4735－0003251　02607　史部/傳記類/總傳之屬/文苑

西湖三祠名賢考畧三卷首一卷　（清）戴啓文撰　清光緒三十年(1904)丹徒戴啓文刻本　二冊

330000－4735－0003252　03210　史部/政書類/邦交之屬

中俄國際約注五卷提綱一卷　（清）施紹常撰　清光緒三十一年(1905)上海商務印書館鉛印本　二冊

330000－4735－0003253　06326　子部/農家農學類/蠶桑之屬

蠶桑摘要一卷附圖說一卷　（清）任蘭生輯　清光緒元年(1875)刻本　一冊

330000－4735－0003254　03211　史部/政書類/邦計之屬

兩浙宦游紀畧四種九卷　（清）戴槃撰　清同治七年(1868)刻本　一冊　存一種

330000－4735－0003255　06327　新學/農政/農務

農務化學問答二卷　（英國）仲斯敦撰　（英

國)秀耀春口譯　（清)范熙庸筆述　清光緒
二十五年(1899)江南製造總局刻本　一冊
存一卷(上)

330000－4735－0003256　00808　經部/小學
類/文字之屬/說文
說文解字十五卷標目一卷　（漢)許慎撰
(宋)徐鉉等校定　清光緒五年(1879)平江洪
氏刻本　四冊

330000－4735－0003257　02608　史部/傳記
類/總傳之屬/列女
列女傳八卷　（漢)劉向撰　（清)梁端校注
清道光十七年(1837)錢唐汪氏振綺堂刻同治
十三年(1874)補刻本　曾士瀛跋　二冊

330000－4735－0003258　02609　史部/傳記
類/總傳之屬/列女
列女傳八卷　（漢)劉向撰　（清)梁端校注
清道光十七年(1837)錢唐汪氏振綺堂刻同治
十三年(1874)補刻本　一冊　存四卷(五至
八)

330000－4735－0003259　02610　史部/傳記
類/總傳之屬/郡邑
蜀學編二卷　（清)方守道輯　高賡恩覆輯
清光緒十四年(1888)成都尊經書局刻本
一冊

330000－4735－0003261　00809　經部/小學
類/文字之屬/說文
說文解字十五卷標目一卷　（漢)許慎撰
(宋)徐鉉等校定　清刻本　二冊　存十一卷
(五至十五)

330000－4735－0003263　00810　經部/小學
類/文字之屬/說文
說文解字十五卷標目一卷　（漢)許慎撰
(宋)徐鉉等校定　清刻本　二冊　存十卷
(六至十五)

330000－4735－0003264　00811　經部/小學
類/文字之屬/說文
說文解字十五卷標目一卷　（漢)許慎撰
(宋)徐鉉等校定　清刻本　三冊　存十二卷

(四至十五)

330000－4735－0003265　03212　史部/政書
類/公牘檔冊之屬
浙江諮議局第一屆常年會議事錄不分卷
(清)浙江諮議局編　清宣統鉛印本　一冊

330000－4735－0003266　02612　史部/傳記
類/別傳之屬/事狀
崇祀錄一卷　清光緒二十五年(1899)杭州刻
本　一冊

330000－4735－0003268　00812　經部/小學
類/文字之屬/說文
說文解字注十五卷附六書音韻表五卷　（清)
段玉裁撰　**說文部目分韻一卷**　（清)陳煥編
清光緒七年(1881)查燕緒木漸齋刻本　二
十一冊

330000－4735－0003269　00813　經部/小學
類/文字之屬/說文
說文解字注三十二卷　（清)段玉裁撰　清光
緒十二年(1886)上海點石齋石印本　六冊
存二十六卷(一至二十六)

330000－4735－0003273　00814　經部/小學
類/文字之屬/說文
說文解字十五卷標目一卷　（漢)許慎撰
(宋)徐鉉等校定　清刻本　五冊　存十三卷
(三至十五)

330000－4735－0003275　02615　史部/傳記
類/總傳之屬/仕宦
漢名臣傳三十二卷　（清)國史館撰　清刻本
二十四冊　存二十四卷(一至二十四)

330000－4735－0003276　00815　經部/小學
類/文字之屬/說文
說文解字十五卷標目一卷　（漢)許慎撰
(宋)徐鉉等校定　清刻本　八冊　存十卷
(四至十、十二至十三、十五)

330000－4735－0003277　00816　經部/小學
類/文字之屬/說文
說文解字十五卷標目一卷　（漢)許慎撰
(宋)徐鉉等校定　清刻本　七冊　存十三卷

（三至十五）

330000－4735－0003278　02616、02617　史部/傳記類/總傳之屬/仕宦

滿洲名臣傳四十八卷漢名臣傳三十二卷（清）國史館撰　清京都琉璃廠榮錦書坊刻本　七十九冊　缺一卷（漢名臣傳三十二）

330000－4735－0003282　02618　史部/傳記類/科舉錄之屬/歷科鄉試錄

［光緒辛丑科補行庚子恩科］各省鄉試同年全錄不分卷　清光緒刻本　二冊　存順天、甘肅、廣東、廣西、雲南、貴州

330000－4735－0003284　00818　類叢部/叢書類/自著之屬

邃雅堂全集九種　（清）姚文田撰　清嘉慶至光緒歸安姚氏刻本　二冊　存一種

330000－4735－0003287　00819　類叢部/叢書類/自著之屬

邃雅堂全集九種　（清）姚文田撰　清嘉慶至光緒歸安姚氏刻本　五冊　存一種

330000－4735－0003288　02620　史部/傳記類/別傳之屬/事狀

魏鄭公諫續錄二卷　（元）翟思忠輯　清刻本　一冊

330000－4735－0003290　00820　經部/小學類/文字之屬/說文/傳說

段氏說文注訂八卷　（清）鈕樹玉撰　清同治十三年（1874）湖北崇文書局刻本　二冊

330000－4735－0003291　06328　子部/農家農學類/獸醫之屬

元亨療馬集四卷　（明）喻仁　（明）喻傑撰　清刻本　一冊　存一卷（夏）

330000－4735－0003292　00821　經部/小學類/文字之屬/說文

說文解字注十五卷附六書音韻表五卷　（清）段玉裁撰　**說文部目分韻一卷**　（清）陳煥編　清刻本　十三冊　存二十六卷（三至十五、十八至三十）

330000－4735－0003293　06329　子部/兵家類

江南陸師學堂武備課程八種二十七卷附課藝二卷　（清）錢德培等纂輯　清光緒二十五年（1899）江南陸師學堂刻本　十六冊

330000－4735－0003294　00822　經部/小學類/文字之屬/說文

說文經字考辨證四卷　（清）陳壽祺撰　（清）郭慶藩辨證　清光緒二十一年（1895）岵瞻堂郭氏維揚刻本　二冊

330000－4735－0003297　00823　經部/小學類/文字之屬/說文

說文經字正誼四卷　（清）郭慶藩撰　清光緒二十年（1894）湘陰郭慶藩揚州刻本　二冊

330000－4735－0003298　00824　經部/小學類/文字之屬/說文

說文解字十五卷標目一卷　（漢）許慎撰　（宋）徐鉉等校定　**汲古閣說文解字校記一卷**　（清）張行孚撰　清光緒七年（1881）淮南書局刻本　四冊　存三卷（七至九）

330000－4735－0003299　06330　子部/兵家類/兵法之屬

讀史兵略十二卷　（清）胡林翼撰　清光緒二十七年（1901）上海富文書局石印本　八冊

330000－4735－0003301　06331　子部/兵家類/兵法之屬

讀史兵略十二卷　（清）胡林翼撰　清光緒三十一年（1905）上海富文書局石印本　十一冊　存十一卷（一至十一）

330000－4735－0003302　08600　集部/別集類/清別集

白鄉詩鈔十卷　（清）董元憲撰　清刻本　佩輝題簽　一冊　存一卷（四）

330000－4735－0003304　06332　子部/兵家類/兵法之屬

孫子十家註十三卷　（三國魏）曹操等撰　**敘錄一卷**　（清）畢以珣撰　**遺說一卷**　（宋）鄭友賢撰　清末上海掃葉山房石印本　六冊

330000－4735－0003305　08601　集部/別集類/清別集

思綺堂文集十卷　（清）章藻功撰　清康熙刻本　十冊

330000－4735－0003306　08602　集部/別集類/清別集

山海經類對賦十四卷　（清）涂景濤編　清光緒二十三年(1897)湘西章氏刻本　洪奇樹軒題記　二冊

330000－4735－0003307　00825　經部/小學類

雷刻四種二十一卷　（清）雷浚輯　清光緒二年至十年(1876－1884)吳縣雷氏刻本　六冊

330000－4735－0003308　06333　子部/兵家類/兵法之屬

孫子十家註十三卷　（三國魏）武帝曹操等撰　**敘錄一卷**　（清）畢以珣撰　**遺說一卷**（宋）鄭友賢撰　清末上海掃葉山房石印本　六冊

330000－4735－0003310　06334　子部/兵家類/操練之屬

訓練操法詳晰圖說二十二卷　袁世凱撰　清光緒二十八年(1902)昌言報館石印本　十冊

330000－4735－0003311　00826　經部/小學類

雷刻四種二十一卷　（清）雷浚輯　清光緒二年至十年(1876－1884)吳縣雷氏刻本　三冊　缺十卷(說文外編一至十)

330000－4735－0003312　08224　集部/別集類/清別集

香樹齋詩集十八卷詩續集三十六卷文集二十八卷文續鈔五卷　（清）錢陳羣撰　清乾隆十六年至十九年（1751－1754）刻同治九年(1870)、光緒十一年(1885)補修本　十三冊　缺三十四卷(詩集一至三、文集一至二十八、文續鈔一至三)

330000－4735－0003313　08603　集部/別集類/清別集

馮子松遺詩一卷附錄一卷　（清）馮際盛撰　清光緒二十一年(1895)刻本　一冊

330000－4735－0003314　06335　子部/兵家類/兵法之屬

兵書十二種　清光緒二十四年(1898)杭省衢樽局石印本　八冊

330000－4735－0003315　00827　經部/小學類

雷刻四種二十一卷　（清）雷浚輯　清光緒二年至十年(1876－1884)吳縣雷氏刻本　三冊　存二種

330000－4735－0003317　00828　經部/小學類/文字之屬/字書/訓蒙

養蒙針度五卷　（清）潘子聲撰　清刻本　一冊　存三卷(三至五)

330000－4735－0003318　03225　史部/政書類/公牘檔冊之屬

建築全浙師範學堂徵信實錄一卷　（清）陸桂星編　清宣統元年(1909)鉛印本　一冊

330000－4735－0003319　08604　集部/別集類/清別集

曾文正公文鈔四卷附刻一卷　（清）曾國藩撰　清同治十二年(1873)上海醉六堂刻本　二冊　存二卷(一至二)

330000－4735－0003320　00829　經部/小學類/文字之屬/字書/訓蒙

文字發凡四卷　（清）龍志澤編輯　清光緒三十一年(1905)上海廣智書局鉛印本　二冊

330000－4735－0003322　08225　類叢部/叢書類/自著之屬

郁鄥山房集五種　（清）趙樹吉撰　清光緒七年至十一年(1881－1885)汗青簃刻本　二冊　存二種

330000－4735－0003324　08605　集部/別集類/清別集

古月軒詩存五卷　（清）朱伸林撰　清刻本　一冊　存三卷(三至五)

330000－4735－0003325　06336　子部/兵家類/兵法之屬

洴澼百金方十四卷首一卷 （清）袁宮桂撰　清刻本　七冊　存八卷（首,一至三、十一至十四）

330000－4735－0003326　08606　集部/別集類/清別集

荊香齋詩草四卷 （清）甘之佽撰　清嘉慶九年（1804）刻本　楊佩輝題記並注　一冊　存二卷（三至四）

330000－4735－0003327　06342　類叢部/叢書類/自著之屬

汪雙池先生叢書二十種 （清）汪紱撰　清道光至光緒刻光緒二十三年（1897）長安趙舒翹等彙印本　八冊　存一種

330000－4735－0003329　08607　類叢部/叢書類/家集之屬

觀古閣叢刻十五種 （清）鮑康編　清嘉慶十一年至光緒二十一年（1806－1895）歙縣鮑氏刻本　一冊　存一種

330000－4735－0003330　06337　子部/兵家類/兵法之屬

登壇必究四十卷 （明）王鳴鶴編輯　明萬曆刻本　二冊　存三卷（六、九、三十二）

330000－4735－0003332　03230　史部/政書類/公牘檔冊之屬

立憲綱要一卷 清光緒三十二年（1906）北洋官報局鉛印本　一冊

330000－4735－0003333　02621　史部/傳記類/總傳之屬/仕宦

歷代名臣言行錄二十四卷 （清）朱桓輯　清光緒鉛印本　一冊　存二卷（十九至二十）

330000－4735－0003334　03231　史部/政書類/公牘檔冊之屬

憲政編查館諮議局章程及選舉章程解釋彙鈔不分卷 奕劻等撰　清宣統元年（1909）鉛印本　一冊

330000－4735－0003335　06338　子部/兵家類/兵法之屬

孫子十家註十三卷 （三國魏）武帝曹操等撰　**敘錄一卷** （清）畢以珣撰　**遺說一卷** （宋）鄭友賢撰　清刻本　五冊　存十二卷（二至十三）

330000－4735－0003336　06339　子部/兵家類/操練之屬

曾文正公水陸行軍練兵誌四卷 （清）王定安撰　清光緒十年（1884）上洋文海書局刻本　浣花生題簽　四冊

330000－4735－0003337　02622－02630　史部/傳記類/總傳之屬/列女

列女傳八卷 （漢）劉向撰　（清）梁端校注　清宣統二年（1910）上海會文堂書局石印本　一冊　存二卷（五至六）

330000－4735－0003338　06340　子部/兵家類/兵器之屬

長江礮臺芻議一卷附長江下游礮臺礮位編目一卷 姚錫光撰　清光緒二十二年（1896）木活字印本　一冊

330000－4735－0003339　02623　類叢部/叢書類/自著之屬

隨園三十八種 （清）袁枚撰　清光緒十八年（1892）勤裕堂鉛印本　一冊　存一種

330000－4735－0003340　02624　史部/傳記類/別傳之屬/事狀

李鴻章（中國四十年來大事記）十二章 梁啓超撰　清末鉛印本　一冊

330000－4735－0003342　06341　子部/兵家類/操練之屬

淮軍武毅各軍課程十卷 清石印本　三冊　存四卷（一至三、六）

330000－4735－0003343　06343　子部/兵家類/操練之屬

練兵實紀九卷雜集六卷 （明）戚繼光撰　清光緒二十一年（1895）上海醉經廎石印本　三冊　存十卷（一、五至九,雜集一、四至六）

330000－4735－0003344　02625　子部/天文

曆算類/算書之屬

測海山房中西算學叢刻初編 （清）測海山房
主人輯　清光緒二十二年(1896)上海璣衡堂
石印本　五冊　存二種

330000－4735－0003346　06344　子部/兵家
類/操練之屬

練兵實紀九卷雜集六卷 （明）戚繼光撰　清
光緒二十一年(1895)上海醉經廔石印本　一
冊　存八卷(五至九、雜集四至六)

330000－4735－0003347　00830　史部/金石
類/石之屬/文字

金石文字辨異十二卷 （清）邢澍撰　清刻本
　三冊　存三卷(十至十二)

330000－4735－0003348　00831　經部/小學
類/文字之屬/說文

**說文通訓定聲十八卷分部柬韻一卷說雅一卷
古今韻準一卷** （清）朱駿聲撰　（清）朱鏡蓉
參訂　清刻本　一冊　存一卷(七)

330000－4735－0003349　06345　子部/兵家
類/兵法之屬

孫子十家註十三卷 （三國魏）武帝曹操等撰
　　敘錄一卷　（清）畢以珣撰　**遺說一卷**
（宋）鄭友賢撰　清鉛印本　一冊　存三卷
(五至七)

330000－4735－0003350　02626　史部/傳記
類/總傳之屬/斷代

國朝先正事略六十卷 （清）李元度撰　清光
緒二十五年(1899)石印本　一冊　存十卷
(六至十五)

330000－4735－0003354　02628　史部/傳記
類/別傳之屬/事狀

湟中龍公[錫慶]遺愛紀畧一卷 （清）魏椿撰
　（清）來維禮評　清光緒十年(1884)刻本
一冊

330000－4735－0003355　02628　集部/別集
類/清別集

欽賜花翎西寧府仁芰龍公平治湟郡詩一卷
（清）魏椿輯　清光緒二年(1876)刻本　與

330000－4735－0003354　合冊

330000－4735－0003356　06348　子部/兵家
類/兵法之屬

諸葛武侯心書一卷白猿經風雨占圖說一卷
（清）林松唐輯　清光緒二十年(1894)木活字
印本　一冊

330000－4735－0003357　02629　史部/傳記
類/日記之屬

**請纓日記十卷(清光緒八年七月九日至十一
年十一月)** （清）唐景崧撰　清光緒十九年
(1893)臺灣布政使署刻本　一冊　存二卷
(七至八)

330000－4735－0003358　06349　子部/兵家
類/兵法之屬

諸葛武侯心書一卷白猿經風雨占圖說一卷
（清）林松唐輯　清光緒二十年(1894)木活字
印本　一冊

330000－4735－0003359　06350　子部/兵家
類/兵法之屬

金湯借箸十二籌十二卷 （明）李盤等撰　清
刻本　一冊　存一卷(二)

330000－4735－0003360　02630　史部/傳記
類/總傳之屬/列女

列女傳八卷 （漢）劉向撰　（清）梁端校注
清宣統二年(1910)上海會文堂書局石印本
一冊　存二卷(一至二)

330000－4735－0003363　06351　子部/兵家
類/兵法之屬

武備志二百四十卷 （明）茅元儀輯　明刻本
　六冊　存八卷(一百六十九至一百七十六)

330000－4735－0003364　02632　史部/傳記
類/職官錄之屬/歷朝

**滿洲軍機大臣題名一卷漢軍機大臣題名一卷
滿洲軍機章京題名一卷漢軍機章京題名一卷**
　清道光十八年(1838)刻同治續刻本　一冊

330000－4735－0003365　08608　集部/別集
類/清別集

通雅堂詩鈔十卷續集二卷 （清）施山撰　清

光緒元年(1875)荊州刻本　四冊

330000－4735－0003367　06354　子部/兵家類/兵法之屬

魏武帝註孫子三卷　（三國魏)武帝曹操撰（清)左樞箋　清刻本　一冊

330000－4735－0003368　02633　史部/政書類/儀制之屬/專志/科舉校規

增補貢舉考畧二種　（清)黃崇蘭輯　（清)趙學曾續輯　清光緒五年(1879)金陵文英堂刻本　一冊　存一種

330000－4735－0003369　02634　史部/傳記類/科舉錄之屬

己未詞科錄十二卷首一卷　（清)秦瀛輯　清光緒十四年(1888)木活字印本　三冊　存六卷(五至六、九至十二)

330000－4735－0003373　06356　子部/法家類

管子二十四卷　（唐)房玄齡注　（明)劉績補注　清光緒二十九年(1903)上海書局石印本　一冊　存五卷(一至五)

330000－4735－0003374　06357　子部/法家類

管子二十四卷　（唐)房玄齡注　（明)劉績補注　清光緒二十九年(1903)鴻寶書局石印本　胡德銘題簽　二冊　存十一卷(一至十一)

330000－4735－0003375　00832　經部/小學類/文字之屬/字書

字學舉隅不分卷　（清)黃本驥　（清)龍啓瑞撰　清同治十年(1871)刻本　一冊

330000－4735－0003376　08609　類叢部/叢書類/自著之屬

西堂全集　（清)尤侗撰　清康熙刻本　十冊　存十種

330000－4735－0003377　00833　經部/小學類/文字之屬/字書

字學舉隅不分卷　（清)黃本驥　（清)龍啓瑞撰　清同治十年(1871)刻本　一冊

330000－4735－0003378　02637　史部/傳記類/別傳之屬

宜堂類編二十五卷　丁立中編　清光緒二十六年(1900)錢塘丁氏嘉惠堂刻本　一冊　存三卷(六至八)

330000－4735－0003379　00834　經部/小學類/文字之屬/字書

字學舉隅不分卷　（清)黃本驥　（清)龍啓瑞撰　清同治十年(1871)刻本　陳毓峰題簽　一冊

330000－4735－0003380　02638　史部/傳記類/別傳之屬/事狀

欽旌節烈樓母李太宜人家傳題辭一卷　（清)樓壽康輯　清光緒二十五年(1899)刻本　一冊

330000－4735－0003381　00835　經部/小學類/文字之屬/字書

字學舉隅不分卷　（清)黃本驥　（清)龍啓瑞撰　清刻本　一冊

330000－4735－0003382　08610　集部/別集類/清別集

揅經室一集十四卷二集八卷三集五卷四集二卷四集詩十一卷續集十一卷再續集六卷外集五卷　（清)阮元撰　（清)阮亨輯　清嘉慶至道光刻本　二十冊　缺九卷(一集六至八,二集三至四,四集一至二,續集一、四)

330000－4735－0003383　00836　經部/小學類/文字之屬/字書

字學舉隅不分卷　（清)黃本驥　（清)龍啓瑞撰　清刻本　一冊

330000－4735－0003387　02640　史部/傳記類/別傳之屬/年譜

明李文正公[東陽]年譜七卷　（清)法式善纂輯　（清)唐仲冕增補　清刻本　一冊　存四卷(四至七)

330000－4735－0003389　03235　新學/交涉/公法

萬國公法四卷　（美國)惠頓撰　（美國)丁韙

良譯　清同治三年(1864)京都崇實館刻本
三冊　缺一卷(三)

330000 – 4735 – 0003390　02641　史部/傳記
類/總傳之屬/仕宦

宋名臣言行錄續集(皇朝名臣言行續錄)八卷
(宋)李幼武撰　清道光歙續學堂洪氏刻本
一冊　存七卷(一至七)

330000 – 4735 – 0003392　00837　經部/小學
類/文字之屬/字書

字學舉隅不分卷　(清)黃本驥　(清)龍啓瑞
撰　清刻本　一冊

330000 – 4735 – 0003393　02642　史部/傳記
類/別傳之屬/事狀

皇清誥授朝議大夫晉封通奉大夫覃恩加四級
敕旨建坊直隸候補知府署順德府邢臺縣知縣
隨帶加二級顯考子方府君[褚維垕]行述一卷
(清)褚成煒　(清)褚成信述　(清)張之
洞填諱　清刻本　一冊

330000 – 4735 – 0003394　00838　經部/小學
類/文字之屬/字書

字學舉隅不分卷　(清)黃本驥　(清)龍啓瑞
撰　清刻本　洪滌懷題記　一冊

330000 – 4735 – 0003395　03236　史部/政書
類/邦計之屬/貿易

光緒二十一年通商各關華洋貿易總冊二卷
(清)上海通商海關造冊處譯　清光緒二十二
年(1896)鉛印本　一冊

330000 – 4735 – 0003404　00841　經部/小學
類/文字之屬/字書/字典

康熙字典十二集三十六卷總目一卷檢字一卷
辨似一卷等韻一卷補遺一卷備考一卷　(清)
張玉書等纂修　清光緒十年(1884)上海點石
齋石印本　六冊

330000 – 4735 – 0003409　06367　子部/藝術
類/書畫之屬/畫錄

國朝畫識十七卷墨香居畫識十卷　(清)馮金
伯撰　清乾隆刻道光十一年(1831)江左書林
增修本　十冊

330000 – 4735 – 0003410　02645　類叢部/叢
書類/郡邑之屬

畿輔叢書一百二十六種　(清)王灝編　清光
緒五年至十八年(1879－1892)定州王氏謙德
堂刻三十二年(1906)彙印本　一冊　存二種

330000 – 4735 – 0003411　03240　史部/政書
類/律令之屬/刑制

大清現行刑律案語不分卷　沈家本　俞廉三
輯　清宣統三年(1911)普政社鉛印本　一冊

330000 – 4735 – 0003412　06368　子部/藝術
類/書畫之屬/畫錄

國朝畫識十七卷墨香居畫識十卷　(清)馮金
伯撰　清乾隆刻道光十一年(1831)江左書林
增修本　十二冊

330000 – 4735 – 0003413　02646　史部/傳記
類/別傳之屬/事狀

餘杭孫飛泉先生傳一卷　(清)王文韶撰　**餘**
杭孫順盦先生傳一卷　(清)俞樾撰　**餘杭孫**
順盦先生行狀一卷　(清)金保泰狀　清抄本
一冊

330000 – 4735 – 0003414　06369　子部/藝術
類/書畫之屬/畫譜

芥子園畫傳初集六卷二集九卷三集六卷
(清)王槩　(清)王蓍　(清)王臬輯　清光
緒二十一年(1895)上海寶文書局石印本　一
冊　存二卷(一至二)

330000 – 4735 – 0003415　02647　史部/傳記
類/別傳之屬/事狀

劉果敏公榮哀錄不分卷　清刻本　一冊

330000 – 4735 – 0003416　03241　史部/政書
類/儀制之屬/專志/科舉校規

續增科場條例不分卷　清刻本　一冊

330000 – 4735 – 0003417　03242　史部/叢編

宦海指南五種　(清)許乃普輯　清咸豐九年
(1859)錢塘許氏刻本　一冊　存一種

330000 – 4735 – 0003420　02648　史部/傳記
類/科舉錄之屬/歷科登科錄

國朝歷科題名碑錄初集不分卷附明洪武至崇

禎各科題名錄不分卷　（清）李周望等輯　清康熙五十九年(1720)刻雍正至乾隆遞增刻本　一冊

330000 – 4735 – 0003422　03243　類叢部/叢書類/自著之屬

庸庵全集七種　（清）薛福成撰　清光緒十年至二十四年(1884 – 1898)無錫薛氏刻本　一冊　存一種

330000 – 4735 – 0003424　08612　集部/別集類/清別集

吳詩集覽二十卷補注二十卷吳詩談藪二卷拾遺一卷　（清）吳偉業撰　（清）靳榮藩注並輯　清刻本　十冊　存十卷(五至六、十一至十六、十九至二十)

330000 – 4735 – 0003429　02649　類叢部/叢書類/彙編之屬

廣漢魏叢書八十種　（明）何允中編　清嘉慶刻本　一冊　存二種

330000 – 4735 – 0003437　03246　史部/政書類/儀制之屬/專志/科舉校規

奏定女學堂章程　清光緒三十三年(1907)中合印書公司鉛印本　一冊　存二種

330000 – 4735 – 0003439　00845　經部/小學類/文字之屬/字書/字典

康熙字典十二集三十六卷總目一卷檢字一卷辨似一卷等韻一卷補遺一卷備考一卷　（清）張玉書等纂修　清光緒十六年(1890)上洋鴻寶齋石印本　六冊

330000 – 4735 – 0003442　03247　史部/職官類/官箴之屬

治安文獻十卷目錄一卷　（清）陸壽名　（清）韓訥輯　清刻本　一冊　缺九卷(二至十)

330000 – 4735 – 0003443　00846　經部/小學類/文字之屬/字書/字典

康熙字典十二集三十六卷總目一卷檢字一卷辨似一卷等韻一卷補遺一卷備考一卷　（清）張玉書等纂修　清光緒十六年(1890)上洋鴻寶齋石印本　六冊

330000 – 4735 – 0003445　08613　集部/別集類/唐五代別集

杜詩詳註二十五卷首一卷附編二卷　（唐）杜甫撰　（清）仇兆鰲輯注　清康熙刻本　十六冊　存十六卷(二至五、十一至十八、二十至二十一,附編上、下)

330000 – 4735 – 0003449　03248　史部/政書類/公牘檔冊之屬

酌擬興辦警務綱要二十條一卷　清鉛印本　一冊

330000 – 4735 – 0003451　03249　史部/政書類/律令之屬/治獄

提牢備考四卷　（清）趙舒翹撰　清光緒十一年(1885)刻本　一冊　存二卷(一至二)

330000 – 4735 – 0003452　02657　史部/傳記類/別傳之屬/事狀

諸葛忠武侯故事五卷　（清）張澍輯　清江左書林石印本　一冊　存二卷(四至五)

330000 – 4735 – 0003453　03250　史部/政書類/律令之屬/治獄

提牢備考四卷　（清）趙舒翹撰　清光緒十九年(1893)東甌官舍刻本　二冊

330000 – 4735 – 0003454　02660　類叢部/叢書類/彙編之屬

花雨樓叢鈔十一種續鈔十一種附一種　（清）張壽榮編　清光緒八年至十四年(1882 – 1888)蛟川張氏花雨樓刻本　一冊　存一種

330000 – 4735 – 0003455　00848　經部/小學類/文字之屬/字書/訓蒙

四體千字文一卷　（南朝梁）周興嗣次韻　（清）張楷　（清）徐大椿書　清刻本　金連芳題記　一冊

330000 – 4735 – 0003456　02658　子部/天文曆算類/算書之屬

測海山房中西算學叢刻初編　（清）測海山房主人輯　清光緒二十二年(1896)上海璣衡堂石印本　六冊　存二種

330000 – 4735 – 0003457　00849　經部/小學

類/文字之屬/字書/訓蒙

四體千字文一卷 （南朝梁）周興嗣次韻
（清）張楷 （清）徐大椿書 清刻本 一冊

330000－4735－0003458 00850 經部/小學
類/音韻之屬/韻書

詩韻彙纂不分卷 清抄本 一冊

330000－4735－0003459 08614 集部/別集
類/清別集

介軒詩鈔十卷文鈔八卷外集二卷 （清）張振
夔撰 清同治九年(1870)刻本 七冊 缺三
卷(文鈔四至六)

330000－4735－0003462 02659 子部/天文
曆算類/算書之屬

測海山房中西算學叢刻初編 （清）測海山房
主人輯 清光緒二十二年(1896)上海璣衡堂
石印本 二冊 存一種

330000－4735－0003464 06380 子部/藝術
類/書畫之屬/總論

佩文齋書畫譜一百卷 （清）孫岳頒等輯 清
光緒九年(1883)上海同文書局石印本 十
六冊

330000－4735－0003465 03252 類叢部/叢
書類/彙編之屬

後知不足齋叢書四十七種 （清）鮑廷爵編
清同治至光緒常熟鮑氏刻本 一冊 存一種

330000－4735－0003466 00852 經部/小學
類/音韻之屬/韻書

詩韻辨字增註五卷 （清）張澐卿輯 清光緒
七年(1881)張澐卿刻本 一冊

330000－4735－0003467 06381 史部/傳記
類/總傳之屬/技藝

**國朝畫徵錄三卷續錄二卷 明
人附錄一卷** （明）黎遂球 （明）袁樞撰 清
同治八年(1869)三元堂刻本 二冊 缺一卷
(明人附錄)

330000－4735－0003468 00853 經部/小學
類/音韻之屬/韻書

詩韻辨字略五卷 （清）秦端匪輯 清光緒四

年(1878)浙江督學使者黃倬刻本 一冊

330000－4735－0003469 06382 史部/傳記
類/總傳之屬/技藝

國朝畫徵錄三卷續錄二卷 （清）張庚撰 **明
人附錄一卷** （明）黎遂球 （明）袁樞撰 清
京都墨林齋刻本 一冊

330000－4735－0003470 03253 史部/政書
類/律令之屬/刑制

明刑管見錄一卷 （清）穆翰撰 清光緒三十
年(1904)浙江官書局刻本 一冊

330000－4735－0003471 02661 史部/傳記
類/科舉錄之屬/諸貢錄

[光緒丙午科]優貢同年全錄不分卷 清光緒
刻本 一冊

330000－4735－0003472 00854 經部/小學
類/文字之屬/字書/字典

正字略一卷 （清）王筠撰 清光緒二年
(1876)松竹齋刻本 金振聲題簽 一冊

330000－4735－0003473 06383 史部/傳記
類/總傳之屬/技藝

國朝畫徵錄三卷續錄二卷 （清）張庚撰 **明
人附錄一卷** （明）黎遂球 （明）袁樞撰 清
維揚玉書堂刻本 一冊

330000－4735－0003474 02662 史部/傳記
類/職官錄之屬/總錄

晚清同官錄□□卷 清刻本 一冊 存一卷
(下)

330000－4735－0003475 10596 類叢部/叢
書類/郡邑之屬

永嘉叢書十三種 （清）孫衣言編 清同治至
光緒瑞安孫氏詒善祠塾刻本 陳壽題簽 三
十冊 存十種

330000－4735－0003476 03254 史部/政書
類/儀制之屬/專志/科舉校規

算學書院章程一卷學規一卷 （清）黃紹第等
撰 清光緒二十二年(1896)刻本 一冊

330000－4735－0003477 02663 史部/傳記

類/總傳之屬/斷代

國史列傳不分卷 清抄本 一冊

330000－4735－0003478 06384 史部/傳記
類/總傳之屬/技藝

**國朝畫徵錄三卷續錄二卷 明
人附錄一卷** （明）黎遂球 （明）袁樞撰 清
刻本 一冊 存三卷（三、續錄一至二）

330000－4735－0003479 02664 史部/傳記
類/別傳之屬/事狀

宋侍郎胡忠佑公事蹟錄一卷 （清）程鳳山輯
清嘉慶十三年（1808）刻本 一冊

330000－4735－0003480 00856 經部/小學
類/訓詁之屬/譯語

滿漢字清文啟蒙四卷 （清）舞格撰 清三槐
堂刻本 一冊 存一卷（一）

330000－4735－0003481 02665 史部/傳記
類/總傳之屬/仕宦

歷代名臣言行錄二十四卷 （清）朱桓輯 清
末石印本 一冊 存二卷（十一至十二）

330000－4735－0003483 03256 史部/職官
類/官箴之屬

實政錄七卷 （明）呂坤撰 清同治十一年
（1872）浙江書局刻本 一冊 存一卷（一）

330000－4735－0003484 00857 經部/小學
類/訓詁之屬/譯語

重刻清文虛字指南編二卷 （清）萬福撰 清
光緒二十年（1894）京都隆福寺聚珍堂書坊刻
本 一冊 存一卷（一）

330000－4735－0003485 06385 史部/傳記
類/總傳之屬/技藝

**國朝畫徵錄三卷續錄二卷強恕齋圖畫精意識
一卷** （清）張庚撰 **明人附錄一卷** （明）黎
遂球 （明）袁樞撰 清刻本 清子珍題簽
一冊 缺三卷（一至三）

330000－4735－0003488 00858 類叢部/叢
書類/彙編之屬

式訓堂叢書四十一種 （清）章壽康編 清光
緒會稽章氏刻本 二冊 存一種

330000－4735－0003489 06386 子部/藝術
類/書畫之屬/畫錄

虛齋名畫錄十六卷 龐元濟輯 清宣統元年
（1909）烏程龐氏申江刻本 十六冊

330000－4735－0003490 02667 史部/傳記
類/別傳之屬/事狀

樂清倪卓冬紀念略不分卷 施樹勳輯 清宣
統元年（1909）石印本 一冊

330000－4735－0003492 03257 史部/政書
類/邦計之屬/荒政

欽定康濟錄四卷 （清）陸曾禹撰 （清）倪國
璉鰲正 清同治三年（1864）浙江撫署刻本
三冊

330000－4735－0003493 06387 子部/藝術
類/書畫之屬

鐵網珊瑚初集不分卷二集不分卷三集不分卷
（清）沈鏡堂撰 清光緒十五年（1889）上海
積山書局石印本 二冊

330000－4735－0003494 02669 類叢部/叢
書類/彙編之屬

**高安朱文端公校輯藏書（朱文端公藏書）十三
種** （清）朱軾撰輯 清康熙至乾隆刻彙印本
一冊 存一種

330000－4735－0003496 02670 史部/傳記
類/總傳之屬/通代

歷代都江堰功小傳二卷 王人文等輯 清宣
統三年（1911）成都刻本 一冊

330000－4735－0003498 08616 集部/詩文
評類/詩評之屬

諧聲別部六卷 （清）王士禛撰 （清）喻端士
等編 清乾隆刻本 一冊 缺一卷（六）

330000－4735－0003499 03259 史部/政書
類/儀制之屬/專志/科舉校規

續增科場條例不分卷 清刻本 九冊

330000－4735－0003500 06388 子部/藝術
類/音樂之屬/樂譜

琴譜新聲六卷 （清）蘇璟 （清）曹尚綱
（清）戴源訂 清嘉慶六年（1801）春草堂刻本

二冊

330000－4735－0003501　02671　　史部/傳記類/別傳之屬/事狀

曾文正公[國藩]榮哀録一卷　清同治十一年(1872)刻本　一冊

330000－4735－0003502　00860　　經部/小學類/文字之屬/說文/專著

六書精蘊六卷　（明)魏校撰　**音釋舉要一卷**　（明)徐官撰　明嘉靖十九年(1540)魏希明刻本　三冊　存三卷(一至二、五)

330000－4735－0003503　06389　　子部/藝術類/書畫之屬

鐵網珊瑚二十卷　（明)都穆撰　清刻本　二冊　存九卷(六至十四)

330000－4735－0003504　03260　　史部/政書類/公牘檔冊之屬

雲南第一次考試法官闈文一卷　清宣統二年(1910)鉛印本　一冊

330000－4735－0003508　06391　　子部/藝術類/書畫之屬/法帖

名人法帖不分卷　清刻本　一冊

330000－4735－0003509　03261　　史部/政書類/公牘檔冊之屬

雲南第一次考試法官闈文一卷　清宣統二年(1910)鉛印本　一冊

330000－4735－0003510　06392　　子部/藝術類/書畫之屬/畫譜

晚笑堂畫傳一卷　（清)上官周繪　清乾隆八年(1743)刻本　一冊

330000－4735－0003512　03262　　史部/政書類/儀制之屬/專志/科舉校規

奏定學堂章程二十種　（清)張百熙　（清)榮慶　（清)張之洞撰　清光緒江楚編譯官書局鉛印本　五冊

330000－4735－0003513　07076　　子部/宗教類/佛教之屬

釋氏十三經註疏　清同治至光緒三十四年(1908)金陵刻經處刻本　一冊　存一種

330000－4735－0003516　06393　　子部/藝術類/書畫之屬/題跋

吳越所見書畫録六卷書畫說鈴一卷　（清)陸時化輯並撰　清乾隆四十二年(1777)懷煙閣木活字印本　十冊　存五卷(二至六)

330000－4735－0003518　00867　　經部/小學類/文字之屬/字書/字典

康熙字典十二集三十六卷總目一卷檢字一卷辨似一卷等韻一卷補遺一卷備考一卷　（清)張玉書等纂修　清光緒十二年(1886)上海點石齋石印本　三冊　缺九卷(卯集上中下、辰集上中下、巳集上中下)

330000－4735－0003519　06394　　子部/藝術類/書畫之屬

鐵網珊瑚書品十卷畫品六卷　（明)朱存理輯　清雍正六年(1728)年希堯澄鑒堂刻本　一冊　存二卷(畫品一至二)

330000－4735－0003520　03263、04047　　史部/政書類/儀制之屬/專志/科舉校規

欽定學政全書八十六卷首一卷　（清)童璜等撰　清刻本　十五冊　存六十三卷(首、一至三、十二至十七、二十二至四十三、五十至八十)

330000－4735－0003522　06395　　史部/金石類/石之屬/文字

思古齋雙句漢碑篆額三卷　（清)何澂輯　清光緒九年(1883)刻本　三冊

330000－4735－0003523　00869　　經部/小學類/文字之屬/字書/字典

康熙字典十二集三十六卷總目一卷檢字一卷辨似一卷等韻一卷補遺一卷備考一卷　（清)張玉書等纂修　清道光七年(1827)刻本　四十冊

330000－4735－0003524　03264　　史部/政書類/邦計之屬/鹽法

四川官運鹽案類編二十七卷首一卷　（清)唐炯輯　清光緒七年(1881)成都官鹽總局刻本

一冊　存二卷(首、一)

330000－4735－0003526　00870　經部/小學
類/文字之屬/字書/字典

**康熙字典十二集三十六卷總目一卷檢字一卷
辨似一卷等韻一卷補遺一卷備考一卷**　(清)
張玉書等纂修　清光緒二十年(1894)上海點
石齋石印本　六冊

330000－4735－0003529　06396　子部/藝術
類/書畫之屬/題跋

東坡題跋二卷　(宋)蘇軾撰　(清)溫一貞輯
　山谷題跋三卷　(宋)黃庭堅撰　(清)溫一
貞輯　清乾隆五十年(1785)又賞齋刻本　四
冊　缺一卷(山谷題跋上)

330000－4735－0003530　02672　類叢部/叢
書類/自著之屬

留書種閣集九種　(清)黃炳垕撰　清同治六
年至光緒二十年(1867－1894)餘姚黃氏留書
種閣刻本　一冊　存一種

330000－4735－0003532　06397　子部/藝術
類/書畫之屬/題跋

東坡題跋二卷　(宋)蘇軾撰　(清)溫一貞輯
　山谷題跋三卷　(宋)黃庭堅撰　(清)溫一
貞輯　清同治十一年(1872)又賞齋刻本
四冊

330000－4735－0003534　02673　類叢部/叢
書類/家集之屬

洪氏晦木齋叢書二十一種　(清)洪汝奎編
清同治八年至宣統元年(1869－1909)刻本
一冊　存一種

330000－4735－0003535　06398　子部/藝術
類/書畫之屬/題跋

東坡題跋二卷　(宋)蘇軾撰　(清)溫一貞輯
　清乾隆五十年(1785)又賞齋刻本　一冊
存一卷(上)

330000－4735－0003536　03269　史部/政書
類/通制之屬

東漢會要四十卷　(宋)徐天麟撰　清刻本
一冊　存四卷(十二至十五)

330000－4735－0003538　02674　史部/傳記
類/總傳之屬/技藝

疇人傳四十六卷　(清)阮元撰　清光緒八年
(1882)海鹽張氏常惺齋刻本　二冊　存九卷
(十九至二十二、二十九至三十三)

330000－4735－0003539　06400　子部/小說
家類/雜事之屬

庸盦筆記六卷　(清)薛福成撰　清光緒上海
廣益書局石印本　四冊

330000－4735－0003540　03270　史部/政書
類/通制之屬

西漢會要七十卷　(宋)徐天麟撰　清光緒十
年(1884)江蘇書局刻本　一冊　存七卷(五
十九至六十五)

330000－4735－0003541　02675　史部/傳記
類/總傳之屬/通代

增廣古今人物論三十六卷　(明)鄭賢輯　**增
廣古今人物論續編十二卷**　(清)願學齋同人
輯　清光緒二十八年(1902)墨耨山房石印本
　六冊　存二十二卷(十九至三十一、續編一
至九)

330000－4735－0003542　06402　子部/雜著
類/雜說之屬

敬齋古今黈八卷　(元)李冶撰　清刻本
三冊

330000－4735－0003543　06403　類叢部/叢
書類/彙編之屬

玲瓏山館叢書七十種　(清)□□編　清光緒
十五年(1889)文選樓刻本　一冊　存一種

330000－4735－0003544　02676　類叢部/叢
書類/彙編之屬

藝苑捃華四十八種　(清)顧之逵編　清同治
刻本　三冊　存一種

330000－4735－0003545　00871　經部/小學
類/文字之屬/字書/字典

**康熙字典十二集三十六卷總目一卷檢字一卷
辨似一卷等韻一卷補遺一卷備考一卷**　(清)
張玉書等纂修　清刻本　三十九冊　缺一卷

（辨似）

330000－4735－0003547　02677　史部/傳記
類/別傳之屬/事狀
曾文正公[國藩]大事記四卷　（清）王定安撰
清光緒八年(1882)常熟抱芳閣刻本　曾士
瀛批校並跋　一冊　存二卷(一至二)

330000－4735－0003548　00872　經部/小學
類/文字之屬/字書/字典
康熙字典十二集三十六卷總目一卷檢字一卷
辨似一卷等韻一卷補遺一卷備考一卷　（清）
張玉書等纂修　清道光七年(1827)刻本　四
十冊

330000－4735－0003549　02678　類叢部/叢
書類/自著之屬
隨園三十種　（清）袁枚撰　清同治五年
(1866)三讓睦記刻本　二冊　存一種

330000－4735－0003550　00873　經部/小學
類/文字之屬/字書/字典
康熙字典十二集三十六卷總目一卷檢字一卷
辨似一卷等韻一卷補遺一卷備考一卷　（清）
張玉書等纂修　清刻本　四十冊

330000－4735－0003552　08618　集部/總集
類/彙編之屬
漢魏六朝一百三家集(漢魏六朝百三名家集)
　（明）張溥編　清光緒十八年(1892)善化章
經濟堂刻本　二十三冊　存二十四種

330000－4735－0003553　02679　類叢部/叢
書類/彙編之屬
藝苑捃華四十八種　（清）顧之逵編　清同治
刻本　二冊　存一種

330000－4735－0003554　00874　經部/小學
類/文字之屬/字書/字典
康熙字典十二集三十六卷總目一卷檢字一卷
辨似一卷等韻一卷補遺一卷備考一卷　（清）
張玉書等纂修　清刻本　二十六冊　缺十六
卷(子集下、丑集下、寅集上中下、卯集上、辰
集中、巳集上下、午集中、戌集上中,總目,檢
字,辨似,等韻)

330000－4735－0003557　00875　經部/小學
類/文字之屬/字書/字典
康熙字典十二集三十六卷總目一卷檢字一卷
辨似一卷等韻一卷補遺一卷備考一卷　（清）
張玉書等纂修　清刻本　四十冊

330000－4735－0003558　06405　子部/雜著
類/雜說之屬
菰中隨筆一卷　（清）顧炎武撰　清宣統三年
(1911)上海文瑞樓石印本　二冊

330000－4735－0003561　00876　經部/小學
類/文字之屬/字書/字典
康熙字典十二集三十六卷總目一卷檢字一卷
辨似一卷等韻一卷補遺一卷備考一卷　（清）
張玉書等纂修　清道光七年(1827)刻十七年
(1837)印本　四十冊

330000－4735－0003564　06407　子部/農家
農學類/園藝之屬/花卉
秘傳花鏡六卷　（清）陳淏子撰　清刻本　一
冊　存四卷(三至六)

330000－4735－0003565　02742　類叢部/叢
書類/彙編之屬
埽葉山房叢鈔二十六種　（清）席威編　清同
治至光緒刻光緒九年(1883)彙印本　四冊
存一種

330000－4735－0003566　00877　經部/小學
類/文字之屬/字書/字典
康熙字典十二集三十六卷總目一卷檢字一卷
辨似一卷等韻一卷補遺一卷備考一卷　（清）
張玉書等纂修　清刻本　三十九冊　缺一卷
(補遺)

330000－4735－0003567　02684　史部/傳記
類/總傳之屬/斷代
國朝先正事略六十卷　（清）李元度撰　清光
緒二十二年(1896)上洋文盛書局石印本　七
冊　存四十三卷(一至四十三)

330000－4735－0003568　00878　經部/小學
類/文字之屬/字書/字典
康熙字典十二集三十六卷總目一卷檢字一卷

辨似一卷等韻一卷補遺一卷備考一卷 （清）
張玉書等纂修 清刻本 三十四冊 缺八卷
（丑集中、巳集中、亥集中,總目,檢字,辨似,
等韻,補遺）

330000－4735－0003569 06409 子部/雜著
類/雜考之屬

日知錄集釋三十二卷首一卷刊誤二卷續刊誤
二卷 （清）黃汝成撰 清光緒十二年（1886）
上海點石齋石印本 曾士瀛批跋 四冊

330000－4735－0003573 06408 子部/農家
農學類/園藝之屬/花卉

秘傳花鏡六卷 （清）陳淏子撰 清刻本 一
冊 存三卷（四至六）

330000－4735－0003574 00880 經部/小學
類/文字之屬/字書/字典

康熙字典十二集三十六卷總目一卷檢字一卷
辨似一卷等韻一卷補遺一卷備考一卷 （清）
張玉書等纂修 清刻本 三冊 存三卷（未
集中下、等韻）

330000－4735－0003575 06410 子部/雜著
類/雜考之屬

日知錄三十二卷 （清）顧炎武撰 清刻本
九冊 存二十三卷（一至七、十至十三、十九
至三十）

330000－4735－0003576 08619 集部/別集
類/清別集

綠香山館小題合編不分卷 （清）來鴻瑨撰
清光緒二十年（1894）上海文富樓石印本 愻
吾氏題簽 二冊

330000－4735－0003577 00881 經部/小學
類/文字之屬/字書/字典

康熙字典十二集三十六卷總目一卷檢字一卷
辨似一卷等韻一卷補遺一卷備考一卷 （清）
張玉書等纂修 清刻本 八冊 存八卷（子
集下、丑集上、巳集上、午集下、未集下、申集
上、酉集中、戌集中）

330000－4735－0003578 06411 子部/雜著
類/雜考之屬

日知錄三十二卷日知錄之餘四卷 （清）顧炎
武撰 清乾隆六十年（1795）刻本 二十三冊
缺一卷（三十）

330000－4735－0003579 02686 類叢部/叢
書類/彙編之屬

粵雅堂叢書一百八十四種 （清）伍崇曜編
清道光二十九年至光緒十一年（1849－1885）
南海伍氏刻彙印本 七冊 存一種

330000－4735－0003580 03271 新學/雜
著/叢編

富強叢書正集七十七種續集一百二十一種
（清）袁俊德編 清光緒二十五年（1899）、二
十七年（1901）小倉山房石印本 三冊 存
六種

330000－4735－0003581 02687－02686 類
叢部/叢書類/彙編之屬

粵雅堂叢書一百八十四種 （清）伍崇曜編
清道光二十九年至光緒十一年（1849－1885）
南海伍氏刻彙印本 二冊 存一種

330000－4735－0003582 06412 子部/雜著
類/雜考之屬

日知錄集釋三十二卷刊誤二卷續刊誤二卷
（清）黃汝成撰 清光緒三年（1877）刻本 十
五冊 缺一卷（一）

330000－4735－0003583 02688 史部/傳記
類/總傳之屬/列女

列女傳八卷 （漢）劉向撰 （清）梁端校注
清上海會文堂粹記石印本 一冊

330000－4735－0003584 06413 子部/雜著
類/雜考之屬

日知錄集釋三十二卷刊誤二卷續刊誤二卷
（清）黃汝成撰 清光緒三年（1877）刻本 五
冊 存十三卷（十一至十二、十五至十九、二
十二至二十三,刊誤一至二,續刊誤一至二）

330000－4735－0003585 08621 類叢部/叢
書類/自著之屬

隨園三十種 （清）袁枚撰 清同治七年
（1868）刻本 十八冊 存三種

330000－4735－0003586　02689－02388　類
叢部/叢書類/彙編之屬

海山仙館叢書五十六種　（清）潘仕成編　清
道光二十五年至咸豐元年(1845－1851)番禺
潘氏刻光緒十一年(1885)增刻彙印本　六冊
存一種

330000－4735－0003587　03272　新學/雜
著/叢編

富強叢書正集七十七種續集一百二十一種
（清）袁俊德編　清光緒石印本　二冊　存
一種

330000－4735－0003589　03273－03198　史
部/政書類/儀制之屬/專志/科舉校規

奏定學堂章程二十種　（清）張百熙　（清）榮
慶　（清）張之洞撰　清鉛印本　一冊　存
四種

330000－4735－0003590　08622　集部/別集
類/清別集

袁文箋正十六卷補註一卷　（清）袁枚撰
（清）石韞玉輯　**增訂袁文箋正四卷**　（清）袁
枚撰　（清）魏大縉輯　清光緒十四年(1888)
上海蜚英館石印本　二冊　存九卷(一至五、
增訂袁文箋正一至四)

330000－4735－0003591　06415　子部/雜著
類/雜考之屬

日知錄三十二卷　（清）顧炎武撰　清刻本
一冊　存三卷(七至九)

330000－4735－0003592　06416　子部/雜著
類/雜考之屬

日知錄三十二卷　（清）顧炎武撰　清刻本
十三冊　存二十六卷(二至十三、十六至二十
五、二十七至三十)

330000－4735－0003593　02690　史部/政書
類/律令之屬/律例

**大清律例刑案彙纂集成四十卷督捕則例附纂
二卷**　（清）姚潤輯　（清）胡璋增輯　清道光
二十九年(1849)刻本　二十四冊

330000－4735－0003594　03274　新學/交

涉/公法

萬國公法四卷　（美國）惠頓撰　（美國）丁韙
良譯　清末鉛印本　四冊

330000－4735－0003596　03275、03295　史
部/政書類/邦交之屬

通商條約章程成案彙編三十卷　（清）李鴻章
編　清光緒鉛印本　十冊　存二十七卷(三
至四、六至三十)

330000－4735－0003597　02691　史部/政書
類/儀制之屬/典禮

大清通禮五十四卷　（清）來保等纂修　（清）
穆克登額等續纂　清光緒九年(1883)江蘇書
局刻本　十二冊

330000－4735－0003599　03276　史部/政書
類/儀制之屬/專志/諡法

皇朝諡法考五卷續編一卷補編一卷　（清）鮑
康輯　**皇朝諡法考續補編一卷**　（清）徐士鑾
輯　**皇朝諡法考再補編一卷**　（清）王作富輯
清光緒十五年(1889)成都志古堂刻本
二冊

330000－4735－0003600　02692　史部/政書
類/律令之屬/律例

大清律例增修統纂集成四十卷　（清）姚潤輯
（清）陶駿　（清）陶念霖增輯　清光緒六年
(1880)刻本　二十一冊　缺四卷(一、八、十
四至十五)

330000－4735－0003601　03277　史部/政書
類/邦交之屬

各國約章纂要六卷首一卷附錄一卷　勞乃宣
等輯　清光緒十八年(1892)上海圖書集成印
書局鉛印本　三冊　缺二卷(二至三)

330000－4735－0003603　06417　子部/雜著
類/雜考之屬

日知錄集釋三十二卷刊誤二卷續刊誤二卷
（清）黃汝成撰　清光緒三年(1877)刻本　心
畊書屋題簽　十六冊

330000－4735－0003605　03278　史部/職官
類/官箴之屬

州縣交代一卷州縣挪移虧空一卷　清抄本
一冊

330000－4735－0003606　02693　史部/政
書類

九通二千三百二十一卷　（清）□□輯　清光
緒二十八年(1902)上海鴻寶書局石印本　三
十二冊　存一種

330000－4735－0003608　02694　史部/政
書類

九通二千三百二十一卷　（清）□□輯　清光
緒二十八年(1902)上海鴻寶書局石印本　三
十二冊　存一種

330000－4735－0003609　03279　史部/叢編

宦海指南五種　（清）許乃普輯　清咸豐九年
(1859)錢塘許氏刻本　二冊　存一種

330000－4735－0003610　02695　史部/政
書類

九通二千三百二十一卷　（清）□□輯　清光
緒二十八年(1902)上海鴻寶書局石印本　八
冊　存一種

330000－4735－0003611　03280　史部/政書
類/軍政之屬/兵制

警務須知不分卷　清光緒鉛印本　劉迺封題
記　一冊

330000－4735－0003612　02696－02693　史
部/政書類

九通二千三百二十一卷　（清）□□輯　清光
緒二十八年(1902)上海鴻寶書局石印本　二
十四冊　存一種

330000－4735－0003613　02697　史部/政
書類

九通二千三百二十一卷　（清）□□輯　清光
緒二十八年(1902)上海鴻寶書局石印本　十
二冊　存一種

330000－4735－0003615　03281　史部/政書
類/公牘檔冊之屬

李文忠公外部函稿二十八卷　（清）李鴻章撰
（清）吳汝綸輯　清光緒二十八年(1902)蓮

池書社鉛印本　五冊　存十卷(七至八、十三
至二十)

330000－4735－0003616　06419　子部/雜著
類/雜考之屬

困學紀聞注二十卷　（清）翁元圻輯　清咸豐
元年(1851)小嫏嬛山館刻本　心畊室主題簽
十二冊

330000－4735－0003618　06420　子部/雜著
類/雜考之屬

困學紀聞注二十卷　（清）翁元圻輯　清刻本
三冊　存五卷(五、七至八、十七至十八)

330000－4735－0003619　02698－02694　史
部/政書類

九通二千三百二十一卷　（清）□□輯　清光
緒二十八年(1902)上海鴻寶書局石印本　二
十四冊　存一種

330000－4735－0003620　03282　史部/地理
類/專志之屬/書院

浙江求是書院章程一卷　（清）浙江求是書院
編　清光緒石印本　一冊

330000－4735－0003622　03283　史部/職官
類/官制之屬/專志

重訂浙江印結章程一卷　清光緒十一年
(1885)刻本　一冊

330000－4735－0003624　06421　子部/雜著
類/雜考之屬

困學紀聞注二十卷首一卷　（清）翁元圻輯
清光緒八年(1882)新都廖氏家塾刻本　十
四冊

330000－4735－0003627　08625　集部/別集
類/清別集

笠翁一家言全集十六卷　（清）李漁撰　清刻
本　十六冊

330000－4735－0003628　02699　新學/交
涉/公法

萬國公法四卷　（美國）惠頓撰　（美國）丁韙
良譯　清四明茹古書局鉛印本　四冊

330000－4735－0003629　06422　子部/雜著類/雜考之屬

困學紀聞注二十卷 （清）翁元圻輯　清道光五年(1825)餘姚翁氏守福堂刻本　十一冊　缺一卷(六)

330000－4735－0003630　03284　史部/政書類/律令之屬/律例

律例圖說十卷 （清）萬維翰撰　清乾隆三十九年(1774)芸暉堂刻本　七冊　存七卷(一至二、四、六至九)

330000－4735－0003631　00890　經部/小學類/文字之屬/字書/字典

康熙字典十二集三十六卷總目一卷檢字一卷辨似一卷等韻一卷補遺一卷備考一卷 （清）張玉書等纂修　清光緒十八年(1892)上海點石齋石印本　六冊

330000－4735－0003632　02700　新學/交涉/公法

萬國公法四卷 （美國）惠頓撰　（美國）丁韙良譯　清四明茹古書局鉛印本　四冊

330000－4735－0003634　06423　子部/雜著類/雜說之屬

池北偶談二十六卷 （清）王士禛撰　清光緒二十二年(1896)上海慎記書莊石印本　八冊

330000－4735－0003636　00892　經部/小學類/文字之屬/字書/字典

康熙字典十二集三十六卷總目一卷檢字一卷辨似一卷等韻一卷補遺一卷備考一卷 （清）張玉書等纂修　清刻本　一冊　存一卷(寅集中)

330000－4735－0003637　02701　史部/政書類

三通典輯要七十六卷 蔣麟振輯　清光緒二十八年(1902)上海編譯局石印本　九冊　缺十四卷(欽定續通典輯要八至十三、皇朝通典輯要十九至二十六)

330000－4735－0003638　06424　子部/雜著類/雜考之屬

日知錄集釋三十二卷刊誤二卷續刊誤二卷 （清）黃汝成撰　清刻本　十五冊　缺二卷(四至五)

330000－4735－0003639　06425　子部/雜著類/雜考之屬

困學紀聞注二十卷 （清）翁元圻輯　清光緒十五年(1889)汝東資善堂刻本　十二冊

330000－4735－0003641　00893　經部/小學類/文字之屬/字書/字典

正字通十二卷 （明）張自烈撰　（清）廖文英輯　**字彙舊本首一卷** （明）梅膺祚音釋　清刻本　三十冊

330000－4735－0003642　03286　新學/圖學/測繪

測繪章程一卷 （清）宗源瀚等撰　清光緒十六年(1890)刻本　一冊

330000－4735－0003643　02702　史部/政書類/通制之屬

文獻通考紀要四卷 清石印本　二冊

330000－4735－0003644　08627　集部/別集類/唐五代別集

杜工部詩選初學讀本八卷 （唐）杜甫撰　（清）孫人龍輯評　清乾隆十二年(1747)刻本　二冊　存四卷(五至八)

330000－4735－0003645　02703　史部/政書類

三通考詳節 （清）嚴虞惇輯　清光緒二十七年(1901)鴻寶齋書局石印本　二十冊

330000－4735－0003647　03287　新學/圖學/測繪

測繪章程一卷 （清）宗源瀚等撰　清光緒十六年(1890)刻本　一冊

330000－4735－0003648　08628　集部/別集類/清別集

梅村集四十卷目錄二卷 （清）吳偉業撰　清康熙八年(1669)顧湄等刻本　二冊　存六卷(梅村先生詩集一至六)

330000－4735－0003649　02704　史部/政書類/邦計之屬/荒政

重刊救荒補遺書二卷　(宋)董煟撰　(元)張光大增　(明)朱熊補　(明)王崇慶釋斷　清同治八年(1869)楚北崇文書局刻本　二冊

330000－4735－0003650　00894　經部/小學類/文字之屬/字書/字典

字彙十二集首一卷末一卷韻法直圖一卷　(明)梅膺祚撰　**韻法橫圖一卷**　(明)李世澤撰　清刻本　蘇存甫題簽　十四冊

330000－4735－0003652　02705　史部/政書類/邦計之屬/賦稅

光緒三十四年部庫出入款目表一卷　清鉛印本　一冊

330000－4735－0003654　00895　經部/小學類/文字之屬/字書/字典

字彙十二集首一卷末一卷　(明)梅膺祚撰　清刻本　一冊　存一卷(丑集)

330000－4735－0003655　02706－02885　史部/政書類/軍政之屬/兵制

杭州八旗駐防營志略二十五卷　(清)張大昌輯　清光緒十九年(1893)浙江書局刻本　四冊　存十八卷(八至二十五)

330000－4735－0003657　00896　經部/小學類/文字之屬/字書/字體

六書通十卷首一卷附百體福壽全圖　(清)閔齊伋撰　(清)畢弘述篆訂　清光緒十九年(1893)上海校經山房石印本　一冊　存五卷(六至十)

330000－4735－0003658　02707　史部/政書類/公牘檔冊之屬

暀川公牘□□卷　(清)洪恩波撰　清光緒洪兩課堂刻本　一冊　存一卷(一)

330000－4735－0003660　08629　集部/別集類/唐五代別集

李義山詩集十六卷　(唐)李商隱撰　(清)姚培謙箋　清乾隆五年(1740)姚氏松桂讀書堂刻本　四冊

330000－4735－0003662　08630　集部/別集類/唐五代別集

重訂李義山詩集箋注三卷集外詩箋注一卷　(唐)李商隱撰　(清)朱鶴齡箋注　(清)程夢星刪補　**附年譜一卷詩話一卷**　(清)程夢星輯　清乾隆八年(1743)東柯草堂刻十一年(1746)重校印本　二冊　存三卷(中、下，集外詩箋注)

330000－4735－0003663　08705　集部/別集類/清別集

板橋集五種六卷　(清)鄭燮撰　清乾隆清暉書屋刻本　三冊　存三種

330000－4735－0003664　08704　集部/別集類/宋別集

宋大家蘇文忠公文集二十八卷　(宋)蘇軾撰　(明)茅坤批評　清宣統三年(1911)上海彪蒙書室石印本　曾士瀛題簽　一冊　存十卷(七至十六)

330000－4735－0003667　00897　經部/小學類/文字之屬/字書/字體

六書通十卷　(清)閔齊伋撰　(清)畢弘述篆訂　清乾隆六十年(1795)刻本　六冊

330000－4735－0003668　00898　經部/小學類/文字之屬/字書/字體

六書通十卷　(清)閔齊伋撰　(清)畢弘述篆訂　清刻本　一冊　存二卷(九至十)

330000－4735－0003669　00899　經部/小學類/文字之屬/字書/字體

六書通十卷　(清)閔齊伋撰　(清)畢弘述篆訂　清乾隆六十年(1795)刻本　五冊

330000－4735－0003670　00900　經部/小學類/文字之屬/字書/字體

六書通十卷　(清)閔齊伋撰　(清)畢弘述篆訂　清乾隆六十年(1795)刻本　六冊

330000－4735－0003671　00901　經部/小學類/文字之屬/字書/字體

六書通十卷　(清)閔齊伋撰　(清)畢弘述篆訂　清乾隆六十年(1795)刻本　五冊

330000－4735－0003672　00902　類叢部/叢書類/彙編之屬
邵武徐氏叢書二十三種　(清)徐榦編　清光緒邵武徐氏刻本　四冊　存三種

330000－4735－0003673　00903　經部/小學類/訓詁之屬/爾雅
爾雅直音二卷　(清)孫偘輯　清光緒六年(1880)常熟抱芳閣刻本　一冊

330000－4735－0003674　02708　史部/傳記類/職官録之屬/總録
資政院議員錄一卷　清鉛印本　一冊

330000－4735－0003675　00904　經部/小學類/訓詁之屬/爾雅
爾雅直音二卷　(清)孫偘輯　清嘉慶五年(1800)刻本　一冊

330000－4735－0003677　00905　經部/小學類/訓詁之屬/爾雅
爾雅直音二卷　(清)孫偘輯　清抄本　一冊

330000－4735－0003678　08637　集部/別集類/唐五代別集
韓昌黎詩集編年箋注十二卷　(唐)韓愈撰　(清)方世舉考訂　(清)盧見曾删定　清宣統二年(1910)海寧陳氏石印本　一冊　存二卷(七、十一)

330000－4735－0003679　00906　經部/小學類/訓詁之屬/爾雅
爾雅直音二卷　(清)孫偘輯　清抄本　一冊

330000－4735－0003680　00907　經部/小學類/訓詁之屬/爾雅
爾雅直音二卷　(清)孫偘輯　清刻本　一冊

330000－4735－0003681　02709　史部/政書類/邦計之屬
兩浙宦游紀畧四種九卷　(清)戴槃撰　清同治七年(1868)刻本　二冊　存五卷(杭嘉湖三府減漕記畧、奏稿,嚴陵記畧,東甌記畧,桐溪記畧)

330000－4735－0003683　00908　經部/小學類/訓詁之屬/爾雅
爾雅直音二卷　(清)孫偘輯　清乾隆六十年(1795)刻本　一冊

330000－4735－0003685　02710　史部/政書類
九通二千三百二十一卷　(清)□□輯　清光緒八年至二十二年(1882－1896)浙江書局刻本　七冊　存一種

330000－4735－0003687　03288　史部/政書類/律令之屬
治浙成規八卷　清嘉慶至道光刻本　一冊　存一卷(八)

330000－4735－0003688　00909　經部/小學類/訓詁之屬/爾雅
爾雅註疏十一卷　(晉)郭璞註　(宋)邢昺疏　清光緒八年(1882)崇德書院刻本　二冊

330000－4735－0003690　02711　史部/政書類
九通二千三百二十一卷　(清)□□輯　清光緒八年至二十二年(1882－1896)浙江書局刻本　四十七冊　存一種

330000－4735－0003691　00910　經部/小學類/訓詁之屬/爾雅
爾雅註疏十一卷　(晉)郭璞註　(宋)邢昺疏　清光緒八年(1882)崇德書院刻本　二冊

330000－4735－0003692　08638　集部/別集類/清別集
隨園駢體文註十六卷　(清)袁枚撰　(清)黎光地註　清光緒十二年(1886)刻本　六冊　存十二卷(一至十、十三至十四)

330000－4735－0003694　08639　集部/別集類
湘綺樓全集三十卷　王闓運撰　清宣統三年(1911)上海國學扶輪社石印本　十二冊

330000－4735－0003695　00911　經部/叢編
重刊宋本十三經注疏四百十六卷　附十三經注疏校勘記四百十六卷　(清)阮元撰　(清)盧宣旬摘錄　清嘉慶二十年(1815)南昌府學

刻本　三冊　存一種

330000－4735－0003698　03289－08116　類叢部/叢書類/自著之屬

李文忠公全集六種　（清）李鴻章撰　（清）吳汝綸編錄　清光緒三十一年（1905）金陵刻三十四年（1908）印本　一冊　存一種

330000－4735－0003699　02712　史部/政書類/儀制之屬/專志/科舉校規

欽定學政全書八十六卷首一卷　（清）童璜等撰　清刻本　一冊　存六卷（四十四至四十九）

330000－4735－0003700　03290　史部/政書類/通制之屬

文獻通考詳節二十四卷　（元）馬端臨撰　（清）嚴虞惇輯　清光緒十五年（1889）上海珍藝書局鉛印本　曾士瀛題記　一冊　存二卷（十八至十九）

330000－4735－0003702　02714　史部/政書類/律令之屬/刑制

欽定大清刑律二編　沈家本輯　清宣統三年（1911）刻本　二冊

330000－4735－0003703　06439　子部/儒家類/儒學之屬/勸學

令德堂章程一卷　清光緒二十四年（1898）刻本　一冊

330000－4735－0003704　08640　集部/別集類/清別集

十杉亭帖體詩鈔五卷　（清）吳楷撰　**薇雲小舍試帖詩課二卷**　（清）吳之俊撰　清道光刻本　二冊　存三卷（一、四至五）

330000－4735－0003705　06441　子部/雜著類/雜纂之屬

經餘必讀八卷二編八卷　（清）雷琳　（清）錢樹棠　（清）錢樹立輯　**經餘必讀三編四卷**　（清）趙在翰輯　清光緒二年（1876）汲綆齋刻本　八冊　缺四卷（三編一至四）

330000－4735－0003706　03291　史部/政書類

九通序九卷　清光緒二十八年（1902）景幡山房鉛印本　三冊

330000－4735－0003707　03293　類叢部/叢書類/彙編之屬

嘯園叢書五十七種　（清）葛元煦編　清光緒二年至七年（1876－1881）仁和葛氏刻本　一冊　存一種

330000－4735－0003708　02715　史部/政書類

三通七百四十八卷　清咸豐九年（1859）崇仁謝氏刻本　一百二十冊　存一種

330000－4735－0003709　08633　子部/叢編

經史百家序錄六種　邵章輯　清光緒二十八年（1902）會文學社石印本　四冊　存一種

330000－4735－0003710　02716－02693　史部/政書類

九通二千三百二十一卷　（清）□□輯　清光緒二十八年（1902）上海鴻寶書局石印本　三十二冊　存一種

330000－4735－0003711　03292　史部/政書類/通制之屬

文獻通考輯要二十四卷　（清）張羅澄輯　清光緒二十八年（1902）夢孔山房石印九通輯要本　曾士瀛題簽　三冊　存十六卷（一至十六）

330000－4735－0003712　02717　史部/政書類

九通二千三百二十一卷　（清）□□輯　清光緒八年至二十二年（1882－1896）浙江書局刻本　三十冊　存一種

330000－4735－0003714　08634　子部/叢編

經史百家序錄六種　邵章輯　清光緒二十八年（1902）會文學社石印本　四冊　存一種

330000－4735－0003715　06442　子部/雜著類/雜纂之屬

經餘必讀八卷二編八卷　（清）雷琳　（清）錢樹棠　（清）錢樹立輯　**經餘必讀三編四卷**　（清）趙在翰輯　清文英堂刻本　八冊　缺四

卷(三至四、二編七至八)

330000－4735－0003717　03294　新學/交涉/公法

萬國公法四卷　(美國)惠頓撰　(美國)丁韙良譯　清光緒二十七年(1901)石印本　一冊

330000－4735－0003719　06443　子部/小說家類/異聞之屬

見聞隨筆二十六卷續筆二十四卷　(清)齊學裘撰　清同治十年(1871)天空海闊之居刻本　十一冊　存三十三卷(一、六至二十二,續筆三至十一、十六至十八、二十二至二十四)

330000－4735－0003720　00913　經部/叢編

十三經註疏三百三十三卷　明崇禎元年至十二年(1628－1639)古虞毛氏汲古閣刻本　一冊　存一種

330000－4735－0003721　02718　史部/政書類

九通二千三百二十一卷　(清)□□輯　清光緒八年至二十二年(1882－1896)浙江書局刻本　一百六十冊　存一種

330000－4735－0003722　06444　子部/小說家類/異聞之屬

見聞隨筆二十六卷續筆二十四卷　(清)齊學裘撰　清刻本　五冊　存十八卷(十三至十六,續筆七至十七、十九至二十一)

330000－4735－0003723　00914　類叢部/叢書類/彙編之屬

木犀軒叢書二十七種　李盛鐸編　清光緒德化李氏木犀軒刻本　五冊　存三種

330000－4735－0003724　08652　集部/別集類/清別集

捶琴僊館唫草二卷　(清)朱俶撰　清宣統二年(1910)石印本　黃氏題記　一冊

330000－4735－0003725　06445　子部/雜著類/雜考之屬

困學紀聞注二十卷首一卷　(清)翁元圻輯　清光緒十五年(1889)上海積山書局石印本　六冊

330000－4735－0003726　00915　經部/小學類/訓詁之屬/爾雅

爾雅補郭二卷　(清)翟灝撰　清仁和翟氏刻本　一冊

330000－4735－0003727　00916　經部/小學類/訓詁之屬/爾雅

爾雅註疏十一卷　(晉)郭璞註　(宋)邢昺疏　清武林文業齋刻本　四冊

330000－4735－0003728　02719　史部/政書類/通制之屬

文獻通考二十四卷首一卷　(元)馬端臨撰　清光緒十一年(1885)上海點石齋石印本　二十冊

330000－4735－0003729　03296　史部/政書類/邦計之屬

財政叢書二十一種　(清)昌言報館輯　清光緒二十九年(1903)上海會文學社石印本　十一冊　存二十種

330000－4735－0003730　06446　子部/小說家類/異聞之屬

見聞隨筆二十六卷　(清)齊學裘撰　清刻本　一冊　存三卷(十七至十九)

330000－4735－0003731　00917　經部/小學類/訓詁之屬/爾雅

爾雅正義二十卷　(清)邵晉涵撰　**爾雅釋文三卷**　(唐)陸德明撰　清乾隆五十三年(1788)餘姚邵氏面水層軒刻本　蘭孫氏題記　三冊　缺十三卷(三至十五)

330000－4735－0003732　06447　子部/小說家類/異聞之屬

耳食錄十二卷二編八卷　(清)樂鈞撰　清同治十年(1871)味經堂刻本　八冊

330000－4735－0003733　02720　史部/政書類/通制之屬

文獻通考二十四卷首一卷　(元)馬端臨撰　清光緒二十年(1894)上海點石齋石印本　十七冊　缺三卷(十一、十七、二十一)

330000－4735－0003734　06448　子部/小說

家類/異聞之屬

池上草堂筆記八卷 （清）梁恭辰撰　清同治十二年(1873)聽鸝館主人金陵刻本　八冊

330000－4735－0003736　00918　經部/小學類/訓詁之屬/爾雅

爾雅郭註補正九卷 （清）戴鑒撰　清光緒十一年(1885)海陽韓氏刻本　二冊　存三卷（一至二、九）

330000－4735－0003737　06449　子部/小說家類/異聞之屬

池上草堂筆記八卷 （清）梁恭辰撰　清同治十二年(1873)聽鸝館主人金陵刻本　三冊　存三卷（三至四、七）

330000－4735－0003738　00919　類叢部/叢書類/彙編之屬

邵武徐氏叢書二十三種 （清）徐榦編　清光緒邵武徐氏刻本　一冊　存一種

330000－4735－0003739　02721　史部/政書類

三通考輯要 湯壽潛輯　清光緒二十五年(1899)上海圖書集成局鉛印本　二十五冊　缺十卷（文獻通考輯要九、十二，欽定續文獻通考輯要二十至二十六，皇朝文獻通考輯要十九）

330000－4735－0003741　03297　類叢部/叢書類/自著之屬

庸庵全集七種 （清）薛福成撰　清光緒十年至二十四年(1884－1898)無錫薛氏刻本　十冊　存一種

330000－4735－0003742　08655　集部/別集類/清別集

袁文箋正十六卷補注一卷 （清）袁枚撰（清）石韞玉箋　清光緒十四年(1888)上海蜚英館石印本　二冊

330000－4735－0003743　02722　史部/政書類

三通考輯要 湯壽潛輯　清光緒二十五年(1899)上海圖書集成局鉛印本　十七冊　缺

三十二卷（文獻通考輯要十至十二、十七至十八、二十三至二十四，欽定續文獻通考輯要五、九至十五、二十至二十六，皇朝文獻通考輯要十至十一、十九至二十六）

330000－4735－0003744　08643　集部/別集類/清別集

袁文箋正十六卷 （清）袁枚撰（清）石韞玉箋　清刻本　六冊　存十二卷（三至十四）

330000－4735－0003745　02723－02693　史部/政書類

九通二千三百二十一卷 （清）□□輯　清光緒二十八年(1902)上海鴻寶書局石印本　八冊　存一種

330000－4735－0003746　00920　類叢部/叢書類/彙編之屬

邵武徐氏叢書二十三種 （清）徐榦編　清光緒邵武徐氏刻本　一冊　存一種

330000－4735－0003747　02724　史部/政書類

九通二千三百二十一卷 （清）□□輯　清光緒二十八年(1902)上海鴻寶書局石印本　二十八冊　存一種

330000－4735－0003749　08644　集部/別集類/清別集

袁文箋正十六卷補註一卷 （清）袁枚撰（清）石韞玉輯　**增訂袁文箋正四卷** （清）袁枚撰（清）魏大緒輯　清光緒十四年(1888)上海蜚英館石印本　烜夫題籤並記　一冊　存四卷（增訂袁文箋正一至四）

330000－4735－0003750　03298　史部/政書類/邦交之屬

丁未和會類要四卷 （清）□□編　清光緒三十四年(1908)中國圖書公司鉛印本　二冊　缺一卷（二）

330000－4735－0003751　02725　史部/政書類

九通二千三百二十一卷 （清）□□輯　清光緒二十八年(1902)上海鴻寶書局石印本　二

十五冊　存一種

330000－4735－0003754　03299　史部/詔令
奏議類/奏議之屬

許竹篔先生出使函稿十四卷　（清）許景澄撰
清光緒鉛印本　二冊　存八卷(一至四、十
一至十四)

330000－4735－0003755　02726　史部/政
書類

九通二千三百二十一卷　（清）□□輯　清光
緒二十八年(1902)上海鴻寶書局石印本　六
冊　存一種

330000－4735－0003756　06453　子部/雜著
類/雜說之屬

菜根譚一卷　（明）洪應明撰　清光緒二十五
年(1899)揚州藏經禪院刻本　一冊

330000－4735－0003757　03300　史部/政書
類/律令之屬/律例

大清律例增修統纂集成四十卷　（清）姚潤輯
（清）陶駿　（清）陶念霖增輯　清刻本　一
冊　存二卷(三十一至三十二)

330000－4735－0003758　00921　類叢部/叢
書類/自著之屬

朱氏羣書六種　（清）朱駿聲撰　清光緒八年
(1882)臨嘯閣刻本　一冊　存二種

330000－4735－0003759　06454　子部/雜著
類/雜纂之屬

寄園寄所寄十二卷　（清）趙吉士輯　清刻本
三冊　存三卷(六、十至十一)

330000－4735－0003761　00922　經部/小學
類/訓詁之屬/爾雅

爾雅正義二十卷　（清）邵晉涵撰　**爾雅釋文
三卷**　（唐）陸德明撰　清刻本　一冊

330000－4735－0003762　06455　子部/雜著
類/雜纂之屬

寄園寄所寄十二卷　（清）趙吉士輯　清刻本
一冊　存二卷(十一至十二)

330000－4735－0003763　06456　子部/雜著
類/雜纂之屬

寄園寄所寄十二卷　（清）趙吉士輯　清三益
堂刻本　九冊　存十卷(一至十)

330000－4735－0003765　06457　子部/雜著
類/雜纂之屬

寄園寄所寄十二卷　（清）趙吉士輯　清刻本
一冊　存一卷(一)

330000－4735－0003766　06458　子部/雜著
類/雜纂之屬

寄園寄所寄十二卷　（清）趙吉士輯　清宣統
三年(1911)文盛書局石印本　七冊

330000－4735－0003767　00923　經部/小學
類/訓詁之屬/群雅

五雅全書　（明）郎奎金輯　明刻本　一冊
存二種

330000－4735－0003768　06459　子部/雜著
類/雜說之屬

草木子四卷　（明）葉子奇撰　清光緒元年
(1875)處州府署刻本　二冊

330000－4735－0003769　06460　子部/雜著
類/雜說之屬

草木子四卷　（明）葉子奇撰　清光緒四年至
五年(1878－1879)葉氏居德堂刻本　二冊

330000－4735－0003771　06461　子部/雜著
類/雜說之屬

草木子四卷　（明）葉子奇撰　清光緒元年
(1875)處州府署刻本　二冊

330000－4735－0003772　08645　集部/詩文
評類/詩評之屬

隨園詩話十六卷補遺十卷　（清）袁枚撰　清
道光七年(1827)小酉山房刻本　哲生題簽
八冊　存十八卷(一至二、七至十、十三至十
四,補遺一至十)

330000－4735－0003773　06462　子部/雜著
類/雜說之屬

草木子四卷　（明）葉子奇撰　清刻本　項冰
夫題簽　一冊　存二卷(三至四)

330000 – 4735 – 0003774　08646　集部/別集類/明別集

青湖先生文集十四卷首一卷末一卷　（明）汪應軫撰　清同治十三年(1874)汪璟廣州刻本　四冊　存十一卷(二至九、十三至十四、末)

330000 – 4735 – 0003775　00925　經部/小學類/訓詁之屬/爾雅

爾雅二卷　清光緒六年(1880)成都書局刻本　洪滌懷題記　二冊

330000 – 4735 – 0003776　06463　子部/雜著類/雜纂之屬

經餘必讀八卷二編八卷　（清）雷琳　（清）錢樹棠　（清）錢樹立輯　**經餘必讀三編四卷**（清）趙在翰輯　清光緒二年(1876)退補齋刻本　十冊

330000 – 4735 – 0003777　00926　經部/小學類/訓詁之屬/爾雅

爾雅郭注義疏二十卷　（清）郝懿行撰　清刻本　七冊　存十七卷(上二至四、又一,中一至八,下一至五)

330000 – 4735 – 0003778　03303　史部/政書類/通制之屬

續修大清會典四卷　（清）托津等撰　清同治十一年(1872)湖北崇文書局刻本　三冊　缺一卷(三)

330000 – 4735 – 0003780　08648　集部/總集類/尺牘之屬

賴古堂全集三種　（清）周亮工輯　清宣統三年(1911)上海國學扶輪社石印本　八冊　存二種

330000 – 4735 – 0003781　03304　史部/編年類/斷代之屬

皇朝政典撮要八卷　（日本）增田貢撰　（清）毛淦補編　清光緒二十八年(1902)五彩公司朱墨石印本　四冊

330000 – 4735 – 0003782　02727　類叢部/叢書類/自著之屬

李文忠公全集六種　（清）李鴻章撰　（清）吳

汝綸編錄　清光緒三十一年(1905)金陵刻三十四年(1908)印本　五十六冊　存九十三卷(首,奏稿一至三、二十五至三十三、四十七至八十,朋僚函稿三至四、十七至二十,譯署函稿一至二、九至二十,遷移鹽池口教堂函稿,海軍函稿一至四,電稿一、四至二十三)

330000 – 4735 – 0003784　00927　經部/小學類/訓詁之屬/爾雅

爾雅初學讀本一卷　（清）萬廷蘭撰　清刻本　一冊

330000 – 4735 – 0003785　00928　經部/小學類/訓詁之屬/群雅

小爾雅一卷　（漢）孔鮒撰　清光緒七年(1881)延蘿別墅刻本　洪滌懷題記　一冊

330000 – 4735 – 0003786　03305　類叢部/叢書類/自著之屬

庸庵全集七種　（清）薛福成撰　清光緒二十三年(1897)上海醉六堂石印本　二冊　存一種

330000 – 4735 – 0003787　00929　經部/小學類/訓詁之屬/爾雅

爾雅註疏十一卷　（晉）郭璞註　（宋）邢昺疏　明汲古閣刻本　何又春題簽　李維題記　四冊

330000 – 4735 – 0003788　03306 – 02693　史部/政書類

九通二千三百二十一卷　（清）□□輯　清光緒二十八年(1902)上海鴻寶書局石印本　八冊　存一種

330000 – 4735 – 0003789　03307　史部/政書類/邦計之屬/荒政

欽定康濟錄四卷　（清）陸曾禹撰　（清）倪國璉釐正　清刻本　一冊　存一卷(三)

330000 – 4735 – 0003790　08650　集部/總集類/選集之屬/斷代

八家四六（國朝八家四六文鈔）八種九卷（清）吳鼒編　清較經堂刻本　四冊

330000 – 4735 – 0003791　03308　史部/政書

類/儀制之屬/專志/科舉校規

欽定科場條例六十卷續增科場條例不分卷
(清)詹鴻謨　(清)徐堉總纂　清刻本　八冊
　存九卷(八至十一、四十四至四十八)

330000－4735－0003792　00930　經部/小學
類/訓詁之屬/群雅

駢雅訓纂十六卷首一卷　(明)朱謀㙔撰
(清)魏茂林訓纂　清道光二十五年(1845)有
不為齋刻咸豐元年(1851)補刻本　六冊　缺
四卷(三至四、十二至十三)

330000－4735－0003793　02728　史部/政書
類/邦計之屬/鹽法

欽定重修兩浙鹽法志三十卷首一卷　(清)阮
元等撰　清同治十三年(1874)楊昌濬刻本
二十四冊

330000－4735－0003794　08642　集部/別集
類/清別集

有正味齋賦二卷　(清)吳錫麒撰　(清)胡玉
樹編註　清道光五年(1825)務本堂刻本　愍
甫題簽題記並評　二冊

330000－4735－0003795　02729　史部/政書
類/通制之屬

文獻通考二十四卷首一卷　(元)馬端臨撰
清光緒十一年(1885)上海點石齋石印本　二
十冊

330000－4735－0003796　00931　經部/小學
類/文字之屬/字書/字體

六書通十卷　(清)閔齊伋撰　(清)畢弘述篆
訂　清刻本　五冊　存九卷(二至十)

330000－4735－0003797　02730　史部/政書
類/律令之屬/律例

**大清律例彙纂大成四十卷督捕則例二卷三流
道里表一卷五軍道里表一卷秋審實緩比較彙
案一卷部頒新增一卷**　清光緒二十九年
(1903)石印本　二十冊　缺八卷(三至四、
七、十六至十七、三十八至四十)

330000－4735－0003798　06470　子部/雜著
類/雜考之屬

管城碩記三十卷　(清)徐文靖撰　清刻本
二冊　存四卷(二十七至三十)

330000－4735－0003799　00932　經部/小學
類/訓詁之屬/爾雅

爾雅音圖三卷　(晉)郭璞註　(清)姚之麟摹
圖　清光緒八年(1882)上海同文書局石印本
　一冊　存二卷(一至二)

330000－4735－0003800　08641　集部/總集
類/彙編之屬

宋四名家詩　(清)周之鱗　(清)柴升編　清
刻本　一冊　存一種

330000－4735－0003801　02731　史部/政書
類/律令之屬/律例

大清光緒新法令十三卷附錄一卷　商務印書
館編譯所編纂　清宣統元年(1909)上海商務
印書館鉛印本　二十冊

330000－4735－0003802　03309　史部/政書
類/邦計之屬/賦稅

**增修籌餉事例條款不分卷籌餉事例一卷增修
現行常例一卷**　清同治刻本　四冊

330000－4735－0003803　06469　類叢部/叢
書類/自著之屬

春在堂全書三十六種　(清)俞樾撰　清同治
至光緒刻光緒末彙印本　九冊　存一種

330000－4735－0003804　00933　類叢部/叢
書類/彙編之屬

祕書二十八種　(清)汪士漢編　清刻本　一
冊　存三種

330000－4735－0003805　02732　史部/政書
類/通制之屬

康熙政要二十四卷　章梫撰　清宣統二年
(1910)鉛印本　十二冊

330000－4735－0003808　00934　類叢部/叢
書類/彙編之屬

文選樓叢書十五種　(清)萩林山房編　清光
緒七年(1881)萩林山房刻本　十二冊　存
六種

330000 - 4735 - 0003809　02734　史部/政書
類/律令之屬/律例

大清律例增修統纂集成四十卷　(清)姚潤輯
　(清)陶駿　(清)陶念霖增輯　清刻本　三
　冊　存五卷(二十五、二十九至三十、三十六
　至三十七)

330000 - 4735 - 0003810　03311　史部/政書
類/律令之屬/律例

**法部奏定直省提法司署及審判廳畫一經費簡
章一卷**　清宣統三年(1911)石印本　一冊

330000 - 4735 - 0003811　03312　史部/政書
類/公牘檔冊之屬

**塘工議事會稟稿議案彙存一卷附收支清冊一
卷**　徐懋元編　清宣統元年(1909)鉛印本
　一冊

330000 - 4735 - 0003812　02735　史部/政書
類/律令之屬/律例

**大清律例刑案彙纂集成四十卷督捕則例附纂
二卷**　(清)姚潤輯　(清)胡璋增輯　清刻本
　二十冊　缺七卷(一至二、七至八、二十五、
　三十一至三十二)

330000 - 4735 - 0003814　00935　經部/小學
類/音韻之屬/古今韻說

音學五書五種三十八卷　(清)顧炎武撰　清
光緒十一年(1885)四明觀稼樓刻本　十二冊

330000 - 4735 - 0003818　06465　子部/雜著
類/雜考之屬

娛親雅言六卷　(清)嚴元照撰　清光緒十一
年(1885)彀園王氏木活字印本　四冊

330000 - 4735 - 0003819　00936　類叢部/叢
書類/自著之屬

鄂宰四種　(清)王筠撰　清光緒八年(1882)
牟山王氏刻本　四冊

330000 - 4735 - 0003820　06466　類叢部/叢
書類/彙編之屬

祕書廿一種　(清)汪士漢編　清刻本　一冊
　存一種

330000 - 4735 - 0003821　02736　史部/政書
類/律令之屬/律例

**大清律例增修統纂集成四十卷督捕則例附纂
二卷**　(清)姚潤輯　(清)陶駿　(清)陶念
霖增輯　清光緒六年(1880)刻本　二十三冊
　缺一卷(一)

330000 - 4735 - 0003822　02737　史部/政書
類/通制之屬

東漢會要四十卷　(宋)徐天麟撰　清光緒五
年(1879)嶺南學海堂刻本　陳壽題簽　七冊
　缺五卷(十四至十八)

330000 - 4735 - 0003824　02738　史部/政書
類/通制之屬

西漢會要七十卷　(宋)徐天麟撰　清光緒五
年(1879)嶺南學海堂刻本　陳壽題簽並記
　十冊

330000 - 4735 - 0003827　00938　類叢部/叢
書類/彙編之屬

粵雅堂叢書一百八十四種　(清)伍崇曜編
清道光二十九年至光緒十一年(1849 - 1885)
南海伍氏刻彙印本　一冊　存一種

330000 - 4735 - 0003829　06471　子部/雜著
類/雜說之屬

增訂盛世危言正續九卷　鄭觀應撰　清上海
六先書局鉛印本　八冊

330000 - 4735 - 0003831　02740　史部/政書
類/通制之屬

三國會要二十二卷首一卷　楊晨撰　清光緒
二十六年(1900)江蘇書局刻本　五冊　缺五
卷(十八至二十二)

330000 - 4735 - 0003832　06473　類叢部/叢
書類/郡邑之屬

江陰叢書三十二種　金武祥編　清光緒至宣
統江陰金氏粟香室嶺南刻本　一冊　存一種

330000 - 4735 - 0003835　06472　子部/雜著
類/雜說之屬

隨園隨筆二十八卷　(清)袁枚撰　清刻本
一冊　存四卷(二十五至二十八)

330000 - 4735 - 0003836　02741　史部/政書

類/邦交之屬

約章分類輯要三十八卷首一卷 蔡乃煌輯 **辛丑合約文件彙錄一卷** 清光緒二十七年(1901)上海緯文閣石印本〔辛丑合約文件彙錄爲清光緒二十八年(1902)上海宜今室石印本〕三十二冊 缺三卷(二十五至二十七)

330000－4735－0003841　02743　史部/政書類

三通考詳節 (清)嚴虞惇輯 清光緒二十七年(1901)鴻寶齋書局石印本 肖生題記 二十冊

330000－4735－0003842　00943　經部/小學類/文字之屬/字書

字學舉隅不分卷 (清)黃本驥 (清)龍啓瑞撰 清刻本 一冊

330000－4735－0003845　02744　史部/政書類/律令之屬/刑制

大清新刑律總則不分卷大清刑事訴訟律草案不分卷民事訴訟律草案不分卷 清末上海政學社影印本 十六冊

330000－4735－0003847　08657　集部/總集類/尺牘之屬

國朝名人小簡二卷 吳曾祺輯 清宣統元年(1909)上海商務印書館鉛印本 一冊 存一卷(上)

330000－4735－0003848　10597　類叢部/叢書類/郡邑之屬

永嘉叢書十三種 (清)孫衣言編 清同治至光緒瑞安孫氏詒善祠塾刻本 二十一冊 存六種

330000－4735－0003850　08658　集部/總集類/尺牘之屬

歷代名人小簡續編二卷 吳曾祺輯 清宣統元年(1909)上海商務印書館鉛印本 二冊

330000－4735－0003852　08660　集部/總集類/尺牘之屬

歷代名人書札二卷 吳曾祺輯 清光緒三十四年(1908)上海商務印書館鉛印本 一冊 存一卷(二)

330000－4735－0003853　00946　經部/小

學類

字學三種三卷 (清)傅雲龍輯 清同治十三年(1874)德清傅雲龍味腴山館刻本 一冊

330000－4735－0003854　06478　子部/儒家類/儒學之屬/禮教

五種遺規十七卷 (清)陳弘謀輯並撰 清刻本 一冊 存一種

330000－4735－0003855　08661　集部/總集類/選集之屬/通代

古今小品八卷 (明)陳天定輯並評 清蜀東几水書院刻本 八冊

330000－4735－0003856　06479　史部/職官類/官箴之屬

從政遺規四卷 (清)陳弘謀撰 清刻本 二冊

330000－4735－0003858　10002　類叢部/類書類/通類之屬

士庶備覽十四卷 (清)佟□輯 清光緒十八年(1892)津門刻本 八冊

330000－4735－0003859　00947　經部/小學類/音韻之屬

切音捷訣一卷附幼學切音便讀一卷 (清)酈珩輯 清光緒六年(1880)諸暨摭古堂刻本 一冊

330000－4735－0003861　06480　史部/職官類/官箴之屬

從政遺規四卷 (清)陳弘謀撰 清刻本 一冊 存二卷(三至四)

330000－4735－0003862　06484　子部/儒家類/儒學之屬/禮教

五種遺規 (清)陳弘謀輯並撰 清光緒二十一年(1895)浙江書局刻本 九冊 存四種

330000－4735－0003863　00948　經部/小學類/文字之屬/字書/訓蒙

急就篇一卷 (漢)史游撰 (清)錢保塘補音 清光緒九年(1883)御風樓刻本 一冊

330000－4735－0003865　00949　類叢部/類

185

書類/通類之屬

玉海二百卷辭學指南四卷詩攷一卷詩地理攷六卷漢藝文志攷證十卷通鑑地理通釋十四卷漢制攷四卷踐阼篇集解一卷周易鄭康成注一卷姓氏急就篇二卷急就篇補注四卷周書王會補注一卷小學紺珠十卷六經天文編二卷通鑑答問五卷　（宋）王應麟撰　校補玉海瑣記二卷王深甯先生年譜一卷　（清）張大昌撰　清光緒九年至十六年(1883 - 1890)浙江書局刻本　一冊　存二卷(急就篇補注一至二)

330000 - 4735 - 0003866　08665　集部/別集類/清別集

新疆賦一卷　（清）徐松撰　清光緒七年(1881)讀有用書齋刻本　德菶題簽並記　一冊

330000 - 4735 - 0003867　00950　類叢部/叢書類/彙編之屬

天壤閣叢書二十種　（清）王祖源　（清）王懿榮編　清同治至光緒福山王氏刻彙印本　一冊　存一種

330000 - 4735 - 0003869　10001　類叢部/類書類/通類之屬

記事珠十卷　（清）張以謙輯　清嘉慶二十一年(1816)雲間王剛知不足軒刻本　十冊

330000 - 4735 - 0003871　10003　類叢部/類書類/專類之屬

廣博物志五十卷　（明）董斯張　（明）楊鶴輯　清光緒五年(1879)學海堂刻本　三十二冊

330000 - 4735 - 0003875　08667　集部/總集類/氏族之屬

三蘇策論十二卷　（宋）蘇洵　（宋）蘇軾（宋）蘇轍撰　（清）張紹齡編　清光緒二十七年(1901)上洋石印書局石印本　一冊　存六卷(一至六)

330000 - 4735 - 0003876　10004　類叢部/類書類/通類之屬

淵鑑類函四百五十卷　（清）張英　（清）王士禎等纂　清光緒二十一年(1895)上海點石齋石印本　十冊

330000 - 4735 - 0003878　00951　經部/小學類

簡字譜錄五種五卷　勞乃宣撰　清光緒三十二年(1906)江寧刻本　一冊　存一種(重訂合聲簡字譜)

330000 - 4735 - 0003881　10005　類叢部/類書類/通類之屬

小知錄十二卷　（清）陸鳳藻輯　清同治十二年(1873)淮南書局刻本　四冊

330000 - 4735 - 0003882　08669　集部/別集類/清別集

湖海樓全集五十一卷　（清）陳維崧撰　清光緒十七年至十九年(1891 - 1893)弅山鐸署刻本　一冊　存四卷(詩集十至十二、補遺)

330000 - 4735 - 0003884　00952　經部/小學類

簡字譜錄五種五卷　勞乃宣撰　清光緒三十二年(1906)江寧刻本　一冊　存一種(重訂合聲簡字譜)

330000 - 4735 - 0003886　00953　經部/小學類/音韻之屬/等韻

等韻一得內篇一卷外篇一卷　勞乃宣撰　清光緒二十四年(1898)吳橋官廨刻本　一冊　存一卷(內篇)

330000 - 4735 - 0003887　10006　類叢部/類書類/通類之屬

淵鑑類函四百五十卷　（清）張英　（清）王士禎等纂　清光緒二十一年(1895)上海點石齋石印本　九冊　缺三十八卷(禮儀部一至三十、樂部一至八)

330000 - 4735 - 0003889　10007、10106　類叢部/類書類/通類之屬

淵鑑類函四百五十卷目錄四卷　（清）張英（清）王士禎等纂　清光緒十三年(1887)上海同文書局石印本　四十八冊

330000 - 4735 - 0003891　00954　經部/小學類/音韻之屬/韻書

詩韻合璧五卷　（清）湯祥瑟輯　清刻本　一

冊 存一卷(三)

330000－4735－0003892 06485 子部/雜著
類/雜考之屬

點勘記二卷省堂筆記一卷 （清）歐陽泉撰
清寶硯齋刻本 一冊 存一卷(省堂筆記)

330000－4735－0003893 03322 史部/政書
類/公牘檔冊之屬

浙江地方自治籌辦處文報不分卷 （清）浙江
地方自治籌辦處編 清宣統鉛印本 一冊

330000－4735－0003895 10008 類叢部/類
書類/通類之屬

淵鑑類函四百五十卷目錄四卷 （清）張英
（清）王士禎等纂 清雍正刻本 九十九冊
缺九十八卷(八至十四、三十五至三十九、一
百一至一百三、一百十二至一百十三、二百五
十八至三百二、三百十八至三百四十九、四百
二十二至四百二十五)

330000－4735－0003896 06486 子部/雜著
類/雜考之屬

全謝山先生經史問答十卷 （清）全祖望撰
清刻本 一冊

330000－4735－0003897 08671 集部/別集
類/唐五代別集

韓子粹言一卷 （唐）韓愈撰 （清）李光地選
清康熙五十二年(1713)教忠堂刻本 二冊

330000－4735－0003898 00956 經部/小學
類/音韻之屬/韻書

詩韻集成十卷 （清）余照輯 清藜照書屋刻
本 洪滌懷題記 四冊

330000－4735－0003899 06487 子部/雜著
類/雜考之屬

管城碩記三十卷 （清）徐文靖撰 清乾隆九
年(1744)毛大鵬刻本 七冊 存二十一卷
(一至八、十一至二十、二十四至二十六)

330000－4735－0003900 10009 類叢部/類
書類/通類之屬

淵鑑類函四百五十卷目錄四卷 （清）張英
（清）王士禎等纂 清雍正刻本 五十八冊

缺一百十二卷(一百七至一百十七、一百二十
二至一百四十四、一百五十四至一百八十七、
二百五十七至二百六十三、三百九十四至三
百九十八、四百五至四百二十一、四百二十六
至四百三十二、四百三十七至四百四十四)

330000－4735－0003901 08672 集部/別集
類/清別集

黛方山莊詩集六卷首一卷詩餘一卷 （清）黎
吉雲撰 清同治五年(1866)刻本 二冊

330000－4735－0003902 00957 經部/小學
類/文字之屬/字書/訓蒙

千字文一卷 （南朝梁）周興嗣撰 清刻本
金炳春題簽 一冊

330000－4735－0003903 00958 經部/小學
類/文字之屬/字書/訓蒙

增註三千字文一卷 （清）補拙居士編 （清）
姜岳註釋 清光緒二十一年(1895)石印本
一冊

330000－4735－0003905 00959 經部/小學
類/文字之屬/字書/字典

中東字典不分卷 清光緒三十三年(1907)東
文學社石印本 一冊

330000－4735－0003907 08673 集部/別集
類/清別集

穆堂別稿五十卷 （清）李紱撰 清道光十一
年(1831)珊城阜祺堂刻本 二冊 存七卷
(一至七)

330000－4735－0003908 03323 史部/政書
類/律令之屬/律例

欽定吏部則例六十六卷 （清）弘晝等修
（清）吳嗣爵等纂修 清乾隆二十六年(1761)
武英殿刻本 十一冊 存五十七卷(銓選滿
官一至五、銓選漢官一至八、滿官品級考一至
二、漢官品級考一至四、欽定吏部則例一至三
十八)

330000－4735－0003909 06490 子部/藝術
類/遊藝之屬/聯語

楹聯叢話十二卷續話四卷 （清）梁章鉅輯

清咸豐元年(1851)刻本　六冊

330000－4735－0003910　06491　子部/雜著類/雜說之屬

隨園隨筆二十八卷　（清）袁枚撰　清刻本六冊　存二十一卷(五至十一、十五至二十八)

330000－4735－0003911　03324　史部/政書類/儀制之屬/通禮

會典輯要二十四卷　（清）吳榮光述　清光緒二十八年(1902)鴻寶書局石印本　四冊

330000－4735－0003912　08674　集部/別集類/清別集

氈底零箋一卷　（清）董恂撰　清光緒十二年(1886)董蓮刻本　一冊

330000－4735－0003913　08675－08016　類叢部/叢書類/彙編之屬

武英殿聚珍版書一百四十八種　清乾隆四十二年(1777)福建刻道光至同治遞修光緒二十一年(1895)增刻本　一冊　存一種

330000－4735－0003914　06492　子部/小說家類/異聞之屬

夜譚隨錄十二卷　（清）和邦額撰　（清）葵園主人評　清光緒二年(1876)愛日堂刻本　三冊　存六卷(一至二、五至六、十一至十二)

330000－4735－0003915　08676　集部/別集類/清別集

錦霞閣詩集五卷詞集一卷　（清）包蘭瑛撰　清宣統二年(1910)杭州刻本　一冊　存二卷(一至二)

330000－4735－0003916　06493　子部/雜著類/雜纂之屬

不可錄一卷　（清）陳海曙輯　清道光十四年(1834)刻本　一冊

330000－4735－0003917　03552　集部/別集類/清別集

秣陵集六卷金陵歷代紀年事表一卷圖考一卷　（清）陳文述撰　清光緒十年(1884)淮南書局刻本　王錦題記　三冊

330000－4735－0003918　06494　子部/雜著類/雜說之屬

老學庵筆記二卷　（宋）陸游撰　清宣統三年(1911)掃葉山房石印本　一冊　存一卷(上)

330000－4735－0003919　03326　史部/政書類

九通輯要　（清）張羅澄輯　清光緒二十八年(1902)夢孔山房石印本　五冊　存一種

330000－4735－0003921　06496　子部/小說家類/雜事之屬

夢厂雜著十卷　（清）俞蛟撰　清刻本　三冊存五卷(三至四、七至九)

330000－4735－0003922　03327　史部/政書類

九通輯要　（清）張羅澄輯　清光緒二十八年(1902)夢孔山房石印本　三冊　存一種

330000－4735－0003923　06497　子部/小說家類/雜事之屬

夢厂雜著十卷　（清）俞蛟撰　清刻本　曾士瀛題簽並批　三冊　存四卷(五至八)

330000－4735－0003925　03328　史部/政書類

九通輯要　（清）張羅澄輯　清光緒二十八年(1902)夢孔山房石印本　四冊　存一種

330000－4735－0003926　10010　類叢部/叢書類/彙編之屬

古香齋袖珍十種　清刻本　一百九十一冊存一種

330000－4735－0003927　06499　子部/小說家類/雜事之屬

閒處光陰二卷　（清）彭邦鼎撰　清光緒二十四年(1898)石印本　二冊

330000－4735－0003928　03329　史部/政書類

九通輯要　（清）張羅澄輯　清光緒二十八年(1902)夢孔山房石印本　一冊　存一種

330000－4735－0003929　10011　類叢部/類

書類/通類之屬

御定駢字類編二百四十卷 （清）吳士玉
（清）沈宗敬等輯　清光緒十三年(1887)上海
同文書局石印本　洪滌懷題記　四十八冊

330000－4735－0003931　03330－02693　史
部/政書類

九通二千三百二十一卷 （清）□□輯　清光
緒二十八年(1902)上海鴻寶書局石印本　十
二冊　存一種

330000－4735－0003932　10012　類叢部/類
書類/通類之屬

御定駢字類編二百四十卷 （清）吳士玉
（清）沈宗敬等輯　清光緒十三年(1887)上海
同文書局石印本　四十八冊

330000－4735－0003933　10013　類叢部/類
書類/通類之屬

增補事類統編九十三卷首一卷 （清）黃葆真
輯　清同治十年(1871)三讓堂刻本　四十冊

330000－4735－0003937　03332　史部/職官
類/官箴之屬

增刪佐雜須知四卷 （清）方汝謙撰　清刻本
　一冊　存二卷(三至四)

330000－4735－0003939　06502　子部/雜著
類/雜纂之屬

任兆麟述記三卷 （清）任兆麟撰　清光緒三
十年(1904)上海書局石印本　三冊

330000－4735－0003941　03333　史部/政書
類/邦計之屬

**鄭工新例五卷新章大八成一卷新章程一卷海
防新例一卷海防銓補新章一卷** 　清刻本
三冊

330000－4735－0003943　03734　史部/傳記
類/日記之屬

曾侯日記一卷 （清）曾紀澤撰　清光緒七年
(1881)著易堂鉛印本　怡盦主人題簽並批
一冊

330000－4735－0003944　03334　史部/政書
類/邦計之屬

**新增籌餉事例條款不分卷籌餉事例一卷增修
現行常例一卷** 　清刻本　三冊

330000－4735－0003945　10014　類叢部/類
書類/通類之屬

增補事類統編九十三卷首一卷 （清）黃葆真
輯　清道光二十六年(1846)丹陽黃葆真粵東
敦好堂刻本　二十三冊　存四十一卷(九至
三十三、四十三至四十四、六十四至六十五、
八十一至九十二)

330000－4735－0003947　10015　類叢部/類
書類/通類之屬

增補事類統編九十三卷首一卷 （清）黃葆真
輯　清刻本　三十三冊　存六十二卷(五至
六、九至十、十四至二十九、四十二至五十二、
六十一至七十七、八十至九十三)

330000－4735－0003948　03335　史部/政書
類/律令之屬/律例

大清律七言集成二卷 （清）程熙春輯　清光
緒四年(1878)刻本　二冊

330000－4735－0003949　00962　經部/小學
類/文字之屬

虛字會通法初編不分卷 （清）徐超編　清光
緒三十一年(1905)上海羣學社鉛印本　二冊

330000－4735－0003950　08679　集部/別集
類/唐五代別集

重訂李義山詩集箋注三卷集外詩箋注一卷
（唐）李商隱撰　（清）朱鶴齡箋注　（清）程
夢星刪補　附年譜一卷詩話一卷　（清）程夢
星輯　清乾隆八年(1743)東柯草堂刻十一年
(1746)重校印本　一冊　存二卷(集外詩箋
注、詩話)

330000－4735－0003951　10016　類叢部/類
書類/通類之屬

增補事類統編九十三卷首一卷 （清）黃葆真
輯　清道光二十九年(1849)丹陽黃葆真粵東
敦好堂刻本　三十一冊　存六十三卷(二十
至四十九、五十二、五十六至五十七、六十至
六十三、六十六至七十一、七十四至九十三)

189

330000－4735－0003952　06506　子部/小說家類/雜事之屬

外史八卷　（明）思貞子撰　（明）薛朝選輯　（清）袁枚輯　清光緒二十六年（1900）德記書局石印本　二冊

330000－4735－0003953　03336　類叢部/類書類/專類之屬

歷代政治類編十二卷　（清）柴紹炳纂　（清）姚廷謙評　清光緒二十七年（1901）上海自強局石印本　六冊

330000－4735－0003954　00963　經部/小學類/文字之屬

虛字會通法初編不分卷　（清）徐超編　清光緒三十一年（1905）上海羣學社鉛印本　一冊

330000－4735－0003955　03337　史部/政書類/邦交之屬

增訂教案彙編六卷首一卷　（清）程宗裕撰　清光緒二十八年（1902）寔學書社鉛印本　二冊　存三卷（首、一至二）

330000－4735－0003956　10017　類叢部/類書類/通類之屬

增補事類統編九十三卷首一卷　（清）黃葆真輯　清光緒十二年（1886）上海同文書局石印本　十二冊

330000－4735－0003957　00964　經部/小學類/文字之屬

虛字註釋備考一卷　（清）張文炳點定　清同治十三年（1874）武林沈兆蓉勘齋刻本　一冊

330000－4735－0003958　06507　子部/雜著類/雜說之屬

桐陰清話八卷　（清）倪鴻撰　清刻本　粵綠華仙館主人題簽並記　一冊　存二卷（三至四）

330000－4735－0003959　10018　類叢部/類書類/通類之屬

增補事類統編九十三卷首一卷　（清）黃葆真輯　清道光二十九年（1849）丹陽黃葆真粵東敦好堂刻本　一冊　存二卷（八至九）

330000－4735－0003960　10019　類叢部/類書類/通類之屬

增補事類統編九十三卷首一卷　（清）黃葆真輯　清道光二十九年（1849）丹陽黃葆真粵東敦好堂刻本　十六冊　存三十三卷（二至四、七至十五、十八、二十三、四十三至四十六、五十三至五十九、六十八至六十九、八十四至八十五、八十八至九十一）

330000－4735－0003961　06508　子部/小說家類/瑣語之屬

客窗閒話八卷續八卷　（清）吳熾昌撰　清光緒元年（1875）味經堂刻本　三冊　存六卷（三至四、七至八，續一至二）

330000－4735－0003962　00965　類叢部/叢書類/自著之屬

止園叢書二十三種　（清）史夢蘭撰　清道光至光緒刻本　四冊　存二種

330000－4735－0003963　08680　類叢部/叢書類/彙編之屬

邵武徐氏叢書二十三種　（清）徐榦編　清光緒邵武徐氏刻本　六冊　存一種

330000－4735－0003964　03338　史部/地理類/外紀之屬

最新萬國政鑑五十一卷　（清）趙天擇　（清）王慕陶編譯　清光緒二十九年（1903）國民叢書社鉛印本　七冊　缺十二卷（十八至二十九）

330000－4735－0003965　06509　子部/雜著類/雜說之屬

茶餘客話十二卷　（清）阮葵生撰　清光緒五年（1879）文達堂刻本　四冊

330000－4735－0003967　03339　史部/政書類/律令之屬/律例

刪除律例二卷附欽定大清商律一卷　清光緒三十一年（1905）石印本　一冊

330000－4735－0003968　06510　子部/雜著類/雜纂之屬

記聞類編十四卷　蔡爾康輯　清光緒三年

（1877）上海印書局鉛印本　戴旭東題簽
八冊

330000－4735－0003969　03341　類叢部/叢
書類/彙編之屬

邵武徐氏叢書二十三種　（清）徐榦編　清光
緒邵武徐氏刻本　一冊　存一種

330000－4735－0003970　10020　類叢部/類
書類/通類之屬

廣事類賦四十卷　（清）華希閔撰　清同治五
年（1866）繩武堂刻本　四冊　存十八卷（八
至十、二十二至三十六）

330000－4735－0003971　06511　子部/雜著
類/雜說之屬

桐陰清話八卷　（清）倪鴻撰　清咸豐八年
（1858）刻本　項士元題記　四冊

330000－4735－0003972　03340　新學/史
志/政記

新譯列國歲計政要三卷　傅運森　白作霖
張相文譯　清光緒二十七年（1901）海上譯社
鉛印本　四冊

330000－4735－0003973　00966　經部/群經
總義類

五經義淵海五卷　（清）會文學社編輯　清光
緒二十八年（1902）會文學社石印本　一冊
存一卷（一）

330000－4735－0003975　10021　類叢部/類
書類/通類之屬

廣事類賦四十卷　（清）華希閔撰　清同治五
年（1866）繩武堂刻本　六冊　存二十一卷
（一至七、十二至二十一、三十七至四十）

330000－4735－0003977　10022　類叢部/類
書類/通類之屬

廣事類賦四十卷　（清）華希閔撰　清乾隆刻
本　一冊　存四卷（四至七）

330000－4735－0003978　10023　類叢部/類
書類/通類之屬

廣事類賦四十卷　（清）華希閔撰　清乾隆刻
本　巖野題簽　九冊　缺四卷（九至十二）

330000－4735－0003979　06038　子部/儒家
類/儒學之屬

婺學治事文編五卷　（清）繼良輯　清光緒二
十七年（1901）目巧室石印本　二冊

330000－4735－0003981　10024　類叢部/類
書類/通類之屬

事類賦三十卷　（宋）吳淑撰並注　清乾隆五
十四年（1789）刻本　巖野題簽　四冊　存二
十卷（六至十、十六至三十）

330000－4735－0003982　03342　史部/政書
類/邦交之屬

籌鄂龜鑑七卷首一卷俄事新書二卷　（清）陳
俠君輯　清光緒二十二年（1896）上海書局石
印本　六冊　存八卷（一至七上、俄事新書
上）

330000－4735－0003983　00968　經部/群經
總義類/傳說之屬

十三經策案二十二卷　（清）王謨輯　（清）喻
祥麟編　清乾隆四十二年（1777）刻本　一冊
存三卷（五至七）

330000－4735－0003984　06512　子部/儒家
類/儒學之屬

婺學治事文編五卷　（清）繼良輯　清石印本
一冊

330000－4735－0003986　10025　類叢部/類
書類/通類之屬

事類賦三十卷　（宋）吳淑撰並注　清乾隆五
十四年（1789）刻本　一冊　存七卷（九至十
五）

330000－4735－0003989　10026　類叢部/類
書類/通類之屬

事類賦三十卷　（宋）吳淑撰並注　清刻本
一冊　存七卷（十八至二十四）

330000－4735－0003990　00970　經部/群經
總義類/文字音義之屬

經籍籑詁一百六卷補遺一百六卷首一卷
（清）阮元撰　清光緒十四年（1888）上海鴻寶
齋石印本　一冊　存九卷（首、一至四、補遺

一至四）

330000－4735－0003992　10027　類叢部/類
書類/通類之屬

事類賦三十卷　（宋）吳淑撰並注　清刻本
五冊　缺七卷（十八至二十四）

330000－4735－0003995　10028　類叢部/類
書類/通類之屬

重訂廣事類賦四十卷　（清）華希閔撰　清大
文堂刻本　九冊　缺三卷（二十七至二十九）

330000－4735－0003996　00972　經部/小學
類/文字之屬/說文/專著

說文古籀補十四卷補遺一卷附錄一卷　（清）
吳大澂撰　清光緒十二年（1886）上海點石齋
石印本　二冊

330000－4735－0003998　00973　經部/小學
類/文字之屬/說文

說文通檢十四卷首一卷末一卷　（清）黎永椿
撰　清光緒十六年（1890）石印本　潘宗師題
記　一冊

330000－4735－0003999　10029　類叢部/類
書類/通類之屬

事類賦補遺十四卷　（清）張均編　清同文堂
刻本　二冊

330000－4735－0004000　06516　子部/雜著
類/雜說之屬

老學庵筆記十卷　（宋）陸遊撰　清刻本　一
冊　存五卷（一至五）

330000－4735－0004002　03344　類叢部/叢
書類/自著之屬

黃陵散人集八種　杜俞撰　清光緒刻彙印本
一冊　存一種

330000－4735－0004003　10030　類叢部/類
書類/通類之屬

廣廣事類賦三十二卷　（清）吳世旃撰　清道
光十八年（1838）務本堂刻本　二冊

330000－4735－0004004　06517　子部/雜著
類/雜纂之屬

不可錄一卷　（清）韓榮增輯　清光緒三年
（1877）皖北丁寶善堂刻本　一冊

330000－4735－0004005　00975　類叢部/叢
書類/自著之屬

西河合集一百十九種　（清）毛奇齡撰　清刻
本　一冊　存一種

330000－4735－0004006　10031　類叢部/類
書類/通類之屬

續廣事類賦三十三卷　（清）王鳳喈撰並注
清刻本　三冊　存十五卷（十五至二十三、二
十七至三十二）

330000－4735－0004007　05850　子部/小說
家類/雜事之屬

耐冷譚十六卷　（清）宋咸熙撰　清刻本　一
冊　存二卷（十三至十四）

330000－4735－0004008　00976　經部/小學
類/訓詁之屬/方言

越言釋二卷　（清）茹敦和撰　清光緒四年
（1878）仁和葛元煦嘯園刻本　一冊　存一卷
（二）

330000－4735－0004009　03345　史部/政書
類/公牘檔冊之屬

學界罪言三卷　（清）知恥同人輯　清光緒三
十三年（1907）石印本　一冊

330000－4735－0004010　10032　類叢部/類
書類/通類之屬

續廣事類賦三十卷　（清）王鳳喈撰並注　清
嘉慶六年（1801）刻本　十六冊

330000－4735－0004011　06518　子部/雜著
類/雜考之屬

東塾讀書記二十五卷　（清）陳澧撰　清刻本
二冊　存六卷（十至十五）

330000－4735－0004012　03346　史部/政書
類/邦計之屬

江南製造局記十卷首一卷附一卷　（清）魏允
恭編　清光緒三十一年（1905）上海文寶書局
石印本　一冊　存一卷（六）

330000－4735－0004013　00977　類叢部/叢書類/自著之屬

纂喜廬所箸書　（清）傅雲龍撰　清光緒十一年（1885）烏程李端臨紅餘籍室刻本　一冊　存一種

330000－4735－0004015　09090　集部/總集類/選集之屬/通代

雞跖賦續刻二十八卷擬古二卷　（清）應泰泉輯　清同治十三年（1874）蘭言室刻本　十冊

330000－4735－0004016　08682　集部/別集類/清別集

漁洋山人精華錄箋注十二卷附錄一卷年譜一卷補一卷　（清）王士禛撰　（清）金榮箋注　（清）徐淮纂輯　清刻本　十二冊

330000－4735－0004017　07234、06519　子部/雜著類/雜說之屬

冷廬雜識八卷　（清）陸以湉撰　清咸豐六年（1856）刻本　八冊

330000－4735－0004019　00978　經部/小學類/文字之屬/字書/字典

字彙四集　（清）陳渼子撰　清康熙十五年（1676）文盛堂刻本　一冊　存一卷（一）

330000－4735－0004021　06520　子部/小說家類/雜事之屬

蘭苕館外史十卷　（清）許奉恩撰　清光緒五年（1879）常熟抱芳閣刻本　戴稼軒跋　八冊　存八卷（一、四至十）

330000－4735－0004022　00979　經部/小學類/文字之屬/字書/字體

六書通十卷首一卷附百體福壽全圖　（清）閔齊伋撰　（清）畢弘述篆訂　清光緒十九年（1893）上海校經山房石印本　二冊　存四卷（七至十）

330000－4735－0004024　08683　類叢部/叢書類/郡邑之屬

金華叢書六十八種　（清）胡鳳丹編　清同治七年至光緒八年（1868－1882）永康胡氏退補齋刻民國補刻本　一冊　存一種

330000－4735－0004025　06522　子部/術數類/相宅相墓之屬

雪心賦正解四卷　（唐）卜應天撰　（清）孟浩注　**辯論三十篇一卷**　（清）孟浩撰　清刻本　一冊　存一卷（二）

330000－4735－0004030　06521　子部/儒家類/儒學之屬/禮教/鑑戒

天經地義錄四卷補遺一卷　（清）楊謙輯　清同治四年（1865）刻本　一冊　存一卷（一）

330000－4735－0004032　08684　集部/總集類/尺牘之屬

增廣尺牘句解二集三卷　（清）少溪氏選註　清光緒二十一年（1895）日新書局石印本　治煊題記　一冊

330000－4735－0004034　06523　子部/儒家類/儒學之屬/禮教

振新集要三卷　（清）徐國楨　（清）蔡廷梅輯　清光緒三十三年（1907）杭州中合印書公司鉛印本　一冊

330000－4735－0004035　08685　類叢部/類書類/專類之屬

增補詩句題解彙編二十二卷　（清）陳劍芝（清）葉湘秋　（清）顧芷卿原本　（清）朱春舫增輯　清刻本　一冊　存一卷（十二）

330000－4735－0004038　06525　子部/雜著類/雜考之屬

十駕齋養新錄二十卷餘錄三卷　（清）錢大昕撰　**錢辛楣先生年譜一卷**　（清）錢大昕編　（清）錢慶曾校註　**竹汀居士年譜續編一卷**　（清）錢慶曾撰　清光緒二年（1876）浙江書局刻本　四冊　缺十一卷（一至二、六至八、十五至二十）

330000－4735－0004039　08686　集部/總集類/尺牘之屬

分類尺牘三十卷目錄一卷　（清）王虎榜輯　清光緒十六年（1890）海上石印本　一冊　存二卷（六至七）

330000－4735－0004040　06524　子部/雜著

類/雜考之屬

十駕齋養新錄二十卷餘錄三卷　（清）錢大昕撰　錢辛楣先生年譜一卷　（清）錢大昕編　（清）錢慶曾校註　竹汀居士年譜續編一卷　（清）錢慶曾撰　清光緒二年(1876)浙江書局刻本　八冊

330000－4735－0004041　10097　類叢部/類書類/通類之屬

增補註釋故事白眉十卷　（明）許以忠輯　清光緒二年(1876)經濟堂刻本　六冊

330000－4735－0004043　10034　類叢部/類書類/專類之屬

佩文韻府一百六卷　（清）張玉書　（清）蔡升元等輯　韻府拾遺一百六卷　（清）汪灝（清）何焯等輯　清光緒二十年(1894)上海點石齋石印本　六十冊

330000－4735－0004044　06526　子部/雜著類/雜考之屬

東塾讀書記二十五卷　（清）陳澧撰　清光緒二十七年(1901)邵州勸學書舍刻本　五冊　存十五卷(一至十五)

330000－4735－0004045　08687　集部/總集類/尺牘之屬

續分類尺牘備覽八卷　（清）王振芳輯　清石印本　一冊　存一卷(七)

330000－4735－0004049　10035　類叢部/類書類/專類之屬

佩文韻府一百六卷　（清）張玉書　（清）蔡升元等輯　韻府拾遺一百六卷　（清）汪灝（清）何焯等輯　清光緒十八年(1892)上海同文書局石印本　四十五冊　存一百八十二卷(一至五十九、九十至一百六,韻府拾遺一至一百六)

330000－4735－0004051　06528　子部/儒家類/儒學之屬/禮教/鑑戒

聖祖仁皇帝庭訓格言一卷　（清）世宗胤禛述　清杭城東城講舍刻本　一冊

330000－4735－0004052　08688　集部/總集

類/課藝之屬

塾課小題正鵠初集一卷二集一卷三集一卷養正草一卷訓蒙草一卷　（清）李元度輯　清光緒十六年(1890)鴻寶齋石印本　一冊　存二卷(初集、二集)

330000－4735－0004054　00985　經部/小學類/文字之屬/字書/字典

文科大詞典十二卷　國學扶輪社編輯　清末國學扶輪社鉛印本　二冊　存二卷(二、十一)

330000－4735－0004055　06529　子部/雜家類

鶡冠子三卷　（宋）陸佃注　（明）王宇等評　清嘉慶九年(1804)寶慶經綸堂刻本　曾士瀛題簽　一冊

330000－4735－0004057　00986　經部/小學類/訓詁之屬/方言

輶軒使者絕代語釋別國方言十三卷　（漢）揚雄撰　（清）戴震疏證　清光緒八年(1882)汗青簃刻本　四冊

330000－4735－0004058　00987　經部/小學類/訓詁之屬/方言

輶軒使者絕代語釋別國方言十三卷首一卷（漢）揚雄撰　（晉）郭璞注　續方言二卷（清）杭世駿撰　續方言補一卷　（清）程際盛撰　清光緒十七年(1891)長沙思賢講舍刻本　三冊

330000－4735－0004060　08689　集部/總集類/選集之屬/通代

文章游戲初編八卷二編八卷三編八卷四編八卷　（清）繆艮輯　清石印本　一冊　存四卷(四編五至八)

330000－4735－0004062　10036　類叢部/類書類/專類之屬

佩文韻府一百六卷　（清）張玉書　（清）蔡升元等輯　韻府拾遺一百六卷　（清）汪灝（清）何焯等輯　清光緒二十一年(1895)上海鴻寶齋石印本　十八冊　存一百六卷(一至一百六)

330000－4735－0004063　00988　經部/小學類/訓詁之屬/方言

方言十三卷　（漢）揚雄紀　（晉）郭璞解　明刻本　二冊

330000－4735－0004065　00989　類叢部/叢書類/彙編之屬

增訂漢魏叢書八十六種　（清）王謨編　清乾隆五十六年(1791)金谿王氏刻本　二冊　存二種

330000－4735－0004066　05852　子部/小說家類/雜事之屬

虞初新志二十卷　（清）張潮輯　清刻本　一冊　存三卷(十八至二十)

330000－4735－0004068　00990　類叢部/叢書類/彙編之屬

增訂漢魏叢書八十六種　（清）王謨編　清乾隆五十六年(1791)金谿王氏刻本　三冊　存三種

330000－4735－0004069　06530　類叢部/叢書類/自著之屬

蟄廬叢書　（清）陳虯撰　清光緒十九年至二十年(1893－1894)刻本　一冊　存一種

330000－4735－0004070　06531　子部/術數類/命書相書之屬

新鐫鬼谷子先生四字經前定數二卷　清刻本　一冊　存一卷(下)

330000－4735－0004072　10037　類叢部/類書類/專類之屬

佩文韻府一百六卷　（清）張玉書　（清）蔡升元等輯　**韻府拾遺一百六卷**　（清）汪灝（清）何焯等輯　清刻本　二十七冊　存二十一卷(六至十一、二十至二十五、四十七至五十、六十一、六十七、九十九至一百一)

330000－4735－0004074　10038　類叢部/類書類/專類之屬

佩文韻府一百六卷　（清）張玉書　（清）蔡升元等輯　**韻府拾遺一百六卷**　（清）汪灝（清）何焯等輯　清刻本　一百六十八冊　存

九十七卷(二至五、七至五十三、五十五至五十七、六十至六十一、六十三至六十七、七十至九十、九十二至一百六)

330000－4735－0004075　05424　子部/醫家類/本草之屬/歷代綜合本草

本草綱目五十二卷圖三卷瀕湖脈學一卷奇經八脈攷一卷脈訣攷證一卷　（明）李時珍撰　清同治十一年(1872)芥子園刻本　一冊　存三卷(瀕湖脈學、奇經八脈攷、脈訣攷證)

330000－4735－0004078　00993　經部/小學類/音韻之屬/韻書

韻辨附文五卷　（清）沈兆霖輯　清同治十二年(1873)東川書院刻本　洪滌懷題記　五冊

330000－4735－0004080　08691　集部/別集類/清別集

留茹盦尺牘殘叢四卷　（清）嚴籀撰　清刻本　一冊　存二卷(三至四)

330000－4735－0004085　00995　經部/小學類/文字之屬/字書

小斅荅問一卷　章炳麟撰　清宣統元年(1909)刻本　一冊

330000－4735－0004087　10039　類叢部/類書類/專類之屬

佩文韻府一百六卷　（清）張玉書　（清）蔡升元等輯　**韻府拾遺一百六卷**　（清）汪灝（清）何焯等輯　清刻本　洪文源題籤　一百十二冊　缺十一卷(韻府拾遺一至三、二十至二十二、六十三至六十七)

330000－4735－0004088　06533　子部/雜著類/雜說之屬

墨子閒詁十五卷目錄一卷附錄一卷後語二卷　（清）孫詒讓撰　清末掃葉山房石印本　一冊　存二卷(後語一至二)

330000－4735－0004089　00996　類叢部/叢書類/自著之屬

亭林先生遺書彙輯二十三種附錄三種　（清）顧炎武撰　（清）席威　（清）朱記榮編　清光緒十一年至三十二年(1885－1906)吳縣朱氏

槐廬家塾刻本　一冊　存二種

330000－4735－0004092　03369　史部/政書類/軍政之屬/邊政

中俄界務沿革記略一卷　（清）張弨輯　清末鉛印本　一冊

330000－4735－0004094　00997　經部/小學類/文字之屬/字書/字體

隸辨八卷　（清）顧藹吉撰　清刻本　一冊　存二卷（三至四）

330000－4735－0004095　06536　子部/雜著類/雜說之屬

墨子閒詁十五卷目錄一卷後語二卷　（清）孫詒讓撰　清末掃葉山房石印本　八冊

330000－4735－0004097　08693　集部/總集類/選集之屬/通代

文章游戲□□卷　（清）繆艮輯　清刻本　一冊　存二卷（初編五至六）

330000－4735－0004098　00998　經部/小學類/音韻之屬/韻書

詩韻集成十卷　（清）余照輯　清刻本　一冊　存六卷（五至十）

330000－4735－0004099　06537　子部/雜著類/雜說之屬

嘐嘐言六卷首一卷末一卷　（清）郭柏蔭撰　清道光三十年（1850）刻本　一冊

330000－4735－0004100　08694　集部/總集類/選集之屬/斷代

兩漢策要十二卷　（宋）陶叔獻輯　清光緒十三年（1887）上海同文書局石印本（卷三原缺）三冊　存三卷（一、十一至十二）

330000－4735－0004104　10040　類叢部/類書類/專類之屬

佩文韻府一百六卷　（清）張玉書　（清）蔡升元等輯　**韻府拾遺一百六卷**　（清）汪灝（清）何焯等輯　清刻本　八十七冊　存六十一卷（一至十六、二十一至二十二、二十五至二十六、三十一至四十、四十六至四十七、四十九至五十三、五十五至五十八、六十三至六十六、七十一至七十七、八十二、八十五、九十三、九十八至一百二、一百四）

330000－4735－0004105　06538　子部/雜著類/雜說之屬

嘐嘐言六卷首一卷末一卷　（清）郭柏蔭撰　清道光三十年（1850）刻本　一冊

330000－4735－0004106　06539　子部/雜著類/雜說之屬

嘐嘐言六卷首一卷末一卷　（清）郭柏蔭撰　清道光三十年（1850）刻本　項士元跋　一冊

330000－4735－0004108　10041　類叢部/類書類/專類之屬

佩文韻府一百六卷　（清）張玉書　（清）蔡升元等輯　**韻府拾遺一百六卷**　（清）汪灝（清）何焯等輯　清刻本　十一冊　存十卷（三至四、七、十、十三至十五、五十七至五十九）

330000－4735－0004112　10042　類叢部/類書類/專類之屬

佩文韻府一百六卷　（清）張玉書　（清）蔡升元等輯　**韻府拾遺一百六卷**　（清）汪灝（清）何焯等輯　清刻本　四十五冊　存五十五卷（一、四至五、七、十二、十四、十六、十八至二十、二十二至二十四、二十六至三十、三十四至三十七、四十至四十六、四十九至五十一、五十三至五十四、五十六至五十九、六十三、六十七、七十一至七十二、七十七至七十九、八十六至八十九、九十一、九十三、九十五、九十九至一百、一百二）

330000－4735－0004114　06540　子部/農家農學類/總論之屬

重訂增補陶朱公致富全書四卷　（明）陳繼儒輯　（清）石巖逸叟增補　清刻本　一冊　存二卷（三至四）

330000－4735－0004115　06541　子部/農家農學類/總論之屬

重訂增補陶朱公致富全書四卷　（明）陳繼儒輯　（清）石巖逸叟增補　清刻本　一冊　存一卷（四）

330000－4735－0004117　01002　　經部/春秋
左傳類/傳說之屬

東萊博議四卷　（宋）呂祖謙撰　**增補虛字註
釋一卷**　（清）馮泰松點定　清光緒三十年
（1904）上海書局石印本　四冊

330000－4735－0004118　01003　　經部/春秋
左傳類/傳說之屬

東萊博議四卷　（宋）呂祖謙撰　（清）張文炳
評點　清刻本　一冊　存一卷(三)

330000－4735－0004119　06542　　子部/農家
農學類/總論之屬

重訂增補陶朱公致富全書四卷　（明）陳繼儒
輯　（清）石巖逸叟增補　清刻本　三冊　存
三卷(二至四)

330000－4735－0004120　01004　　經部/春秋
左傳類/傳說之屬

東萊博議四卷　（宋）呂祖謙撰　**增補虛字註
釋一卷**　（清）馮泰松點定　清光緒七年
（1881）鳳城官舍刻本　四冊

330000－4735－0004121　10043　　類叢部/類
書類/專類之屬

新增說文韻府羣玉二十卷　（元）陰時夫輯
（元）陰中夫注　明經綸堂刻本　十六冊　存
十六卷(一至三、六至十八)

330000－4735－0004122　06543　　子部/農家
農學類/總論之屬

重訂增補陶朱公致富全書四卷　（明）陳繼儒
輯　（清）石巖逸叟增補　清刻本　一冊　存
二卷(三至四)

330000－4735－0004123　06544　　子部/雜著
類/雜品之屬

弦雪居重訂遵生八牋十九卷目錄一卷　（明）
高濂撰　清刻本　八冊　存十卷(四至六、
八、十一至十三、十六至十八)

330000－4735－0004124　01005　　經部/春秋
左傳類/傳說之屬

東萊博議不分卷　（宋）呂祖謙撰　（清）何稷
峒評定　清光緒二十二年（1896）宏道堂刻本

四冊

330000－4735－0004125　10044　　類叢部/類
書類/專類之屬

詩韻類錦十一卷　（清）郭化霖編　清道光二
十七年（1847）刻本　十冊　存九卷(二、四至
十一)

330000－4735－0004126　08696　　集部/總集
類/課藝之屬

四書五經義策論續編不分卷　（清）崇實齋輯
清光緒二十八年（1902）浙杭編譯局鉛印本
六冊

330000－4735－0004128　01006　　經部/春秋
左傳類/傳說之屬

東萊博議四卷　（宋）呂祖謙撰　清刻本　若
淵題簽並記　三冊　存三卷(二至四)

330000－4735－0004129　10045　　類叢部/類
書類/專類之屬

韻府拾遺一百六卷　（清）汪灝　（清）何焯等
輯　清石印本　二冊　存五卷(一至五)

330000－4735－0004130　01007　　經部/春秋
左傳類/傳說之屬

東萊先生左氏博議二十五卷　（宋）呂祖謙撰
虛字註釋備考六卷　（清）張文炳點定　清
道光十九年（1839）錢唐瞿氏清吟閣刻本
六冊

330000－4735－0004131　08697　　集部/總集
類/課藝之屬

四書五經義策論續編不分卷　（清）崇實齋輯
清光緒二十八年（1902）浙杭編譯局鉛印本
三冊

330000－4735－0004132　06547　　子部/叢編

十子全書　（清）王子興編　清嘉慶九年
（1804）姑蘇王氏聚文堂刻本　四冊　存一種

330000－4735－0004133　01008　　經部/春秋
左傳類/傳說之屬

東萊先生左氏博議二十五卷　（宋）呂祖謙撰
虛字註釋備考六卷　（清）張文炳點定　清
道光十九年（1839）錢唐瞿氏清吟閣刻本

四冊

330000－4735－0004134　10046　類叢部／類書類／專類之屬

韻府約編二十四卷　（清）鄧愷輯　清刻本二十三冊　存二十三卷（二至二十四）

330000－4735－0004137　08700　史部／地理類／雜志之屬

甌江竹枝詞一卷　（清）戴文儁撰　清光緒六年（1880）甌類刻本　一冊

330000－4735－0004138　06548　類叢部／叢書類／郡邑之屬

武林往哲遺箸五十六種後編十種　（清）丁丙編　清光緒二十年至二十六年（1894－1900）錢塘丁氏嘉惠堂刻本　一冊　存一種

330000－4735－0004141　06549　類叢部／叢書類／自著之屬

春在堂全書三十六種　（清）俞樾撰　清同治至光緒刻光緒末彙印本　五冊　存二種

330000－4735－0004142　10047　類叢部／類書類／專類之屬

壹是紀始二十二卷補遺一卷　（清）魏崧撰　清光緒十四年（1888）甬北寄廬刻本　十二冊

330000－4735－0004144　10048　類叢部／類書類／專類之屬

事物原會四十卷　（清）汪汲錄　清刻本　七冊　存三十九卷（二至四十）

330000－4735－0004145　06550　子部／儒家類／儒學之屬／勸學

勸學篇二卷　（清）張之洞撰　清光緒二十四年（1898）浙江刻本　一冊

330000－4735－0004146　10049　類叢部／類書類／專類之屬

事物原會四十卷　（清）汪汲錄　清刻本　二冊　存六卷（一至三、二十七至二十九）

330000－4735－0004147　06551　子部／儒家類／儒學之屬／勸學

勸學篇二卷　（清）張之洞撰　清光緒二十四

年（1898）浙江刻本　一冊

330000－4735－0004148　06552　子部／雜著類／雜考之屬

通雅五十二卷首三卷　（清）方以智撰　清康熙五年（1666）浮山此藏軒刻本　一冊　存三卷（十三至十五）

330000－4735－0004149　06553　子部／雜著類／雜說之屬

槐軒約言一卷　（清）劉沅撰　清守經堂刻本一冊

330000－4735－0004150　08698　集部／總集類／課藝之屬

四書五經義策論續編不分卷　（清）崇實齋輯清光緒二十八年（1902）浙杭編譯局鉛印本六冊

330000－4735－0004151　01009　經部／小學類／音韻之屬／韻書

詩韻集成十卷　（清）余照輯　清刻本　一冊

330000－4735－0004152　01010　經部／春秋左傳類／傳說之屬

東萊博議四卷　（宋）呂祖謙撰　**增補虛字註釋一卷**　（清）馮泰松點定　清光緒二十四年（1898）上海祥記書莊石印本　三冊　缺一卷（二）

330000－4735－0004153　01011　經部／三禮總義類／名物制度之屬

四祔通釋三卷　崔適撰　清光緒二十年（1894）刻本　一冊

330000－4735－0004155　10050　類叢部／類書類／專類之屬

重編留青新集二十四卷　（清）馮善長輯　清光緒十四年（1888）上海宏文閣錫活字印本十二冊

330000－4735－0004156　06554　子部／雜著類／雜說之屬

訟過齋日記六卷　（清）毛輝鳳撰　清光緒九年（1883）眉州刻本　二冊

330000－4735－0004157　10051　類叢部/類書類/專類之屬

重編留青新集二十四卷　（清）馮善長輯　清末石印本　一冊　存一卷（十三）

330000－4735－0004158　01013　經部/小學類/音韻之屬/韻書

佩文詩韻釋要五卷　（清）周兆基撰　清宣統三年(1911)商務印書館影印本　一冊

330000－4735－0004159　10052　類叢部/類書類/專類之屬

四書典制類聯音註三十三卷　（清）閻其淵輯　清刻本　一冊　存三卷（一至三）

330000－4735－0004160　01014　經部/小學類/音韻之屬/韻書

佩文詩韻釋要五卷　（清）周兆基撰　清宣統三年(1911)商務印書館影印本　一冊　存二卷（一至二）

330000－4735－0004161　10053　類叢部/類書類/專類之屬

四書典制類聯音註三十三卷　（清）閻其淵輯　清刻本　一冊　存五卷（二十九至三十三）

330000－4735－0004162　01015　經部/小學類/音韻之屬/古今韻說

古今韻表新編四卷後編一卷　（清）仇廷模撰　清乾隆三年(1738)拾餘廬刻本　三冊　存四卷（新編一至四）

330000－4735－0004163　06555　子部/工藝類/日用器物之屬/器具

湖船錄一卷　（清）厲鶚撰　清同治九年(1870)胡氏退補齋刻本　陳壽題簽　一冊

330000－4735－0004164　10054　類叢部/類書類/專類之屬

四書典制類聯音註三十三卷　（清）閻其淵輯　清咸豐十年(1860)大順堂刻本　桐卿題簽　五冊　缺一卷（二十五）

330000－4735－0004165　01016　經部/小學類/訓詁之屬/方言

越諺三卷賸語二卷　（清）范寅撰　清光緒八年(1882)谷應山房刻本　三冊

330000－4735－0004166　06556　子部/雜著類/雜考之屬

師友雅言一卷　（宋）魏了翁撰　（清）恩壽評點　清光緒望三益齋刻本　一冊

330000－4735－0004167　10055　類叢部/類書類/專類之屬

四書典制類聯音註三十三卷　（清）閻其淵輯　清咸豐十年(1860)大順堂刻本　十一冊　缺四卷（六至九）

330000－4735－0004168　10056　類叢部/類書類/專類之屬

四書典制類聯音註三十三卷　（清）閻其淵輯　清刻本　十一冊　缺三卷（十二至十四）

330000－4735－0004169　10057　類叢部/類書類/專類之屬

四書典制類聯音註三十三卷　（清）閻其淵輯　清咸豐十年(1860)大順堂刻本　四冊　存十卷（四至六、十三至十八、二十三）

330000－4735－0004170　01017　經部/小學類/訓詁之屬/字詁

班馬字類五卷　（宋）婁機撰　清光緒十七年(1891)思賢書局刻本　二冊

330000－4735－0004172　10058　類叢部/類書類/專類之屬

五經類典囊括六十四卷　（清）吟香主人輯　清刻本　一冊　存二十一卷（四十四至六十四）

330000－4735－0004173　10059　類叢部/類書類/專類之屬

五經類典囊括六十四卷目錄八卷　（清）吟香主人輯　清道光十七年(1837)藕花書舍刻本　八冊　存二十九卷（四至五、十五至十六、二十至二十三、三十二至四十四,目錄一至八）

330000－4735－0004174　01018　經部/叢編

古經解彙函十六種附小學彙函十四種　（清）鍾謙鈞等輯　清同治十二年(1873)粵東書局

刻本　四冊　存小學彙函一種

330000－4735－0004175　06558　子部/儒家類/儒學之屬/經濟

繹志十九卷　（清）胡承諾撰　清刻本　一冊
存二卷（十四至十五）

330000－4735－0004176　06564　子部/藝術類/書畫之屬/總論

胡氏書畫攷三種　（清）胡敬撰　清道光二十三年（1843）崇雅堂刻本　一冊　存一種

330000－4735－0004177　10060　類叢部/類書類/專類之屬

四書典制類聯音註三十三卷　（清）閻其淵輯
清光緒二年（1876）鳧山草堂刻本　二冊
存五卷（四至六、十一至十二）

330000－4735－0004178　10061　類叢部/類書類/通類之屬

玉海纂二十二卷　（宋）王應麟輯　（明）劉鴻訓纂　（明）劉鴻采　（明）劉孔中編次　清光緒五年（1879）八杉齋刻本　烜夫題簽並記
十六冊

330000－4735－0004179　01019　類叢部/叢書類/自著之屬

古愚老人消夏錄十七種　（清）汪汲撰輯　清乾隆至嘉慶古愚山房刻本　一冊　存三種

330000－4735－0004180　06560　子部/儒家類/儒學之屬/禮教

化愚俗歌一卷　（清）潘席卿撰　清光緒十九年（1893）刻本　劍鳴題記　一冊

330000－4735－0004181　06561　子部/藝術類/遊藝之屬/聯語

聯璧三卷　（清）陳勱輯　清陳勱運甓齋刻本
一冊

330000－4735－0004182　01020　類叢部/叢書類/自著之屬

古愚老人消夏錄十七種　（清）汪汲撰輯　清乾隆至嘉慶古愚山房刻本　一冊　存三種

330000－4735－0004183　01021　子部/儒家

類/儒學之屬/蒙學

龍文鞭影二卷　（明）蕭良有纂輯　（清）楊臣靜增訂　（清）來集之音註　清光緒二年（1876）盛德堂刻本　月山氏題簽　王師思觀款　一冊

330000－4735－0004185　06562　子部/藝術類/遊藝之屬/聯語

野學堂聯存八卷　（清）江式撰　（清）陳承志編次　清光緒十年（1884）刻本　一冊　存七卷（一至六、八）

330000－4735－0004186　01022　子部/儒家類/儒學之屬/蒙學

龍文鞭影二卷　（明）蕭良有纂輯　（清）楊臣靜增訂　（清）來集之音註　清刻本　徐景安題簽　二冊

330000－4735－0004187　10063　類叢部/叢書類/彙編之屬

融經館叢書十一種　（清）徐友蘭編　清光緒六年至十一年（1880－1885）會稽徐氏八杉齋刻本　四冊　存一種

330000－4735－0004190　10064　類叢部/類書類/通類之屬

古事比五十二卷　（清）方中德輯　清光緒三十年（1904）上海點石齋石印本　四冊

330000－4735－0004191　06559　子部/儒家類/儒學之屬/勸學

輶軒語一卷　（清）張之洞撰　清刻本　一冊

330000－4735－0004192　01024　經部/小學類/文字之屬/字書/字體

四體字法不分卷　（明）李登輯　明金陵鄭元美奎壁齋刻本　一冊

330000－4735－0004193　06565　子部/雜著類/雜纂之屬

格言聯璧二卷　（清）金纓輯　清光緒七年（1881）刻本　一冊　存一卷（下）

330000－4735－0004194　10065　類叢部/類書類/通類之屬

古事比五十二卷　（清）方中德輯　清石印本

一冊　存七卷(四十六至五十二)

330000－4735－0004195　03376　史部/政書類

九通序九卷　清光緒二十八年(1902)上海掃葉山房石印本　三冊

330000－4735－0004196　01025　經部/小學類/文字之屬/字書/字體

隸辨八卷　(清)顧藹吉撰　清乾隆八年(1743)天都黃晟刻本　冰夫題簽　四冊

330000－4735－0004197　10066　類叢部/叢書類/彙編之屬

文林綺繡五種五十九卷　(明)凌迪知編　清光緒十一年(1885)八杉齋刻本　三冊　存一種

330000－4735－0004198　10067　類叢部/叢書類/彙編之屬

文林綺繡五種五十九卷　(明)凌迪知編　清光緒十一年(1885)八杉齋刻本　四冊　存一種

330000－4735－0004199　06566　子部/叢編
十子全書　(清)王子興編　清嘉慶九年(1804)寶慶經綸堂刻本　三十八冊

330000－4735－0004200　01026　經部/四書類/總義之屬/傳說

松陽講義十二卷　(清)陸隴其撰　清康熙二十九年(1690)翠華堂刻本　四冊

330000－4735－0004202　10068　類叢部/類書類/專類之屬

類類聯珠初編三十二卷二編十二卷　(清)李塈編　(清)李椿林增補　清同治九年(1870)刻本　一冊　存九卷(初編一至九)

330000－4735－0004203　01027　經部/小學類/音韻之屬/韻書

古今韻略五卷　(清)邵長蘅撰　清康熙三十五年(1696)商丘宋犖刻本　四冊　存四卷(一、三至五)

330000－4735－0004204　10069　類叢部/類書類/專類之屬

類類聯珠初編三十二卷二編十二卷　(清)李塈編　(清)李椿林增補　清同治九年(1870)刻本　清醉經樓主人題簽　十二冊

330000－4735－0004205　06567　子部/叢編
十子全書　(清)王子興編　清嘉慶九年(1804)姑蘇王氏聚文堂刻本　二十四冊　存九種

330000－4735－0004206　03378　史部/政書類

九通二千三百二十一卷　(清)□□輯　清光緒二十八年(1902)上海鴻寶書局石印本　三冊　存一種

330000－4735－0004207　01028　經部/小學類/文字之屬/字書/字體

玉堂楷則一卷　(清)□□輯　清同治十三年(1874)鄞西陳氏刻本　一冊

330000－4735－0004208　01029－00771　類叢部/叢書類/彙編之屬

咫進齋叢書三十五種　(清)姚覲元編　清光緒九年(1883)歸安姚氏刻本　二冊　存五種

330000－4735－0004209　10070　類叢部/類書類/通類之屬

重訂事類賦三十卷　(宋)吳淑撰並注　清光緒元年(1875)經國堂刻本　一冊　存五卷(一至五)

330000－4735－0004210　06568　子部/雜著類/雜纂之屬

格言聯璧一卷附一卷　(清)金纓輯　清同治二年(1863)刻本　一冊

330000－4735－0004212　06569　子部/雜著類/雜纂之屬

格言聯璧一卷附一卷　(清)金纓輯　清同治七年(1868)刻本　一冊

330000－4735－0004213　10071　類叢部/類書類/通類之屬

重訂事類賦三十卷　(宋)吳淑撰並注　清大文堂刻本　二冊　存十一卷(一至五、二十五

至三十）

330000－4735－0004214　03379　史部/編年類/斷代之屬

皇朝政典挈要八卷　（日本）增田貢撰　（清）毛淦補編　清光緒二十八年（1902）五彩公司朱墨石印本　一冊　存一卷（八）

330000－4735－0004215　06571　子部/儒家類/儒學之屬/禮教/女範

女學六卷　（清）藍鼎元撰　清刻本　鄂不草堂主人題簽並記　一冊　存三卷（四至六）

330000－4735－0004216　10072　類叢部/類書類/通類之屬

重訂事類賦三十卷　（宋）吳淑撰並注　清大文堂刻本　一冊　存十五卷（十六至三十）

330000－4735－0004217　06572　子部/藝術類/遊藝之屬/聯語

巧對錄八卷　（清）梁章鉅撰　清道光二十九年（1849）刻本　一冊　存四卷（一至四）

330000－4735－0004219　03380　史部/政書類/律令之屬/判牘

樊山判牘四卷　樊增祥撰　清宣統法政學社石印本　三冊　存三卷（二至四）

330000－4735－0004220　01031　類叢部/叢書類/彙編之屬

木犀軒叢書二十七種　李盛鐸編　清光緒德化李氏木犀軒刻本　一冊　存三種

330000－4735－0004221　10073　類叢部/類書類/通類之屬

重訂廣事類賦四十卷　（清）華希閔撰　清大文堂刻本　三冊　存三十卷（一至八、十九至四十）

330000－4735－0004222　01032　經部/春秋左傳類/傳說之屬

東萊博議四卷　（宋）呂祖謙撰　清刻本　二冊　存二卷（一至二）

330000－4735－0004223　10074　類叢部/類書類/通類之屬

重訂廣事類賦四十卷　（清）華希閔撰　清竹圃山房刻本　五冊　存二十卷（四至二十三）

330000－4735－0004225　01033　經部/叢編

省吾堂四種二十五卷　（清）蔣光弼輯　清常熟蔣氏省吾堂刻本　一冊　存一種

330000－4735－0004226　03382－03198　史部/政書類/儀制之屬/專志/科舉校規

奏定學堂章程二十種　（清）張百熙　（清）榮慶　（清）張之洞撰　清鉛印本　二冊　存七種

330000－4735－0004228　10075　類叢部/類書類/通類之屬

淵鑑類函四百五十卷　（清）張英　（清）王士禎等纂　清光緒二十一年（1895）上海點石齋石印本　一冊　存三十三卷（珍寶部二至四、布帛部一至二、儀飾部一至三、服飾部一至十二、器物部一至四、舟部一、車部一、食物部一至六、五穀部一）

330000－4735－0004229　01035　經部/叢編

省吾堂四種二十五卷　（清）蔣光弼輯　清常熟蔣氏省吾堂刻本　一冊　存一種

330000－4735－0004230　01036　經部/四書類/總義之屬/傳說

四書人物類典串珠四十卷　（清）臧志仁輯　清刻本　洪滌懷題記　八冊

330000－4735－0004231　06573　子部/藝術類/遊藝之屬/聯語

名聯彙選一卷　清刻本　一冊

330000－4735－0004232　10076　類叢部/類書類/通類之屬

角山樓增補類腋六十七卷　（清）姚培謙輯（清）趙克宜增輯　清石印本　一冊　存九卷（地部四至十二）

330000－4735－0004233　01037　經部/四書類/總義之屬/傳說

四書朱子語類三十八卷　（清）張履祥　（清）呂留良摘抄　清康熙四十年（1701）呂氏南陽講習堂刻本　六冊

330000 – 4735 – 0004234　06574　　子部/藝術
類/遊藝之屬/聯語

西湖楹聯四卷　清光緒十五年(1889)知止軒
刻本　四冊

330000 – 4735 – 0004235　03384　　史部/政書
類/儀制之屬/專志/科舉校規

欽定科場條例六十卷首一卷　（清）耆英等修
（清）麟桂等纂　清道光十四年(1834)刻本
十八冊

330000 – 4735 – 0004236　10077　　類叢部/類
書類/通類之屬

策府統宗六十五卷目錄一卷　（清）劉昌齡輯
　清石印本　一冊　存六卷(四十一至四十
六)

330000 – 4735 – 0004237　06575　　類叢部/叢
書類/自著之屬

徐氏雜著四種　（清）徐大椿撰　清光緒十九
年(1893)上海圖書集成印書局鉛印本　一冊

330000 – 4735 – 0004238　10078　　類叢部/類
書類/通類之屬

新增廣廣策府統宗七十九卷　（清）誦芬室主
人增補　清石印本　二冊　存五卷(三十五
至三十七、五十二至五十三)

330000 – 4735 – 0004239　10080　　類叢部/類
書類/通類之屬

**新編古今事文類聚前集六十卷後集五十卷續
集二十八卷別集三十二卷**　（宋）祝穆編　**新
編古今事文類聚新集三十六卷外集十五卷**
（元）富大用編　明刻本　一冊　存九卷(後
集四至九、新集十八至二十)

330000 – 4735 – 0004240　06577　　子部/藝術
類/遊藝之屬/聯語

楹聯叢話十二卷續話四卷　（清）梁章鉅輯
清道光二十年(1840)、二十三年(1843)刻本
六冊

330000 – 4735 – 0004241　06576　　類叢部/叢
書類/彙編之屬

嘯園叢書五十七種　（清）葛元煦編　清光緒

二年至七年(1876 – 1881)仁和葛氏刻本　二
冊　存一種

330000 – 4735 – 0004242　10079　　類叢部/類
書類/專類之屬

典制文琳續編三卷　（清）許篯　（清）潘汝炯
編次　清嘉慶九年(1804)雙桐書屋刻本　一
冊　存一卷(一)

330000 – 4735 – 0004243　03385　　新學/雜
著/叢編

富強叢書正集七十七種續集一百二十一種
（清）袁俊德編　清光緒二十五年(1899)、二
十七年(1901)石印本　一冊　存二種

330000 – 4735 – 0004244　06578　　子部/儒家
類/儒學之屬/勸學

輶軒語一卷　（清）張之洞撰　**求在我齋示子
弟帖一卷**　（清）成毅撰　清刻本　一冊

330000 – 4735 – 0004245　08706　　集部/總集
類/尺牘之屬

一外樓新輯尺牘彙函□□卷　（清）鄒聖脈輯
　清刻本　一冊　存二卷(四至五)

330000 – 4735 – 0004246　06579　　子部/儒家
類/儒學之屬/性理

讀書錄十一卷續錄十二卷　（明）薛瑄撰　清
道光七年(1827)刻本　三冊　存十四卷(一
至十一、續錄一至三)

330000 – 4735 – 0004247　03386　　史部/政
書類

三通考輯要　湯壽潛輯　清光緒二十五年
(1899)上海圖書集成局鉛印本　一冊　存
一種

330000 – 4735 – 0004248　10081　　類叢部/類
書類/通類之屬

類林新咏三十六卷　（清）姚之駰撰　清康熙
四十七年(1708)刻本　六冊

330000 – 4735 – 0004249　06580　　類叢部/叢
書類/彙編之屬

舊雨草堂叢書　清光緒刻本　六冊　存一種

330000－4735－0004250　10082　類叢部／類書類／通類之屬

通俗編三十八卷　（清）翟灝撰　清乾隆十六年(1751)仁和翟灝無不宜齋刻本　二冊　存六卷(二十五至二十七、三十一至三十三)

330000－4735－0004251　10083　類叢部／類書類／專類之屬

五經類編二十八卷　（清）周世樟撰　清雍正二年(1724)穀詒堂刻本　三冊　存十五卷(一至十、二十四至二十八)

330000－4735－0004252　06581　子部／雜著類／雜說之屬

北夢瑣言二十卷　（宋）孫光憲撰　清刻本　一冊　存十二卷(九至二十)

330000－4735－0004253　08226　集部／別集類／清別集

煙霞萬古樓文集六卷　（清）王曇撰　清道光二十年(1840)刻本　二冊

330000－4735－0004255　06582　類叢部／叢書類／自著之屬

寶樹堂遺書三種　（清）郭夢星撰　清光緒二十一年(1895)濰縣郭氏刻本　三冊

330000－4735－0004256　03387　史部／詔令奏議類／詔令之屬

硃批諭旨不分卷　（清）世宗胤禛批　（清）張廷玉等編次　清乾隆三年(1738)刻朱墨套印本　一百七冊

330000－4735－0004261　08707　集部／別集類／清別集

吳詩集覽二十卷補註二十卷吳詩談藪二卷拾遺一卷　（清）吳偉業撰　（清）靳榮藩注並輯　清乾隆四十年(1775)凌雲亭刻本　九冊　缺二十三卷(一至四、六至七、十二至十三,補註六至二十)

330000－4735－0004262　03391　史部／詔令奏議類／奏議之屬

唐陸宣公奏議十二卷　（唐）陸贄撰　清道光刻本　六冊

330000－4735－0004264　06586　子部／雜著類／雜纂之屬

增智囊補二十八卷　（明）馮夢龍輯　清刻本　一冊　存一卷(三)

330000－4735－0004265　08708　集部／別集類／清別集

雪門詩草十四卷　（清）許瑤光撰　清同治十三年(1874)刻本　六冊　存十一卷(一至十一)

330000－4735－0004270　06589　子部／雜著類／雜纂之屬

雲林別墅纂輯酬世錦囊續編二卷　（清）鄒景揚輯　清刻本　一冊　存一卷(二)

330000－4735－0004271　08709　集部／別集類／宋別集

龍川文集三十卷首一卷　（宋）陳亮撰　清光緒二十七年(1901)義烏陳玉梁崇本堂刻本　三冊　存十四卷(首,一至二、十至十五、二十至二十四)

330000－4735－0004272　06590　子部／雜著類／雜纂之屬

酬世錦囊全編十九卷　（清）謝梅林　（清）鄒可庭輯　清刻本　一冊　存一卷(酬世錦囊纂要五)

330000－4735－0004273　08229　集部／別集類／清別集

音註小倉山房尺牘八卷補遺一卷　（清）袁枚撰　（清）胡光斗箋釋　清咸豐九年(1859)山陰胡氏青蘿室刻本　四冊

330000－4735－0004274　08710　集部／別集類／清別集

蓼花齋詩存四卷附錄一卷詩餘一卷試帖二卷　（清）羅萱撰　清光緒三年(1877)荷花精舍刻本　四冊

330000－4735－0004275　06591　子部／雜著類／雜說之屬

危言四卷　湯震撰　清光緒二十四年(1898)上海書局鉛印本　二冊

330000－4735－0004277　10095　類叢部/類書類/通類之屬

蘭雪堂古事苑定本十二卷　（清）鄧志謨輯
清康熙二十五年(1686)蘭雪堂刻本　二冊
存四卷(一至二、七至八)

330000－4735－0004278　06598　類叢部/叢書類/郡邑之屬

海昌叢載三十二種　（清）羊復禮編　清光緒
海昌羊氏傳卷樓粵東刻本　一冊　存一種

330000－4735－0004279　08711　類叢部/叢書類/自著之屬

西堂全集　（清）尤侗撰　清康熙刻本　一冊
　存二種

330000－4735－0004280　10086　類叢部/類書類/專類之屬

新鐫校正詳註分類百子金丹全書十卷　（明）
郭偉選注　（明）郭中吉編　（明）王星聚校訂
清光緒二十九年(1903)上海經藝齋石印本
二冊　存四卷(七至十)

330000－4735－0004281　06592　子部/雜著類/雜編之屬

人海記二卷　（清）查慎行編輯　清宣統二年
(1910)掃葉山房石印本　一冊　存一卷(上)

330000－4735－0004283　03388　史部/詔令奏議類/詔令之屬

**諭摺彙存不分卷(清光緒二十一年至二十三
年、二十五年至二十九年)**　清光緒鉛印本
一百六十一冊

330000－4735－0004285　05446　子部/醫家類/方書之屬/單方驗方

串雅内編四卷　（清）趙學敏輯　清光緒十四
年(1888)榆園刻本　一冊

330000－4735－0004286　10087　類叢部/類書類/通類之屬

子史輯要題解續編四卷　（清）胡本淵編　**夏
小正一卷**　（清）任兆麟註　清文光堂刻本
一冊

330000－4735－0004288　06593　子部/儒家

類/儒學之屬/性理

漱經齋座右銘類編一卷續編一卷　（清）汪汲
撰　清刻本　一冊

330000－4735－0004290　10089　類叢部/類書類/專類之屬

新增應酬彙選五卷　（清）陸九如纂輯　（清）
茹古齋主人重訂　清圖書集成局鉛印本
一冊

330000－4735－0004291　06594　子部/農家農學類/園藝之屬/花卉

秘傳花鏡六卷　（清）陳淏子撰　清刻本　二
冊　存五卷(二至六)

330000－4735－0004292　08712　集部/別集類/清別集

味梅吟草不分卷　（清）董鏞撰　清咸豐九年
(1859)刻本　一冊

330000－4735－0004293　10090　類叢部/類書類/專類之屬

應酬彙選新集八卷　（清）陸九如纂輯　清同
治六年(1867)紹興聚奎堂刻本　二冊　存四
卷(金、石、革、木)

330000－4735－0004294　06595　子部/農家農學類/總論之屬

重訂增補陶朱公致富全書四卷　（明）陳繼儒
輯　（清）石巖逸叟增補　清刻本　柯一龍題
簽　四冊

330000－4735－0004295　03389　史部/詔令奏議類/詔令之屬

**諭摺彙存不分卷(清光緒二十五年至二十六
年、二十八年)**　清光緒鉛印本　四冊

330000－4735－0004298　10091　類叢部/類書類/專類之屬

應酬彙選新集八卷　（清）陸九如纂輯　清同
治六年(1867)紹興聚奎堂刻本　章仕滿題簽
　一冊　存二卷(革、木)

330000－4735－0004299　06596　子部/小說家類/雜事之屬

世說新語補二十卷　（南朝宋）劉義慶撰

（南朝梁）劉孝標注 （明）何良俊增補
（明）王世貞刪 （明）王世懋批釋 （明）張
文柱校注 清乾隆二十七年(1762)黃汝琳茂
清書屋刻本 一冊 存三卷（十五至十七）

330000－4735－0004300 08713 集部/別集
類/清別集

培遠堂手札節存三卷 （清）陳弘謀撰 清同
治十三年(1874)桂林唐濟刻本 三冊

330000－4735－0004302 03390 史部/詔令
奏議類/奏議之屬

歷代名臣奏議選三十卷 （清）趙承恩輯 清
光緒二十七年(1901)上海千頃堂石印本
八冊

330000－4735－0004303 10092 類叢部/類
書類/專類之屬

應酬彙選新集八卷 （清）陸九如纂輯 清光
緒十二年(1886)奎照樓刻本 榕道人題簽
一冊 存四卷（匏、土、革、木）

330000－4735－0004304 10093 新學/格
致總

格致精華錄四卷 王仁俊撰 （清）江標編次
德國議院章程合盟紀事本末一卷 （清）徐
建寅編 清光緒二十二年(1896)石印本 一
冊 存二卷（二至三）

330000－4735－0004305 10094 類叢部/類
書類/通類之屬

三才畧三卷 蔣德鈞輯 清光緒三十一年
(1905)上海點石齋石印本 朱光宇題簽並記
一冊

330000－4735－0004306 06597 子部/雜著
類/雜纂之屬

新刊王太史彙選諸子類語四卷 （明）王衡輯
清刻本 一冊 存一卷（一）

330000－4735－0004308 10096 類叢部/類
書類/通類之屬

三才藻異三十三卷 （清）屠粹忠撰 清康熙
二十八年(1689)屠氏栩園刻本 一冊 存二
卷（二十三至二十四）

330000－4735－0004311 08239 集部/總集
類/選集之屬/通代

蘭言詩鈔四卷 （清）李瑞編 清光緒十一年
(1885)上洋務本堂刻本 四冊

330000－4735－0004313 10099 類叢部/類
書類/專類之屬

新增說文韻府羣玉二十卷 （元）陰時夫輯
（元）陰中夫注 清刻本 二冊 存四卷（三
至四、十五至十六）

330000－4735－0004314 10098 類叢部/類
書類/通類之屬

冊府元龜一千卷目錄十卷 （宋）王欽若等輯
明崇禎十五年(1642)黃國琦刻本 一冊
存五卷（七百三十六至七百四十）

330000－4735－0004317 10100 類叢部/類
書類/專類之屬

新增說文韻府羣玉二十卷 （元）陰時夫輯
（元）陰中夫注 清刻本 一冊 存一卷（十
七）

330000－4735－0004320 10101 子部/雜著
類/雜纂之屬

宋稗類鈔三十六卷 （清）潘永因輯 清宣統
三年(1911)上海黎光社石印本 六冊 存十
八卷（一至十八）

330000－4735－0004321 06600 子部/醫家
類/養生之屬

衛濟餘編十八卷 （清）王纕堂輯 清嘉慶二
十一年(1816)凌雲閣刻本 六冊

330000－4735－0004322 08714 集部/別集
類/清別集

恪靖侯盾鼻餘瀋一卷附聯語一卷 （清）左宗
棠撰 清光緒八年(1882)刻本 一冊

330000－4735－0004323 08715 集部/詞
類/別集之屬

水雲樓詞二卷 （清）蔣春霖撰 清咸豐十一
年(1861)曼陀羅花閣刻本 一冊

330000－4735－0004324 10102 類叢部/類
書類/專類之屬

增删韻府羣玉定本二十卷 （元）陰時夫輯
（元）陰中夫編註 （清）徐可先訂正 （清）
徐人鳳增刪 清刻本 一冊 存二卷（十五
至十六）

330000－4735－0004328 10103 類叢部/類
書類/專類之屬

新增說文韻府羣玉二十卷 （元）陰時夫輯
（元）陰中夫注 清刻本 陳氏題簽 一冊
存三卷（五至七）

330000－4735－0004329 10104 類叢部/類
書類/專類之屬

新增說文韻府羣玉二十卷 （元）陰時夫輯
（元）陰中夫注 清刻本 四冊 存十二卷
（二至四、八至十、十五至二十）

330000－4735－0004330 06603 子部/儒家
類/儒學之屬

婺學治事文續編二卷 （清）繼良輯 清刻本
一冊 存一卷（一）

330000－4735－0004331 10105 類叢部/類
書類/專類之屬

新增說文韻府羣玉二十卷 （元）陰時夫輯
（元）陰中夫注 清刻本 一冊 存一卷（二）

330000－4735－0004334 06605 子部/雜著
類/雜考之屬

札樸十卷 （清）桂馥撰 清嘉慶十八年
（1813）山陰李宏信小李山房刻本 八冊

330000－4735－0004335 08247 集部/總集
類/彙編之屬

漢魏六朝一百三家集（漢魏六朝百三名家集）
（明）張溥編 清刻本 二冊 存二種

330000－4735－0004336 06608 子部/農家
農學類/園藝之屬/花卉

佩文齋廣羣芳譜一百卷目錄二卷 （清）汪灝
等撰 清同治七年（1868）姑蘇亦西齋刻本
九冊 存二十六卷（一至二十四、目錄上下）

330000－4735－0004337 10107 類叢部/類
書類/通類之屬

藝文類聚一百卷 （唐）歐陽詢輯 清光緒五

年（1879）華陽宏達堂刻本 三十二冊

330000－4735－0004338 10108 類叢部/類
書類/通類之屬

藝文類聚一百卷 （唐）歐陽詢輯 清光緒五
年（1879）華陽宏達堂刻本 二十三冊 存七
十二卷（五至十六、十九至二十六、三十一至
三十六、四十一至四十二、四十六至六十九、
七十八至八十九、九十三至一百）

330000－4735－0004339 03392 史部/詔令
奏議類/奏議之屬

諭對錄十卷首一卷 （明）張璁撰 清咸豐三
年（1853）刻本 六冊

330000－4735－0004341 10109 類叢部/類
書類/專類之屬

五車韻瑞一百六十卷 （明）淩稚隆輯 清刻
本 一冊 存七卷（九十一至九十七）

330000－4735－0004342 10110 類叢部/類
書類/專類之屬

五車韻瑞一百六十卷 （明）淩稚隆輯 清刻
本 一冊 存六卷（一百四十五至一百五十）

330000－4735－0004343 10111 類叢部/類
書類/專類之屬

五車韻瑞一百六十卷 （明）淩稚隆輯 清刻
本 一冊 存十二卷（一百六十一至一百七
十二）

330000－4735－0004344 08716 類叢部/叢
書類/自著之屬

徐位山先生七種 （清）徐文靖撰 清雍正至
乾隆刻志寧堂彙印本 一冊 存一種

330000－4735－0004346 10112 類叢部/類
書類/專類之屬

五車韻瑞一百六十卷 （明）淩稚隆輯 清刻
本 二冊 存八卷（二十至二十二、一百五十
五至一百五十九）

330000－4735－0004347 06609 子部/農家
農學類/園藝之屬/花卉

佩文齋廣羣芳譜一百卷目錄二卷 （清）汪灝
等撰 清同治七年（1868）姑蘇亦西齋刻本

二十四冊　存七十七卷(一至二十四、五十至一百,目錄上下)

330000－4735－0004348　10114　類叢部/類書類/專類之屬

五車韻瑞一百六十卷　(明)凌稚隆輯　明金閶葉瑤池刻本　十八冊　存六十八卷(一至五、八至九、十八至十九、二十三至二十四、二十九至三十二、三十九至五十一、五十八至六十一、七十一至八十七、九十一至一百三、一百三十二至一百三十七)

330000－4735－0004349　03393　史部/詔令奏議類/奏議之屬

唐陸宣公奏議讀本四卷首一卷　(唐)陸贄撰　(清)汪銘謙輯　清道光九年(1829)貽安堂刻本　二冊

330000－4735－0004350　03394　史部/詔令奏議類/奏議之屬

唐陸宣公奏議讀本四卷首一卷　(唐)陸贄撰　(清)汪銘謙輯　清道光九年(1829)貽安堂刻本　四冊

330000－4735－0004351　08717　類叢部/叢書類/自著之屬

石遺室叢書十九種　陳衍撰　清光緒至民國刻本　一冊　存四種

330000－4735－0004353　06610　子部/農家農學類/園藝之屬/花卉

佩文齋廣羣芳譜一百卷目錄二卷　(清)汪灝等撰　清同治七年(1868)姑蘇亦西齋刻本　十八冊　存五十五卷(一至五十三、目錄上下)

330000－4735－0004354　10113　類叢部/類書類/專類之屬

五車韻瑞一百六十卷　(明)凌稚隆輯　清刻本　二冊　存七卷(九十、一百二十二至一百二十七)

330000－4735－0004355　03395　類叢部/叢書類/彙編之屬

趙氏藏書十六種　(清)趙承恩編　清同治至

光緒金谿趙氏紅杏山房補刻重印本　六冊存一種

330000－4735－0004356　06611　子部/農家農學類/園藝之屬/花卉

佩文齋廣羣芳譜一百卷目錄二卷　(清)汪灝等撰　清同治七年(1868)姑蘇亦西齋刻本八冊　存二十卷(二十五至三十九、四十三至四十四、四十八至五十)

330000－4735－0004357　06612　子部/農家農學類/園藝之屬/總志

二如亭群芳譜二十八卷首一卷　(明)王象晉撰　清文富堂刻本　二十二冊　缺一卷(木譜一)

330000－4735－0004358　03396　史部/史抄類

十七史詳節二百七十三卷　(宋)呂祖謙輯清光緒崇新書局石印本　三十二冊　存十種

330000－4735－0004362　08719　集部/別集類/宋別集

龍川文集三十卷　(宋)陳亮撰　清康熙四十八年(1709)永康陳氏聚星堂刻本　三冊　存十一卷(五至十、十四至十八)

330000－4735－0004363　06613　子部/農家農學類/園藝之屬/總志

二如亭群芳譜二十八卷首一卷　(明)王象晉撰　清書業古講堂刻本　敏齋題簽並批注十九冊　缺七卷(天譜三、歲譜二至三、果譜三、藥譜三、花譜二、卉譜一)

330000－4735－0004364　10115　類叢部/類書類/通類之屬

北堂書鈔一百六十卷首一卷　(唐)虞世南撰　(清)孔廣陶校注　清光緒十四年(1888)南海孔氏三十有三萬卷堂刻本　二十冊

330000－4735－0004365　08251　集部/總集類/氏族之屬

三蘇文集四十四卷　(清)邵希雍輯　清宣統二年(1910)上海會文學社石印本　八冊

330000－4735－0004366　08720　集部/別集

雪門詩草十四卷 （清）許瑤光撰　清同治十三年(1874)刻本　一冊　存二卷(五至六)

330000－4735－0004367　08721　集部/別集類/清別集

思綺堂文集十卷 （清）章藻功撰　清刻本　一冊　存一卷(一)

330000－4735－0004368　06614　子部/農家農學類/園藝之屬/總志

二如亭群芳譜二十八卷 （明）王象晉撰　清刻本　五冊　存十一卷(歲譜一至二、果譜三至四、木譜一至二、花譜一至二、卉譜一至二、鶴魚譜一)

330000－4735－0004369　08252　類叢部/叢書類/自著之屬

曾文正公全集十六種 （清）曾國藩撰　清光緒十四年(1888)上海鴻文書局鉛印本　二冊　存二種

330000－4735－0004371　06615　子部/農家農學類/園藝之屬/總志

二如亭群芳譜二十八卷 （明）王象晉撰　清刻本　十二冊　缺六卷(天譜一、果譜三、花譜三至四、卉譜一至二)

330000－4735－0004372　03397　史部/史抄類

廿一史約編八卷首一卷 （清）鄭元慶撰　清聚錦堂刻本　七冊　存八卷(首,金、石、絲、竹、匏、革、木)

330000－4735－0004375　06616　子部/藝術類/遊藝之屬/棋弈

弈理指歸圖三卷 （清）施紹闇撰　（清）錢長澤繪　清光緒七年(1881)刻本　三冊

330000－4735－0004377　03398　史部/史抄類

廿一史約編八卷首一卷 （清）鄭元慶撰　清漁古山房刻本　五冊　存六卷(首,金、石、絲、匏、革)

330000－4735－0004379　06617　子部/藝術

類/遊藝之屬/棋弈

弈理指歸圖三卷 （清）施紹闇撰　（清）錢長澤繪　清光緒七年(1881)刻本　三冊

330000－4735－0004381　06618　子部/藝術類/遊藝之屬/棋弈

弈理指歸圖三卷 （清）施紹闇撰　（清）錢長澤繪　清刻本　一冊　存一卷(中)

330000－4735－0004382　06619　子部/藝術類/遊藝之屬/棋弈

弈理指歸圖三卷 （清）施紹闇撰　（清）錢長澤繪　清刻本　一冊　存一卷(中)

330000－4735－0004383　08259　集部/別集類/清別集

又其次齋詩集七卷 （清）吳世涵撰　清咸豐二年(1852)宜園刻本　四冊

330000－4735－0004384　03399　史部/史抄類

廿一史約編八卷首一卷 （清）鄭元慶撰　清刻本　一冊　存二卷(首、金)

330000－4735－0004385　06620　子部/藝術類/遊藝之屬/棋弈

受子譜選二卷首一卷 （清）李汝珍輯　清刻本　一冊　存二卷(首、一)

330000－4735－0004386　06621　子部/藝術類/遊藝之屬/棋弈

弈理指歸圖三卷 （清）施紹闇撰　（清）錢長澤繪　清光緒七年(1881)刻本　一冊　存一卷(上)

330000－4735－0004387　03400　史部/史抄類

廿一史約編八卷首一卷 （清）鄭元慶撰　清刻本　一冊　存一卷(土)

330000－4735－0004388　08260　集部/別集類/宋別集

杜清獻公集十九卷首一卷補遺一卷附錄一卷 （宋）杜範著　（清）王棻輯　**杜清獻公年譜一卷** （清）王棻撰　**杜清獻公集校注一卷** （清）王棻　（清）王蜺撰　清同治九年

（1870）吳縣孫氏九峰書院刻光緒六年（1880）重修本　四冊

330000－4735－0004389　08261　集部／別集類／清別集

有正味齋駢文箋注十六卷補注一卷　（清）吳錫麒撰　（清）葉聯芬注　清道光二十年（1840）慈谿葉氏刻本　八冊

330000－4735－0004390　03401　史部／史抄類

史鑑節要便讀六卷　（清）鮑東里撰　清同治十二年（1873）台郡培元局刻本　一冊　存三卷（一至三）

330000－4735－0004391　06622　子部／藝術類／遊藝之屬／棋弈

四子譜二卷　（清）過百齡輯　清宣統三年（1911）上海千頃堂石印本　二冊

330000－4735－0004392　06623　子部／藝術類／遊藝之屬／棋弈

四子譜二卷　（清）過百齡輯　清宣統三年（1911）上海千頃堂石印本　一冊　存一卷（上）

330000－4735－0004394　03402　史部／史抄類

史鑑節要便讀六卷　（清）鮑東里撰　清同治十二年（1873）台郡培元局刻本　二冊

330000－4735－0004395　10116　類叢部／類書類／專類之屬

子史精華一百六十卷　（清）吳士玉　（清）吳襄等輯　清道光十八年（1838）刻本　四十八冊

330000－4735－0004398　03403　史部／史抄類

史鑑節要便讀六卷　（清）鮑東里撰　清同治十二年（1873）台郡培元局刻本　二冊

330000－4735－0004399　10117　類叢部／類書類／專類之屬

子史精華一百六十卷　（清）吳士玉　（清）吳襄等輯　清刻本　八冊　存三十四卷（一至

十七、二十二至三十八）

330000－4735－0004400　03404　史部／史抄類

廿一史約編八卷首一卷　（清）鄭元慶撰　清光緒十三年（1887）上海鴻文書局石印本　一冊　存三卷（首,金、石）

330000－4735－0004401　10118　類叢部／類書類／專類之屬

子史精華一百六十卷　（清）吳士玉　（清）吳襄等輯　清道光十八年（1838）刻本　二十四冊　存八十卷（一至二十九、五十五至八十、八十八至九十、九十五至一百六、一百三十五至一百三十七、一百四十七至一百四十九、一百五十六至一百五十九）

330000－4735－0004404　10119　類叢部／類書類／專類之屬

子史精華一百六十卷　（清）吳士玉　（清）吳襄等輯　清刻本　三十冊　缺十五卷（一百十一至一百二十、一百五十六至一百六十）

330000－4735－0004406　03405　類叢部／叢書類／彙編之屬

融經館叢書十一種　（清）徐友蘭編　清光緒六年至十一年（1880－1885）會稽徐氏八杉齋刻本　一冊　存一種

330000－4735－0004407　08262　集部／別集類／清別集

伏敔堂詩錄十五卷續錄四卷首一卷附錄一卷　（清）江湜撰　清同治元年至五年（1862－1866）刻本　四冊　缺二卷（續錄三至四）

330000－4735－0004408　10120　類叢部／類書類／專類之屬

子史精華三十卷　（清）吳士玉　（清）吳襄等輯　清光緒九年（1883）上海點石齋石印本　一冊　存十八卷（十三至三十）

330000－4735－0004409　06630　子部／農家類／農學類

築圩圖說一卷　（清）孫浚撰並繪　清刻本　一冊

330000－4735－0004410　10121　類叢部/類書類/專類之屬

子史精華一百六十卷　（清）吳士玉　（清）吳襄等輯　清刻本　四十冊

330000－4735－0004411　03406　類叢部/叢書類/彙編之屬

融經館叢書十一種　（清）徐友蘭編　清光緒六年至十一年(1880－1885)會稽徐氏八杉齋刻本　二冊　存二種

330000－4735－0004412　06631　子部/藝術類/音樂之屬/樂譜

琴譜諧聲六卷　（清）周顯撰　清刻本　二冊　存二卷(二、五)

330000－4735－0004413　08263　類叢部/叢書類/郡邑之屬

武林往哲遺箸五十六種後編十種　（清）丁丙編　清光緒二十年至二十六年(1894－1900)錢塘丁氏嘉惠堂刻本　一冊　存一種

330000－4735－0004414　06632　子部/術數類/命書相書之屬

水鏡集四卷　（清）范騋撰　清刻本　三冊　存三卷(一至三)

330000－4735－0004415　03407　史部/史抄類

南北史捃華八卷　（清）周嘉猷輯　清光緒十年(1884)蕉心室刻本　二冊　存四卷(一至二、五至六)

330000－4735－0004416　10122　類叢部/類書類/專類之屬

子史精華一百六十卷　（清）吳士玉　（清）吳襄等輯　清刻本　三十一冊　存一百五十五卷(六至一百六十)

330000－4735－0004417　08264　集部/別集類/清別集

尊聞居士集八卷遺稿一卷　（清）羅有高撰　清光緒七年(1881)寧都韓聰甫瑞金刻本　四冊

330000－4735－0004418　10123　類叢部/書類/專類之屬

子史精華一百六十卷　（清）吳士玉　（清）吳襄等輯　清刻本　二十二冊　存八十九卷(六至九、二十九至三十六、五十至五十三、五十七至六十五、八十三至一百三、一百七至一百十九、一百二十七至一百三十四、一百三十九至一百六十)

330000－4735－0004419　06633　子部/雜著類/雜纂之屬

宣講集要十五卷首一卷　（清）吳莘民校點　清刻本　一冊　存一卷(十三)

330000－4735－0004420　08265　集部/總集類/選集之屬/通代

得月樓賦甲編不分卷乙編不分卷丙編不分卷丁編不分卷　（清）張元灝選評　清同治十年(1871)漱芳書屋刻本　蔚青題簽　四冊

330000－4735－0004421　03408　史部/史抄類

史鑑節要便讀六卷　（清）鮑東里撰　清石印本　一冊　存三卷(四至六)

330000－4735－0004422　05783　子部/小說家類/雜事之屬

剪桐載筆一卷　（明）王象晉撰　明崇禎毛晉汲古閣刻本　一冊

330000－4735－0004424　03409　史部/史抄類

史鑑節要便讀六卷　（清）鮑東里撰　清石印本　一冊　存三卷(四至六)

330000－4735－0004425　06634　子部/農家類/農學類/蠶桑之屬

柞蠶彙誌一卷　（清）董元亮撰　清宣統二年(1910)浙江官紙局刻本　一冊

330000－4735－0004426　10124　類叢部/類書類/專類之屬

格致鏡原一百卷　（清）陳元龍撰　清康熙五十六年(1717)刻雍正十三年(1735)印本　三十二冊

330000－4735－0004427　08267　集部/別集

211

類/清別集

湛園未定藁六卷 （清）姜宸英撰　清宣統二年（1910）寧波汲綆齋書局、上海國學扶輪社石印本　曾士瀛題簽並跋　五冊　存五卷（一至四、六）

330000－4735－0004428　06635　子部/藝術類/遊藝之屬/棋弈

官子譜一卷　清刻本　一冊

330000－4735－0004429　10125　類叢部/類書類/專類之屬

格致鏡原一百卷 （清）陳元龍撰　清康熙五十六年（1717）刻雍正十三年（1735）印本　三十二冊

330000－4735－0004432　06636　子部/農家農學類/鳥獸蟲之屬

蟲薈五卷 （清）方旭撰　清刻本　一冊　存一卷（三）

330000－4735－0004433　10126　類叢部/類書類/專類之屬

格致鏡原一百卷 （清）陳元龍撰　清康熙五十六年（1717）刻雍正十三年（1735）印本　二十四冊

330000－4735－0004434　08269　集部/別集類/清別集

濂亭文集八卷 （清）張裕釗撰　（清）查燕緒編　清宣統三年（1911）上海掃葉山房石印本　一冊

330000－4735－0004435　03411　類叢部/類書類/專類之屬

經史鈔不分卷 （清）徐與喬撰　（清）譚尚忠增輯　清刻本　二冊

330000－4735－0004436　06637　子部/雜著類/雜考之屬

讀書雜釋十四卷 （清）徐鼒撰　清咸豐十一年（1861）福寧郡齋刻本　二冊　存七卷（一至七）

330000－4735－0004438　10127　類叢部/類書類/通類之屬

類書纂要三十三卷 （清）周魯輯　清康熙三年（1664）侯杲天和堂刻本　十四冊　存二十一卷（二、十三至十六、十八至三十三）

330000－4735－0004439　06638　子部/儒家類/儒學之屬/禮教/家訓

金殿撰家戒詩註釋一卷 （清）金姅撰　（清）昇寅注釋　清道光二十六年（1846）長白金氏刻本　一冊

330000－4735－0004442　03412、03886　史部/史鈔類

二十一史文鈔五十八卷 （明）沈國元輯　明崇禎十二年（1639）大來堂刻本　二十九冊　缺五卷（一、二十四、三十五至三十六、四十七）

330000－4735－0004443　06639　子部/儒家類/儒學之屬/蒙學

正蒙必讀初二三編十二卷 （清）陳蔚文編　清光緒二十七年至二十八年（1901－1902）杞廬刻本　四冊　存二種

330000－4735－0004444　10128　類叢部/類書類/通類之屬

類書纂要三十三卷 （清）周魯輯　清康熙三年（1664）姑蘇三槐堂刻本　陳氏題簽並記　七冊　存十九卷（十二至三十）

330000－4735－0004447　06640　子部/雜著類/雜纂之屬

玉芝堂談薈三十六卷首一卷 （明）徐應秋輯　清光緒元年（1875）蒨園刻本　三十三冊　存三十五卷（首、三至三十六）

330000－4735－0004448　03413－02388　類叢部/叢書類/彙編之屬

海山仙館叢書五十六種 （清）潘仕成編　清道光二十五年至咸豐元年（1845－1851）番禺潘氏刻光緒十一年（1885）增刻彙印本　三冊　存一種

330000－4735－0004449　10129　類叢部/類書類/通類之屬

潛確居類書一百二十卷 （明）陳仁錫輯　明

崇禎十五年(1642)陳智錫繼志堂刻本　九冊
　存四十三卷(一至五、十一至十四、二十五
　至四十七、六十五至六十九、九十七至一百
　二)

330000－4735－0004451　03414　史部/史
抄類

南史識小錄十四卷北史識小錄十四卷　(清)
沈名蓀　(清)朱昆田輯　(清)張應昌補正
清同治十年(1871)武林吳氏清來堂刻本　十
二冊

330000－4735－0004452　10130　類叢部/類
書類/通類之屬

太平御覽一千卷目錄十五卷　(宋)李昉等輯
　清嘉慶十二年至十七年(1807－1812)歙縣
　鮑崇城刻本　八十冊

330000－4735－0004453　06644　子部/雜
家類

白虎通疏證十二卷　(清)陳立撰　清光緒元
年(1875)淮南書局刻本　四冊

330000－4735－0004454　03415　類叢部/叢
書類/自著之屬

杭大宗七種叢書　(清)杭世駿撰　清乾隆杭
賓仁羊城刻本　五冊　存五種

330000－4735－0004455　06645　子部/雜
家類

白虎通疏證十二卷　(清)陳立撰　清光緒元
年(1875)淮南書局刻本　三冊　存九卷(一
至三、七至十二)

330000－4735－0004456　06642　子部/雜著
類/雜說之屬

**容齋隨筆十六卷續筆十六卷三筆十六卷四筆
十六卷五筆十卷**　(宋)洪邁撰　清乾隆五十
九年(1794)掃葉山房刻本　十四冊

330000－4735－0004460　10131　類叢部/類
書類/通類之屬

太平御覽一千卷目錄十五卷　(宋)李昉等輯
　清嘉慶十二年至十七年(1807－1812)歙縣
　鮑崇城刻本　七十九冊　存七百九十三卷

(十五至二十二、三十至六十七、七十七至一
百十二、一百十六至一百五十八、一百六十九
至三百四十九、三百五十九至三百九十四、四
百四至四百四十六、四百五十七至四百九十
九、五百二十一至五百三十二、五百六十至五
百八十八、五百九十七至六百十七、六百三十
二至六百六十七、六百七十九至八百五、八百
十六至八百三十一、八百四十四至八百九十七、
九百十至九百十九、九百二十八至九百三十
六、九百四十七至九百六十七、九百八十至九
百九十,目錄一至十五)

330000－4735－0004461　06643　子部/雜著
類/雜說之屬

**容齋隨筆十六卷續筆十六卷三筆十六卷四筆
十六卷五筆十卷**　(宋)洪邁撰　清刻本　一
　冊　存五卷(五筆六至十)

330000－4735－0004464　03417　史部/史評
類/史論之屬

史記論文一百三十卷　(清)吳見思撰　清康
熙二十六年(1687)尺木堂刻本　十六冊

330000－4735－0004465　08279　集部/別集
類/清別集

**述學內篇三卷外篇一卷補遺一卷別錄一卷附
錄一卷校勘記一卷**　(清)汪中撰　(清)汪喜
孫編　清同治八年(1869)揚州書局刻本
二冊

330000－4735－0004466　03418　類叢部/叢
書類/自著之屬

潛研堂全書十六種　(清)錢大昕撰　清乾隆
至嘉慶刻本　八冊　存一種

330000－4735－0004467　08280　集部/別集
類/清別集

經古簃存草四卷　(清)葉廉鍔撰　清宣統三
年(1911)刻本　二冊

330000－4735－0004469　08281　集部/別集
類/漢魏六朝別集

徐孝穆全集六卷　(南朝陳)徐陵撰　(清)吳
兆宜箋注　**備考一卷**　(清)徐文炳撰　清善
化經濟書堂刻本　三冊　缺一卷(三)

330000－4735－0004473　08282　集部/總集類/選集之屬/斷代

全唐試律類箋十卷 （清）惲鶴生 （清）錢人龍編 （清）惲誠翁評註 **全唐試律類箋聲調譜一卷** （清）惲宗和編 清乾隆二十六年(1761)春橋書屋刻本 四冊

330000－4735－0004474　10132　類叢部/類書類/通類之屬

玉海二百卷附刻辭學指南四卷詩攷一卷詩地理攷六卷漢藝文志攷證十卷通鑑地理通釋十四卷漢制攷四卷踐阼篇集解一卷急就篇補注四卷周易鄭康成注一卷姓氏急就篇二卷周書王會補注一卷小學紺珠十卷六經天文編二卷通鑑答問五卷 （宋）王應麟撰 清嘉慶十一年(1806)江寧藩署刻本 五十冊 存一百三十三卷(六至八、十四至十五、二十二至二十七、三十四至四十九、五十二至五十四、六十八至七十九、九十一至九十二、一百八至一百十、一百十三至一百十六、一百三十七至一百三十八、一百四十五至一百五十三、一百五十七至一百六十四、一百八十一至一百九十七，詩攷，詩地理攷一至六，漢藝文志攷證一至九，通鑑地理通釋五至十一，踐阼篇集解，急就篇補注一至四，姓氏急就篇一至二，小學紺珠二至十，六經天文編一至二，通鑑答問一至五)

330000－4735－0004475　03420　史部/史評類/史論之屬

史記論文一百三十卷 （清）吳見思撰 清康熙二十六年(1687)尺木堂刻本 十一冊 存六十三卷(五至六、九至二十二、二十八至三十、三十八至四十、四十四至五十四、六十一至六十七、七十五至八十六、一百十一至一百十五、一百二十至一百二十五)

330000－4735－0004476　06648　子部/儒家類/儒學之屬/禮教

先正遺規四卷 （清）汪正輯 清光緒十九年(1893)浙江書局刻本 二冊

330000－4735－0004477　06649　子部/雜著類/雜纂之屬

翼教叢編六卷 蘇輿輯 清刻本 一冊 存三卷(一至三)

330000－4735－0004478　06650－06225　子部/術數類/相宅相墓之屬

地理辨正疏五卷首一卷末一卷 （清）張心言撰 清光緒四年(1878)文盛堂刻本 二冊 存三卷(四至五、末)

330000－4735－0004479　03421　史部/史評類/史論之屬

二十四史論海三十二卷近科鄉會史事論海四卷 （清）知新子輯 清光緒三十一年(1905)美華鎵記石印本 三十二冊

330000－4735－0004480　06651　子部/儒家類/儒學之屬

明儒講學考一卷 （清）程嗣章編 清道光四年(1824)刻本 一冊

330000－4735－0004481　06652　子部/雜著類/雜說之屬

夢園叢說內篇八卷外篇八卷 （清）方濬頤撰 清同治十三年(1874)揚州刻本 二冊 存八卷(外篇一至八)

330000－4735－0004482　08283　集部/別集類/清別集

漁浦草堂詩集四卷補遺一卷 （清）張道撰 清同治六年(1867)張預刻本 一冊

330000－4735－0004483　06653　子部/儒家類/儒學之屬/禮教

五種遺規 （清）陳弘謀輯並撰 清光緒二十一年(1895)浙江書局刻本 劍鳴題記 二冊 存一種

330000－4735－0004484　03422　史部/史評類/史論之屬

二十四史論海三十二卷近科鄉會史事論海四卷 （清）知新子輯 清光緒三十年(1904)美華鎵記石印本 十七冊 缺二卷(二十九至三十)

330000－4735－0004485　06654　子部/雜著類/雜考之屬

舒蓺室隨筆六卷 （清）張文虎撰 清同治十
三年(1874)金陵冶城賓館刻本 癹夫題記
二冊

330000－4735－0004486 08284 類叢部/叢
書類/彙編之屬
二酉堂叢書(張氏叢書)二十一種 （清）張澍
輯 清道光元年(1821)武威張氏二酉堂刻本
一冊 存二種

330000－4735－0004487 10133 類叢部/類
書類/通類之屬
玉海二百卷附刻辭學指南四卷詩攷一卷詩地
理攷六卷漢藝文志攷證十卷通鑑地理通釋十
四卷漢制攷四卷踐阼篇集解一卷周易鄭康成
注一卷姓氏急就篇二卷急就篇補注四卷周書
王會補注一卷小學紺珠十卷六經天文編二卷
通鑑答問五卷 （宋）王應麟撰 校補玉海瑣
記二卷王深甯先生年譜一卷 （清）張大昌撰
清光緒九年至十六年(1883－1890)浙江書
局刻本 二冊 存十卷(通鑑地理通釋五至
十四)

330000－4735－0004490 08285 集部/總集
類/選集之屬/斷代
湖海詩傳四十六卷 （清）王昶輯 清同治四
年(1865)亦西齋刻本 十六冊

330000－4735－0004492 10134 類叢部/類
書類/通類之屬
玉海二百卷附刻辭學指南四卷詩攷一卷詩地
理攷六卷漢藝文志攷證十卷通鑑地理通釋十
四卷漢制攷四卷踐阼篇集解一卷周易鄭康成
注一卷姓氏急就篇二卷急就篇補注四卷周書
王會補注一卷小學紺珠十卷六經天文編二卷
通鑑答問五卷 （宋）王應麟撰 校補玉海瑣
記二卷王深甯先生年譜一卷 （清）張大昌撰
清光緒九年至十六年(1883－1890)浙江書
局刻本 七冊 存二十五卷(詩地理攷一至
六、漢藝文志考證一至十、漢制攷一至四、急
就篇補注三至四、周書王會補注、校補玉海瑣
記一至二)

330000－4735－0004495 10135 類叢部/類

書類/通類之屬
玉海二百卷附刻辭學指南四卷詩攷一卷詩地
理攷六卷漢藝文志攷證十卷通鑑地理通釋十
四卷漢制攷四卷踐阼篇集解一卷周易鄭康成
注一卷姓氏急就篇二卷急就篇補注四卷周書
王會補注一卷小學紺珠十卷六經天文編二卷
通鑑答問五卷 （宋）王應麟撰 校補玉海瑣
記二卷王深甯先生年譜一卷 （清）張大昌撰
清光緒九年至十六年(1883－1890)浙江書
局刻本 二冊 存十卷(漢藝文志攷證一至
十)

330000－4735－0004496 08722 集部/總集
類/尺牘之屬
名賢手札八種 （清）郭慶藩輯 清光緒十九
年(1893)上海寶文書局石印本 一冊 存
五種

330000－4735－0004497 08288 集部/總集
類/選集之屬/斷代
湖海詩傳四十六卷 （清）王昶輯 清同治四
年(1865)亦西齋刻本 十六冊

330000－4735－0004498 06656 子部/宗教
類/道教之屬
太上寶筏圖說八卷首一卷 （清）黃正元纂
（清）毛金蘭補 清光緒十八年(1892)上海同
文書局石印本 七冊 缺一卷(二)

330000－4735－0004499 06657 子部/宗教
類/道教之屬
太上寶筏圖說八卷首一卷 （清）黃正元纂
清光緒十八年(1892)上海同文書局石印本
一冊 存一卷(八)

330000－4735－0004501 08289 集部/別集
類/清別集
玉壺軒詩存一卷 （清）俞麟年撰 清光緒三
年(1877)刻本 一冊

330000－4735－0004502 08723 集部/總集
類/尺牘之屬
名賢手札八種 （清）郭慶藩輯 清光緒十一
年(1885)上海同文書局石印本 四冊

330000－4735－0004505　10136　類叢部/類書類/通類之屬

玉海二百卷附刻辭學指南四卷詩攷一卷詩地理攷六卷漢藝文志攷證十卷通鑑地理通釋十四卷漢制攷四卷踐阼篇集解一卷周易鄭康成注一卷姓氏急就篇二卷急就篇補注四卷周書王會補注一卷小學紺珠十卷六經天文編二卷通鑑答問五卷　（宋）王應麟撰　校補玉海瑣記二卷王深甯先生年譜一卷　（清）張大昌撰　清光緒九年至十六年(1883－1890)浙江書局刻本　劍鳴題記　二冊　存四卷(急就篇補注一至四)

330000－4735－0004506　08290　集部/總集類/課藝之屬

庚辰集五卷附唐人試律說一卷　（清）紀昀輯　清嘉慶八年(1803)刻本　二冊

330000－4735－0004509　06661　子部/宗教類/道教之屬

太上寶筏圖說八卷　（清）黃正元纂　清光緒十八年(1892)上海鴻文書局石印本　一冊　存一卷(一)

330000－4735－0004510　10137　類叢部/類書類/通類之屬

玉海二百卷附刻辭學指南四卷詩攷一卷詩地理攷六卷漢藝文志攷證十卷通鑑地理通釋十四卷漢制攷四卷踐阼篇集解一卷周易鄭康成注一卷姓氏急就篇二卷急就篇補注四卷周書王會補注一卷小學紺珠十卷六經天文編二卷通鑑答問五卷　（宋）王應麟撰　元至元六年(1340)慶元路儒學刻元明清遞修本　一冊　存二卷(三至四)

330000－4735－0004512　08291　集部/別集類/唐五代別集

昌黎先生詩增注証訛十一卷　（唐）韓愈撰　（清）黃鉞增注証訛　**昌黎先生年譜一卷**　（清）黃鉞編　清道光二十八年(1848)黃中民刻咸豐七年(1857)四明鮑氏二客軒印本　六冊

330000－4735－0004518　03427　史部/史評類/史論之屬

讀通鑑論三十卷末一卷宋論十五卷　（清）王夫之撰　清光緒二十七年(1901)簡青書局石印本　八冊

330000－4735－0004519　10138　類叢部/類書類/通類之屬

玉海二百卷附刻辭學指南四卷詩攷一卷詩地理攷六卷漢藝文志攷證十卷通鑑地理通釋十四卷漢制攷四卷踐阼篇集解一卷周易鄭康成注一卷姓氏急就篇二卷急就篇補注四卷周書王會補注一卷小學紺珠十卷六經天文編二卷通鑑答問五卷　（宋）王應麟撰　元至元六年(1340)慶元路儒學刻元明清遞修本　八冊　存三十一卷(一百十六至一百十八、詩攷、詩地理攷一至六、漢藝文志攷證一至十、通鑑地理通釋五至十、踐阼篇集解、周易鄭康成注、周書王會補注、六經天文編一至二)

330000－4735－0004523　03428　史部/史評類/考訂之屬

廿四史劄記三十六卷補遺一卷　（清）趙翼撰　清光緒二十九年(1903)上海慎記書莊石印本　四冊　存二十四卷(一至六、二十至三十六,補遺)

330000－4735－0004527　06669　子部/宗教類/道教之屬

太上寶筏圖說八卷首一卷　（清）黃正元纂　（清）毛金蘭補　清光緒十八年(1892)上海同文書局石印本　陳翰青題記　八冊

330000－4735－0004528　03429　史部/史評類/考訂之屬

廿二史劄記三十六卷補遺一卷　（清）趙翼撰　清光緒二十四年(1898)上海文瑞樓石印本　曾士瀛題記　五冊　存三十一卷(七至三十六、補遺)

330000－4735－0004529　10139　類叢部/類書類/通類之屬

潛確居類書一百二十卷　（明）陳仁錫輯　清刻本　二十三冊　存三十五卷(五、九至十二、十五、十八至二十四、二十七至三十、三十

三、三十九至四十、五十八、六十二至六十三、七十六、八十至八十一、九十五至九十七、一百至一百一、一百六至一百七、一百十至一百十一）

330000－4735－0004531　03430　史部/史抄類

二十四史論贊七十八卷　（清）陳鑾輯　清光緒二十八年(1902)文淵山房石印本　十二冊

330000－4735－0004532　10141　類叢部/類書類/通類之屬

蠹存二卷　（清）方旭撰　清光緒二十四年(1898)刻本　惎蓀甫題簽並記　一冊

330000－4735－0004533　10142　類叢部/類書類/通類之屬

天中記六十卷　（明）陳耀文輯　明刻本　一冊　存一卷(五十)

330000－4735－0004535　10143　類叢部/類書類/通類之屬

天中記六十卷　（明）陳耀文輯　明刻本　十八冊　存十八卷(四至六、九至十五、十七至二十四)

330000－4735－0004538　03431　史部/史評類/史論之屬

歷代史論十二卷宋史論三卷元史論一卷（明）張溥撰　**左傳史論二卷**　（清）高士奇撰　**明史論四卷**　（清）谷應泰撰　**歷代史論總論二卷**　（清）顧充撰　清光緒二十四年(1898)掃葉山房石印本　何友仁題簽　一冊　存三卷(宋史論一至三)

330000－4735－0004540　08296　集部/別集類/清別集

滑疑集八卷　（清）韓錫胙撰　（清）宗稷辰重編　清同治十三年(1874)潚江處州府署刻本　朱炘題記　四冊

330000－4735－0004541　08297　集部/別集類/清別集

滑疑集八卷　（清）韓錫胙撰　（清）宗稷辰重編　清同治十三年(1874)潚江處州府署刻本

四冊

330000－4735－0004543　08298　集部/別集類/清別集

滑疑集八卷　（清）韓錫胙撰　（清）宗稷辰重編　清咸豐五年(1855)石門山房刻本　四冊

330000－4735－0004545　03433　史部/史評類/史論之屬

讀通鑑論十卷末一卷　（清）王夫之撰　清光緒二十四年(1898)上海書局鉛印本　一冊存二卷(三至四)

330000－4735－0004547　08299　集部/別集類/清別集

懷亭詩錄六卷詞錄三卷　蔣學堅撰　清光緒二十一年(1895)刻本　三冊

330000－4735－0004549　03434　史部/傳記類/總傳之屬/通代

增廣古今人物論三十六卷　（明）鄭賢輯　**增廣古今人物論續編十二卷**　（清）願學齋同人輯　清光緒二十五年(1899)杭州衢尊書局石印本　十二冊

330000－4735－0004550　08300　集部/別集類/清別集

懷亭詩續錄二卷鵑湖百詠一卷　蔣學堅撰　清光緒二十三年(1897)刻本　一冊

330000－4735－0004555　03435　史部/史評類/史論之屬

讀史大畧六十卷首一卷　（清）沙張白撰　**小沙子史畧一卷**　（清）沙晉撰　清光緒二十六年(1900)石印本　四冊　缺二十一卷(二十七至四十七)

330000－4735－0004558　06678　子部/道家類

莊子集解八卷　王先謙撰　清宣統元年(1909)上海埽葉山房石印本　四冊

330000－4735－0004571　08304　集部/詞類/別集之屬

濯絳宦存稾一卷　劉毓盤撰　清宣統元年(1909)刻本　一冊

330000－4735－0004577　08305　集部／別集類／清別集

半舫草堂賦略一卷　（清）翟立方撰　（清）翟蘭溪　（清）翟麟臣編　清光緒八年（1882）刻本　一冊

330000－4735－0004581　03438　史部／史評類／考訂之屬

廿二史劄記三十六卷補遺一卷　（清）趙翼撰　清光緒二十六年（1900）上海書局石印本二冊　存九卷（五至九、二十五至二十八）

330000－4735－0004582　06686　類叢部／叢書類／彙編之屬

新斠平津館叢書十集三十四種　（清）孫星衍編　清光緒十年至十五年（1884－1889）吳縣朱氏槐廬家塾刻本　八冊　存二種

330000－4735－0004587　06687　子部／雜著類

敬信錄不分卷　清同治三年（1864）上海翼化堂刻本　一冊

330000－4735－0004588　06688　子部／宗教類／道教之屬

陰隲文說証彙纂八卷末一卷　清光緒九年（1883）浙湖最樂齋善書坊刻本　蘭蓀氏題簽八冊

330000－4735－0004592　06689　子部／宗教類／道教之屬

陰隲文說証彙纂八卷末一卷　清光緒九年（1883）浙湖最樂齋善書坊刻本　二冊　存二卷（二、七）

330000－4735－0004595　06690　子部／術數類／相宅相墓之屬

地理天機一貫六卷　（清）蔣桂陵　（清）李三素著　清道光二年（1822）兩儀堂刻本　三冊存四卷（一至三、六）

330000－4735－0004597　06691－06246　子部／術數類／相宅相墓之屬

入地眼全書十卷　（宋）釋靜道撰　清刻本三冊　存五卷（二至六）

330000－4735－0004599　06692　子部／宗教類／道教之屬

丹桂籍四卷首一卷末一卷　（明）顏正輯注清刻本　一冊　存一卷（末）

330000－4735－0004600　08308　集部／別集類／清別集

茗柯文初編一卷二編二卷三編一卷四編一卷　（清）張惠言撰　清光緒七年（1881）刻本二冊

330000－4735－0004603　08309　集部／詞類／別集之屬

彊邨詞四卷　朱祖謀撰　清光緒三十一年（1905）刻本　默盦居士題簽並記　一冊

330000－4735－0004607　08310　類叢部／叢書類／彙編之屬

振綺堂叢刊八種　（清）□□輯　清嘉慶至光緒汪氏振綺堂刻本　一冊　存一種

330000－4735－0004619　06694　子部／宗教類／道教之屬

三聖經靈驗圖注一卷　清光緒三十二年（1906）上海宏大善書局石印本　一冊

330000－4735－0004621　08744　集部／總集類／尺牘之屬

名人尺牘小品四卷　（清）王元勳　（清）程化騄輯　清宣統三年（1911）上海國學昌明社石印本　趙子卿題簽　一冊　存二卷（一至二）

330000－4735－0004624　08313　類叢部／叢書類／郡邑之屬

武林往哲遺箸五十六種後編十種　（清）丁丙編　清光緒二十年至二十六（1894－1900）錢塘丁氏嘉惠堂刻本　項士元題簽並批　一冊　存一種

330000－4735－0004625　06695　子部／宗教類／道教之屬

三聖經靈驗圖注一卷　清光緒三十二年（1906）上海宏大善書局石印本　一冊

330000－4735－0004627　06696　子部／宗教類／道教之屬

三聖經靈驗圖注一卷　清光緒三十二年
(1906)上海宏大善書局石印本　一冊

330000－4735－0004628　06697　子部/宗教
類/道教之屬

三聖經靈驗圖注一卷　清光緒三十二年
(1906)上海宏大善書局石印本　一冊

330000－4735－0004630　08315　集部/別
集類

居東集二卷　蔣智由撰　清宣統二年(1910)
上海文明書局鉛印本　一冊

330000－4735－0004631　08316　集部/別
集類

靜庵文集一卷詩稿一卷　王國維撰　清光緒
三十一年(1905)鉛印本　一冊

330000－4735－0004636　08746　集部/總集
類/尺牘之屬

國朝名人書札二卷　吳曾祺輯　清宣統元年
(1909)上海商務印書館鉛印本　一冊　存一
卷(二)

330000－4735－0004637　06698　子部/宗教
類/道教之屬

三聖經靈驗圖注一卷　清光緒三十二年
(1906)上海宏大善書局石印本　一冊

330000－4735－0004638　06699　子部/宗教
類/道教之屬

三聖經靈驗圖注一卷　清光緒三十二年
(1906)上海宏大善書局石印本　一冊

330000－4735－0004639　08747　集部/總集
類/尺牘之屬

國朝名人書札二卷　吳曾祺輯　清宣統元年
(1909)上海商務印書館鉛印本　一冊　存一
卷(二)

330000－4735－0004641　06700　子部/宗教
類/道教之屬

三聖經靈驗圖注一卷　清光緒三十二年
(1906)上海宏大善書局石印本　一冊

330000－4735－0004642　06701　子部/宗教

類/道教之屬

三聖經靈驗圖注一卷　清光緒三十二年
(1906)上海宏大善書局石印本　一冊

330000－4735－0004644　06702　子部/宗教
類/道教之屬

三聖經靈驗圖注一卷　清光緒三十二年
(1906)上海宏大善書局石印本　一冊

330000－4735－0004647　06703　子部/宗教
類/道教之屬

三聖經靈驗圖注一卷　清光緒三十二年
(1906)上海宏大善書局石印本　一冊

330000－4735－0004650　08320　集部/別集
類/唐五代別集

唐陸宣公集二十二卷　(唐)陸贄撰　(清)年
羹堯重訂　清光緒二十四年(1898)著易堂石
印本　四冊

330000－4735－0004669　03440　史部/史評
類/史論之屬

讀通鑑論三十卷宋論十五卷　(清)王夫之撰
　清光緒二十七年(1901)簡青書局石印本
三冊　存十七卷(一至六、二十一至二十五、
宋論一至六)

330000－4735－0004671　06709　子部/宗教
類/道教之屬

三聖經靈驗圖注一卷　清光緒三十二年
(1906)上海鴻寶齋書局石印本　清何良棟題
記　一冊

330000－4735－0004675　08326　集部/別集
類/清別集

春暉草堂詩存一卷　(清)陳本欽撰　清光緒
七年(1881)台州府署刻本　一冊

330000－4735－0004681　08327　集部/詞
類/總集之屬

徐氏一家詞　徐琪編　清光緒三十四年
(1908)刻本　二冊　存二種

330000－4735－0004682　08754　集部/別集
類/清別集

鈍翁文集十六卷　(清)汪琬撰　清宣統二年

219

（1910）上海國學扶輪社石印本　八冊

330000－4735－0004685　08755　集部/別集類/唐五代別集

韋蘇州集十卷　（唐）韋應物撰　清宣統三年（1911）上海自強書局石印本　六冊

330000－4735－0004689　03444　類叢部/叢書類/彙編之屬

邵武徐氏叢書二十三種　（清）徐榦編　清光緒邵武徐氏刻本　一冊　存一種

330000－4735－0004691　06714　子部/宗教類/道教之屬

道書二十三種　（清）劉一明撰　清光緒三年至六年（1877－1880）上海翼化堂刻本　了脫道人黃次賢題簽並記　二十一冊　存二十一種

330000－4735－0004694　03445　史部/史評類/史論之屬

歷代史論十二卷宋史論三卷元史論一卷（明）張溥撰　**明史論四卷**　（清）谷應泰撰　**左傳史論二卷**　（清）高士奇撰　清光緒雙和堂刻本　七冊　缺三卷（明史論四、左傳史論一至二）

330000－4735－0004698　03446　史部/史評類/史論之屬

于文定公讀史漫錄二十卷　（明）于慎行撰　清道光二十六年（1846）存素齋刻本　九冊　存十七卷（一、三至四、七至二十）

330000－4735－0004699　06713　子部/道家類

南華真經解三卷　（清）宣穎撰　清經綸堂刻本　德園題簽、批並跋　六冊

330000－4735－0004700　03447　史部/史評類/史論之屬

通鑑策論經世編二十七卷　（清）魏裔介撰　清光緒二十七年（1901）上海書局石印本　一冊　存四卷（一至四）

330000－4735－0004702　06715　子部/道家類

南華真經解三卷　（清）宣穎撰　清經綸堂刻本　五冊

330000－4735－0004705　06716　子部/道家類

南華發覆八卷　（明）釋性涵撰　清文秀堂刻本　六冊

330000－4735－0004706　03448　史部/史評類/史論之屬

讀通鑑論十卷宋論五卷　（清）王夫之撰　清光緒二十六年（1900）山西書業昌書莊石印本　一冊　存二卷（五至六）

330000－4735－0004711　03450　史部/史評類/史論之屬

歷代史論十二卷宋史論三卷元史論一卷（明）張溥撰　**左傳史論二卷**　（清）高士奇撰　**明史論四卷**　（清）谷應泰撰　清末石印本　二冊　存九卷（歷代史論一至五、九至十二）

330000－4735－0004712　08330　集部/別集類/清別集

菘耘文鈔四卷　（清）季錫疇撰　清光緒五年（1879）葉氏裒斝閣刻本　一冊

330000－4735－0004713　06718　子部/道家類

道德經證二卷　（清）潘庭筠撰　清刻本　一冊

330000－4735－0004717　03451　史部/史評類/史論之屬

古今史論大觀前編十五卷後編十七卷　（清）雷瑨輯　清光緒二十七年（1901）硯耕山莊石印本　一冊　存二卷（前編十一至十二）

330000－4735－0004719　03452　史部/史評類/史論之屬

讀通鑑論三十卷末一卷宋論十五卷　（清）王夫之撰　清光緒二十五年（1899）申昌書莊石印本　七冊　缺五卷（十一至十五）

330000－4735－0004726　06722　子部/宗教類/道教之屬

重訂暗室燈二卷 （清）深山居士輯 清光緒
八年（1882）刻本 一冊

330000－4735－0004729 06721 子部/宗教
類/道教之屬/戒律

暗室燈二卷 （清）深山居士輯 清光緒二年
（1876）西湖瑪瑙明臺經房刻本 一冊

330000－4735－0004730 06723 子部/道
家類

莊子雪三卷 （清）陸樹芝撰 清刻本 一冊
存一卷（中）

330000－4735－0004732 08331 集部/別集
類/清別集

春暉草堂詩存一卷 （清）陳本欽撰 清光緒
七年（1881）台州府署刻本 一冊

330000－4735－0004734 06724 子部/道
家類

莊子集釋十卷 （清）郭慶藩撰 清光緒二十
年（1894）思賢講舍刻本 四冊 存五卷（一
至二、六至八）

330000－4735－0004737 06725 子部/道
家類

南華發覆八卷 （明）釋性通撰 清刻本 一
冊 存二卷（七至八）

330000－4735－0004739 08333 集部/別集
類/清別集

蟲鳥吟十卷 （清）蕭德宣撰 清同治五年
（1866）刻本 一冊 存三卷（一至三）

330000－4735－0004752 03454 史部/史評
類/史論之屬

浙江四大家史論合編四卷 （清）李蔭鑾輯
清光緒二十八年（1902）刻本 曾士瀛題簽
二冊

330000－4735－0004753 08337 集部/別集
類/清別集

味靈華館詩六卷 （清）商廷煥撰 清宣統二
年（1910）商衍鎏、商衍瀛刻本 一冊

330000－4735－0004755 03455 史部/史評
類/史論之屬

浙江四大家史論合編四卷 （清）李蔭鑾輯
清光緒二十八年（1902）刻本 二冊

330000－4735－0004756 03456 史部/史評
類/史論之屬

歷代史論十二卷宋史論三卷元史論一卷
（明）張溥撰 明史論四卷 （清）谷應泰撰
左傳史論二卷 （清）高士奇撰 清光緒五年
（1879）西江裴氏刻本 一冊 存三卷（歷代
史論一至三）

330000－4735－0004761 08338 集部/別集
類/清別集

扁善齋文存三卷詩存二卷 （清）鄧嘉緝撰
清光緒二十七年（1901）江寧鄧氏刻本 四冊

330000－4735－0004764 03457 史部/史評
類/史論之屬

歷代史論十二卷宋史論三卷元史論一卷
（明）張溥撰 明史論四卷 （清）谷應泰撰
左傳史論二卷 （清）高士奇撰 清光緒五年
（1879）西江裴氏刻本 六冊 缺六卷（歷代
史論一至六）

330000－4735－0004767 08339 類叢部/叢
書類/家集之屬

長洲彭氏家集九種 （清）彭祖賢編 清同治
至光緒刻本 一冊 存一種

330000－4735－0004773 08340 集部/別集
類/漢魏六朝別集

徐孝穆全集六卷 （南朝陳）徐陵撰 （清）吳
兆宜箋注 備考一卷 （清）徐文炳撰 清善
化經濟書堂刻本 四冊

330000－4735－0004777 03459 類叢部/叢
書類/彙編之屬

暢園叢書甲函六種 （清）張邁編 清光緒二
十年（1894）始豐張氏四明刻本 一冊 存
一種

330000－4735－0004782 03460 史部/史評
類/史論之屬

史通削繁四卷 （清）紀昀撰 清光緒二十二

年(1896)新化三味堂刻本　冠周題簽　三冊
存三卷(一至三)

330000－4735－0004789　03461　史部/史評
類/史論之屬

史記論文一百三十卷　(清)吳見思撰　清康
熙二十六年(1687)尺木堂刻本　一冊　存八
卷(一百十五至一百二十二)

330000－4735－0004794　03462　史部/史評
類/史論之屬

史通削繁四卷　(清)紀昀撰　清道光十三年
(1833)涿州盧坤兩廣節署刻朱墨套印本
四冊

330000－4735－0004795　08344　集部/別集
類/清別集

錢南園先生遺集五卷　(清)錢灃撰　清光緒
十九年(1893)保山劉樹堂浙江書局刻本
二冊

330000－4735－0004800　08345　集部/別集
類/清別集

錢南園先生遺集五卷　(清)錢灃撰　清光緒
二十一年(1895)刻本　二冊

330000－4735－0004812　08348　集部/詞
類/別集之屬

寄龕詞四卷　(清)孫德祖撰　清同治九年
(1870)山陰許純模刻本　一冊

330000－4735－0004825　08350　集部/別
集類

海藏樓詩不分卷　鄭孝胥撰　清光緒三十二
年(1906)鉛印本　江上翔題記　一冊

330000－4735－0004837　08354　集部/別集
類/清別集

虛一齋集五卷　(清)莊培因撰　清光緒九年
(1883)刻本　莊先識題記　二冊

330000－4735－0004843　08355　集部/詩文
評類/詩評之屬

養一齋詩話十卷李杜詩話三卷　(清)潘德輿
撰　清道光十六年(1836)刻本　六冊

330000－4735－0004846　03471　史部/史評
類/史論之屬

讀通鑑論十卷末一卷　(清)王夫之撰　清光
緒二十九年(1903)上海官書局鉛印本　七冊
缺一卷(七)

330000－4735－0004863　03474　類叢部/叢
書類/彙編之屬

武英殿聚珍版書　清江蘇刻本　一冊　存
一種

330000－4735－0004867　03475　類叢部/叢
書類/彙編之屬

十萬卷樓叢書五十一種　(清)陸心源編　清
光緒歸安陸氏刻本　一冊　存一種

330000－4735－0004870　06772　子部/宗教
類/佛教之屬

濟世慈航一卷　清宣統三年(1911)上海宏大
善書局石印本　一冊

330000－4735－0004874　08360　集部/別集
類/清別集

印雪軒詩鈔十六卷　(清)俞鴻漸撰　清光緒
三年(1877)刻本　四冊

330000－4735－0004882　08364　集部/別集
類/清別集

**小石詩鈔六卷補編一卷詩餘一卷鍼鸝山舘詩
草一卷**　(清)曾諧撰　清同治十年(1871)刻
本　四冊

330000－4735－0004884　08365　集部/詩文
評類/文評之屬

文心雕龍十卷　(南朝梁)劉勰撰　(明)楊慎
批　(明)張松孫輯注　清同治七年(1868)杭
城文元堂刻本　四冊

330000－4735－0004886　06757　子部/宗教
類/道教之屬/雜著

儆信錄八卷附編四卷首一卷末一卷　清同治
十二年(1873)管米船廔刻本　八冊

330000－4735－0004888　06758　子部/宗教
類/道教之屬/雜著

儆信錄八卷附編四卷首一卷末一卷　清同治

十二年(1873)管米船慶刻本　二冊　存二卷
(三至四)

330000－4735－0004899　08375　集部/詩文
評類/文評之屬

中國文學指南二卷　邵伯棠編　清宣統二年
(1910)上海會文堂粹記石印本　慰民題記
二冊

330000－4735－0004900　08376　集部/總集
類/選集之屬

唐宋八家文讀本十卷　(清)沈德潛評點　清
光緒二十四年(1898)上海鴻文書局石印本
董承育題簽　一冊

330000－4735－0004902　03476　史部/職官
類/官箴之屬

牧令書四種　(清)□□輯　清同治湖北崇文
書局刻本　十冊　存一種

330000－4735－0004909　03478　史部/時
令類

月令粹編二十一卷圖說一卷　(清)秦嘉謨撰
清嘉慶十七年(1812)江都秦嘉謨琳琅仙館
刻本　六冊

330000－4735－0004916　03479　史部/時
令類

月令粹編二十四卷圖說一卷　(清)秦嘉謨撰
清嘉慶十七年(1812)江都秦嘉謨琳琅仙館
刻本　一冊　存五卷(十七至二十一)

330000－4735－0004918　03480　史部/時
令類

月令粹編二十四卷圖說一卷　(清)秦嘉謨撰
清嘉慶十七年(1812)江都秦嘉謨琳琅仙館
刻本　一冊　存二卷(三至四)

330000－4735－0004920　08381　集部/別集
類/清別集

錢南園先生遺集五卷　(清)錢灃撰　清光緒
十九年(1893)保山劉樹堂浙江書局刻本
二冊

330000－4735－0004925　03481　史部/時
令類

月令粹編二十四卷圖說一卷　(清)秦嘉謨撰
清嘉慶十七年(1812)江都秦嘉謨琳琅仙館
刻本　六冊

330000－4735－0004927　03482　史部/時
令類

月令粹編二十一卷圖說一卷　(清)秦嘉謨撰
清嘉慶十七年(1812)江都秦嘉謨琳琅仙館
刻本　四冊

330000－4735－0004930　08383　集部/別集
類/清別集

鐵瓶詩鈔九卷雜存二卷　(清)張岳齡撰　清
刻本　四冊

330000－4735－0004935　03483　類叢部/叢
書類/彙編之屬

文選樓叢書三十三種　(清)阮亨編　清嘉慶
至道光阮元刻道光二十二年(1842)阮亨彙印
本　四冊　存二種

330000－4735－0004938　08384　集部/詞
類/總集之屬

絕妙好詞箋七卷　(宋)周密輯　(清)查爲仁
(清)厲鶚箋　**絕妙好詞續鈔一卷**　(清)余
集輯　**絕妙好詞又續鈔一卷**　(清)徐楙補錄
清刻本　四冊

330000－4735－0004943　08385　集部/詞
類/總集之屬

絕妙好詞箋七卷　(宋)周密輯　(清)查爲仁
(清)厲鶚箋　**絕妙好詞續鈔一卷**　(清)余
集輯　**絕妙好詞又續鈔一卷**　(清)徐楙補錄
清刻本　四冊

330000－4735－0004948　03484　史部/史表
類/通代之屬

歷代紀元彙考八卷　(清)萬斯同撰　孫鏘校
補　**皇朝紀元彙考一卷**　(清)李哲濬撰　清
光緒二十三年(1897)瀚洲李氏刻本　一冊

330000－4735－0004954　03485　史部/編年
類/通代之屬

綱鑑正史約三十六卷　(明)顧錫疇撰　(清)
陳弘謀增訂　**甲子紀元一卷**　(清)陳弘謀撰

清同治八年(1869)浙江書局刻本　一冊
存一卷(甲子紀元)

330000－4735－0004959　08386　集部/總集
類/酬唱之屬

過情錄一卷　(清)何鍾麟輯　清光緒十一年
(1885)刻本　一冊

330000－4735－0004960　03486　史部/史表
類/通代之屬

歷代帝王年表十三卷　(清)齊召南撰　清刻
本　一冊　存南北朝至元年表

330000－4735－0004963　08387　集部/總集
類/酬唱之屬

過情錄一卷　(清)何鍾麟輯　清光緒十一年
(1885)刻本　一冊

330000－4735－0004964　03487　類叢部/叢
書類/彙編之屬

廣雅書局叢書一百五十九種　徐紹棨編　清
光緒廣雅書局刻民國九年(1920)番禺徐紹棨
彙編重印本　六冊　存一種

330000－4735－0004965　06807　子部/雜著
類/雜說之屬

中國魂二卷　梁啟超編　清光緒二十八年
(1902)上海廣智書局鉛印本　二冊

330000－4735－0004970　03488　史部/史表
類/通代之屬

二十四史三表三種二十卷　(清)段長基撰
(清)段揩書編注　清嘉慶二十二年(1817)小
西山房刻本　一冊　存一種

330000－4735－0004976　08391　集部/總集
類/選集之屬/通代

聚珍堂古文觀止十二卷　(清)吳乘權　(清)
吳大職輯　清刻本　六冊

330000－4735－0004977　03489　史部/史表
類/通代之屬

歷代史表五十九卷首一卷末一卷　(清)萬斯
同撰　清光緒十九年(1893)上海古香閣石印
本　四冊　存三十四卷(十九至五十二)

330000－4735－0004980　08392　集部/總集
類/選集之屬/通代

古文觀止十二卷　(清)吳乘權　(清)吳大職
輯　清浙寧汲綆齋刻本　作孚題簽並記
三冊

330000－4735－0004981　03490　史部/史表
類/通代之屬

紀元編三卷末一卷　(清)李兆洛撰　(清)六
承如輯　清光緒十四年(1888)上海蜚英館石
印本　二冊　存二卷(上、中)

330000－4735－0004986　08393　集部/總集
類/選集之屬/通代

古文觀止十二卷　(清)吳乘權　(清)吳大職
輯　清光緒十九年(1893)魏氏古香閣刻本
六冊

330000－4735－0004987　03491　史部/史表
類/通代之屬

歷代帝王年表三卷　(清)齊召南撰　(清)阮
福續　清光緒十二年(1886)蘇州掃葉山房刻
本　三冊

330000－4735－0004989　08394　集部/總集
類/選集之屬/通代

古文觀止十二卷　(清)吳乘權　(清)吳大職
輯　清光緒十九年(1893)魏氏古香閣刻本
六冊

330000－4735－0004991　08395　集部/別集
類/宋別集

林和靖詩集四卷拾遺一卷　(宋)林逋撰　清
宣統二年(1910)上海文瑞樓石印本　亦□題
記　二冊

330000－4735－0004992　03492　史部/史表
類/通代之屬

歷代帝王年表三卷　(清)齊召南撰　(清)阮
福續　清光緒十二年(1886)蘇州掃葉山房刻
本　三冊

330000－4735－0004995　06815　子部/宗教
類/道教之屬/經文

萬佛經讀本一卷萬佛經一卷　清光緒十三年

（1887）北京天華館鉛印本　一冊

330000－4735－0004996　03493　史部/史表類/通代之屬

歷代帝王年表三卷　（清）齊召南撰　（清）阮福續　清光緒十二年（1886）蘇州掃葉山房刻本　三冊

330000－4735－0005000　03494　史部/史表類/通代之屬

歷代帝王年表四卷　（清）齊召南撰　（清）阮福續　清光緒二十八年（1902）上海石印本四冊

330000－4735－0005003　03495　史部/史表類/通代之屬

四裔編年表四卷　（清）李鳳苞輯　清光緒二十三年（1897）石印本　四冊

330000－4735－0005004　03496　史部/史表類/通代之屬

四裔編年表四卷　（清）李鳳苞輯　清光緒二十三年（1897）石印本　三冊　缺一卷（二）

330000－4735－0005017　03498　史部/地理類

李氏五種　（清）李兆洛撰　清同治九年至十一年（1870－1872）合肥李鴻章刻本　一冊存一種

330000－4735－0005018　08402　集部/別集類/清別集

有正味齋駢體文二十四卷首一卷　（清）吳錫麒撰　（清）王廣業箋　（清）葉聯芬注　清光緒十五年（1889）上海蜚英館石印本　四冊

330000－4735－0005037　06825　子部/宗教類/道教之屬/經文

三官經一卷三官懺一卷　清光緒二十四年（1898）鄂省宏道堂刻本　一冊

330000－4735－0005041　06826　子部/術數類/相宅相墓之屬

增訂陽宅井明四卷　（清）鄧穎出撰　清刻本　一冊

330000－4735－0005043　06827　子部/宗教類/其他宗教之屬/基督教

避靜神功二卷　（法國）類斯田撰　清同治十二年（1873）刻本　一冊　存一卷（上）

330000－4735－0005046　06828　子部/宗教類/其他宗教之屬/基督教

新約聖書使徒行傳不分卷　清光緒二十五年（1899）聖書公會鉛印本　一冊

330000－4735－0005047　08756　集部/別集類/清別集

樊榭山房集十卷續集十卷　（清）厲鶚撰　清乾隆四年（1739）武林繡墨齋刻十六年（1751）續刻本　四冊

330000－4735－0005053　03504　新學/史志/諸國史

萬國新史簡要三卷　（清）薛福成輯　清光緒二十三年（1897）石印本　曾士瀛題簽並記一冊　存一卷（下）

330000－4735－0005055　09486　集部/曲類/寶卷之屬

竈君寶卷一卷　清光緒十八年（1892）刻本一冊

330000－4735－0005063　03505　新學/史志/諸國史

泰西新史攬要二十四卷　（英國）馬懇西撰（英國）李提摩太譯　蔡爾康述　清光緒二十四年（1898）石印本　曾士瀛批注、題簽並記五冊　存十六卷（四至十九）

330000－4735－0005069　03506　新學/史志/諸國史

萬國史記二十卷　（日本）岡本監輔撰　清光緒二十四年（1898）上海書局石印本　二冊存五卷（十六至二十）

330000－4735－0005070　08407　類叢部/叢書類/自著之屬

金華唐氏遺書五種附一種　（宋）唐仲友撰（清）張作楠編　清宣統三年（1911）金華教育分會石印本　四冊

330000－4735－0005072　08759　集部/總集類/彙編之屬

易堂九子文鈔　（清）彭玉雯編　清道光十七年(1837)彭氏刻本　五冊　存一種

330000－4735－0005074　06837　子部/宗教類/其他宗教之屬/基督教

聖經預言應驗考二卷　（英國）牛登撰　（英國）綠慕德譯　（清）倪樑品述　清宣統二年(1910)上海商務印書館鉛印本　一冊　存一卷(上)

330000－4735－0005081　03507　新學/史志/諸國史

萬國史記二十卷　（日本）岡本監輔撰　清光緒二十七年(1901)上海書局石印本　三冊　存九卷(九至十四、十八至二十)

330000－4735－0005084　06840　子部/儒家類/儒學之屬/禮教

增補傳家必讀安樂銘一卷附應驗藥方一卷孫真人海上仙方一卷　（清）王正朋編　清光緒二十九年(1903)刻本　一冊

330000－4735－0005085　03508　新學/史志/諸國史

萬國史記二十卷　（日本）岡本監輔撰　清光緒二十四年(1898)上海書局石印本　四冊

330000－4735－0005086　08761　集部/別集類/宋別集

龍川文集三十卷補遺一卷　（宋）陳亮撰　**附錄二卷**　（清）應寶時補編　**札記一卷**　（明）宋廷輔撰　清同治八年(1869)永康應寶時刻本　十冊

330000－4735－0005089　03509　新學/史志/諸國史

西洋通史前編十一卷　（法國）駝惯屢撰（日本）村上義茂重譯　清光緒二十八年(1902)上洋會文譯書社石印本　八冊

330000－4735－0005091　06841　子部/宗教類/其他宗教之屬/基督教

天道溯原三卷　（美國）丁韙良撰　清光緒十

五年(1889)中國聖教書會鉛印本　一冊

330000－4735－0005094　06842　子部/宗教類/道教之屬

關帝明聖真經一卷附靈驗記一卷　清光緒二十二年(1896)石印本　一冊

330000－4735－0005098　06843　子部/宗教類/道教之屬/方法

瀋性淵源一卷　（明）涵谷子撰　清刻本　一冊

330000－4735－0005105　03511　新學/史志/諸國史

西洋通史前編十一卷　（法國）駝惯屢撰（日本）村上義茂重譯　清光緒二十八年(1902)上洋會文譯書社石印本　曾士瀛題記　二冊　存四卷(一至三、八)

330000－4735－0005106　06845　子部/宗教類/其他宗教之屬/基督教

彌撒祭義二卷　（意大利）艾儒畧撰　清道光二十九年(1849)刻本　一冊

330000－4735－0005110　03512　新學/史志/諸國史

西洋通史前編十一卷　（法國）駝惯屢撰（日本）村上義茂重譯　清光緒二十八年(1902)上洋會文譯書社石印本　三冊　存三卷(七至九)

330000－4735－0005111　08419　集部/總集類/選集之屬/通代

增批古文觀止十二卷　（清）吳乘權　（清）吳大職評註　清光緒二十七年(1901)浙紹墨潤堂石印本　一冊　存四卷(九至十二)

330000－4735－0005112　03513　新學/史志/別國史

東洋史要二卷坿圖一卷　（日本）桑原隲藏撰　樊炳清譯　清光緒二十五年(1899)東文學社石印本　三冊　缺一卷(圖)

330000－4735－0005116　06846　子部/宗教類/道教之屬/戒律

太上感應篇引經箋註摘要一卷　（清）葉紹庚

輯　清光緒二十四年(1898)刻本　一冊

330000－4735－0005119　06847　子部/儒家
類/儒學之屬/俗訓

關聖帝警士寶訓一卷　清刻本　一冊

330000－4735－0005121　06848　子部/宗教
類/其他宗教之屬/基督教

天道溯原三卷　（美國）丁韙良撰　清同治六
年(1867)上海美華書館鉛印本　一冊

330000－4735－0005122　03514　史部/地理
類/外紀之屬

增補東洋史要四卷坿圖一卷　（日本）桑原隲
藏撰　樊炳清譯　**增補東洋史要補四卷**
（日本）小川銀次郎編　屠長春　樊炳清譯
清光緒三十年(1904)文學圖書公司石印本
五冊　存六卷(一至四、增補東洋史要補一至
二)

330000－4735－0005127　06850　子部/宗教
類/其他宗教之屬

諸教參考一卷　（清）神道學堂撰　清光緒三
十四年(1908)上海美華書館鉛印本　一冊

330000－4735－0005128　08426　集部/總集
類/選集之屬/通代

碧梧齋古文觀止十二卷　（清）吳乘權　（清）
吳大職輯　清嘉慶十四年(1809)柳碧梧齋刻
本　一冊　存二卷(一至二)

330000－4735－0005130　03515　史部/地理
類/外紀之屬

世界通史三十卷附錄一卷　（日本）石川利之
撰　清光緒二十八年(1902)世界譯書局石印
本　朱蔭昌題簽並記　怡盦居士題記　五冊

330000－4735－0005133　03516　史部/雜史
類/通代之屬

續支那通史二卷　（日本）山峯畯藏撰　（清）
中國漢陽青年編　清光緒三十年(1904)會文
政記石印本　四冊

330000－4735－0005135　06852　子部/宗教
類/其他宗教之屬/基督教

聖教鑒略三卷　清光緒二十四年(1898)甬江

七苦堂鉛印本　金承桂題簽並記　金有芳題
記　一冊

330000－4735－0005136　06853　子部/術數
類/雜術之屬

萬法歸宗五卷　（唐）李淳風撰　（唐）袁天罡
補　清刻本　一冊　存一卷(三)

330000－4735－0005137　03517　史部/雜史
類/通代之屬

續支那通史二卷　（日本）山峯畯藏撰　（清）
中國漢陽青年編　清光緒三十二年(1906)會
文政記石印本　四冊

330000－4735－0005138　06854　子部/宗教
類/道教之屬

感應篇贅言一卷附集經驗諸方一卷　（清）于
覺世撰　清光緒二十九年(1903)太邑補梅社
刻本　一冊

330000－4735－0005139　06855　子部/宗教
類/佛教之屬

龐居士語錄一卷詩二卷　（唐）龐蘊撰　（唐）
于頔編　清刻本　一冊

330000－4735－0005141　06856　子部/宗教
類/道教之屬

文昌帝君天戒錄一卷　（清）蓮池大師註　清
光緒十二年(1886)刻本　一冊

330000－4735－0005142　03519　新學/雜
著/叢編

富強叢書正集七十七種續集一百二十一種
（清）袁俊德編　清光緒二十五年(1899)、二
十七年(1901)小倉山房石印本　二冊　存
二種

330000－4735－0005144　08427　集部/總集
類/選集之屬/通代

博古堂古文觀止十二卷　（清）吳乘權　（清）
吳大職輯　清刻本　一冊　存二卷(三至四)

330000－4735－0005145　08428　集部/總集
類/選集之屬/通代

古文觀止十二卷　（清）吳乘權　（清）吳大職
輯　清刻本　一冊　存二卷(三至四)

330000－4735－0005147　08429　集部/總集類/選集之屬/通代

古文觀止十二卷　（清）吳乘權　（清）吳大職輯　清刻本　一冊　存二卷（三至四）

330000－4735－0005149　08430　集部/總集類/選集之屬/通代

古文觀止十二卷　（清）吳乘權　（清）吳大職輯　清刻本　一冊　存二卷（九至十）

330000－4735－0005154　08431　集部/總集類/選集之屬/通代

古文觀止十二卷　（清）吳乘權　（清）吳大職輯　清刻本　二冊　存四卷（三至六）

330000－4735－0005156　08762　集部/別集類/清別集

板橋集五種六卷　（清）鄭燮撰　清乾隆清暉書屋刻本　四冊

330000－4735－0005157　06858　子部/宗教類/道教之屬/經文

三聖真經不分卷　清光緒三十年（1904）臨邑芙蓉同善社刻本　一冊

330000－4735－0005158　08432　集部/總集類/選集之屬/通代

光霽堂古文觀止十二卷　（清）吳乘權　（清）吳大職輯　清刻本　傅吉人題簽　一冊　存二卷（五至六）

330000－4735－0005161　08433　集部/總集類/選集之屬/通代

文翰齋古文觀止十二卷　（清）吳乘權　（清）吳大職輯　清咸豐元年（1851）童文翰齋刻本　一冊　存六卷（一至六）

330000－4735－0005163　03521　史部/地理類/外紀之屬

歐洲史略十三卷　清光緒二十四年（1898）石印本　一冊

330000－4735－0005165　08434　集部/總集類/選集之屬/通代

古文觀止十二卷　（清）吳乘權　（清）吳大職輯　清刻本　四冊　存八卷（三至六、九至十

二）

330000－4735－0005166　06862　子部/宗教類/道教之屬/雜著

指迷錄不分卷　清光緒十年（1884）刻本　一冊

330000－4735－0005168　08763　集部/總集類/選集之屬/通代

唐宋八家文讀本三十卷　（清）沈德潛評點　清嘉慶十八年（1813）刻本　九冊　存二十七卷（一至十四、十八至三十）

330000－4735－0005169　03522　新學/史志/諸國史

泰西新史攬要二十四卷　（英國）馬懇西撰　（英國）李提摩太譯　蔡爾康述　清光緒刻本　六冊　存十九卷（一至十九）

330000－4735－0005171　06863　子部/宗教類/道教之屬

重鐫清靜經圖註不分卷　混然子繪圖　水精子註解　清刻本　一冊

330000－4735－0005175　06865　子部/宗教類/佛教之屬

勸發菩提心文一卷　（清）釋實賢撰　清刻本　一冊

330000－4735－0005177　03523　新學/史志/別國史

支那全史七卷　（日本）藤田久道編次　清光緒二十七年（1901）教育世界社石印本　四冊　存五卷（二至六）

330000－4735－0005179　08436　集部/別集類/清別集

雲左山房詩鈔八卷附一卷詩餘一卷試帖一卷　（清）林則徐撰　清光緒十二年（1886）福州林氏刻本　二冊

330000－4735－0005180　08766　集部/別集類/清別集

嘉樹山房集二十卷外集二卷續集二卷　（清）張士元撰　清嘉慶二十四年（1819）刻道光六年（1826）續刻同治十一年（1872）補修光緒四

年(1878)印本　六冊

330000－4735－0005181　06867　子部/雜著
類/雜說之屬

勸戒殺喫素文一卷附節錄紀慎齋家訓一卷
清刻本　一冊

330000－4735－0005183　08437　集部/別集
類/唐五代別集

杜詩偶評四卷　（唐）杜甫撰　（清）沈德潛評
　清乾隆十二年(1747)潘承松賦閒草堂刻本
　一冊

330000－4735－0005184　08438　集部/別集
類/唐五代別集

杜詩偶評四卷　（唐）杜甫撰　（清）沈德潛評
　清乾隆十二年(1747)潘承松賦閒草堂刻本
　一冊

330000－4735－0005185　03524　新學/史
志/諸國史

泰西新史攬要二十四卷　（英國）馬懇西撰
（英國）李提摩太譯　蔡爾康述　清光緒二十
一年(1895)上海美華書館鉛印本　二冊　存
五卷(一、八至十一)

330000－4735－0005189　08439　集部/詞
類/別集之屬

憶江南館詞一卷集外詞一卷　（清）陳澧撰
清末民國番禺汪氏刻微尚齋叢刻本　王舟瑤
題記　一冊

330000－4735－0005193　03525　新學/學校

京師大學堂講義初編七種二編七種　（清）京
師大學堂輯　清末鉛印本　一冊　存一種

330000－4735－0005195　08767　集部/詞
類/總集之屬

國朝詞雅二十四卷　（清）姚階輯　清嘉慶三
年(1798)刻本　十冊

330000－4735－0005205　08444　集部/總集
類/選集之屬/通代

增批古文觀止十二卷　（清）吳乘權　（清）吳
大職評註　清光緒二十七年(1901)浙紹墨潤
堂石印本　五冊　存十卷(一至十)

330000－4735－0005209　03528　新學/史
志/諸國史

歐羅巴通史四卷首一卷　（日本）箕作元八
（日本）峰岸米造纂　（清）胡景伊　（清）徐
有成　（清）唐人傑譯　清光緒二十六年
(1900)東亞譯書會刻本　四冊

330000－4735－0005210　03529　新學/史
志/諸國史

西洋史要四卷　（日本）小川銀次郎撰　樊炳
清　薩端譯　清光緒二十九年(1903)上海金
粟齋鉛印本　二冊　存二卷(一、三)

330000－4735－0005218　08446　集部/總集
類/選集之屬/斷代

唐詩三百首註疏六卷　（清）孫洙編　（清）章
燮注　清道光十五年(1835)近仁堂刻本　金
雲舫題籤　六冊

330000－4735－0005220　08447　集部/總集
類/選集之屬/斷代

唐詩三百首注釋六卷　（清）孫洙編　（清）章
燮注　**唐詩三百首續選一卷姓氏小傳一卷**
（清）于慶元輯　清光緒十三年(1887)湖南共
賞書局刻本　八冊

330000－4735－0005226　08451　集部/總集
類/選集之屬/斷代

八家四六文註八卷首一卷　（清）吳鼒輯
（清）許貞幹注　清光緒二十四年(1898)上海
緯文閣石印本　六冊

330000－4735－0005231　08452　集部/詩文
評類/詩評之屬

全唐詩話六卷　（宋）尤袤撰　（明）毛晉訂
清宣統三年(1911)三樂堂石印本　六冊

330000－4735－0005236　06888　子部/宗教
類/道教之屬/戒律

功過格分類彙編一卷　清光緒十八年(1892)
甯郡同文堂刻本　一冊

330000－4735－0005238　08454　集部/詞
類/詞譜之屬

詞律二十卷　（清）萬樹撰　**詞律拾遺八卷**

（清）徐本立撰　詞律韻目一卷詞人姓氏錄一卷補遺一卷　（清）杜文瀾撰　清石印本　十二冊

330000－4735－0005240　06889　子部/宗教類/道教之屬

周易參同契發揮三卷釋疑一卷　（元）俞琰撰　清刻本　一冊　存一卷(中)

330000－4735－0005241　06890　子部/宗教類/道教之屬

周易參同契分章註解三卷　（元）陳致虛撰（清）傅金銓批　清光緒二年(1876)敦仁堂刻本　一冊　存一卷(上)

330000－4735－0005246　06892　子部/宗教類/佛教之屬

慧命經一卷　（清）柳華陽撰　清同治六年(1867)述古堂刻本　一冊

330000－4735－0005247　06893　子部/宗教類/佛教之屬

慧命經一卷　（清）柳華陽撰　清同治元年(1862)蘇城瑪瑙經房刻本　一冊

330000－4735－0005249　08457　集部/別集類/清別集

映雪軒詩草一卷附詩餘一卷雜著一卷　（清）孫鼎吉撰　先考小山府君暨先妣陳太孺人行述一卷　（清）孫宗達撰　清光緒三十二年(1906)刻本　一冊

330000－4735－0005250　06894　子部/宗教類/佛教之屬

西方公據一卷　（清）沈清塵等輯　清刻本　一冊

330000－4735－0005256　08459　集部/別集類/清別集

小雲廬晚學文稾八卷　（清）朱壬林撰　清刻本　二冊

330000－4735－0005263　08461　集部/別集類/清別集

集虛齋學古文十二卷附離騷經解畧一卷　（清）方楘如撰　清光緒十年(1884)李詩、竺

士彥淳安縣署刻本　六冊

330000－4735－0005276　03530　新學/史志/別國史

節本泰西新史攬要八卷　（英國）李提摩太譯　周慶雲節錄　清光緒二十七年(1901)周慶雲夢坡室刻本　怡盦題簽並記　一冊　存四卷(五至八)

330000－4735－0005277　08463　集部/別集類/清別集

菊存樓詩鈔十一卷補遺一卷紀亂草一卷　（清）李振塈撰　清宣統元年(1909)鉛印本　一冊

330000－4735－0005283　03533　新學/史志

萬國史要二卷　（美國）維廉斯因頓撰　張相譯　清光緒二十九年(1903)杭州通記編譯印書局石印本　一冊　存一卷(二)

330000－4735－0005289　08465　集部/總集類/彙編之屬

琴臺正續合刻　（清）汪守正輯　清光緒十五年(1889)刻本　一冊　存五種

330000－4735－0005292　06910　子部/宗教類/佛教之屬

因果新編二卷　（清）金本存編　清光緒二十三年(1897)王遵道堂刻本　二冊

330000－4735－0005294　08468　集部/詩文評類/詩評之屬

帶經堂詩話三十卷首一卷　（清）王士禎撰（清）張宗柟輯　清同治十二年(1873)廣州藏脩堂刻本　十冊

330000－4735－0005295　06911　子部/道家類

老子證義二卷　（清）高延第撰　清光緒十二年(1886)涌翠山房刻本　一冊

330000－4735－0005297　03536　史部/政書類/邦交之屬

五千年中外交涉史九十七卷　題（清）屯廬主人輯　清光緒二十九年(1903)上海蜚英書局鉛印本　烜夫題簽並記　二十冊

330000－4735－0005298　08469　集部/別集類/金別集

元遺山詩集箋注十四卷首一卷末一卷　（金）元好問撰　（元）張德輝類次　（清）施國祁箋　清道光二年（1822）南潯蔣氏瑞松堂刻本　官□題記　陳壽題簽　四冊

330000－4735－0005300　08470　集部/別集類/宋別集

後山先生集二十四卷首一卷　（宋）陳師道撰　清光緒十一年（1885）番禺陶氏愛廬刻本　四冊

330000－4735－0005301　03537　史部/政書類/邦交之屬

五千年中外交涉史九十七卷　題（清）屯廬主人輯　清光緒二十九年（1903）上海蜚英書局鉛印本　十九冊　缺十卷（五十一至六十）

330000－4735－0005304　06915　子部/宗教類/佛教之屬

勸發菩提心文一卷　（清）釋實賢撰　清刻本　一冊

330000－4735－0005305　03538　類叢部/叢書類/自著之屬

庸庵全集七種　（清）薛福成撰　清光緒二十三年（1897）上海醉六堂石印本　三冊　存一種

330000－4735－0005306　06916　子部/術數類/相宅相墓之屬

金光斗臨經一卷　（明）周繼撰　（清）金文鎔注　清光緒十二年（1886）杭城小酉堂刻本　一冊

330000－4735－0005308　06917　子部/宗教類/道教之屬

道書二十三種　（清）劉一明撰　清光緒三年至六年（1877－1880）上海翼化堂刻本　一冊　存三種

330000－4735－0005309　03539　史部/政書類/公牘檔冊之屬

商務總會丙午年同人錄一卷　（清）上海商務總會編　清光緒三十二年（1906）鉛印本　一冊

330000－4735－0005310　06918　子部/宗教類/佛教之屬

佛教初學課本一卷註一卷　（清）楊文會撰　清光緒三十二年（1906）金陵刻經處刻本　曾士瀛題記　一冊

330000－4735－0005311　08471　集部/別集類/清別集

暢園遺稿十卷（大野草堂詩八卷白癡詞二卷）　（清）張邁撰　清光緒三十年（1904）刻本　一冊

330000－4735－0005313　03540　類叢部/叢書類/自著之屬

檔園四種　（清）龔禮撰　清咸豐五年（1855）刻本　一冊　存一種

330000－4735－0005314　08472　集部/別集類/清別集

日知堂集四卷首一卷末一卷　（清）鄭端撰　清同治十三年（1874）保定蓮花池刻本　二冊

330000－4735－0005324　03541　史部/政書類/邦計之屬

日本統計釋例六卷　（清）考察政治大臣編　清末政治官報局鉛印本　二冊

330000－4735－0005329　08477　集部/別集類

畏廬文集一卷　林紓撰　清宣統二年（1910）上海商務印書館鉛印本　一冊

330000－4735－0005331　03542　史部/政書類/律令之屬/治獄

清中葉司法彙鈔一卷　清抄本　一冊

330000－4735－0005334　03543　史部/政書類/邦交之屬

中日議和紀略不分卷　清光緒刻本　一冊

330000－4735－0005335　03544　史部/政書類/邦計之屬/貿易

萬國通商史一卷　（英國）璞米爾士撰　（日

231

本)古城貞吉譯　清末南洋公學譯書院鉛印本　一冊

330000－4735－0005338　08479　集部/總集類/選集之屬/通代

古文觀止十二卷　（清）吳乘權　（清）吳大職輯　清刻本　五冊　存十卷(一至八、十一至十二)

330000－4735－0005342　08480　集部/詞類/總集之屬

詞綜三十八卷　（清）朱彝尊輯　（清）汪森增定　（清）柯崇樸編次　（清）周簤辨譌（清）王昶補纂　清刻本　十冊

330000－4735－0005343　06929　子部/宗教類/佛教之屬/諸宗

禪門日誦一卷　清刻本　一冊

330000－4735－0005345　06930　子部/宗教類/佛教之屬/諸宗

禪門日誦一卷　清刻本　一冊

330000－4735－0005347　06931　子部/宗教類/佛教之屬/諸宗

禪門日誦一卷　清刻本　一冊

330000－4735－0005349　03546　史部/政書類/律令之屬/律例

讀律一得歌四卷　（清）宗繼增編　清光緒十六年(1890)江蘇書局刻本　一冊　存二卷(一至二)

330000－4735－0005351　06932　子部/宗教類/佛教之屬/諸宗

禪門日誦一卷　清刻本　徐良能題記　一冊

330000－4735－0005356　06933　子部/宗教類/佛教之屬/大藏

徑山藏　明萬曆十七年(1589)至清嘉慶五臺、嘉興、徑山等地刻本　一冊　存一種

330000－4735－0005358　08482　集部/楚辭類

屈子章句七卷　（戰國）屈原撰　（清）劉夢鵬訂　清乾隆五十四年(1789)刻本　一冊

330000－4735－0005360　06934　子部/宗教類/道教之屬/戒律

全真清規一卷　（元）陸道和編集　清刻本一冊

330000－4735－0005362　08483　集部/詩文評類/文法之屬/文法

八股文例不分卷　清抄本　一冊

330000－4735－0005363　03549　史部/傳記類/別傳之屬/事狀

關聖帝君聖蹟圖誌全集五卷　（清）盧湛輯清同治十三年(1874)福省麟經堂刻本　四冊缺一卷(一)

330000－4735－0005365　08484　集部/總集類/選集之屬/通代

樂草堂詩賦雜鈔不分卷　清子型抄本　一冊

330000－4735－0005368　08485　集部/總集類/課藝之屬

小試厄讀本二卷　清宣統元年(1909)陳繼韶抄本　二冊

330000－4735－0005370　08486　類叢部/叢書類/郡邑之屬

粟香室叢書五十九種　金武祥編　清光緒至民國江陰金氏刻本　一冊　存一種

330000－4735－0005371　08487　類叢部/叢書類/彙編之屬

邵武徐氏叢書二十三種　（清）徐榦編　清光緒邵武徐氏刻本　二冊　存一種

330000－4735－0005372　08488　類叢部/叢書類/彙編之屬

邵武徐氏叢書二十三種　（清）徐榦編　清光緒邵武徐氏刻本　一冊　存一種

330000－4735－0005373　06935　子部/宗教類/佛教之屬

慈悲至德十大深恩寶懺三卷　清光緒十八年(1892)杭州瑪瑙經房刻本　鄭萬興題簽　一冊　存一卷(下)

330000－4735－0005374　08489　類叢部/叢

書類/彙編之屬

邵武徐氏叢書二十三種 （清）徐榦編 清光緒邵武徐氏刻本 一冊 存一種

330000－4735－0005381 03553 類叢部/叢書類/自著之屬

黃陵散人集八種 杜俞撰 清光緒刻彙印本 一冊 存四種

330000－4735－0005384 06939 子部/宗教類/佛教之屬/經疏

妙法蓮華經玄論十卷 （隋）釋吉藏撰 清刻朱印本 二冊 存四卷（一至四）

330000－4735－0005385 03554 史部/政書類/律令之屬/律例

法部奏定法官考試任用暫行章程施行細則一卷 清宣統鉛印本 一冊

330000－4735－0005387 03555 史部/政書類/律令之屬/律例

法部奏定考試法官主要科應用法律章程不分卷 清宣統石印本 一冊

330000－4735－0005388 03556 史部/地理類/外紀之屬

適可齋記言四卷記行六卷 （清）馬建忠撰 清光緒二十二年（1896）刻本 抱璞子題簽並記 三冊 缺二卷（記言一至二）

330000－4735－0005394 08493 集部/詩文評類/詩評之屬

緝雅堂詩話二卷 （清）潘衍桐撰 清光緒十七年（1891）杭州刻本 一冊

330000－4735－0005395 06943 子部/宗教類/佛教之屬

佛說大乘通玄法華眞經十卷 清光緒二十三年（1897）刻本 楊田順題記 三冊

330000－4735－0005397 03557 史部/傳記類/日記之屬

入都日記一卷（清光緒十三年） （清）李圭撰 清光緒刻本 一冊

330000－4735－0005399 06944 子部/宗教

類/佛教之屬

佛說大乘通玄法華眞經十卷 清同治十年（1871）刻本 盧洪道題簽並記 二冊 存六卷（五至十）

330000－4735－0005400 08495 集部/別集類/清別集

晚學集八卷未谷詩集四卷 （清）桂馥撰 清嘉慶元年（1796）刻本 一冊 存四卷（晚學集一至四）

330000－4735－0005401 06945 子部/宗教類/佛教之屬

佛說大乘通玄法華眞經十卷 清光緒二十三年（1897）刻本 吳元興題記 三冊

330000－4735－0005403 08496 集部/詞類/別集之屬

茶夢盦爐餘詞一卷劫後薰一卷 （清）高望曾撰 **寫麋樓遺詞一卷** （清）陳嘉撰 清同治九年（1870）福州刻本 一冊

330000－4735－0005405 03558 類叢部/叢書類/彙編之屬

函海一百五十二種 （清）李調元編 清乾隆綿州李氏萬卷樓刻嘉慶十四年（1809）李鼎元、道光五年（1825）李朝夔重校補刻本 四冊 存一種

330000－4735－0005409 08497 集部/別集類/清別集

滑疑集八卷 （清）韓錫胙撰 （清）宗稷辰重編 清咸豐五年（1855）石門山房刻本 陳壽題簽 三冊 存六卷（三至八）

330000－4735－0005411 03559 類叢部/叢書類/彙編之屬

學津討原一百七十三種 （清）張海鵬編 清嘉慶十年（1805）虞山張氏照曠閣刻本 宋少琴題簽並記 一冊 存一種

330000－4735－0005413 08498 集部/詞類/別集之屬

留雲借月盦詞八卷 （清）劉炳照撰 清光緒十九年（1893）刻本 二冊

233

330000－4735－0005414　03560　類叢書類/叢書類/自著之屬

章氏遺書二種 （清）章學誠撰　清道光十二年至十三年（1832－1833）章華綬刻浙江書局補刻本　四冊　存一種

330000－4735－0005417　08499　類叢書類/叢書類/自著之屬

心齋十種 （清）任兆麟撰　清乾隆五十年至五十五年（1785－1790）震澤任氏忠敏家塾刻本　一冊　存三種

330000－4735－0005419　06949　子部/宗教類/佛教之屬/經

妙法蓮華經七卷 （後秦）釋鳩摩羅什譯　清刻本　四冊　存五卷（一至二、五至七）

330000－4735－0005422　06950　子部/宗教類/佛教之屬/經

妙法蓮華經七卷 （後秦）釋鳩摩羅什譯　清刻本　一冊　存二卷（三至四）

330000－4735－0005425　06951　子部/宗教類/佛教之屬/經

妙法蓮華經七卷 （後秦）釋鳩摩羅什譯　清刻本　與安敬題記　一冊　存三卷（五至七）

330000－4735－0005428　06952　子部/宗教類/佛教之屬/經

妙法蓮華經七卷 （後秦）釋鳩摩羅什譯　清刻本　一冊　存二卷（三至四）

330000－4735－0005430　08500　集部/別集類/清別集

姚鏡塘先生全集十卷 （清）姚學塽撰　清光緒九年（1883）東陽學署刻本　六冊

330000－4735－0005431　06953　子部/宗教類/佛教之屬/經

妙法蓮華經七卷 （後秦）釋鳩摩羅什譯　清刻本　一冊　存二卷（二至三）

330000－4735－0005432　06954　子部/宗教類/佛教之屬/經

妙法蓮華經七卷 （後秦）釋鳩摩羅什譯　清抄本　一冊　存三卷（五至七）

330000－4735－0005433　06955　子部/宗教類/佛教之屬/經疏

妙法蓮華經玄義十卷 （隋）釋智顗說　（唐）釋灌頂記　清嘉慶十七年（1812）杭州天溪大覺寺刻本　七冊　存七卷（一、三至五、八至十）

330000－4735－0005434　03563　類叢書類/叢書類/家集之屬

洪氏晦木齋叢書二十一種 （清）洪汝奎編　清同治八年至宣統元年（1869－1909）刻本　一冊　存一種

330000－4735－0005437　06956　子部/宗教類/佛教之屬/經疏

妙法蓮華經文句記三十卷 （後秦）釋鳩摩羅什譯　（隋）釋智顗說　（唐）釋灌頂記　（唐）釋湛然述　清刻本　四冊　存八卷（二十一至二十二、二十五至三十）

330000－4735－0005438　08502　集部/別集類/清別集

攜雪齋文鈔三卷詩鈔六卷首三卷詩續一卷 （清）溫汝适撰　**誥授光祿大夫兵部右侍郎溫篁坡先生鄉賢錄一卷** （清）陳綸韜撰　**分年讀書譜一卷** （清）溫汝适撰　（清）溫子紹等補錄　清道光三年（1823）珎恕堂刻光緒二十一年（1895）補刻本　九冊

330000－4735－0005439　03564　史部/政書類/邦計之屬

日本統計類表要論十二卷 楊道霖述　清宣統元年（1909）鉛印本　二冊　存四卷（一至二、九至十）

330000－4735－0005441　06957　子部/宗教類/佛教之屬/經疏

妙法蓮華經科註七卷首一卷 （明）釋一如集註　清同治十一年（1872）刻本　五冊　存五卷（首,一至二、六至七）

330000－4735－0005442　08503　集部/別集類/清別集

藤香館詩刪存四卷詞刪存二卷 （清）薛時雨撰　清光緒五年（1879）刻本　五冊

330000－4735－0005443　06958　子部/宗教類/佛教之屬/經疏

妙法蓮華經演義七卷科文一卷 （後秦）釋鳩摩羅什譯　（清）釋一松講錄　（清）釋曉柔編定　清光緒五年(1879)刻本　十六冊

330000－4735－0005445　08505　集部/別集類/清別集

鶴壽山房詩集四卷四六文四卷 （清）李子榮撰　清光緒二十五年(1899)成都刻本　藹棠題簽　三冊　缺二卷(詩集三至四)

330000－4735－0005447　03566　類叢部/叢書類/自著之屬

庸庵全集七種 （清）薛福成撰　清光緒十年至二十四年(1884－1898)無錫薛氏刻本　十五冊　存三種

330000－4735－0005448　08506　類叢部/叢書類/彙編之屬

懷豳雜俎十二種 徐乃昌編　清光緒至宣統南陵徐氏刻本　一冊　存二種

330000－4735－0005455　03567　史部/地理類/遊記之屬/紀行

出使美日祕國日記十六卷(清光緒十五年九月初一至十九年八月初二) （清）崔國因撰　清鉛印本　二冊　存二卷(七、十一)

330000－4735－0005465　08771　集部/別集類/清別集

思誠堂集六卷詩集二卷 （清）張鏞撰　清光緒十三年(1887)滑縣暴氏刻本　四冊

330000－4735－0005468　08772　集部/別集類/清別集

衍石齋記事稾十卷續稾十卷刻楮集四卷旅逸小稾二卷 （清）錢儀吉撰　清光緒六年(1880)錢彝甫廣州刻本　十冊　缺六卷(刻楮集一至四、旅逸小稾一至二)

330000－4735－0005479　03570　史部/時令類

月令粹編二十一卷圖說一卷 （清）秦嘉謨撰　清嘉慶十七年(1812)江都秦嘉謨琳琅仙館刻本　八冊

330000－4735－0005484　03571　史部/職官類/官箴之屬

在官法戒錄四卷 （清）陳弘謀撰　清同治十二年(1873)浙江有容齋刻本　二冊

330000－4735－0005489　03572　史部/政書類/律令之屬/法驗

重刊補註洗冤錄集證六卷 （清）王又槐輯　（清）李觀瀾補輯　（清）阮其新補註　（清）張錫蕃重訂　（清）文晟續輯　清刻朱墨套印本　一冊　存二卷(六上中)

330000－4735－0005491　08773　集部/別集類/清別集

漁洋山人精華錄箋注十二卷補一卷附年譜一卷 （清）王士禎撰　（清）金榮箋注　（清）徐淮纂輯　清刻本　十二冊

330000－4735－0005492　08520　集部/總集類/選集之屬/通代

得月樓賦甲編不分卷乙編不分卷丙編不分卷丁編不分卷 （清）張元瀾選評　清同治十年(1871)漱芳書屋刻本　三冊

330000－4735－0005495　06972　子部/宗教類/佛教之屬/經

妙法蓮華經觀世音菩薩普門品一卷 （後秦）釋鳩摩羅什譯　清刻本　一冊

330000－4735－0005496　06973　子部/宗教類/佛教之屬/經

妙法蓮華經觀世音菩薩普門品一卷 （後秦）釋鳩摩羅什譯　清刻本　一冊

330000－4735－0005497　08521　集部/總集類/選集之屬/斷代

後八家四六文鈔八卷 （清）張壽榮輯　清光緒七年(1881)刻本　四冊

330000－4735－0005504　08523　集部/別集類/清別集

悟雪樓詩存三十四卷 （清）徐謙撰　清道光二十九年(1849)四香草堂刻本　八冊

330000－4735－0005508　08524　集部/詩文評類/詩評之屬

柳亭詩話三十卷　（清）宋長白纂　清康熙天茁園刻光緒八年(1882)楊雨耕坊補刻重修本　八冊

330000－4735－0005509　03574　史部/職官類/官箴之屬

學治書紳二卷　（清）徐承禮輯　清光緒鉛印本　一冊

330000－4735－0005514　03575　類叢部/叢書類/自著之屬

陶樓雜著四種　（清）黃彭年撰　清光緒十五年(1889)貴筑黃氏刻本　一冊　存一種

330000－4735－0005516　08526　集部/詞類/別集之屬

金縷曲廿四疊均一卷　（清）俞樾撰　清光緒十三年(1887)刻本　一冊

330000－4735－0005517　06981　子部/雜著類

救刲回生四卷　清光緒二十三年(1897)龍山誠一壇刻本　四冊

330000－4735－0005519　03576　史部/雜史類/斷代之屬

國語補音三卷　（宋）宋庠撰　**札記一卷**（清）錢保塘撰　清光緒二年(1876)成都尊經書院刻本　一冊

330000－4735－0005524　03577　類叢部/叢書類/自著之屬

郝氏遺書三十三種　（清）郝懿行撰　清嘉慶至光緒刻彙印本　三冊　存一種

330000－4735－0005528　08529　集部/別集類/清別集

嚼梅吟二卷　（清）釋敬安撰　清光緒七年(1881)四明刻本　周萍泗題記　一冊

330000－4735－0005530　03578　史部/史抄類

史記菁華錄六卷　（清）姚祖恩輯　清光緒七年(1881)刻本　六冊

330000－4735－0005531　08774　集部/別集類/明別集

震川先生集三十卷別集十卷附錄一卷補編一卷　（明）歸有光撰　（清）歸莊校勘　（清）錢謙益選定　（清）歸玠編輯　清光緒六年(1880)常熟歸氏刻本　十四冊　缺五卷(二十至二十二、別集三、補編)

330000－4735－0005534　08530　類叢部/叢書類/彙編之屬

榆園叢刻十五種附一種　（清）許增編　清同治至光緒刻本　四冊　存一種

330000－4735－0005536　08531　類叢部/叢書類/彙編之屬

宏達堂叢書　清光緒四年(1878)宏達堂刻本　四冊　存一種

330000－4735－0005537　03579　史部/史抄類

史記菁華錄六卷　（清）姚祖恩輯　清道光四年(1824)吳興姚氏扶荔山房刻朱墨套印本　三冊　存三卷(一至二、四)

330000－4735－0005539　06987　子部/宗教類/其他宗教之屬/基督教

霍氏遺解不分卷　（英國）霍約瑟撰　（英國）慕華德輯　清宣統元年(1909)寧波三一書院鉛印本　一冊

330000－4735－0005540　03580　史部/政書類/通制之屬

通志略五十二卷　（宋）鄭樵撰　明刻本　三十八冊　存三十九卷(氏族略一至六，天文略一至二，地理略一，都邑略一，禮略二、四，諡略一，器服略二，樂略一至二，職官略三至七，選舉略一至二，刑法略一，食貨略一至二，藝文略一至四、六至八，校讎略一，圖譜略一，金石略一，災祥略一，昆蟲草木略一至二)

330000－4735－0005542　05489　子部/醫家類/傷寒金匱之屬/綜合

軒轅碑記醫學祝由十三科二卷　□□輯　清刻朱墨套印本　二冊

330000－4735－0005543　03581　史部/政書類

九通二千三百二十一卷　（清）□□輯　清光緒二十八年(1902)上海鴻寶書局石印本　四十冊　存一種

330000－4735－0005544　06989　子部/宗教類/佛教之屬/諸宗

性相通說一卷　（明）釋德清撰　清同治十二年(1873)金陵刻經處刻本　白雲洞題記　一冊

330000－4735－0005545　06990　子部/宗教類/道教之屬

悟真直指四卷　（清）劉一明撰　清刻本　一冊　存二卷(三至四)

330000－4735－0005546　06991　子部/宗教類/道教之屬

悟真篇三註三卷　（宋）張伯端撰　（宋）薛道光　（元）陸墅　（元）陳致虛注　（元）傅金銓頂批圈點　清刻本　一冊　存二卷(上、中)

330000－4735－0005547　03582　史部/政書類

九通二千三百二十一卷　（清）□□輯　清光緒二十八年(1902)上海鴻寶書局石印本　一冊　存一種

330000－4735－0005548　06992　子部/宗教類/道教之屬

金仙証論(柳華陽祖師金仙證論慧命真經合刻)十八卷　（清）柳華陽撰　清同治九年(1870)栖崔山館刻本　一冊

330000－4735－0005552　06994　子部/宗教類/道教之屬

道教諸經一卷　清刻本　一冊

330000－4735－0005554　08535　集部/總集類/選集之屬/通代

駢體文鈔三十一卷　（清）李兆洛輯　清光緒八年(1882)上海刻本　八冊

330000－4735－0005558　08536　集部/詞類/總集之屬

絕妙好詞箋七卷　（宋）周密輯　（清）查爲仁　（清）厲鶚箋　絕妙好詞續鈔一卷　（清）余集輯　絕妙好詞又續鈔一卷　（清）徐楙補錄　清刻本　三冊　缺一卷(一)

330000－4735－0005560　08775　集部/別集類/清別集

漁洋山人精華錄箋注十二卷補一卷年譜一卷　（清）王士禎撰　（清）金榮箋注　（清）徐準纂輯　清康熙五十一年(1712)鳳翽堂刻乾隆二年(1737)印本　五冊

330000－4735－0005561　08537　集部/詩文評類/文評之屬

文心雕龍十卷　（南朝梁）劉勰撰　（明）楊慎批　（明）張松孫輯注　清同治七年(1868)杭城文元堂刻本　二冊　存五卷(四至八)

330000－4735－0005562　06997　子部/宗教類/佛教之屬/律

大方便佛報恩經七卷　清刻本　一冊　存三卷(一至三)

330000－4735－0005564　08538　集部/詩文評類/文評之屬

文心雕龍十卷　（南朝梁）劉勰撰　（清）黃叔琳輯注　（清）紀昀評　清道光十三年(1833)盧坤兩廣節署刻朱墨套印本　二冊　存五卷(三至七)

330000－4735－0005566　08539　集部/詩文評類/文評之屬

文心雕龍十卷　（南朝梁）劉勰撰　（清）黃叔琳輯注　（清）紀昀評　清光緒十九年(1893)思賢講舍刻本　二冊　存四卷(一至四)

330000－4735－0005567　06999　子部/宗教類/道教之屬

救生船四卷　清刻本　一冊　存一卷(二)

330000－4735－0005569　08540　類叢部/叢書類/彙編之屬

增訂漢魏叢書八十六種　（清）王謨編　清乾隆五十六年(1791)金谿王氏刻本　二冊　存

四種

330000 – 4735 – 0005571　08541　類叢部/叢
書類/彙編之屬

增訂漢魏叢書八十六種　（清）王謨編　清乾
隆五十六年(1791)金谿王氏刻本　二冊　存
四種

330000 – 4735 – 0005573　07001　子部/宗教
類/佛教之屬/諸宗

法界安立圖三卷　（明）釋仁潮輯　清康熙十
八年(1679)刻本　一冊　存二卷(上、中)

330000 – 4735 – 0005574　08542　集部/別集
類/唐五代別集

麟角集一卷　（唐）王棨撰　清光緒七年
(1881)成都瀹雅齋刻本　一冊

330000 – 4735 – 0005575　07002　子部/宗教
類/道教之屬

仙佛合宗一卷　（明）伍守陽撰　（明）伍守虛
注　清書業堂刻本　一冊

330000 – 4735 – 0005576　08543　集部/總集
類/選集之屬/通代

東萊先生古文關鍵二卷　（宋）呂祖謙評
(宋)蔡文子註　（清）徐樹屏考異　清光緒二
十四年(1898)江蘇書局刻本　二冊

330000 – 4735 – 0005578　07004　子部/宗教
類/道教之屬

仙佛合宗一卷　（明）伍守陽撰　（明）伍守虛
注　清同治五年(1866)童源發刻本　一冊

330000 – 4735 – 0005579　08776　集部/別集
類/清別集

曝書亭集詩註二十四卷　（清）朱彝尊撰
(清)楊謙注　**朱竹垞先生年譜一卷**　（清）楊
謙撰　**曝書亭集詞注七卷**　（清）朱彝尊撰
(清)李富孫注　清楊氏木山閣刻民國十年
(1921)陸祖穀補刻本(卷二十三、二十四原
缺,曝書亭集詞注補配清嘉慶刻本)　十冊

330000 – 4735 – 0005582　07005　子部/宗教
類/道教之屬

刻天仙正理直論增註二卷　（明)伍守陽撰並

注　（明)伍守虛注　清上海翼化堂刻本
二冊

330000 – 4735 – 0005586　07007　子部/宗教
類/佛教之屬/諸宗

修習止觀坐禪法要二卷六妙法門一卷　（隋）
釋智顗撰　清光緒十八年(1892)、二十九年
(1903)金陵刻經處刻本　一冊

330000 – 4735 – 0005588　07008　子部/儒家
類/儒學之屬/俗訓

公善錄二卷　清刻本　一冊　存一卷(下)

330000 – 4735 – 0005596　08546　集部/別集
類/元別集

松鄉先生文集十卷　（元）任士林撰　清光緒
十六年(1890)刻本　四冊

330000 – 4735 – 0005599　03583　史部/政
書類

九通二千三百二十一卷　（清）□□輯　清光
緒二十八年(1902)上海鴻寶書局石印本　三
十冊　存一種

330000 – 4735 – 0005601　08547　集部/別
集類

萬山草堂詩集六卷　李登雲撰　清光緒三十
三年(1907)武林刻本　二冊

330000 – 4735 – 0005603　08548　類叢部/叢
書類/彙編之屬

誦芬室叢刊二十二種　董康編　清光緒三十
四年至民國十四年(1908 – 1925)武進董氏刻
本　四冊　存一種

330000 – 4735 – 0005604　07015　子部/雜著
類/雜說之屬

無始以來天人性命之本原二卷　（清）金晦著
清光緒三十三年(1907)永嘉葉懷古齋刻本
省幾題記　一冊

330000 – 4735 – 0005605　03584　史部/史
抄類

史記菁華錄六卷　（清）姚祖恩輯　清光緒十
九年(1893)上海書局石印本　二冊

330000－4735－0005606　08549　集部/總集類/選集之屬/斷代

唐詩三百首六卷　（清）孫洙編　清姑蘇文萃堂刻本　陳景蘇題簽　一冊　存二卷(一至二)

330000－4735－0005607　08550　集部/總集類/選集之屬/斷代

唐詩三百首六卷　（清）孫洙編　清光緒三年(1877)浙甯簡香齋刻本　一冊　存二卷(一至二)

330000－4735－0005608　03585　史部/史抄類

史記菁華錄六卷　（清）姚祖恩輯　清光緒十八年(1892)煥文書局石印本　二冊　存二卷(一、四)

330000－4735－0005609　08551　集部/總集類/選集之屬/斷代

唐詩三百首六卷　（清）孫洙編　清刻本　二冊

330000－4735－0005610　08552　集部/總集類/選集之屬/斷代

唐詩三百首六卷　（清）孫洙編　清姑蘇文萃堂刻本　一冊

330000－4735－0005611　08553　集部/總集類/選集之屬/斷代

唐詩三百首六卷　（清）孫洙編　清刻本　一冊

330000－4735－0005615　07017　子部/宗教類/佛教之屬

釋門應用文疏四種　清同治八年至十年(1869－1871)杭州昭慶寺刻本　一冊　存一種

330000－4735－0005617　08554　集部/總集類/選集之屬/斷代

唐詩三百首註疏六卷　（清）孫洙編　（清）章燮注　清刻本　三冊　存三卷(二至四)

330000－4735－0005618　08555　集部/總集類/選集之屬/斷代

唐詩三百首註疏六卷　（清）孫洙編　（清）章燮注　清道光十五年(1835)刻本　二冊　存二卷(一、三)

330000－4735－0005619　07018　子部/宗教類/佛教之屬

佛法金湯徵文錄十卷　（明）姚希孟輯　清刻本　一冊　存一卷(三)

330000－4735－0005620　08556　集部/總集類/選集之屬/斷代

唐詩三百首註疏六卷　（清）孫洙編　（清）章燮注　清浙紹墨潤堂刻本　六冊

330000－4735－0005622　03590　史部/紀傳類/正史之屬

漢書評林一百卷　（明）凌稚隆輯　清光緒二十七年(1901)上海天章書局石印本　十冊　存八十七卷(一至八十七)

330000－4735－0005623　08557　集部/總集類/選集之屬/斷代

唐詩三百首註疏六卷　（清）孫洙編　（清）章燮注　清麟玉山房刻本　六冊

330000－4735－0005626　07020　子部/宗教類/道教之屬

衡山真傳二卷　清黃巖沈永良抄本　一冊　存一卷(上)

330000－4735－0005627　08558　集部/總集類/選集之屬/斷代

唐詩三百首註疏六卷　（清）孫洙編　（清）章燮註　**唐詩三百首續選一卷姓氏小傳一卷**（清）于慶元輯　清刻本　陳漱潤題簽　二冊　缺四卷(二至四、續選)

330000－4735－0005628　07021　子部/宗教類/道教之屬/雜著

關聖帝君覺世真經集說四卷　（清）姚西輯　清刻本　崇寔齋主人題簽、題記並批注　二冊　存二卷(二、四)

330000－4735－0005629　03591　史部/史評類/史論之屬

史記論文一百三十卷　（清）吳見思撰　清刻

本 一冊 存八卷（一百二十三至一百三十）

330000－4735－0005631　08559　集部/總集類/選集之屬/斷代

唐詩三百首註疏六卷 （清）孫洙編 （清）章燮註 唐詩三百首續選一卷姓氏小傳一卷 （清）于慶元輯 清文誠堂刻本 三冊 缺一卷（續選）

330000－4735－0005634　03592　類叢部/叢書類/自著之屬

郝氏遺書三十三種 （清）郝懿行撰 清嘉慶至光緒刻彙印本 蔚青題記 一冊 存二種

330000－4735－0005635　08560　集部/總集類/選集之屬/斷代

唐詩三百首補註八卷 （清）孫洙編 （清）陳婉俊輯注 清光緒十一年（1885）四藤吟社刻本 何敘泰題記 四冊

330000－4735－0005637　08561　集部/總集類/選集之屬/斷代

唐詩三百首補註八卷 （清）孫洙編 （清）陳婉俊輯注 清光緒二十二年（1896）京師廠肆述古堂刻本 三冊 存六卷（一至四、七至八）

330000－4735－0005641　03593－03592　類叢部/叢書類/自著之屬

郝氏遺書三十三種 （清）郝懿行撰 清嘉慶至光緒刻彙印本 蔚青題記 三冊 存一種

330000－4735－0005645　03594　史部/史表類/斷代之屬

元史氏族表三卷 （清）錢大昕撰 清江蘇書局刻本 一冊 存一卷（一）

330000－4735－0005646　07025　子部/宗教類/佛教之屬/諸宗

天台四教儀集註十卷 （元）釋蒙潤撰 清同治七年（1868）寧波天寧寺刻本 四冊 存八卷（一至二、五至十）

330000－4735－0005647　03595　史部/史表類/斷代之屬

元史氏族表三卷 （清）錢大昕撰 清江蘇書

局刻本 一冊 存一卷（一）

330000－4735－0005649　08565　集部/別集類/清別集

蓮友齋詩鈔二卷詩餘一卷 （清）王希曾撰 清宣統二年（1910）漢口書局鉛印本 一冊 缺一卷（一）

330000－4735－0005652　03596　史部/紀傳類/正史之屬

漢書一百卷 （漢）班固撰 （唐）顏師古注 清刻本 一冊 存五卷（年表一至五）

330000－4735－0005654　07027　子部/宗教類/佛教之屬/經疏

佛說四十二章經註一卷佛遺教經註一卷 （宋）釋守遂註 （明）釋了童補註 清光緒十六年（1890）金陵刻經處刻本 一冊

330000－4735－0005656　03597　史部/紀傳類/正史之屬

二十四史附考證 清光緒十八年（1892）武林竹簡齋石印本 二冊 存一種

330000－4735－0005657　08567　集部/詩文評類/詩評之屬

司空詩品註釋一卷 （唐）司空圖撰 清同治十年（1871）綠潤堂刻本 朱德生題簽並記 一冊

330000－4735－0005659　07028　子部/宗教類/佛教之屬/論疏

大乘起信論直解二卷 （明）釋德清撰 清光緒十六年（1890）金陵刻經處刻本 一冊

330000－4735－0005664　03598　史部/傳記類/總傳之屬/斷代

敏求軒述記十六卷 （清）陳世箴輯 清道光二十八年（1848）刻本 七冊 存十四卷（一至十四）

330000－4735－0005665　08569　集部/別集類

萬山草堂詩集六卷 李登雲撰 清光緒三十三年（1907）武林刻本 一冊 存四卷（一至四）

330000－4735－0005666　07030　子部/宗教類/佛教之屬/論疏

大乘起信論疏解彙集八種　清光緒十一年至民國十五年(1885－1926)金陵刻經處刻本二冊　存一種

330000－4735－0005667　07031　子部/宗教類/佛教之屬/論疏

大乘起信論疏解彙集八種　清光緒十一年至民國十五年(1885－1926)金陵刻經處刻本一冊　存一種

330000－4735－0005668　08570　類叢部/叢書類/自著之屬

潛廬全集五種附一種　金蓉鏡撰　清光緒三十四年(1908)、宣統二年(1910)刻本　四冊

330000－4735－0005670　03599　史部/傳記類/總傳之屬/斷代

國朝先正事略六十卷　(清)李元度撰　清森寶齋刻本　二十四冊

330000－4735－0005671　08571　類叢部/叢書類/自著之屬

潛廬全集五種附一種　金蓉鏡撰　清光緒三十四年(1908)、宣統二年(1910)刻本　二冊　存二種

330000－4735－0005676　03600　史部/傳記類/總傳之屬/斷代

國朝先正事略六十卷首一卷　(清)李元度撰　清光緒十二年(1886)鉛印本　十冊

330000－4735－0005679　07034　子部/宗教類/道教之屬

道貫真源　(清)董德寧輯　清乾隆至嘉慶古越集陽樓刻本　一冊　存一種

330000－4735－0005681　03601　史部/傳記類/總傳之屬/斷代

國朝先正事略六十卷　(清)李元度撰　清末石印本　七冊　缺六卷(一至六)

330000－4735－0005682　07035　子部/宗教類/佛教之屬/諸宗

密雲禪師語錄十三卷　(清)釋道忞編　清刻

本　一冊　存四卷(一至四)

330000－4735－0005684　03602　史部/傳記類/總傳之屬/斷代

國朝先正事略八卷　(清)李元度撰　**續編四卷**　朱孔彰撰　清光緒二十六年(1900)石印本　一冊　存二卷(續編一至二)

330000－4735－0005686　08574　集部/別集類/清別集

紅蝠山房詩鈔九卷二編詩鈔二卷續鈔一卷補遺一卷補鈔一卷　(清)王乃斌撰　清道光至光緒刻本　鎖雲樓主題簽　四冊　存四卷(二編詩鈔一至二、續鈔、補遺)

330000－4735－0005688　07036　子部/宗教類/佛教之屬/諸宗

密雲禪師語錄十三卷　(清)釋道忞編　清刻本　一冊　存四卷(一至四)

330000－4735－0005689　07037　子部/宗教類/佛教之屬/諸宗

天童密雲禪師語錄二十二卷　(清)釋道忞編　清光緒二十五年(1899)刻本　一冊　存六卷(一至六)

330000－4735－0005691　08575　類叢部/叢書類/彙編之屬

挹秀山房叢書十一種　(清)朱克敬編　清同治至光緒刻光緒十年(1884)挹秀山房湘南彙印本　二冊　存一種

330000－4735－0005692　03603　史部/傳記類/總傳之屬/仕宦

中興名臣事略八卷　朱孔彰撰　清光緒二十五年(1899)上海圖書集成印書局鉛印本　二冊　存四卷(一至二、七至八)

330000－4735－0005693　08778　集部/別集類/清別集

甘泉鄉人稿二十四卷餘稿二卷　(清)錢泰吉撰　**皇清敕授修職郎誥封朝議大夫顯考警石府君年譜一卷**　(清)錢應溥撰　**四水子遺著一卷**　(清)錢友泗撰　**邠農偶吟稿一卷**　(清)錢炳森撰　清同治十一年(1872)刻光緒

十一年(1885)增刻本　五冊　缺七卷(十六至二十、四水子遺著、邠農偶吟稿)

330000－4735－0005695　03604　史部/傳記類/總傳之屬/斷代

國朝先正事略六十卷　(清)李元度撰　清石印本　一冊　存五卷(十二至十六)

330000－4735－0005696　07038　子部/宗教類/佛教之屬/論疏

谿谷隱禪師語錄二卷　(清)釋道隱說　(清)釋通壽輯　清嘉慶二十年(1815)刻本　一冊

330000－4735－0005698　07039　子部/宗教類/佛教之屬/論疏

谿谷隱禪師語錄二卷　(清)釋道隱說　(清)釋通壽輯　清嘉慶二十年(1815)刻本　一冊

330000－4735－0005700　07040　子部/宗教類/佛教之屬/論疏

淨慈化雨禪師語錄六卷　(清)釋與安　(清)釋等圭輯　清刻本　一冊　存四卷(三至六)

330000－4735－0005702　07041　子部/宗教類/佛教之屬/論疏

玉林禪師天目語錄二卷　(清)釋行淳等編　清刻本　一冊

330000－4735－0005703　03605　史部/傳記類/總傳之屬/斷代

國朝先正事略六十卷　(清)李元度撰　清末鉛印本　七冊　存五十六卷(五至六十)

330000－4735－0005704　03606　史部/目錄類/總錄之屬/官修

欽定四庫全書總目二百卷首一卷　(清)紀昀等撰　清同治七年(1868)廣東書局刻本　八十九冊　存一百五十九卷(首,一至八十四、八十八至一百六十一)

330000－4735－0005706　07042　子部/宗教類/佛教之屬/諸宗

六能徹禪師語錄二卷後補遺一卷　(清)釋實諦等錄　清刻本　一冊

330000－4735－0005707　07043　子部/宗教

類/佛教之屬/大藏

徑山藏　明萬曆十七年(1589)至清嘉慶五臺、嘉興、徑山等地刻本　一冊　存一種

330000－4735－0005708　03607　史部/目錄類/總錄之屬/官修

欽定四庫全書總目二百卷首四卷　(清)紀昀等撰　清宣統二年(1910)存古齋石印本　三十二冊

330000－4735－0005710　07044　子部/宗教類/佛教之屬/諸宗

高峯大師語錄一卷　(元)釋原妙撰　清光緒二年(1876)福德因緣堂刻本　一冊

330000－4735－0005713　03608　史部/目錄類/總錄之屬/官修

欽定四庫全書總目二百卷首一卷　(清)紀昀等撰　**四庫未收書目提要五卷**　(清)阮元撰　清光緒十四年(1888)上海漱六山莊石印本　十冊　缺一百十一卷(七至二十八、三十九至一百二十七)

330000－4735－0005718　07049　子部/宗教類/佛教之屬/諸宗

靈峰蕅益大師選定淨土十要十卷　(清)釋智旭輯　(清)釋成時評點節略　清刻本　一冊　存三種

330000－4735－0005719　03609　史部/目錄類/總錄之屬/官修

欽定四庫全書總目二百卷首一卷　(清)紀昀等撰　**四庫未收書目提要五卷**　(清)阮元撰　清光緒二十年(1894)上海點石齋石印本　十七冊　存一百七十四卷(首,一至一百六、一百二十八至一百九十四)

330000－4735－0005721　07052　子部/宗教類/佛教之屬/諸宗

禪宗頌古聯珠通集四十卷　(宋)釋法應輯　(元)釋普會續輯　明萬曆二十四年至二十五年(1596－1597)刻本　一冊　存五卷(二十六至三十)

330000－4735－0005723　08780　集部/別集

類/清別集

澄懷園文存十五卷 （清）張廷玉撰 清光緒十七年(1891)張紹文等刻本 八冊

330000－4735－0005724 08584 集部/詞類/別集之屬

寄廬詞存二卷 （清）錢國珍撰 清咸豐十年(1860)江都錢氏古章安署刻本 一冊

330000－4735－0005725 08779 集部/別集類/明別集

明張文忠公全集四十六卷坿錄二卷 （明）張居正撰 清光緒二十七年(1901)紅藤碧樹山館刻本 八冊 存二十三卷(奏疏一至十三、書牘一至十)

330000－4735－0005726 07050 子部/宗教類/佛教之屬

大明三藏法數五十卷 （明）釋一如等集註 明萬曆刻本 一冊 存五卷(三十一至三十五)

330000－4735－0005728 07051 子部/宗教類/佛教之屬/諸宗

佛日普照慧辯楚石禪師語錄二十卷 （明）釋梵琦撰 （明）釋祖光等編 明萬曆十八年(1590)刻本 一冊 存五卷(一至五)

330000－4735－0005729 08583 集部/總集類/酬唱之屬

寄廬倡和詩鈔一卷續鈔一卷又鈔一卷 （清）王慶長輯 清光緒六年(1880)刻本 一冊

330000－4735－0005730 07053 子部/宗教類/佛教之屬/諸宗

宗門頌古摘珠二十八卷 （清）釋淨符輯 清刻本 二冊 存十卷(十四至十八、二十四至二十八)

330000－4735－0005731 08585 集部/別集類/宋別集

游廌山先生集十卷前集一卷首一卷 （宋）游酢撰 清乾隆七年(1742)刻十一年(1746)增刻道光二十一年(1841)重修同治三年(1864)補刻本 六冊

330000－4735－0005732 07054 子部/宗教類/佛教之屬/大藏

頻伽精舍校刊大藏經 釋宗仰等輯 清宣統元年至民國二年(1909－1913)迦陵羅詩氏頻伽精舍上海鉛印本 靜修菴題簽 八冊 存五十五種

330000－4735－0005733 08586 類叢部/叢書類/郡邑之屬

武林往哲遺箸五十六種後編十種 （清）丁丙編 清光緒二十年至二十六年(1894－1900)錢塘丁氏嘉惠堂刻本 二冊 存一種

330000－4735－0005734 08587 集部/別集類/清別集

大梅山館集五十五卷 （清）姚燮撰 清道光十三年至咸豐六年(1833－1856)大梅山館刻本 四冊 存一種

330000－4735－0005735 08588 集部/詞類/詞話之屬

詞學集成八卷 （清）江順詒撰 清光緒七年(1881)刻本 一冊

330000－4735－0005736 07055 史部/傳記類/總傳之屬/釋道

高僧傳初集至四集 （清）楊文會輯 清光緒十年至十八年(1884－1892)金陵刻經處、江北刻經處刻本 二十四冊

330000－4735－0005737 08589 集部/總集類/選集之屬/斷代

唐人應試賦選八卷 （清）劉文蔚 （清）姚亢宗箋輯 清嘉慶元年(1796)蠡城探珠樓刻本 學懋題簽 一冊

330000－4735－0005739 08590 類叢部/叢書類/郡邑之屬

海昌叢載三十二種 （清）羊復禮編 清光緒海昌羊氏傳卷樓粵東刻本 二冊 存一種

330000－4735－0005742 07058 子部/宗教類/佛教之屬/經疏

妙法蓮華經演義七卷科文一卷 （後秦）釋鳩摩羅什譯 （清）釋一松講錄 （清）釋曉柔編

定　清光緒五年(1879)武林瑪瑙寺刻本　二十一冊

330000－4735－0005744　08592　集部/別集類/清別集

蛾術山房詩草四卷　(清)袁文焌撰　清咸豐十年(1860)刻本　一冊

330000－4735－0005746　08593　集部/總集類/彙編之屬

二鄧先生詩合鈔二卷　(清)鄧輔綸　(清)鄧繹箸　清宣統二年(1910)鉛印本　一冊

330000－4735－0005747　03612　史部/目錄類/總錄之屬/彙刻

彙刻書目初編十卷補編一卷新編一卷續編一卷　(清)顧修輯　清嘉慶二十五年(1820)璜川吳氏刻本　五冊　存六卷(初編一至三、七、十，補編)

330000－4735－0005748　08594－10407　類叢部/叢書類/彙編之屬

風雨樓叢書　鄧實編　清宣統順德鄧氏鉛印本　一冊　存一種

330000－4735－0005749　03613　史部/目錄類/總錄之屬/彙刻

彙刻書目二十卷　(清)顧修輯　(清)朱學勤補　清光緒十二年至十五年(1886－1889)上海福瀛書局刻本　二十冊

330000－4735－0005751　08596　集部/別集類/清別集

微息齋遺詩二卷補遺一卷詞錄一卷　(清)潘慎生撰　(清)姜筠輯　清光緒十三年(1887)杭州刻本　一冊

330000－4735－0005753　08597　集部/別集類/元別集

剡源佚文二卷佚詩六卷　(元)戴表元撰　孫鏘編　清光緒二十一年(1895)奉化孫鏘刻本　一冊

330000－4735－0005755　08598　集部/別集類/清別集

清吟齋遺詩一卷　(清)莊其坤撰　清光緒二

十四年(1898)壽愷堂刻本　袁寅昉題記一冊

330000－4735－0005756　07059　子部/宗教類/佛教之屬/諸宗

止觀輔行傳弘決十卷　(唐)釋湛然撰　清光緒十年(1884)刻本　十六冊

330000－4735－0005758　08599　集部/總集類/選集之屬/通代

古文分編集評初集五卷二集五卷三集八卷四集四卷　(清)于光華輯　清乾隆五十二年(1787)友于堂刻本　二十冊

330000－4735－0005759　07060　子部/宗教類/佛教之屬/諸宗

摩訶止觀輔行傳弘決四十卷　(唐)釋湛然撰　清光緒許靈虛刻本　十三冊　存二十六卷(一至二十二、二十五至二十六、三十九至四十)

330000－4735－0005761　08781　集部/總集類/課藝之屬

詁經精舍課藝六集十二卷　(清)俞樾編　清光緒十一年(1885)刻本　四冊

330000－4735－0005763　08782　集部/總集類/課藝之屬

詁經精舍四集十六卷續選一卷　(清)俞樾編　清光緒五年(1879)刻本　八冊

330000－4735－0005765　08783　集部/總集類/課藝之屬

詁經精舍三集經解二卷辭賦三卷戊辰己巳庚午年官師課合刻六卷　(清)俞樾編　清同治六年至九年(1867－1870)刻本　三冊　存四卷(經解一至二、辭賦一至二)

330000－4735－0005766　07061　子部/宗教類/佛教之屬/經

大方廣佛華嚴經八十卷　(唐)釋實叉難陀譯　華嚴經普賢行願品一卷　(唐)釋般若譯　清同治七年(1868)刻本　二十七冊

330000－4735－0005767　07062　子部/宗教類/佛教之屬/經

大方廣佛華嚴經八十卷 （唐）釋實叉難陀譯
華嚴經普賢行願品一卷 （唐）釋般若譯
復菴和尚華嚴綸貫一卷 （宋）釋復菴撰 **修**
華嚴懺九會請佛儀一卷 （唐）釋慧覺錄 **華**
嚴普賢行願懺儀一卷 （宋）釋淨源編集 清
咸豐二年（1852）刻本 二十八冊

330000－4735－0005768 03620 史部/目錄
類/專錄之屬

經義考三百卷 （清）朱彝尊撰 **經義考總目**
二卷 （清）盧見曾編 清康熙秀水朱氏曝書
亭刻乾隆十九年至二十年（1754－1755）德州
盧見曾續刻四十二年（1777）汪汝瑮重印本
（卷二百八十六、二百九十九至三百原缺）
三十六冊 存二百二十九卷（六十九至二百
八十五、二百八十七至二百九十八）

330000－4735－0005770 03621 史部/目錄
類/專錄之屬

經義考三百卷 （清）朱彝尊撰 **經義考總目**
二卷 （清）盧見曾編 清康熙秀水朱氏曝書
亭刻乾隆十九年至二十年（1754－1755）德州
盧見曾續刻四十二年（1777）汪汝瑮重印本
（卷二百八十六、二百九十九至三百原缺）
三十冊 存一百五十卷（總目一至二，一至四
十一、六十二至八十、一百七十七至二百四、
二百二十至二百三十五、二百四十二至二百
八十五）

330000－4735－0005771 07064 子部/宗教
類/佛教之屬/經

大方廣佛華嚴經八十卷 （唐）釋實叉難陀譯
大方廣佛華嚴經入不思議解脫境界普賢行
願品一卷 （唐）釋般若譯 清刻本 二十二
冊 存五十九卷（八至十三、十六至二十三、
二十六至四十、四十四至五十、五十九至八
十,大方廣佛華嚴經入不思議解脫境界普賢
行願品）

330000－4735－0005772 07065 子部/宗教
類/佛教之屬/經

大方廣佛華嚴經八十卷 （唐）釋實叉難陀譯
清刻本 一冊 存五卷（五十六至六十）

330000－4735－0005773 07066 子部/宗教
類/佛教之屬/經

大方廣佛華嚴經八十卷 （唐）釋實叉難陀譯
清順治十八年（1661）刻本 一冊 存五卷
（二十六至三十）

330000－4735－0005774 07067 子部/宗教
類/佛教之屬/經

大方廣佛華嚴經八十卷 （唐）釋實叉難陀譯
清同治七年（1868）刻本 二冊 存十卷
（二十一至三十）

330000－4735－0005775 03622 類叢部/叢
書類/彙編之屬

校經山房叢書二十七種 （清）朱記榮編 清
光緒三十年（1904）孫谿朱氏槐廬家塾重編印
式訓堂叢書本 三冊 存一種

330000－4735－0005776 07068 子部/宗教
類/佛教之屬/經

大方廣佛華嚴經八十卷 （唐）釋實叉難陀譯
清康熙十八年（1679）刻本 八冊 存四十
卷（六至十、四十一至七十五）

330000－4735－0005777 03623 史部/目錄
類/書志之屬/提要

愛日精廬藏書志三十六卷續志四卷 （清）張
金吾藏並撰 清光緒十三年（1887）吳縣徐氏
靈芬閣木活字印本 十冊

330000－4735－0005778 07069 子部/宗教
類/佛教之屬/經疏

首楞嚴經疏十卷 （宋）釋子璿集 清刻本
二冊

330000－4735－0005779 07070 子部/宗教
類/佛教之屬/經疏

大佛頂如來密因修證了義諸菩薩萬行首楞嚴
經文句十卷玄義二卷 （清）釋智旭撰 清光
緒元年（1875）慧空經房刻本 六冊 存七卷
（一至二、四至六,玄義一至二）

330000－4735－0005780 07071 子部/宗教
類/佛教之屬/經疏

大佛頂如來密因修證了義諸菩薩萬行首楞嚴

經圓通疏十卷 （元）釋惟則會解 （明）釋傳燈疏 清光緒三年(1877)黃巖會中寺刻本 二冊 存二卷(三、九)

330000 - 4735 - 0005781 03624 史部/目錄類/總錄之屬/史志

八史經籍志十種三十卷 （日本）□□輯 清光緒八年至九年(1882 - 1883)鎮海張壽榮刻本 十二冊

330000 - 4735 - 0005783 07072 子部/宗教類/佛教之屬/經

大佛頂如來密因修證了義諸菩薩萬行首楞嚴經十卷 （唐）釋般剌密帝譯 （唐）釋彌伽釋迦譯語 （唐）房融筆受 （明）王應乾參標 清咸豐十一年(1861)刻本 釋允慧題記並批注 三冊

330000 - 4735 - 0005784 08785 集部/別集類/清別集

楓南山館遺集七卷末一卷 （清）莊受祺撰 （清）莊怡孫輯 清同治十三年(1874)浙江書局刻本 二冊

330000 - 4735 - 0005785 08786 集部/總集類/選集之屬/通代

駢體文鈔三十一卷 （清）李兆洛輯 清道光元年(1821)合河康氏家塾刻同治六年(1867)婁江徐氏補刻本 十二冊

330000 - 4735 - 0005788 07073 子部/宗教類/佛教之屬/經

大佛頂如來密因修證了義諸菩薩萬行首楞嚴經十卷 （唐）釋般剌密帝譯 （唐）釋彌伽釋迦譯語 （唐）房融筆受 清光緒十三年(1887)台州兜率寺刻本 一冊 存三卷(一至三)

330000 - 4735 - 0005789 03626 史部/目錄類/書志之屬/提要

善本書室藏書志四十卷附錄一卷 （清）丁丙輯 清光緒二十五年至二十七年(1899 - 1901)錢唐丁氏刻本 十六冊

330000 - 4735 - 0005790 08787 集部/總集類/選集之屬/通代

重訂文選集評十五卷首一卷末一卷 （清）于光華輯 清乾隆四十五年(1780)刻本 八冊

330000 - 4735 - 0005791 08788 集部/總集類/課藝之屬

詁經精舍課藝七集十二卷 （清）俞樾編 清光緒二十一年(1895)刻本 四冊

330000 - 4735 - 0005793 08789 集部/總集類/課藝之屬

詁經精舍課藝七集十二卷 （清）俞樾編 清光緒二十一年(1895)刻本 四冊

330000 - 4735 - 0005794 08790 集部/總集類/課藝之屬

詁經精舍課藝七集十二卷 （清）俞樾編 清光緒二十一年(1895)刻本 四冊

330000 - 4735 - 0005795 03628 史部/目錄類/總錄之屬

經籍訪古志六卷補遺一卷 （日本）澀江全善 （日本）森立之撰 清光緒十一年(1885)六合徐承祖日本鉛印本 七冊 缺一卷(六)

330000 - 4735 - 0005797 08791 集部/別集類/清別集

養雲山館試帖四卷 （清）許球撰 （清）王榮紱注釋 清光緒二年(1876)挹爽軒刻本 四冊

330000 - 4735 - 0005798 08792 集部/總集類/選集之屬/通代

重訂文選集評十五卷首一卷末一卷 （清）于光華輯 清乾隆四十三年(1778)刻本 十六冊

330000 - 4735 - 0005799 07075 子部/宗教類/佛教之屬

一切經音義二十五卷 （唐）釋玄應撰 補訂新譯大方廣佛華嚴經音義二卷 （唐）釋慧苑撰 華嚴經音義敘錄一卷 （清）臧庸輯 刻華嚴經音義校勘記一卷 （清）曹籀撰 清同治八年(1869)武林張氏寶晉齋刻本 四冊

330000 - 4735 - 0005800 03629 類叢部/叢

書類/彙編之屬

後知不足齋叢書四十七種 （清）鮑廷爵編
清同治至光緒常熟鮑氏刻本 五冊 存一種

330000－4735－0005802 08794 類叢部/叢
書類/彙編之屬

張氏適園叢書 張鈞衡編 清宣統三年
(1911)上海國學扶輪社鉛印本 一冊 存
二種

330000－4735－0005803 03630 類叢部/叢
書類/彙編之屬

後知不足齋叢書四十七種 （清）鮑廷爵編
清同治至光緒常熟鮑氏刻本 六冊 存一種

330000－4735－0005804 08795 集部/別集
類/元別集

山村遺集一卷稗史一卷附錄一卷 （元）仇遠
撰 清光緒二十一年(1895)刻武林往哲遺箸
本 高邁仙題簽 一冊

330000－4735－0005808 08796 類叢部/叢
書類/彙編之屬

二酉堂叢書(張氏叢書)二十一種 （清）張澍
輯 清道光元年(1821)武威張氏二酉堂刻本
一冊 存三種

330000－4735－0005810 08797 集部/總集
類/選集之屬/通代

文選六十卷 （南朝梁）蕭統輯 （唐）李善注
文選考異十卷 （清）胡克家撰 清光緒六
年(1880)四明林植梅刻本 敏西氏題記 二
十四冊

330000－4735－0005812 07077 子部/宗教
類/佛教之屬

釋氏十三經註疏 清同治至光緒三十四年
(1908)金陵刻經處刻本 八冊 存二種

330000－4735－0005814 07078 子部/宗教
類/佛教之屬/經

佛說無量壽經二卷 （三國魏）釋康僧鎧譯
清同治十三年(1874)金陵刻經處刻本 周萍
洞題記 一冊

330000－4735－0005815 08798 集部/總集

類/選集之屬/通代

文選六十卷 （南朝梁）蕭統輯 （唐）李善注
文選考異十卷 （清）胡克家撰 清光緒六
年(1880)四明林植梅刻本 二十四冊

330000－4735－0005816 07079 子部/宗教
類/佛教之屬

釋氏十三經 清同治八年至十年（1869－
1871）金陵刻經處刻本 三冊 存三種

330000－4735－0005819 07080 子部/宗教
類/佛教之屬

釋氏十三經 清同治八年至十年（1869－
1871）金陵刻經處刻本 一冊 存一種

330000－4735－0005821 08800 集部/總集
類/選集之屬/斷代

普天忠憤全集十四卷首一卷 （清）孔廣德編
清光緒二十四年(1898)石印本 十二冊

330000－4735－0005828 08803 集部/別集
類/清別集

雨舲詩集十一卷 （清）龍載恬撰 清道光二
十五年(1845)頤春堂刻本 一冊

330000－4735－0005829 07084 子部/宗教
類/佛教之屬

護法論一卷 （宋）張商英撰 清光緒二年
(1876)常熟刻經處刻本 一冊

330000－4735－0005830 07085 子部/宗教
類/佛教之屬/經

仁王護國般若波羅密多經二卷 （唐）釋不空
譯 清同治九年(1870)金陵刻經處刻本
一冊

330000－4735－0005831 07086 子部/宗教
類/佛教之屬/經疏

大佛頂經序指味疏一卷 （元）釋唯則撰序
釋諦閑述疏 清光緒二十八年(1902)刻本
一冊

330000－4735－0005832 07087 子部/宗教
類/佛教之屬/經疏

大佛頂經序指味疏一卷 （元）釋唯則撰序
釋諦閑述疏 清光緒二十八年(1902)刻本

一冊

330000－4735－0005833　08804　集部/別集類/明別集

呂新吾先生去僞齋文集十卷　（明）呂坤撰（清）呂聲淯　（清）呂振詮次　清康熙十三年（1674）呂氏繩其居刻本　喻信厚題簽並記十冊

330000－4735－0005836　07089　子部/宗教類/佛教之屬/經疏

金剛決疑一卷般若波羅蜜多心經直說一卷（明）釋德清撰　清末刻本　一冊

330000－4735－0005837　08805　集部/總集類/選集之屬/斷代

加批詳註七家詩評選七卷　（清）張熙宇評選（清）石暉甲箋註　清光緒二十年（1894）二酉山房刻本　八冊

330000－4735－0005838　07090　史部/傳記類/總傳之屬/列女

善女人傳二卷　（清）彭際清撰　清同治十一年（1872）常熟刻本　一冊

330000－4735－0005841　07091　子部/宗教類/佛教之屬/諸宗

相宗八要解八種八卷　（明）釋明昱撰　清光緒二十八年（1902）金陵刻經處刻本　二冊存六種

330000－4735－0005842　08807　集部/總集類/題詠之屬

薦董思報感夢廢吟兩圖題辭三卷　（清）嚴瀠編　清光緒二十一年（1895）刻本　二冊

330000－4735－0005843　07092　子部/宗教類/佛教之屬/經疏

因明入正理論疏八卷　（唐）釋窺基撰　清光緒二十二年（1896）金陵刻經處刻本　二冊

330000－4735－0005845　07093　子部/宗教類/佛教之屬

釋氏十三經　清光緒金陵刻經處刻本　一冊存一種

330000－4735－0005846　07094　子部/宗教類/佛教之屬/經

地藏菩薩本願經三卷　（唐）釋實叉難陀譯清光緒三十年（1904）金陵刻經處刻本　一冊

330000－4735－0005847　07095　子部/宗教類/佛教之屬/經疏

維摩詰所說經折衷疏六卷　（明）釋大賢撰清金陵刻經處刻本　一冊　存二卷（一至二）

330000－4735－0005850　03635　史部/目錄類/總錄之屬

經籍訪古志六卷補遺一卷　（日本）澀江全善（日本）森立之撰　清光緒十一年（1885）六合徐承祖日本鉛印本　八冊

330000－4735－0005851　07097　子部/宗教類/佛教之屬/論

十住毗婆沙論十五卷　（後秦）釋鳩摩羅什譯清光緒二十一年（1895）江北刻經處刻本　一冊　存五卷（六至十）

330000－4735－0005852　07098　史部/目錄類/專錄之屬

閱藏知津四十四卷　（清）釋智旭輯　清光緒十八年（1892）金陵刻經處刻本　二冊　存十二卷（二十九至四十）

330000－4735－0005853　07099　子部/宗教類/佛教之屬/經

悲華經十卷　（晉）釋曇無讖譯　清光緒四年（1878）金陵刻經處刻本　三冊

330000－4735－0005856　07106　子部/宗教類/佛教之屬/經

大方廣佛華嚴經八十卷　（唐）釋實叉難陀譯清刻本　二冊　存六卷（十二至十七）

330000－4735－0005857　07101　子部/宗教類/佛教之屬

釋氏十三經　清同治八年至十年（1869－1871）金陵刻經處刻本　一冊　存一種

330000－4735－0005859　10300　類叢部/叢書類/彙編之屬

武英殿聚珍版書一百四十八種　清光緒二

五年(1899)廣雅書局刻本　七百五十五冊
存一百四十五種

330000 – 4735 – 0005860　07102　子部/宗教
類/佛教之屬/經

**大佛頂如來密因修證了義諸菩薩萬行首楞嚴
經十卷**　(唐)釋般刺密帝譯　(唐)釋彌伽釋
迦譯語　(唐)房融筆受　清海鹽徐善願刻本
二冊

330000 – 4735 – 0005862　07103　子部/宗教
類/佛教之屬/總錄

雲棲法彙二十九種　(明)釋袾宏撰　(明)王
宇春等輯　清光緒十八年至二十五年(1892 –
1899)金陵刻經處刻本　九冊　存十種

330000 – 4735 – 0005863　03639　類叢部/叢
書類/彙編之屬

鐵琴銅劍樓叢書十三種　瞿啟甲編　清光緒
至民國刻本暨影印本　十冊　存一種

330000 – 4735 – 0005864　07104　史部/傳記
類/總傳之屬/釋道

禪林僧寶傳三十卷首一卷臨濟宗旨一卷
(宋)釋惠洪撰　**補禪林僧寶傳一卷**　(宋)釋
慶老撰　清光緒五年至六年(1879 – 1880)常
熟刻經處刻本　三冊

330000 – 4735 – 0005865　03640　史部/目錄
類/書志之屬/提要

昭德先生郡齋讀書志二十卷首一卷　(宋)晁
公武撰　清光緒六年(1880)會稽章氏刻本
七冊

330000 – 4735 – 0005866　08808　集部/總集
類/選集之屬/斷代

普天忠憤全集十四卷首一卷　(清)孔廣德編
清光緒二十一年(1895)石印本　十二冊

330000 – 4735 – 0005867　07105　子部/宗教
類/佛教之屬/經疏

大方廣佛華嚴經疏鈔懸談二十八卷首一卷
(唐)釋澄觀撰　清光緒三十三年(1907)金陵
刻經處刻本　八冊

330000 – 4735 – 0005869　08809　集部/總集
類/選集之屬/斷代

普天忠憤全集十四卷首一卷　(清)孔廣德編
清光緒二十一年(1895)石印本　十二冊

330000 – 4735 – 0005870　03641　類叢部/叢
書類/彙編之屬

廣雅書局叢書一百五十九種　徐紹棨編　清
光緒廣雅書局刻民國九年(1920)番禺徐紹棨
彙編重印本　四冊　存四種

330000 – 4735 – 0005871　07107　子部/宗教
類/佛教之屬/總錄

**佛說七俱胝佛母准提大明陀羅尼一卷大悲心
呪持誦簡法一卷受八關戒齋法一卷佛說阿彌
陀經一卷金剛般若波羅密經一卷般若波羅密
多心經一卷妙法蓮華經觀世音菩薩普門品一
卷高王經一卷**　清刻本　一冊

330000 – 4735 – 0005872　07108　子部/宗教
類/佛教之屬/總錄

**佛說七俱胝佛母准提大明陀羅尼一卷大悲心
呪持誦簡法一卷受八關戒齋法一卷佛說阿彌
陀經一卷金剛般若波羅密經一卷般若波羅密
多心經一卷妙法蓮華經觀世音菩薩普門品一
卷**　清刻本　一冊

330000 – 4735 – 0005874　03642　類叢部/叢
書類/彙編之屬

廣雅書局叢書一百五十九種　徐紹棨編　清
光緒廣雅書局刻民國九年(1920)番禺徐紹棨
彙編重印本　二冊　存二種

330000 – 4735 – 0005876　03643　史部/目錄
類/總錄之屬/史志

八史經籍志十種三十卷　(日本)□□輯　清
光緒八年至九年(1882 – 1883)鎮海張壽榮刻
本　十一冊　存七種

330000 – 4735 – 0005878　08810　集部/總集
類/選集之屬/斷代

韻蘭集賦鈔不分卷　(清)陸雲槎輯　(清)宋
淮三考典　清賦粿書屋刻本　三冊

330000 – 4735 – 0005880　08811　集部/總集
類/選集之屬/通代

律賦衡裁六卷 （清）周嘉猷 （清）周鈴輯 （清）湯聘評 清刻本 四冊

330000－4735－0005886 08813 集部/總集類/選集之屬/斷代

新選春秋明景詩二卷 （清）聞妙香室主人輯 清光緒二年(1876)崇蘭草堂刻本 二冊

330000－4735－0005889 08814 集部/總集類/選集之屬/通代

文選六十卷 （南朝梁）蕭統輯 （唐）李善注 文選考異十卷 （清）胡克家撰 清光緒六年(1880)四明林植梅刻本 一冊 存三卷（六至八）

330000－4735－0005892 08815 集部/總集類/選集之屬/通代

文選六十卷 （南朝梁）蕭統輯 （唐）李善注 文選考異十卷 （清）胡克家撰 清光緒六年(1880)四明林植梅刻本 四冊 存十二卷（三至五、二十一至二十六、三十三至三十五）

330000－4735－0005895 08816 集部/總集類/選集之屬/斷代

詳註七家詩七卷 （清）王廷紹等著 （清）張熙宇評選 （清）石暉甲箋注 清光緒十八年(1892)上海廣百宋齋鉛印本 四冊

330000－4735－0005896 07116 子部/宗教類/佛教之屬

金剛般若波羅密經如解一卷 徐元玫纂輯 清刻本 一冊

330000－4735－0005899 08818 集部/總集類/選集之屬/通代

賦學正鵠集釋四卷 （清）李元度輯 清光緒二十年(1894)上海文瑞樓石印本 一冊

330000－4735－0005901 07117 子部/宗教類/佛教之屬/經

金剛般若波羅蜜經一卷 （後秦）釋鳩摩羅什譯 清光緒二十三年(1897)刻本 一冊

330000－4735－0005904 07118 子部/宗教類/佛教之屬/律

毘尼日用切要一卷 （清）釋讀體輯 沙彌律

儀要略一卷 （明）釋袾宏輯 清刻本 一冊

330000－4735－0005906 07119 子部/宗教類/佛教之屬/經

摩訶般若波羅蜜多心經一卷 （明）何道全注 清同治十一年(1872)吳文錦齋刻本 一冊

330000－4735－0005909 07120 子部/宗教類/佛教之屬/經

地藏菩薩本願經三卷 （唐）釋實叉難陀譯 清光緒五年(1879)刻本 一冊

330000－4735－0005912 07121 子部/宗教類/佛教之屬/經疏

金剛般若波羅蜜經解註四卷 （南朝宋）謝靈運等注 清嘉慶十八年(1813)刻本 二冊

330000－4735－0005917 03651 史部/目錄類/總錄之屬/官修

欽定四庫全書總目二百卷首一卷 （清）紀昀等撰 清同治七年(1868)廣東書局刻本 七冊 存十二卷（三十二至四十二、四十四）

330000－4735－0005920 07124 子部/宗教類/佛教之屬/經

金剛般若波羅蜜經一卷 （後秦）釋鳩摩羅什譯 清同治三年(1864)刻本 一冊

330000－4735－0005921 03652 史部/目錄類/總錄之屬/彙刻

彙刻書目二十卷 （清）顧修輯 （清）朱學勤補 清光緒十二年至十五年(1886－1889)上海福瀛書局刻本 十九冊 缺一卷（二十）

330000－4735－0005922 08824 集部/別集類/清別集

紫霞山房帖體詩鈔四卷 （清）朱家麒著 （清）朱履燉 （清）朱正綱箋註 書畫船詩課二卷 （清）朱淦撰 清道光二十年(1840)敬義堂刻本 四冊

330000－4735－0005925 08826 集部/總集類/選集之屬/斷代

七家詩選七卷 （清）張熙宇輯評 清刻本 四冊

330000－4735－0005927　08827　集部/總集類/郡邑之屬

四靈詩集四種　（清）鄭一龍輯　清光緒四年(1878)刻本　笏清氏題簽　一冊

330000－4735－0005929　03655　史部/目錄類/總錄之屬/私撰

天一閣書目四卷　（清）阮元　（清）范邦甸等編　**附碑目一卷續增一卷**　（清）錢大昕編（清）范懋敏續編　清嘉慶十三年(1808)揚州阮元文選樓刻本　四冊　存三卷(一至三)

330000－4735－0005932　03656　類叢部/叢書類/自著之屬

潛園總集十七種　（清）陸心源撰　清同治至光緒刻本　四冊　存一種

330000－4735－0005936　07127　子部/宗教類/佛教之屬/經

金剛般若波羅蜜經一卷　（後秦）釋鳩摩羅什譯　清光緒二十年(1894)石印本　洪文淵題記　一冊

330000－4735－0005942　03657　史部/目錄類/書志之屬/提要

日本訪書志十六卷　楊守敬撰　清光緒二十三年(1897)宜都楊守敬鄰蘇園刻本　八冊

330000－4735－0005945　03658　史部/目錄類/總錄之屬/私撰

書目答問五卷別錄一卷國朝著述諸家姓名略一卷　（清）張之洞撰　清光緒四年(1878)上海淞隱閣鉛印本　四冊

330000－4735－0005949　03659　史部/目錄類/總錄之屬/私撰

書目答問五卷別錄一卷國朝著述諸家姓名略一卷　（清）張之洞撰　清光緒四年(1878)上海淞隱閣刻本　四冊

330000－4735－0005951　10301　類叢部/叢書類/彙編之屬

武英殿聚珍版書一百四十八種　清光緒二十五年(1899)廣雅書局刻本　三百十五冊　存七十種

330000－4735－0005952　08836　集部/別集類/清別集

增訂寄嶽雲齋試體詩選四卷　（清）聶銑敏撰（清）朱兆鳳評　清蘇州掃葉山房刻本　一冊

330000－4735－0005955　03660　史部/目錄類/書志之屬/提要

日本書目志十五卷　康有為輯　清光緒上海大同譯書局石印本　八冊

330000－4735－0005956　08837　集部/總集類/郡邑之屬

雙湖翹秀集不分卷　（清）陳康祺選　清同治十年(1871)詒硏室刻本　四冊

330000－4735－0005958　08838　集部/總集類/選集之屬/通代

文選五卷首一卷　（南朝梁）蕭統輯　（唐）李善注　**文選考異一卷**　（清）胡克家撰　清光緒十四年(1888)同文書局石印本　六冊

330000－4735－0005964　03662　史部/目錄類/總錄之屬/官修

浙江藏書樓甲編書目五卷補遺一卷乙編書目一卷補遺一卷日文書目一卷　楊復編　清光緒三十三年(1907)杭州華豐書局鉛印本　三冊

330000－4735－0005965　07137　子部/宗教類/佛教之屬

金剛般若波羅密經淺解旁註一卷　（清）陳遇春撰　清道光十二年(1832)陳大文刻本　一冊

330000－4735－0005969　03663　史部/目錄類/總錄之屬/官修

浙江藏書樓甲編書目五卷補遺一卷乙編書目一卷補遺一卷日文書目一卷　楊復編　清光緒三十三年(1907)杭州華豐書局鉛印本　一冊　存三卷(乙編書目、乙編補遺、日文書目)

330000－4735－0005971　08841　集部/總集類/課藝之屬

制義靈樞初編不分卷二編不分卷三編不分卷

四編不分卷 （清）周銘恩評選 清光緒十六年(1890)湖南書局刻本 灝生題簽 六冊

330000－4735－0005980 07143 子部/宗教類/佛教之屬/經疏

佛說阿彌陀經疏鈔四卷 （明）釋袾宏撰 清刻本 一冊 存一卷(四)

330000－4735－0005981 08843 集部/別集類

靈峯存稿不分卷 夏震武撰 清宣統二年(1910)鉛印本 一冊

330000－4735－0005985 08844 類叢部/叢書類/自著之屬

古愚老人消夏錄十七種 （清）汪汲撰輯 清乾隆至嘉慶古愚山房刻本 三冊 存一種

330000－4735－0005986 07144 子部/宗教類/佛教之屬/經

佛說四十二章經一卷舍利傳一卷涅槃會約一卷勸發菩提心文一卷諸經集要一卷 佛遺教經一卷 （後秦）釋鳩摩羅什譯 清道光二年(1822)刻本 一冊

330000－4735－0005989 09089 集部/總集類/選集之屬/通代

雞跖賦續刻二十八卷擬古二卷 （清）應泰泉輯 清光緒二年(1876)海陵書屋刻本 四冊

330000－4735－0005990 08845 集部/總集類/選集之屬/斷代

二家試帖二卷 清東溪草堂刻朱印本 一冊

330000－4735－0005993 08846 集部/總集類/選集之屬/通代

大文堂重訂古文釋義新編八卷 （清）余誠輯 清大文堂刻本 二冊

330000－4735－0005999 07146 子部/宗教類/其他宗教之屬/其他

觀音十二圓覺不分卷 （清）彭德源撰 清刻本 一冊

330000－4735－0006001 08848 集部/別集類/清別集

楞嵒草堂詩存四卷 （清）歐景辰撰 清光緒三十二年(1906)鉛印本 二冊

330000－4735－0006002 07147 子部/宗教類/道教之屬

金仙證論一卷 （清）柳華陽撰 清光緒二十五年(1899)剡東淨心菴刻本 一冊

330000－4735－0006005 08849 集部/別集類/清別集

甘泉鄉人稿二十四卷餘稿二卷 （清）錢泰吉撰 皇清敕授修職郎誥封朝議大夫顯考警石府君年譜一卷 （清）錢應溥撰 四水子遺著一卷 （清）錢友泗撰 邠農偶吟稿一卷 （清）錢炳森撰 清同治十一年(1872)刻光緒十一年(1885)增刻本 七冊

330000－4735－0006006 09088 集部/總集類/選集之屬/通代

分類賦學雞跖集三十卷附錄一卷 （清）張維城輯 清道光十二年(1832)張維城粲花吟館刻本 五冊 存十六卷(一至六、十至十三、二十至二十五)

330000－4735－0006007 07149 子部/宗教類/道教之屬

養真集二卷 （□）養真子撰 （清）王士端注 清宣統三年(1911)刻本 一冊

330000－4735－0006008 03673 史部/目錄類/總錄之屬/私撰

大學堂書目六卷 清光緒二十五年(1899)龍光齋鉛印本 一冊

330000－4735－0006009 10146 類叢部/類書類/通類之屬

史學聯珠十卷 （清）胡文炳輯 清光緒十三年(1887)著易堂鉛印本 三冊 存三卷(三、七、九)

330000－4735－0006011 07151 子部/宗教類/道教之屬/戒律

陰隲文圖註二卷 （明）顏正注 （清）黃正元圖說 清瞻雲草堂刻本 一冊 存一卷(下)

330000－4735－0006012 03674 史部/目錄

類/總録之屬/官修

欽定四庫全書簡明目録二十卷 （清）紀昀等撰　清光緒十四年(1888)暢懷書屋鉛印本一冊　存六卷(六至十一)

330000－4735－0006013　03675　史部/目録類/總録之屬/官修

欽定四庫全書簡明目録二十卷 （清）紀昀等撰　清光緒十四年(1888)上海漱六山莊石印本　四冊

330000－4735－0006014　07152　子部/宗教類/道教之屬/譜録

九天開化主宰元皇司録宏仁文昌帝君陰隲文註案四卷 （明）顔正注釋　（清）顔文瑞補案　清茹古堂刻本　二冊

330000－4735－0006015　03676　史部/目録類/總録之屬/官修

欽定四庫全書簡明目録二十卷 （清）紀昀等撰　清光緒二十年(1894)上海點石齋石印本四冊

330000－4735－0006016　10147　類叢部/類書類/專類之屬

王先生十七史蒙求十六卷 （宋）王令撰　清光緒二年(1876)刻本　二冊

330000－4735－0006020　07154　子部/宗教類/其他宗教之屬/其他

衆喜粗言五卷 （清）陳衆喜撰　清光緒六年(1880)瑪瑙經房刻本　徐寶林題記　一冊　存一卷(四)

330000－4735－0006022　07157　子部/宗教類/佛教之屬

藥師懺三卷 清刻本　尼華云題簽　一冊

330000－4735－0006024　10148　類叢部/類書類/專類之屬

新刻重校增補圓機活法詩學全書二十四卷 （明）王世貞校正　清刻本　十一冊　存二十二卷(三至二十四)

330000－4735－0006026　07156　子部/宗教類/佛教之屬/諸宗

指月録三十二卷 （明）瞿汝稷輯　清刻本一冊　存三卷(四至六)

330000－4735－0006028　10149　史部/史評類/史論之屬

論海一百七十二卷 （清）蔡和鏘輯　清光緒二十八年(1902)石印本　二十六冊　存一百五十四卷(歷代人物論海一至二十四、二十八至一百,歷代政治論海一至四十四,中外掌故論海八至十四,歷代時勢論海一至六)

330000－4735－0006030　08850　集部/總集類/課藝之屬

詁經精舍課藝七集十二卷 （清）俞樾編　清光緒二十一年(1895)刻本　四冊

330000－4735－0006032　07158　子部/道家類

老子翼八卷首一卷 （明）焦竑撰　清光緒二十一年(1895)金陵刻經處刻本　四冊

330000－4735－0006034　08851　集部/總集類/課藝之屬

詁經精舍課藝七集十二卷 （清）俞樾編　清光緒二十一年(1895)刻本　三冊　缺三卷(四至六)

330000－4735－0006036　07159　子部/雜著類/雜說之屬

賓存四卷 （清）胡式鈺撰　清道光二十一年(1841)刻本　雨生題簽　三冊　存三卷(一、三至四)

330000－4735－0006038　08852　集部/總集類/彙編之屬

五唐人詩集 （明）毛晉編　清據明汲古閣刻本影印本　二冊　存二種

330000－4735－0006039　08853　集部/別集類/宋別集

寇忠愍公詩集三卷 （宋）寇準撰　清宣統三年(1911)中華圖書館影印本　二冊

330000－4735－0006040　08854　集部/總集類/選集之屬/通代

文選五卷首一卷 （南朝梁）蕭統輯　（唐）李

善注 **文選考異一卷** （清）胡克家撰 清光緒二十一年(1895)寶文書局石印本 子才題記 三冊 缺三卷(二至三、五)

330000－4735－0006047 08857 集部/總集類/選集之屬/通代

評選古詩源四卷 （清）沈德潛評選 清光緒二十年(1894)上海圖書集成印書局鉛印本 四冊

330000－4735－0006050 08860 集部/總集類/選集之屬/通代

古詩源十四卷 （清）沈德潛輯 清道光二十六年(1846)文德堂刻本 一冊

330000－4735－0006051 03677 類叢部/叢書類/彙編之屬

粵雅堂叢書一百八十四種 （清）伍崇曜編 清道光二十九年至光緒十一年(1849－1885)南海伍氏刻彙印本 一冊 存一種

330000－4735－0006054 03678 類叢部/叢書類/彙編之屬

粵雅堂叢書一百八十四種 （清）伍崇曜編 清道光二十九年至光緒十一年(1849－1885)南海伍氏刻彙印本 四冊 存一種

330000－4735－0006055 05037 子部/儒家類/儒學之屬/蒙學

初學啟悟集二卷 （清）汪承忠評選 （清）黃梅峯詮解 清刻本 若淵題簽並記 二冊

330000－4735－0006058 03679 類叢部/叢書類/彙編之屬

海山仙館叢書五十六種 （清）潘仕成編 清道光二十五年至咸豐元年(1845－1851)番禺潘氏刻光緒十一年(1885)增刻彙印本 二冊 存二種

330000－4735－0006059 08864 集部/別集類/清別集

庸盦文別集六卷 （清）薛福成撰 薛瑩中輯 清光緒二十九年(1903)石印本 一冊 存四卷(一至二、四、六)

330000－4735－0006060 08865 集部/總集

類/選集之屬/通代

六朝文絜四卷 （清）許槤評選 清光緒三年(1877)滬上刻朱墨套印本 一冊

330000－4735－0006063 08866 集部/別集類/清別集

片石詩鈔七卷詩餘一卷 （清）江干撰 （清）黃理選 清嘉慶三年(1798)萍香書屋刻本 三冊 存五卷(一至五)

330000－4735－0006069 08869 集部/別集類/唐五代別集

駱賓王文集十卷 （唐）駱賓王撰 **考異一卷** （清）顧廣圻撰 清宣統三年(1911)上海文瑞樓石印本 二冊

330000－4735－0006071 08870 集部/別集類

飲冰室壬寅文集十八卷 梁啓超撰 清光緒三十一年(1905)維新學社石印本 十六冊

330000－4735－0006073 07161 子部/道家類

文子纘義十二卷 （宋）杜道堅撰 清光緒九年(1883)湖南傳忠書局刻本 三冊 缺二卷(七至八)

330000－4735－0006074 07162 子部/道家類

莊子因六卷 （清）林雲銘撰 清光緒六年(1880)白雲精舍刻本 四冊

330000－4735－0006078 07163 子部/道家類

莊子獨見三十三卷 （清）胡文英撰 （清）武啓圖訂 清乾隆十七年(1752)文淵堂刻本 一冊 存九卷(二十五至三十三)

330000－4735－0006081 07164 子部/道家類

莊子十卷 （晉）郭象注 （唐）陸德明音義 清光緒二年(1876)浙江書局刻二十二子本 曾士瀛題簽、題記並批注 四冊

330000－4735－0006086 05036 子部/叢編

二十二子(二十二子彙函) （清）浙江書局編

清光緒元年至三年(1875－1877)浙江書局刻本　五冊　存二種

330000－4735－0006088　08873　集部/總集類/尺牘之屬

增廣尺牘句解初集三卷末一卷　（清）桃花館主編　**增廣尺牘句解二集三卷末一卷**　（清）少溪氏選註　清光緒三十一年(1905)上海商務印書館鉛印本　尹緝菴題記　一冊

330000－4735－0006091　08874　集部/別集類/清別集

少嵒賦草四卷　（清）夏思沺撰　清刻本　三冊　存三卷(二至四)

330000－4735－0006093　08875　集部/別集類/清別集

少嵒賦草四卷　（清）夏思沺撰　清刻本　一冊　存二卷(一至二)

330000－4735－0006095　08876　集部/別集類/唐五代別集

唐陸宣公集二十二卷　（唐）陸贄撰　（清）年羹堯重訂　清光緒二十年(1894)上海書局石印本　二冊　存十二卷(一至六、十三至十八)

330000－4735－0006099　07166　子部/叢編

二十二子三百三十九卷　（清）浙江書局編　清光緒元年至三年(1875－1877)浙江書局刻本　八十三冊

330000－4735－0006101　08877　集部/總集類/選集之屬/通代

咏物詩選註釋八卷　（清）俞琰輯　（清）易開繼　（清）孫洤鳴註　清道光四年(1824)觀山堂刻本　曾士瀛題籤　二冊

330000－4735－0006104　08878　集部/總集類/選集之屬

竹笑軒賦鈔初集不分卷二集不分卷　（清）孫清達編次　清咸豐三年(1853)文德堂刻本　二冊

330000－4735－0006106　08879　集部/別集類/清別集

檀華館試帖彙鈔輯注十卷　（清）路德撰（清）胡葆鍔等輯注　清同治六年(1867)刻本　六冊　存六卷(一至二、六至七、九至十)

330000－4735－0006107　07167　子部/叢編

二十二子(二十二子彙函)　（清）浙江書局編　清光緒元年至三年(1875－1877)浙江書局刻本　四十七冊　存十六種

330000－4735－0006110　08880　集部/別集類/清別集

十杉亭帖體詩鈔五卷續編二卷　（清）吳楷撰　清道光二十三年(1843)文德堂刻本　二冊

330000－4735－0006112　08881　類叢部/叢書類/彙編之屬

武英殿聚珍版書　清江蘇刻本　一冊　存一種

330000－4735－0006114　08882　類叢部/叢書類/彙編之屬

武英殿聚珍版書三十九種　清乾隆浙江刻本　一冊　存一種

330000－4735－0006116　07169　子部/叢編

二十二子(二十二子彙函)　（清）浙江書局編　清光緒元年至三年(1875－1877)浙江書局刻本　三十冊　存九種

330000－4735－0006118　08883　類叢部/叢書類/彙編之屬

武英殿聚珍版書三十九種　清乾隆浙江刻本　二冊　存一種

330000－4735－0006119　07170　子部/叢編

二十二子(二十二子彙函)　（清）浙江書局編　清光緒元年至三年(1875－1877)浙江書局刻本　三十冊　存十六種

330000－4735－0006120　03696　史部/目錄類/總錄之屬/官修

國子監南學存書目錄一卷　清刻本　梅癭題籤　一冊

330000－4735－0006121　07171　子部/叢編

二十二子(二十二子彙函)　（清）浙江書局編

清光緒元年至三年（1875－1877）浙江書局刻本　一冊　存一種

330000－4735－0006122　03697　類叢部/叢書類/彙編之屬

愼始基齋叢書十一種　盧靖編　清光緒沔陽盧氏刻民國十二年（1923）彙印本　一冊　存三種

330000－4735－0006124　08884　集部/總集類/尺牘之屬

蓬萊仙館尺牘六卷　（清）翟國棟輯　清光緒十二年（1886）涇川半舫草堂刻本　德稱觀款　五冊　存五卷（一至五）

330000－4735－0006126　08885　集部/別集類/清別集

音註小倉山房尺牘八卷補遺一卷　（清）袁枚撰　（清）胡光斗箋釋　清咸豐九年（1859）山陰胡氏青蘿室刻本　二冊

330000－4735－0006128　03698　史部/目錄類/總錄之屬/官修

杭州藏書樓書目一卷　邵章編　清光緒二十八年（1902）刻朱印本　一冊

330000－4735－0006129　08886　集部/別集類/清別集

忠雅堂集三十卷　（清）蔣士銓撰　清刻本　八冊

330000－4735－0006133　03700　史部/目錄類/總錄之屬/官修

國子監南學經籍備志光緒十五年第二次存目一卷　（清）國子監南學編　清光緒十五年（1889）刻本　喻長霖題記　一冊

330000－4735－0006134　07177　類叢部/叢書類/自著之屬

鏡珠齋彙刻八種　胡元玉撰　清光緒長沙梁益智書局刻本　八冊　存六種

330000－4735－0006135　03701　史部/目錄類/總錄之屬/私撰

天一閣見存書目四卷首一卷末一卷　（清）薛福成撰　清光緒十五年（1889）無錫薛福成甬

上崇實書院刻本　四冊

330000－4735－0006136　08889　集部/總集類/選集之屬/斷代

七十二明珠樓賦鈔四卷　（清）何卓然編輯　清咸豐三年（1853）刻本　清朱德孫題簽並記　四冊

330000－4735－0006137　07179　子部/雜著類/雜考之屬

讀書雜志八十二卷餘編二卷　（清）王念孫撰　清同治九年（1870）金陵書局刻本　十六冊　缺二十九卷（逸周書雜志一至四，戰國策雜志一至三，漢書雜志一至四、八至十六，管子雜志一至五，淮南內篇雜志二十一至二十二、補遺，漢隸拾遺）

330000－4735－0006138　10302　類叢部/叢書類/彙編之屬

武英殿聚珍版書一百四十八種　清乾隆四十二年（1777）福建刻道光至同治遞修光緒二十一年（1895）增刻本　七百六十三冊　存一百四十種

330000－4735－0006139　08890　集部/總集類/選集之屬/通代

賦學正鵠集釋十一卷　（清）李元度輯　清光緒八年（1882）鄂垣文星堂刻本　七冊　存十卷（一至十）

330000－4735－0006144　08892　集部/總集類/選集之屬/通代

賦學正鵠集釋十一卷　（清）李元度輯　清光緒八年（1882）鄂垣文星堂刻本　七冊　存十卷（二至十一）

330000－4735－0006146　07178　子部/雜著類/雜考之屬

十駕齋養新錄二十卷餘錄三卷　（清）錢大昕撰　**錢辛楣先生年譜一卷**　（清）錢大昕編　（清）錢慶曾校註　**竹汀居士年譜續編一卷**　（清）錢慶曾撰　清光緒二年（1876）浙江書局刻本　八冊

330000－4735－0006147　03703　史部/目錄

類/總録之屬/私撰

天一閣書目四卷 （清）阮元 （清）范邦甸等編 附碑目一卷續增一卷 （清）錢大昕編 （清）范懋敏續編 清嘉慶十三年（1808）揚州阮元文選樓刻本 一冊 存一卷（四）

330000－4735－0006149 08893 集部/總集類/郡邑之屬

虞山七家試律鈔七卷 （清）錢祿泰輯 清同治十二年（1873）常熟錢氏刻本 月樵題簽 一冊

330000－4735－0006150 07180 子部/雜著類/雜纂之屬

兩般秋雨盦隨筆八卷 （清）梁紹壬撰 清宣統元年（1909）上海掃葉山房石印本 三冊 存六卷（一至二、五至八）

330000－4735－0006152 08894 集部/總集類/選集之屬/斷代

七家詩選（硃批七家詩選註釋）七卷 （清）張熙宇輯評 （清）張昶註釋 清道光二十九年（1849）聚秀堂刻朱墨套印本 師竹山房題簽 二冊

330000－4735－0006157 08895 集部/總集類/彙編之屬

七家試帖輯註彙鈔七種九卷 （清）張熙宇輯評 （清）王植桂輯註 清同治九年（1870）京師琉璃廠刻本 宋紹義題簽 七冊 存六種

330000－4735－0006158 07183 子部/藝術類/遊藝之屬/聯語

西湖楹聯四卷 清光緒十五年（1889）知止軒刻本 四冊

330000－4735－0006159 08896 集部/總集類/選集之屬/斷代

七家詩選七卷 （清）張熙宇輯評 清道光三十年（1850）曲江書屋刻本 四冊

330000－4735－0006160 07184 子部/藝術類/遊藝之屬/聯語

西湖楹聯四卷 清光緒十五年（1889）知止軒刻本 哲臣題簽 一冊 存一卷（三）

330000－4735－0006163 08897 集部/總集類/選集之屬/斷代

八家四六（國朝八家四六文鈔）八種九卷 （清）吳鼒編 清刻本 二冊

330000－4735－0006166 07186 子部/術數類/陰陽五行之屬

欽定協紀辨方書三十六卷 （清）允祿 （清）張照等纂修 清宣統三年（1911）上海江左書林鉛印本 四冊 存十五卷（一至十五）

330000－4735－0006173 08900 集部/總集類/選集之屬/斷代

八家四六文註八卷首一卷 （清）吳鼒輯 （清）許貞幹注 補註一卷 陳衍撰 清光緒十八年（1892）上海圖書集成印書局鉛印本 七冊 缺一卷（三）

330000－4735－0006174 03710 史部/目録類/專録之屬

東西學書録總敘二卷 沈桐生撰 清光緒二十三年（1897）讀有用書齋刻本 二冊

330000－4735－0006175 03711 史部/目録類/總録之屬/官修

國子監南學經籍備志光緒十五年第二次存目一卷 （清）國子監南學編 清光緒十五年（1889）刻本 一冊

330000－4735－0006176 07189 子部/小說家類/異聞之屬

閱微草堂筆記擇要二卷 （清）紀昀撰 （清）籜園居士選訂 清光緒十五年（1889）泉唐沈氏刻本 二冊

330000－4735－0006177 10632 類叢部/叢書類/彙編之屬

檀几叢書五十種二集五十種餘集四十七種附政十種 （清）王晫 （清）張潮編 清康熙霞舉堂刻本 十冊

330000－4735－0006179 08902 集部/總集類/選集之屬/斷代

八家四六文註八卷首一卷 （清）吳鼒輯 （清）許貞幹注 清光緒十七年（1891）刻本

十冊

330000－4735－0006182　03712　史部/目録
類/總録之屬/私撰

**開有益齋讀書志六卷金石文字記一卷續志一
卷**　（清）朱緒曾撰　清光緒六年(1880)金陵
翁氏茹古閣刻本　王舟瑤題記　一冊　存二
卷(一至二)

330000－4735－0006184　07191　類叢部/叢
書類/彙編之屬

湖海樓叢書十二種　（清）陳春編　清嘉慶蕭
山陳氏湖海樓刻二十四年(1819)彙印本　十
冊　存一種

330000－4735－0006187　08903　集部/總集
類/選集之屬/通代

唐宋八大家類選十四卷　（清）儲欣輯　清乾
隆四十五年(1780)受祉堂刻本　五冊　存十
卷(一至十)

330000－4735－0006189　08904　集部/總集
類/選集之屬/通代

唐宋八大家類選十四卷　（清）儲欣輯　清刻
本　八冊　存十二卷(二至七、九至十四)

330000－4735－0006191　08905　集部/總集
類/選集之屬/通代

唐宋八大家類選十四卷　（清）儲欣輯　清刻
本　五冊　存十二卷(三至十四)

330000－4735－0006195　08906　集部/總集
類/選集之屬/通代

唐宋八大家類選十四卷　（清）儲欣輯　清刻
本　六冊　存十二卷(三至十四)

330000－4735－0006196　08907　集部/總集
類/尺牘之屬

名賢手札八種　（清）郭慶藩輯　清光緒三十
四年(1908)上洋海左書局石印本　一冊　存
一種

330000－4735－0006198　07192　子部/宗教
類/其他宗教之屬/基督教

答問録存一卷　（清）李杕撰　清宣統元年
(1909)上海土山灣印書館鉛印本　一冊

330000－4735－0006200　07193　子部/雜著
類/雜纂之屬

格言聯璧一卷附一卷　（清）金纓輯　清咸豐
元年(1851)刻本　一冊

330000－4735－0006203　10633　類叢部/叢
書類/彙編之屬

**昭代叢書甲集五十種乙集四十種丙集五十六
種**　（清）張潮編　清刻本　十二冊　存甲集
五十種、乙集四十種

330000－4735－0006208　07197　類叢部/叢
書類/彙編之屬

格致叢書　（明）胡文煥編　明萬曆胡氏文會
堂刻本　一冊　存一種

330000－4735－0006210　07198　類叢部/叢
書類/自著之屬

月河草堂叢書三種　蔣清瑞編　清宣統至民
國歸安蔣氏月河草堂刻朱印本　一冊　存
一種

330000－4735－0006219　10634　類叢部/叢
書類/輯佚之屬

玉函山房輯佚書六百二十二種附一種　（清）
馬國翰輯　清光緒十八年(1892)湖南思賢書
局印本　一百十九冊　存五百九十三種附
一種

330000－4735－0006222　07200　類叢部/叢
書類/郡邑之屬

海昌叢載三十二種　（清）羊復禮編　清光緒
海昌羊氏傳卷樓粤東刻本　一冊　存一種

330000－4735－0006226　08919　集部/總集
類/尺牘之屬

蘇黃尺牘四卷　（清）黃始箋輯　清乾隆五十
八年(1793)同人堂刻本　四冊

330000－4735－0006227　07202　類叢部/叢
書類/自著之屬

觀象廬叢書十八種　（清）呂調陽撰　清光緒
十四年(1888)葉長高刻本　三冊　存一種

330000－4735－0006231　08922　集部/詞
類/詞話之屬

詞苑叢談十二卷　（清）徐釚撰　清末上海有正書局鉛印本　一冊　存三卷（一至三）

330000－4735－0006234　07205　類叢部/叢書類/自著之屬

杭大宗七種叢書　（清）杭世駿撰　清咸豐元年（1851）長沙小嬛嬛山館刻本　五冊　存五種

330000－4735－0006237　07256　子部/叢編

子書二十三種　（清）浙江書局編　清光緒二十三年（1897）上海圖書集成局鉛印本　二十四冊　存十三種

330000－4735－0006238　07207　子部/醫家類/類編之屬

霄鵬先生遺著　（清）黃保康撰　清宣統三年（1911）刻民國八年（1919）印本　一冊　存二種

330000－4735－0006240　07208　類叢部/叢書類/自著之屬

紫薇花館集七種　（清）王廷鼎撰　清光緒十七年（1891）刻本　一冊　存一種

330000－4735－0006244　07209　類叢部/叢書類/彙編之屬

天壤閣叢書二十種增刊六種　（清）王祖源（清）王懿榮編　清同治至光緒福山王氏刻民國十六年（1927）姚氏一雲精舍彙印本　一冊　存三種

330000－4735－0006246　07210　類叢部/叢書類/彙編之屬

校經山房叢書二十七種　（清）朱記榮編　清光緒三十年（1904）孫谿朱氏槐廬家塾重編印式訓堂叢書本　一冊　存一種

330000－4735－0006247　07211　類叢部/叢書類/彙編之屬

聚學軒叢書六十種　劉世珩編　清光緒貴池劉氏刻本　二冊　存四種

330000－4735－0006248　07212　類叢部/叢書類/自著之屬

潛廬全集五種附一種　金蓉鏡撰　清光緒三

十四年（1908）、宣統二年（1910）刻本　一冊　存三種

330000－4735－0006251　08930　集部/總集類/彙編之屬

唐四家詩集二十八卷　清宣統三年（1911）上海掃葉山房石印本　曾士瀛題簽　五冊

330000－4735－0006252　07213　類叢部/叢書類/彙編之屬

南菁札記十四種　（清）溥良編　清光緒二十年（1894）江陰使署刻本　一山題記　六冊

330000－4735－0006253　08931　集部/別集類/清別集

紀文達公文集十六卷首一卷詩集十六卷　（清）紀昀撰　（清）紀樹馨編　清道光三十年（1850）小嬛嬛山館刻本　七冊　存十三卷（文集首，一至七、九至十一、十四至十五）

330000－4735－0006254　07214　類叢部/叢書類/自著之屬

留書種閣集九種　（清）黃炳垕撰　清同治六年至光緒二十年（1867－1894）餘姚黃氏留書種閣刻本　二冊　存二種

330000－4735－0006256　07215　類叢部/叢書類/自著之屬

留書種閣集九種　（清）黃炳垕撰　清同治六年至光緒二十年（1867－1894）餘姚黃氏留書種閣刻本　一冊　存一種

330000－4735－0006261　03717　史部/目錄類/專錄之屬

東西學書錄總敘二卷　沈桐生撰　清光緒二十三年（1897）讀有用書齋刻本　二冊

330000－4735－0006262　07216　類叢部/叢書類/彙編之屬

式訓堂叢書四十一種　（清）章壽康編　清光緒會稽章氏刻本　一冊　存一種

330000－4735－0006264　07217－03102　類叢部/叢書類/彙編之屬

訓纂堂叢書六種　（清）楊調元輯　清光緒貴筑楊氏刻本　一冊　存四種

330000 – 4735 – 0006267　08935　集部/詞類/別集之屬

雯窗瘦影詞一卷　（清）許誦珠撰　清光緒三十一年(1905)刻本　一冊

330000 – 4735 – 0006268　07218　類叢部/叢書類/彙編之屬

小石山房叢書三十八種　（清）顧湘編　清道光刻同治十三年(1874)虞山顧氏補刻本　一冊　存二種

330000 – 4735 – 0006275　08939　集部/別集類/清別集

百美新詠一卷圖傳一卷集詠一卷題詞一卷　（清）顏希源撰　清嘉慶十年(1805)集腋軒刻本　三冊

330000 – 4735 – 0006276　07220　類叢部/叢書類/彙編之屬

清風室叢書二十種　（清）錢保塘編　清同治十年至民國二十五年(1871 – 1936)海寧錢氏清風室刻本　一冊　存二種

330000 – 4735 – 0006277　07221　類叢部/叢書類/彙編之屬

抱經堂叢書十六種　（清）盧文弨編　清乾隆至嘉慶刻彙印本　一冊　存一種

330000 – 4735 – 0006283　07257　子部/叢編

二十五子彙函　（清）鴻文書局編　清光緒十九年(1893)上海鴻文書局石印本　十三冊　存十九種

330000 – 4735 – 0006284　03721 – 02248　史部/叢編

常熟丁氏叢書二種　丁國鈞撰　清光緒木活字印本　二冊　存一種

330000 – 4735 – 0006285　07222　類叢部/叢書類/郡邑之屬

齊魯先喆遺書　清刻本　一冊　存一種

330000 – 4735 – 0006286　07223　類叢部/叢書類/自著之屬

疇隱廬叢書　丁福保撰　清光緒二十五年(1899)無錫竢實學堂刻本　一冊

330000 – 4735 – 0006287　07224　類叢部/叢書類/自著之屬

疇隱廬叢書　丁福保撰　清光緒二十五年(1899)無錫竢實學堂刻本　一冊

330000 – 4735 – 0006288　03722　史部/目錄類/總錄之屬/史志

補晉書經籍志四卷　吳士鑑撰　清光緒二十一年(1895)刻本　一冊

330000 – 4735 – 0006289　07225　類叢部/叢書類/彙編之屬

文選樓叢書三十三種　（清）阮亨編　清嘉慶至道光阮元刻道光二十二年(1842)阮亨彙印本　一冊　存二種

330000 – 4735 – 0006294　07227　類叢部/叢書類/彙編之屬

花雨樓叢鈔十一種續鈔十一種附一種　（清）張壽榮編　清光緒八年至十四年(1882 – 1888)蛟川張氏花雨樓刻本　一冊　存一種

330000 – 4735 – 0006295　03723　史部/目錄類/總錄之屬/私撰

書目答問五卷別錄一卷國朝著述諸家姓名略一卷輶軒語一卷　（清）張之洞撰　**求在我齋示子弟帖一卷**　（清）成毅撰　清光緒五年(1879)刻本　二冊　缺二卷(輶軒語、求在我齋示子弟帖)

330000 – 4735 – 0006296　07226　子部/天文曆算類/算書之屬

經書算學天文攷二卷　（清）陳懋齡撰　清光緒八年(1882)文選樓刻本　一冊

330000 – 4735 – 0006300　03724　史部/目錄類/總錄之屬/官修

廣雅書局書目一卷　清宣統元年(1909)廣雅書局刻本　一冊

330000 – 4735 – 0006304　07229　類叢部/叢書類/彙編之屬

國粹叢書四十九種　（清）國學保存會編　清光緒至宣統鉛印本　一冊　存一種

330000 – 4735 – 0006306　03725　史部/目錄

類/總録之屬/官修

廣雅書院藏書目録七卷附廣雅書院督署發存書籍目録一卷 （清）廖廷相撰　清光緒二十七年（1901）廣雅書局廣州刻本　二册

330000－4735－0006309　07230　類叢部/叢書類/郡邑之屬

金華叢書六十八種 （清）胡鳳丹編　清同治七年至光緒八年（1868－1882）永康胡氏退補齋刻民國補刻本　一册　存一種

330000－4735－0006312　03726　史部/目録類/總録之屬/史志

八史經籍志十種三十卷 （日本）□□輯　清光緒八年至九年（1882－1883）鎮海張壽榮刻本　二册　存二種

330000－4735－0006313　07231　類叢部/叢書類/郡邑之屬

金華叢書六十八種 （清）胡鳳丹編　清同治七年至光緒八年（1868－1882）永康胡氏退補齋刻民國補刻本　一册　存一種

330000－4735－0006316　03727　類叢部/叢書類/彙編之屬

崇文書局彙刻書三十一種 （清）崇文書局編　清光緒元年至三年（1875－1877）湖北崇文書局刻本　三册　存一種

330000－4735－0006321　07233　類叢部/叢書類/彙編之屬

大亭山館叢書十三種 （清）楊葆彝編　清光緒陽湖楊氏刻本　三册　存十一種

330000－4735－0006323　03728　史部/紀傳類/正史之屬

二十四史　清同治至光緒五省官書局據汲古閣本等合刻光緒五年（1879）湖北書局彙印本　一册　存一種

330000－4735－0006325　07235　子部/小説家類/雜事之屬

我法集註二卷 （清）紀昀撰　清刻本　烜夫題簽並記　潤香題詩　一册

330000－4735－0006327　03729　類叢部/叢書類/彙編之屬

廣雅書局叢書一百五十九種　徐紹棨編　清光緒廣雅書局刻民國九年（1920）番禺徐紹棨彙編重印本　一册　存一種

330000－4735－0006328　08948　集部/別集類/唐五代別集

昌黎先生集四十卷外集十卷遺文一卷 （唐）韓愈撰　（宋）廖瑩中校正　**朱子校昌黎先生集傳一卷** （宋）朱熹撰　**韓集點勘四卷** （清）陳景雲撰　清宣統三年（1911）上海鴻文書局、千頃堂書局石印本　八册　缺十卷（十一至十四、二十一至二十六）

330000－4735－0006329　03730　史部/目録類/總録之屬/史志

補晉書經籍志四卷　吳士鑑撰　清光緒二十一年（1895）刻本　一册

330000－4735－0006332　07238　類叢部/叢書類/彙編之屬

邵武徐氏叢書二十三種 （清）徐榦編　清光緒邵武徐氏刻本　二册　存一種

330000－4735－0006334　03731　史部/目録類/總録之屬/史志

八史經籍志十種三十卷 （日本）□□輯　清光緒八年至九年（1882－1883）鎮海張壽榮刻本　一册　存一種

330000－4735－0006335　07239　類叢部/叢書類/彙編之屬

邵武徐氏叢書二十三種 （清）徐榦編　清光緒邵武徐氏刻本　一册　存一種

330000－4735－0006336　03732　類叢部/叢書類/彙編之屬

廣雅書局叢書一百五十九種　徐紹棨編　清光緒廣雅書局刻民國九年（1920）番禺徐紹棨彙編重印本　一册　存一種

330000－4735－0006337　07240　類叢部/叢書類/彙編之屬

邵武徐氏叢書二十三種 （清）徐榦編　清光緒邵武徐氏刻本　三册　存三種

330000－4735－0006338　08951　集部/總集類/課藝之屬

試帖詩鏡二卷　（清）紫藤花館校訂　清光緒八年(1882)刻本　□甫題記　一冊　存一卷（一）

330000－4735－0006339　07241　子部/藝術類/遊藝之屬/聯語

楹聯叢話十二卷續話四卷　（清）梁章鉅輯　清道光二十六年(1846)刻本　二冊

330000－4735－0006340　03733　類叢部/叢書類/彙編之屬

靈鶼閣叢書五十六種　（清）江標編　清光緒元和江氏湖南使院刻本　十二冊　存一種

330000－4735－0006342　07244　子部/儒家類/儒學之屬/勸學

輶軒語一卷　（清）張之洞撰　清光緒二年(1876)刻本　一冊

330000－4735－0006343　08953　集部/總集類/選集之屬/斷代

韓俞合稿一卷　（清）韓棟　（清）俞樾著　（清）遜敏軒主人輯　清光緒十九年(1893)鉛印本　一冊

330000－4735－0006345　07242　子部/藝術類/遊藝之屬/聯語

楹聯叢話十二卷續話四卷　（清）梁章鉅輯　清道光二十六年(1846)刻本　六冊

330000－4735－0006347　03735　史部/目錄類/總錄之屬/私撰

行素堂目睹書錄十卷　（清）朱記榮編　清光緒十年至十一年(1884－1885)吳縣朱記榮槐廬刻本　三冊　存三卷（甲、丙、丁）

330000－4735－0006349　07243　子部/藝術類/遊藝之屬/聯語

楹聯叢話十二卷續話四卷　（清）梁章鉅輯　清道光二十六年(1846)刻本　二冊　存五卷（十至十二、續話一至二）

330000－4735－0006351　08955　集部/別集類/清別集

漱石山房詩鈔四卷賦四卷　（清）趙九杠撰　清刻本　吳國楨題簽　六冊　缺二卷（詩鈔一、三）

330000－4735－0006354　08956　集部/總集類/選集之屬/斷代

排律初津四卷　（清）金鳳沼編並註　清光緒七年(1881)古越求是齋刻本　松絃書屋主人題簽　四冊

330000－4735－0006355　08957　集部/別集類/清別集

春草堂詩抄四卷　（清）夏鼎撰　清刻本　一冊　存二卷（三至四）

330000－4735－0006357　08958　集部/別集類/清別集

春草堂詩抄四卷　（清）夏鼎撰　清刻本　一冊　存二卷（三至四）

330000－4735－0006358　03737　史部/目錄類/書志之屬/提要

增版東西學書錄四卷附錄三卷　徐維則輯　顧燮光補　清光緒二十八年(1902)石印本　六冊

330000－4735－0006361　03738　史部/目錄類/專錄之屬

東西學書錄二卷附一卷　徐維則輯　清光緒二十五年(1899)石印本　三冊

330000－4735－0006362　03739　史部/目錄類/專錄之屬

西學書目表三卷附一卷讀西學書法一卷　梁啓超撰　清光緒二十二年(1896)時務報館石印本　二冊

330000－4735－0006364　07245　類叢部/叢書類/彙編之屬

述記三十四種　（清）任兆麟編　清乾隆五十三年(1788)震澤任氏忠敏家塾刻映雪草堂印本　一冊　存六種

330000－4735－0006366　07258　子部/叢編

二十五子彙函　（清）鴻文書局編　清光緒十九年(1893)上海鴻文書局石印本　七冊　存

九種

330000－4735－0006367　07259　子部/叢編

二十五子彙函　(清)鴻文書局編　清光緒十九年(1893)上海鴻文書局石印本　八冊　存十一種

330000－4735－0006368　07260　子部/叢編

二十五子彙函　(清)鴻文書局編　清光緒十九年(1893)上海鴻文書局石印本　六冊　存十二種

330000－4735－0006373　07247　子部/宗教類/道教之屬/戒律

修真後辨一卷　(清)劉一明撰　清刻本　傅桐題簽　法天題記　一冊

330000－4735－0006374　05802　子部/儒家類/儒學之屬/勸學

勸學篇二卷　(清)張之洞撰　清光緒二十四年(1898)浙江刻本　一冊

330000－4735－0006375　08964　類叢部/類書類/專類之屬

文選四種　(清)徐叔蓓輯　清刻本　一冊　存一種

330000－4735－0006377　08965　集部/總集類/課藝之屬

臚唱先聲五卷首一卷　(清)知不足書室主人輯　清光緒十五年(1889)刻本　二冊　存三卷(首、一至二)

330000－4735－0006380　07249　類叢部/叢書類/自著之屬

心齋十種　(清)任兆麟撰　清乾隆五十年至五十五年(1785－1790)震澤任氏忠敏家塾刻本　一冊　存三種

330000－4735－0006384　07250　類叢部/叢書類/自著之屬

陽明先生集要三編四種　(明)王守仁撰　(明)施邦曜編　清光緒三十一年至三十二年(1905－1906)桂林書局刻本　四冊　存一種

330000－4735－0006385　08968　集部/總集類/選集之屬/通代

歷朝賦鈔十九卷首一卷　(清)沈鈞德點閱　清道光九年(1829)敬藝堂刻本　一冊　存二卷(六至七)

330000－4735－0006386　08969　集部/總集類/選集之屬/斷代

國朝二十四家文鈔二十四卷　(清)徐斐然輯　清道光十年(1830)三餘堂刻本　六冊　缺六卷(六至八、十一至十三)

330000－4735－0006387　07251　子部/雜著類/雜說之屬

墨子閒詁十五卷目錄一卷附錄一卷後語二卷　(清)孫詒讓撰　清光緒二十一年(1895)蘇州毛上珍木活字印本　見石題記　二冊　缺二卷(後語一至二)

330000－4735－0006388　07252　子部/天文曆算類/算書之屬

幾何原本十五卷　(意大利)利瑪竇　(英國)偉烈亞力口譯　(明)徐光啟　(清)李善蘭筆受　清同治四年(1865)金陵刻本　八冊

330000－4735－0006389　08970　集部/別集類/宋別集

蘇學士文集十六卷　(宋)蘇舜欽撰　清宣統三年(1911)北京龍文閣書局石印本　六冊

330000－4735－0006390　07253　子部/天文曆算類/算書之屬

則古昔齋算學十三種二十四卷　(清)李善蘭編　清同治六年(1867)海寧李善蘭金陵刻本　五冊　存九種

330000－4735－0006398　07261　子部/叢編

子書二十二種　(清)浙江書局編　清光緒二十三年(1897)上海圖書集成局鉛印本　一冊　存一種

330000－4735－0006401　08975　集部/總集類/選集之屬/通代

古文辭類纂十五卷　(清)姚鼐輯　**續古文辭類纂十卷**　王先謙輯　清光緒二十年(1894)上海圖書集成印書局鉛印本　十冊

330000－4735－0006403　08976　集部/總集
類/選集之屬/通代

古文辭類纂十五卷 （清）姚鼐輯　**續古文辭
類纂十卷**　王先謙輯　清光緒二十年(1894)
上海圖書集成印書局鉛印本　十冊

330000－4735－0006405　08977　集部/總集
類/選集之屬/通代

古文辭類纂七十四卷　（清）姚鼐輯　**續古文
辭類纂三十四卷**　王先謙輯　清光緒三十年
(1904)上海商務印書館鉛印本　十一冊　缺
十卷(三十一至四十)

330000－4735－0006408　07266　子部/叢編

二十二子合刻　（清）浙江書局編　清光緒二
十二年(1896)上海積山書局石印本　八冊
存十二種

330000－4735－0006409　08978　集部/總集
類/選集之屬/通代

賦學指南十六卷　（清）余丙照編輯　清刻本
二冊　存七卷(三至九)

330000－4735－0006410　08979　集部/總集
類/選集之屬/通代

古文辭類纂十五卷　（清）姚鼐輯　**續古文辭
類纂十卷**　王先謙輯　清光緒十六年(1890)
上海文瑞樓鉛印本　六冊　存十四卷(一至
六,續古文辭類纂一至二、五至十)

330000－4735－0006415　08981　集部/總集
類/選集之屬/通代

古文辭類纂十五卷　（清）姚鼐輯　**續古文辭
類纂十卷**　王先謙輯　清光緒二十年(1894)
上海圖書集成印書局鉛印本　三冊　存六卷
(一至四、續古文辭類纂一至二)

330000－4735－0006428　07269　集部/總集
類/選集之屬/斷代

皇朝經世文編一百二十卷姓名總目二卷
（清）賀長齡輯　清光緒二十二年(1896)上海
掃葉山房鉛印本　二十四冊

330000－4735－0006429　03748　史部/目錄
類/總錄之屬/私撰

經籍舉要一卷附錄一卷　（清）龍啟瑞撰　清
光緒二十年(1894)中江講院刻本　一冊

330000－4735－0006432　07270　集部/總集
類/選集之屬/斷代

皇朝經世文編一百二十卷姓名總目二卷
（清）賀長齡輯　清光緒十五年(1889)上海廣
百宋齋鉛印本　二十三冊　缺四卷(五十至
五十三)

330000－4735－0006433　03749　史部/目錄
類/總錄之屬/私撰

如園架上書鈔目五卷補一卷　（清）蕭名湖撰
（清）蕭士恒增補　清光緒二十四年(1898)
益陽蕭氏如園刻本　一冊　缺三卷(一至三)

330000－4735－0006435　07271　集部/總集
類/選集之屬/斷代

皇朝經世文續編一百二十卷　（清）葛士濬輯
清光緒十七年(1891)上海廣百宋齋鉛印本
二十一冊　缺十七卷(一至六、十五至二
十、一百十六至一百二十)

330000－4735－0006437　08989　集部/別集
類/宋別集

蘇文忠公詩集五十卷目錄二卷　（宋）蘇軾撰
（清）紀昀評點　清同治八年(1869)韞玉山
房刻翰墨園朱墨套印本　十二冊

330000－4735－0006438　07267　子部/叢編

二十二子合刻　（清）浙江書局編　清光緒十
九年(1893)上海積山書局石印本　曾士瀛題
記　一冊　存二種

330000－4735－0006439　07265　子部/叢編

二十二子合刻　（清）浙江書局編　清光緒二
十二年(1896)上海積山書局石印本　六冊
存十六種

330000－4735－0006440　07268　集部/總集
類/選集之屬/斷代

皇朝經世文續新編三十卷　（清）儲桂山輯
清光緒二十八年(1902)義記書局石印本　十
二冊

330000－4735－0006441　07273　集部/總集

類/選集之屬/斷代

皇朝經世文新編二十一卷 麥仲華輯 清光
緒二十八年(1902)瑤林書館石印本 十八冊
　缺一卷(十二)

330000－4735－0006443　07272　集部/總集
類/選集之屬/斷代

皇朝經世文三編八十卷 （清)陳忠倚輯 清
光緒二十七年(1901)上海書局石印本 十四
冊　存七十卷(一至十、十六至四十五、五十
一至八十)

330000－4735－0006445　07274　集部/總集
類/選集之屬/斷代

皇朝經世文三編八十卷 （清)陳忠倚輯 清
光緒二十七年(1901)上海書局石印本 十四
冊　存七十一卷(一至十、二十至八十)

330000－4735－0006447　07275　集部/總集
類/選集之屬/斷代

皇朝經世文續編一百二十卷 （清)葛士濬輯
　清光緒二十二年(1896)寶善書局石印本
十八冊　存一百二卷(一至十、十八至二十
五、三十二至五十五、五十七至九十一、九十
四至一百二、一百五至一百二十)

330000－4735－0006448　03754　史部/目錄
類/專錄之屬

西學書目表三卷附一卷讀西學書法一卷 梁
啓超撰 清光緒二十二年(1896)時務報館石
印本　二冊

330000－4735－0006449　07276　集部/總集
類/選集之屬/斷代

皇朝經世文編一百二十卷姓名總目二卷
（清)賀長齡輯 清光緒十五年(1889)上海廣
百宋齋鉛印本　四冊　存十九卷(十五至十
九、五十至五十三、七十五至七十九、八十五
至八十九)

330000－4735－0006450　03755　史部/目錄
類/總錄之屬/官修

**國子監南學經籍備志光緒十五年第二次存目
一卷** （清)國子監南學編 清光緒十五年
(1889)刻本 喻長霖題記　一冊

330000－4735－0006451　07277　集部/總集
類/選集之屬/斷代

皇朝經世文續編一百二十卷 （清)葛士濬輯
　清光緒二十四年(1898)上海書局石印本
三冊　存二十三卷(七十八至一百)

330000－4735－0006453　07278　集部/總集
類/選集之屬/斷代

皇朝經世文三編八十卷 （清)陳忠倚輯 清
光緒二十八年(1902)龍文書局石印本 十
六冊

330000－4735－0006454　08990　集部/別集
類/宋別集

水心先生別集十六卷 （宋)葉適撰 清同治
九年(1870)瑞安孫氏金陵刻本 清王棻題簽
並記　四冊

330000－4735－0006455　07279　集部/總集
類/選集之屬/斷代

皇朝經世文三編八十卷 （清)陳忠倚輯 清
光緒二十四年(1898)浙省書局石印本　八冊

330000－4735－0006456　07280　集部/總集
類/選集之屬/斷代

皇朝經世文四編五十二卷 （清)何良棟輯
清光緒二十八年(1902)上海鴻寶書局石印本
　十二冊

330000－4735－0006457　08991　集部/總集
類/選集之屬/斷代

應試唐詩類釋十九卷 （清)臧岳編 清乾隆
元年(1736)古吳三樂齋刻本　八冊

330000－4735－0006458　07281　集部/總集
類/選集之屬/斷代

皇朝經世文四編五十二卷 （清)何良棟輯
清光緒二十八年(1902)上海鴻寶書局石印本
　十二冊

330000－4735－0006459　08992　集部/總集
類/彙編之屬

弘正四傑詩集 （清)張祖同編 清光緒二十
一年(1895)長沙張氏湘雨樓刻本　十六冊

330000－4735－0006460　08993　集部/總集

類/選集之屬/通代

古詩源十四卷 （清）沈德潛輯　清藜照山館刻本　三冊　存十卷（一至四、九至十四）

330000－4735－0006461　08994　集部/總集類/選集之屬/通代

古詩源四卷 （清）沈德潛輯　清光緒十八年（1892）湘南謝文盛堂刻本　三冊

330000－4735－0006462　08995　集部/總集類/選集之屬/通代

古詩源十四卷 （清）沈德潛輯　清康熙五十八年（1719）竹嘯軒刻本　羅鑫益題簽　四冊

330000－4735－0006464　07282　集部/總集類/選集之屬/斷代

皇朝經世文編一百二十卷姓名總目二卷 (清)賀長齡輯　清光緒十六年（1890）上海廣百宋齋鉛印本　二十冊　存八十七卷（一至三、十至十四、三十至四十九、五十四至五十、五十九至六十九、七十五至一百二十）

330000－4735－0006466　08996　集部/總集類/選集之屬/通代

古詩源十四卷 （清）沈德潛輯　清刻本　二冊　存八卷（四至十一）

330000－4735－0006468　08997　集部/總集類/選集之屬/通代

古詩源十四卷 （清）沈德潛輯　清刻本　三冊　存十一卷（四至十四）

330000－4735－0006469　07283　集部/總集類/選集之屬/斷代

皇朝經世文編一百二十卷姓名總目二卷 (清)賀長齡輯　清光緒十六年（1890）上海廣百宋齋鉛印本　一冊　存六卷（五十六至六十一）

330000－4735－0006470　08998　集部/總集類/選集之屬/通代

古詩箋三十二卷 （清）王士禎輯　（清）聞人倓箋　清乾隆三十一年（1766）芷蘭堂刻本　十二冊　存二十五卷（五言詩四至十七,七言詩歌行鈔一至四、九至十五）

330000－4735－0006471　07284　集部/總集類/選集之屬/斷代

皇朝經世文新編二十一卷首一卷 麥仲華輯　清光緒二十七年（1901）上海書局石印本　十六冊

330000－4735－0006472　07285　集部/總集類/選集之屬/斷代

皇朝經世文新編二十二卷 麥仲華輯　清光緒二十七年（1901）上海寶善書局石印本　十六冊

330000－4735－0006473　08999　類叢部/叢書類/彙編之屬

知不足齋叢書一百九十六種 （清）鮑廷博編　（清）鮑志祖續編　清乾隆三十七年至道光三年（1772－1823）長塘鮑氏刻彙印本　一冊　存一種

330000－4735－0006475　07286　集部/總集類/選集之屬/斷代

皇朝經世文編一百二十卷姓名總目二卷 (清)賀長齡輯　清光緒十六年（1890）上海廣百宋齋鉛印本　七冊　存三十五卷（六十二至六十九、九十四至一百二十）

330000－4735－0006477　07287　集部/總集類/選集之屬/斷代

皇朝經世文編一百二十卷姓名總目二卷 (清)賀長齡輯　清光緒二十五年（1899）上海中西書局石印本　十四冊

330000－4735－0006478　09000　集部/楚辭類

楚辭燈四卷楚懷襄二王在位事蹟考一卷 (清)林雲銘撰　屈原列傳一卷　（漢）司馬遷撰　清經國堂刻本　四冊

330000－4735－0006479　09001　集部/楚辭類

楚辭燈四卷楚懷襄二王在位事蹟考一卷 (清)林雲銘撰　屈原列傳一卷　（漢）司馬遷撰　清刻本　二冊　缺二卷（楚辭燈三至四）

330000－4735－0006480　07288　集部/總集

類/選集之屬/斷代

皇朝經世文續編一百二十卷 （清）葛士濬輯
清光緒二十七年（1901）上海久敬齋鉛印本
二十三冊　存一百十六卷（一至六十七、七
十二至一百二十）

330000－4735－0006481　07289　集部/總集
類/選集之屬/斷代

皇朝經世文續編一百二十卷 （清）葛士濬輯
清光緒二十二年（1896）寶善書局石印本
十二冊

330000－4735－0006482　09002　集部/楚
辭類

楚辭章句十七卷 （漢）王逸撰 （宋）洪興祖
補注　清初海虞毛氏汲古閣刻素位堂印本
一冊　存二卷（一至二）

330000－4735－0006483　07290　集部/總集
類/選集之屬/斷代

皇朝經世文編一百二十卷 （清）賀長齡輯
清鉛印本　三冊　存十六卷（十至十四、二十
九至三十九）

330000－4735－0006484　07291　集部/總集
類/選集之屬/斷代

時務分類文編三十二卷 （清）求是齋輯　清
光緒二十八年（1902）上海宜今室石印本　十
二冊

330000－4735－0006485　09003　集部/別集
類/清別集

養源山房詩鈔七卷 （清）徐士霖撰　清光緒
三十四年（1908）武林刻本　洪撫今題記　一
冊　存四卷（一至四）

330000－4735－0006486　07292　集部/總集
類/選集之屬/通代

歷代經濟文編三十二卷 （清）顧炎武輯　清
光緒二十八年（1902）上海廣益石印本　十冊
存二十六卷（一至二十六）

330000－4735－0006487　09004　集部/別集
類/清別集

養源山房詩鈔七卷 （清）徐士霖撰　清光緒

三十四年（1908）武林刻本　一冊　存三卷
（一至三）

330000－4735－0006488　07293　集部/總集
類/選集之屬/通代

歷代經濟文編三十二卷 （清）顧炎武輯　清
光緒二十四年（1898）浙紹會文堂石印本　八
冊　存十六卷（一至二、十一、十三、十七至二
十七、三十一）

330000－4735－0006489　09005　集部/別
集類

散原精舍詩二卷 陳三立撰　清宣統元年
（1909）鉛印本　二冊

330000－4735－0006490　07294　集部/總集
類/選集之屬/斷代

皇朝經世文新編二十一卷 麥仲華輯　清石
印本　二冊　存四卷（十四至十七）

330000－4735－0006491　03756　史部/目錄
類/書志之屬/提要

直齋書錄解題二十二卷 （宋）陳振孫撰　清
光緒九年（1883）江蘇書局刻本　四冊　存十
三卷（一至三、十一至十六、十九至二十二）

330000－4735－0006493　07295　集部/總集
類/選集之屬/斷代

皇朝經世文編一百二十卷 （清）賀長齡輯
清鉛印本　一冊　存四卷（五十三至五十六）

330000－4735－0006494　07296　集部/總集
類/選集之屬/斷代

皇朝經世文三編八十卷 （清）陳忠倚輯　清
石印本　一冊　存五卷（十一至十五）

330000－4735－0006495　09006　集部/別
集類

補學齋詩鈔四卷 胡調元撰　清光緒三十三
年（1907）鉛印本　一冊

330000－4735－0006496　07297　集部/總集
類/選集之屬/斷代

皇朝經世文三編八十卷 （清）陳忠倚輯　清
石印本　一冊　存五卷（四十六至五十）

330000－4735－0006497　09007　集部/別集類

草廬韻言鈔存一卷東游草一卷　高毓澎撰
清宣統元年(1909)京師京華書局鉛印本
一冊

330000－4735－0006498　03757　類叢部/叢書類/彙編之屬

武英殿聚珍版書一百四十八種　清乾隆四十二年(1777)福建刻道光至同治遞修光緒二十一年(1895)增刻本　四冊　存一種

330000－4735－0006499　07298　子部/儒家類/儒學之屬

婺學治事文編五卷　（清）繼良輯　清石印本　輔清題簽並記　一冊

330000－4735－0006502　03758　史部/目錄類/書志之屬/題跋

士禮居藏書題跋記六卷　（清）黃丕烈撰　清光緒十年(1884)吳縣潘祖蔭滂喜齋刻本　三冊　缺一卷(四)

330000－4735－0006503　07299　子部/儒家類/儒學之屬

治事文編續集二卷　（清）繼良輯　清光緒二十八年(1902)上海書局石印本　二冊

330000－4735－0006505　09009　集部/總集類/選集之屬/通代

賦學正鵠十卷　（清）李元度輯　清同治十年(1871)爽溪書院刻本　四冊

330000－4735－0006506　07300　集部/總集類/選集之屬/斷代

皇朝經世文續編一百二十卷　（清）葛士濬輯　清光緒二十二年(1896)寶善書局石印本　一冊　存六卷(一至六)

330000－4735－0006507　09010　集部/楚辭類

楚辭集註八卷總評一卷　（宋）朱熹撰　（明）沈雲翔輯評　清康熙聽雨齋刻朱墨套印本　紫真題簽　二冊

330000－4735－0006508　03759　類叢部/叢

書類/彙編之屬

武英殿聚珍版書一百四十八種　清乾隆四十二年(1777)福建刻道光至同治遞修光緒二十一年(1895)增刻本　二冊　存一種

330000－4735－0006509　07301　集部/總集類/選集之屬/斷代

皇朝經世文統編一百七卷　（清）□潤甫輯　清光緒二十七年(1901)上海寶善齋石印本　四十冊　存七十四卷(一至十、十七至三十六、四十一至四十八、五十二至五十九、六十七至七十四、八十至八十三、八十七至九十一、九十六至一百、一百二至一百七)

330000－4735－0006510　09011　集部/楚辭類

屈騷心印五卷首一卷　（清）夏大霖撰　清雍正十二年(1734)一本堂刻乾隆三十九年(1774)印本　一冊　存四卷(首、一至三)

330000－4735－0006511　03760　史部/目錄類/總錄之屬/徵訪

徵訪明季遺書目一卷　劉世環編　清宣統二年(1910)鉛印本　一冊

330000－4735－0006513　09012　集部/總集類/課藝之屬

經訓書院文集十二卷　（清）江西經訓書院輯　清光緒九年(1883)江西書局刻本　六冊

330000－4735－0006515　03761　類叢部/叢書類/彙編之屬

漸西村舍彙刊(漸西村舍叢刻) 四十四種　（清）袁昶編　清光緒十六年至二十四年(1890－1898)桐廬袁氏刻本　一冊　存四種

330000－4735－0006517　07303　子部/雜著類/雜纂之屬

重刻添補傳家寶俚言新本初集八卷首一卷二集八卷三集八卷四集八卷　（清）石成金撰　清刻本　二十冊

330000－4735－0006518　09014　集部/別集類/唐五代別集

杜工部詩選初學讀本八卷　（唐）杜甫撰

（清）孫人龍輯評　清乾隆十二年(1747)刻本
四冊

330000－4735－0006519　03762　類叢部/叢
書類/彙編之屬

武英殿聚珍版書五十三種　清同治十三年
(1874)江西書局刻本　一冊　存一種

330000－4735－0006520　09015　集部/總集
類/選集之屬/通代

文選六十卷　（南朝梁）蕭統輯　（唐）李善注
（清）何焯評　清乾隆三十七年(1772)長洲
葉樹藩海錄軒刻朱墨套印本　十六冊

330000－4735－0006521　03763　史部/目錄
類/總錄之屬/官修

廣雅書局書目一卷　清宣統元年(1909)廣雅
書局刻本　一冊

330000－4735－0006522　09016　集部/總集
類/選集之屬/通代

文選六十卷　（南朝梁）蕭統輯　（唐）李善注
（清）何焯評　清乾隆三十七年(1772)長洲
葉樹藩海錄軒刻朱墨套印本　五冊　存三十
八卷(一至七、二十三至五十三)

330000－4735－0006523　03764　史部/目錄
類/總錄之屬/私撰

讀書敏求記四卷　（清）錢曾撰　清道光五年
(1825)阮福小琅嬛僊館刻本　一冊　存二卷
(三至四)

330000－4735－0006524　09017　集部/總集
類/選集之屬/通代

文選六十卷　（南朝梁）蕭統輯　（唐）李善注
（清）何焯評　清乾隆三十七年(1772)長洲
葉樹藩海錄軒刻朱墨套印本　陳雲□題記
十三冊　存五十二卷(一至十六、二十一至五
十、五十五至六十)

330000－4735－0006525　03765　史部/目錄
類/書志之屬/提要

譯書提要一卷　（清）考察政治大臣輯　清光
緒三十三年(1907)政治官報局鉛印本　一冊

330000－4735－0006526　10639　類叢部/叢

書類/自著之屬

曾惠敏公全集四種十七卷　（清）曾紀澤撰
清光緒二十年(1894)上海石印本　四冊

330000－4735－0006527　09018　集部/總集
類/選集之屬/通代

文選六十卷　（南朝梁）蕭統輯　（唐）李善注
（清）何焯評　清乾隆三十七年(1772)長洲
葉樹藩海錄軒刻朱墨套印本　十二冊

330000－4735－0006528　09019　集部/總集
類/選集之屬/通代

文選六十卷　（南朝梁）蕭統輯　（唐）李善注
（清）何焯評　清光緒元年(1875)成都尊經
書院刻本　十冊

330000－4735－0006529　03766　史部/目錄
類/書志之屬/提要

直齋書錄解題二十二卷　（宋）陳振孫撰　清
光緒十一年(1885)富順㪺雋堂刻本　八冊
缺四卷(三至六)

330000－4735－0006530　03767　類叢部/叢
書類/自著之屬

潛園總集十七種　（清）陸心源撰　清同治至
光緒刻本　六冊　存一種

330000－4735－0006532　09020　集部/總集
類/選集之屬/通代

文選集釋二十四卷　（清）朱珔撰　清光緒元
年(1875)涇川朱氏梅村家塾刻本　三冊　存
六卷(一至六)

330000－4735－0006533　09021　集部/總集
類/選集之屬/通代

文選六十卷　（南朝梁）蕭統輯　（唐）李善注
明末海虞毛氏汲古閣刻清遞修本　十二冊
存五十二卷(九至六十)

330000－4735－0006534　03768　類叢部/叢
書類/彙編之屬

式訓堂叢書四十一種　（清）章壽康編　清光
緒會稽章氏刻本　一冊　存一種

330000－4735－0006535　10641　類叢部/叢
書類/自著之屬

施愚山全集五種附一種　（清）施閏章撰　清宣統二年至三年(1910－1911)上海國學扶輪社石印本　十八冊　存四種

330000－4735－0006536　09022　集部/總集類/選集之屬/通代

文選六十卷　（南朝梁）蕭統輯　（唐）李善注　（清）何焯評　清學庫山房刻本　十二冊

330000－4735－0006538　03769　史部/金石類/總志之屬

金石萃編一百六十卷　（清）王昶撰　清嘉慶十年(1805)青浦王氏經訓堂刻同治十年(1871)嘉善錢寶傳補刻本　四十冊　存一百卷(四十二至四十四、五十一至五十六、五十九至六十、六十四至九十二、九十六至一百十、一百十四至一百十五、一百十八至一百六十)

330000－4735－0006539　09023　集部/總集類/選集之屬/通代

文選六十卷　（南朝梁）蕭統輯　（唐）李善注　文選考異十卷　（清）胡克家撰　清同治八年(1869)湖北崇文書局刻本　二十三冊　缺二卷(一至二)

330000－4735－0006540　03770　史部/金石類/郡邑之屬/文字

兩浙金石志十八卷補遺一卷　（清）阮元撰　清光緒十六年(1890)浙江書局刻本　九冊　缺六卷(一至四、十至十一)

330000－4735－0006541　09024　集部/總集類/選集之屬/通代

文選六十卷　（南朝梁）蕭統輯　（唐）李善注　明末海虞毛氏汲古閣刻清遞修本　十五冊　存五十六卷(一至三十、三十五至六十)

330000－4735－0006542　03771　史部/金石類/郡邑之屬/文字

兩浙金石志十八卷補遺一卷　（清）阮元撰　清光緒十六年(1890)浙江書局刻本　七冊　存十三卷(一至十三)

330000－4735－0006543　10643　類叢部/叢書類/彙編之屬

玲瓏山館叢書七十種　（清）□□編　清光緒十五年(1889)文選樓刻本　四十四冊　存五十七種

330000－4735－0006544　09025　集部/總集類/選集之屬/通代

文選六十卷　（南朝梁）蕭統輯　（唐）李善注　（清）何焯評　清學庫山房刻本　曹愷題簽　十二冊

330000－4735－0006546　03772　史部/金石類/石之屬/文字

望堂金石文字初集三十一種二集十八種　楊守敬輯　清同治至宣統宜都楊氏飛青閣刻本　九冊　存二十九種

330000－4735－0006547　09026　集部/總集類/選集之屬/通代

文選六十卷　（南朝梁）蕭統輯　（唐）李善注　（清）何焯評　清光緒十三年(1887)湖北書局刻本　十一冊　存四十一卷(一至八、十三至三十、三十四至三十六、四十九至六十)

330000－4735－0006548　09027　集部/總集類/選集之屬/通代

文選六十卷　（南朝梁）蕭統輯　（唐）李善注　明末海虞毛氏汲古閣刻清遞修本　一冊　存四卷(二十至二十三)

330000－4735－0006551　09028　集部/總集類/選集之屬/通代

重訂文選集評十五卷首一卷末一卷　（清）于光華輯　清乾隆四十三年(1778)錫山啟秀堂刻本　十五冊　缺一卷(十四)

330000－4735－0006552　10644　類叢部/叢書類/彙編之屬

嘯園叢書五十七種　（清）葛元煦編　清光緒二年至七年(1876－1881)仁和葛氏刻本　二十六冊　存四十種

330000－4735－0006553　09029　集部/總集類/選集之屬/通代

文選六十卷　（南朝梁）蕭統輯　（唐）李善注

明嘉靖四年（1525）晉府養德書院刻本　一冊　存四卷（四十八至五十一）

330000－4735－0006554　09030　集部/總集類/選集之屬/通代

重訂文選集評十五卷首一卷末一卷　（清）于光華輯　清崇儒書屋刻本　評梅氏題簽　十三冊　缺三卷（六至七、十）

330000－4735－0006556　09031　集部/總集類/選集之屬/通代

重訂文選集評十五卷首一卷末一卷　（清）于光華輯　清同治七年（1868）緯文堂刻本　十三冊　缺四卷（九、十四至十五、末）

330000－4735－0006557　03773　史部/金石類

行素草堂金石叢書　（清）朱記榮輯　清光緒吳縣朱氏刻十四年（1888）彙印本　三十五冊　存十七種

330000－4735－0006558　10645　類叢部/叢書類/彙編之屬

嘯園叢書五十七種　（清）葛元煦編　清光緒二年至七年（1876－1881）仁和葛氏刻本　二十一冊　存三十五種

330000－4735－0006562　03774　史部/金石類/總志之屬/目錄

寰宇訪碑錄十二卷　（清）孫星衍　（清）邢澍撰　清光緒九年（1883）江蘇書局刻本　四冊

330000－4735－0006564　03775　史部/金石類

行素草堂金石叢書　（清）朱記榮輯　清光緒吳縣朱氏刻十四年（1888）彙印本　一冊　存一種

330000－4735－0006572　09032　集部/總集類/選集之屬/通代

重訂文選集評十五卷首一卷末一卷　（清）于光華輯　清刻本　三冊　存三卷（五至七）

330000－4735－0006574　09033　集部/總集類/選集之屬/通代

重訂文選集評十五卷首一卷末一卷　（清）于

光華輯　清刻本　二冊　存二卷（三、十三）

330000－4735－0006575　09034　集部/總集類/選集之屬/通代

重訂文選集評十五卷首一卷末一卷　（清）于光華輯　清刻本　十三冊　缺四卷（七至八、十五,末）

330000－4735－0006577　09036　集部/總集類/選集之屬/斷代

皇朝古學類編十四卷首一卷　（清）姚燮選　清光緒二十一年（1895）玉軸山房石印本　八冊

330000－4735－0006578　09037　集部/總集類/選集之屬/通代

忠雅堂評選四六法海八卷　（清）蔣士銓評選　清刻本　六冊　存六卷（二至五、七至八）

330000－4735－0006579　03776　類叢部/叢書類/彙編之屬

平津館叢書六集三十五種　（清）孫星衍編　清嘉慶蘭陵孫氏刻本　四冊　存一種

330000－4735－0006580　09038　集部/總集類/選集之屬/通代

重訂文選集評十五卷首一卷末一卷　（清）于光華輯　清漁古山房刻本　十三冊　存十三卷（首、一至十二）

330000－4735－0006581　03777　史部/金石類/總志之屬/文字

海東金石苑四卷　（清）劉喜海撰　清光緒七年（1881）衢州張德容二銘艸堂刻本　四冊

330000－4735－0006583　03778　史部/金石類/總志之屬/圖像

三古圖三種　（清）黃晟輯　明萬曆三十一年（1603）吳萬化寶古堂刻清乾隆十八年（1753）天都黃晟亦政堂重修本　五冊　存一種

330000－4735－0006584　03779　史部/金石類/金之屬/文字

積古齋鐘鼎彝器款識十卷　（清）阮元　（清）朱爲弼撰　清光緒八年（1882）常熟抱芳閣刻本　三冊　存七卷（一至七）

330000－4735－0006585　03780　類叢部/叢書類/自著之屬

蘇齋叢書十八種　（清）翁方綱撰　清乾隆至嘉慶刻彙印本　八冊　存一種

330000－4735－0006586　03781　史部/職官類/官箴之屬

福惠全書三十二卷　（清）黃六鴻撰　清同文堂刻本　十二冊

330000－4735－0006587　09039　集部/總集類/選集之屬/斷代

宋文鑑一百五十卷目錄三卷　（宋）呂祖謙輯　清光緒十二年(1886)江蘇書局刻本　二十四冊

330000－4735－0006588　03782　史部/金石類/郡邑之屬/文字

兩浙金石志十八卷補遺一卷　（清）阮元撰　清光緒十六年(1890)浙江書局刻本　一冊　缺十七卷(一至十七)

330000－4735－0006589　09040　集部/總集類/選集之屬/斷代

宋文鑑一百五十卷目錄三卷　（宋）呂祖謙輯　清光緒十二年(1886)江蘇書局刻本　二十四冊

330000－4735－0006591　09041　集部/別集類/清別集

船山詩草二十卷　（清）張問陶撰　**補遺六卷**　（清）陳葆森編　清同治十三年(1874)敦仁堂刻本　八冊　存二十卷(一至二十)

330000－4735－0006592　03783　史部/金石類/郡邑之屬/文字

越中金石記十卷越中金石目二卷　（清）杜春生撰　清道光十年(1830)山陰杜春生詹波館刻本　八冊

330000－4735－0006593　09042　集部/別集類/清別集

船山詩草二十卷　（清）張問陶撰　清嘉慶二十年(1815)經文堂刻本　四冊　存十一卷(一至三、六至十三)

330000－4735－0006594　09043　集部/別集類/清別集

船山詩草二十卷　（清）張問陶撰　清嘉慶二十年(1815)石韞玉吳中刻本　五冊　存十七卷(四至二十)

330000－4735－0006595　03784　史部/金石類/總志之屬/題跋

清儀閣題跋不分卷　（清）張廷濟撰　清光緒十九年(1893)丁立誠刻本　四冊

330000－4735－0006596　09044　集部/別集類/清別集

船山詩草二十卷　（清）張問陶撰　**補遺六卷**　（清）陳葆森編　清嘉慶二十年(1815)刻道光二十九年(1849)增刻本　半亭題簽　十冊

330000－4735－0006597　03785、03795　史部/金石類/金之屬/文字

積古齋鐘鼎彝器款識十卷　（清）阮元　（清）朱爲弼撰　清刻本　四冊

330000－4735－0006600　09046　集部/總集類/郡邑之屬

徐州二遺民集十卷　馮煦編　清光緒十九年(1893)臨川桂中行刻本　五冊

330000－4735－0006601　03787　史部/地理類/雜志之屬

瀛壖雜志六卷　（清）王韜撰　清光緒元年(1875)刻本　二冊

330000－4735－0006602　09047　集部/總集類/選集之屬/通代

詩林韶濩選二十卷　（清）顧嗣立輯　（清）周煌重輯　清乾隆二十九年(1764)漱潤堂刻本　三冊　缺五卷(六至十)

330000－4735－0006603　03788　類叢部/叢書類/彙編之屬

木犀軒叢書二十七種　李盛鐸編　清光緒德化李氏木犀軒刻本　一冊　存一種

330000－4735－0006604　09048　集部/總集類/選集之屬/通代

詩林韶濩選二十卷　（清）顧嗣立輯　（清）周

煌重輯　清乾隆二十九年(1764)漱潤堂刻本
一冊　存六卷(十五至二十)

330000－4735－0006606　09049　集部/總集
類/選集之屬/通代

友益齋古文觀止十二卷　(清)吳乘權　(清)
吳大職輯　清乾隆五十年(1785)刻本　六冊

330000－4735－0006607　09050　集部/總集
類/郡邑之屬

徐州二遺民集十卷　馮煦編　清光緒十九年
(1893)臨川桂中行刻本　五冊

330000－4735－0006608　03790　史部/政
書類

入幕須知五種附一種　(清)張廷驤輯　清光
緒十八年(1892)浙江書局刻本　五冊　存
四種

330000－4735－0006609　09051　類叢部/類
書類/專類之屬

皇朝駢文類苑十四卷首一卷　(清)姚燮選
清光緒七年(1881)鎮海張壽榮刻本　曾士瀛
跋　十六冊

330000－4735－0006611　09052　類叢部/類
書類/專類之屬

皇朝駢文類苑十四卷首一卷　(清)姚燮選
清光緒七年(1881)鎮海張壽榮刻本　二冊
存二卷(首、三)

330000－4735－0006612　03791　史部/傳記
類/總傳之屬/儒林

理學宗傳二十六卷　(清)孫奇逢撰　(清)魏
一鰲等編　清光緒六年(1880)浙江書局刻本
一冊　存三卷(一至三)

330000－4735－0006613　09053　集部/總集
類/選集之屬/斷代

國朝駢體正宗續編八卷　(清)張鳴珂輯　清
光緒二十一年(1895)善化章氏刻本　三冊
存六卷(一至四、七至八)

330000－4735－0006615　09054　集部/總集
類/課藝之屬

國朝舉業正軌不分卷　(清)吳傑鑒訂　(清)

陳耀庚編輯　清同治十三年(1874)徐士鑾刻
本　四冊

330000－4735－0006616　03792　史部/傳記
類/別傳之屬/年譜

病榻夢痕錄二卷錄餘一卷　(清)汪輝祖撰
清同治十一年(1872)刻本　三冊　缺一卷
(病榻夢痕錄二)

330000－4735－0006617　09055　集部/總集
類/課藝之屬

國朝舉業正軌不分卷　(清)吳傑鑒訂　(清)
陳耀庚編輯　清同治十三年(1874)徐士鑾刻
本　二冊

330000－4735－0006618　03793　史部/金石
類/郡邑之屬

東甌金石志十二卷　(清)戴咸弼撰　(清)孫
詒讓校補　清光緒九年(1883)刻本　一冊
存三卷(七至九)

330000－4735－0006623　09058　集部/總集
類/選集之屬/通代

瀛奎律髓刊誤四十九卷　(元)方回輯　(清)
紀昀勘誤　清蘇州掃葉山房刻本　十二冊

330000－4735－0006624　09059　集部/總集
類/選集之屬/通代

瀛奎律髓刊誤四十九卷　(元)方回輯　(清)
紀昀勘誤　清蘇州掃葉山房刻本　六冊　存
二十二卷(十五至二十一、二十五至三十九)

330000－4735－0006626　03796　史部/目錄
類/專錄之屬

天一閣碑目一卷附續增一卷　(清)范懋敏編
清刻本　一冊　存一卷(碑目)

330000－4735－0006630　09061　集部/總集
類/選集之屬/通代

重訂古文雅正十四卷　(清)蔡世遠輯　清乾
隆四十二年(1777)石竹山房刻本　四冊

330000－4735－0006631　03797　史部/金石
類/金之屬/文字

歷代鐘鼎彝器款識法帖二十卷　(宋)薛尚功
撰　清嘉慶二年(1797)儀徵阮元小琅嬛僊館

刻本　二冊　存十卷(一至十)

330000－4735－0006632　10647　類叢部/叢
書類/彙編之屬

**檀几叢書五十種二集五十種餘集四十七種附
政十種**　(清)王晫　(清)張潮編　清康熙霞
舉堂刻本　二十四冊　存一百二十五種

330000－4735－0006633　09062　集部/別集
類/漢魏六朝別集

庾子山集十六卷總釋一卷　(北周)庾信撰
(清)倪璠註　**年譜一卷**　(清)倪璠撰　清道
光十九年(1839)同文堂刻本　十二冊

330000－4735－0006634　09063　集部/別集
類/漢魏六朝別集

庾子山集十六卷總釋一卷　(北周)庾信撰
(清)倪璠註　**年譜一卷**　(清)倪璠撰　清娜
嬛書室刻本　十二冊

330000－4735－0006636　09064　集部/總集
類/課藝之屬

學海堂課藝八集不分卷　(清)楊文瑩鑒定
(清)許郊　(清)高保康編校　清光緒二十一
年(1895)刻本　四冊

330000－4735－0006637　03799　類叢部/叢
書類/彙編之屬

雲自在龕叢書五集十九種　繆荃孫輯　清光
緒江陰繆氏刻本　一冊　存一種

330000－4735－0006638　09065　集部/別集
類/清別集

七星山人集二卷　(清)岳淩雲撰　清光緒十
九年(1893)志經堂刻本　一冊

330000－4735－0006639　09066　集部/別集
類/唐五代別集

杜詩集說二十卷末一卷　(唐)杜甫撰　(清)
江浩然輯　**杜工部年譜一卷**　(清)朱鶴齡撰
清乾隆四十三年(1778)本立堂刻本　三冊
缺七卷(三、十至十五)

330000－4735－0006640　03800　史部/金石
類/郡邑之屬/文字

兩浙金石志十八卷補遺一卷　(清)阮元撰

清道光四年(1824)廣州刻本　一冊　存一卷
(十六)

330000－4735－0006642　03801　史部/傳記
類/總傳之屬/仕宦

史外八卷　(清)汪有典撰　清同治四年
(1865)刻九年(1870)重修本　朱益夐題記
六冊　缺二卷(二、四)

330000－4735－0006644　10648　類叢部/叢
書類/彙編之屬

昭代叢書合刻十集五百六十種附一種　(清)
張潮　(清)張漸編　(清)楊復吉　(清)沈
懋憙續編　清道光吳江沈氏世楷堂刻本　二
十三冊　存一百三十種

330000－4735－0006645　09068　集部/別集
類/清別集

惜抱先生尺牘八卷　(清)姚鼐撰　清宣統元
年(1909)廉氏小萬柳堂刻本　四冊

330000－4735－0006646　03802　史部/政
書類

入幕須知五種附一種　(清)張廷驤輯　清光
緒十八年(1892)浙江書局刻本　四冊　存
三種

330000－4735－0006649　09069　集部/詞
類/總集之屬

西湖柳枝詞五卷　(清)王昶輯　清嘉慶六年
(1801)刻本　一冊

330000－4735－0006651　09070　集部/別集
類/清別集

松夢寮詩稿六卷　(清)丁丙撰　清光緒二十
五年(1899)丁氏刻本　二冊

330000－4735－0006653　09071　集部/別集
類/清別集

願學堂詩鈔二十八卷　(清)王宗燿撰　清咸
豐十年(1860)鄞縣王氏刻本　六冊　缺一卷
(十七)

330000－4735－0006655　03804　類叢部/叢
書類/自著之屬

顧亭林先生遺書十種　(清)顧炎武撰　清蓬

瀛閣刻本　二冊　存一種

330000－4735－0006656　09072　集部/別集
類/清別集
吳詩集覽二十卷補註二十卷吳詩談藪二卷拾
遺一卷　（清）吳偉業撰　（清）靳榮藩注並輯
　　清乾隆四十年（1775）凌雲亭刻四十六年
　　（1781）重修本　二十冊

330000－4735－0006661　09074　集部/總集
類/選集之屬/通代
古文苑二十一卷　（宋）章樵注　清光緒十二
　　年（1886）江蘇書局刻本　四冊

330000－4735－0006662　03806　類叢部/叢
書類/彙編之屬
式訓堂叢書四十一種　（清）章壽康編　清光
　　緒會稽章氏刻本　一冊　存一種

330000－4735－0006663　09075　集部/總集
類/選集之屬/通代
續古文苑二十卷　（清）孫星衍輯　清光緒九
　　年（1883）江蘇書局刻本　六冊

330000－4735－0006664　03807　史部/金石
類/總志之屬/圖像
求古精舍金石圖四卷　（清）陳經撰　清嘉慶
　　二十三年（1818）烏程陳經說劍樓刻本　四冊
　　存三卷（一至三）

330000－4735－0006665　09076　集部/總集
類/選集之屬/通代
續古文苑二十卷　（清）孫星衍輯　清光緒九
　　年（1883）江蘇書局刻本　六冊

330000－4735－0006668　09077　集部/總集
類/選集之屬/通代
重訂文選集評十五卷首一卷末一卷　（清）于
　　光華輯　清刻本　八冊　存八卷（首,二、四
　　至五、七至八、十一至十二）

330000－4735－0006670　03808　史部/政書
類/通制之屬
東漢會要四十卷　（宋）徐天麟撰　清光緒十
　　年（1884）江蘇書局刻本　五冊　存二十五卷
　　（一至五、十六至三十五）

330000－4735－0006671　09078　集部/別集
類/唐五代別集
唐柳河東集四十五卷外集五卷遺文一卷附錄
一卷　（唐）柳宗元撰　（明）蔣之翹輯注　清
　　乾隆五十三年（1788）楊廷理雙梧居刻嘉慶十
　　三年（1808）補刻本　二十冊

330000－4735－0006672　03809　史部/政書
類/通制之屬
西漢會要七十卷　（宋）徐天麟撰　清光緒十
　　年（1884）江蘇書局刻本　八冊　存五十五卷
　　（一至四十一、五十至五十八、六十六至七十）

330000－4735－0006673　09079　集部/總集
類/選集之屬/通代
玉臺新詠十卷　（南朝陳）徐陵編　（清）吳兆
　　宜原注　（清）程琰刪補　清光緒五年（1879）
　　宏達堂刻本　四冊

330000－4735－0006676　09080　集部/別集
類/清別集
撐石齋詩集五十卷　（清）錢載撰　清乾隆刻
　　本　六冊

330000－4735－0006677　09081　集部/總集
類/選集之屬/通代
漁洋山人古詩選三十二卷　（清）王士禛選
惜抱軒今體詩選十八卷　（清）姚鼐輯　清同
　　治五年（1866）金陵書局刻本　十冊

330000－4735－0006678　03810　史部/地理
類/外紀之屬
日本國志四十卷首一卷　（清）黃遵憲輯　清
　　光緒十六年（1890）羊城富文齋刻二十二年
　　（1896）重修本　十冊　缺一卷（首）

330000－4735－0006682　09083　集部/別集
類/清別集
自然好學齋集五卷　（清）汪端撰　清道光十
　　九年（1839）錢塘振綺堂刻本　一冊

330000－4735－0006683　09084　集部/別集
類/唐五代別集
溫飛卿詩集七卷別集一卷集外詩一卷附錄諸
家詩評一卷　（唐）溫庭筠撰　（明）曾益注

（清）顧予咸補注 （清）顧嗣立續注 清光緒
十三年（1887）鴻文書局刻本 二冊

330000－4735－0006684 09085 集部/別集
類/宋別集

宗忠簡公集八卷首一卷 （宋）宗澤撰 **忠簡
公年譜一卷** （宋）喬行簡編 清光緒二十四
年（1898）義烏黃卿褧刻本 四冊

330000－4735－0006685 03811 史部/傳記
類/總傳之屬/家乘

[廣東廣州]**南海學正黃氏家譜十二卷首一卷
末一卷** 黃任恒纂修 清宣統三年（1911）保
粹堂刻本 二冊 缺四卷（三至六）

330000－4735－0006686 09086 集部/總集
類/選集之屬/通代

續古文辭類纂三十四卷 王先謙輯 清光緒
八年（1882）長沙王氏虛受堂刻本 樹滋題簽
八冊

330000－4735－0006687 09087 集部/總集
類/選集之屬/通代

古文辭類纂七十四卷 （清）姚鼐輯 **續古文
辭類纂三十四卷** 王先謙輯 清光緒十八年
（1892）吳縣朱記榮上海刻席氏掃葉山房印本
十八冊 缺六卷（續古文辭類纂七至十二）

330000－4735－0006688 03812 史部/地理
類/方志之屬/通志

[道光]**蜀典十二卷** （清）張澍纂 清光緒二
年（1876）尊經書院刻本 二冊 存五卷（一
至三、十一至十二）

330000－4735－0006689 03813 類叢部/叢
書類/彙編之屬

增訂漢魏叢書八十六種 （清）王謨編 清乾
隆五十六年（1791）金谿王氏刻本 一冊 存
一種

330000－4735－0006690 10649 類叢部/叢
書類/彙編之屬

昭代叢書合刻十集五百六十種附一種 （清）
張潮 （清）張漸編 （清）楊復吉 （清）沈
懋憙續編 清道光吳江沈氏世楷堂刻本 十

冊 存十五種

330000－4735－0006692 03815 史部/政書
類/律令之屬/律例

**法部奏定法官考試任用暫行章程施行細則一
卷** 清宣統鉛印本 一冊

330000－4735－0006693 10303 類叢部/叢
書類/郡邑之屬

婁東雜著（棣香齋叢書）五十六種 （清）邵廷
烈輯 清道光十三年（1833）太倉東陵氏刻本
八冊 存五十五種

330000－4735－0006695 10304 類叢部/叢
書類/彙編之屬

校經山房叢書二十七種 （清）朱記榮編 清
光緒三十年（1904）孫谿朱氏槐廬家塾重編印
式訓堂叢書本 十八冊 存十七種

330000－4735－0006696 03817 史部/政書
類/邦計之屬/荒政

直隸籌賑統捐總局代辦粵捐章程不分卷 清
刻本 一冊

330000－4735－0006699 03819 史部/傳記
類/別傳之屬/事狀

濠州去思集一卷 （清）趙贊元輯 清光緒鉛
印本 裕筱鵬題記 一冊

330000－4735－0006701 03820 史部/政書
類/公牘檔冊之屬

雲南第一次考試法官闈文一卷 清宣統二年
（1910）鉛印本 一冊

330000－4735－0006703 03822 史部/編年
類/通代之屬

綱鑑正史約三十六卷綱鑑附記一卷 （明）顧
錫疇撰 明崇禎刻本 十三冊 缺十卷（三
至四、七至八、十七至十八、二十一至二十二、
三十三至三十四）

330000－4735－0006704 03823 史部/編年
類/斷代之屬

兩朝從信錄三十五卷 （明）沈國元撰 明崇
禎刻本 二冊 存五卷（三至七）

330000－4735－0006706　03824　史部/紀傳類/別史之屬

南唐書十八卷　（宋）陸游撰　**南唐書音釋一卷**　（元）戚光撰　清光緒九年（1883）郯郡于氏刻本　四冊

330000－4735－0006708　03825　史部/紀傳類/別史之屬

南唐書三十卷　（宋）馬令撰　清光緒八年（1882）郯城于氏刻本　四冊

330000－4735－0006709　09092　集部/別集類/唐五代別集

昌黎先生詩增注証訛十一卷　（唐）韓愈撰　（清）黃鉞增注証訛　**昌黎先生年譜一卷**　（清）黃鉞編　清道光二十八年（1848）黃中民刻咸豐七年（1857）四明鮑氏二客軒印本　四冊

330000－4735－0006711　09093　集部/總集類/選集之屬/通代

古文辭類纂七十四卷　（清）姚鼐輯　清同治八年（1869）江蘇書局刻本　十一冊　存六十六卷（一至六十六）

330000－4735－0006712　03826　史部/詔令奏議類/奏議之屬

註陸宣公奏議十五卷制誥十卷表一卷　（唐）陸贄撰　（宋）郎曄註　**附錄一卷年譜輯略一卷**　（清）江榕撰　**校記二十五卷**　（清）郭麟等撰　清光緒十一年（1885）刻十二年（1886）增刻本　四冊

330000－4735－0006713　09094　集部/總集類/選集之屬/通代

文選六十卷　（南朝梁）蕭統輯　（唐）李善注　（清）何焯評　清乾隆三十七年（1772）長洲葉樹藩海錄軒刻朱墨套印本　六冊　存二十三卷（四至十九、二十六至二十九、五十四至五十六）

330000－4735－0006714　09095　集部/總集類/選集之屬/通代

文選六十卷　（南朝梁）蕭統輯　（唐）李善注　（清）何焯評　清乾隆三十七年（1772）長洲葉樹藩海錄軒刻朱墨套印本　一冊　存四卷（十七至二十）

330000－4735－0006715　09096　集部/總集類/選集之屬/通代

六朝唐賦讀本不分卷　（清）馬傳庚選註　清同治十三年（1874）京都馬氏玉燕書巢刻本　二冊

330000－4735－0006716　09097　集部/總集類/選集之屬/斷代

唐詩諧律二卷　（清）沈寶青選　清光緒十六年（1890）溧陽沈氏刻本　二冊

330000－4735－0006718　10309　類叢部/叢書類/彙編之屬

增訂漢魏叢書八十六種　（清）王謨編　清光緒六年（1880）三餘堂刻本　二十二冊　存四十五種

330000－4735－0006719　09098　集部/詩文評類/詩評之屬

彙纂詩法度鍼三十三卷　（清）徐文弼輯　清刻本　乃仙題簽　二冊　存十九卷（四至十八、三十至三十三）

330000－4735－0006720　03827　史部/史表類/通代之屬

二十四史三表三種二十卷　（清）段長基撰　（清）段揸書編注　清嘉慶二十二年（1817）小酉山房刻本　三冊　存一種

330000－4735－0006721　09099　集部/總集類/選集之屬/通代

古文辭類纂七十四卷　（清）姚鼐輯　**續古文辭類纂三十四卷**　王先謙輯　清光緒十八年（1892）吳縣朱記榮上海刻席氏掃葉山房印本　二十冊

330000－4735－0006723　09100　集部/總集類/選集之屬/通代

重訂文選集評十五卷首一卷末一卷　（清）于光華輯　清刻本　六冊　存六卷（一、三、六、九至十、十三）

330000－4735－0006725　09101　集部/總集

類/選集之屬/斷代

湖海詩傳四十六卷 （清）王昶輯　清同治四年(1865)蘇州綠蔭堂刻本　二十冊

330000－4735－0006727　09102　集部/總集類/選集之屬/斷代

湖海詩傳四十六卷 （清）王昶輯　清同治四年(1865)蘇州綠蔭堂刻本　三冊　存九卷（二十一至二十九）

330000－4735－0006728　09103　集部/總集類/選集之屬/斷代

湖海詩傳四十六卷 （清）王昶輯　清同治四年(1865)蘇州綠蔭堂刻本　五冊　存十八卷（二十六至三十五、三十九至四十六）

330000－4735－0006729　10310　類叢部/叢書類/彙編之屬

增訂漢魏叢書八十六種 （清）王謨編　清光緒二十一年(1895)石印本　七冊　存三十七種

330000－4735－0006736　09104　集部/詩文評類/詩評之屬

司空詩品註釋一卷 （唐）司空圖撰　清長文堂刻本　一冊

330000－4735－0006742　09105　集部/總集類/選集之屬/通代

漢魏六朝女子文選二卷 張維輯　清宣統三年(1911)海鹽朱是刻本　一冊

330000－4735－0006743　09106　集部/總集類/選集之屬/通代

漢魏六朝女子文選二卷 張維輯　清宣統三年(1911)海鹽朱是刻本　一冊

330000－4735－0006745　09107　集部/別集類/清別集

懷山文稿不分卷 （清）周鎬撰　清光緒十八年(1892)學庫山房刻本　二冊

330000－4735－0006746　10311　類叢部/叢書類/彙編之屬

增訂漢魏叢書八十六種 （清）王謨編　清光緒二十一年(1895)石印本　一冊　存一種

330000－4735－0006749　09108　集部/總集類/選集之屬/斷代

湖海文傳七十五卷 （清）王昶輯　清道光十七年(1837)經訓堂刻同治五年(1866)印本　十九冊

330000－4735－0006753　09109　集部/總集類/選集之屬/斷代

湖海文傳七十五卷 （清）王昶輯　清道光十七年(1837)經訓堂刻同治五年(1866)印本　十六冊

330000－4735－0006754　09110　集部/總集類/課藝之屬

國朝舉業正軌不分卷 （清）吳傑鑒訂　（清）陳耀庚編輯　清同治十三年(1874)徐士鑾刻本　四冊

330000－4735－0006760　09112　集部/別集類/唐五代別集

李衛公文集二十卷別集十卷外集四卷補遺一卷 （唐）李德裕撰　清光緒十六年(1890)常慊慊齋刻本　六冊

330000－4735－0006761　10312　類叢部/叢書類/郡邑之屬

湖北叢書三十種 （清）趙尚輔編　清光緒十七年(1891)三餘草堂刻本　九十九冊　缺十卷(學統十五至二十四)

330000－4735－0006762　09113　集部/別集類/唐五代別集

韓昌黎詩集編年箋注十二卷 （唐）韓愈撰（清）方世舉考訂　（清）盧見曾刪定　清宣統二年(1910)海寧陳氏石印本　三冊　存三卷（二、十一至十二）

330000－4735－0006766　09115　集部/別集類/唐五代別集

重刊五百家註音辯昌黎先生文集四十卷 （唐）韓愈撰　（宋）魏仲舉輯注　清乾隆四十九年(1784)刻本　十六冊

330000－4735－0006772　09116　集部/總集類/課藝之屬

學海堂課藝七集不分卷 （清）陸漁笙 （清）楊文瑩鑒定 （清）高保康 （清）胡上襄編校 清光緒十七年(1891)刻本 二冊

330000 – 4735 – 0006773 10313 類叢部/叢書類/郡邑之屬

湖北叢書三十種 （清）趙尚輔編 清光緒十七年(1891)三餘草堂刻本 七十冊 存二十五種

330000 – 4735 – 0006774 09117 集部/別集類/清別集

伏敔堂詩錄十五卷續錄四卷首一卷附錄一卷 （清）江湜撰 清同治元年至五年(1862 – 1866)刻本 三冊 缺四卷(續錄一至四)

330000 – 4735 – 0006778 09118 集部/總集類/課藝之屬

崇實書院課藝六卷 陸廷黻編 清光緒二十一年(1895)崇實書院刻本 九冊 缺一卷(二)

330000 – 4735 – 0006780 09119 集部/總集類/郡邑之屬

硤川詩鈔二十卷首一卷詞鈔一卷 （清）曹宗載輯 （清）顧瀾校 清光緒十八年(1892)雙山講舍刻本 六冊

330000 – 4735 – 0006783 09120 集部/總集類/郡邑之屬

硤川詩續鈔十六卷詞續鈔一卷 （清）許仁沐 蔣學堅輯 清光緒二十一年(1895)雙山講舍刻本 六冊

330000 – 4735 – 0006786 09121 集部/總集類/選集之屬/通代

七十家賦鈔六卷 （清）張惠言輯 清光緒四年(1878)大成會刻本 四冊

330000 – 4735 – 0006787 09122 集部/總集類/郡邑之屬

金陵詩徵四十四卷國朝金陵詩徵四十八卷 （清）朱緒曾編 清光緒十三年(1887)、十八年(1892)刻本 二十四冊 缺七卷(金陵詩徵十一至十四、國朝金陵詩徵六至八)

330000 – 4735 – 0006788 03828 史部/政書類

九通分類總纂二百四十卷 （清）汪鍾霖輯 清光緒二十八年(1902)上海文瀾書局石印本 四十八冊 存一百三十三卷(一至四十六、一百十一至一百八十、一百九十七至二百十三)

330000 – 4735 – 0006790 09123 集部/總集類/選集之屬/通代

涵芬樓古今文鈔樣本不分卷 商務印書館編 清宣統二年(1910)上海商務印書館鉛印本 一冊

330000 – 4735 – 0006791 09124 集部/總集類/選集之屬/通代

涵芬樓古今文鈔樣本不分卷 商務印書館編 清宣統二年(1910)上海商務印書館鉛印本 一冊

330000 – 4735 – 0006792 03829 史部/傳記類/總傳之屬/文苑

國朝詩人徵略五十五卷 （清）張維屏撰 清刻本 十二冊

330000 – 4735 – 0006793 09125 集部/總集類/選集之屬/通代

涵芬樓古今文鈔一百卷 吳曾祺輯 清宣統三年(1911)上海商務印書館鉛印本 一百冊

330000 – 4735 – 0006794 03830 類叢部/叢書類/彙編之屬

龍潭室叢書 龍潭室主編 清光緒至宣統鉛印本 一冊 存一種

330000 – 4735 – 0006795 10315 類叢部/叢書類/郡邑之屬

學海堂叢刻十三種 （清）□□編 清光緒三年(1877)、十二年(1886)刻本 七冊 存五種

330000 – 4735 – 0006796 09126 集部/總集類/郡邑之屬

兩浙輶軒錄四十卷補遺十卷姓氏韻編二卷 （清）阮元輯 清光緒十六年(1890)浙江書局

刻本　三十二册

330000－4735－0006797　09127　集部/總集類/郡邑之屬

兩浙輶軒錄四十卷補遺十卷姓氏韻編二卷
(清)阮元輯　清光緒十六年(1890)浙江書局刻本　三十二册

330000－4735－0006798　09128　集部/總集類/郡邑之屬

兩浙輶軒錄四十卷補遺十卷姓氏韻編二卷
(清)阮元輯　清光緒十六年(1890)浙江書局刻本　二十六册　缺十卷(十二至十五、三十至三十三、三十六至三十七)

330000－4735－0006799　10316　類叢部/叢書類/郡邑之屬

永嘉叢書十三種　(清)孫衣言編　清同治至光緒瑞安孫氏詒善祠塾刻本　十二册　存三種

330000－4735－0006800　09129　集部/總集類/郡邑之屬

兩浙輶軒錄四十卷補遺十卷姓氏韻編二卷
(清)阮元輯　清光緒十六年(1890)浙江書局刻本　十六册　存二十八卷(四至七、十至十三、二十至二十一、二十三、二十六至三十一、三十三、三十五、三十八至三十九,補遺一、四至五、八至十,姓氏韻編一)

330000－4735－0006801　10317　類叢部/叢書類/彙編之屬

晨風閣叢書二十二種　沈宗畸編　清宣統元年(1909)番禺沈氏刻本　八册

330000－4735－0006802　09130　集部/總集類/郡邑之屬

兩浙輶軒錄四十卷補遺十卷　(清)阮元輯清嘉慶仁和朱氏碧溪草堂、錢塘陳氏種榆仙館刻本　十一册　存十六卷(一至十一、二十五至二十六、三十二、三十五至三十六)

330000－4735－0006803　09131　集部/總集類/郡邑之屬

兩浙輶軒續錄五十四卷補遺六卷姓氏韻編二卷 (清)潘衍桐輯　清光緒十七年(1891)浙江書局刻本　四十册

330000－4735－0006804　09132　集部/總集類/郡邑之屬

兩浙輶軒續錄五十四卷補遺六卷姓氏韻編二卷　(清)潘衍桐輯　清光緒十七年(1891)浙江書局刻本　三十八册　缺二卷(三十七、四十一)

330000－4735－0006805　09133　集部/總集類/郡邑之屬

兩浙輶軒續錄五十四卷補遺六卷姓氏韻編二卷　(清)潘衍桐輯　清光緒十七年(1891)浙江書局刻本　二十六册　缺十八卷(十八、二十四至三十二、三十八至四十、四十三至四十七)

330000－4735－0006807　03831　史部/政書類/儀制之屬/專志/科舉校規

東瀛觀學記一卷　劉紹寬撰　清光緒三十一年(1905)鉛印本　一册

330000－4735－0006808　10318　類叢部/叢書類/彙編之屬

嘯園叢書五十七種　(清)葛元煦編　清光緒二年至七年(1876－1881)仁和葛氏刻本　一册　存一種

330000－4735－0006810　10319　類叢部/叢書類/彙編之屬

嘯園叢書五十七種　(清)葛元煦編　清光緒二年至七年(1876－1881)仁和葛氏刻本　五册　存四種

330000－4735－0006811　09134　集部/總集類/郡邑之屬

金華文畧二十卷　(清)王崇炳輯　清康熙四十八年(1709)蘭谿唐屺菴刻乾隆七年(1742)金華夏氏補刻咸豐至同治學耨堂印本　六册　存六卷(一至六)

330000－4735－0006812　07305　子部/術數類/相宅相墓之屬

雪心賦正解四卷　(唐)卜應天撰　(清)孟浩

註 辯論三十篇一卷 （清）孟浩撰 清經綸堂刻本 三冊 缺二卷（三至四）

330000－4735－0006813 10320 類叢部/叢書類/自著之屬

黃梨洲先生遺書 （清）黃宗羲撰 清光緒二十四年（1898）石印本 一冊 存一種

330000－4735－0006814 09135 集部/總集類/選集之屬/斷代

皇朝文典七十四卷 （清）李兆洛編 清嘉慶二十年（1815）刻本 二十四冊

330000－4735－0006815 03833 史部/目錄類/版本之屬/書影

大清法規大全樣本一卷 （清）廣益書局輯 清宣統二年（1910）鉛印本 一冊

330000－4735－0006816 07306 子部/叢編

徐氏三種 （清）徐士業編 清光緒六年（1880）蘇州掃葉山房刻本 一冊 存一種

330000－4735－0006817 09136 集部/別集類/清別集

吳摯甫文集四卷附鈔深州風土記四篇一卷 （清）吳汝綸撰 清宣統元年（1909）國學扶輪社石印本 三冊 存三卷（一、三至四）

330000－4735－0006819 03834 史部/地理類/遊記之屬/紀行

東游日記一卷（清光緒十九年五月初四至七月初四） （清）黃慶澄撰 清光緒二十年（1894）刻本 一冊

330000－4735－0006820 07307 子部/宗教類/佛教之屬/諸宗

寶蓮松濤禪師集四卷 （清）釋量鑑 （清）釋量悟 （清）釋量徹編輯 清道光十六年（1836）刻本 一冊

330000－4735－0006821 10321 類叢部/叢書類/彙編之屬

花雨樓叢鈔十一種續鈔十一種附一種 （清）張壽榮編 清光緒八年至十四年（1882－1888）蛟川張氏花雨樓刻本 一冊 存一種

330000－4735－0006822 07308 子部/藝術類/書畫之屬/法帖

敦煌石室真蹟錄五卷坿一卷 王仁俊輯並書 清宣統元年（1909）吳趨王氏石印本 二冊

330000－4735－0006824 03835 史部/職官類/官箴之屬

學治臆說二卷續說一卷說贅一卷佐治藥言一卷續一卷 （清）汪輝祖撰 清嘉慶刻本 二冊

330000－4735－0006826 10322 類叢部/叢書類/彙編之屬

蘊石齋叢書 清光緒十四年（1888）黃氏蘊石齋刻本 一冊 存一種

330000－4735－0006827 10323 類叢部/叢書類/彙編之屬

蘊石齋叢書 清光緒十四年（1888）黃氏蘊石齋刻本 十一冊 存一種

330000－4735－0006828 07310 子部/雜著類/雜說之屬

墨商三卷補遺一卷 王景義撰 清宣統二年（1910）刻本 二冊

330000－4735－0006829 09137 集部/別集類/宋別集

舒文靖集二卷事實擬冊一卷附錄三卷 （宋）舒璘撰 （清）徐時棟輯 **校勘記三卷** 孫鏘撰 清光緒二十二年（1896）四明孫氏七千卷樓刻本 三冊 缺三卷（附錄一至三）

330000－4735－0006830 10324 類叢部/叢書類/自著之屬

檉園四種 （清）龔禮撰 清咸豐五年（1855）刻本 三冊 存三種

330000－4735－0006831 07311 子部/藝術類/書畫之屬/法帖

御刻三希堂石渠寶笈法帖不分卷 （清）梁詩正等輯 清光緒二十年（1894）蜚英館石印本 十五冊

330000－4735－0006832 03836 史部/職官類/官箴之屬

佐治藥言一卷續一卷學治臆說二卷 （清）汪
輝祖撰 清刻本 二冊

330000－4735－0006833 09138 集部/別集
類/清別集

罘罳山人西征集三十一卷（六百日通二十二
卷甯靈銷食錄四卷西征後集一卷罘罳草堂詩
集四卷） （清）隆觀易撰 清光緒四年至五
年（1878－1879）刻本 二冊 存四卷（罘罳
草堂詩集一至四）

330000－4735－0006834 03837 史部/地理
類/遊記之屬/紀行

辛卯侍行記六卷 （清）陶保廉撰 清光緒二
十三年（1897）養樹山房刻本 二冊 存二卷
（一、六）

330000－4735－0006835 07312 集部/別集
類/清別集

句溪雜著四卷 （清）陳立撰 清光緒十六年
（1890）思賢講舍刻本 一冊

330000－4735－0006836 09139 集部/別集
類/清別集

黃梨洲先生南雷文約四卷 （清）黃宗羲撰
清乾隆鄭性刻本 尚志齋題簽 四冊

330000－4735－0006838 03838 史部/編年
類/斷代之屬

新輯皇朝掌故二卷 （清）陳黻編輯 清光緒
二十九年（1903）會文堂刻本 一冊

330000－4735－0006839 09140 集部/總集
類/選集之屬/通代

樂府詩集一百卷目錄二卷 （宋）郭茂倩輯
清刻本 六冊 存四十卷（二十二至六十一）

330000－4735－0006841 09141 集部/總集
類/郡邑之屬

嶺南三大家詩選二十四卷 （清）王隼選 清
同治七年（1868）南海陳氏刻本 五冊

330000－4735－0006842 10325 類叢部/叢
書類/彙編之屬

暢園叢書甲函六種 （清）張邁編 清光緒二
十年（1894）始豐張氏四明刻本 百悔題記

二冊 存二種

330000－4735－0006843 03839 史部/政書
類/律令之屬/律例

法部審定法制彙編不分卷 清宣統石印本
四冊

330000－4735－0006846 03840 史部/政書
類/儀制之屬/專志/科舉校規

杭州鹺學館章程一卷 （清）杭州鹺學館編
清光緒二十四年（1898）刻本 一冊

330000－4735－0006847 09142 集部/總集
類/課藝之屬

尊經書院初集十二卷 王闓運輯 清光緒十
四年（1888）志遠堂刻本 十二冊

330000－4735－0006848 09143 集部/總集
類/課藝之屬

尊經書院初集十二卷 王闓運輯 清光緒十
六年（1890）尊經書局刻本 紫臨題簽 十
二冊

330000－4735－0006850 03841 史部/編年
類/通代之屬

前編紀年近信錄八卷 （清）陳階撰 清光緒
十五年（1889）甯邑陳樹德堂刻本 二冊

330000－4735－0006851 09144 集部/總集
類/課藝之屬

尊經書院初集十二卷 王闓運輯 清光緒十
六年（1890）尊經書局刻本 八冊 存八卷
（一至四、六至八、十二）

330000－4735－0006853 07314 新學/理
學/理學

天演論二卷 （英國）赫胥黎撰 嚴復譯 清
光緒二十九年（1903）杭州史學齋石印本 曾
士瀛跋 一冊

330000－4735－0006854 10326 類叢部/叢
書類/彙編之屬

檀几叢書五十種二集五十種餘集四十七種附
政十種 （清）王晫 （清）張潮編 清刻本
一冊 存十三種

330000－4735－0006857　09145　集部/別集類/宋別集

元豐類稿五十卷　（宋）曾鞏撰　清光緒十六年(1890)慈利漁浦書院刻本　八冊　存四十三卷(二至二十一、二十八至五十)

330000－4735－0006861　03843　史部/傳記類/總傳之屬

浙江留京同學錄一卷　（清）譯學館經理會務輯　清光緒三十三年(1907)京師京華書局鉛印本　一冊

330000－4735－0006863　09146　集部/別集類/宋別集

元豐類稿五十卷　（宋）曾鞏撰　清乾隆二十八年(1763)查溪刻本　八冊　存三十八卷(十三至五十)

330000－4735－0006865　07319　新學/理學/理學

天演論二卷　（英國）赫胥黎撰　嚴復譯　清光緒二十九年(1903)上海通雅石印本　二冊

330000－4735－0006867　07320　新學/理學/理學

天演論二卷　（英國）赫胥黎撰　嚴復譯　清光緒二十九年(1903)武林印刷所鉛印本　一冊

330000－4735－0006869　07321　新學/理學/理學

天演論二卷　（英國）赫胥黎撰　嚴復譯　清光緒二十七年(1901)富文書局石印本　一冊

330000－4735－0006870　03844　史部/政書類/儀制之屬/專志/科舉校規

學部奏定增訂各學堂管理通則一卷　清宣統元年(1909)浙江官紙總局鉛印本　一冊

330000－4735－0006872　07322　新學/理學/理學

天演論二卷　（英國）赫胥黎撰　嚴復譯　清光緒二十七年(1901)富文書局石印本　一冊

330000－4735－0006873　09147　集部/總集類/課藝之屬

墨選觀止一卷舉業要言三卷　（清）梁葆慶輯　清大光堂刻本　二冊

330000－4735－0006875　03845　史部/傳記類/總傳之屬

杭州府中學堂同學錄一卷　丁宣之　史慎三輯　清宣統二年(1910)鉛印本　一冊

330000－4735－0006876　09148　集部/別集類/清別集

重桂堂集十一卷　（清）許正綏撰　清光緒十年(1884)許傅霖、許傅需刻本　二冊

330000－4735－0006877　10327　類叢部/叢書類/彙編之屬

春暉堂叢書十二種　（清）徐渭仁編　清道光至咸豐上海徐渭仁刻同治九年至十年(1870－1871)徐允臨補刻彙印本　三冊　存一種

330000－4735－0006879　09149　集部/別集類/清別集

務時敏齋存稿十卷　（清）洪昌燕撰　**誥授中憲大夫工科掌印給事中先考張伯府君行述一卷**　（清）洪衍慶述　清光緒二十年(1894)洪衍慶宜興刻本　四冊

330000－4735－0006880　03846　史部/傳記類/總傳之屬

杭州府中學堂同學錄三卷　清光緒三十三年至宣統元年(1907－1909)鉛印本　一冊

330000－4735－0006882　07323　新學/政治法律/律例

日本法規解字一卷　錢恂　董鴻禕撰　清宣統二年(1910)上海商務印書館鉛印本　一冊

330000－4735－0006885　07324　新學/政治法律/律例

日本法規解字一卷　錢恂　董鴻禕撰　清宣統元年(1909)上海商務印書館鉛印本　一冊

330000－4735－0006886　07325　新學/政治法律/律例

日本法規解字一卷　錢恂　董鴻禕撰　清光緒三十三年(1907)上海商務印書館鉛印本　一冊

330000－4735－0006888　10328　類叢部/叢書類/郡邑之屬

金華叢書六十八種　（清）胡鳳丹編　清同治七年至光緒八年（1868－1882）永康胡氏退補齋刻民國補刻本　一冊　存二種

330000－4735－0006889　09151　集部/別集類/清別集

尊聞居士集八卷　（清）羅有高撰　（清）彭紹升編　清乾隆四十七年（1782）刻朱印本　二冊

330000－4735－0006890　05799　新學/兵制/槍炮

礮法昂度子落高低遠近畫譜一卷　（清）丁乃文撰　清光緒十四年（1888）江南製造局鉛印本　一冊

330000－4735－0006892　10329　類叢部/叢書類/郡邑之屬

金華叢書六十八種　（清）胡鳳丹編　清同治七年至光緒八年（1868－1882）永康胡氏退補齋刻民國補刻本　一冊　存一種

330000－4735－0006895　07326　新學/重學/重學

重學二十卷圓錐曲線說三卷　（英國）艾約瑟口譯　（清）李善蘭筆述　清同治五年（1866）刻本　五冊　缺三卷（八至十）

330000－4735－0006896　09153　集部/別集類/清別集

沈文忠公集十卷自訂年譜一卷　（清）沈兆霖撰　（清）錢保塘編　清同治八年（1869）刻本　怡盦題記　四冊

330000－4735－0006897　03848　史部/政書類/律令之屬/律例

讀法圖存四卷　（清）邵繩清編　清光緒七年（1881）刻本　四冊

330000－4735－0006898　09154　集部/別集類/清別集

雲錦天衣集二卷　（清）鄒實懋撰　清光緒十年（1884）刻本　陳壽題記　一冊　存一卷

（一）

330000－4735－0006900　07327　新學/史志/戰記

中國六十年戰史十三章　（英國）艾特華斯撰　史悠明　（清）程履祥譯校　清光緒二十九年（1903）上海美華書館鉛印本　六冊

330000－4735－0006901　09155　集部/別集類/清別集

瑞芍軒詩鈔四卷詞稿一卷　（清）許乃穀撰　清同治七年（1868）許道身刻本　一冊　存一卷（詩鈔一）

330000－4735－0006903　07328　新學/格致總

泰西事物起原四卷附錄一卷　（日本）澀江保編　傅運森譯　清光緒二十八年（1902）上海文明書局鉛印本　項士元題簽　二冊

330000－4735－0006904　09156　集部/別集類/清別集

湖唐林館駢體文二卷　（清）李慈銘撰　清光緒十年（1884）刻本　一冊

330000－4735－0006907　03849　史部/傳記類/總傳之屬

京師大學堂同學錄一卷　（清）京師大學堂編　清光緒三十二年（1906）鉛印本　一冊

330000－4735－0006909　07330　新學/史志/諸國史

西洋歷史教科書二卷中西名表一卷　（英國）默爾化撰　（清）出洋學生編輯所譯　清光緒三十三年（1907）上海商務印書館鉛印本　二冊

330000－4735－0006913　07331　新學/算學/三角八綫

八線備旨四卷八線學總習問一卷　（美國）羅密士撰　（美國）潘慎文選譯　清光緒三十年（1904）上海美華書館鉛印本　一冊

330000－4735－0006914　09160　集部/別集類/清別集

存吾春齋文鈔十卷　（清）劉繹撰　清同治八

年(1869)刻本　四冊

330000－4735－0006915　03850　史部/地理類/雜志之屬

揚州畫舫錄十八卷　（清）李斗撰　清乾隆六十年(1795)自然盦刻道光十九年(1839)重修本　二冊　存九卷(十至十八)

330000－4735－0006917　07332　新學/算學/代數

代數備旨不分卷總答一卷　（美國）狄考文選譯　（清）鄒立文　（清）生福維筆述　清光緒三十二年(1906)上海美華書館鉛印本　章伯塤題記　一冊

330000－4735－0006919　07333　新學/算學/代數

代數備旨不分卷總答一卷　（美國）狄考文選譯　（清）鄒立文　（清）生福維筆述　清光緒三十二年(1906)上海美華書館鉛印本　一冊

330000－4735－0006920　07334　新學/算學/代數

代數備旨不分卷總答一卷　（美國）狄考文選譯　（清）鄒立文　（清）生福維筆述　清光緒二十六年(1900)上海美華書館鉛印本　一冊

330000－4735－0006921　07335　新學/算學/形學

形學備旨十卷開端一卷　（美國）狄考文選譯　（清）鄒立文筆述　清光緒二十六年(1900)上海美華書館鉛印本　二冊

330000－4735－0006923　03851　史部/地理類/方志之屬/郡縣志

同治徐州府志二十五卷　（清）吳世熊　（清）朱忻修　（清）劉庠　（清）方駿謨纂　清刻本　一冊　存一卷(六下)

330000－4735－0006925　07336　新學/學校

教育史不分卷　清光緒二十九年(1903)上海書局石印本　一冊

330000－4735－0006928　07337　新學/史志/諸國史

少年世界史二卷　何琪編　清光緒二十八年

(1902)上海書局石印本　一冊

330000－4735－0006931　07338　新學/學校

教育史不分卷　（清）商務印書館編譯所編　清光緒三十二年(1906)上海商務印書館鉛印本　一冊

330000－4735－0006932　03853　史部/傳記類/總傳之屬/儒林

宋元學案一百卷首一卷考畧一卷　（清）黃宗羲撰　（清）全祖望修定　（清）王梓材　(清)馮雲濠校並考　清光緒五年(1879)長沙寄廬刻本　一冊　缺九十九卷(二至一百)

330000－4735－0006933　07339　新學/議論/通論

近世社會主義不分卷　（日本）福井準造撰　趙必振譯　清光緒二十九年(1903)上海廣智書局鉛印本　二冊

330000－4735－0006934　10335　類叢部/叢書類/彙編之屬

宏達堂叢書　清光緒四年(1878)宏達堂刻本　一冊　存一種

330000－4735－0006935　07340　子部/叢編

教育叢書　（清）教育世界社編譯　清光緒二十八年(1902)上海廣智書局鉛印本　一冊　存一種

330000－4735－0006936　07341　新學/地學/地志學

地質學教科書二編　（日本）橫山又次郎撰　葉瀚譯　清上海蒙學報館正記書局石印本　一冊　存一編(上)

330000－4735－0006940　07342　新學/理學/理學

論理學綱要一卷附錄一卷　（日本）十時彌撰　田吳炤譯　清光緒三十二年(1906)上海商務印書館鉛印本　一冊

330000－4735－0006941　09161　集部/別集類/清別集

陶園文集八卷詩集二十四卷詩餘二卷　（清）張九鉞撰　**六如亭二卷**　（清）張九鉞填詞

（清）譚光祐正譜　（清）雲門山樵評點　清道光二十三年(1843)張氏賜錦樓刻本　十二冊

330000－4735－0006942　03854　史部/職官類/官制之屬/通志

歷代職官表六卷　（清）黃本驥纂　清光緒六年(1880)膚詁齋刻本　三冊

330000－4735－0006945　03855　史部/職官類/官制之屬/通志

歷代職官表六卷　（清）黃本驥纂　清光緒六年(1880)膚詁齋刻本　二冊

330000－4735－0006947　10336　類叢部/叢書類/自著之屬

清吟堂全集十四種　（清）高士奇撰　清康熙刻本　一冊　存二種

330000－4735－0006948　09162　集部/總集類/選集之屬/斷代

玉堂名翰賦四卷附南巡御試卷一卷　（清）張賓　（清）程邦勳輯　清乾隆十六年(1751)刻本　四冊

330000－4735－0006950　03856　史部/雜史類/斷代之屬

經畧洪承疇奏對筆記二卷　（清）洪承疇撰　清光緒十六年(1890)刻本　一冊

330000－4735－0006951　09163　集部/別集類/清別集

笠杖集六卷　（清）張盛藻撰　清光緒七年(1881)刻本　一冊　存四卷(一至四)

330000－4735－0006953　10337　類叢部/叢書類/彙編之屬

咫進齋叢書三十五種　（清）姚覲元編　清光緒九年(1883)歸安姚氏刻本　三冊　存五種

330000－4735－0006954　09164　集部/別集類/清別集

笠杖集六卷　（清）張盛藻撰　清光緒七年(1881)刻本　二冊　存二卷(三至四)

330000－4735－0006956　09165　集部/總集類/郡邑之屬

浙西六家詩鈔六卷　（清）吳應和　（清）馬洵等選　清道光七年(1827)紫微山館刻本　潘之釗題簽　六冊

330000－4735－0006957　03857　史部/傳記類/日記之屬

救濟日記一卷　（清）陸樹藩撰　清光緒三十三年(1907)蘇省刷印局鉛印本　一冊

330000－4735－0006958　07348　新學/兵制/陸軍

日本憲兵制一卷　孟森譯述　清光緒南洋公學譯書院鉛印本　一冊

330000－4735－0006959　03858　史部/目錄類/總錄之屬/地方

杭州藝文志十卷　吳慶坻編　清光緒三十四年(1908)錢塘吳氏長沙刻本　三冊　存七卷(一至二、六至十)

330000－4735－0006960　09166　集部/別集類/清別集

顯志堂稿十二卷　（清）馮桂芬撰　清光緒二年(1876)吳縣馮氏校邠廬刻本　七冊　存九卷(一至五、七至九、十二)

330000－4735－0006961　10338　類叢部/叢書類/自著之屬

郝氏遺書三十三種　（清）郝懿行撰　清嘉慶至光緒刻彙印本　一冊　存一種

330000－4735－0006962　09167　集部/別集類/清別集

懺盒詩鈔二卷詞鈔一卷　（清）沈澤棠撰　清刻本　二冊

330000－4735－0006963　03859　史部/傳記類/科舉錄之屬/歷科登科錄

[光緒乙未恩榜]會試硃卷一卷　（清）徐鳴球撰　清光緒刻本　一冊

330000－4735－0006964　10339　類叢部/叢書類/自著之屬

庸庵全集七種　（清）薛福成撰　清光緒十年至二十四年(1884－1898)無錫薛氏刻本　四冊　存一種

330000－4735－0006966　07349　　史部/政書
類/儀制之屬/專志/科舉校規

中國教育史畧一卷　（清）蔣黼編　清光緒三
十三年(1907)東學務公所印刷處鉛印本
一冊

330000－4735－0006967　09169　　集部/別集
類/清別集

傳樸堂詩稿四卷補遺一卷竹樊山莊詞一卷
（清）葛金烺撰　**附錄一卷**　（清）譚獻
（清）許景澄　沈曾植撰　**弢華館詩稿一卷**
（清）葛嗣浵撰　清光緒二十一年(1895)刻三
十三年(1907)補刻民國增修本　二冊

330000－4735－0006970　09170　　集部/別集
類/明別集

太師誠意伯劉文成公集二十卷首一卷　（明）
劉基撰　清光緒二十六年(1900)浙江書局刻
本　四冊　存七卷(首,十三至十六、十九至
二十)

330000－4735－0006979　09173　　類叢部/叢
書類/自著之屬

師鄭叢書□□種　孫雄撰　清光緒刻本　一
冊　存一種

330000－4735－0006981　09174　　集部/別集
類/清別集

十華小築詩鈔四卷　（清）余本愚撰　清光緒
十一年(1885)休寧余遠驪刻本　一冊　存二
卷(一至二)

330000－4735－0006983　10342　　類叢部/叢
書類/彙編之屬

漸西村舍彙刊(漸西村舍叢刻)四十四種
（清）袁昶編　清光緒十六年至二十四年
(1890－1898)桐廬袁氏刻本　四冊　存一種

330000－4735－0006985　10343　　類叢部/叢
書類/彙編之屬

漸西村舍彙刊(漸西村舍叢刻)四十四種
（清）袁昶編　清光緒十六年至二十四年
(1890－1898)桐廬袁氏刻本　二冊　存一種

330000－4735－0006987　09176　　集部/別集

類/唐五代別集

**白香山詩長慶集二十卷後集十七卷別集一卷
補遺二卷**　（唐）白居易撰　（清）汪立名編訂
　白香山年譜一卷　（清）汪立名撰　**白香山
年譜舊本一卷**　（宋）陳振孫撰　清康熙四十
一年至四十二年(1702－1703)汪立名一隅草
堂刻本　十冊

330000－4735－0006992　09177　　集部/別集
類/唐五代別集

**白香山詩長慶集二十卷後集十七卷別集一卷
補遺二卷**　（唐）白居易撰　（清）汪立名編訂
　清康熙四十一年至四十二年(1702－1703)
汪立名一隅草堂刻本　九冊

330000－4735－0006994　09178　　集部/別集
類/唐五代別集

**白香山詩長慶集二十卷後集十七卷別集一卷
補遺二卷**　（唐）白居易撰　（清）汪立名編訂
　清康熙四十一年至四十二年(1702－1703)
汪立名一隅草堂刻本　四冊　存十二卷(後
集九至十七、別集、補遺一至二)

330000－4735－0006996　09179　　集部/別集
類/唐五代別集

**白香山詩長慶集二十卷後集十七卷別集一卷
補遺二卷**　（唐）白居易撰　（清）汪立名編訂
　清康熙四十一年至四十二年(1702－1703)
汪立名一隅草堂刻本　三冊　存十九卷(長
慶集一至七、後集一至十二)

330000－4735－0006998　09180　　集部/別集
類/唐五代別集

昌黎先生集四十卷外集十卷遺文一卷　（唐）
韓愈撰　（宋）廖瑩中校正　**朱子校昌黎先生
集傳一卷**　（宋）朱熹撰　**韓集點勘四卷**
（清）陳景雲撰　清同治八年至九年(1869－
1870)江蘇書局刻本　十一冊

330000－4735－0007001　09181　　集部/總集
類/選集之屬/通代

古唐詩合解唐詩十二卷古詩四卷　（清）王堯
衢注　清道光二十五年(1845)德華堂刻本
三冊　存十二卷(唐詩一至十二)

330000－4735－0007003　03860　史部/史評類/史論之屬

東萊先生音註唐鑑二十四卷　（宋）范祖禹撰（宋）呂祖謙注　清光緒十八年（1892）浙江書局刻本　三冊　存十八卷（一至五、十二至二十四）

330000－4735－0007005　09182　集部/總集類/選集之屬/通代

古唐詩合解唐詩十二卷古詩四卷　（清）王堯衢注　清刻本　五冊　存十二卷（唐詩一至十二）

330000－4735－0007008　03861　史部/史評類/詠史之屬

茨村咏史新樂府二卷附錄一卷　（清）胡介祉撰　（清）郭雲糸訂　清諸暨郭氏刻本　一冊　存一卷（上）

330000－4735－0007009　09183　集部/總集類/選集之屬/通代

古唐詩合解唐詩十二卷古詩四卷　（清）王堯衢注　清乾隆五十四年（1789）同文堂刻本　二冊　存六卷（唐詩一至二、古詩一至四）

330000－4735－0007012　09184　集部/總集類/選集之屬/通代

古唐詩合解唐詩十二卷古詩四卷　（清）王堯衢注　清刻本　六冊　存十二卷（唐詩三至六、九至十二,古詩一至四）

330000－4735－0007015　09185　集部/總集類/選集之屬/通代

古唐詩合解唐詩十二卷古詩四卷　（清）王堯衢注　清三樂堂刻本　一冊　存二卷（唐詩一至二）

330000－4735－0007016　03862　史部/傳記類/科舉錄之屬/歷科鄉試錄

[光緒癸卯恩科]浙江鄉試錄一卷　清光緒刻本　一冊

330000－4735－0007020　09186　集部/總集類/選集之屬/通代

古唐詩合解唐詩十二卷古詩四卷　（清）王堯

衢注　清容德堂刻本　三冊　存十二卷（唐詩一至十二）

330000－4735－0007021　07376　新學/格致總

理化學大意一卷　（清）杜就田編譯　清光緒三十二年（1906）上海商務印書館鉛印本　一冊

330000－4735－0007023　07377　史部/地理類/外紀之屬

萬國近政考略十六卷　（清）鄒弢撰　清光緒二十七年（1901）三借廬鉛印本　四冊

330000－4735－0007026　09187　集部/總集類/選集之屬/通代

古唐詩合解唐詩十二卷古詩四卷　（清）王堯衢注　清刻本　一冊　存十二卷（唐詩一至十二）

330000－4735－0007032　03863　史部/雜史類/斷代之屬

湘軍志十六卷　王闓運撰　清刻本　三冊　存十卷（一至六、十三至十六）

330000－4735－0007035　10344　類叢部/叢書類/彙編之屬

讀畫齋叢書四十六種　（清）顧修編　清嘉慶四年至十六年（1799－1811）桐川顧氏刻本　一冊　存二種

330000－4735－0007036　07382　集部/詩文評類

中國文典不分卷　商務印書館編譯所編纂　清光緒三十二年（1906）上海商務印書館鉛印本　一冊

330000－4735－0007038　03864　史部/傳記類/總傳之屬/儒林

理學宗傳二十六卷　（清）孫奇逢撰　（清）魏一鼇等編　清光緒六年（1880）浙江書局刻本　一冊　存三卷（一至三）

330000－4735－0007039　03865　史部/傳記類/總傳之屬/儒林

理學宗傳二十六卷　（清）孫奇逢撰　（清）魏

一鼇等編　清光緒六年（1880）浙江書局刻本
　十一冊　缺三卷（一至三）

330000－4735－0007043　10345　類叢部/叢
書類/自著之屬

古愚老人消夏錄十七種　（清）汪汲撰輯　清
乾隆至嘉慶古愚山房刻本　三冊　存七種

330000－4735－0007044　07384　經部/小學
類/文字之屬/字書/訓蒙

簡易識字課本不分卷　學部編譯圖書局編輯
　清宣統二年（1910）學部圖書局石印本　一
冊　存一卷（一）

330000－4735－0007045　09194　集部/總集
類/選集之屬/通代

古唐詩合解唐詩十二卷古詩四卷　（清）王堯
衢注　清刻本　三冊　存八卷（唐詩五至十
二）

330000－4735－0007046　03866　史部/傳記
類/總傳之屬/儒林

理學宗傳二十六卷　（清）孫奇逢撰　（清）魏
一鼇等編　清光緒六年（1880）浙江書局刻本
　朱憙蓀題記　十二冊

330000－4735－0007047　07385　子部/儒家
類/儒學之屬/蒙學

第一簡明造句啟蒙二卷　胡朝陽編　清宣統
元年（1909）上海新學會社石印本　二冊

330000－4735－0007048　03867　史部/傳記
類/總傳之屬/儒林

理學宗傳二十六卷　（清）孫奇逢撰　（清）魏
一鼇等編　清光緒六年（1880）浙江書局刻本
　一冊　存三卷（六至八）

330000－4735－0007051　09195　集部/總集
類/選集之屬/通代

古唐詩合解唐詩十二卷古詩四卷　（清）王堯
衢注　清刻本　三冊　存六卷（唐詩七至十、
古詩一至二）

330000－4735－0007054　09196　集部/總集
類/選集之屬/通代

古唐詩合解唐詩十二卷古詩四卷　（清）王堯

衢注　清刻本　一冊　存四卷（古詩一至四）

330000－4735－0007058　09197　集部/總集
類/選集之屬/通代

古唐詩合解唐詩十二卷古詩四卷　（清）王堯
衢注　清刻本　一冊　存四卷（古詩一至四）

330000－4735－0007060　03868　史部/傳記
類/總傳之屬/郡邑

**浙江忠義錄十卷表八卷又一卷續編二卷續表
九卷**　（清）浙江采訪忠義總局編　清同治六
年（1867）浙江采訪忠義總局刻光緒元年
（1875）續刻本　十一冊　存十卷（表一至五、
七至八,續編一,續表士續表、續紳婦表）

330000－4735－0007061　09198　集部/總集
類/選集之屬/通代

古唐詩合解唐詩十二卷古詩四卷　（清）王堯
衢注　清刻本　一冊　存七卷（唐詩十至十
二、古詩一至四）

330000－4735－0007063　09199　集部/總集
類/選集之屬/通代

古唐詩合解唐詩十二卷古詩四卷　（清）王堯
衢注　清刻本　一冊　存十二卷（唐詩五至
十二、古詩一至四）

330000－4735－0007064　10346　類叢部/叢
書類/彙編之屬

藝海珠塵二百六種　（清）吳省蘭輯　清嘉慶
南匯吳氏聽彝堂刻本　一冊　存三種

330000－4735－0007066　09200　集部/別集
類/唐五代別集

駱臨海集十卷首一卷末一卷　（唐）駱賓王撰
　（清）陳熙晉箋註　清咸豐三年（1853）松林
宗祠刻本　五冊　存七卷（三至四、七至十,
末）

330000－4735－0007067　07392　新學/史
志/別國史

各國時事類編十八卷　（清）沈純輯　清光緒
二十一年（1895）上海書局石印本　一冊　存
三卷（一至三）

330000－4735－0007068　10347　類叢部/叢

書類/彙編之屬

藝海珠塵二百六種 （清）吳省蘭輯 清嘉慶
南匯吳氏聽彝堂刻本 六冊 存十九種

330000－4735－0007074 03870 史部/目錄
類/版本之屬/書影

留真譜初編十二卷 楊守敬輯 清光緒二十
七年(1901)宜都楊氏刻本 十一冊 缺一卷
（九）

330000－4735－0007075 09201 集部/總集
類/課藝之屬

江漢炳靈集二卷 （清）張之洞輯 清同治九
年(1870)退補齋刻本 六冊

330000－4735－0007077 10348 類叢部/叢
書類/彙編之屬

藝海珠塵二百六種 （清）吳省蘭輯 清嘉慶
南匯吳氏聽彝堂刻本 十冊 存二十三種

330000－4735－0007081 03871 史部/雜史
類/斷代之屬

皇朝掌故彙編內編六十卷首一卷外編四十卷
首一卷 張壽鏞等輯 清光緒二十八年
(1902)求實書社鉛印本 四十二冊 存七十
四卷(內編一至九、十二、十四至十五、二十一
至二十四、二十九至三十四、四十至四十三、
四十六至五十四、五十七至六十;外編首,一
至七、十至十二、十五至三十三、三十六至四
十)

330000－4735－0007083 07398 新學/格
致總

格致須知二十八種 （英國）傅蘭雅編 清光
緒八年至二十四年(1882－1898)刻本 一冊
存一種

330000－4735－0007095 09207 集部/總集
類/課藝之屬

格致課藝彙編十三卷 （清）王韜編 清光緒
二十三年(1897)上海書局石印本 六冊 存
六卷(一、三至七)

330000－4735－0007097 07402 新學/政治
法律

政學叢書 清光緒上海商務印書館鉛印本
二冊 存二種

330000－4735－0007099 09208 集部/總集
類/課藝之屬

格致書院課藝不分卷 （清）王韜編 清光緒
二十三年(1897)上海書局石印本 二冊 存
丙戌年、己丑年上

330000－4735－0007100 10349 類叢部/叢
書類/自著之屬

曾文正公四種 （清）曾國藩撰 清光緒三十
一年(1905)上海商務印書館鉛印本 曹驛觀
款 五冊 存二種

330000－4735－0007101 03873 史部/傳記
類/總傳之屬/通代

尚友錄二十二卷補遺一卷 （明）廖用賢輯
（清）張伯琮補輯 清刻本 二十二冊

330000－4735－0007103 09209 集部/總集
類/選集之屬/斷代

正誼院課新鈔不分卷 （清）包祖同鈔編 清
光緒三年(1877)上海機器書局鉛印本 三冊

330000－4735－0007104 10350 類叢部/叢
書類/自著之屬

曾文正公四種 （清）曾國藩撰 清光緒三十
一年(1905)上海商務印書館鉛印本 郁成題
記 二冊 存二種

330000－4735－0007106 09210 集部/總集
類/選集之屬/斷代

正誼院課新鈔不分卷 （清）包祖同鈔編 清
光緒三年(1877)上海機器書局鉛印本 二冊

330000－4735－0007107 03874 史部/傳記
類/總傳之屬/通代

尚友錄二十二卷補遺一卷 （明）廖用賢輯
（清）張伯琮補輯 清刻本 十九冊 存十九
卷(二至二十)

330000－4735－0007109 07405 新學/學校

新譯奧國高等初級小學堂章程一卷 清光緒
三十三年(1907)涵江官書局刻本 一冊

330000－4735－0007110　03875　史部/傳記類/總傳之屬/通代

尚友錄二十二卷補遺一卷　（明）廖用賢輯（清）張伯琮補輯　清刻本　十七冊　存十七卷（四至七、九至二十一）

330000－4735－0007111　09211　集部/總集類/課藝之屬

小題文府精本七卷續集六卷　清光緒二十年（1894）上海袖海山房石印本　十冊

330000－4735－0007118　10351　類叢部/叢書類/彙編之屬

海山仙館叢書五十六種　（清）潘仕成編　清道光二十五年至咸豐元年（1845－1851）番禺潘氏刻光緒十一年（1885）增刻彙印本　十冊　存七種

330000－4735－0007119　09212　集部/總集類/課藝之屬

大題文府六卷　（清）退菴居士輯　清光緒十五年（1889）上海鴻寶齋石印本　十八冊

330000－4735－0007120　03876　史部/傳記類/總傳之屬/通代

尚友錄二十二卷補遺一卷　（明）廖用賢輯（清）張伯琮補輯　清刻本　二十冊　存二十卷（一至四、六至二十、二十二）

330000－4735－0007123　10352　類叢部/叢書類/彙編之屬

海山仙館叢書五十六種　（清）潘仕成編　清道光二十五年至咸豐元年（1845－1851）番禺潘氏刻光緒十一年（1885）增刻彙印本　四十四冊　存三十一種

330000－4735－0007128　09215　集部/總集類/課藝之屬

大題文府六卷　（清）退菴居士輯　清光緒十五年（1889）上海石印本　五冊　存一卷（上論）

330000－4735－0007134　07412　新學/史志

普通新歷史十章附歷代帝王總紀一卷　（清）普通學書室編　清光緒二十九年（1903）上海

普通學書室鉛印本　一冊

330000－4735－0007135　03877　史部/傳記類/科舉錄之屬

[光緒癸卯恩科]浙江闈墨不分卷　清光緒二十九年（1903）聚奎堂刻本　一冊

330000－4735－0007140　07413　新學/史志

普通新歷史十章附歷代帝王總紀一卷　（清）普通學書室編　清光緒三十二年（1906）上海商務印書館鉛印本　一冊

330000－4735－0007144　03878　史部/傳記類/別傳之屬/年譜

雷塘庵主[阮元]弟子記八卷　（清）張鑑撰（清）阮常生等續編　清道光二十一年（1841）甘泉羅士琳刻咸豐儀徵阮氏琅嬛仙館補刻本　二冊

330000－4735－0007145　07416　類叢部/叢書類

維新學叢書□□種　清光緒二十九年（1903）上海鴻寶書局石印本　一冊　存一種

330000－4735－0007146　09219　集部/總集類/選集之屬/通代

註釋花樣賦鈔不分卷　（清）吳鍾駿編　清道光二十九年（1849）英德堂刻本　二冊

330000－4735－0007147　03879　史部/傳記類/科舉錄之屬/歷科鄉試錄

[光緒癸巳恩科]浙江闈墨不分卷　清光緒十九年（1893）聚奎堂刻本　一冊

330000－4735－0007148　07417　史部/史評類/史論之屬

中國歷史教科書七卷　商務印書館編　清光緒二十九年（1903）上海商務印書館鉛印本　二冊

330000－4735－0007149　09220　集部/別集類/清別集

音註小倉山房尺牘八卷補遺一卷　（清）袁枚撰　（清）胡光斗箋釋　清光緒二十七年（1901）上海申昌書局石印本　一冊　存四卷（一至四）

330000－4735－0007150　10353　類叢部/叢書類/彙編之屬

粵雅堂叢書一百八十四種　（清）伍崇曜編　清道光二十九年至光緒十一年(1849－1885)南海伍氏刻彙印本　六十三冊　存三十種

330000－4735－0007151　03880－03790　史部/政書類

入幕須知五種附一種　（清）張廷驤輯　清光緒十八年(1892)浙江書局刻本　一冊　存一種

330000－4735－0007152　09221　集部/別集類/清別集

音註小倉山房尺牘八卷補遺一卷　（清）袁枚撰　（清）胡光斗箋釋　清光緒三十一年(1905)上海書局石印本　一冊　存四卷(一至四)

330000－4735－0007154　03881　史部/政書類/儀制之屬/專志/科舉校規

養正書塾章程一卷規約一卷　（清）楊文瑩等撰　清光緒二十五年(1899)刻本　一冊　缺一卷(規約)

330000－4735－0007156　09222　集部/詩文評類/詩評之屬

雨村詩話十六卷　（清）李調元撰　清刻本　二冊　存七卷(一至四、十一至十三)

330000－4735－0007157　03882　史部/傳記類/別傳之屬/年譜

雷塘庵主[阮元]弟子記八卷　（清）張鑑撰　（清）阮常生等續編　清道光二十一年(1841)甘泉羅士琳刻咸豐儀徵阮氏琅嬛仙館補刻本　一冊　存四卷(一至四)

330000－4735－0007158　09223　集部/詩文評類/詩評之屬

雨村詩話十六卷　（清）李調元撰　清刻本　四冊　存十卷(四至十一、十五至十六)

330000－4735－0007159　07420　新學/兵制/海軍

外國師船圖表八卷雜說三卷圖一卷　（清）許

景澄等編　清光緒二十二年(1896)浙江官書局石印本　二冊　存五卷(圖表一至三、雜說一至二)

330000－4735－0007160　03883　史部/傳記類/總傳之屬/通代

尚友錄二十二卷補遺一卷　（明）廖用賢輯　（清）張伯琮補輯　清刻本　二冊　存二卷(二、十三)

330000－4735－0007161　09224　集部/總集類/課藝之屬

塾課小題正鵠二集一卷　（清）李元度輯　清光緒六年(1880)會稽徐氏八杉齋刻本　一冊

330000－4735－0007162　03884　史部/傳記類/總傳之屬/通代

尚友錄二十二卷補遺一卷　（明）廖用賢輯　（清）張伯琮補輯　清康熙刻古婺正業堂修補印本　三冊　存三卷(一、五、二十一)

330000－4735－0007165　03885　史部/傳記類/總傳之屬/通代

尚友錄二十二卷補遺一卷　（明）廖用賢輯　（清）張伯琮補輯　清刻本　十二冊　缺三卷(一、十七至十八)

330000－4735－0007167　09226　集部/總集類/課藝之屬

五經文府不分卷　（清）鴻寶齋輯　清光緒十五年(1889)上海鴻寶齋石印本　十五冊

330000－4735－0007168　07423　新學/商務/商學

原富八卷　（英國）斯密亞丹撰　嚴復譯　清光緒二十八年(1902)上海南洋公學譯書院鉛印本　七冊

330000－4735－0007169　09227　集部/總集類/選集之屬/斷代

全唐詩三十二卷　（清）曹寅等輯　清光緒十三年(1887)上海同文書局石印本　三十二冊

330000－4735－0007170　09228　集部/總集類/選集之屬/斷代

全唐詩三十二卷　（清）曹寅等輯　清光緒十

三年(1887)上海同文書局石印本　三十二冊

330000－4735－0007171　07424　新學/商務/商學

原富八卷　(英國)斯密亞丹撰　嚴復譯　清光緒二十八年(1902)上海南洋公學譯書院鉛印本　怡盦居士、朱炘題記　七冊

330000－4735－0007172　07425　新學/商務/商學

原富八卷　(英國)斯密亞丹撰　嚴復譯　清上海南洋公學譯書院鉛印本　二冊　存二卷(丙、丁下)

330000－4735－0007175　07426　新學/商務/商學

原富八卷　(英國)斯密亞丹撰　嚴復譯　清光緒二十八年(1902)上海南洋公學譯書院鉛印本　曾士瀛題簽並記　八冊

330000－4735－0007178　07427　子部/儒家類/儒家之屬

中外經世緒言十六卷　(清)余貽範編　清光緒二十一年(1895)上海文盛堂石印本　一冊　存二卷(一至二)

330000－4735－0007179　07428　子部/儒家類/儒家之屬

中外經世緒言十六卷續編八卷　(清)余貽範編　清光緒二十三年(1897)石印本　三冊　存六卷(一至二、六至八,續編六)

330000－4735－0007182　07430　新學/地學/地志學

寶藏興焉十二卷　(英國)費而奔撰　(英國)傅蘭雅口譯　(清)徐壽筆述　清光緒二十四年(1898)上海書局石印本　一冊　存五卷(八至十二)

330000－4735－0007183　07431　新學/地學/地志學

寶藏興焉十二卷　(英國)費而奔撰　(英國)傅蘭雅口譯　(清)徐壽筆述　清光緒二十四年(1898)上海書局石印本　二冊　存四卷(一至四)

330000－4735－0007184　07432　新學/地學/地志學

寶藏興焉十二卷　(英國)費而奔撰　(英國)傅蘭雅口譯　(清)徐壽筆述　清光緒二十四年(1898)上海書局石印本　二冊　存二卷(三至四)

330000－4735－0007185　07433　新學/地學/地志學

寶藏興焉十二卷　(英國)費而奔撰　(英國)傅蘭雅口譯　(清)徐壽筆述　清光緒二十四年(1898)上海書局石印本　一冊　存二卷(四至五)

330000－4735－0007187　09230　集部/詞類/別集之屬

香銷酒醒詞一卷附曲一卷　(清)趙慶熺撰　清道光二十九年(1849)刻本　一冊　存一卷(曲)

330000－4735－0007191　07435　子部/兵家類/操練之屬

湖北武學十八種四十二卷　(德國)福克斯　(清)何福滿等選　清光緒二十六年(1900)湖北武備學堂刻本　二冊　存一種

330000－4735－0007192　09232　集部/總集類/課藝之屬

南菁講舍文集六卷書院文集一卷　(清)黃以周輯　清光緒十五年(1889)刻本　二冊　存五卷(一至五)

330000－4735－0007193　07436　史部/政書類/通制之屬

五大洲政治通考四十八卷　題急先務齋主人等編　清光緒二十七年(1901)石印本　五冊　存二十卷(一至十二、二十至二十三、四十至四十三)

330000－4735－0007194　09233　集部/總集類/酬唱之屬

四明酬倡集二卷　(清)黃大華輯　清光緒二十九年(1903)勾東譯社鉛印本　一冊　存一卷(二)

330000－4735－0007197　09234　集部/總集類/選集之屬/斷代

唐律賦鈔一卷　（清）楊泗孫編　清光緒二年（1876）刻樨香室印本　一冊

330000－4735－0007198　07438　新學/格致總

時務通攷三十一卷首一卷　（清）王奇英等編　清光緒二十三年（1897）上海點石齋石印本　十冊　存十三卷（首，一、五至九、十三、二十五至二十八、三十一）

330000－4735－0007202　09235　集部/別集類/明別集

葛憲使公集四卷　（明）葛如麟撰　清嘉慶八年（1803）德平葛氏樹滋堂刻本　二冊

330000－4735－0007203　07439　新學/格致總

時務通攷三十一卷首一卷　（清）王奇英等編　清光緒二十三年（1897）上海點石齋石印本　二十二冊　缺四卷（十一、二十六至二十八）

330000－4735－0007205　09236　集部/別集類/清別集

望溪先生文集十八卷集外文十卷集外文補遺二卷年譜二卷　（清）方苞撰　清咸豐元年（1851）戴鈞衡刻二年（1852）增刻本　十二冊

330000－4735－0007207　07440　新學/格致總

西學二十種萃菁二十卷　（清）張之品著　清光緒二十三年（1897）上海鴻文書局石印本　二冊　存四卷（一至四）

330000－4735－0007209　07441　新學/地學/地理學

五洲事物采新十卷　（清）孫子慕輯　清光緒二十八年（1902）上海書局石印本　四冊

330000－4735－0007210　09237　集部/別集類/宋別集

劍南詩鈔六卷　（宋）陸游撰　（清）楊大鶴選　清光緒八年（1882）文苑山房刻本　三冊

缺二卷（七言古、五言律）

330000－4735－0007212　07442　新學/雜著/叢編

新輯各國政治藝學全書五十三種　（清）東山主人編　清光緒二十八年（1902）鴻寶書局石印本　十四冊　存二十二種

330000－4735－0007213　09238　集部/詩文評類/詩評之屬

而菴說唐詩二十二卷　（清）徐增撰　清刻本　一冊　存三卷（三至五）

330000－4735－0007215　09239　集部/詩文評類/詩評之屬

而菴說唐詩二十二卷　（清）徐增撰　清刻本　二冊　存六卷（一至六）

330000－4735－0007217　09240　集部/詩文評類/詩評之屬

而菴說唐詩二十二卷　（清）徐增撰　清刻本　二冊　存九卷（十四至二十二）

330000－4735－0007220　07443　新學/交涉/公法

公法便覽四卷總論一卷續一卷　（美國）丁韙良譯　清光緒鉛印本　三冊　缺三卷（一、三至四）

330000－4735－0007222　09241　集部/別集類/清別集

西漚全集十卷外集八卷　（清）李惺撰　清同治七年（1868）李滋義刻本　十五冊　缺一卷（八）

330000－4735－0007224　10354　類叢部/叢書類/彙編之屬

知不足齋叢書一百九十五種　（清）鮑廷博編　（清）鮑士恭續編　清乾隆三十七年至道光三年（1772－1823）長塘鮑氏刻彙印本　一冊　存二種

330000－4735－0007226　07445　新學/雜著/叢編

西學輯存六種　（清）王韜編　清光緒十六年（1890）淞隱廬鉛印本　一冊　存三種

330000－4735－0007227　09242　集部/總集類/選集之屬/斷代

玉堂名翰賦四卷 （清）張賓 （清）程邦勳輯　清乾隆十六年(1751)刻本　一冊　存二卷（一至二）

330000－4735－0007228　03891　史部/政書類/律令之屬/治獄

新輯刑案彙編十六卷 （清）周守赤輯　清光緒二十三年(1897)上海圖書集成局鉛印本　七冊　缺二卷(三至四)

330000－4735－0007229　10355　類叢部/叢書類/彙編之屬

知不足齋叢書一百九十五種 （清）鮑廷博編 （清）鮑士恭續編　清乾隆三十七年至道光三年(1772－1823)長塘鮑氏刻彙印本　一冊　存一種

330000－4735－0007230　07446　新學/雜著/叢編

西學輯存六種 （清）王韜編　清光緒十六年(1890)淞隱廬鉛印本　一冊　存一種

330000－4735－0007231　09243　集部/別集類/清別集

鑑止水齋集二十卷 （清）許宗彥撰　清咸豐八年(1858)德清許延黻刻本　六冊　存十六卷(一至三、八至二十)

330000－4735－0007233　07447　新學/兵制

西洋兵書五種 （清）張之洞編定　清江南製造局石印本　二冊　存二種

330000－4735－0007234　09244　集部/別集類/清別集

養知書屋文集二十八卷詩集十五卷郭侍郎奏疏十二卷 （清）郭嵩燾撰　王先謙編　清光緒十八年(1892)刻本　七冊　存十八卷(一至八、十一至十二、十五至十六、二十至二十五)

330000－4735－0007236　09245　集部/總集類/選集之屬/通代

古文析觀詳解六卷 （清）林西仲 （清）吳楚

材評 （清）章懋勳糸註　清乾隆七年(1742)三餘堂刻本　八冊

330000－4735－0007237　07448　新學/商務

中國度支考一卷 （英國）哲美森編 （美國）林樂知翻譯　清光緒二十三年(1897)上海廣學會鉛印本　一冊

330000－4735－0007238　10356　類叢部/叢書類/彙編之屬

知不足齋叢書一百九十五種 （清）鮑廷博編 （清）鮑士恭續編　清乾隆三十七年至道光三年(1772－1823)長塘鮑氏刻彙印本　二冊　存二種

330000－4735－0007239　07449　新學/工藝/工學/塘工河工路工

各國鐵路圖考四卷 （清）劉啟彤譯　清光緒二十四年(1898)上海書局石印本　三冊　缺一卷(三)

330000－4735－0007240　03893　類叢部/叢書類/自著之屬

靈鶼室文乙編□□種 莊綸裔撰　清宣統三年(1911)鉛印本　三冊　存一種

330000－4735－0007243　10357　類叢部/叢書類/彙編之屬

知不足齋叢書一百九十五種 （清）鮑廷博編 （清）鮑士恭續編　清乾隆三十七年至道光三年(1772－1823)長塘鮑氏刻彙印本　一冊　存一種

330000－4735－0007245　09247　集部/別集類/清別集

虹橋老屋遺稿文四卷詩五卷 （清）秦緗業撰　清光緒十五年(1889)秦光簡等刻本　三冊

330000－4735－0007246　10358　類叢部/叢書類/彙編之屬

知不足齋叢書一百九十五種 （清）鮑廷博編 （清）鮑士恭續編　清乾隆三十七年至道光三年(1772－1823)長塘鮑氏刻彙印本　一冊　存三種

330000－4735－0007248　03894　史部/政書

樊山判牘四卷　樊增祥撰　清宣統法政學社石印本　三冊　缺一卷(二)

330000－4735－0007249　07454　新學／交涉／公法

各國交涉公法論十六卷　(英國)費利摩羅巴德撰　(英國)傅蘭雅口譯　(清)俞世爵筆述

　各國交涉公法論校勘記一卷中西紀年一卷　(清)錢國祥撰　清光緒二十二年(1896)小倉山房石印本　怡盦居主題記　八冊

330000－4735－0007251　09248　集部／總集類／郡邑之屬

東甌先正文錄十二卷栝蒼先正文錄三卷補遺一卷　(清)陳遇春輯　清道光十四年(1834)刻本　十一冊　存十一卷(一至二、五至十二,栝蒼先正文錄一)

330000－4735－0007253　10359　類叢部／叢書類／彙編之屬

知不足齋叢書一百九十五種　(清)鮑廷博編　(清)鮑士恭續編　清乾隆三十七年至道光三年(1772－1823)長塘鮑氏刻彙印本　一冊　存二種

330000－4735－0007254　07455　新學／雜著／叢編

續西學大成六十八種　(清)孫家鼒編　清光緒二十三年(1897)上海飛鴻閣書林石印本　三冊　存七種

330000－4735－0007256　07451　新學／雜著／叢編

歷史一千題鼓吹三種　(清)南洋編譯圖書社輯　清光緒三十年(1904)上海六藝書局石印本　四冊　缺二卷(歷史策題會纂五至六)

330000－4735－0007257　07456　新學／雜著／叢編

西學大成五十六種　(清)王西清　(清)盧梯青編　清光緒十四年(1888)上海大同書局石印本　十二冊

330000－4735－0007258　07457　新學／雜

著／叢編

西學大成五十六種　(清)王西清　(清)盧梯青編　清光緒二十一年(1895)上海醉六堂書坊石印本　二冊　存五種

330000－4735－0007259　09249　集部／別集類／清別集

篔谷文鈔十二卷　(清)查揆撰　清道光十五年(1835)菽原堂刻本　四冊

330000－4735－0007260　03895　史部／政書類／律令之屬／刑制

核訂現行刑律不分卷　沈家本輯　清宣統元年(1909)鉛印本　二冊

330000－4735－0007262　10360　類叢部／叢書類／彙編之屬

知不足齋叢書一百九十五種　(清)鮑廷博編　(清)鮑士恭續編　清乾隆三十七年至道光三年(1772－1823)長塘鮑氏刻光緒八年(1882)嶺南雲林仙館重印本　三冊　存五種

330000－4735－0007264　09250　集部／別集類／宋別集

放翁先生詩鈔七卷　(宋)陸游撰　(清)周之鱗　(清)柴升選　清刻本　洪介福題簽　二冊

330000－4735－0007265　09251　集部／別集類／清別集

遜學齋文鈔十二卷續鈔五卷詩鈔十卷續鈔五卷　(清)孫衣言撰　清同治三年(1864)、十二年(1873)刻本　六冊　缺十二卷(文鈔一至十二)

330000－4735－0007266　10361　類叢部／叢書類／彙編之屬

知不足齋叢書一百九十五種　(清)鮑廷博編　(清)鮑士恭續編　清乾隆三十七年至道光三年(1772－1823)長塘鮑氏刻彙印本　十五冊　存十五種

330000－4735－0007267　07452　新學／雜著／叢編

歷史一千題鼓吹三種　(清)南洋編譯圖書社

輯 清光緒三十年(1904)上海六藝書局石印本 三冊 存一種

330000－4735－0007270 07453 新學/雜著/叢編

歷史一千題鼓吹三種 （清）南洋編譯圖書社輯 清光緒三十年(1904)上海六藝書局石印本 一冊 存一種

330000－4735－0007271 09252 集部/別集類/清別集

遜學齋詩鈔十卷 （清）孫衣言撰 清同治三年(1864)刻本 一冊 存五卷(一至五)

330000－4735－0007274 09253 集部/總集類/選集之屬/斷代

刪訂唐詩解二十四卷 （明）唐汝詢輯 （清）吳昌祺評 清康熙四十一年(1702)刻本 昇平題簽 七冊 存二十一卷(一至十四、十八至二十四)

330000－4735－0007276 09254 集部/總集類/選集之屬/斷代

刪訂唐詩解二十四卷 （明）唐汝詢輯 （清）吳昌祺評 清康熙四十一年(1702)刻本 二冊 存七卷(十四至二十)

330000－4735－0007277 09255 集部/總集類/選集之屬/斷代

刪訂唐詩解二十四卷 （明）唐汝詢輯 （清）吳昌祺評 清刻本 一冊 存五卷(十六至二十)

330000－4735－0007279 09256 集部/別集類/清別集

蒙盧詩存四卷外集一卷 （清）沈景脩撰 清光緒二十一年(1895)杭州刻本 一冊

330000－4735－0007281 10362 類叢部/叢書類/彙編之屬

嘯園叢書五十七種 （清）葛元煦編 清光緒二年至七年(1876－1881)仁和葛氏刻本 二冊 存一種

330000－4735－0007283 03900 史部/史評類/史論之屬

續左傳博議四卷 （清）王夫之 （清）朱元英撰 清光緒二十四年(1898)千頃堂石印本 周步丹題記 二冊

330000－4735－0007284 10363 類叢部/叢書類/郡邑之屬

粟香室叢書五十九種 金武祥編 清光緒至民國江陰金氏刻本 一冊 存一種

330000－4735－0007285 09258 集部/別集類/清別集

韞山堂時文初集不分卷二集不分卷 （清）管世銘撰 清道光三年(1823)刻本 叔裕題簽 二冊

330000－4735－0007286 07458 新學/雜著/叢編

西學啓蒙十六種 （英國）赫德編 （英國）艾約瑟譯 清光緒二十四年(1898)上海盈記書莊石印本 十四冊 存十四種

330000－4735－0007288 09259 集部/總集類/課藝之屬

制義靈樞初編不分卷二編不分卷三編不分卷四編不分卷 （清）周銘恩評選 清光緒十六年(1890)湖南書局刻本 二冊

330000－4735－0007290 07459 新學/雜著/叢編

西學啓蒙十六種 （英國）赫德編 （英國）艾約瑟譯 清光緒二十四年(1898)上海盈記書莊石印本 十一冊 存十一種

330000－4735－0007291 09260 集部/小說類/長篇之屬

臺灣外記三十卷 （清）江日昇撰 清道光十三年(1833)求無不獲齋刻本 四冊 存十五卷(一至四、十一至十三、十八至二十五)

330000－4735－0007292 03903 史部/政書類/律令之屬/判牘

樊山判牘四卷 樊增祥撰 清宣統法政學社石印本 四冊

330000－4735－0007293 07460 新學/雜著/叢編

西學啓蒙十六種 （英國）赫德編 （英國）艾約瑟譯 清光緒二十四年（1898）上海盈記書莊石印本 一冊 存一種

330000－4735－0007294 07461 新學/雜著/叢編

西學輯存六種 （清）王韜編 清光緒十六年（1890）淞隱廬鉛印本 二冊

330000－4735－0007296 09261 集部/別集類/清別集

蘇盦文錄二卷駢文錄五卷詩錄八卷詞錄一卷 （清）楊葆光撰 清光緒九年（1883）杭州刻本 五冊

330000－4735－0007297 10364 類叢部/叢書類/自著之屬

啖蔗軒全集四種附二種 （清）方士淦撰 清同治十一年（1872）兩淮運署刻本 一冊 存一種

330000－4735－0007298 09262 集部/別集類/清別集

蘇盦文錄二卷駢文錄五卷詩錄八卷詞錄一卷 （清）楊葆光撰 清光緒九年（1883）杭州刻本 五冊

330000－4735－0007300 03905 史部/金石類/總志之屬

學古齋金石叢書四集 （清）葛元煦輯 清光緒崇川葛氏學古齋刻本 三冊 存三種

330000－4735－0007302 09263 集部/別集類/清別集

蘇盦文錄二卷駢文錄五卷詩錄八卷詞錄一卷 （清）楊葆光撰 清光緒九年（1883）杭州刻本 四冊 缺三卷（詩錄一至三）

330000－4735－0007303 07463 新學/全體學/附心靈學

心靈學一卷 （美國）海文撰 （清）顏永京譯 清光緒十五年（1889）上海益智書會刻本 一冊

330000－4735－0007304 07464 新學/格致總

啓悟要津不分卷 （清）鄒弢輯 清光緒二十四年（1898）刻本 蕭臣題簽 一冊

330000－4735－0007305 07465 新學/工藝/汽機總

汽機新制八卷 （英國）白爾格撰 （英國）傅蘭雅口譯 （清）徐建寅筆述 清光緒江南製造局刻本 一冊 存四卷（五至八）

330000－4735－0007306 10366 類叢部/叢書類/彙編之屬

刻鵠齋叢書十六種 （清）胡念修編 清光緒二十三年至二十七年（1897－1901）刻鵠齋刻本 三冊 存一種

330000－4735－0007307 09264 集部/總集類/選集之屬/斷代

國朝文匯甲前集二十卷甲集六十卷乙集七十卷丙集三十卷丁集二十卷 （清）上海國學扶輪社輯 清宣統元年（1909）上海國學扶輪社石印本 九十七冊 缺八卷（乙集四十一至四十四、丙集十三至十六）

330000－4735－0007308 07468 子部/兵家類

武備新書十種 （清）廖壽豐輯 清光緒二十三年（1897）浙江書局刻本 五冊

330000－4735－0007309 07466 新學/兵制/槍炮

槍法準繩一卷 （清）吳大澂撰 清光緒二十年（1894）刻本 一冊

330000－4735－0007311 10367 類叢部/叢書類/自著之屬

壺盦類稿五種 （清）胡念修撰 清光緒刻彙印本 一冊 存二種

330000－4735－0007312 07467 史部/政書類/邦計之屬/衡制

中西度量權衡表一卷 清光緒二十一年（1895）鄞縣沈氏刻本 一冊

330000－4735－0007313 09265 集部/總集類/選集之屬/通代

古文析義十六卷 （清）林雲銘評註 清刻本

五冊　存五卷(三至四、八、十一、十六)

330000－4735－0007316　07469　新學/兵制/海軍

水師操練十八卷首一卷　(英國)戰船部撰(英國)傅蘭雅口譯　(清)徐建寅筆述　清刻本　一冊　存六卷(首、一至五)

330000－4735－0007318　03908　史部/編年類/斷代之屬

皇朝政典挈要六卷　(日本)增田貢撰　(清)毛淦補編　清末石印本　一冊

330000－4735－0007319　07470　新學/雜著/叢編

江南製造局譯書　(清)江南製造局編　清光緒江南製造局刻本暨鉛印本　十八冊　存七種

330000－4735－0007321　03909　史部/編年類/通代之屬

御批歷代通鑑輯覽一百二十卷　(清)傅恆等撰　清石印本　二冊　存七卷(五十一至五十四、九十一至九十三)

330000－4735－0007323　09269　集部/別集類/清別集

李養一先生詩集四卷賦一卷詩餘一卷　(清)李兆洛撰　清光緒八年(1882)江陰曹佳江陰刻本　二冊

330000－4735－0007324　07473　新學/雜著/叢編

富強叢書正集七十七種續集一百二十一種　(清)袁俊德編　清光緒小倉山房石印本　一百二十一冊　存正集七十二種、續集一百四種

330000－4735－0007325　03911　史部/雜史類/斷代之屬

熙朝新語十六卷　(清)余金輯　清刻本　一冊　存二卷(十三至十四)

330000－4735－0007326　09270　集部/別集類/清別集

養一齋文集二十卷　(清)李兆洛撰　清光緒

四年(1878)刻本　益蓀題記　四冊　存九卷(一至九)

330000－4735－0007328　03912　史部/雜史類/斷代之屬

華陽國志十二卷　(晉)常璩撰　清嘉慶十九年(1814)廖寅題襟館刻本　三冊　存九卷(四至十二)

330000－4735－0007330　09271　集部/詩文評類/制藝之屬

制義叢話二十四卷題名一卷　(清)梁章鉅撰　清道光三十年(1850)知足知不足齋刻本　曹愷題簽　七冊　存二十二卷(一至十九、二十三至二十四,題名)

330000－4735－0007333　09272　集部/別集類/清別集

潛研堂詩集十卷詩續集十卷文集五十卷　(清)錢大昕撰　清嘉慶十一年(1806)刻本　六冊　存三十二卷(詩集一至十、詩續集一至十、文集二十六至三十七)

330000－4735－0007334　03913　史部/史抄類

諸史蒙求歌略一卷羣經蒙求歌略一卷　(清)黃焱編　清光緒二十四年(1898)上海千頃堂石印本　一冊　存一卷(羣經蒙求歌略)

330000－4735－0007336　07471　新學/雜著/叢編

江南製造局譯書　(清)江南製造局編　清光緒江南製造局刻本暨鉛印本　十八冊　存十七種

330000－4735－0007339　09273　集部/總集類/選集之屬/斷代

全唐詩九百卷目錄十二卷　(清)曹寅等輯　清光緒元年(1875)撫州饒玉成雙峰書屋刻本　一百十九冊　缺五卷(第四函第五冊:賈至一、錢起一至四)

330000－4735－0007343　09274　集部/總集類/選集之屬/斷代

欽定全唐文一千卷目錄三卷　(清)董誥等輯

清嘉慶十九年(1814)內府刻本　六十六冊

存一百三十七卷(目錄三,三至二十六、二十九至三十四、三百九十一至三百九十四、三百九十六至四百四、四百七至四百十、四百七十七至四百七十八、四百八十一至四百八十四、四百八十七至四百八十八、四百九十三至四百九十五、五百一至五百三十四、五百三十九至五百四十六、八百九至八百十六、八百十九至八百二十、八百二十五至八百二十六、八百三十三至八百四十八、八百五十一至八百五十六、九百五十八至九百五十九)

330000－4735－0007347　07472　新學/格致總

格物入門七卷　(美國)丁韙良撰　清刻本　一冊　存一卷(四)

330000－4735－0007348　07474　新學/雜著/叢編

富強叢書正集七十七種續集一百二十一種　(清)袁俊德編　清光緒小倉山房石印本　十三冊　存正集二種、續集二十二種

330000－4735－0007354　07475　新學/雜著/叢編

富強叢書正集七十七種續集一百二十一種　(清)袁俊德編　清光緒小倉山房石印本　一冊　存續集三種

330000－4735－0007355　09279　集部/總集類/郡邑之屬

海虞詩苑十八卷　(清)王應奎輯　清乾隆二十四年(1759)刻本　陳藻題簽　二冊　存七卷(九至十一、十五至十八)

330000－4735－0007357　09280　集部/總集類/郡邑之屬

海虞詩苑十八卷　(清)王應奎輯　清乾隆二十四年(1759)刻本　三冊　存八卷(一至八)

330000－4735－0007361　09281　集部/詞類/總集之屬

詞綜三十八卷　(清)朱彝尊輯　(清)汪森增定　(清)柯崇樸編次　(清)周箕辨譌　(清)王昶補纂　清刻本　二冊　存十卷(五

至九、十五至十九)

330000－4735－0007366　03914－03062　史部/編年類/通代之屬

資治通鑑綱目全書四種　明萬曆金陵唐翀宇刻本　萬德懿題簽　五十冊　存二種

330000－4735－0007368　07803　集部/小說類/長篇之屬

增評補像全圖金玉緣一百二十回首一卷　(清)曹霑　(清)高鶚撰　(清)王希廉　(清)張新之　(清)姚燮評　清光緒三十四年(1908)求不負齋石印本　十冊　存七十二回(一至六十四、九十七至一百四)

330000－4735－0007371　09282　集部/詞類/總集之屬

國朝詞綜續編二十四卷　(清)黃燮清輯　清同治十二年(1873)鄂垣刻本　六冊

330000－4735－0007372　10370　類叢部/叢書類/自著之屬

拙盦叢稿　(清)朱一新撰　清光緒二十二年(1896)順德龍氏葆真堂刻宣統三年(1911)抱經樓補刻本　四冊　存三種

330000－4735－0007373　09283　集部/詞類/總集之屬

國朝詞綜續編二十四卷　(清)黃燮清輯　清同治十二年(1873)鄂垣刻本　一冊　存四卷(九至十二)

330000－4735－0007375　03915　史部/紀傳類/正史之屬

二十一史二千五百六十七卷　明萬曆二十三年至三十四年(1595－1606)北京國子監刻本　十七冊　存一種

330000－4735－0007381　02094－02637　史部/傳記類/別傳之屬

宜堂類編二十五卷　丁立中編　清光緒二十六年(1900)錢塘丁氏嘉惠堂刻本　三冊　存十卷(一至五、九至十一、十五至十六)

330000－4735－0007382　09284　集部/別集類/清別集

學耨堂文集八卷　（清）王崇炳撰　清乾隆二十五年（1760）刻五十三年（1788）印本　一冊　存二卷（一至二）

330000－4735－0007383　09285　集部/別集類/清別集

學耨堂詩稿九卷　（清）王崇炳撰　清乾隆二十五年（1760）刻五十三年（1788）印本　一冊　存二卷（一至二）

330000－4735－0007387　03916　史部/紀傳類/正史之屬

二十一史二千五百六十七卷　明萬曆二十三年至三十四年（1595－1606）北京國子監刻本　一冊　存一種

330000－4735－0007389　09287　集部/總集類/課藝之屬

敬修堂詞賦課鈔十六卷附金臺課藝一卷　（清）胡敬輯　清同治十一年（1872）山陰俞氏刻本　五冊　存十四卷（一至十四）

330000－4735－0007390　03917　史部/紀傳類/正史之屬

二十一史二千五百六十七卷　明萬曆二十三年至三十四年（1595－1606）北京國子監刻本　一冊　存一種

330000－4735－0007392　07810　集部/小說類/長篇之屬

東周列國全志二十三卷　（清）蔡奡評點　清刻本　十冊　缺三卷（一、十二至十三）

330000－4735－0007393　03918　史部/紀傳類/正史之屬

二十一史二千五百六十七卷　明萬曆二十三年至三十四年（1595－1606）北京國子監刻本　八冊　存一種

330000－4735－0007394　09288　集部/總集類/課藝之屬

敬修堂詞賦課鈔十六卷附金臺課藝一卷　（清）胡敬輯　清同治十一年（1872）山陰俞氏刻本　一冊　存三卷（十五至十六、金臺課藝）

330000－4735－0007396　03919　史部/紀傳類/正史之屬

二十一史二千五百六十七卷　明萬曆二十三年至三十四年（1595－1606）北京國子監刻本　二十冊　存二種

330000－4735－0007398　10144　類叢部/類書類/專類之屬

永嘉先生八面鋒十三卷　（宋）陳傅良輯　清光緒二十八年（1902）鴻寶書局石印本　一冊

330000－4735－0007400　07811　集部/小說類/長篇之屬

東周列國全志二十三卷一百八回　（清）蔡奡評點　清刻本　八冊　存八卷（一至二、五、七、十一至十二、十七、十九）

330000－4735－0007401　10145　類叢部/類書類/通類之屬

三才畧三卷　蔣德鈞輯　清石印本　一冊

330000－4735－0007405　10371　類叢部/叢書類/彙編之屬

玲瓏山館叢書七十種　（清）□□編　清光緒十五年（1889）文選樓刻本　六冊　存三種

330000－4735－0007406　07813　集部/小說類/長篇之屬

東周列國志二十七卷一百八回首一卷　（清）蔡奡評點　清光緒上海書局石印本　八冊

330000－4735－0007407　10372　類叢部/叢書類/彙編之屬

玲瓏山館叢書七十種　（清）□□編　清光緒十五年（1889）文選樓刻本　六冊　存三種

330000－4735－0007409　09290　集部/別集類/清別集

躬恥齋詩鈔十四卷首一卷後編七卷　（清）宗稷辰撰　清咸豐九年（1859）會稽宗氏九曲山房刻本　八冊

330000－4735－0007410　07814　集部/小說類/長篇之屬

增像全圖東周列國志二十七卷一百八回首一卷　（清）蔡奡評點　清光緒三十一年（1905）

上海廣益書局石印本　蘭舟氏題簽　十一冊　缺二卷（二十二至二十三）

330000－4735－0007414　09291　集部/別集類/明別集

危學士全集十四卷　（明）危素撰　清乾隆二十三年（1758）芳樹園刻本　七冊　存十二卷（一至十、十三至十四）

330000－4735－0007415　03920　史部/紀傳類/正史之屬

二十一史二千五百六十七卷　明萬曆二十三年至三十四年（1595－1606）北京國子監刻本　三冊　存一種

330000－4735－0007416　09292　集部/別集類/清別集

躬恥齋文鈔二十卷文後編六卷詩鈔十四卷詩後編七卷　（清）宗稷辰撰　清咸豐越峴山館刻同治七年（1868）當湖朱氏補修本　十八冊　存二十六卷（文鈔一至二十、文後編一至六）

330000－4735－0007418　03921　史部/紀傳類/正史之屬

二十一史二千五百六十七卷　明萬曆二十三年至三十四年（1595－1606）北京國子監刻本　二十二冊　存三種

330000－4735－0007419　10373　類叢部/叢書類/自著之屬

紀慎齋先生全集十二種續集七種　（清）紀大奎撰　清嘉慶十三年至咸豐二年（1808－1852）刻本　十七冊　存五種

330000－4735－0007420　09293　集部/別集類/清別集

林蕙堂文集十二卷　（清）吳綺撰　清刻本　二冊　存四卷（七至八、十一至十二）

330000－4735－0007421　09294　集部/詩文評類/詩評之屬

藝苑名言八卷　（清）蔣瀾撰　清刻本　一冊　存二卷（三至四）

330000－4735－0007424　03922　史部/政書

類/律令之屬/治獄

折獄便覽一卷　（清）明善輯　清道光三十年（1850）刻本　一冊

330000－4735－0007425　09295　集部/別集類/清別集

藤香館啟蒙草一卷　（清）薛時雨撰　清同治七年（1868）刻本　一冊

330000－4735－0007426　10374　類叢部/叢書類/彙編之屬

稗海四十八種續集二十二種　（明）商濬編　明萬曆商氏半埜堂刻清康熙至乾隆修補重訂本　六十冊　存四十六種

330000－4735－0007429　03923　史部/職官類/官箴之屬

捷幕錄一卷　清同治十三年（1874）抄本　一冊

330000－4735－0007434　07821　集部/小說類/長篇之屬

繡像東周列國志二十七卷一百八回　（清）蔡奡評點　清光緒三十一年（1905）上海商務印書館鉛印本　一冊　存二卷（二十六至二十七）

330000－4735－0007440　07824　集部/小說類/長篇之屬

東周列國全志二十三卷一百八回　（清）蔡奡評點　清刻本　一冊　存一卷（二十二）

330000－4735－0007442　07825　集部/小說類/長篇之屬

後紅樓夢三十回附刻詩二回　（清）逍遙子撰　清刻本　倚吟樓題簽　五冊

330000－4735－0007443　03924　史部/傳記類/別傳之屬

宜堂類編二十五卷　丁立中編　清光緒二十六年（1900）錢塘丁氏嘉惠堂刻本　三冊　存十卷（一至五、十二至十六）

330000－4735－0007445　03925　史部/傳記類/別傳之屬

宜堂類編二十五卷　丁立中編　清光緒二十

六年(1900)錢塘丁氏嘉惠堂刻本　四冊　存十二卷(十二至十四、十七至二十五)

330000－4735－0007446　07826　集部/小說類/長篇之屬

紅樓夢一百二十回　(清)曹霑　(清)高鶚撰　清刻本　一冊　存九回(六十一至六十九)

330000－4735－0007447　07827　集部/小說類/長篇之屬

後紅樓夢三十回　(清)逍遙子撰　清刻本　曉滄題簽　九冊　存二十四回(六至二十九)

330000－4735－0007448　09304　集部/別集類/明別集

項太史全稿一卷　(明)項煜撰　清道光二十年(1840)小西山房刻本　三冊

330000－4735－0007449　07828　集部/小說類/長篇之屬

續紅樓夢三十卷　(清)秦子忱撰　清刻本　清涵碧軒主人跋　三冊　存四卷(九至十、二十九至三十)

330000－4735－0007451　03926　史部/政書類/儀制之屬/典禮

典制類林四卷　(清)唐式南編　清乾隆三十年(1765)敬直堂刻本　一冊　存二卷(三至四)

330000－4735－0007452　09305　子部/儒家類/儒學之屬/蒙學

天崇百篇不分卷　(清)吳懋政評選　清道光六年(1826)小西山房刻本　二冊

330000－4735－0007453　07829　集部/小說類/長篇之屬

紅樓夢一百二十回　(清)曹霑　(清)高鶚撰　(清)王希廉評　清刻本　四冊　存十六回(一、五十六至六十、七十九至八十三、一百十六至一百二十)

330000－4735－0007454　03927　史部/政書類/通制之屬

吾學錄初編二十四卷　(清)吳榮光撰　清同治九年(1870)江蘇書局刻本　一冊　存三卷(十四至十六)

330000－4735－0007455　09306　子部/儒家類/儒學之屬/蒙學

天崇百篇不分卷　(清)吳懋政評選　清道光六年(1826)小西山房刻本　一冊

330000－4735－0007456　03928　史部/金石類/郡邑之屬

栝蒼金石志十二卷續志四卷　(清)李遇孫輯　(清)鄒柏森校補　清同治十三年(1874)浙江處州府署刻本　二冊　存四卷(一至二、十一至十二)

330000－4735－0007458　09307　集部/總集類/選集之屬/通代

天崇欣賞集四卷　(清)朱芬選　清乾隆四十一年(1776)刻本　二冊

330000－4735－0007460　09308　集部/總集類/選集之屬/斷代

重訂唐詩別裁集二十卷　(清)沈德潛輯　清乾隆二十八年(1763)教忠堂刻本　二冊　存四卷(三至六)

330000－4735－0007461　07831　集部/小說類/長篇之屬

增評加批金玉緣圖說十六卷一百二十回首一卷　(清)曹霑　(清)高鶚撰　(清)蝶薌仙史評訂　清光緒二十五年(1899)上海書局石印本　一冊　存五卷(首、一至四)

330000－4735－0007462　09309　集部/總集類/選集之屬/斷代

重訂唐詩別裁集二十卷　(清)沈德潛輯　清刻本　一冊　存十一卷(三至八、十四至十八)

330000－4735－0007463　03930　史部/雜史類/斷代之屬

皇朝掌故二卷　(清)張一鵬撰　(清)陳蔚文注　清光緒二十八年(1902)浙省貢院西橋杞廬刻本　一冊

330000－4735－0007464　07832　集部/小說類/長篇之屬

增評加批金玉緣圖說十六卷一百二十回首一卷 （清）曹霑 （清）高鶚撰 （清）蝶薌仙史評訂 清光緒二十五年(1899)上海書局石印本 十二冊 存十二卷(首,五至九、十一至十六)

330000－4735－0007465 09310 集部/總集類/選集之屬/斷代

唐詩別裁集十卷 （清）沈德潛 （清）陳培脈選 清刻本 一冊 存二卷(三至四)

330000－4735－0007466 03931 類叢部/叢書類/自著之屬

二思堂叢書六種五十一卷 （清）梁章鉅撰 清光緒元年(1875)福州梁氏刻本 二冊 存一種

330000－4735－0007468 03932 史部/政書類/律令之屬/治獄

餘姚學墾裁判談一卷 （清）高鳳岐輯 清宣統刻本 一冊

330000－4735－0007469 09311 集部/總集類/選集之屬/斷代

唐詩別裁集引典備註二十卷 （清）沈德潛輯 （清）俞汝昌注 清資善堂刻本 曹愷題簽 八冊

330000－4735－0007470 09312 集部/總集類/選集之屬/斷代

唐詩別裁集引典備註二十卷 （清）沈德潛輯 （清）俞汝昌注 清刻本 一冊 存二卷(十一至十二)

330000－4735－0007471 07833 集部/小說類/長篇之屬

增評加批金玉緣圖說十六卷一百二十回首一卷 （清）曹霑 （清）高鶚撰 （清）蝶薌仙史評訂 清光緒三十四年(1908)上海求志齋石印本 十二冊 存十四卷(首、四至十六)

330000－4735－0007472 03933 史部/傳記類/職官錄之屬/總錄

浙省江右同官錄一卷 清宣統元年(1909)刻朱墨套印本 一冊

330000－4735－0007473 10377 類叢部/叢書類/自著之屬

曾文正公四種 （清）曾國藩撰 清宣統元年(1909)章福記書局石印本 四冊 存二種

330000－4735－0007474 09313 集部/別集類/唐五代別集

王右丞集二十八卷首一卷末一卷 （唐）王維撰 （清）趙殿成箋注 清乾隆仁和趙氏刻本 九冊 缺一卷(末)

330000－4735－0007476 03934 史部/傳記類/職官錄之屬/總錄

浙省同官錄不分卷 清刻本 二冊

330000－4735－0007479 09314 集部/別集類/唐五代別集

王右丞集二十八卷首一卷末一卷 （唐）王維撰 （清）趙殿成箋注 清乾隆仁和趙氏刻本 三冊 存十五卷(九至二十三)

330000－4735－0007480 10378 類叢部/叢書類/彙編之屬

二酉堂叢書(張氏叢書)二十一種 （清）張澍輯 清道光元年(1821)武威張氏二酉堂刻本 二冊 存一種

330000－4735－0007482 03935 史部/傳記類/別傳之屬

胡氏[仁楷]崇祀鄉賢錄文二卷詩詞三卷 （清）胡鳳丹輯 清同治八年(1869)退補齋刻本 一冊

330000－4735－0007483 09315 集部/總集類/選集之屬/通代

古文淵鑒六十四卷 （清）徐乾學等輯注 清同治十二年(1873)浙江書局刻本 六冊 存十九卷(一至十九)

330000－4735－0007484 10379 類叢部/叢書類/自著之屬

石泉書屋全集六種 （清）李佐賢編輯 清咸豐至光緒利津李氏刻本 五冊 存一種

330000－4735－0007485 03936 史部/雜史類/通代之屬

重訂路史全本四十七卷　（宋）羅泌撰　（宋）羅苹注　（明）吳弘基等重編　清乾隆元年（1736）進修書院刻本　一冊　存三卷（餘論八至十）

330000－4735－0007487　03937　史部/職官類/官箴之屬

實政錄七卷　（明）呂坤撰　清同治七年（1868）湖北崇文書局刻本　二冊　存三卷（一、六至七）

330000－4735－0007488　10380　類叢部/叢書類/自著之屬

古愚老人消夏錄十七種　（清）汪汲撰輯　清乾隆至嘉慶古愚山房刻本　十冊　存七種

330000－4735－0007490　03938　史部/詔令奏議類/奏議之屬

荊川先生右編四十卷　（明）唐順之輯　（明）劉曰寧補　明萬曆三十三年（1605）南京國子監刻本　二冊　存二卷（二十九至三十）

330000－4735－0007491　07840　集部/小說類/長篇之屬

西遊真詮一百回　（清）陳士斌詮解　清刻本　何三分題簽　六冊　存二十九回（五十二至六十一、七十七至八十一、八十七至一百）

330000－4735－0007492　07841　集部/小說類/長篇之屬

西遊真詮二十卷一百回　（清）陳士斌詮解　清刻本　十八冊　缺二卷（一、三）

330000－4735－0007493　10381　類叢部/叢書類/家集之屬

長洲彭氏家集九種　（清）彭祖賢編　清同治至光緒刻本　一冊　存一種

330000－4735－0007494　07842　集部/小說類/長篇之屬

西遊真詮二十卷一百回　（清）陳士斌詮解　清刻本　六冊　存六卷（十四至十八、二十）

330000－4735－0007495　07843　集部/小說類/短篇之屬

聊齋志異詳註十六卷　（清）蒲松齡撰　（清）王士禛評　（清）呂湛恩注　清咸豐十年（1860）近文堂刻本　彩泉題簽　三冊　存三卷（一、六、十）

330000－4735－0007496　10382　類叢部/叢書類/彙編之屬

春暉堂叢書十二種　（清）徐渭仁編　清道光至咸豐上海徐渭仁刻同治九年至十年（1870－1871）徐允臨補刻彙印本　一冊　存一種

330000－4735－0007497　07844　集部/小說類/短篇之屬

聊齋志異十六卷　（清）蒲松齡撰　（清）王士禛評　清刻本　十冊　存十卷（一至八、十四、十六）

330000－4735－0007498　03939　史部/紀傳類/正史之屬

明史稿三百十卷目錄三卷　（清）王鴻緒撰　清雍正敬慎堂刻本　一冊　存五卷（志三至七）

330000－4735－0007499　07845　集部/小說類/短篇之屬

聊齋志異新評十六卷　（清）蒲松齡撰　（清）王士禛評　（清）呂湛恩注　（清）但明倫新評　清刻本　一冊　存一卷（四）

330000－4735－0007500　10383　類叢部/叢書類/彙編之屬

惜陰軒叢書三十四種續編一種　（清）李錫齡編　清光緒二十二年（1896）長沙刻本　一冊　存一種

330000－4735－0007501　07846　集部/小說類/短篇之屬

聊齋志異新評十六卷　（清）蒲松齡撰　（清）王士禛評　（清）但明倫新評　（清）呂湛恩注　清刻本　王郎亭題簽、音注　四冊　存四卷（五、八、十至十一）

330000－4735－0007502　10384　類叢部/叢書類/自著之屬

郝氏遺書三十三種　（清）郝懿行撰　清嘉慶至光緒刻彙印本　蔚青題記　一冊　存一種

330000－4735－0007503 07847 集部/小說類/短篇之屬

詳註聊齋志異圖詠十六卷首一卷 （清）蒲松齡撰 （清）呂湛恩注 清光緒三十年（1904）上海錦章書局石印本 紹封題簽並記 一冊 存三卷（首、一至二）

330000－4735－0007505 07849 集部/小說類/短篇之屬

聊齋志異新評十六卷 （清）蒲松齡撰 （清）王士禛評 （清）但明倫新評 清刻本 四冊 存四卷（六、十至十二）

330000－4735－0007508 07852 集部/小說類/短篇之屬

聊齋志異評註十六卷 （清）蒲松齡撰 （清）王士慎評 （清）呂湛恩注 （清）但明倫批 清刻本 十二冊 存十二卷（四至十一、十三至十六）

330000－4735－0007509 07853 集部/小說類/長篇之屬

海上花列傳六十四回 （清）韓邦慶撰 清光緒二十年（1894）石印本 七冊 存五十六回（一至二十四、三十三至六十四）

330000－4735－0007510 07854 集部/小說類/長篇之屬

鏡花緣二十卷一百回 （清）李汝珍撰 清刻本 四冊

330000－4735－0007513 03940 史部/政書類/公牘檔冊之屬

蘇杭甬鐵路檔一卷 清光緒三十三年（1907）鉛印本 一冊

330000－4735－0007516 09316 集部/總集類/選集之屬/通代

古文淵鑒六十四卷 （清）徐乾學等輯注 清刻五色套印本 一冊 存二卷（四十至四十一）

330000－4735－0007518 09317 集部/總集類/選集之屬/通代

古文淵鑒六十四卷 （清）徐乾學等輯注 清

刻四色套印本 九冊 存十五卷（五十至六十四）

330000－4735－0007519 03942 史部/政書類/公牘檔冊之屬

現定三費局章程一卷現定文武鄉會試賓興章程一卷議定建倉買穀章程一卷閭邑士民請永定書役條規一卷 清刻本 一冊

330000－4735－0007522 09318 集部/總集類/課藝之屬

紫陽書院課藝不分卷 （清）孫衣言鑒定 （清）高學治 （清）駱金藻 （清）陸宗翰編次 清同治六年（1867）刻本 二冊

330000－4735－0007524 10386 類叢部/叢書類/自著之屬

汪雙池先生叢書二十種附浙刻雙池遺書十二種 （清）汪紱撰 清道光至光緒刻光緒二十三年（1897）長安趙舒翹等彙印本 一冊 存一種

330000－4735－0007525 09319 集部/總集類/課藝之屬

紫陽書院課藝續編不分卷 （清）章鋆鑒定 （清）吳以同 （清）秦恩溥 （清）鄒在寅編次 清同治十年（1871）刻本 四冊

330000－4735－0007527 03943 史部/政書類/公牘檔冊之屬

各省學務官制並勸學所章程一卷 （清）學部編 清光緒三十二年（1906）浙江官書局刻本 一冊

330000－4735－0007529 10387 類叢部/叢書類/郡邑之屬

武林往哲遺箸五十六種後編十種 （清）丁丙編 清光緒二十年至二十六年（1894－1900）錢塘丁氏嘉惠堂刻本 一冊 存一種

330000－4735－0007530 09320 集部/總集類/課藝之屬

紫陽書院課藝七集不分卷 （清）吳左泉鑒定 （清）查亮采 （清）朱文炳編校 **紫陽書院課藝八集不分卷** （清）吳左泉鑒定 （清）朱

文炳 （清）許郊編校 清光緒十四年(1888)、十八年(1892)刻本 二冊

330000－4735－0007532 09321 集部/別集類/清別集

陳檢討四六二十卷 （清）陳維崧撰 （清）程師恭注 清乾隆三十五年(1770)漁古山房刻本 八冊

330000－4735－0007533 03946 史部/政書類/公牘檔冊之屬

浙江地方自治籌辦處文報不分卷 （清）浙江地方自治籌辦處編 清宣統鉛印本 二冊

330000－4735－0007535 10388 類叢部/叢書類/自著之屬

陸子全書十八種 （清）陸隴其撰 清光緒許仁沐刻本 六冊 存四種

330000－4735－0007536 09322 集部/別集類/清別集

陳檢討集二十卷 （清）陳維崧撰 （清）程師恭注 清康熙三十二年(1693)有美堂刻本 三冊 存十二卷(一至十、十五至十六)

330000－4735－0007539 09323 集部/別集類/清別集

陳檢討集二十卷 （清）陳維崧撰 （清）程師恭注 清康熙三十二年(1693)有美堂刻本 六冊

330000－4735－0007541 09324 集部/別集類/清別集

陳檢討集二十卷 （清）陳維崧撰 （清）程師恭注 清康熙三十二年(1693)有美堂刻本 黃敏夫題簽 三冊 存十四卷(一至九、十六至二十)

330000－4735－0007544 07864 集部/小說類/長篇之屬

第一才子書六十卷一百二十回 （明）羅本撰 （清）毛宗崗評 清刻本 一冊 存二卷(十八至十九)

330000－4735－0007546 09325 集部/別集類

缶廬詩四卷別存三卷 吳俊卿撰 清光緒十九年(1893)刻本 一冊

330000－4735－0007548 10391 類叢部/叢書類/自著之屬

陸子全書十八種 （清）陸隴其撰 清光緒許仁沐刻本 一冊 存一種

330000－4735－0007549 03950 史部/政書類/公牘檔冊之屬

浙江府廳州縣地方自治章程施行細則一卷 清鉛印本 一冊

330000－4735－0007551 07866 集部/小說類/長篇之屬

增像全圖三國演義十六卷一百二十回 （明）羅本撰 （清）毛宗崗評 清光緒三十年(1904)資益書莊石印本 二冊

330000－4735－0007552 03951 史部/政書類/儀制之屬/專志/科舉校規

暫定上海巡警學堂章程一卷 清光緒鉛印本 一冊

330000－4735－0007553 09327 集部/別集類/清別集

澤雅堂詩集六卷 （清）施補華撰 清同治十二年(1873)刻本 二冊

330000－4735－0007554 03952 史部/政書類/儀制之屬/專志/科舉校規

暫定上海巡警學堂章程一卷 清光緒鉛印本 一冊

330000－4735－0007555 03953 史部/政書類/軍政之屬/兵制

江蘇警察總局巡捕條規一卷 清光緒二十九年(1903)刻本 一冊

330000－4735－0007558 09329 集部/別集類/明別集

宋學士全集三十二卷附錄一卷 （明）宋濂撰 清康熙四十八年(1709)彭始搏刻本 四冊 存九卷(五至六、十五至十八、二十四至二十六)

307

330000－4735－0007560　10392　類叢部/叢書類/自著之屬

春在堂全書三十六種 （清）俞樾撰　清同治至光緒刻光緒末彙印本　四冊　存二種

330000－4735－0007562　03955　史部/政書類/公牘檔冊之屬

憲政編查館奏核議順天府奏陳各級審判制度暨現行清訟辦法摺一卷 清宣統三年（1911）鉛印本　一冊

330000－4735－0007563　09330　集部/別集類/漢魏六朝別集

陶淵明文集十卷 （晉）陶潛撰　清光緒十四年（1888）會稽陶濬宣稷山樓影宋刻本　二冊

330000－4735－0007564　10393　類叢部/叢書類/自著之屬

春在堂全書三十六種 （清）俞樾撰　清同治至光緒刻光緒末彙印本　五冊　存一種

330000－4735－0007565　07869　集部/小說類/長篇之屬

第一才子書十六卷一百二十回 （明）羅本撰　（清）毛宗崗評　清光緒二十四年（1898）寶文書局石印本　一冊　存一卷（一）

330000－4735－0007568　10394　類叢部/叢書類/自著之屬

春在堂全書三十六種 （清）俞樾撰　清同治至光緒刻光緒末彙印本　一冊　存一種

330000－4735－0007570　03957　史部/政書類/邦計之屬

商辦全浙鐵路有限公司第三屆收支帳畧不分卷 （清）商辦全浙鐵路有限公司編　清宣統元年（1909）上海商務印書館鉛印本　一冊

330000－4735－0007572　09332　集部/總集類/選集之屬/斷代

東品卅堂評訂唐詩鼓吹十卷 （金）元好問輯　（元）郝天挺註　（明）廖文炳解　（清）朱三錫評　清刻本　二冊　存七卷（二至四、七至十）

330000－4735－0007573　10395　類叢部/叢書類/彙編之屬

木犀軒叢書二十七種 李盛鐸編　清光緒德化李氏木犀軒刻本　十四冊　存十二種

330000－4735－0007574　03958　史部/政書類/律令之屬/律例

大清律例講義三卷 吉同鈞撰　清光緒三十四年（1908）法部律學館鉛印本　梁廬題記　一冊　存二卷（一至二）

330000－4735－0007576　09333　集部/總集類/選集之屬/斷代

唐詩品彙九十卷拾遺十卷詩人爵里詳節一卷 （明）高棅輯　（清）張恂訂　清抄本　十一冊　存四十六卷（一至四、十七至二十、二十九至三十八、五十三至五十七、六十五至六十九、七十四至九十,詩人爵里詳節）

330000－4735－0007578　09334　集部/總集類/課藝之屬

詁經精舍四集十六卷續選一卷 （清）俞樾編　清光緒五年（1879）刻本　五冊

330000－4735－0007580　09335　集部/總集類/課藝之屬

詁經精舍四集十六卷續選一卷 （清）俞樾編　清光緒五年（1879）刻本　三冊　存七卷（一至七）

330000－4735－0007582　03959　史部/職官類/官箴之屬

實政錄七卷 （明）呂坤撰　清同治十一年（1872）浙江書局刻本　一冊　存二卷（六至七）

330000－4735－0007583　10396　類叢部/叢書類/彙編之屬

古棠書屋叢書十八種 （清）孫澍　（清）孫鋘編　清道光鵝溪孫氏刻本　四冊　存一種

330000－4735－0007584　09336　集部/總集類/課藝之屬

敷文書院課藝四集不分卷 （清）周縵雲鑒定　（清）許湜祥　（清）黃開甲編校　清光緒十一年（1885）刻本　三冊

330000－4735－0007585　07876　集部/小說類/長篇之屬

第五才子書水滸傳七十五卷七十回　（元）施耐庵撰　（清）金人瑞評　清刻本　朱月湘題簽並批注　十一冊　存四十二卷（四至十、二十至二十七、三十至三十八、四十三至五十六、七十二至七十五）

330000－4735－0007586　03960　子部/儒家類/儒學之屬/蒙學

讀史蒙求四卷　（清）趙之燁撰　清光緒二十年(1894)刻本　一冊　存一卷（一）

330000－4735－0007587　07877　集部/小說類/長篇之屬

第五才子書水滸傳七十五卷七十回　（元）施耐庵撰　（清）金人瑞評　清刻本　江道人題簽並記　九冊　存三十六卷（八至二十、二十四至三十四、四十二至四十四、五十一至五十九）

330000－4735－0007588　07878　集部/小說類/長篇之屬

四大奇書第一種六十卷首一卷一百二十回　(明)羅本撰　（清）毛宗崗評　清刻本　二冊　存六卷（十二至十四、三十九至四十一）

330000－4735－0007589　10397　類叢部/叢書類/彙編之屬

半厂叢書初編十種　（清）譚獻編　清同治至光緒仁和譚氏刻本　一冊　存一種

330000－4735－0007591　07880　集部/小說類/長篇之屬

新刻天花藏批評平山冷燕四卷二十回　（清）荻岸散人編次　清大文堂刻本　四冊

330000－4735－0007592　03961　史部/紀傳類/別史之屬

弘簡錄二百五十四卷　（明）邵經邦撰　清康熙刻本　一冊　存五卷（一百五十八至一百六十二）

330000－4735－0007593　10398　類叢部/叢書類/自著之屬

春在堂全書三十六種　（清）俞樾撰　清同治至光緒刻光緒末彙印本　五冊　存一種

330000－4735－0007594　09337　集部/總集類/課藝之屬

敷文書院課藝七集不分卷　（清）吳左泉鑒定　（清）楊振鎬　（清）許祥身編校　清光緒二十年(1894)刻本　秀夫題記　一冊

330000－4735－0007596　03962　史部/紀傳類/別史之屬

續弘簡錄元史類編四十二卷　（清）邵遠平撰　清康熙三十八年(1699)刻本　一冊　存三卷（二十六至二十八）

330000－4735－0007598　09338　集部/總集類/課藝之屬

敷文書院課藝七集不分卷　（清）吳左泉鑒定　（清）楊振鎬　（清）許祥身編校　清光緒二十年(1894)刻本　六冊

330000－4735－0007599　10399　類叢部/叢書類/自著之屬

春在堂全書三十六種　（清）俞樾撰　清同治至光緒刻光緒末彙印本　一冊　存一種

330000－4735－0007600　09339　集部/總集類/課藝之屬

敷文書院課藝七集不分卷　（清）吳左泉鑒定　（清）楊振鎬　（清）許祥身編校　清光緒二十年(1894)刻本　四冊

330000－4735－0007601　07883　集部/小說類/長篇之屬

繪圖增像第五才子書水滸全傳八卷七十回　(元)施耐庵撰　（清）金人瑞評　清末天寶書局石印本　一冊　存一卷（三）

330000－4735－0007602　09340　集部/總集類/課藝之屬

詁經精舍文續集八卷　（清）羅文俊輯　清同治十二年(1873)錦江書院刻本　四冊

330000－4735－0007603　03963　史部/史表類/通代之屬

唐代以來花甲表一卷　清三槐堂刻本　一冊

330000－4735－0007604　07884　集部/小說類/長篇之屬

西遊原旨二十四卷一百回首一卷　（清）劉一明解　清嘉慶刻同治二年（1863）印本　黃次賢題簽並記　六冊　存九卷（十六至二十四）

330000－4735－0007605　10400　類叢部/叢書類/彙編之屬

十萬卷樓叢書五十一種　（清）陸心源編　清光緒歸安陸氏刻本　四冊　存三種

330000－4735－0007606　09341　集部/總集類/彙編之屬

金元明八大家文選　（清）李祖陶編　清道光二十五年（1845）吉安刻本　十五冊　存五種

330000－4735－0007608　07886　集部/小說類/長篇之屬

四大奇書第一種十九卷首一卷一百二十回　（明）羅本撰　（清）毛宗崗評　清經綸堂刻本　十冊　存十卷（首，一、四至五、九、十一、十六至十九）

330000－4735－0007609　09342　集部/別集類/清別集

十國宮詞一卷　（清）吳省蘭撰　清同治十二年（1873）淮南書局刻本　一冊

330000－4735－0007610　07885　集部/小說類/長篇之屬

四大奇書第一種十九卷首一卷一百二十回　（明）羅本撰　（清）毛宗崗評　清經綸堂刻本　一冊　存一卷（首）

330000－4735－0007611　09343　集部/總集類/選集之屬/通代

古文翼八卷　（清）唐德宜編　清同治十二年（1873）常熟黃氏萩文堂刻本　二冊　存二卷（一、三）

330000－4735－0007613　03965　史部/雜史類/斷代之屬

國朝事略五卷　（清）金陵江楚編譯官書局輯　清光緒三十三年（1907）廣東學務公所鉛印本　一冊

330000－4735－0007614　03966　史部/職官類/官箴之屬

在官法戒錄四卷　（清）陳弘謀撰　清同治十二年（1873）浙江有容齋刻本　二冊

330000－4735－0007615　09344　集部/別集類/清別集

青虛山房集十一卷　（清）王太岳撰　清光緒十九年（1893）定興鹿傳霖刻本　一冊　存二卷（一至二）

330000－4735－0007616　07887　集部/小說類/長篇之屬

新刻鍾伯敬先生批評封神演義二十卷一百回　（明）許仲琳撰　（明）鍾惺評　清刻本　四冊　存四卷（二、八、十一、十六）

330000－4735－0007617　07888　集部/小說類/長篇之屬

第一才子書六十卷一百二十回　（明）羅本撰　（清）毛宗崗評　清刻本　十冊　存三十一卷（四至六、十至十五、二十二至二十四、二十八至三十、三十四至四十六、五十至五十二）

330000－4735－0007618　03967　史部/政書類/儀制之屬/典禮

文廟丁祭譜一卷　（清）藍鍾瑞等撰　清同治七年（1868）江蘇書局刻本　一冊

330000－4735－0007619　10402　類叢部/叢書類/自著之屬

甌北全集八種　（清）趙翼撰　清乾隆至嘉慶湛貽堂刻本　二冊　存一種

330000－4735－0007620　10403　類叢部/叢書類/自著之屬

甌北全集八種　（清）趙翼撰　清乾隆至嘉慶湛貽堂刻本　德青題簽　一冊　存一種

330000－4735－0007621　09345　集部/總集類/課藝之屬

近科制藝春霆集不分卷　（清）李鳴謙　（清）吳承緒選　清光緒十八年（1892）寶善堂刻本　三冊

330000－4735－0007622　07889　集部/小說

類/短篇之屬

西湖佳話古今遺蹟十六卷 （清）墨浪子撰
清乾隆五十一年(1786)文奎堂刻本　三冊
存八卷(一至八)

330000－4735－0007624　09346　集部/總集
類/課藝之屬

國朝名文春霆集不分卷 清寶善堂刻本　一
冊　存大學、中庸

330000－4735－0007627　09347　集部/總集
類/選集之屬/斷代

唐詩金粉十卷 （清）沈炳震輯　清刻本　一
冊　存二卷(九至十)

330000－4735－0007628　03970　史部/政書
類/儀制之屬/典禮

文廟祀位一卷 （清）倭什琿布等輯　清同治
八年(1869)楚北崇文書局刻本　一冊

330000－4735－0007629　10404　類叢部/叢
書類/彙編之屬

格致叢書 （明）胡文煥編　明萬曆胡氏文會
堂刻本　一冊　存二種

330000－4735－0007631　09348　集部/總集
類/彙編之屬

五朝詩別裁集 （清）□□輯　清元聚堂刻本
二十七冊　存四種

330000－4735－0007633　10405　類叢部/叢
書類/彙編之屬

文選樓叢書三十三種 （清）阮亨編　清嘉慶
至道光阮元刻道光二十二年(1842)阮亨彙印
本　四冊　存一種

330000－4735－0007635　03972　史部/地理
類/專志之屬/園林

滄浪小志二卷 （清）宋犖輯　清光緒十年
(1884)江蘇書局刻本　一冊

330000－4735－0007636　03973　史部/傳記
類/總傳之屬/斷代

文獻徵存錄十卷 （清）錢林輯　（清）王藻編
清咸豐八年(1858)有嘉樹軒刻本　十冊

330000－4735－0007639　09349　集部/總集
類/課藝之屬

聽雨軒讀本前集二卷今集不分卷 （清）陳鍾
麟選　清刻本　一冊　存今集

330000－4735－0007641　09350　集部/總集
類/課藝之屬

月湖書院課藝不分卷 （清）呂子班輯　清道
光十八年(1838)句東經畬堂刻本　一冊

330000－4735－0007642　03974　史部/政書
類/律令之屬/律例

**大清律例增修統纂集成四十卷督捕則例附纂
二卷** （清）姚潤輯　（清）陶駿　（清）陶念
霖增輯　清刻本　八冊　存十三卷(二十三
至二十四、二十六至二十八、三十三至三十
五、三十八至四十,督捕則例附纂一至二)

330000－4735－0007643　07895　集部/小說
類/長篇之屬

新刻粉粧樓傳記八十回 （清）竹溪山人撰
清刻本　一冊　存十六回(十三至二十八)

330000－4735－0007645　07897　集部/小說
類/短篇之屬

繪圖今古奇觀六卷四十回 （明）抱甕老人輯
清光緒二十八年(1902)石印本　二冊　存
三卷(一、五至六)

330000－4735－0007646　07898　集部/小說
類/長篇之屬

繪圖施公案全集四十六卷五百三十八回 清
光緒二十九年(1903)上海書局石印本　五冊
存十卷(四傳一至四、六傳三至四、七傳三
至四、八傳三至四)

330000－4735－0007647　10407　類叢部/叢
書類/彙編之屬

風雨樓叢書二十三種 鄧實編　清宣統順德
鄧氏鉛印本　十七冊　存七種

330000－4735－0007648　03975　史部/政書
類/律令之屬/律例

**大清律例增修統纂集成四十卷督捕則例附纂
二卷** （清）姚潤輯　（清）陶駿　（清）陶念

霖增輯 清光緒刻本 一冊 存一卷(一)

330000－4735－0007649 07899 集部/小說類/長篇之屬

繪圖施公案全集四十六卷五百三十八回 清光緒二十六年(1900)上海申昌書局石印本 三冊 存十一卷(前傳一至三、後傳十八至二十五)

330000－4735－0007650 03976 史部/政書類/律令之屬/律例

大清律例刑案彙纂集成四十卷督捕則例附纂二卷 (清)姚潤輯 (清)胡璋增輯 清同治九年(1870)京都琉璃廠刻本 三冊 存五卷(一至二、二十五、三十一至三十二)

330000－4735－0007651 10408 類叢部/叢書類/自著之屬

果堂全集三種附二種 (清)沈彤撰 清乾隆吳江沈氏果堂刻本 二冊 存一種

330000－4735－0007652 07900 集部/小說類/長篇之屬

增訂精忠演義說本全傳二十卷八十回 (清)錢彩編次 (清)金豐增訂 清刻本 五冊 存五卷(六至七、九、十六、十八)

330000－4735－0007653 10409 類叢部/叢書類/彙之屬

述記三十四種 (清)任兆麟編 清乾隆五十三年(1788)震澤任氏忠敏家塾刻映雪草堂印本 二冊 存十四種

330000－4735－0007655 09351 集部/別集類/清別集

道生堂小題制藝不分卷 (清)鍾聲撰 清刻本 一冊

330000－4735－0007656 10410 類叢部/叢書類/彙編之屬

雲自在龕叢書五集十九種 繆荃孫輯 清光緒江陰繆氏刻本 一冊 存一種

330000－4735－0007658 09352 集部/總集類/課藝之屬

仁在堂大題彙編不分卷 (清)路德原本

(清)蔡清源編輯 清光緒二年(1876)浙省聚賢堂刻本 一冊

330000－4735－0007662 09353 集部/總集類/選集之屬/通代

御選唐宋文醇五十八卷 (清)高宗弘曆輯 清刻本 二十二冊 存五十四卷(五至五十八)

330000－4735－0007663 09354 集部/總集類/選集之屬/通代

御選唐宋詩醇四十七卷目錄二卷 (清)高宗弘曆輯 清刻本 一冊 存二卷(四十二至四十三)

330000－4735－0007665 09355 集部/總集類/選集之屬/通代

御選唐宋詩醇四十七卷目錄二卷 (清)高宗弘曆輯 清刻本 一冊 存二卷(十一至十二)

330000－4735－0007666 07905 集部/小說類/長篇之屬

新刻劍嘯閣批評東漢演義傳十卷 (明)謝詔撰 清刻本 一冊 存一卷(四)

330000－4735－0007668 09356 集部/總集類/選集之屬/斷代

韻蘭賦初集一卷二集一卷 清刻本 景清氏題簽 三冊

330000－4735－0007669 10413 類叢部/叢書類/彙編之屬

普通百科全書一百種 (清)東華譯書社編譯 清光緒二十九年(1903)上海會文學社石印本 七十七冊 存八十七種

330000－4735－0007671 09357 集部/總集類/選集之屬/斷代

增註韻蘭賦鈔初集二卷 (清)屈塵菴輯 (清)王家相註 清英德堂刻本 一冊 存一卷(上)

330000－4735－0007673 09358 集部/總集類/選集之屬/斷代

韻蘭集賦鈔六卷 (清)陸雲槎輯 (清)宋淮

三考典　清刻本　三冊　存五卷(一至五)

330000－4735－0007674　09359　集部/總集
類/選集之屬/通代

御選唐宋詩醇四十七卷目錄二卷　(清)高宗
弘曆輯　清乾隆二十五年(1760)紫陽書院刻
本　十六冊

330000－4735－0007675　09360　集部/總集
類/選集之屬/斷代

唐詩貫珠六十卷　(清)胡以梅輯並箋釋　清
素心堂刻本　七冊　存四十四卷(一至二十
一、二十七至四十九)

330000－4735－0007676　07909　集部/小說
類/長篇之屬

說唐薛家府傳六卷四十二回　(清)如蓮居士
撰　清刻本　一冊　存一卷(一)

330000－4735－0007678　09361　集部/總集
類/選集之屬/斷代

唐詩貫珠六十卷　(清)胡以梅輯並箋釋　清
素心堂刻本　十冊　存二十五卷(三十三至
四十四、四十八至六十)

330000－4735－0007680　09362　集部/總集
類/選集之屬/斷代

唐詩貫珠六十卷　(清)胡以梅輯並箋釋　清
素心堂刻本　一冊　存二卷(五十一至五十
二)

330000－4735－0007682　07913　集部/戲劇
類/傳奇之屬

玉燕堂四種曲八卷　(清)張堅撰　清乾隆刻
本　四冊　存三種

330000－4735－0007684　09363　集部/總集
類/選集之屬/通代

咏物詩選註釋八卷　(清)俞琰輯　(清)易開
縉　(清)孫洊鳴註　清嘉慶十年(1805)蔡照
樓刻本　幼春題籤並記　三冊　存六卷(一
至二、五至八)

330000－4735－0007686　10415　類叢部/叢
書類/彙編之屬

函海一百六十種　(清)李調元編　清光緒七

年至八年(1881－1882)廣漢鍾登甲樂道齋刻
本　五十八冊　存五十六種

330000－4735－0007687　07915　集部/戲劇
類/雜劇之屬

倚晴樓七種曲　(清)黃燮清撰　清光緒七年
(1881)海鹽馮肇曾刻倚晴樓集本　九冊　存
五種

330000－4735－0007688　09364　集部/總集
類/選集之屬/通代

咏物詩選註釋八卷　(清)俞琰輯　(清)易開
縉　(清)孫洊鳴註　清刻本　一冊　存二卷
(三至四)

330000－4735－0007689　09365　集部/總集
類/選集之屬/通代

咏物詩選八卷　(清)俞琰輯　清刻本　一冊
存四卷(一至二、五至六)

330000－4735－0007692　03979　史部/傳記
類/總傳之屬/儒林

**國朝漢學師承記八卷國朝經師經義目錄一卷
國朝宋學淵源記二卷附記一卷**　(清)江藩撰
清光緒十三年(1887)萬卷書室刻本　二冊

330000－4735－0007693　07914　集部/戲劇
類/雜劇之屬

帝女花二卷　(清)黃燮清填詞　(清)查仲浩
正譜　清宣統二年(1910)刻本　二冊

330000－4735－0007695　07916　集部/戲劇
類/雜劇之屬

倚晴樓七種曲　(清)黃燮清撰　清光緒七年
(1881)海鹽馮肇曾刻倚晴樓集本　二冊　存
一種

330000－4735－0007696　03980　史部/金石
類/金之屬/圖像

兩罍軒彝器圖釋十二卷　(清)吳雲撰　清同
治十一年(1872)刻本　一冊　存三卷(三至
五)

330000－4735－0007697　07917　集部/戲劇
類/雜劇之屬

箋註繪像第六才子西廂釋解八卷　(元)王德

信 （元）關漢卿撰 （清）金人瑞 （清）陳
同 （清）談則 （清）錢宜評點 清嘉慶至道
光文苑堂刻本 一冊 存一卷(七)

330000－4735－0007698 09368 集部/總集
類/選集之屬/斷代

實學齋文編二卷 （清）林啟選定 清光緒二
十三年(1897)影印本 二冊

330000－4735－0007699 09369 集部/總集
類/選集之屬/斷代

甘棠集選文不分卷 （清）楊鶴鳴評選 （清）
楊叔懌編梓 清光緒十年(1884)石印本
二冊

330000－4735－0007700 03981 史部/編年
類/通代之屬

甲子紀元一卷附歷代建都考 （清）王維翰輯
清光緒三年(1877)刻本 一冊

330000－4735－0007702 07919 集部/戲劇
類/傳奇之屬

成裕堂繪像第七才子書六卷四十二齣 （元）
高明撰 清刻本 一冊 存一卷(四)

330000－4735－0007704 03982 史部/傳記
類/科舉錄之屬/歷科鄉試錄

[光緒庚子辛丑恩正併科]浙江鄉試卷不分卷
朱文劭撰 清光緒刻本 一冊

330000－4735－0007705 07920 集部/戲劇
類/傳奇之屬

成裕堂繪像第七才子書六卷四十二齣 （元）
高明撰 清刻本 清□閣主人題籤並記 五
冊 缺一卷(五)

330000－4735－0007706 03983 史部/傳記
類/科舉錄之屬/歷科登科錄

[光緒庚寅恩科]會試硃卷不分卷 洪嘉與撰
清光緒刻本 一冊

330000－4735－0007707 09371 集部/總集
類/選集之屬/通代

咏物詩選八卷 （清）俞琰輯 清刻本 一冊
存二卷(三至四)

330000－4735－0007708 03984 史部/傳記
類/科舉錄之屬/諸貢錄

[光緒丙午科]浙江優貢卷不分卷 柯鎮岷撰
清光緒刻本 一冊

330000－4735－0007709 09372 集部/別集
類/唐五代別集

杜詩集說二十卷 （唐）杜甫撰 （清）江浩然
輯 清刻本 三冊 存五卷(一至二、五至
六、十七)

330000－4735－0007710 03985 史部/傳記
類/科舉錄之屬/諸貢錄

[光緒丙午科]浙江優貢卷不分卷 焦文基撰
清光緒刻本 一冊

330000－4735－0007711 09373 集部/總集
類/彙編之屬

李杜詩選十一卷 （明）張愈光編 （明）楊慎
等評 明刻朱墨套印本 一冊 存二卷(杜
詩選一至二)

330000－4735－0007712 07921 集部/戲劇
類/傳奇之屬

英德堂繪像第七才子書六卷四十二齣 （元）
高明撰 （清）毛綸評 清九如堂刻本 四冊
存四卷(一至四)

330000－4735－0007713 03986 史部/傳記
類/科舉錄之屬/歷科鄉試錄

[光緒乙亥恩科]浙江鄉試硃卷不分卷 徐琪
撰 清光緒刻本 一冊

330000－4735－0007714 07922 集部/戲劇
類/傳奇之屬

成裕堂繪像第七才子書六卷四十二齣 （元）
高明撰 （清）毛綸評 清仁壽堂刻本 叔揆
題籤 六冊

330000－4735－0007715 03987 史部/傳記
類/科舉錄之屬/諸貢錄

[宣統己酉科]浙江選拔貢卷一卷 （清）何奏
簡撰 清宣統刻本 一冊

330000－4735－0007716 03988 史部/傳記
類/科舉錄之屬/歷科鄉試錄

[光緒丁酉科]浙江鄉試硃卷不分卷　秦栩撰
清光緒刻本　一冊

330000－4735－0007717　07923　集部/戲劇類/雜劇之屬

雲林別墅繪像妥註第六才子書六卷　（元）王德信撰　（清）金人瑞評　（清）鄒聖脈註　清刻本　四冊　存四卷（一至四）

330000－4735－0007718　03989　史部/傳記類/科舉錄之屬/歷科鄉試錄

[同治庚午科]浙江鄉試硃卷一卷　（清）葛詠裳撰　清刻本　一冊

330000－4735－0007719　09374　集部/總集類/課藝之屬

金鈴續集十卷首一卷　（清）朱文杏編　清道光二十年（1840）刻本　蔚青題簽並記　二冊

330000－4735－0007721　03990　史部/傳記類/科舉錄之屬/諸貢錄

[光緒丁酉科]浙江選拔卷不分卷　章棳撰
清光緒石印本　一冊

330000－4735－0007722　09375　集部/別集類/唐五代別集

杜工部集二十卷　（唐）杜甫撰　清刻本　二冊　存三卷（十五至十七）

330000－4735－0007725　03991　史部/傳記類/科舉錄之屬/歷科登科錄

[光緒壬辰科]會試硃卷一卷　湯壽潛撰　清光緒刻本　一冊

330000－4735－0007726　03992　史部/目錄類/版本之屬/書影

戴尚書端制軍列國政要樣本附豫約章程一卷　商務印書館編　清光緒三十三年（1907）鉛印暨影印本　一冊

330000－4735－0007727　09376　集部/詩文評類/詩評之屬

北江詩話四卷　（清）洪亮吉撰　清道光至咸豐刻本　二冊

330000－4735－0007728　07928　集部/戲劇類/傳奇之屬

桃谿雪二卷　（清）黃燮清撰　（清）李光溥評文　清光緒元年（1875）雲鶴仙館刻本　一冊

330000－4735－0007730　06599　類叢部/叢書類/自著之屬

崔東壁先生遺書八種附一種　（清）崔述撰
清嘉慶至道光陳履和刻本　佚名題跋　二十二冊　存六種

330000－4735－0007731　07927　集部/戲劇類/傳奇之屬

牡丹亭還魂記二卷五十五齣　（明）湯顯祖撰　清光緒三十四年（1908）日新書局石印本　一冊　存一卷（上）

330000－4735－0007732　07929　集部/戲劇類/雜劇之屬

貫華堂第六才子書西廂記八卷　（元）王德信　（元）關漢卿撰　（清）金人瑞評　清順治刻本　六冊

330000－4735－0007733　09378　集部/總集類/課藝之屬

檜峯館試草不分卷　清同治八年（1869）刻本　六冊

330000－4735－0007734　10416　集部/別集類

萬物炊累室類稿四種十八卷　沈同芳撰　清宣統三年（1911）上海中國圖書公司鉛印本　四冊　存三種

330000－4735－0007735　09379　集部/總集類/課藝之屬

目耕齋二刻不分卷　（清）徐楷評註　（清）沈叔眉選刊　清刻本　莤臣題簽並記　一冊

330000－4735－0007736　07930　集部/曲類/曲選之屬

繪圖綴白裘十二集四十八卷　（清）玩花主人輯　（清）錢德蒼增輯　清光緒二十一年（1895）上海書局石印本　一冊　存四卷（七集一至四）

330000－4735－0007737　09380　集部/總集

類/課藝之屬

目耕齋二刻不分卷 （清）徐楷評註 （清）沈叔眉選刊 清汲綆齋刻本 一冊

330000－4735－0007738 03994 史部/政書類/公牘檔冊之屬

安老會序章程捐數初刻一卷 （清）何鍾麟訂 清光緒四年(1878)木活字印本 一冊

330000－4735－0007740 09381 集部/總集類/課藝之屬

目耕齋二刻不分卷 （清）徐楷評註 （清）沈叔眉選刊 清來青閣刻本 一冊 存葉一至七十九

330000－4735－0007741 07932 集部/曲類/曲選之屬

綴白裘十二集四十八卷 （清）玩花主人輯 （清）錢德蒼增輯 清道光三年(1823)共賞齋刻本 十四冊 存二十八卷(初集三至四、二集一至二、三集三至四,四集一至二、五集三至四、六集三至四、七集一至四、八集一至四、九集一至二、十集一至二、十一集一至二、十二集一至二)

330000－4735－0007742 03995 史部/金石類/郡邑之屬

墨妙亭碑目攷二卷附攷一卷 （清）張鑑撰 清光緒十年(1884)江蘇書局刻本 二冊

330000－4735－0007743 09382 集部/總集類/課藝之屬

目耕齋二刻不分卷 （清）徐楷評註 （清）沈叔眉選刊 清綠潤堂刻本 一冊 存葉一至七十九

330000－4735－0007744 03996 史部/傳記類/總傳之屬/儒林

儒林宗派十六卷 （清）萬斯同撰 清宣統三年(1911)浙江圖書館刻本 二冊

330000－4735－0007745 09383 集部/總集類/課藝之屬

目耕齋讀本不分卷 （清）徐楷評註 （清）沈叔眉選刊 清刻本 一冊 存葉八十一至一

百五十八

330000－4735－0007748 03997 史部/政書類/律令之屬/律例

讀法圖存四卷 （清）邵繩清編 清道光十六年(1836)刻二十六年(1846)虞山邵氏重修本 四冊

330000－4735－0007749 10417 類叢部/叢書類/彙編之屬

說鈴前集三十三種後集十九種續集七種 （清）吳震方編 清道光五年(1825)聚秀堂刻本 二十九冊 存四十九種

330000－4735－0007750 07934 集部/曲類/曲選之屬

繪圖綴白裘十二集四十八卷 （清）玩花主人輯 （清）錢德蒼增輯 清光緒三十四年(1908)石印本 六冊 存二十四卷(七集一至四、八集一至四、九集一至四、十集一至四、十一集一至四、十二集一至四)

330000－4735－0007751 03998 史部/傳記類/科舉錄之屬/歷科登科錄

國朝歷科題名碑錄初集不分卷附明洪武至崇禎各科題名錄不分卷 （清）李周望等輯 清康熙五十九年(1720)刻雍正至光緒遞增刻本 七冊

330000－4735－0007752 07935 集部/曲類/曲選之屬

綴白裘十二集四十八卷 （清）玩花主人輯 （清）錢德蒼增輯 清刻本 二冊 存八卷(五集一至四、十集一至四)

330000－4735－0007756 03999 史部/目錄類/專錄之屬

全上古三代秦漢三國晉南北朝文編目一百三卷 （清）嚴可均輯 （清）蔣壑編 清光緒五年(1879)刻本 十四冊 存九十卷(一至三十、三十八至九十、九十七至一百三)

330000－4735－0007757 07939 集部/曲類/彈詞之屬

新刻真本唱口雙珠球全傳十二卷四十九回

（清）黃子貞撰　清刻本　五冊　存二十回
（五至十二、二十五至三十六）

330000－4735－0007758　10418　類叢部／叢
書類／彙編之屬

說鈴前集三十三種後集十九種續集七種
（清）吳震方編　清道光五年（1825）聚秀堂刻
本　三十冊　存五十二種

330000－4735－0007759　04000　史部／傳記
類／科舉錄之屬

光緒順天浙江鄉貢會墨硃卷不分卷　清光緒
刻本　一冊

330000－4735－0007760　07940　集部／曲
類／彈詞之屬

新刻玉釧緣全傳三十二卷　（清）西湖居士撰
　清刻本　素娟題簽並記　一冊　存一卷
（六）

330000－4735－0007761　09385　集部／別集
類／清別集

大雲山房文稿初集四卷　（清）惲敬撰　清嘉
慶二十年（1815）武甯盧句宣、二十一年
（1816）長州宋揚光刻本　四冊

330000－4735－0007762　10419　類叢部／
書類／彙編之屬

說鈴前集三十三種後集十九種續集七種
（清）吳震方編　清道光五年（1825）聚秀堂刻
本　二十一冊　存三十七種

330000－4735－0007763　07941　集部／戲劇
類／雜劇之屬

紅樓夢散套十六折　（清）吳鎬撰　（清）黃兆
魁訂譜　清嘉慶蟾波閣刻本　六冊

330000－4735－0007765　04001　新學／史
志／諸國史

泰西新史攬要二十四卷　（英國）馬懇西撰
（英國）李提摩太譯　蔡爾康述　清光緒鉛印
本　一冊　存五卷（二十至二十四）

330000－4735－0007768　07943　集部／曲
類／彈詞之屬

娛萱草彈詞三十二卷　（清）橘道人撰　清光

緒二十年（1894）刻本　五冊　存二十八卷
（五至三十二）

330000－4735－0007769　09388　集部／別集
類／清別集

枕善堂雜著二卷詩鈔二卷尺牘一隅二十卷
（清）陳大溶撰　清道光六年至十六年（1826－
1836）刻本　一冊　存一卷（詩鈔一）

330000－4735－0007771　07945　集部／戲劇
類／雜劇之屬

倚晴樓七種曲　（清）黃燮清撰　清光緒七年
（1881）海鹽馮肇曾刻倚晴樓集本　二冊　存
二種

330000－4735－0007772　09389　集部／總集
類／酬唱之屬

蒼山留別詩一卷　（清）吳唐林撰　**蒼山送別
詩一卷**　（清）陳璐撰　**兩家絮別詩一卷**
（清）陳璐　（清）吳唐林撰　清光緒十五年
（1889）刻本　一冊

330000－4735－0007773　04002　史部／傳記
類／總傳之屬／仕宦

歷代名臣言行錄二十四卷　（清）朱桓輯　清
光緒十三年（1887）上海廣百宋齋鉛印本　一
冊　存二卷（十九至二十）

330000－4735－0007774　07946　集部／戲劇
類／傳奇之屬

儒酸福傳奇二卷　（清）汪繩武正譜　（清）魏
熙元填詞　（清）倪星垣評文　清光緒十年
（1884）杭州魏氏玉玲瓏館刻本　一冊

330000－4735－0007775　04003　史部／傳記
類／總傳之屬／仕宦

歷代名臣言行錄二十四卷　（清）朱桓輯　清
光緒鉛印本　一冊　存二卷（十一至十二）

330000－4735－0007776　10420　類叢部／叢
書類／彙編之屬

說鈴前集三十三種後集十九種續集七種
（清）吳震方編　清道光五年（1825）聚秀堂刻
本　一冊　存二種

330000－4735－0007777　07947　集部／戲劇

類/總集之屬/傳奇

惺齋五種曲 （清）夏綸撰 （清）徐夢元評
清乾隆十八年(1753)夏氏世光堂刻本 二冊
存二種二卷(無瑕璧傳奇下、南陽樂傳奇
下)

330000－4735－0007778 04004 史部/傳記
類/總傳之屬/仕宦

歷代名臣言行錄二十四卷 （清）朱桓輯 清
末石印本 一冊 存三卷(十二至十四)

330000－4735－0007779 10421 類叢部/叢
書類/彙編之屬

說鈴前集三十七種後集十六種 （清）吳震方
編 清刻本 四冊 存十種

330000－4735－0007780 09390 集部/別集
類/清別集

金峨山館文集不分卷 （清）郭傳璞撰 清光
緒刻本 四冊

330000－4735－0007781 10422 類叢部/叢
書類/彙編之屬

說鈴前集三十七種後集十六種 （清）吳震方
編 清刻本 六冊 存十三種

330000－4735－0007783 07948 集部/戲劇
類/總集之屬/傳奇

笠翁傳奇十種 （清）李漁撰 清藻文堂刻本
二十冊

330000－4735－0007785 09391 集部/總集
類/選集之屬/斷代

欽定國朝詩別裁集三十二卷 （清）沈德潛纂
評 清乾隆二十六年(1761)刻本 十二冊

330000－4735－0007786 09392 集部/總集
類/選集之屬/斷代

明詩別裁集十二卷 （清）沈德潛 （清）周準
輯 清刻本 四冊

330000－4735－0007788 09393 集部/總集
類/選集之屬/斷代

明詩別裁集十二卷 （清）沈德潛 （清）周準
輯 清刻本 二冊 存八卷(五至十二)

330000－4735－0007789 07949 集部/戲劇
類/總集之屬/傳奇

笠翁傳奇十種 （清）李漁撰 清刻本 梅花
草堂題簽 十三冊 存八種

330000－4735－0007790 09394 集部/總集
類/選集之屬/斷代

國朝文錄八十二卷 （清）姚椿輯 清咸豐元
年(1851)張祥河終南山館刻本 十三冊 存
三十八卷(二十二至三十八、四十五至六十
五)

330000－4735－0007791 07950 集部/戲劇
類/總集之屬/傳奇

笠翁傳奇十種 （清）李漁撰 清藻文堂刻本
十冊

330000－4735－0007792 04008 史部/雜史
類/斷代之屬

熙朝新語十六卷 （清）余金輯 清刻本 二
冊 存四卷(五至六、十五至十六)

330000－4735－0007793 09395 集部/總集
類/彙編之屬

國朝文錄初編四十種 （清）李祖陶編 清道
光十九年(1839)瑞州府鳳儀書院刻本 一冊
存二種

330000－4735－0007794 04009 史部/傳記
類/總傳之屬

新鐫旁批詳註總斷廣名將譜二十卷 （明）黃
道周註斷 明崇禎十六年(1643)刻清康熙重
修本 一冊 存四卷(四至七)

330000－4735－0007795 09396 集部/總集
類/酬唱之屬

輿誦編一卷 （清）陶錫珪輯 清光緒十七年
(1891)木活字印本 一冊

330000－4735－0007796 07951 集部/戲劇
類/總集之屬/傳奇

笠翁傳奇十種 （清）李漁撰 清刻本 二冊
存二種

330000－4735－0007797 09397 集部/總集
類/選集之屬/通代

古文眉詮七十九卷首一卷　（清）浦起龍輯
清乾隆九年(1744)蘇州三吳書院刻本　十冊
　存四十卷(四十至七十九)

330000 – 4735 – 0007798　08677　集部/別集
類/清別集

大簏吟草六卷　（清）陳昌沂撰　清光緒六年
(1880)刻橘蔭軒全集本　怡甫題記　一冊
　存三卷(一至三)

330000 – 4735 – 0007802　09398　集部/別集
類/清別集

道古堂文集四十八卷詩集二十六卷集外文一
卷集外詩一卷　（清）杭世駿撰　軼事一卷
（清）汪曾唯輯　清乾隆四十一年(1776)刻光
緒十四年(1888)汪曾唯振綺堂增修本　十五
冊　缺四卷(文集五至八)

330000 – 4735 – 0007804　04011　史部/傳記
類/科舉錄之屬/諸貢錄

國朝歷科館選錄不分卷附特授改補館職一卷
　（清）沈廷芳輯　（清）陸費墀　（清）沈世
緯重訂　清乾隆十一年至光緒二十一年
(1746 – 1895)翰林院刻本　二冊

330000 – 4735 – 0007805　10423　類叢部/叢
書類/彙編之屬

說鈴前集三十七種後集十六種　（清）吳震方
編　清刻本　三冊　存八種

330000 – 4735 – 0007806　10424　類叢部/叢
書類/彙編之屬

說鈴前集三十七種後集十六種　（清）吳震方
編　清刻本　六冊　存十一種

330000 – 4735 – 0007809　10425　類叢部/叢
書類/自著之屬

安吳四種　（清）包世臣撰　清同治十一年
(1872)湖北包誠注經堂刻本　二十三冊　缺
一卷(齊民四術一)

330000 – 4735 – 0007810　04013　史部/傳記
類/科舉錄之屬/歷科鄉試錄

[光緒庚子辛丑恩正併科]順天鄉試錄不分卷
　清光緒二十八年(1902)刻本　一冊

330000 – 4735 – 0007811　07956　集部/曲
類/彈詞之屬

綉像荊釵全傳六卷二十回　（清）黃彥撰　荊
釵新詠一卷　清光緒二年(1876)古虞喜雨山
房刻本　六冊

330000 – 4735 – 0007812　04014　史部/傳記
類/科舉錄之屬/歷科鄉試錄

[光緒庚子辛丑恩正併科]順天鄉試錄不分卷
　清光緒二十八年(1902)刻本　一冊

330000 – 4735 – 0007813　04015　史部/傳記
類/科舉錄之屬/歷科鄉試錄

[光緒庚子辛丑恩正併科]順天鄉試錄不分卷
　清光緒二十八年(1902)刻本　一冊

330000 – 4735 – 0007814　10426　類叢部/叢
書類/自著之屬

脩本堂叢書十一種　（清）林伯桐撰　清道光
刻同治五年(1866)補刻彙印本　一冊　存
一種

330000 – 4735 – 0007815　07957　集部/戲劇
類/傳奇之屬

藏園九種曲　（清）蔣士銓撰　清乾隆漁古堂
刻本　三冊　存七種

330000 – 4735 – 0007816　04016　史部/傳記
類/職官錄之屬/總錄

清代同官錄不分卷　清刻本　二冊

330000 – 4735 – 0007817　04017　史部/史評
類/史論之屬

新輯分類史論大成十九卷首一卷　（清）海濱
行素生編輯　清光緒二十八年(1902)上海醉
六堂石印本　一冊　存一卷(首)

330000 – 4735 – 0007818　09399　集部/別集
類/元別集

道園學古錄五十卷　（元）虞集撰　清刻本
四冊　存二十一卷(三至五、十六至二十、二
十七至三十二、四十四至五十)

330000 – 4735 – 0007819　07958　集部/戲劇
類/傳奇之屬

藏園九種曲　（清）蔣士銓撰　清乾隆煥乎堂

刻本　十冊　存七種

330000－4735－0007820　09400　集部/別集類/清別集

道古堂文集四十八卷　（清）杭世駿撰　清乾隆四十一年(1776)刻光緒十四年(1888)汪曾唯振綺堂增修本　一冊　存六卷(二十五至三十)

330000－4735－0007821　10427　類叢部/叢書類/家集之屬

丹徒戴氏叢刻七種　（清）戴肇辰編　清同治至光緒刻本　四冊　存一種

330000－4735－0007822　09401　集部/別集類/清別集

道古堂詩集二十六卷　（清）杭世駿撰　清乾隆四十一年(1776)刻光緒十四年(1888)汪曾唯振綺堂增修本　一冊　存五卷(五至九)

330000－4735－0007823　07959　集部/戲劇類/傳奇之屬

藏園九種曲　（清）蔣士銓撰　清乾隆刻本三冊　存四種

330000－4735－0007824　09402　集部/別集類/清別集

百一山房詩集十二卷　（清）孫士毅撰　清嘉慶二十一年(1816)刻本　二冊　存六卷(四至九)

330000－4735－0007825　04018　史部/政書類/儀制之屬/典禮

奏摺譜一卷　（清）饒旬宣撰　清光緒十三年(1887)刻本　一冊

330000－4735－0007826　04019　史部/傳記類/總傳之屬/斷代

國朝先正事略六十卷　（清）李元度撰　清光緒二十二年(1896)上洋文盛書局石印本　曾士瀛題記並跋　四冊

330000－4735－0007827　07960　集部/總集類/課藝之屬

經正書院小課四卷　（清）徐榦輯　清光緒七年(1881)刻本　一冊

330000－4735－0007828　07961　集部/詞類/詞譜之屬

詞律二十卷　（清）萬樹撰　清康熙二十六年(1687)萬氏堆絮園刻本　十冊　缺三卷(十七至十九)

330000－4735－0007829　09403　集部/別集類/清別集

聽園詩鈔十六卷　（清）王楷撰　清光緒五年(1879)長沙刻本　洪杏春社題簽　三冊　存十二卷(五至十六)

330000－4735－0007830　04020　史部/政書類/通制之屬

資治新書十四卷二集二十卷　（清）李漁輯清刻本　二冊　存四卷(二集十四至十六、二十)

330000－4735－0007831　07962　集部/詞類/詞譜之屬

詞律二十卷　（清）萬樹撰　清康熙二十六年(1687)萬氏堆絮園刻本　一冊　存四卷(六至九)

330000－4735－0007832　07963　集部/總集類/課藝之屬

剡山書院小課一卷　清光緒十一年(1885)刻本　一冊

330000－4735－0007833　04021　史部/傳記類/職官錄之屬/總錄

[清光緒三十二年]大清搢紳全書四卷　清光緒三十二年(1906)榮祿堂刻本　一冊　存一卷(一)

330000－4735－0007834　09404　集部/別集類/清別集

穆堂別稿五十卷　（清）李紱撰　清刻本　一冊　存四卷(二十五至二十八)

330000－4735－0007836　10428　類叢部/叢書類/家集之屬

丹徒戴氏叢刻七種　（清）戴肇辰編　清同治至光緒刻本　一冊　存一種

330000－4735－0007837　07965　集部/詞

類/別集之屬

水仙亭詞集二卷 （清）項瓔撰　清光緒十二年(1886)項氏刻本　一冊

330000－4735－0007838　09405　集部/別集類/清別集

道古堂文集四十八卷 （清）杭世駿撰　清刻本　五冊　存四十卷(一至三十二、四十一至四十八)

330000－4735－0007839　07966　類叢部/叢書類/自著之屬

隨園三十種 （清）袁枚撰　清刻本　一冊　存二種

330000－4735－0007840　04022　史部/傳記類/總傳之屬/忠孝

國朝述善新編□□卷 （清）蒲金鱗撰述　清刻本　一冊　存二卷(三至四)

330000－4735－0007841　10429　史部/叢編

西湖集覽 （清）丁丙輯　清光緒九年(1883)錢塘丁氏嘉惠堂刻本　三十冊　存四十種

330000－4735－0007842　09406　集部/總集類/酬唱之屬

甲午大吉詩編一卷續編一卷 （清）許郊編　清光緒二十年(1894)刻本　一冊

330000－4735－0007843　07967　集部/總集類/選集之屬/通代

歷朝制帖詩選同聲集十二卷 （清）胡浚輯　清乾隆二十二年(1757)刻本　二冊　存五卷(三至四、九至十一)

330000－4735－0007844　04023　史部/地理類/遊記之屬/紀行

凝香室鴻雪因緣圖記一集二卷二集二卷三集二卷 （清）麟慶撰　清光緒十二年(1886)上海點石齋石印本　二冊　存二卷(一集上、二集下)

330000－4735－0007845　07968　集部/總集類/選集之屬

賦選同聲集四卷 （清）胡浚評選　清刻本　□栞題簽　二冊

330000－4735－0007846　04024　史部/政書類/律令之屬/法驗

重刊補註洗冤錄集證六卷 （清）王又槐輯　（清）李觀瀾補輯　（清）阮其新補註　（清）張錫蕃重訂　（清）文晟續輯　清光緒十八年(1892)上海圖書集成印書局鉛印本　二冊　存三卷(四至六)

330000－4735－0007847　09407　集部/別集類/清別集

敬亭集十卷補遺一卷附錄一卷姜貞毅先生自著年譜一卷 （清）姜埰撰　**府君貞毅先生年譜續編一卷** （清）姜安節編　清光緒十五年(1889)山東書局刻本　三冊　存十卷(三至十、補遺、附錄)

330000－4735－0007849　09408　集部/總集類/選集之屬/斷代

雪鴻偶鈔詩四卷 （清）倪世珍錄　清光緒四年(1878)吳縣倪氏刻本　一冊　存二卷(一至二)

330000－4735－0007851　09409　集部/別集類/清別集

望雲館文稿一卷詩稿一卷 （清）章鋆撰　清光緒十四年(1888)刻本　一冊

330000－4735－0007852　07970　集部/總集類/課藝之屬

目耕齋初集不分卷 （清）徐楷評註　（清）沈叔眉選刊　清光緒二十二年(1896)寶文局石印本　一冊

330000－4735－0007853　09410　集部/別集類/清別集

扁善齋文存三卷詩存二卷 （清）鄧嘉緝撰　清光緒二十七年(1901)江寧鄧氏刻本　一冊　存二卷(詩存一至二)

330000－4735－0007854　10430　史部/叢編

西湖集覽 （清）丁丙輯　清光緒九年(1883)錢塘丁氏嘉惠堂刻本　二冊　存一種

330000－4735－0007855　04026－03305　類叢部/叢書類/自著之屬

庸庵全集七種　（清）薛福成撰　清光緒二十三年(1897)上海醉六堂石印本　六冊　存三種

330000 – 4735 – 0007856　09411　集部/別集類/清別集
曝書亭集八十卷附錄一卷　（清）朱彝尊撰
笛漁小稾十卷　（清）朱昆田撰　清康熙五十三年(1714)朱稻孫刻雍正印本　十五冊　缺八卷（笛漁小稾三至十）

330000 – 4735 – 0007857　10431　類叢部/叢書類/自著之屬
庸庵全集七種　（清）薛福成撰　清光緒十年至二十四年(1884 – 1898)無錫薛氏刻本　十三冊　存一種

330000 – 4735 – 0007858　04027　史部/傳記類/總傳之屬/通代
校正尚友錄續集二十二卷　（清）張亮基輯　清光緒二十四年(1898)上海鴻寶齋石印本　一冊　存四卷（十三至十六）

330000 – 4735 – 0007859　07971　集部/別集類/清別集
韞山堂時文初集一卷　（清）管世銘撰　清同治十二年(1873)甯波日湖陳氏刻本　一冊

330000 – 4735 – 0007860　07972　集部/別集類/清別集
蒙香草堂時文全集不分卷　（清）周景益撰　清刻本　□□氏批、題簽並記　一冊

330000 – 4735 – 0007862　07973　集部/總集類/課藝之屬
武林三書院課藝　清光緒二十二年(1896)滬上西法局石印本　灝生題記　四冊　存一種

330000 – 4735 – 0007863　09412　集部/別集類/清別集
曝書亭集八十卷附錄一卷　（清）朱彝尊撰
笛漁小稾十卷　（清）朱昆田撰　清光緒十五年(1889)會稽陶氏寒梅館刻本　四冊　存十五卷（一至五、四十一至四十五、七十至七十四）

330000 – 4735 – 0007864　04029　史部/傳記類/總傳之屬/通代
校正尚友錄統編二十四卷　（清）潘遵祁輯　清光緒二十九年(1903)通文書局石印本　二冊　存九卷（一至三、十九至二十四）

330000 – 4735 – 0007865　10432　類叢部/叢書類/彙編之屬
崇文書局彙刻書三十一種　（清）崇文書局編　清光緒元年至三年(1875 – 1877)湖北崇文書局刻本　一冊　存一種

330000 – 4735 – 0007866　04030　史部/傳記類/總傳之屬/斷代
皇朝尚友錄八卷　（清）李佩芳　（清）孫鼎輯　清光緒二十八年(1902)上海書局石印本　八冊

330000 – 4735 – 0007867　04031　史部/職官類/官箴之屬
宦鄉要則七卷首一卷　（清）張鑒瀛輯　清光緒十八年(1892)上海書局石印本　一冊

330000 – 4735 – 0007868　07974　集部/總集類/課藝之屬
格致書院課藝不分卷　（清）王韜編　清光緒二十二年(1896)上海書局石印本　三冊　存丙戌年、丁亥年、戊子年、庚寅年、壬辰年

330000 – 4735 – 0007869　09413　集部/別集類/清別集
靈巖山人詩集四十卷　（清）畢沅撰　清嘉慶四年(1799)畢氏經訓堂刻本　二冊　存十卷（一至十）

330000 – 4735 – 0007870　10433　類叢部/叢書類/郡邑之屬
海昌叢載三十二種　（清）羊復禮編　清光緒海昌羊氏傳卷樓粵東刻本　三冊　存四種

330000 – 4735 – 0007871　10434　類叢部/叢書類/自著之屬
庸庵全集七種　（清）薛福成撰　清光緒十年至二十四年(1884 – 1898)無錫薛氏刻本　二冊　存一種

330000－4735－0007872　04032　史部/政書類/通制之屬

廣治平略正集三十六卷　（清）蔡方炳撰　清光緒十六年(1890)上海廣百宋齋鉛印本　三冊　存二十五卷(一至二十五)

330000－4735－0007873　09414　集部/別集類/清別集

定盦文集三卷續集四卷文集補續錄一卷古今體詩二卷雜詩一卷詞選一卷詞錄一卷文集補編四卷　（清）龔自珍撰　清宣統二年(1910)上海掃葉山房石印本　曾士瀛跋　六冊

330000－4735－0007874　07975　集部/總集類/課藝之屬

格致書院課藝不分卷　（清）王韜編　清光緒二十二年(1896)上海書局石印本　一冊　存丙戌年、丁亥年、戊子年

330000－4735－0007875　09415　集部/別集類/清別集

定盦文集三卷續集四卷餘集一卷文集補續錄一卷古今體詩二卷雜詩一卷詞選一卷詞錄一卷文集補編四卷　（清）龔自珍撰　清光緒二十八年(1902)上海鴻文書局石印本　慎初題記並批跋　公綏批校　四冊

330000－4735－0007876　07976　集部/別集類/清別集

註釋水竹居賦不分卷　（清）盛觀潮著　清刻本　松道人題簽並記　二冊

330000－4735－0007878　04033　史部/叢編

史學叢書四十三種　（清）□□輯　清光緒二十八年(1902)上海煥文書局點石齋石印本　二冊　存二種

330000－4735－0007879　09416　集部/總集類/選集之屬/通代

回文類聚四卷首一卷　（宋）桑世昌輯　**織錦回文圖一卷回文類聚續編十卷首一卷**　（清）朱象賢輯並繪　清刻本　一冊　存四卷(續編三至六)

330000－4735－0007880　09417　集部/總集類/選集之屬/通代

回文類聚四卷首一卷　（宋）桑世昌輯　**織錦回文圖一卷回文類聚續編十卷首一卷**　（清）朱象賢輯並繪　清刻本　二冊　存四卷(續編一至四)

330000－4735－0007881　07978　集部/總集類/課藝之屬

江南學堂課藝內編一卷外編一卷　清光緒二十七年(1901)從新學社石印本　二冊

330000－4735－0007882　09418　集部/總集類/選集之屬/通代

回文類聚四卷首一卷　（宋）桑世昌輯　**織錦回文圖一卷回文類聚續編十卷首一卷**　（清）朱象賢輯並繪　清刻本　一冊　存四卷(續編五至八)

330000－4735－0007883　07979　集部/總集類/課藝之屬

江南學堂課藝內編一卷外編一卷　清光緒二十七年(1901)從新學社石印本　洪紫臨題簽　一冊

330000－4735－0007884　04034　史部/傳記類/總傳之屬

海國名人類類韻編二十四卷首二卷　（清）阮丙炎等輯　清光緒二十九年(1903)文來書局石印本　敏夫題簽並記　八冊

330000－4735－0007885　07980　集部/總集類/課藝之屬

江南學堂課藝內編一卷外編一卷　清光緒二十七年(1901)從新學社石印本　二冊

330000－4735－0007886　09419　集部/別集類/清別集

曝書亭集八十卷附錄一卷　（清）朱彝尊撰　清刻本　二冊　存六卷(四十五至五十)

330000－4735－0007887　07981　集部/總集類/課藝之屬

江南學堂課藝內編一卷外編一卷　清光緒二十七年(1901)從新學社石印本　一冊　存一卷(外編)

330000－4735－0007888　09420　集部/別集類/清別集

曝書亭集八十卷附錄一卷 （清）朱彝尊撰清刻本　一冊　存八卷（四十八至五十五）

330000－4735－0007889　09421　集部/別集類/清別集

曝書亭集八十卷附錄一卷 （清）朱彝尊撰清刻本　十冊　缺三卷（一至二、十七）

330000－4735－0007892　04036　史部/地理類/外紀之屬

日本國志四十卷首一卷 （清）黃遵憲輯　清末石印本　二冊　存十一卷（三至九、十三至十六）

330000－4735－0007893　07983　集部/別集類/宋別集

蘇文忠公詩編註集成四十六卷集成總案四十五卷諸家雜綴酌存一卷蘇海識餘四卷賤詩圖一卷 （宋）蘇軾撰　（清）王文誥輯注　清光緒十四年（1888）浙江書局刻本　二十二冊存八十八卷（一至九、十三至四十六，集成總案一至四十五）

330000－4735－0007894　04037　史部/傳記類/總傳之屬

泰西人物韻編不分卷 （清）汪成教輯　清光緒二十九年（1903）上海書局石印本　五冊

330000－4735－0007895　09422　集部/別集類/清別集

曝書亭集詩註二十四卷 （清）朱彝尊撰（清）楊謙注　**朱竹垞先生年譜一卷** （清）楊謙撰　清刻本　七冊　存二十卷（一至六、十至二十二，年譜）

330000－4735－0007896　04038　史部/傳記類/總傳之屬

增補泰西名人傳六卷 （清）上海徐匯報館輯（清）徐心鏡增訂　清光緒二十九年（1903）鴻寶齋石印本　一冊　存二卷（一至二）

330000－4735－0007897　07984　集部/別集類/宋別集

蘇文忠詩合註五十卷首一卷目錄一卷　（宋）蘇軾撰　（清）馮應榴輯　清乾隆六十年（1795）桐鄉馮氏踵息齋刻同治九年（1870）增修本　十七冊　存三十六卷（首、六至四十）

330000－4735－0007898　09423　集部/別集類/清別集

漁洋山人精華錄箋注十二卷補一卷附年譜一卷 （清）王士禛撰　（清）金榮箋注　（清）徐淮纂輯　清刻本　四冊　存七卷（二至四、十至十二，補）

330000－4735－0007899　04039　史部/傳記類/總傳之屬

增補泰西名人傳六卷 （清）上海徐匯報館輯（清）徐心鏡增訂　清光緒二十九年（1903）鴻寶齋石印本　四冊

330000－4735－0007900　04040　史部/史評類/考訂之屬

廿二史劄記三十六卷補遺一卷 （清）趙翼撰清光緒二十六年（1900）上海書局石印本四冊　存十九卷（一至四、十至十四、二十至二十四、三十三至三十六，補遺）

330000－4735－0007901　09424　集部/別集類/清別集

漁洋山人精華錄箋注十二卷補一卷附年譜一卷 （清）王士禛撰　（清）金榮箋注　（清）徐淮纂輯　清刻本　三冊　存七卷（四至七、十一至十二，補）

330000－4735－0007902　07985　集部/總集類/課藝之屬

藝風書院課程不分卷 清光緒十八年（1892）刻本　一冊

330000－4735－0007903　04041　史部/史評類/考訂之屬

廿二史劄記三十六卷補遺一卷 （清）趙翼撰清光緒二十六年（1900）上海書局石印本六冊　存二十八卷（一至十四、二十至二十八、三十三至三十六，補遺）

330000－4735－0007904　10435　類叢部/叢

書類/自著之屬

庸庵全集七種 （清）薛福成撰 清光緒二十三年(1897)上海醉六堂石印本 四冊 存一種

330000－4735－0007905 04042 史部/地理類/雜志之屬

繪圖上海雜記八卷 （清）吳友如繪圖 （清）藜牀臥讀生輯 清光緒三十一年(1905)上海文寶書局石印本 二冊 存三卷(一、七至八)

330000－4735－0007907 07986 集部/總集類/課藝之屬

藝風書院課藝初集四卷 清光緒十年(1884)刻本 二冊

330000－4735－0007908 10436 類叢部/叢書類/自著之屬

庸庵全集七種 （清）薛福成撰 清光緒二十三年(1897)上海醉六堂石印本 曾士瀛題簽 十一冊 存三種

330000－4735－0007909 04044 集部/總集類/課藝之屬

浙江試牘不分卷 清刻本 一冊

330000－4735－0007910 07987 集部/別集類/宋別集

河東先生集十五卷附錄一卷 （宋）柳開撰 （宋）張景輯 清光緒六年(1880)韓江官署刻本 二冊 存十卷(一至十)

330000－4735－0007911 07988 集部/別集類/唐五代別集

唐柳河東集四十五卷外集五卷遺文一卷附錄一卷 （唐）柳宗元撰 （明）蔣之翹輯注 清乾隆五十三年(1788)楊廷理雙梧居刻嘉慶十三年(1808)補刻本 陳德青題簽 一冊 存二卷(四十一至四十二)

330000－4735－0007912 04045 史部/目錄類/專錄之屬

小學考五十卷 （清）謝啟昆撰 清光緒十五年(1889)上海鴻文書局石印本 一冊 存八卷(二十四至三十一)

330000－4735－0007913 07989 集部/別集類/明別集

王文成公全書三十八卷 （明）王守仁撰 清光緒浙江書局刻本 二十一冊 缺五卷(十二至十三、三十至三十一、三十七)

330000－4735－0007914 09425 集部/別集類/清別集

漁洋山人精華錄箋注十二卷補一卷附年譜一卷 （清）王士禎撰 （清）金榮箋注 （清）徐淮纂輯 清刻本 三冊 存八卷(四至五、八至十二,補)

330000－4735－0007915 09426 集部/別集類/清別集

漁洋山人精華錄箋注十二卷附錄一卷補一卷 （清）王士禎撰 （清）金榮箋注 （清）徐淮纂輯 清刻本 清黃瑞跋 五冊 存八卷(二至四、六至七、十二,附錄,補)

330000－4735－0007916 10437 類叢部/叢書類/彙編之屬

藝苑捃華四十八種 （清）顧之逵編 清同治刻本 四冊 存一種

330000－4735－0007917 09427 集部/別集類/宋別集

蟠室老人文集二十二卷奏議一卷涉史隨筆一卷 （宋）葛洪撰 清光緒六年(1880)木活字印本 四冊 存十一卷(一至五、十四至十五、十八至二十,涉史隨筆)

330000－4735－0007918 10438 類叢部/叢書類/彙編之屬

藝苑捃華四十八種 （清）顧之逵編 清同治刻本 一冊 存一種

330000－4735－0007919 07990 集部/詩文評類/文評之屬

文章軌範七卷 （宋）謝枋得輯 清光緒十七年(1891)成都王氏刻本 一冊 存三卷(一至三)

330000－4735－0007921 07991 集部/總集

類/選集之屬/通代

本事詩十二卷 （清）徐釚輯 清刻本 一冊 存四卷（一至四）

330000－4735－0007922　07992　集部/總集類/選集之屬/通代

昭明文選六臣彙註疏解十九卷 （清）顧施禎輯 清康熙二十五年（1686）建安鄭氏心耕堂刻本 一冊 存三卷（十一至十三）

330000－4735－0007923　09429　集部/總集類/選集之屬/斷代

欽定國朝詩別裁集三十二卷 （清）沈德潛纂評 清刻本 一冊 存二卷（二十三至二十四）

330000－4735－0007924　04046　史部/政書類/儀制之屬/專志/科舉校規

欽定學政全書八十六卷首一卷 （清）童璜等撰 清嘉慶十七年（1812）武英殿刻本 二十冊 存七十六卷（七至四十八、五十一至五十四、五十七至八十六）

330000－4735－0007925　10439　類叢部/叢書類/彙編之屬

藝苑捃華四十八種 （清）顧之逵編 清同治刻本 八冊 存六種

330000－4735－0007926　10440　類叢部/叢書類/彙編之屬

藝苑捃華四十八種 （清）顧之逵編 清同治刻本 一冊 存一種

330000－4735－0007927　09430　集部/別集類/清別集

館課詩註不分卷 （清）紀昀撰 （清）李崇禮箋 **館課賦註不分卷** （清）紀昀撰 （清）許籛箋 清裕光堂刻本 四冊

330000－4735－0007928　07993　集部/別集類/唐五代別集

李太白文集三十六卷 （唐）李白撰 （清）王琦輯注 清乾隆寶笏樓刻二十五年（1760）增刻本 十四冊 缺二卷（三十三至三十四）

330000－4735－0007929　10441　集部/詩文

評類/類編之屬

談藝珠叢二十七種 （清）王啟原編 清光緒十一年（1885）長沙玉尺山房刻本 五冊 存八種

330000－4735－0007930　09431　集部/別集類/清別集

館課賦註不分卷 （清）紀昀撰 （清）許籛箋 清刻本 一冊

330000－4735－0007931　04048　史部/目錄類/專錄之屬

小學考五十卷 （清）謝啟昆撰 清光緒十四年（1888）浙江書局刻本 二十冊

330000－4735－0007932　07994　集部/別集類/唐五代別集

李太白文集三十六卷 （唐）李白撰 （清）王琦輯注 清乾隆寶笏樓刻二十五年（1760）增刻本 十二冊 缺一卷（四）

330000－4735－0007933　10442　集部/詩文評類/類編之屬

談藝珠叢二十七種 （清）王啟原編 清光緒十一年（1885）長沙玉尺山房刻本 四冊 存九種

330000－4735－0007934　09432　集部/別集類/清別集

插花窗詩草六卷賦草二卷 （清）楊昌光撰 清刻本 二冊 存四卷（詩草一至三、賦草一）

330000－4735－0007935　04049　史部/目錄類/專錄之屬

小學考五十卷 （清）謝啟昆撰 清刻本 八冊 存二十一卷（二十五至四十二、四十六至四十八）

330000－4735－0007936　07995　集部/別集類/宋別集

宋王忠文公文集五十卷目錄四卷 （宋）王十朋撰 **梅溪王忠文公年譜一卷** （清）徐炯文編 清光緒二年（1876）溫州梅溪書院刻本 陳壽題簽 十四冊 存四十三卷（一至七、九

至十九、二十四至四十四,目錄一至四)

330000－4735－0007937　09433　集部/別集類/宋別集

月洞詩集二卷　(宋)王鎰撰　二十一世祖曍如公詩一十四首一卷　(明)王皞如撰　清嘉慶十八年(1813)刻本　一冊　缺一卷(上)

330000－4735－0007938　04050－02633　史部/政書類/儀制之屬/專志/科舉校規

增補貢舉考畧二種　(清)黃崇蘭輯　(清)趙學曾續輯　清光緒五年(1879)金陵文英堂刻本　一冊　存一種

330000－4735－0007939　09434　集部/總集類/課藝之屬

青雲集分韻試帖詳註四卷　(清)楊逢春(清)蕭應槐輯　(清)沈品三等註　清刻本　三冊　存三卷(二至四)

330000－4735－0007940　10443　類叢部/叢書類/彙編之屬

邵武徐氏叢書二十三種　(清)徐榦編　清光緒邵武徐氏刻本　一冊　存一種

330000－4735－0007941　04051　史部/傳記類/科舉錄之屬/諸貢錄

二百十一科鄉會文統七卷　清光緒十九年(1893)上海書局石印本　一冊　存一卷(論語)

330000－4735－0007942　10444　類叢部/叢書類/彙編之屬

邵武徐氏叢書二十三種　(清)徐榦編　清光緒邵武徐氏刻本　一冊　存一種

330000－4735－0007944　04052　史部/傳記類/科舉錄之屬/歷科鄉試錄

各省闈藝分類彙編十二卷　清光緒二十九年(1903)上海書局石印本　二冊　存二卷(一、十二)

330000－4735－0007945　10445　類叢部/叢書類/彙編之屬

邵武徐氏叢書二十三種　(清)徐榦編　清光緒邵武徐氏刻本　二十六冊　存十九種

330000－4735－0007946　09436　集部/詩文評類/文法之屬/函牘格式

商賈尺牘二卷　(清)管斯駿撰　清刻本　一冊　存一卷(二)

330000－4735－0007947　07997　集部/別集類/元別集

歐陽文公圭齋集十六卷首一卷末一卷　(元)歐陽玄撰　(清)鄧顯鶴增訂　清道光二十六年(1846)新化鄧氏南邨草堂刻本　六冊

330000－4735－0007948　07996　集部/別集類/明別集

楊忠烈公文集十卷補遺一卷表忠錄一卷末一卷年譜一卷　(明)楊漣撰　清同治四年(1865)世美堂刻本　六冊　存五卷(一至四、表忠錄)

330000－4735－0007949　09437　集部/別集類/漢魏六朝別集

陶靖節集六卷　(晉)陶潛撰　清康熙三十三年(1694)胡介祉谷園刻本　二冊

330000－4735－0007950　04053　史部/傳記類/科舉錄之屬/歷科鄉試錄

[光緒庚子辛丑恩正並行壬寅科]直省鄉墨十二卷　清光緒二十九年(1903)通文書局石印本　一冊　存二卷(一至二)

330000－4735－0007952　04054　史部/傳記類/科舉錄之屬/歷科鄉試錄

[光緒癸卯恩科]直省闈墨□□卷　清光緒石印本　巽吾題籤　六冊　存六卷(二至五、七、九)

330000－4735－0007953　09439　集部/別集類/清別集

逢吉堂焚餘稿一卷　(清)黃錫深撰　(清)黃春輯　逢吉堂焚餘稿題詞一卷　(清)黃春編　清光緒三十年(1904)南海黃春刻本　一冊

330000－4735－0007954　07998　集部/別集類/明別集

宋文憲公全集八十卷　(明)宋濂撰　年譜三卷　(清)朱興悌　(清)戴殿江撰　孫鏘增輯

潛溪錄六卷首一卷 （明）宋濂撰 丁立中編輯 孫鏘增補 清宣統二年至民國五年（1910－1916）四明孫氏成都刻本 二十四冊 缺二卷（一至二）

330000－4735－0007955 10446 類叢部/叢書類/彙編之屬

邵武徐氏叢書二十三種 （清）徐榦編 清光緒邵武徐氏刻本 十冊 存六種

330000－4735－0007956 04055 史部/傳記類/科舉錄之屬/歷科鄉試錄

[光緒癸卯恩科]新闈墨不分卷 （清）杜廬輯 清光緒三十年（1904）杭州采辦處石印本 七冊

330000－4735－0007957 09440 集部/總集類/課藝之屬

辨志文會課藝初集六卷 （清）葉意深等撰 （清）宗源瀚輯 清光緒六年至七年（1880－1881）刻本 四冊 存四卷（漢學、宋學、史學、詞章）

330000－4735－0007958 04056 史部/傳記類/科舉錄之屬/歷科鄉試錄

[光緒癸卯科]新闈墨不分卷 清石印本 四冊

330000－4735－0007959 07999 集部/別集類/唐五代別集

昌黎先生集四十卷外集十卷遺文一卷 （唐）韓愈撰 （宋）廖瑩中校正 **朱子校昌黎先生集傳一卷** （宋）朱熹撰 **韓集點勘四卷** （清）陳景雲撰 清同治八年至九年（1869－1870）江蘇書局刻本 六冊 缺十八卷（一至十二、二十二至二十七）

330000－4735－0007960 10447 類叢部/叢書類/彙編之屬

邵武徐氏叢書二十三種 （清）徐榦編 清光緒邵武徐氏刻本 十八冊 存十三種

330000－4735－0007961 09441 集部/別集類/明別集

懷麓堂詩稿二十卷文稿三十卷詩後稿十卷文

後稿三十卷雜記十卷首一卷 （明）李東陽撰 清嘉慶八年（1803）隴下學易堂刻本 十六冊 存八十四卷（詩稿一至十五，文稿一至三十，文後稿一至三十，雜記首、一至八）

330000－4735－0007962 04057 史部/傳記類/科舉錄之屬/歷科鄉試錄

[光緒癸卯恩科]新闈墨不分卷 清光緒石印本 二冊

330000－4735－0007963 08000 集部/總集類/選集之屬/斷代

元詩選癸集十卷 （清）顧嗣立輯 （清）席世臣補輯 清嘉慶三年（1798）南沙席氏刻光緒十四年（1888）補刻本 十六冊

330000－4735－0007964 09896 集部/詩文評類/文評之屬

新刊翰林批選三先生文粹評林□□卷 （明）王世貞 （明）汪道昆 （明）莊履豐著稿 （明）李廷機選粹 （明）吳騰奎校評 清刻本 一冊 存一卷（一）

330000－4735－0007965 09442 集部/別集類/明別集

懷麓堂文稿三十卷文後稿三十卷 （明）李東陽撰 清刻本 二冊 存十八卷（文稿二十二至三十、文後稿九至十七）

330000－4735－0007966 04058 史部/傳記類/科舉錄之屬/歷科鄉試錄

[光緒己丑恩科]直省闈墨不分卷試帖一卷 （清）傅鍾麟評選 清光緒十六年（1890）點石齋石印本 二冊

330000－4735－0007967 09443 集部/別集類/明別集

懷麓堂詩後稿十卷文後稿三十卷雜記十卷 （明）李東陽撰 清嘉慶八年（1803）隴下學易堂刻本 七冊 存三十三卷（詩後稿一至五，文後稿一至六、十三至二十四，雜記一至十）

330000－4735－0007968 04059 史部/傳記類/科舉錄之屬/歷科鄉試錄

[光緒丁酉科]直省闈墨不分卷 清光緒圖書

集成局鉛印本　福晨題簽　一冊

330000－4735－0007969　09444　集部/別集類/清別集

集虛齋全稿合刻六卷　（清）方樑如撰　（清）朱桓　（清）何忠相編次　清光緒二十年(1894)浙江書局刻本　四冊

330000－4735－0007970　07477　新學/地學/地志學

新撰萬國地理五篇五卷　（日本）山上萬次郎　（日本）濱田俊三郎編　林子芹　林子恕譯　清光緒二十九年(1903)上海開明公社鉛印本　三冊

330000－4735－0007971　04060　史部/傳記類/科舉錄之屬/歷科鄉試錄

[光緒丁酉科]直省闈墨不分卷試帖一卷　王燀甫　郭家聲評選　清光緒二十三年(1897)鉛印本　一冊

330000－4735－0007972　04061　史部/傳記類/科舉錄之屬/歷科鄉試錄

[光緒癸巳科]直省闈墨不分卷精萃試帖一卷　清光緒鉛印本　一冊

330000－4735－0007973　09899　集部/別集類/清別集

偶存集一卷附援守井研記畧一卷　（清）董貽清撰　清同治十一年(1872)刻本　一冊

330000－4735－0007975　07478　經部/小學類/訓詁之屬/譯語

和文漢譯讀本八卷　（日本）坪內雄藏編輯　沙頌虞　張肇熊譯述　清光緒二十八年(1902)上海商務印書館石印本　一冊　存一卷(一)

330000－4735－0007976　09445　集部/別集類/元別集

九靈山房集三十卷補編二卷　（元）戴良撰　清乾隆三十六年(1771)浦江戴氏傳經書屋刻本　七冊　存二十五卷(四至六、十一至三十,補編一至二)

330000－4735－0007977　04062　史部/傳記類/科舉錄之屬

闈墨□□卷　清刻本　一冊　存一卷(上)

330000－4735－0007978　04063　史部/傳記類/科舉錄之屬/歷科鄉試錄

[光緒癸卯恩科鄉試]增批涮江闈墨一卷　清光緒上海知新書局石印本　一冊

330000－4735－0007979　04064　史部/傳記類/科舉錄之屬/歷科鄉試錄

[光緒癸卯科]直省闈墨六卷　常垿璋輯　清宣統二年(1910)上海德和義書局石印本　六冊

330000－4735－0007980　09446　集部/總集類/選集之屬/通代

秦漢文鈔十二卷　（明）馮有翼輯　（明）汪德元訂　明萬曆刻本　二冊　存四卷(三至六)

330000－4735－0007981　09447　集部/總集類/選集之屬/通代

新刻楊宗師批選秦漢文鈔不分卷　（明）楊宗師輯　明刻本　一冊

330000－4735－0007982　09888　集部/別集類/清別集

澹香齋古今體詩□□卷　（清）喻增高撰　清刻本　一冊　存二卷(一至二)

330000－4735－0007984　09448　集部/別集類/清別集

有正味齋駢體文二十四卷續集八卷詩集十六卷續集八卷詞集八卷續集二卷詞外集五卷　（清）吳錫麒撰　清嘉慶十三年(1808)刻本　清黃瑞觀款　十四冊　缺五卷(駢體文續集四至八)

330000－4735－0007988　09449、08036　集部/別集類/清別集

有正味齋駢體文二十四卷續集八卷詩集十六卷續集八卷詞集八卷續集二卷詞外集五卷　（清）吳錫麒撰　清同人堂刻本　十六冊

330000－4735－0007989　10448　類叢部/叢書類/彙編之屬

半厂叢書初編十種　（清）譚獻編　清同治至光緒仁和譚氏刻本　十七冊　存八種

330000－4735－0007990　09450　集部/別集類/清別集

有正味齋詩集十六卷　（清）吳錫麒撰　清嘉慶十三年(1808)刻本　一冊　存五卷(七至十一)

330000－4735－0007991　07483　子部/儒家類/儒學之屬/蒙學

啟悟新編不分卷　（清）章光祖編　清刻本鏡堂氏題簽　一冊

330000－4735－0007992　09451　集部/別集類/清別集

有正味齋詩集十六卷續集八卷詞續集二卷（清）吳錫麒撰　清刻本　七冊

330000－4735－0007993　07484　子部/藝術類/書畫之屬/法帖

淳化閣釋文十卷　（清）徐朝弼撰　清嘉慶十七年(1812)刻本　一冊

330000－4735－0007995　07485　子部/藝術類/書畫之屬/法帖

欽定重刻淳化閣帖十卷　（清）吳省蘭輯　清乾隆三十八年(1773)刻本　一冊　存五卷(六至十)

330000－4735－0007997　09452　集部/詞類/類編之屬

四印齋所刻詞三十一種　（清）王鵬運編　清光緒十四年(1888)臨桂王氏四印齋刻本　三冊　存五種

330000－4735－0007998　09892　集部/別集類/清別集

古月軒詩存五卷文存二卷　（清）朱伸林撰清光緒十年(1884)棣川書屋刻本　四冊

330000－4735－0007999　07486　史部/政書類

校邠廬抗議二卷　（清）馮桂芬撰　清光緒二十四年(1898)刻本　二冊

330000－4735－0008000　07487　子部/儒家類/儒學之屬/蒙學

小學本國史教科書二卷　（清）澄衷學堂編輯清光緒三十年(1904)澄衷學堂石印本　章思羅題記　一冊　存一卷(下)

330000－4735－0008003　07489　子部/雜著類/雜說之屬

盛世危言續編四卷　鄭觀應撰　清光緒二十二年(1896)上海書局石印本　二冊　存二卷(一至二)

330000－4735－0008004　09453　集部/別集類/清別集

大吉羊室遺稿一卷　（清）張振凡撰　清道光三十年(1850)張家驫刻本　一冊

330000－4735－0008006　09890　集部/總集類/選集之屬/通代

斯文精萃不分卷　（清）尹繼善輯　清刻本一冊

330000－4735－0008007　09454　集部/別集類/清別集

思不辱齋文集四卷詩集四卷外集三卷賡颺集四卷　（清）萬承風撰　清嘉慶二十一年(1816)分寧萬承風古瓦山房刻本　三冊　存四卷(外集一至二、賡颺集一至二)

330000－4735－0008009　09898　集部/別集類/清別集

旅逸小稿二卷　（清）錢儀吉撰　清光緒六年(1880)錢彝甫刻本　一冊

330000－4735－0008010　07491　子部/雜著類/雜說之屬

危言四卷　湯震撰　清光緒二十一年(1895)石印本　三冊　存三卷(一至三)

330000－4735－0008011　10452　類叢部/叢書類/彙編之屬

結一廬朱氏賸餘叢書四種　（清）朱澂編　清光緒三十一年(1905)仁和朱氏刻本　五冊存一種

330000－4735－0008012　09900　集部/別集

類/清別集

板橋集五種六卷 （清）鄭燮撰　清刻本　夏樹芳題簽並記　一冊　存四種

330000－4735－0008013　09455　集部/總集類/選集之屬/通代

七十家賦鈔六卷 （清）張惠言輯　清光緒四年(1878)宏達堂刻本　四冊

330000－4735－0008015　07493　子部/兵家類/兵法之屬

火攻備要三卷 題(三國蜀)諸葛亮編　**七注陰符經一卷** 題(西周)姜尚注　（漢）張良解　（三國蜀)諸葛亮釋　清光緒十年(1884)敦懷書屋刻本　四冊

330000－4735－0008016　09456　集部/別集類/清別集

邃懷堂全集三十八卷(邃懷堂文集四卷詩集前編六卷後編六卷小清容山館詞鈔二卷哀忠集三卷駢文箋註十六卷補箋一卷) （清）袁翼撰　清光緒十三年至十四年(1887－1888)袁鎮嵩刻本　十七冊　缺七卷(文集三、詩集後編五至六、小清容山館詞鈔一至二、駢文箋註九至十)

330000－4735－0008017　10453　類叢部/叢書類/彙編之屬

振綺堂叢書初集十種二集十二種 （清）□□輯　清光緒二十年(1894)、宣統二年(1910)泉唐汪氏刻本暨鉛印本　六冊　存二集十一種

330000－4735－0008020　09457　集部/總集類/課藝之屬

小題指南初集不分卷二集不分卷三集不分卷 （清）吳次歐輯　清刻本　一冊　存二集

330000－4735－0008022　09889　集部/別集類/清別集

西溪詩鈔四卷 （清）林祥紱撰　清嘉慶二十五年(1820)刻本　一冊　存二卷(一至二)

330000－4735－0008023　09458　集部/總集類/郡邑之屬

國朝三槎存雅二卷 （清）甘受和輯　清嘉慶二十四年(1819)漱石山房刻光緒九年(1883)萬卷樓印本　二冊

330000－4735－0008025　09459　集部/總集類/選集之屬/斷代

今文遡洄集十卷 （清）魏裔介輯　清吳門懷響堂刻本　二冊　存四卷(一至四)

330000－4735－0008030　09460　集部/別集類/清別集

一琴一鶴軒詩草二卷 （清）高鳳閣撰　清刻本　友梅居士題跋　一冊

330000－4735－0008035　09893　史部/史評類/詠史之屬

今樂府（九九樂府）一卷 （清）陳梓撰　（清）鄭亦亭評　清宣統二年(1910)石印本　一冊

330000－4735－0008037　07501　子部/儒家類/儒學之屬/蒙學

蒙學課本二卷 清光緒二十七年(1901)南洋公學鉛印本　一冊

330000－4735－0008038　10457　類叢部/叢書類/自著之屬

有恆心齋集六種附一種 （清）程鴻詔撰　清同治刻本　二冊　存一種

330000－4735－0008039　09463　集部/別集類/清別集

欲自得齋詩草不分卷 （清）楊履晉撰　清宣統二年(1910)石印本　一冊

330000－4735－0008040　07502　子部/雜著類/雜考之屬

點勘記二卷省堂筆記一卷 （清）歐陽泉撰　清寶硯齋刻本　一冊　缺一卷(上)

330000－4735－0008041　09464　集部/別集類/清別集

又其次齋詩集七卷 （清）吳世涵撰　清咸豐二年(1852)宜園刻本　三冊　存六卷(二至七)

330000－4735－0008043　09465　集部/別集類/清別集

又其次齋時文不分卷　（清）吳世涵撰　清咸豐元年(1851)刻本　二冊

330000－4735－0008044　09897　集部/總集類/郡邑之屬

上虞詩選四卷　（清）徐榦編輯　清刻本　一冊　存一卷(二)

330000－4735－0008045　07504　子部/雜著類/雜考之屬

東塾讀書記二十五卷　（清）陳澧撰　清光緒八年(1882)刻本　三冊　存十三卷(一至九、十三、十五至十六、二十一)

330000－4735－0008047　09466　集部/別集類/清別集

健修堂詩集二十二卷　（清）邊浴禮撰　清咸豐十一年(1861)刻本　四冊　存十二卷(一至六、十至十二、十六至十八)

330000－4735－0008049　09467　集部/別集類/清別集

健修堂詩集二十二卷　（清）邊浴禮撰　清咸豐十一年(1861)刻本　一冊　存三卷(七至九)

330000－4735－0008050　07506　子部/小說家類/異聞之屬

秋燈叢話十八卷　（清）王椷撰　清同治十年(1871)文盛堂刻本　八冊

330000－4735－0008051　09468　集部/總集類/郡邑之屬

蜀秀集九卷　（清）譚宗浚輯　清光緒五年(1879)成都試院刻本　三冊　存四卷(三至四、八至九)

330000－4735－0008052　07507　子部/小說家類/異聞之屬

覓燈因話二卷　（明）邵景瞻纂錄　清刻本　一冊

330000－4735－0008053　09469　集部/別集類/清別集

有正味齋集十六卷　（清）吳錫麒撰　清刻本　一冊　存四卷(一至四)

330000－4735－0008054　07508　子部/醫家類/綜合之屬/通論

景岳全書六十四卷　（明）張介賓撰　清刻本　一冊　存一卷(六十四)

330000－4735－0008055　07509　子部/雜著類/雜說之屬

七修類藁五十一卷續藁七卷　（明）郎瑛撰　清刻本　一冊　存三卷(十一至十三)

330000－4735－0008056　09470　集部/別集類/清別集

孟巖時文一刻一卷　（清）魯宗泰撰　清光緒二十三年(1897)刻本　一冊

330000－4735－0008058　09471　集部/別集類/清別集

心潛書屋詩存一卷詞賸一卷　（清）陳亮疇撰　蘭墅詩存二卷　（清）陳允頤撰　清光緒三十二年(1906)杭州刻本　協恭題記　二冊

330000－4735－0008060　09472　集部/別集類/宋別集

龍川文集三十卷首一卷　（宋）陳亮撰　清光緒二十七年(1901)義烏陳玉梁崇本堂刻本　二冊　存九卷(十六至二十四)

330000－4735－0008061　07512　子部/天文曆算類/天文之屬

天文地球圖說三卷續編二卷首一卷　（清）華蘅芳撰　（清）阮元鑒定　清光緒二十四年(1898)上海石印本　一冊　缺二卷(天文地球圖說一至二)

330000－4735－0008062　09473　集部/總集類/郡邑之屬

鄂渚同聲集三編八卷　（清）胡鳳丹編　清光緒二年(1876)退補齋刻本　一冊　存三卷(一至三)

330000－4735－0008065　09474　集部/別集類/清別集

柏梘山房文集十六卷文續集一卷詩集十卷詩

續集二卷駢體文二卷　（清）梅曾亮撰　清咸豐六年（1856）楊以增、楊紹穀等慎修書屋刻同治三年（1864）補刻本　三冊　存十三卷（文集十一至十六、文續集、詩集五至十）

330000－4735－0008066　09475　集部/總集類/選集之屬/斷代

讀雪山房唐詩三十四卷　（清）管世銘選　清光緒十二年（1886）湖北官書處刻本　一冊　存二卷（一至二）

330000－4735－0008069　09476　集部/別集類/宋別集

鶴山文鈔三十二卷　（宋）魏了翁撰　清同治十三年（1874）望三益齋刻本　七冊　存二十四卷（一至十三、十八至二十五、三十至三十二）

330000－4735－0008074　09477　集部/別集類/清別集

半巖廬遺集二卷　（清）邵懿辰撰　清光緒三十四年（1908）邵章等刻本　一冊

330000－4735－0008075　07517　子部/儒家類/儒學之屬/蒙學

普通學歌訣一卷　（清）張一鵬撰　清光緒二十六年（1900）蘇州中西小學堂刻本　一冊

330000－4735－0008076　07518　子部/儒家類/儒學之屬/禮教/家訓

楊椒山公家訓一卷　（明）楊繼盛撰　清光緒二十年（1894）刻本　一冊

330000－4735－0008079　07519　子部/小說家類/雜事之屬

吳門畫舫錄二卷　（清）西溪山人撰　清嘉慶紅樹山房刻本　一冊

330000－4735－0008081　09481　集部/別集類/清別集

有正味齋試帖詳註四卷　（清）吳錫麒撰（清）吳敬恒注　清道光五年（1825）大文堂刻本　一冊

330000－4735－0008083　09482　集部/總集類/課藝之屬

試帖玉堂新翰八卷　（清）高敏輯　清道光二十一年（1841）刻本　三冊　存六卷（一至四、七至八）

330000－4735－0008084　07521　子部/藝術類/書畫之屬/法帖

御刻三希堂石渠寶笈法帖十六卷　（清）梁詩正等輯　清光緒二十三年（1897）上海鴻寶齋石印本　三冊　存十二卷（一至十二）

330000－4735－0008085　09483　集部/別集類/清別集

有正味齋詩集十六卷　（清）吳錫麒撰　清刻本　一冊　存四卷（一至四）

330000－4735－0008086　07522－06119　子部/天文曆算類/算書之屬

梅氏叢書輯要六十二卷首一卷　（清）梅文鼎撰　（清）梅毅成重編　清同治十三年（1874）梅纘高頤園刻本　一冊　存二種

330000－4735－0008087　09484－08025　集部/別集類/清別集

有正味齋駢體文二十四卷首一卷　（清）吳錫麒撰　（清）王廣業箋　（清）葉聯芬注　清光緒十五年（1889）上海蜚英館石印本　一冊　存五卷（六至十）

330000－4735－0008089　07524　子部/兵家類/兵法之屬

前敵須知四卷　（英國）克利賴撰　舒高第（清）鄭昌棪譯　清光緒江南製造總局鉛印本　四冊

330000－4735－0008091　09485　集部/別集類/清別集

古鐵齋賦草二卷　（清）馮晉昌撰　清同治五年（1866）刻本　雨生題簽　二冊

330000－4735－0008092　07525　子部/儒家類/儒學之屬/蒙學

浙紹奎照樓新增繪圖幼學故事瓊林四卷首一卷　（清）程登吉撰　（清）鄒聖脈增補　清光緒二十四年（1898）浙紹奎照樓石印本　一冊

330000－4735－0008093　09488　集部/詞

類/別集之屬

懊儂詞一卷屑玉詞一卷擊缶詞二卷　（清）郭鍾岳撰　清光緒十二年至十三年（1886－1887）郭鍾岳和天倪齋溫州刻本　一冊　存二卷（懊儂詞、屑玉詞）

330000－4735－0008095　09489　集部/總集類/選集之屬/通代

新鐫全像大字千家詩二卷　清刻本　一冊

330000－4735－0008096　07527　新學/雜著/叢編

質學叢書初集三十種　（清）武昌質學會編　清光緒二十二年至二十三年（1896－1897）武昌質學會刻本　二十二冊　存二十種

330000－4735－0008097　09490　集部/總集類/選集之屬/通代

新鐫全像大字千家詩二卷　清三元堂刻本　明蘭氏題簽　一冊

330000－4735－0008098　09491　集部/總集類/選集之屬/斷代

七家詩選七卷　（清）張熙宇輯評　清刻本　一冊　存四卷（澹香齋試帖、修竹齋試帖、尚絅堂試帖、欅花館試帖）

330000－4735－0008100　09492　集部/總集類/選集之屬/通代

增補重訂千家詩註解二卷　（清）任來吉選　（清）王相註　清嘉慶二十二年（1817）刻本　一冊　存一卷（一）

330000－4735－0008101　09493　集部/總集類/選集之屬/通代

增補重訂千家詩註解二卷　（清）任來吉選　（清）王相註　清嘉慶二十五年（1820）綠蔭堂刻本　朱茂源題簽　一冊

330000－4735－0008104　07528　子部/雜著類/雜說之屬

經濟尋源九卷後集三卷　（清）臥雲輯　清同治七年（1868）刻本　七冊　存七卷（一至七）

330000－4735－0008106　09497　集部/總集類/選集之屬/通代

增補重訂千家詩註解二卷　（宋）謝枋得選　（清）王相註　新鐫五言千家詩箋註二卷　（清）王相選註　清光緒五年（1879）掃葉山房刻本　二冊

330000－4735－0008107　09495　集部/總集類/選集之屬/通代

五言千家詩箋註二卷　（清）王相選註　清刻本　一冊

330000－4735－0008108　10465　類叢部/叢書類/彙編之屬

申報館叢書正集五十七種附錄三種　（清）尊聞閣主編　續集一百四十二種　蔡爾康編　清同治至光緒上海申報館鉛印本　二冊　存一種

330000－4735－0008109　09496　集部/總集類/選集之屬/通代

增補重訂千家詩註解二卷　（宋）謝枋得選　（清）王相註　新鐫五言千家詩箋註二卷　（清）王相選註　清刻本　二冊

330000－4735－0008110　07529　子部/儒家類/儒學之屬/經濟

袁易齋先生圖民錄四卷　（清）袁守定撰　清同治十二年（1873）湘鄉楊昌濬刻本　二冊

330000－4735－0008111　07530－06143　子部/天文曆算類/算書之屬

微積通詮十六卷　（清）黃啟明撰　清光緒三十一年（1905）廣州菁華閣刻本　一冊　存二卷（一至二）

330000－4735－0008112　10466　類叢部/叢書類/彙編之屬

武英殿聚珍版書　清江蘇刻本　一冊　存一種

330000－4735－0008114　10467　類叢部/叢書類/彙編之屬

武英殿聚珍版書三十九種　清乾隆浙江刻本　一冊　存一種

330000－4735－0008116　09498　子部/儒家類/儒學之屬/蒙學

小學千家詩人生必讀二卷 （清）余晦齋輯
清咸豐七年(1857)三衢慕小學齋刻本　一冊

330000－4735－0008117　07533　子部/醫家
類/眼科之屬

校刊目經大成三卷首一卷 （清）黃庭鏡撰
清嘉慶二十三年(1818)兩儀堂刻本　雨亭題
簽　四冊

330000－4735－0008118　09499　集部/總集
類/彙編之屬

硃批八家詩註 （清）張熙宇輯評 （清）張昶
註釋　清同治五年(1866)明德堂刻朱墨套印
本　二冊　存三種

330000－4735－0008119　09500　集部/別集
類/清別集

文起堂詩集十五卷首一卷 （清）韓羹卿撰
清光緒十年(1884)韓氏懷德堂刻本　二冊
存八卷(五至十二)

330000－4735－0008121　07534　子部/醫家
類/方書之屬/單方驗方

景岳新方砭四卷 （清）陳念祖撰　清寶章堂
刻本　一冊

330000－4735－0008122　09501　集部/別集
類/清別集

太鶴山人集十三卷 （清）端木國瑚撰　清道
光二十年(1840)瑞安洪坤刻本　六冊

330000－4735－0008126　07538　子部/醫家
類/兒科之屬/痘疹

麻症集成四卷 （清）朱載揚輯撰 （清）朱夢
裘校編　清宣統元年(1909)紹興公報社鉛印
本　一冊

330000－4735－0008127　07539　子部/醫家
類/兒科之屬/痘疹

麻症集成四卷 （清）朱載揚輯撰 （清）朱夢
裘校編　清宣統元年(1909)紹興公報社鉛印
本　一冊

330000－4735－0008130　10470　類叢部/叢
書類/彙編之屬

滂喜齋叢書五十種 （清）潘祖蔭編　清同治

至光緒吳縣潘氏京師刻本　三十五冊　存四
十七種

330000－4735－0008131　07541　子部/農家
農學類

農學叢書 （清）上海農學會 （清）江南總農
會輯　清光緒上海農學會、江南總農會石印
本　一冊　存四種

330000－4735－0008132　07542　子部/農家
農學類

農學叢書 （清）上海農學會 （清）江南總農
會輯　清光緒上海農學會、江南總農會石印
本　三冊　存六種

330000－4735－0008133　07543　子部/宗教
類/佛教之屬/諸宗

異方便淨土傳燈歸元鏡三祖實錄二卷 （清）
釋智達撰　清同治十三年(1874)武林刻本
一冊　存一卷(上)

330000－4735－0008135　07545　類叢部/叢
書類/自著之屬

上湖遺集八種 （清）汪師韓撰　清乾隆刻本
一冊　存一種

330000－4735－0008136　07546　子部/宗教
類/佛教之屬/諸宗

禪林重刻寶訓筆說三卷 （清）釋智祥撰　清
道光八年(1828)刻本　一冊　存一卷(下)

330000－4735－0008137　07547　子部/宗教
類/佛教之屬/諸宗

禪林重刻寶訓筆說三卷 （清）釋智祥撰　清
刻本　一冊　存一卷(中)

330000－4735－0008140　10471　類叢部/叢
書類/彙編之屬

武英殿聚珍版書三十九種　清乾隆浙江刻本
一冊　存一種

330000－4735－0008143　10472　類叢部/叢
書類/彙編之屬

武英殿聚珍版書　清江蘇刻本　二冊　存
一種

330000－4735－0008144　07552　子部/兵家類

武經標題正說七卷　（清）章立幟輯著　清刻本　一冊　存二卷（一至二）

330000－4735－0008145　07553　子部/藝術類/書畫之屬/畫譜

青在堂竹譜不分卷　清刻本　一冊

330000－4735－0008146　10473　類叢部/叢書類/彙編之屬

武英殿聚珍版書一百四十八種　清乾隆四十二年（1777）福建刻道光至同治遞修光緒二十一年（1895）增刻本　一冊　存一種

330000－4735－0008147　07554　子部/叢編

子書百家　（清）崇文書局編　清光緒元年（1875）湖北崇文書局刻本　一百四冊　缺一種

330000－4735－0008148　10474　類叢部/叢書類/彙編之屬

武英殿聚珍版書一百四十八種　清光緒二十五年（1899）廣雅書局刻本　二冊　存一種

330000－4735－0008149　10475　類叢部/叢書類/彙編之屬

武英殿聚珍版書一百四十八種　清乾隆四十二年（1777）福建刻道光至同治遞修光緒二十一年（1895）增刻本　十三冊　存一種

330000－4735－0008150　09502　集部/別集類/清別集

太鶴山人集十三卷　（清）端木國瑚撰　清道光二十年（1840）瑞安洪坤刻本　三冊　存十卷（一至六、十至十三）

330000－4735－0008151　10476　類叢部/叢書類/家集之屬

長洲彭氏家集九種　（清）彭祖賢編　清同治至光緒刻本　一冊　存一種

330000－4735－0008152　05644　子部/雜著類

尺木堂明心寶鑑二卷　（清）道癡子輯　清刻本　一冊

330000－4735－0008153　09503　集部/別集類/清別集

壯悔堂文集十卷遺稿一卷四憶堂詩集六卷遺稿一卷　（清）侯方域撰　（清）賈開宗等評點　清同治十二年（1873）刻本　八冊

330000－4735－0008154　10477　類叢部/叢書類/家集之屬

長洲彭氏家集九種　（清）彭祖賢編　清同治至光緒刻本　一冊　存一種

330000－4735－0008155　09504　集部/別集類/清別集

四憶堂詩集六卷遺稿一卷　（清）侯方域撰　清同治十二年（1873）刻本　一冊　存三卷（一至二、遺稿）

330000－4735－0008156　10478　類叢部/叢書類/彙編之屬

武英殿聚珍版書一百四十八種　清乾隆四十二年（1777）福建刻道光至同治遞修光緒二十一年（1895）增刻本　二冊　存一種

330000－4735－0008157　09505　集部/總集類/課藝之屬

越輶采風錄四卷　瞿鴻機編　清光緒十四年（1888）刻本　一冊　存一卷（一）

330000－4735－0008159　09506　集部/總集類/課藝之屬

越輶采風錄四卷　瞿鴻機編　清光緒十四年（1888）刻本　二冊　存二卷（二至三）

330000－4735－0008160　07556　史部/地理類/遊記之屬/紀行

郡齋話舊圖序目一卷　（清）高培穀撰　清光緒十一年（1885）刻本　一冊

330000－4735－0008161　09507　集部/總集類/課藝之屬

越輶采風錄四卷　瞿鴻機編　清光緒十四年（1888）刻本　四冊

330000－4735－0008170　10479　類叢部/叢書類/彙編之屬

增訂漢魏叢書八十六種　（清）王謨編　清乾

隆五十六年(1791)金谿王氏刻本　十七冊
存十二種

330000－4735－0008172　07562　類叢部/叢
書類/彙編之屬
湘學報類編西政叢鈔　(清)養春堂主人編
清光緒二十八年(1902)石印本　二冊　存
二種

330000－4735－0008173　02434　史部/傳記
類/雜傳之屬
記潞河白大司空軼事一卷記潞河白母劉太夫
人軼事一卷　(清)張炳撰　附神道碑銘一卷
(清)祁寯藻撰　清刻本　一冊　缺一卷
(神道碑銘)

330000－4735－0008176　02682　史部/目錄
類/專錄之屬
東西學書錄總敘二卷　沈桐生撰　清光緒二
十三年(1897)讀有用書齋刻本　二冊

330000－4735－0008178　02683－02388　類
叢部/叢書類/彙編之屬
海山仙館叢書五十六種　(清)潘仕成編　清
道光二十五年至咸豐元年(1845－1851)番禺
潘氏刻光緒十一年(1885)增刻彙印本　一冊
存三種

330000－4735－0008183　10033　類叢部/類
書類/專類之屬
詩學含英十四卷詩韻含英五卷　(清)劉文蔚
輯　清光緒八年(1882)於越徐氏八杉齋刻本
佩輝題簽　一冊　存六卷(九至十四)

330000－4735－0008188　10150　類叢部/類
書類/通類之屬
增廣試帖玉芙蓉五卷韻目一卷類目一卷續集
二卷韻目一卷類目一卷　清光緒二十二年
(1896)積山書局石印本　一冊　存一卷(類
目)

330000－4735－0008192　10480　類叢部/叢
書類/彙編之屬
增訂漢魏叢書八十六種　(清)王謨編　清乾
隆五十六年(1791)金谿王氏刻本　三十九冊

存三十三種

330000－4735－0008197　10151　類叢部/類
書類/通類之屬
重訂增廣試帖玉芙蓉□□卷　清石印本　一
冊　存一卷(四)

330000－4735－0008199　09521　集部/別集
類/清別集
袁文箋正十六卷補註一卷　(清)袁枚撰
(清)石韞玉輯　增訂袁文箋正四卷　(清)袁
枚撰　(清)魏大緯輯　清光緒十四年(1888)
上海蜚英館石印本　三冊

330000－4735－0008204　10153　類叢部/類
書類/專類之屬
重編留青新集二十四卷　(清)馮善長輯　清
末鉛印本　一冊　存一卷(十五)

330000－4735－0008205　07575　新學/雜著
尚賢堂新學月報不分卷　(美國)丁韙良督理
綦策鰲副理　清光緒二十三年至二十四年
(1897－1898)鉛印本　六冊

330000－4735－0008206　10154　集部/總集
類/選集之屬/通代
憑山閣增輯留青新集三十卷　(清)陳枚選
(清)陳德裕增輯　清務本堂刻本　二十四冊

330000－4735－0008208　10155　類叢部/類
書類/通類之屬
策學纂要十六卷　(清)戴朋　(清)黃卷輯
清刻本　二冊

330000－4735－0008209　09523　集部/總集
類/題詠之屬
豐樂園八詠一卷　江峯青等撰　清光緒二十
三年(1897)刻本　一冊

330000－4735－0008211　10156　類叢部/類
書類/專類之屬
年華錄四卷　(清)全祖望輯　清嘉慶二十年
(1815)日新堂刻本　一冊　存一卷(四)

330000－4735－0008212　10157　類叢部/類
書類/專類之屬

漢唐事箋十二卷後集八卷　（元）朱禮撰　清道光二年(1822)南城胡氏刻本　三冊　存十二卷(一至十二)

330000－4735－0008214　10158　類叢部/類書類/通類之屬

類林新咏三十六卷　（清）姚之駰撰　清刻本十一冊　缺三卷(二十八至三十)

330000－4735－0008216　10159　類叢部/類書類/通類之屬

類林新咏三十六卷　（清）姚之駰撰　清文暎書屋刻本　十六冊

330000－4735－0008231　07585　新學/格致總

格致彙編不分卷　（英國）傅蘭雅輯　清光緒三年至十八年(1877－1892)上海格致書室鉛印本　十五冊

330000－4735－0008234　09524　集部/詩文評類/詩評之屬

隨園詩話十六卷補遺十卷　（清）袁枚撰　清同治十年(1871)山陰書屋刻本　三冊　存五卷(一至五)

330000－4735－0008235　09525　集部/詩文評類/詩評之屬

隨園詩話十六卷補遺十卷　（清）袁枚撰　清刻本　一冊　存二卷(十三至十四)

330000－4735－0008236　09526　集部/詩文評類/詩評之屬

隨園詩話十六卷補遺十卷　（清）袁枚撰　清刻本　郁成題簽並注　二冊　存四卷(五至六、八至九)

330000－4735－0008237　09527　集部/詩文評類/詩評之屬

隨園詩話十六卷補遺十卷　（清）袁枚撰　清刻本　鏡堂氏題簽　四冊　存八卷(一至二、五至六、九至十,補遺一至二)

330000－4735－0008239　09528　集部/詩文評類/詩評之屬

隨園詩話十六卷補遺十卷　（清）袁枚撰　清

刻本　一冊　存四卷(五至八)

330000－4735－0008243　09529　集部/別集類/清別集

音註小倉山房尺牘八卷補遺一卷　（清）袁枚撰　（清）胡光斗箋釋　清咸豐九年(1859)山陰胡氏青蘿室刻本　三冊　存七卷(一至四、七至八,補遺)

330000－4735－0008253　09535　集部/別集類/清別集

隨園駢體文註十六卷　（清）袁枚撰　（清）黎光地註　清光緒十二年(1886)刻本　四冊　存六卷(七至九、十二、十四至十五)

330000－4735－0008254　09536　集部/別集類/清別集

小倉山房詩集三十一卷補遺一卷附錄一卷　（清）袁枚撰　清三餘堂刻本　四冊

330000－4735－0008255　10481－10400　類叢部/叢書類/彙編之屬

十萬卷樓叢書五十一種　（清）陸心源編　清光緒歸安陸氏刻本　三冊　存三種

330000－4735－0008256　10482　類叢部/叢書類/彙編之屬

天壤閣叢書二十種　（清）王祖源　（清）王懿榮編　清同治至光緒福山王氏刻彙印本　一冊　存一種

330000－4735－0008257　09537　集部/別集類/清別集

本朝文讀本不分卷　（清）袁枚撰　清啟元堂刻本　四冊

330000－4735－0008258　09538　集部/別集類/清別集

小倉山房詩集三十一卷補遺一卷附錄一卷　（清）袁枚撰　清刻本　舜□氏題簽　四冊　存二十卷(九至二十八)

330000－4735－0008260　09539　集部/別集類/清別集

小倉山房詩集三十一卷補遺一卷附錄一卷　（清）袁枚撰　清刻本　三冊　存十四卷(九

至十三、二十五至三十一,補遺,附錄)

330000－4735－0008264　08093　類叢部/叢書類/自著之屬

曾文正公集　（清）曾國藩撰　清同治至光緒刻本　四冊　存一種

330000－4735－0008275　10486　類叢部/叢書類/自著之屬

曾文正公全集十六種　（清）曾國藩撰　清同治至光緒傳忠書局刻本　三冊　存三種

330000－4735－0008278　10487　類叢部/叢書類/自著之屬

曾文正公全集十六種　（清）曾國藩撰　清同治至光緒傳忠書局刻本　一冊　存一種

330000－4735－0008283　07605　新學/報章

新民叢報全編不分卷　（清）新民叢報社編　清光緒三十年(1904)維新室石印本　十八冊

330000－4735－0008285　07606　新學/報章

新民叢報全編不分卷　（清）新民叢報社編　清光緒三十年(1904)維新室石印本　二十三冊

330000－4735－0008286　10489　類叢部/叢書類/自著之屬

微波榭叢書十一種　（清）戴震撰　清乾隆曲阜孔氏刻本　一冊　存一種

330000－4735－0008287　07607　新學/報章

新民叢報全編不分卷　（清）新民叢報社編　清光緒三十年(1904)維新室石印本　六冊

330000－4735－0008290　10491　類叢部/叢書類/郡邑之屬

畿輔叢書一百二十六種　（清）王灝編　清光緒五年至十八年(1879－1892)定州王氏謙德堂刻三十二年(1906)彙印本　三冊　存一種

330000－4735－0008293　10492　類叢部/叢書類/自著之屬

隨園三十種　（清）袁枚撰　清乾隆至嘉慶刻本　三冊　存二種

330000－4735－0008294　09551　集部/總集

類/郡邑之屬

蛟川先正文存二十卷補遺一卷　（清）陳繼聰編　清光緒八年(1882)刻本　一冊　存二卷（七至八）

330000－4735－0008295　09552　集部/詩文評類/制藝之屬

增訂初學小講祕訣不分卷　（清）盛元均輯　清光緒五年(1879)江曲書莊刻本　一冊

330000－4735－0008296　06783　子部/宗教類/道教之屬

風雷集一卷　清光緒三十三年(1907)刻本　一冊

330000－4735－0008298　09553　集部/總集類/選集之屬/斷代

苔岑詩畧二十二卷　（清）朱滋年輯　清嘉慶十五年(1810)江寧顧晴崖刻本　二冊　存十一卷（一至十一）

330000－4735－0008299　06831　類叢部/叢書類/郡邑之屬

台州叢書九種　（清）宋世犖輯　清嘉慶至道光臨海宋氏刻本　一冊　存一種

330000－4735－0008301　09554　集部/別集類/清別集

袁文箋正十六卷補注一卷　（清）袁枚撰　（清）石韞玉箋　清嘉慶十七年(1812)鶴壽山堂刻本　德青題簽　一冊　存九卷（九至十六、補注）

330000－4735－0008302　07617　子部/宗教類/佛教之屬/經疏

佛說觀無量壽佛經疏四卷　（唐）釋善導撰　清刻本　一冊　存二卷（一至二）

330000－4735－0008303　07611　子部/術數類/相宅相墓之屬

陽宅大成四種　（清）魏青江撰　清刻本　一冊　存一卷（宅譜修方五上）

330000－4735－0008304　09555　集部/別集類/清別集

袁文箋正十六卷補注一卷　（清）袁枚撰

（清）石韞玉箋　清嘉慶十七年（1812）鶴壽山堂刻本　四冊

330000－4735－0008306　10493　類叢部/叢書類/自著之屬

隨園三十種　（清）袁枚撰　清光緒十七年（1891）經綸堂刻本　二十八冊　存十四種

330000－4735－0008307　09556　集部/別集類/明別集

新喻梁石門先生集十卷首一卷末一卷　（明）梁寅撰　清光緒十五年（1889）射洪鍾體志刻本　三冊　缺六卷（二至七）

330000－4735－0008308　07613　子部/天文曆算類/算書之屬

董方立遺書八種　（清）董祐誠撰　清同治八年（1869）董貽清成都刻本　三冊　存六種

330000－4735－0008309　07614　子部/宗教類/佛教之屬

兜率院戒闍黎示現錄一卷　（明）釋宗正編　清刻本　一冊

330000－4735－0008310　09557　集部/總集類/彙編之屬

宋四名家詩　（清）周之鱗　（清）柴升編　清嘉慶二十二年（1817）博古堂刻本　三冊　存二種

330000－4735－0008311　07615　子部/儒家類/儒學之屬/禮教/家訓

澄懷園語四卷　（清）張廷玉撰　清光緒六年（1880）張紹文刻本　一冊

330000－4735－0008312　09558　集部/總集類/選集之屬/斷代

八家四六（國朝八家四六文鈔）八種九卷（清）吳鼒編　清較經堂刻本　五冊　存五種

330000－4735－0008313　07616　類叢部/叢書類/彙編之屬

百家名書一百四種　（明）胡文煥編　明萬曆錢塘胡氏文會堂刻本　二冊　存一種

330000－4735－0008314　07618　子部/宗教類/佛教之屬/諸宗

掐黑豆集八卷首一卷　（清）平聖臺輯並頌注　（清）心圓拈頌別並注　清乾隆五十九年至六十年（1794－1795）刻本　一冊　存三卷（首、一至二）

330000－4735－0008316　10494　類叢部/叢書類/自著之屬

隨園三十種　（清）袁枚撰　清刻本　二十四冊　存九種

330000－4735－0008317　07619　集部/別集類/清別集

棣懷堂隨筆十一卷　（清）李象鵾撰　清道光二十五年（1845）刻本　五冊　缺一卷（一）

330000－4735－0008318　09560　集部/別集類/清別集

曲園課孫草一卷續刻一卷　（清）俞樾撰　清光緒八年（1882）金陵刻本　一冊

330000－4735－0008319　09561　集部/別集類/清別集

曲園課孫草一卷續刻一卷　（清）俞樾撰　清刻本　王朗亭題簽　一冊

330000－4735－0008320　10495　類叢部/叢書類/自著之屬

隨園三十種　（清）袁枚撰　清刻本　四十四冊　存二十種

330000－4735－0008324　09564　集部/詩文評類/詩評之屬

帖體詩存註釋八卷　（清）宓如椿撰　（清）吳傳鍇註　清刻本　一冊　存二卷（三至四）

330000－4735－0008325　10496　類叢部/叢書類/自著之屬

隨園三十種　（清）袁枚撰　清刻本　十二冊　存二種

330000－4735－0008326　09565　集部/詞類/類編之屬

詞學叢書六種二十三卷　（清）秦恩復編　清嘉慶至道光秦氏享帚精舍刻本　一冊　存一種

330000－4735－0008327　10497　類叢部/叢書類/自著之屬

隨園三十種　（清）袁枚撰　清刻本　六冊
存四種

330000－4735－0008328　09566　集部/總集類/尺牘之屬

明代名人尺牘七種　鄧實輯　清光緒三十三年至三十四年(1907－1908)上海國學保存會影印本　一冊　存一種

330000－4735－0008329　10498　類叢部/叢書類/自著之屬

隨園三十種　（清）袁枚撰　清光緒十七年(1891)經綸堂刻本　一冊　存一種

330000－4735－0008330　09567　集部/別集類/清別集

板橋集五種六卷　（清）鄭燮撰　清清暉書屋刻本　一冊　存一種

330000－4735－0008331　10499　類叢部/叢書類/自著之屬

隨園三十種　（清）袁枚撰　清刻本　一冊
存一種

330000－4735－0008332　09568　集部/別集類/清別集

板橋集五種六卷　（清）鄭燮撰　清清暉書屋刻本　一冊　存一種

330000－4735－0008333　10500　類叢部/叢書類/自著之屬

隨園三十種　（清）袁枚撰　清刻本　一冊
存一種

330000－4735－0008334　09569　集部/別集類/清別集

板橋集五種六卷　（清）鄭燮撰　清刻本　一冊　存一種

330000－4735－0008335　10501　類叢部/叢書類/自著之屬

隨園三十種　（清）袁枚撰　清刻本　二冊
存一種

330000－4735－0008336　09570　集部/別集類/清別集

板橋集五種七卷　（清）鄭燮撰　清刻本　一冊　存一種

330000－4735－0008338　09571　集部/別集類/清別集

板橋集五種七卷　（清）鄭燮撰　清刻本　一冊　存一種

330000－4735－0008339　09572　集部/別集類/清別集

板橋集五種六卷　（清）鄭燮撰　清刻本　一冊　存二種

330000－4735－0008340　10502　類叢部/叢書類/自著之屬

隨園三十種　（清）袁枚撰　清光緒十七年(1891)經綸堂刻本　二冊　存五種

330000－4735－0008341　09573　集部/別集類/宋別集

淮海集四十卷後集六卷長短句三卷　（宋）秦觀撰　清嘉慶十一年(1806)刻本　六冊

330000－4735－0008342　10503　類叢部/叢書類/自著之屬

隨園三十八種　（清）袁枚撰　清光緒十八年(1892)勤裕堂鉛印本　二冊　存一種

330000－4735－0008343　09574　集部/總集類/選集之屬/斷代

宋四六選二十四卷　（清）彭元瑞　（清）曹振鏞輯　清刻本　十一冊　存二十二卷(三至二十四)

330000－4735－0008345　10505　類叢部/叢書類/自著之屬

隨園三十八種　（清）袁枚撰　清光緒十八年(1892)勤裕堂鉛印本　四冊　存一種

330000－4735－0008346　07621　子部/雜著類/雜纂之屬

五倫用中集一卷　（清）徐日乾輯　清乾隆十五年(1750)刻本　一冊

330000－4735－0008347　09575　集部/別集類/清別集

尊聞居士集八卷　（清）羅有高撰　（清）彭紹升編　清乾隆四十七年(1782)刻本　二冊

330000－4735－0008349　09576　集部/別集類/清別集

集虛齋全稿合刻六卷　（清）方濬如撰　（清）朱桓　（清）何忠相編次　清光緒二十年(1894)浙江書局刻本　三冊　存四卷(論語、孟子、鄉墨、會墨)

330000－4735－0008350　09577　集部/別集類/清別集

香瓦樓市簫集六卷　（清）姜皋著　清道光十年(1830)刻本　三冊

330000－4735－0008351　10507　類叢部/叢書類/自著之屬

隨園三十六種　（清）袁枚撰　清光緒十八年(1892)上海圖書集成印書局鉛印本　四冊　存十種

330000－4735－0008352　09578　集部/別集類/清別集

寒松堂全集十二卷　（清）魏象樞撰　清康熙刻本　三冊　存四卷(二、六、十至十一)

330000－4735－0008354　09579　集部/別集類/清別集

漁洋山人精華錄訓纂十卷目錄二卷年譜注補二卷　（清）王士禛撰　（清）惠棟注補　清乾隆惠氏紅豆齋刻本　二冊　存二卷(七至八)

330000－4735－0008356　09580　集部/別集類/明別集

重刊荊川先生文集十七卷外集三卷附錄一卷　（明）唐順之撰　清刻本　八冊　存十七卷(三至十七、外集三、附錄)

330000－4735－0008358　09581　集部/別集類/明別集

重刊荊川先生文集十七卷外集三卷附錄一卷　（明）唐順之撰　清刻本　一冊　存三卷(十二至十四)

330000－4735－0008359　10511　類叢部/叢書類/自著之屬

隨園三十種　（清）袁枚撰　清乾隆至嘉慶刻本　七冊　存三種

330000－4735－0008360　09582　集部/別集類/清別集

補讀書齋遺藁十卷　（清）沈維鐈撰　**補讀書齋集外藁一卷**　（清）沈維鐈撰　（清）沈曾樾輯　清光緒元年(1875)廣州刻二十五年(1899)增刻本　二冊　缺五卷(補讀書齋遺藁一至五)

330000－4735－0008361　10512　類叢部/叢書類/自著之屬

隨園三十種　（清）袁枚撰　清乾隆至嘉慶刻本　一冊　存五種

330000－4735－0008363　10513　類叢部/叢書類/自著之屬

隨園三十種　（清）袁枚撰　清乾隆至嘉慶刻本　八冊　存一種

330000－4735－0008364　09584　集部/總集類/選集之屬/斷代

二家詩鈔二十卷　（清）邵長蘅編　清康熙三十四年(1695)刻本　鏡堂氏題簽　五冊　缺四卷(宋氏綿津詩鈔一至四)

330000－4735－0008365　09585　集部/總集類/酬唱之屬

清尊集十六卷　（清）汪遠孫輯　清道光十九年(1839)錢塘汪氏振綺堂刻本　一冊　存四卷(五至八)

330000－4735－0008366　09586　集部/別集類/清別集

堅白齋集詩存三卷駢文存一卷雜稿存四卷　（清）龍汝霖撰　清光緒七年(1881)刻本　世珍題簽　二冊　存三卷(駢文存、雜稿存一至二)

330000－4735－0008372　09591　集部/總集類/選集之屬/斷代

國朝二十四家文鈔二十四卷　（清）徐斐然輯

清刻本　黃敏夫題記　五冊　缺六卷(四至七、二十三至二十四)

330000－4735－0008373　10514　類叢部/叢書類/自著之屬

彭文敬公集五種　(清)彭蘊章撰　清道光至同治刻同治彙印本　四冊　存二種

330000－4735－0008374　09592　集部/總集類/彙編之屬

初唐四傑文集二十一卷　(清)□□編　清光緒五年(1879)淮南書局刻本　一冊　存二種

330000－4735－0008375　10515　類叢部/叢書類/自著之屬

彭文敬公集五種　(清)彭蘊章撰　清道光至同治刻同治彙印本　三冊　存一種

330000－4735－0008376　09593　集部/別集類/清別集

嘯古堂文集八卷　(清)蔣敦復撰　清同治七年(1868)應寶時上海道署刻本　清碎珠玉閒人題簽並記　一冊　存四卷(五至八)

330000－4735－0008377　10516　類叢部/叢書類/家集之屬

董氏遺書四種　(清)董若洵編　清咸豐至同治刻彙印本　一冊　存一種

330000－4735－0008378　09594　集部/別集類/清別集

陳文恭公手札節要三卷　(清)陳弘謀撰　清同治七年(1868)湖北崇文書局刻本　一冊

330000－4735－0008379　09595－08100　集部/總集類/彙編之屬

漢魏六朝一百三家集(漢魏六朝百三名家集)　(明)張溥編　清光緒十八年(1892)善化章經濟堂刻本　二十冊　存二十四種

330000－4735－0008380　10517　類叢部/叢書類/家集之屬

董氏遺書四種　(清)董若洵編　清咸豐至同治刻彙印本　一冊　存一種

330000－4735－0008381　10518　類叢部/叢

書類/家集之屬

董氏遺書四種　(清)董若洵編　清咸豐至同治刻彙印本　一冊　存一種

330000－4735－0008382　10519　類叢部/叢書類/家集之屬

長洲彭氏家集九種　(清)彭祖賢編　清同治至光緒刻本　四冊　存一種

330000－4735－0008383　10520　類叢部/叢書類/自著之屬

亭林先生遺書彙輯二十三種附錄三種　(清)顧炎武撰　(清)席威　(清)朱記榮編　清光緒十一年至三十二年(1885－1906)吳縣朱氏槐廬家塾刻本　三冊　存五種

330000－4735－0008385　09597－08030　集部/別集類/清別集

吳詩集覽二十卷補註二十卷吳詩談藪二卷拾遺一卷　(清)吳偉業撰　(清)靳榮藩注並輯　清乾隆四十年(1775)凌雲亭刻四十六年(1781)重修本　七冊　存二十一卷(一至三、五至七,補註六至二十)

330000－4735－0008386　10521　類叢部/叢書類/自著之屬

春在堂全書三十六種　(清)俞樾撰　清同治至光緒刻光緒末彙印本　一冊　存一種

330000－4735－0008387　09598　集部/別集類/清別集

吳詩集覽二十卷補註二十卷吳詩談藪二卷拾遺一卷　(清)吳偉業撰　(清)靳榮藩注並輯　清乾隆四十年(1775)凌雲亭刻四十六年(1781)重修本　八冊　存十卷(一至四、六至九、十二至十三)

330000－4735－0008388　10522　類叢部/叢書類/自著之屬

春在堂全書三十六種　(清)俞樾撰　清同治至光緒刻光緒末彙印本　一冊　存一種

330000－4735－0008389　01200　經部/四書類/總義之屬/傳說

增註四書人物類典串珠四十卷　(清)臧志仁

輯　清光緒二十二年（1896）上海鴻寶齋石印本　一冊　存七卷（一至七）

330000－4735－0008390　09599　集部/別集類/清別集

吳詩集覽二十卷補註二十卷吳詩談藪二卷拾遺一卷　（清）吳偉業撰　（清）靳榮藩注並輯　清乾隆四十年（1775）凌雲亭刻四十六年（1781）重修本　二冊　存一卷（五）

330000－4735－0008391　10523　類叢部/叢書類/自著之屬

緣督廬遺書六種　葉昌熾撰　清末至民國遞刻蘇州文學山房印本　一冊　存一種

330000－4735－0008392　09600　集部/別集類/清別集

吳詩集覽二十卷補註二十卷吳詩談藪二卷拾遺一卷　（清）吳偉業撰　（清）靳榮藩注並輯　清乾隆四十年（1775）凌雲亭刻四十六年（1781）重修本　八冊　存三十三卷（八至二十、補註一至二十）

330000－4735－0008394　10524　類叢部/叢書類/自著之屬

樹經堂集三種　（清）謝啟昆撰　清乾隆至嘉慶刻本　佩輝題簽　二冊　存一種

330000－4735－0008395　01202　經部/四書類/總義之屬/傳說

四書人物類典串珠四十卷　（清）臧志仁輯　清刻本　四冊　存二十卷（二十一至四十）

330000－4735－0008396　10525　類叢部/叢書類/自著之屬

丁文誠公遺集二種　（清）丁寶楨撰　清光緒丁體常京師刻本　一冊　存一種

330000－4735－0008397　01203　經部/四書類/總義之屬/傳說

四書人物類典串珠四十卷　（清）臧志仁輯　清刻本　瀛洲氏題簽、批注　十冊　存三十四卷（一至二十四、二十六至三十五）

330000－4735－0008398　09601　集部/別集類/清別集

癸甲襄校錄五卷　（清）岳森撰　清刻本　四冊　存四卷（二至五）

330000－4735－0008399　01204　經部/四書類/總義之屬/傳說

四書人物類典串珠四十卷　（清）臧志仁輯　清刻本　一冊　存二卷（十三至十四）

330000－4735－0008400　01205　經部/四書類/總義之屬/傳說

四書典林三十卷　（清）江永輯　清養正堂刻本　十冊　存二十七卷（四至三十）

330000－4735－0008403　01206　集部/總集類/課藝之屬

大題截搭一卷　（清）李玉光編　清光緒五年（1879）四明三友居刻本　崇實齋主人題簽　二冊

330000－4735－0008404　10527　類叢部/叢書類/家集之屬

香海盒叢書　徐琪輯　清光緒刻本　三冊　存一種

330000－4735－0008405　10528　類叢部/叢書類/家集之屬

香海盒叢書　徐琪輯　清光緒刻本　一冊　存一種

330000－4735－0008407　01207　史部/傳記類/總傳之屬

五經典林五十四卷　（清）何松編　清刻本　二冊　存六卷（十八至二十、二十七至二十九）

330000－4735－0008408　10529　類叢部/叢書類/彙編之屬

長恩書室叢書十九種　（清）莊肇麟編　清咸豐四年（1854）新昌莊氏過客軒刻本　一冊　存一種

330000－4735－0008411　01210　經部/四書類/總義之屬/傳說

張謇批選四書義六卷　張謇撰　清光緒三十年（1904）上海文新書局石印本　一冊　存一卷（張謇批選四書義一）

330000－4735－0008412　01211　集部/總集類/課藝之屬

四書五經義滙海不分卷　（清）亦園居士輯　清光緒二十八年(1902)上海印書館石印本　八冊

330000－4735－0008413　10530　類叢部/叢書類/自著之屬

清白士集六種附一種　（清）梁玉繩撰　清嘉慶刻本　十冊

330000－4735－0008414　04067　史部/目錄類/專錄之屬

西學書目表三卷附一卷讀西學書法一卷　梁啓超撰　清光緒二十二年(1896)時務報館石印本　一冊　存一卷(讀西學書法)

330000－4735－0008415　01212　集部/總集類/課藝之屬

四書五經義滙海不分卷　（清）亦園居士輯　清光緒二十八年(1902)上海印書館石印本　二冊

330000－4735－0008416　10531　類叢部/叢書類/彙編之屬

懷幽雜俎十二種　徐乃昌編　清光緒至宣統南陵徐氏刻本　二冊　存六種

330000－4735－0008417　01213　經部/易類/傳說之屬

鄭氏爻辰補六卷圖一卷　（清）戴棠撰　清道光二十九年(1849)燕山書屋刻本　三冊　存五卷(一至四、圖)

330000－4735－0008419　01214　經部/四書類/總義之屬/傳說

四書題鏡味根合編三十九卷　（清）汪鯉翔（清）金濰撰　清光緒十四年(1888)上海鴻文書局石印本　三冊　缺二十七卷(論語首、一至二十,孟子五至七、十二至十四)

330000－4735－0008423　09603　集部/別集類/清別集

梅村詩集箋注十八卷　（清）吳偉業撰　（清）吳翌鳳箋注　清光緒二十二年(1896)新化三

味堂刻本　一冊　存二卷(十至十一)

330000－4735－0008426　09604　集部/別集類/清別集

梅村詩集箋注十八卷　（清）吳偉業撰　（清）吳翌鳳箋注　清嘉慶十九年(1814)嚴榮滄浪吟榭刻本　一冊　存目錄等

330000－4735－0008428　04072　史部/政書類

政藝叢書丙午全書十五種　鄧實編　清光緒三十二年(1906)政藝通報館鉛印本　五冊　存十四種

330000－4735－0008429　01215　經部/群經總義類/傳說之屬

十三經策案二十二卷　（清）王謨輯　（清）喻祥麟編　清刻本　二冊　存六卷(五至七、十六至十八)

330000－4735－0008430　10535　類叢部/叢書類/彙編之屬

融經館叢書十一種　（清）徐友蘭編　清光緒六年至十一年(1880－1885)會稽徐氏八杉齋刻本　二冊　存一種

330000－4735－0008431　01216　經部/群經總義類/傳說之屬

經義二卷　（清）陳天錫編　清光緒二十八年(1902)重慶廣益書局鉛印本　一冊

330000－4735－0008432　09605　集部/別集類/清別集

梅村集四十卷目錄二卷　（清）吳偉業撰　清康熙八年(1669)顧湄等刻本　清黃瑞題記　六冊　存二十八卷(一至五、九至二十三、二十七至三十、三十七至四十)

330000－4735－0008433　01217　集部/總集類/課藝之屬

四書五經義史論合刻不分卷　（清）張燮鈞撰　清刻本　一冊

330000－4735－0008434　01218　集部/總集類/課藝之屬

四書五經義史論合刻不分卷　（清）張燮鈞撰

清刻本　一冊

330000－4735－0008435　10536　類叢部/叢書類/自著之屬

杭大宗七種叢書　（清）杭世駿撰　清咸豐元年(1851)長沙小嫏嬛山館刻本　一冊　存二種

330000－4735－0008436　01219　經部/三禮總義類/通論之屬

讀禮條考二十卷　（清）王曜南撰　清光緒二十三年(1897)武林尚友齋石印本　一冊　存五卷(十三至十七)

330000－4735－0008437　09606　集部/總集類/氏族之屬

寧都三魏全集八十三卷　（清）林時益編　清康熙易堂刻本　二十六冊　缺七卷(魏伯子文集一、八至十,魏叔子日錄一至三)

330000－4735－0008438　01220　經部/叢編

四益館經學叢書　廖平撰　清光緒十二年(1886)成都刻本　二冊　存三種

330000－4735－0008441　09607　集部/別集類

通雅齋叢稿八卷　成本璞撰　清宣統元年(1909)武林刻本　一冊　存三卷(六至八)

330000－4735－0008442　04074　史部/政書類/通制之屬

府廳州縣地方自治章程并選舉章程不分卷（清）浙江地方自治籌辦處編　清宣統元年(1909)浙江地方自治籌辦處鉛印本　一冊

330000－4735－0008443　01222　經部/小學類/文字之屬/說文

說文解字注十五卷附六書音韻表五卷汲古閣說文訂一卷　（清）段玉裁撰　說文部目分韻一卷　（清）陳煥編　清光緒十六年(1890)石印本　七冊

330000－4735－0008444　09610　集部/別集類/清別集

秋江集註六卷　（清）黃任撰　（清）王元麟註　清道光二十三年(1843)東山家塾刻本　一

冊　存一卷(五)

330000－4735－0008446　01223　經部/小學類/音韻之屬/韻書

詩韻合璧五卷　（清）湯祥瑟輯　三場程式一卷　清光緒元年(1875)繡谷海陵書屋刻本　一冊　缺二卷(一至二)

330000－4735－0008447　09609　集部/別集類/清別集

海棠巢詩鈔六卷　（清）熊昂碧撰　清道光二十二年(1842)刻本　一冊

330000－4735－0008448　04075　史部/政書類

地方自治講演集第一集不分卷　清末北洋官報局鉛印本　一冊

330000－4735－0008449　01224　經部/春秋總義類/傳說之屬

公羊傳選一卷穀梁傳選一卷　（清）儲欣評（清）儲芝糸述　清乾隆九年(1744)受祉堂刻本　一冊

330000－4735－0008450　09611　集部/總集類

谿上詩輯十四卷續編二卷補編一卷　（清）尹元煒　（清）馮本懷訂　清道光二十九年(1849)刻咸豐三年(1853)補刻本　二冊　存五卷(三至五、續編二、補編)

330000－4735－0008452　04076　史部/政書類/律令之屬

借鐔一卷　（清）郭鍾岳編　清光緒二十三年(1897)刻本　一冊

330000－4735－0008454　04077　史部/傳記類/總傳之屬/家乘

[湖南湘潭]胡氏世典十一卷附錄一卷　（清）胡元儀纂修　清光緒十四年(1888)刻本　一冊

330000－4735－0008455　01225　經部/四書類/總義之屬/傳說

四書義經正篇二卷首一卷　（清）三魚書屋輯　清光緒二十七年(1901)上海掃葉山房石印

本 三冊

330000－4735－0008456 09613 集部/別集類/明別集

達觀樓集二十四卷 （明）鄒維璉撰 清乾隆三十一年(1766)龍岡鄒氏刻本 一冊 存二卷(十六至十七)

330000－4735－0008458 04078 史部/史評類/史論之屬

史通削繁四卷 （清）紀昀撰 清道光十三年(1833)涿州盧坤兩廣節署刻朱墨套印本 二冊 存二卷(一至二)

330000－4735－0008459 01226 經部/易類/傳說之屬

易經精華六卷首一卷末一卷 （清）薛嘉穎撰 清光緒二年(1876)寧郡簡香齋刻本(卷首原缺) 一冊 存二卷(一至二)

330000－4735－0008461 10540 類叢部/叢書類/自著之屬

榕村全書三十二種附十種 （清）李光地撰 清道光九年(1829)安溪李維迪刻本 二冊 存一種

330000－4735－0008462 01227 類叢部/叢書類/自著之屬

春在堂全書三十六種 （清）俞樾撰 清同治至光緒刻光緒末彙印本 一冊 存一種

330000－4735－0008463 10541 類叢部/叢書類/自著之屬

振綺堂遺書五種 （清）汪遠孫撰 清道光刻民國十一年(1922)錢唐汪氏彙印本 三冊 存一種

330000－4735－0008464 09615 集部/總集類/選集之屬/斷代

全唐詩鈔八十卷補遺十六卷 （清）吳成儀輯 清嘉慶十三年(1808)刻本 一冊 存三卷(七十七至七十九)

330000－4735－0008465 01228 經部/群經總義類/文字音義之屬

十三經集字不分卷 （清）李鴻藻輯 清同治四年(1865)刻本 一冊

330000－4735－0008467 04079 史部/政書類/儀制之屬/專志/科舉校規

日遊彙編四卷 繆荃孫輯 清光緒二十九年(1903)高等學堂刻本 一冊

330000－4735－0008468 09616 子部/儒家類/儒學之屬/蒙學

小學千家詩人生必讀二卷 （清）余晦齋集（清）陳韻清補輯 清刻本 一冊

330000－4735－0008469 01229 經部/詩類/傳說之屬

詩經集傳八卷 （宋）朱熹撰 清刻本 治煊題簽 一冊 存二卷(三至四)

330000－4735－0008470 09617 集部/總集類/選集之屬/斷代

金詩選四卷 （清）顧奎光輯 （清）陶玉禾評 清乾隆十六年(1751)刻本 一冊 存二卷(一至二)

330000－4735－0008472 03561 史部/政書類/儀制之屬/專志/科舉校規

科名金鍼不分卷 （清）毛昶熙輯 清光緒四年(1878)葛氏嘯園刻本 竹孫題簽 一冊

330000－4735－0008473 09618 集部/別集類/清別集

善卷堂四六十卷 （清）陸繁弨撰 （清）吳自高注 清乾隆三十五年(1770)陳明善亦園刻本 一冊 存一卷(二)

330000－4735－0008475 01230 經部/小學類/文字之屬/字書

字學舉隅不分卷 （清）黃本驥 （清）龍啓瑞撰 清刻本 一冊

330000－4735－0008476 09620 集部/別集類/唐五代別集

李長吉歌詩四卷外集一卷首一卷 （唐）李賀撰 （清）王琦彙解 清乾隆王氏寶笏樓刻本 一冊 存三卷(首、一至二)

330000－4735－0008478 10543 類叢部/叢

書類/自著之屬

潛廬全集五種附一種 金蓉鏡撰 清光緒三十四年(1908)、宣統二年(1910)刻本 一冊 存一種

330000－4735－0008479 09621 集部/別集類/清別集

珠海歸帆圖序目一卷 (清)高廷瑤撰 清光緒十一年(1885)高培穀資中官廨刻本 一冊

330000－4735－0008480 01231 經部/小學類/文字之屬/字書/訓蒙

養蒙針度五卷 (清)潘子聲撰 清刻本 一冊 存三卷(三至五)

330000－4735－0008481 10544 類叢部/叢書類/彙編之屬

古今說海一百三十五種 (明)陸輯等編 清道光元年(1821)苕溪邵氏西山堂刻本 一冊 存二種

330000－4735－0008482 09622 集部/別集類/唐五代別集

唐陸宣公集二十四卷 (唐)陸贄撰 (清)耆英增輯 清道光二十七年(1847)李延福等刻本 三冊 存九卷(一至七、二十三至二十四)

330000－4735－0008483 10545 類叢部/叢書類/自著之屬

心齋十種 (清)任兆麟撰 清乾隆五十年至五十五年(1785－1790)震澤任氏忠敏家塾刻本 一冊 存二種

330000－4735－0008484 01232 經部/書類/傳說之屬

楊子書繹六卷 (清)楊文彩撰 清刻本 一冊 存一卷(五)

330000－4735－0008486 09623 集部/別集類/清別集

卷勺園集三卷 (清)劉茂榕撰 清道光元年(1821)刻本 一冊

330000－4735－0008487 01233 經部/群經總義類/傳說之屬

新學偽經考十四卷 康有為撰 清光緒十七年(1891)廣州康氏萬木草堂刻本 五冊 缺二卷(一至二)

330000－4735－0008488 01240 經部/四書類/總義之屬/傳說

四書典林三十卷 (清)江永輯 清嘉慶十八年(1813)金閶多文堂刻本 十冊

330000－4735－0008489 09624－08031 集部/別集類/宋別集

後山先生集二十四卷 (宋)陳師道撰 清光緒十一年(1885)番禺陶氏愛廬刻本 一冊 存六卷(六至十一)

330000－4735－0008490 01234 子部/儒家類/儒學之屬/蒙學

龍文鞭影二卷 (明)蕭良有纂輯 (清)楊臣諍增訂 (清)來集之音註 清光緒四年(1878)存春廬刻本 一冊

330000－4735－0008491 10547 類叢部/叢書類/自著之屬

水田居全集七種附一種 (清)賀貽孫撰 清道光至同治救書樓刻本 一冊 存一種

330000－4735－0008492 09625 集部/別集類/清別集

維周詩鈔十六卷 (清)程之楨撰 清同治十一年(1872)程氏確園刻本 一冊 存四卷(十三至十六)

330000－4735－0008493 01235 子部/儒家類/儒學之屬/蒙學

龍文鞭影二卷 (明)蕭良有纂輯 (清)楊臣諍增訂 (清)來集之音註 清刻本 一冊

330000－4735－0008494 01236 子部/儒家類/儒學之屬/蒙學

龍文鞭影二卷 (明)蕭良有纂輯 (清)楊臣諍增訂 (清)來集之音註 清刻本 一冊

330000－4735－0008495 01237 子部/儒家類/儒學之屬/蒙學

龍文鞭影二卷 (明)蕭良有纂輯 (清)楊臣諍增訂 (清)來集之音註 清刻本 二冊

330000 - 4735 - 0008496　09626　集部/別集
類/清別集

袁文箋正十六卷　（清）袁枚撰　（清）石韞玉
箋　清刻本　五冊　存十三卷（一至十三）

330000 - 4735 - 0008497　10548　類叢部/叢
書類/自著之屬

郝氏遺書三十三種　（清）郝懿行撰　清嘉慶
至光緒刻彙印本　一冊　存一種

330000 - 4735 - 0008498　01238　子部/儒家
類/儒學之屬/蒙學

龍文鞭影二卷　（明）蕭有良撰　（清）楊臣諍
增訂　（清）陳士龍編次　**龍文鞭影二集二卷**
　（清）李暉吉　（清）徐瓚輯　清光緒三年
（1877）掃葉山房刻本　二冊　存二卷（龍文
鞭影二集上、下）

330000 - 4735 - 0008500　01239　子部/儒家
類/儒學之屬/蒙學

龍文鞭影四卷　（明）蕭良有纂輯　（清）楊臣
諍增訂　（清）李恩綬校補　清光緒十三年
（1887）江南掃葉山房刻本　二冊

330000 - 4735 - 0008501　09628　集部/總集
類/氏族之屬

袁氏家集八種　（清）袁鎮嵩輯　清光緒十六
年（1890）邃懷堂刻本　一冊　存一種

330000 - 4735 - 0008502　01241　經部/四書
類/總義之屬/傳說

四書題鏡不分卷　（清）汪鯉翔撰　清刻本
四冊

330000 - 4735 - 0008503　09629　集部/別集
類/清別集

**邃懷堂全集三十八卷（邃懷堂文集四卷詩集
前編六卷後編六卷小清容山館詞鈔二卷哀忠
集三卷駢文箋註十六卷補箋一卷）**　（清）袁
翼撰　清光緒十三年至十四年（1887 - 1888）
袁鎮嵩刻本　七冊　存十四卷（詩集前編一
至六、後編一至六、小清容山館詞鈔一至二）

330000 - 4735 - 0008504　10549　類叢部/叢
書類/彙編之屬

說鈴前集三十三種後集十九種續集七種
（清）吳震方編　清康熙刻本　一冊　存三種

330000 - 4735 - 0008505　10550　類叢部/叢
書類/自著之屬

杭大宗七種叢書　（清）杭世駿撰　清乾隆杭
賓仁羊城刻本　一冊　存二種

330000 - 4735 - 0008506　01242　經部/小學
類/音韻之屬/韻書

兼韻音義四卷　（清）殷秉鏞撰　清刻本　七
冊　缺卷一上

330000 - 4735 - 0008507　09630 - 08137　集
部/別集類/清別集

**邃懷堂全集三十八卷（邃懷堂文集四卷詩集
前編六卷後編六卷小清容山館詞鈔二卷哀忠
集三卷駢文箋註十六卷補箋一卷）**　（清）袁
翼撰　清光緒十三年至十四年（1887 - 1888）
袁鎮嵩刻本　十四冊　缺十二卷（詩集前編
一至六、後編一至六）

330000 - 4735 - 0008508　10551　類叢部/叢
書類/自著之屬

杭大宗七種叢書　（清）杭世駿撰　清乾隆杭
賓仁羊城刻本　一冊　存二種

330000 - 4735 - 0008509　10552　類叢部/叢
書類/自著之屬

杭大宗七種叢書　（清）杭世駿撰　清乾隆杭
賓仁羊城刻本　一冊　存三種

330000 - 4735 - 0008511　09631　集部/別集
類/清別集

曲園四書文一卷擬墨一卷　（清）俞樾撰　清
光緒十八年（1892）浙江書局刻本　一冊

330000 - 4735 - 0008512　00137、00208　經
部/叢編

十三經註疏三百三十三卷　明崇禎元年至十
二年（1628 - 1639）古虞毛氏汲古閣刻本　八
十二冊　存十種

330000 - 4735 - 0008513　09632　集部/別集
類/清別集

天愚山人詩集十二卷文集十六卷　（清）謝泰

宗撰 附錄一卷 （清）吳偉業撰 清光緒六年（1880）謝駿德靈芬館刻本 一冊 存四卷（詩集九至十二）

330000－4735－0008514 09720 集部/別集類/清別集

香草齋詩註六卷 （清）黃任撰 （清）陳應魁注 清嘉慶十九年（1814）陳應奎刻本 三冊 存三卷（四至六）

330000－4735－0008515 10553 類叢部/叢書類/自著之屬

沈歸愚詩文全集十四種 （清）沈德潛撰 清乾隆教忠堂刻本 九冊 存六種

330000－4735－0008516 10554 類叢部/叢書類/郡邑之屬

貴池先哲遺書（唐石簃叢書、唐石簃彙刻貴池先哲遺書）二十種附刻一種續刊一種附一種 劉世珩編 清光緒二十四年至民國九年（1898－1920）貴池劉氏唐石簃刻民國十五年（1926）續刻彙印本 六冊 存一種

330000－4735－0008517 01244 經部/叢編

十三經註疏三百三十三卷 明崇禎元年至十二年（1628－1639）古虞毛氏汲古閣刻本 十冊 存一種

330000－4735－0008518 01245 經部/春秋左傳類/傳說之屬

曲江書屋新訂批註左傳快讀十八卷首一卷 （清）李紹松輯 清大文堂刻本 十二冊 存十四卷（首，一至三、六、八至十、十二至十六、十八）

330000－4735－0008519 09721 集部/總集類/課藝之屬

詁經精舍三集經解二卷辭賦三卷戊辰己巳庚午年官師課合刻六卷 （清）俞樾編 清同治六年至九年（1867－1870）刻本 八冊 缺二卷（庚午年上下）

330000－4735－0008520 10555 類叢部/叢書類/彙編之屬

增訂漢魏叢書八十六種 （清）王謨編 清乾

隆五十六年（1791）金谿王氏刻本 三十七冊 存四十七種

330000－4735－0008521 01246 經部/小學類/音韻之屬/古今韻說

六書音均表五卷汲古閣說文訂一卷 （清）段玉裁撰 清同治十一年（1872）湖北崇文書局刻本 三冊

330000－4735－0008522 09722 集部/總集類/課藝之屬

詁經精舍三集經解二卷辭賦三卷戊辰己巳庚午年官師課合刻六卷 （清）俞樾編 清同治六年至九年（1867－1870）刻本 五冊 存六卷（經解一至二，辭賦三，戊辰年上、己巳年上下）

330000－4735－0008523 01247 經部/小學類/音韻之屬/古今韻說

六書音均表五卷 （清）段玉裁撰 清刻本二冊

330000－4735－0008524 09723 集部/總集類/課藝之屬

詁經精舍三集經解二卷辭賦三卷戊辰己巳庚午年官師課合刻六卷 （清）俞樾編 清同治六年至九年（1867－1870）刻本 六冊 存六卷（辭賦一至三，戊辰年上、己巳年上下）

330000－4735－0008525 01248 經部/小學類/文字之屬/字書/字典

康熙字典十二集三十六卷總目一卷檢字一卷辨似一卷等韻一卷補遺一卷備考一卷 （清）張玉書等纂修 清道光七年（1827）刻本 一冊 存一卷（等韻）

330000－4735－0008526 01249 經部/四書類/總義之屬/傳說

集虛齋四書口義十卷 （清）方葇如撰 （清）于光華編 清乾隆五十三年（1788）刻本 七冊 缺一卷（一）

330000－4735－0008527 09724 集部/總集類/課藝之屬

詁經精舍三集經解二卷辭賦三卷戊辰己巳庚

午年官師課合刻六卷　（清）俞樾編　清同治六年至九年(1867－1870)刻本　一冊　存二卷(經解一至二)

330000－4735－0008528　10556　類叢部/叢書類/彙編之屬

增訂漢魏叢書八十六種　（清）王謨編　清乾隆五十六年(1791)金谿王氏刻本　二冊　存二種

330000－4735－0008529　01250　經部/叢編

重刊宋本十三經注疏四百十六卷　附十三經注疏校勘記四百十六卷　（清）阮元撰　（清）盧宣旬摘錄　清嘉慶二十年(1815)江西南昌府學刻本　一冊　存一種

330000－4735－0008530　09725　集部/總集類/選集之屬/通代

歷朝名媛詩詞十二卷　（清）陸昶輯　清乾隆三十八年(1773)吳門陸昶紅樹樓刻本　一冊　存三卷(六至八)

330000－4735－0008531　01251　經部/小學類/文字之屬/字書/字典

字彙十二集首一卷末一卷韻法直圖一卷（明）梅膺祚撰　韻法橫圖一卷　（明）李世澤撰　明刻本　九冊　存十一卷(子集、丑集、寅集、巳集、未集、申集、酉集、戌集、末;韻法直圖;韻法橫圖)

330000－4735－0008532　10557　類叢部/叢書類/彙編之屬

增訂漢魏叢書八十六種　（清）王謨編　清乾隆五十六年(1791)金谿王氏刻本　一冊　存五種

330000－4735－0008533　01252　經部/小學類/文字之屬/字書/字典

字彙十二集首一卷末一卷韻法直圖一卷（明）梅膺祚撰　韻法橫圖一卷　（明）李世澤撰　明刻本　三冊　存四卷(寅集、酉集,韻法直圖,韻法橫圖)

330000－4735－0008534　09726　集部/總集類/選集之屬/斷代

本朝名媛詩鈔六卷　（清）胡孝思　（清）朱珖輯　清刻本　一冊

330000－4735－0008535　01253　經部/小學類/文字之屬/字書/字典

字彙十二集首一卷末一卷　（明）梅膺祚撰　清刻本　二冊　存二卷(辰集、亥集)

330000－4735－0008536　01254　經部/小學類/文字之屬/字書/字典

字彙十二集首一卷末一卷韻法直圖一卷（明）梅膺祚撰　韻法橫圖一卷　（明）李世澤撰　清刻本　二冊　存四卷(申集、末,韻法直圖,韻法橫圖)

330000－4735－0008537　10558　類叢部/叢書類/彙編之屬

漢魏叢書九十四種　明末刻本　一冊　存二種

330000－4735－0008538　01255　經部/小學類/文字之屬/字書/字典

字彙十二集首一卷末一卷韻法直圖一卷（明）梅膺祚撰　韻法橫圖一卷　（明）李世澤撰　明刻本　四冊　存五卷(未集、申集、亥集,韻法直圖,韻法橫圖)

330000－4735－0008539　10559　類叢部/叢書類/彙編之屬

廣漢魏叢書八十種　（明）何允中編　清嘉慶刻本　一冊　存一種

330000－4735－0008540　09727　集部/別集類/宋別集

歐陽文忠公集一百五卷　（宋）歐陽修撰　廬陵歐陽文忠公年譜一卷　（宋）胡柯編　清康熙十一年(1672)曾弘刻本　三冊　存三十四卷(一至十二、二十六至三十七、七十四至八十三)

330000－4735－0008541　01256　經部/小學類/文字之屬/字書/字典

字彙十二卷首一卷末一卷　（明）梅膺祚撰　清刻本　二冊　存二卷(首、亥集)

330000－4735－0008542　01257　經部/小學

類/文字之屬/字書/字典

字彙十二集首一卷末一卷韻法直圖一卷
(明)梅膺祚撰　**韻法橫圖一卷**　(明)李世澤
撰　明刻本　九冊　存十卷(子集、丑集、寅
集、午集、未集、申集、戌集、亥集,韻法直圖,
韻法橫圖)

330000－4735－0008543　10560　類叢部/叢
書類/彙編之屬

漢魏叢書三十八種　(明)程榮編　明萬曆二
十年(1592)新安程氏刻本　一冊　存一種

330000－4735－0008544　10561　類叢部/叢
書類/彙編之屬

廣漢魏叢書八十種　(明)何允中編　清嘉慶
刻本　一冊　存一種

330000－4735－0008546　10562　類叢部/叢
書類/彙編之屬

新斠平津館叢書十集三十四種　(清)孫星衍
編　清光緒十年至十五年(1884－1889)吳縣
朱氏槐廬家塾刻本　二十冊　存五種

330000－4735－0008552　01259　經部/小學
類/訓詁之屬/譯語

**御製增訂清文鑑三十二卷補編四卷總綱八卷
補編總綱一卷**　(清)傅恒等撰　清乾隆三十
六年(1771)武英殿刻本　二十四冊　存二十
四卷(一、八至十一、十七至十八、二十至二十
六、二十九至三十、三十二,補編一、三,總綱
亨、貞、平、下,補編總綱)

330000－4735－0008553　01260　經部/小學
類/音韻之屬/韻書

佩文韻篆六卷　(清)張家慶輯　清嘉慶二年
(1797)錢塘汪鵬飛刻本　二冊

330000－4735－0008554　01261　經部/小
學類

澤存堂五種　(清)張士俊輯　清康熙吳郡張
士俊澤存堂刻本　二冊　存一種

330000－4735－0008566　01264　經部/四書
類/論語之屬

鄉黨題目編次□□卷　清刻本　一冊　存二

卷(三至四)

330000－4735－0008567　09635　集部/別集
類/明別集

摘錄陽明集不分卷　(明)王守仁撰　(清)李
錫崇鈔　清李錫崇抄本　一冊

330000－4735－0008568　09738　集部/別集
類/明別集

升菴外集一百卷　(明)楊慎撰　(明)焦竑輯
清道光二十四年(1844)桂湖刻本　二十冊
存八十二卷(一至五十六、六十四至七十
五、八十七至一百)

330000－4735－0008569　09636　集部/別集
類/清別集

雨香書屋詩鈔二卷續鈔四卷　(清)雷以誠撰
清刻本　二冊　存三卷(二、續鈔二至三)

330000－4735－0008570　01266　經部/小學
類/文字之屬/字書/字典

字彙十二集首一卷末一卷　(明)梅膺祚撰
清刻本　一冊　存一卷(酉集)

330000－4735－0008571　09739　集部/總集
類/選集之屬/斷代

君去有家歸詩冊一卷　(清)黎枚臣輯　清光
緒至宣統鉛印本　一冊

330000－4735－0008572　09637　集部/總集
類/選集之屬/通代

文林不分卷　清刻本　二冊

330000－4735－0008573　01267　經部/群經
總義類/文字音義之屬

十三經集字不分卷　(清)李鴻藻輯　清刻本
一冊

330000－4735－0008574　09638　集部/總集
類/選集之屬/斷代

明詩歸十卷首一卷末一卷　(明)鍾惺　(明)
譚元春輯　(清)王汝南重輯　清刻本　一冊
存二卷(二至三)

330000－4735－0008575　09740　集部/別集
類/宋別集

安陽集五十卷 （宋）韓琦撰 清刻本 一冊
存五卷(三十四至三十八)

330000 – 4735 – 0008576 01268 經部/群經
總義類/文字音義之屬

十三經集字不分卷 （清）李鴻藻輯 清刻本
一冊

330000 – 4735 – 0008577 01269 經部/四書
類/論語之屬/傳說

朱子論語集注訓詁攷二卷 （清）潘衍桐輯
清光緒十七年(1891)浙江書局刻本 一冊

330000 – 4735 – 0008578 09741 集部/詞
類/總集之屬

古今別腸詞選四卷 （清）趙式輯 （清）陳維
崧評點 清康熙四十八年(1709)趙式聆蛩書
屋刻本 一冊 存二卷(一至二)

330000 – 4735 – 0008579 01270 經部/群經
總義類/傳說之屬

經文不分卷經解不分卷 清石印本 一冊

330000 – 4735 – 0008580 09639 集部/總集
類/選集之屬/斷代

國朝律賦新機續集不分卷 （清）華文杏
(清)華文模輯 （清）薛金輅 （清）華文械
箋註 清刻本 夢苕氏題簽 一冊

330000 – 4735 – 0008581 09742 集部/總集
類/郡邑之屬

江左三大家詩鈔 （清）顧有孝 （清）趙澐編
清康熙刻本 三冊 存二種

330000 – 4735 – 0008582 01271 經部/小學
類/文字之屬/字書/訓蒙

急就章一卷急就篇四卷 （漢）史游撰 （唐）
顏師古注 （宋）王應麟補注 明萬曆十五年
(1587)刻清遞修本 一冊 存三卷(急就章、
急就篇一至二)

330000 – 4735 – 0008584 09743 集部/總集
類/郡邑之屬

江左三大家詩鈔 （清）顧有孝 （清）趙澐編
清康熙七年(1668)刻本 六冊

330000 – 4735 – 0008585 09641 集部/別集
類/清別集

趣園合集六卷 （清）沈炳然撰 清光緒十八
年(1892)刻本 一冊 存三卷(一至三)

330000 – 4735 – 0008586 01272 經部/小學
類/文字之屬/字書/字體

十三經字彙不分卷 清刻本 四冊

330000 – 4735 – 0008587 09642 集部/別集
類/清別集

趣園合集六卷 （清）沈炳然撰 清光緒十八
年(1892)刻本 一冊 存三卷(一至三)

330000 – 4735 – 0008588 01273 經部/春秋
總義類

春秋□□卷 清刻本 一冊 存三卷(一至
三)

330000 – 4735 – 0008589 01274 經部/小學
類/文字之屬/字書/字體

玉堂楷則一卷 （清）□□輯 清同治十三年
(1874)鄞西陳氏刻本 朱德敷題簽 一冊

330000 – 4735 – 0008590 09643 集部/總集
類/選集之屬/通代

賦鈔箋略十五卷 （清）雷琳 （清）張杏濱輯
清嘉慶二十二年(1817)刻本 三冊 存五
卷(五至八、十五)

330000 – 4735 – 0008592 09744 集部/總集
類/選集之屬/通代

古文奇賞二十二卷續古文奇賞三十四卷奇賞
齋廣文苑英華二十六卷四續古文奇賞五十三
卷明文奇賞四十卷 （明）陳仁錫選評 明萬
曆四十六年(1618)至天啓刻本 三冊 存六
卷(奇賞齋廣文苑英華二十至二十一,明文奇
賞五至六、十五至十六)

330000 – 4735 – 0008593 01276 經部/小學
類/文字之屬/字書/訓蒙

澄衷蒙學堂字課圖說四卷檢字一卷類字一卷
（清）劉樹屏撰 （清）吳子城繪圖 清光緒
二十七年(1901)澄衷蒙學堂印書處石印本
八冊

353

330000－4735－0008594　09745　集部/總集類/選集之屬/通代

古文奇賞二十二卷續古文奇賞三十四卷奇賞齋廣文苑英華二十六卷四續古文奇賞五十三卷明文奇賞四十卷 （明）陳仁錫選評　明萬曆四十六年(1618)至天啓刻本　一冊　存二卷(奇賞齋廣文苑英華十四至十五)

330000－4735－0008595　09644　集部/總集類/選集之屬/通代

御選唐宋詩醇四十七卷目錄二卷 （清）高宗弘曆輯　清刻本　三十二冊　缺三卷(一至三)

330000－4735－0008596　07622　子部/儒家類/儒學之屬/蒙學

心遠堂新編小學纂註六卷附小學句讀一卷 (清)高愈編訂　**文公朱夫子年譜一卷**　題(宋)李方子撰　清嘉慶二十二年(1817)金閶文萃堂刻本　四冊

330000－4735－0008597　09645　集部/詞類/別集之屬

彊邨詞四卷前集一卷別集一卷　朱祖謀撰　清光緒三十一年(1905)歸安朱氏刻本　二冊　缺二卷(三至四)

330000－4735－0008598　10565　類叢部/叢書類/彙編之屬

祕書廿一種　(清)汪士漢編　清刻本　一冊　存一種

330000－4735－0008599　09746　集部/總集類/選集之屬/通代

古文奇賞二十二卷續古文奇賞三十四卷奇賞齋廣文苑英華二十六卷四續古文奇賞五十三卷 （明）陳仁錫選評　明萬曆四十六年(1618)至天啓刻本　二冊　存三卷(九至十、十三)

330000－4735－0008600　07623　子部/儒家類/儒學之屬/蒙學

小學纂註六卷朱子小學總論一卷小學句讀一卷 （清）高愈注　**文公朱夫子年譜一卷**　題(宋)李方子撰　**童蒙須知一卷訓子從學帖一**

卷　(宋)朱熹撰　清刻本　四冊　缺一卷(年譜)

330000－4735－0008601　10566　類叢部/叢書類/彙編之屬

祕書廿一種　(清)汪士漢編　清刻本　一冊　存三種

330000－4735－0008602　09747　集部/總集類/選集之屬/通代

古文奇賞二十二卷續古文奇賞三十四卷奇賞齋廣文苑英華二十六卷四續古文奇賞五十三卷明文奇賞四十卷 （明）陳仁錫選評　明萬曆四十六年(1618)至天啓刻本　六冊　存十卷(三至五、十六至二十二)

330000－4735－0008603　07625　子部/儒家類/儒學之屬/蒙學

小學六卷句讀一卷 （清）高愈注　**文公朱夫子年譜一卷**　題(宋)李方子撰　清同治十一年(1872)浙江書局刻本　二冊

330000－4735－0008604　07624　子部/儒家類/儒學之屬/蒙學

小學六卷句讀一卷 （清）高愈注　**文公朱夫子年譜一卷**　題(宋)李方子撰　清同治十一年(1872)浙江書局刻本　一冊　缺二卷(五至六)

330000－4735－0008605　09646　集部/別集類/清別集

潯聲二卷 （清）鍾體志撰　清光緒十六年(1890)陳景賢刻本　一冊

330000－4735－0008606　07626　子部/儒家類/儒學之屬/蒙學

小學纂註六卷 （清）高愈注　清刻本　一冊　存一卷(六)

330000－4735－0008607　07627　子部/天文曆算類/天文之屬

星新經一卷 （清）朱軾之撰　清刻本　一冊

330000－4735－0008608　09647　集部/別集類/清別集

五君詠一卷 （清）何鍾麟稿　清木活字印本

一冊

330000－4735－0008609　07628　子部/藝術
類/書畫之屬/法帖

草書字彙十二卷　清刻本　一冊　存二卷
（七至八）

330000－4735－0008610　09748　集部/總集
類/彙編之屬

宋詩鈔初集八十四種　（清）呂留良　（清）吳
之振　（清）吳爾堯編　清康熙十年（1671）洲
錢吳氏鑑古堂刻本　二十三冊　存七十四種

330000－4735－0008611　10567　類叢部/叢
書類/彙編之屬

唐人說薈一百六十五種　（清）陳世熙編　清
刻本　一冊　存八種

330000－4735－0008612　09648　集部/別集
類/清別集

五君詠一卷　（清）何鍾麟稿　清木活字印本
一冊

330000－4735－0008613　09649　集部/總集
類/選集之屬/通代

御選唐宋文醇五十八卷目錄一卷　（清）高宗
弘曆輯　清光緒三年（1877）浙江書局刻本
三冊　存九卷（十一至十三、三十一至三十
三、四十一至四十三）

330000－4735－0008614　07629　經部/群經
總義類/傳說之屬

十三經札記二十二卷附十六卷　（清）朱亦棟
撰　清光緒四年（1878）武林竹簡齋刻本　五
冊　存一種

330000－4735－0008615　10568　類叢部/叢
書類/彙編之屬

嘯園叢書五十七種　（清）葛元煦編　清光緒
二年至七年（1876－1881）仁和葛氏刻本　一
冊　存一種

330000－4735－0008616　07630　子部/藝術
類/書畫之屬/書法書品

草聖彙辨不分卷　（清）朱宗文摹輯　清刻本
二冊

330000－4735－0008619　07631　子部/儒家
類/儒學之屬/蒙學

六藝綱目二卷附字原一卷發原一卷　（元）舒
天民撰　（元）舒恭注　（明）趙宜中附注　清
光緒二十八年（1902）湖南勸學書舍刻本
二冊

330000－4735－0008621　07632　經部/四書
類/總義之屬/文字音義

四書不二字音釋不分卷　（清）楊昕撰　清道
光十九年（1839）刻本　一冊

330000－4735－0008622　10573　類叢部/叢
書類/自著之屬

孫夏峰全集十二種附一種　（清）孫奇逢撰
清康熙刻道光至光緒遞刻重印本　六冊　存
一種

330000－4735－0008623　07633　子部/儒家
類/儒學之屬/性理

性理體註訓解標題八卷　（清）張道升　（清）
仇廷桂輯　（清）呂從律增訂　**新刊性理大全
八卷**　（宋）周敦頤等撰　（宋）朱熹注　清乾
隆三十四年（1769）三多齋刻本　一冊

330000－4735－0008624　09650　集部/總集
類/選集之屬/通代

御選唐宋詩醇四十七卷目錄二卷　（清）高宗
弘曆輯　清刻本　二十三冊　缺二卷（三十
六至三十七）

330000－4735－0008626　07635　子部/儒家
類/儒學之屬/蒙學

六藝綱目二卷附字原一卷發原一卷　（元）舒
天民撰　（元）舒恭注　（明）趙宜中附注　**重
刊六藝綱目札記一卷**　（清）管禮耕校錄　清
光緒八年（1882）汪鳴鑾籀書詒刻本　林銘丹
題簽　二冊

330000－4735－0008627　10574　類叢部/叢
書類/自著之屬

沈蓮溪全集六種　（清）沈濂撰　清道光至咸
豐秀水沈氏始言堂刻本　一冊　存一種

330000－4735－0008628　09749　集部/總集

類/彙編之屬

宋四名家詩 （清）周之鱗 （清）柴升編 清康熙三十二年（1693）有文堂刻本 二冊 存二種

330000－4735－0008629 10575 類叢部/叢書類/彙編之屬

榆園叢刻十五種附一種 （清）許增編 清同治至光緒刻本 一冊 存一種

330000－4735－0008630 09651 集部/總集類/郡邑之屬

重訂昭陽扶雅集六卷 （清）徐幹編輯 清光緒八年（1882）邵武徐氏刻本 一冊 存一卷（四）

330000－4735－0008631 09652 集部/別集類/清別集

耕讀亭詩鈔七卷 （清）項傅梅撰 清同治十三年（1874）刻本 一冊 存四卷（四至七）

330000－4735－0008632 07636 子部/藝術類/書畫之屬/法帖

草書字彙十二卷 清刻本 一冊 存二卷（九至十）

330000－4735－0008634 10576 類叢部/叢書類/自著之屬

玉函山房全集十二種 （清）馬國翰撰 清道光至咸豐歷城馬氏刻光緒十五年（1889）章丘李氏彙印本 一冊 存一種

330000－4735－0008637 09751 集部/總集類/尺牘之屬

曹李尺牘合選二卷 （清）曹溶 （清）李良年撰 （清）茅復輯 清刻本 一冊

330000－4735－0008638 07638 子部/儒家類/儒學之屬/蒙學

三字經訓詁一卷 （清）王相撰 清刻本 一冊

330000－4735－0008639 09654 集部/總集類/選集之屬/通代

續古文辭類纂三十四卷 王先謙輯 清光緒八年（1882）長沙王氏虛受堂刻本 一冊 存

三卷（十至十二）

330000－4735－0008640 10577 類叢部/叢書類/自著之屬

瑞安項氏遺書 （清）項霽撰 清咸豐三年（1853）刻民國二十五年（1936）補刻本 一冊 存一種

330000－4735－0008641 07639 子部/宗教類/佛教之屬/諸宗

唯心五種 （宋）釋延壽等撰 清光緒七年（1881）金陵刻經處刻本 曾士瀛題記 一冊

330000－4735－0008642 09752 集部/別集類/唐五代別集

五百家註音辯昌黎先生文集四十卷 （唐）韓愈撰 （宋）魏仲舉輯注 清刻本 二冊 存二十三卷（十八至四十）

330000－4735－0008643 09655 集部/別集類/清別集

胡明經文錄一卷 （清）胡啟心撰 清刻光緒二十三年（1897）彙印本 一冊

330000－4735－0008644 09753 集部/別集類/清別集

笛漁小稾十卷 （清）朱昆田撰 清康熙五十三年（1714）秀水朱稻孫刻本 一冊

330000－4735－0008645 10578－05779 類叢部/叢書類/彙編之屬

崇文書局彙刻書三十一種 （清）崇文書局編 清光緒元年至三年（1875－1877）湖北崇文書局刻本 九冊 存六種

330000－4735－0008647 09656 集部/總集類/選集之屬/通代

御選唐宋詩醇四十七卷目錄二卷 （清）高宗弘曆輯 清光緒七年（1881）浙江書局刻本 十三冊 存三十四卷（一至四、七至十、十六至二十六、三十一至四十五）

330000－4735－0008648 10579 類叢部/叢書類/彙編之屬

崇文書局彙刻書三十一種 （清）崇文書局編 清光緒元年至三年（1875－1877）湖北崇文

書局刻本　二冊　存一種

330000 – 4735 – 0008649　00320　經部/書類/傳說之屬

學古堂尚書雅言六卷　(明)盧廷選撰　明萬曆四十年(1612)刻本　一冊　存二卷(一至二)

330000 – 4735 – 0008650　10580　類叢部/叢書類/彙編之屬

文選樓叢書三十三種　(清)阮亨編　清嘉慶至道光阮元刻道光二十二年(1842)阮亨彙印本　一冊　存一種

330000 – 4735 – 0008652　07641　子部/雜著類/雜編之屬

初學辨體不分卷　(清)徐與喬輯評　清康熙十七年(1678)刻本　一冊

330000 – 4735 – 0008653　09754　集部/別集類/唐五代別集

新刊五百家註音辯昌黎先生文集四十卷　(唐)韓愈撰　(宋)魏仲舉輯注　清乾隆四十九年(1784)刻本　一冊　存二卷(二至三)

330000 – 4735 – 0008654　09755　集部/別集類/唐五代別集

重刊五百家註音辯昌黎先生文集四十卷　(唐)韓愈撰　(宋)魏仲舉輯注　清乾隆四十九年(1784)刻本　一冊　存序跋、氏目、目錄

330000 – 4735 – 0008655　07642　子部/兵家類/兵法之屬

七書參同七卷　(明)李贄推釋　(明)范方評次　清刻本　三冊　存六種

330000 – 4735 – 0008656　10581　類叢部/叢書類/彙編之屬

文選樓叢書三十三種　(清)阮亨編　清嘉慶至道光阮元刻道光二十二年(1842)阮亨彙印本　三冊　存一種

330000 – 4735 – 0008657　09756　集部/別集類/唐五代別集

李太白文集三十六卷　(唐)李白撰　(清)王琦輯注　清乾隆寶笏樓刻二十五年(1760)增

刻本　十二冊　缺三卷(一至三)

330000 – 4735 – 0008658　07643　子部/叢編

子書百家　(清)崇文書局編　清光緒元年(1875)湖北崇文書局刻本　十八冊　存十三種

330000 – 4735 – 0008659　10582　類叢部/叢書類/彙編之屬

宏達堂叢書　清光緒四年(1878)宏達堂刻本　一冊　存一種

330000 – 4735 – 0008660　10583　類叢部/叢書類/彙編之屬

宏達堂叢書　清光緒四年(1878)宏達堂刻本　一冊　存一種

330000 – 4735 – 0008661　09757　集部/總集類/彙編之屬

宋四名家詩　(清)周之鱗　(清)柴升編　清刻本　二冊　存二種

330000 – 4735 – 0008662　09658　集部/總集類/選集之屬/斷代

唐詩解五十卷　(明)唐汝詢輯　明萬曆四十三年(1615)楊鶴刻本　二冊　存八卷(七至九、三十六至四十)

330000 – 4735 – 0008663　07644　子部/雜著類/雜纂之屬

諸子品節五十卷　(明)陳深輯　明萬曆刻本　一冊　存三卷(十一至十三)

330000 – 4735 – 0008664　10584　類叢部/叢書類/自著之屬

春浮園集八種　(明)蕭士瑋撰　清刻本　一冊　存一種

330000 – 4735 – 0008669　00369、00376、00466　類叢部/叢書類/自著之屬

船山遺書五十八種　(清)王夫之撰　清同治四年(1865)湘鄉曾國荃金陵刻光緒十三年(1887)船山書院補刻本　七十三冊　存三十五種

330000 – 4735 – 0008671　09759　集部/別集

類/清別集

留春館吟草偶錄一卷 （清）李士林撰　清光
緒三年（1877）留春館刻本　一冊

330000－4735－0008672　09661　集部/總集
類/選集之屬/斷代

**列朝詩集乾集二卷甲集前編十一卷甲集二十
二卷乙集八卷丙集十六卷丁集十六卷閏集六
卷**　（清）錢謙益選　清宣統二年（1910）上海
神州國光社鉛印本　五十六冊

330000－4735－0008677　09662　集部/總集
類/選集之屬/通代

古文近道集八卷　（清）王贊元輯　清同治七
年（1868）山陰王氏培槐軒刻本　一冊　存四
卷（正學、洗心、篤親、明義）

330000－4735－0008678　07650　新學/地
學/地志學

新撰亞細亞洲大地誌七卷　（日本）山上萬次
郎編　葉瀚譯　清光緒二十七年（1901）上海
正記書局石印本　三冊

330000－4735－0008679　09761　集部/總集
類/彙編之屬

漢魏六朝一百三家集（漢魏六朝百三名家集）
　（明）張溥編　清光緒五年（1879）彭懋謙信
述堂刻本　一冊　存一種

330000－4735－0008680　10586　類叢部/叢
書類/彙編之屬

武英殿聚珍版書一百四十八種　清乾隆四十
二年（1777）福建刻道光至同治遞修光緒二十
一年（1895）增刻本　四冊　存一種

330000－4735－0008681　09663　集部/別集
類/清別集

抱經室詩文初編八卷　（清）呂傳愷撰　清光
緒三十一年（1905）永康呂氏刻本　一冊　存
一卷（虛谷文一）

330000－4735－0008682　10587　類叢部/叢
書類/彙編之屬

武英殿聚珍版書一百四十八種　清乾隆四十
二年（1777）福建刻道光至同治遞修光緒二十

一年（1895）增刻本　一冊　存一種

330000－4735－0008683　09762　集部/總集
類/彙編之屬

漢魏六朝一百三家集（漢魏六朝百三名家集）
　（明）張溥編　清光緒五年（1879）彭懋謙信
述堂刻本　三冊　存三種

330000－4735－0008684　09664　集部/詞
類/別集之屬

雪鴻吟館詞一卷　（清）韓聞南撰　清同治十
三年（1874）杭州刻本　一冊

330000－4735－0008688　10588　類叢部/叢
書類/彙編之屬

武英殿聚珍版書一百四十八種　清乾隆四十
二年（1777）福建刻道光至同治遞修光緒二十
一年（1895）增刻本　八冊　存一種

330000－4735－0008691　10589　類叢部/叢
書類/自著之屬

船山遺書五十八種　（清）王夫之撰　清同治
四年（1865）湘鄉曾國荃金陵刻本　十四冊
存六種

330000－4735－0008693　09763　集部/總集
類/彙編之屬

漢魏六朝一百三家集（漢魏六朝百三名家集）
　（明）張溥編　清光緒十八年（1892）善化章
經濟堂刻本　十七冊　存十九種

330000－4735－0008694　10590　類叢部/叢
書類/彙編之屬

崇惠堂叢書　清儀徵李氏刻本　一冊　存
一種

330000－4735－0008696　10591　類叢部/叢
書類/彙編之屬

古棠書屋叢書十八種　（清）孫澍　（清）孫鍇
編　清道光鵝溪孫氏刻本　二冊　存三種

330000－4735－0008698　07658　新學/議
論/論政

政教進化論一卷　（日本）加藤弘之著　（清）
楊廷棟譯　清光緒二十八年（1902）出洋學生
編輯所鉛印本　一冊

330000－4735－0008701　09665　集部/總集類/氏族之屬

海虞三陶先生集合刻三種　（清）楊沂孫輯　清光緒七年(1881)楊同福貴池縣署刻本　三冊　存十一卷(陶子師先生南崖集首、一至四,陶退庵先生集二,陶晚聞先生集首、一至四)

330000－4735－0008702　07660　史部/雜史類/外紀之屬

日本新政考二卷　（清）顧厚焜撰　清石印本　一冊　存一卷(二)

330000－4735－0008703　07661　新學/史志/戰記

中國六十年戰史十三章　（英國）艾特華斯撰　史悠明　（清）程履祥譯校　清光緒二十九年(1903)上海美華書館鉛印本　二冊　存三章(十一至十三)

330000－4735－0008705　09764－09749　集部/總集類/彙編之屬

宋四名家詩　（清）周之鱗　（清）柴升編　清康熙三十二年(1693)有文堂刻本　二冊　存二種

330000－4735－0008706　09667　集部/總集類/氏族之屬

三蘇全集四種　（清）弓翊清等編　清道光七年至十二年(1827－1832)眉州三蘇祠刻本　四十一冊　存三種

330000－4735－0008708　10593　類叢部/叢書類/彙編之屬

古逸叢書二十六種　（清）黎庶昌編　清光緒八年至十年(1882－1884)黎庶昌日本東京使署影刻本　三十三冊　存二十種

330000－4735－0008710　09765　集部/別集類/唐五代別集

讀杜心解六卷首二卷　（清）浦起龍撰　清雍正二年至三年(1724－1725)前潤浦氏寧我齋刻本　十一冊　缺一卷(二)

330000－4735－0008713　09766　集部/總集類/彙編之屬

唐人五十家小集五十種　（清）江標編　清光緒二十一年(1895)元和江氏靈鶼閣刻宣統三年(1911)重印本　十五冊　存四十六種

330000－4735－0008716　09668　集部/總集類/選集之屬/通代

蘭言詩鈔四卷　（清）李瑞編　清光緒十一年(1885)上洋務本堂刻本　一冊　存一卷(二)

330000－4735－0008718　09669　集部/總集類/課藝之屬

八銘堂塾鈔初集不分卷二集不分卷　（清）吳懋政編　清英德堂刻本　四冊

330000－4735－0008719　10594　類叢部/叢書類/彙編之屬

古逸叢書二十六種　（清）黎庶昌編　清光緒八年至十年(1882－1884)黎庶昌日本東京使署影刻本　二十二冊　存十六種

330000－4735－0008721　07671　新學/天學

天文新編一卷　（美國）赫士編輯　周雲路譯述　清宣統三年(1911)上海美華書館鉛印本　一冊

330000－4735－0008722　09670　集部/別集類/清別集

有竹居詩鈔二卷二集二卷　（清）言啟方撰　清光緒二年(1876)刻本　二冊　存二卷(一、二集二)

330000－4735－0008724　10595　類叢部/叢書類/彙編之屬

古逸叢書二十六種　（清）黎庶昌編　清光緒八年至十年(1882－1884)黎庶昌日本東京使署影刻本　一冊　存一種

330000－4735－0008725　09671　集部/總集類/課藝之屬

考卷約選合編四卷　（清）楊如松編　清嘉慶十六年(1811)養性軒刻本　二冊　存三卷(大學、中庸、論語)

330000－4735－0008727　09767　集部/別集類/唐五代別集

讀杜心解六卷首二卷　（清）浦起龍撰　清雍正二年至三年（1724－1725）前潤浦氏寧我齋刻本　一冊　存三卷（首一至二、一）

330000－4735－0008729　09672　集部/總集類/課藝之屬

考卷約選合編四卷　（清）楊如松編　清嘉慶十六年（1811）養性軒刻本　一冊　存二卷（中庸、論語）

330000－4735－0008736　09768　集部/別集類/唐五代別集

杜詩詳註二十五卷首一卷附編二卷　（唐）杜甫撰　（清）仇兆鰲輯注　清康熙刻本　一冊　存一卷（附編下）

330000－4735－0008738　10599　類叢部/叢書類/自著之屬

西河合集一百十九種　（清）毛奇齡撰　清康熙書留草堂刻本　一冊　存二種

330000－4735－0008739　07679　子部/叢編

子書二十三種　（清）浙江書局編　清光緒二十三年（1897）上海圖書集成局鉛印本　二冊　存一種

330000－4735－0008740　10600　類叢部/叢書類/郡邑之屬

永嘉叢書十三種　（清）孫衣言編　清同治至光緒瑞安孫氏詒善祠塾刻本　三十四冊　存十種

330000－4735－0008741　09769　集部/別集類/唐五代別集

杜詩詳註二十五卷首一卷附編二卷　（唐）杜甫撰　（清）仇兆鰲輯注　清康熙刻本　一冊　存二卷（附編一至二）

330000－4735－0008742　09673　集部/總集類/課藝之屬

近科考卷脫穎不分卷二集不分卷　（清）李錫瓚編次　清嘉慶二十五年（1820）、道光元年（1821）刻本　六冊

330000－4735－0008745　09770　集部/別集類/唐五代別集

杜詩詳註二十五卷首一卷附編二卷　（唐）杜甫撰　（清）仇兆鰲輯注　清康熙大文堂刻本　二冊　存二卷（首、一）

330000－4735－0008746　10601　類叢部/叢書類/自著之屬

北江全集七種　（清）洪亮吉撰　清乾隆至嘉慶刻彙印本　一冊　存二種

330000－4735－0008747　09674　集部/詩文評類/制藝之屬

增訂初學小講祕訣不分卷　（清）盛元均輯　清光緒五年（1879）江曲書莊刻本　一冊

330000－4735－0008749　10602　類叢部/叢書類/彙編之屬

古逸叢書二十六種　（清）黎庶昌編　清光緒八年至十年（1882－1884）黎庶昌日本東京使署影刻本　三冊　存一種

330000－4735－0008750　09771　集部/別集類/唐五代別集

杜詩詳註二十五卷首一卷附編二卷　（唐）杜甫撰　（清）仇兆鰲輯注　清康熙刻本　一冊　存二卷（十六至十七）

330000－4735－0008752　10603　類叢部/叢書類/彙編之屬

古逸叢書二十六種　（清）黎庶昌編　清光緒八年至十年（1882－1884）黎庶昌日本東京使署影刻本　三冊　存一種

330000－4735－0008756　10604　類叢部/叢書類/彙編之屬

半厂叢書初編十種　（清）譚獻編　清同治至光緒仁和譚氏刻本　一冊　存一種

330000－4735－0008757　09772　集部/別集類/唐五代別集

杜詩詳註二十五卷首一卷附編二卷　（唐）杜甫撰　（清）仇兆鰲輯注　清康熙刻本　一冊　存二卷（附編一至二）

330000－4735－0008761　09679　集部/別集類/清別集

秋水軒尺牘四卷　（清）許思湄撰　（清）婁世

瑞注 （清）寄虹軒主人輯　清宣統元年(1909)中華書局石印本　楊華新題簽　一冊

330000－4735－0008762　09773　集部/別集類/唐五代別集

杜詩詳註二十五卷首一卷附編二卷　（唐）杜甫撰　（清）仇兆鰲輯注　清康熙刻本　一冊　存一卷(附編下)

330000－4735－0008764　10605　類叢部/叢書類/彙編之屬

半厂叢書初編十種　（清）譚獻編　清同治至光緒仁和譚氏刻本　一冊　存一種

330000－4735－0008766　09774　集部/別集類/唐五代別集

杜詩詳註二十五卷首一卷附編二卷　（唐）杜甫撰　（清）仇兆鰲輯注　清康熙刻本　五冊　存十卷(四至五、十至十一、十四至十七,附編一至二)

330000－4735－0008770　09681　集部/總集類/彙編之屬

山曉閣文選十五種　（清）孫琮編　清康熙山曉閣刻本　二冊　存一種

330000－4735－0008774　09775　集部/別集類/唐五代別集

杜詩分類全集五卷　（唐）杜甫撰　（明）傅振商輯　（清）張縉彥　（清）谷應泰　（清）汪憺漪輯定　清順治十六年(1659)還讀齋刻本　一冊　存二卷(四至五)

330000－4735－0008775　09682　集部/別集類/清別集

胡文忠公遺集十卷首一卷　（清）胡林翼撰　（清）閻敬銘　（清）屬雲官　（清）盛康輯　清同治七年(1868)吳申甫醉六堂刻本　四冊　存四卷(首,四至五、十)

330000－4735－0008777　07692　新學/史志/諸國史

歷史叢書　清光緒上海商務印書館鉛印本　一冊　存一種

330000－4735－0008778　10608　類叢部/叢書類/自著之屬

藝風堂彙刻　繆荃孫撰　清光緒至民國刻本　四冊　存一種

330000－4735－0008779　09683　集部/別集類/清別集

虛白室文鈔二卷詩鈔十卷　（清）方昌翰撰　清光緒十三年(1887)皖城刻本　一冊　存五卷(詩鈔一至五)

330000－4735－0008780　07693　子部/雜著類/雜纂之屬

藥榜捷報錄四卷　（清）四香居士輯　清讀梅花館刻本　一冊　存二卷(三至四)

330000－4735－0008781　09776　集部/總集類/彙編之屬

李杜全集　（明）許自昌編　明萬曆三十年(1602)長洲許自昌刻本　一冊　存一種

330000－4735－0008783　09777　集部/別集類/唐五代別集

讀杜心解六卷首二卷　（清）浦起龍撰　清雍正二年至三年(1724－1725)前潤浦氏寧我齋刻本　四冊　存五卷(首一至二、一至三)

330000－4735－0008785　09684　集部/別集類/清別集

守經堂詩集十卷附自著書一卷　（清）沈筠撰　清光緒九年至十四年(1883－1888)刻民國九年(1920)印本　一冊　缺八卷(一至八)

330000－4735－0008786　09685　集部/總集類/選集之屬/通代

今體詩鈔注略唐詩十五卷宋詩三卷序例小傳一卷　（清）趙彥傅撰　清同治八年(1869)補讀齋刻本(唐詩十五卷原缺)　□□氏題簽並記　一冊　存四卷(宋詩一至三、序例小傳)

330000－4735－0008787　09778　集部/別集類/唐五代別集

杜詩鏡銓二十卷附諸家論杜一卷年譜一卷　（清）楊倫撰　**讀書堂杜工部文集註解二卷**　（清）張潛撰　清同治十一年(1872)望三益齋刻本　一冊　存二卷(讀書堂杜工部文集註

解一至二)

330000－4735－0008789　09779　集部/小說
類/短篇之屬
真正後聊齋志異八卷　（清）徐昆撰　清光緒
三十年(1904)海上書局石印本　一冊　存二
卷(一至二)

330000－4735－0008790　09686　集部/總集
類/選集之屬/通代
御選唐宋詩醇四十七卷目錄二卷　（清）高宗
弘曆輯　清刻本　十七冊　存三十四卷(四
至六、十一至十四、十七至十八、二十四至四
十七,目錄一)

330000－4735－0008792　09781　集部/小說
類/長篇之屬
飛龍傳十六卷六十回　（清）吳璿撰　清刻本
朱月湘題簽　四冊　存四卷(十一至十二、
十五至十六)

330000－4735－0008793　09687　集部/總集
類/氏族之屬
新安先集二十卷　（清）朱之榛輯　清同治十
三年(1874)蘇州刻本　三冊　存十一卷(四
至十一、十五至十七)

330000－4735－0008794　09782　集部/小說
類/長篇之屬
新增第五才子書水滸全傳十卷四十九回
(元)施耐庵撰　（清）金人瑞評　清乾隆五十
七年(1792)振賢堂刻本　朱德諧題記並批
一冊　存一卷(一)

330000－4735－0008795　09688　集部/別集
類/清別集
雨春軒詩草十卷經進詩一卷　（清）姚頤撰
清乾隆刻本　鷗園□畫樓主人題簽　一冊
存三卷(二至四)

330000－4735－0008796　09783　集部/小說
類/長篇之屬
新刻鍾伯敬先生批評封神演義二十卷一百回
（明）許仲琳撰　（明）鍾惺評　清刻本　一
冊　存一卷(十七)

330000－4735－0008799　09690　集部/總集
類/選集之屬/斷代
國朝六家詩鈔八卷　（清）劉執玉選編　清乾
隆三十二年(1767)劉執玉詒燕樓刻本　一冊
存三卷(荔裳詩鈔、初白詩鈔一至二)

330000－4735－0008802　09691　集部/總集
類/選集之屬/斷代
國朝六家詩鈔八卷　（清）劉執玉選編　清乾
隆三十二年(1767)劉執玉詒燕樓刻本　一冊
存一卷(愚山詩鈔)

330000－4735－0008804　09692　集部/總集
類/選集之屬/通代
宋金元詩永二十卷補遺二卷　（清）吳綺輯
清康熙刻本　一冊　存二卷(一至二)

330000－4735－0008807　09693　集部/別集
類/清別集
泊鷗山房集三十八卷　（清）陶元藻撰　清嘉
慶十八年(1813)刻本　一冊　存四卷(三十
五至三十八)

330000－4735－0008808　09694　集部/別集
類/清別集
復初齋詩集六十二卷　（清）翁方綱撰　清道
光十六年(1836)刻本　一冊　存五卷(二十
八至三十二)

330000－4735－0008809　09695　集部/別集
類/清別集
春及堂詩一卷　（清）陸鳴皋撰　清刻本
一冊

330000－4735－0008812　09696　集部/總集
類/選集之屬/通代
古文品外錄二十四卷　（明）陳繼儒選評　明
刻本　一冊　存三卷(十八至二十)

330000－4735－0008814　09793　集部/小說
類/短篇之屬
詳註聊齋志異圖詠十六卷　（清）蒲松齡撰
(清)呂湛恩注　清光緒三十三年(1907)上海
章福記書局石印本　四冊　存八卷(一至四、
七至八、十三至十四)

330000－4735－0008817　09697　集部/別集類/清別集

桐乳齋詩集十二卷　（清）梁文濂撰　清乾隆十二年(1747)梁啓心等刻本　一冊　存二卷（十至十一）

330000－4735－0008819　09698　集部/別集類/清別集

鶴洲殘稿二卷　（清）朱彝爵撰　（清）桑調元編定　清乾隆六年(1741)朱嵩齡修汲堂刻本　一冊

330000－4735－0008820　10611　類叢部/叢書類/自著之屬

西堂全集　（清）尤侗撰　清康熙刻本　十六冊　存十三種

330000－4735－0008821　09699　集部/別集類/清別集

質園詩集三十二卷　（清）商盤撰　清乾隆刻本　一冊　存六卷（一至三、二十三至二十五）

330000－4735－0008822　10612　類叢部/叢書類/自著之屬

西堂全集　（清）尤侗撰　清康熙刻本　八冊　存七種

330000－4735－0008823　09812　集部/總集類/氏族之屬

增輯三蘇策論十二卷　（宋）蘇洵　（宋）蘇軾　（宋）蘇轍撰　清光緒二十七年(1901)墨潤堂石印本　三冊　存三卷（一至三）

330000－4735－0008824　10613　類叢部/叢書類/自著之屬

西堂全集　（清）尤侗撰　清康熙刻本　二冊　存二種

330000－4735－0008825　10614　類叢部/叢書類/自著之屬

西堂全集　（清）尤侗撰　清康熙刻本　一冊　存一種

330000－4735－0008826　09813　集部/總集類/課藝之屬

四書五經義策論初編不分卷　韓韋編　**存我軒偶錄不分卷**　（清）陸鍾渭撰　清光緒二十七年(1901)文彙書局鉛印本　七冊

330000－4735－0008827　10615　類叢部/叢書類/自著之屬

西堂全集　（清）尤侗撰　清康熙刻本　一冊　存一種

330000－4735－0008828　10616　類叢部/叢書類/自著之屬

西堂全集　（清）尤侗撰　清康熙刻本　一冊　存一種

330000－4735－0008829　09700　集部/別集類/宋別集

施註蘇詩四十二卷　（宋）蘇軾撰　（宋）施元之　（宋）顧禧注　（清）顧嗣立　（清）邵長蘅　（清）宋至刪補　**蘇詩續補遺二卷**　（宋）蘇軾撰　（清）馮景補註　清刻本　五冊　存十六卷（二十四至三十六、四十二,續補遺一至二）

330000－4735－0008830　09814　集部/總集類/課藝之屬

四書五經義策論三編不分卷　（清）崇實學社輯　清光緒二十九年(1903)崇實學社刻本　五冊

330000－4735－0008831　10617　類叢部/叢書類/自著之屬

西堂全集　（清）尤侗撰　清康熙刻本　一冊　存二種

330000－4735－0008832　09701－08055　集部/別集類/宋別集

施註蘇詩四十二卷目錄二卷　（宋）蘇軾撰　（宋）施元之　（宋）顧禧注　（清）顧嗣立　（清）邵長蘅　（清）宋至刪補　**蘇詩續補遺二卷**　（宋）蘇軾撰　（清）馮景補註　**王註正譌一卷**　（清）邵長蘅撰　**東坡先生年譜一卷**　（宋）王宗稷編　清康熙三十八年(1699)宋犖刻本　一冊　缺一卷（蘇詩續補遺二）

330000－4735－0008833　10618　類叢部/叢

書類/自著之屬

西堂全集　（清）尤侗撰　清刻本　一冊　存一種

330000－4735－0008834　10619　類叢部/叢書類/自著之屬

西堂全集　（清）尤侗撰　清康熙刻本　一冊　存三種

330000－4735－0008835　09702　集部/別集類/宋別集

蘇東坡詩集注三十二卷失編一卷　（宋）蘇軾撰　（宋）呂祖謙編　（宋）王十朋集注　年譜一卷　（宋）王宗稷編　清康熙三十七年（1698）新安朱從延文蔚堂刻本　一冊　存目錄

330000－4735－0008836　10620　類叢部/叢書類/自著之屬

西堂全集　（清）尤侗撰　清康熙刻本　一冊　存一種

330000－4735－0008837　10621　類叢部/叢書類/自著之屬

隨園三十種　（清）袁枚撰　清刻本　二冊　存二種

330000－4735－0008838　09703　集部/別集類/宋別集

新刻陶顧二會元類編蘇長公全集四集四十卷　（宋）蘇軾撰　（明）陶望齡類編　（明）顧起元補訂　明刻本　一冊　存四卷（元集一至二、七至八）

330000－4735－0008839　09704　集部/總集類/氏族之屬

新刻徐陳二先生評選三蘇文則八卷　（宋）蘇洵　（宋）蘇軾　（宋）蘇轍撰　（明）徐肅廣輯　（明）陳繼儒評　明萬曆四十八年（1620）陳孫賢刻本　二冊　存四卷（一至四）

330000－4735－0008841　10623　類叢部/叢書類/自著之屬

施愚山先生全集五種附一種　（清）施閏章撰　清康熙至乾隆刻彙印本　一冊　存一種

330000－4735－0008842　09705　集部/別集類/宋別集

東坡先生詩集三十二卷文集七十五卷　（宋）蘇軾撰　（宋）王十朋纂集　（明）陳仁錫評閱　東坡先生紀年錄一卷　（宋）傅藻編纂　東坡墓誌銘一卷　（宋）蘇轍撰　明刻本　二十六冊　缺四十五卷（詩集十五至三十二，文集一至十八、三十一至三十二、三十五至三十七、五十至五十一、七十二至七十三）

330000－4735－0008844　09706　集部/別集類/清別集

陳生遺文一卷　（清）陳磬撰　清刻本　一冊

330000－4735－0008845　09707　集部/別集類/清別集

鹿蕉山館詩鈔八卷　（清）胡傳釗撰　清刻本　一冊　存一卷（八）

330000－4735－0008846　09796　集部/別集類/明別集

楊椒山先生集四卷椒山先生自著年譜一卷　（明）楊繼盛撰　清同治五年（1866）張景賢刻本　二冊

330000－4735－0008847　09815　集部/總集類/課藝之屬

四書五經義策論讀本二卷　（清）史學館主人輯　清光緒二十八年（1902）刻本　二冊

330000－4735－0008848　09816　集部/小說類/長篇之屬

增評補像全圖金玉緣一百二十回首一卷　（清）曹霑　（清）高鶚撰　（清）王希廉　（清）張新之　（清）姚燮評　清光緒三十四年（1908）求不負齋石印本　鵬輝題簽　七冊　存一百四回（一至八、二十五至一百二十）

330000－4735－0008849　09797　集部/別集類/明別集

楊忠愍公集六卷首一卷　（明）楊繼盛撰　清道光三十年（1850）刻本　四冊

330000－4735－0008850　09708　集部/別集類/清別集

眠琴閣詩鈔十二卷續編三卷　（清）呂廷煇撰　清同治二年（1863）黔中刻本　洪五樹堂題簽　一冊　存二卷（三至四）

330000－4735－0008851　09798　集部/別集類/明別集

楊忠愍公全集四卷　（明）楊繼盛撰　清康熙三十七年（1698）敬一齋刻本　二冊

330000－4735－0008853　02748　史部/詔令奏議類/奏議之屬

曾文正公奏議十卷首一卷末一卷補編四卷　（清）曾國藩撰　（清）薛福成編　清光緒二十二年（1896）上海圖書集成印書局鉛印本　二冊　存八卷（首、一至七）

330000－4735－0008854　09709　集部/別集類/清別集

樊榭山房全集四十二卷　（清）厲鶚撰　清光緒錢塘汪氏振綺堂刻本　四冊　缺二十卷（樊榭山房集一至十、續集一至十）

330000－4735－0008855　09799　集部/別集類/明別集

楊椒山先生集四卷椒山先生自著年譜一卷　（明）楊繼盛撰　清康熙三十七年（1698）胡范刻本　一冊　存三卷（一至二、年譜）

330000－4735－0008856　09800　子部/儒家類/儒學之屬/禮教/家訓

楊忠愍公傳家寶書一卷　（明）楊繼盛撰　清光緒十二年（1886）退齡書舍刻本　一冊

330000－4735－0008857　09801　集部/別集類/清別集

浙游百卅律一卷　（清）李桓撰　清同治刻本　一冊

330000－4735－0008858　10161　類叢部/類書類/通類之屬

小嬛嬛山館彙刊類書十二種　（清）小嬛嬛山館編　清同治六年（1867）緯文堂刻本　二冊　存九種

330000－4735－0008859　10160　類叢部/類書類

詩句題解韻編六卷　（清）陳維屏輯　清刻本　一冊　存一卷（四）

330000－4735－0008860　10162　類叢部/類書類/專類之屬

典制文琳二集不分卷　清刻本　一冊

330000－4735－0008861　09802　集部/別集類/清別集

更生齋文甲集四卷文乙集四卷附鮚軒詩八卷詩餘二卷　（清）洪亮吉撰　清嘉慶七年（1802）旌德洋川書院刻本　王子莊題記　一冊　存八卷（甲集一至四、乙集一至四）

330000－4735－0008862　09803　集部/別集類/清別集

紫竹山房製藝全稿　（清）陳兆崙撰　（清）顧一經等評註　清光緒三年至五年（1877－1879）刻本　曹愷題簽　三冊

330000－4735－0008863　09710　集部/別集類/清別集

樊榭山房集十卷　（清）厲鶚撰　清乾隆四年（1739）武林繡墨齋刻本　沈廷愷題記　一冊　存五卷（一至五）

330000－4735－0008864　09804　集部/別集類/清別集

紫竹山房詩集十二卷文集二十卷　（清）陳兆崙著　清乾隆刻本　一冊　存四卷（文集一至四）

330000－4735－0008865　09711　史部/史評類/詠史之屬

南宋襍事詩七卷　（清）沈嘉轍等撰　清武林芹香齋刻本　二冊

330000－4735－0008866　10163　類叢部/類書類/通類之屬

三才圖會一百六卷　（明）王圻輯　（明）王思義續輯　明刻本　一冊　存二卷（文史三至四）

330000－4735－0008867　09805　集部/總集類/酬唱之屬

湘撫俞廣軒送別詩文一卷　（清）繼昌等撰

清光緒刻本　一冊

330000－4735－0008869　09712　集部/別集類/清別集

適園詩鈔七卷　（清）徐德升撰　清光緒十七年（1891）刻本　一冊　存三卷（一至三）

330000－4735－0008870　09806　集部/別集類/清別集

述學內篇三卷外篇一卷補遺一卷別錄一卷附錄一卷校勘記一卷　（清）汪中撰　（清）汪喜孫編　清同治八年（1869）揚州書局刻本　一冊　存四卷（內篇一至三、補遺）

330000－4735－0008871　09713　集部/總集類/選集之屬/斷代

本朝館閣詩二十卷附錄一卷　（清）阮學浩（清）阮學濬輯　清乾隆二十三年（1758）困學書屋刻本　一冊　存二卷（二至三）

330000－4735－0008872　09807　集部/別集類/清別集

木厓集二十七卷　（清）潘江撰　清康熙刻本　一冊　存四卷（二十一、二十四至二十六）

330000－4735－0008873　09714　集部/總集類/選集之屬/斷代

中晚唐詩叩彈集十二卷續集三卷　（清）杜詔（清）杜庭珠輯　清康熙四十三年（1704）采山亭刻本　香生評　一冊　存四卷（四至七）

330000－4735－0008874　09808　集部/總集類/郡邑之屬

石城七子詩鈔　翁長森輯　清光緒十六年（1890）刻本　一冊　存二種

330000－4735－0008875　09715　集部/別集類/明別集

幔亭集十五卷　（明）徐𤊹撰　（明）陳薦夫輯　明萬曆刻本　一冊　存一卷（八）

330000－4735－0008876　09809　史部/傳記類/總傳之屬/文苑

廣陵詩事十卷　（清）阮元撰　清刻本　一冊　存六卷（五至十）

330000－4735－0008877　09810　集部/別集類/清別集

金東山文集十二卷　（清）金門詔撰　清乾隆四十一年（1776）刻本　一冊　存二卷（一至二）

330000－4735－0008878　09811　集部/詩文評類/詩評之屬

王文簡公論七言古體平仄一卷　（清）王士禛撰　清乾隆五十七年（1792）新城王氏刻本　一冊

330000－4735－0008879　09716　集部/別集類/清別集

賜綺堂集雜文一卷詞三卷　（清）詹應甲撰　清刻本　一冊

330000－4735－0008881　09818　集部/別集類/清別集

古紅梅閣集八卷附錄一卷　（清）劉履芬撰　紫藤花館詩餘一卷　（清）劉觀藻撰　清光緒六年（1880）蘇州刻本　一冊　缺六卷（一至六）

330000－4735－0008882　07696　新學/雜著

普通策論啟蒙初編六卷　清光緒二十八年（1902）開智書局石印本　二冊　存三卷（一至二、五）

330000－4735－0008883　09717　集部/總集類/氏族之屬

薛氏五種　（清）薛時雨輯　清同治五年至七年（1866－1868）刻本　一冊　存一種

330000－4735－0008884　09819　集部/別集類/清別集

小睡足寮詩續錄一卷補錄一卷　（清）秦敏樹撰　小睡足寮二友詩錄一卷　（清）陸恩澍（清）石友麟撰　清光緒二十三年（1897）刻本　一冊

330000－4735－0008885　09718　集部/別集類/金別集

元遺山詩集八卷　（金）元好問撰　清乾隆四十三年（1778）南昌萬廷蘭刻本　一冊　存四

卷(五至八)

330000－4735－0008886　09719　集部/別集類/清別集

小眉山館詩稿四卷附酬和詩二卷壽朋集二卷
（清）洪光垕撰　清道光三年(1823)溥泉氏木活字印本　一冊　存二卷(三至四)

330000－4735－0008888　09820　集部/別集類/清別集

青檽館詩稿附鈔二卷賦稿初鈔一卷賦稿附鈔一卷詞稿初鈔一卷　（清）倪象占撰　清刻本　增安題簽　一冊

330000－4735－0008889　07698　新學/史志/別國史

華盛頓泰西史畧八卷　（美國）厄爾文撰（清）黎汝謙　（清）蔡國昭譯　清石印本　一冊　存一卷(二)

330000－4735－0008891　09875　集部/詩文評類/詩評之屬

詩說滙五卷　（清）張象魏輯　清刻本　一冊　存一卷(五)

330000－4735－0008893　09822　集部/別集類/清別集

守柔齋行河草二卷　（清）蘇廷魁撰　清同治十二年(1873)刻本　一冊

330000－4735－0008894　09823　集部/別集類/清別集

吟梅仙館絕句詩一卷　（清）方韻儼撰　清光緒刻本　趙學南題簽　一冊

330000－4735－0008895　09824　集部/總集類/選集之屬/通代

詩賦楷模不分卷　（晉）劉伶　（清）黃廷金等撰　清光緒十二年(1886)刻本　一冊

330000－4735－0008896　09825　集部/別集類/清別集

享帚集四卷　（清）楊豫成撰　清同治三年(1864)楊長達臥雲書屋刻本　一冊　存二卷(豫章草、餘生草)

330000－4735－0008897　09826　集部/別集類/清別集

寶瓠齋文鈔一卷　（清）劉彝芝撰　清光緒八年(1882)刻本　一冊

330000－4735－0008898　09827　集部/別集類/清別集

安雅堂全集七種　（清）宋琬撰　清順治至乾隆刻本　一冊　存一種

330000－4735－0008899　09828　集部/詞類/類編之屬

詞苑英華　（明）毛晉編　明末毛氏汲古閣刻本　一冊　存一種

330000－4735－0008900　09829　集部/別集類/清別集

鳴鶴堂文集十卷　（清）任源祥撰　（清）瞿源洙集評　清乾隆十一年(1746)陽羨任氏刻本　一冊　存四卷(一至四)

330000－4735－0008902　01279　集部/總集類/課藝之屬

目耕齋初刻不分卷二刻不分卷三刻不分卷
（清）徐楷評註　（清）沈叔眉選刊　清刻本　一冊　存三刻葉八十一至一百五十五

330000－4735－0008903　09830　集部/詞類/別集之屬

茗柯詞一卷　（清）張惠言撰　清刻本　一冊

330000－4735－0008904　09831　集部/別集類/清別集

靜齋新集四卷散文存編一卷楹聯一卷時藝續存一卷　（清）何元普撰　清光緒十七年(1891)何氏篁溪山房刻本　一冊　存二卷(散文存編、楹聯)

330000－4735－0008905　01280　子部/宗教類/佛教之屬/經

金剛般若波羅蜜經報二卷　清刻本　一冊　存一卷(下)

330000－4735－0008906　09832　集部/總集類/酬唱之屬

西泠酬倡集五卷二集五卷三集五卷　（清）秦

緗業等撰　清光緒刻本　一冊　存三卷（三
至五）

330000－4735－0008907　09833　集部／總集
類／彙編之屬

宋十五家詩選　（清）陳訏輯　清康熙三十二
年（1693）刻本　一冊　存二種

330000－4735－0008908　09834　集部／總集
類／尺牘之屬

古今振雅雲箋十卷　（明）徐渭輯　明刻本
一冊　存五卷（一至二、七至九）

330000－4735－0008909　09835　集部／別集
類／清別集

耐菴文集約選一卷寒香館集約選一卷　（清）
賀長齡　（清）賀熙齡撰　（清）劉琡選　清同
治五年（1866）台州府署木活字印本　一冊
存一卷（耐菴文集約選）

330000－4735－0008910　09836　集部／總集
類／彙編之屬

元人集十種六十二卷　（明）毛晉編　明崇禎
十一年（1638）海虞毛氏汲古閣刻本　一冊
存一種

330000－4735－0008911　09837　集部／詞
類／總集之屬

類選箋釋草堂詩餘六卷　（明）顧從敬輯
（明）陳繼儒校　（明）陳仁錫參訂　**類編箋釋
續選草堂詩餘二卷**　（明）錢允治箋釋　**類編
箋釋國朝詩餘五卷**　（明）錢允治編　（明）陳
仁錫釋　明萬曆四十二年（1614）翁少麓刻本
三冊　存三卷（六、類編箋釋國朝詩餘四至
五）

330000－4735－0008912　09838　集部／別集
類／宋別集

唐眉山詩集十卷文集十四卷　（宋）唐庚撰
清道光二十一年（1841）刻本　一冊　存八卷
（詩集九至十、文集九至十四）

330000－4735－0008913　09839　集部／總集
類／課藝之屬

名家制義□□卷　（清）俞長城編　清康熙三

十八年（1699）可儀堂刻本　七冊　存十七卷
（十九至二十、三十四至四十八）

330000－4735－0008914　01281　史部／傳記
類／總傳之屬／家乘

[浙江縉雲]五雲陳氏宗譜□□卷　清宣統二
年（1910）木活字印本　二冊　存二卷（四至
五）

330000－4735－0008915　09856　集部／詩文
評類

經藝標新不分卷　（清）古草堂主人輯　清刻
本　一冊　存書經

330000－4735－0008916　10625　類叢部／叢
書類／自著之屬

春在堂全書三十六種　（清）俞樾撰　清同治
至光緒刻光緒末彙印本　一冊　存一種

330000－4735－0008917　10626　類叢部／叢
書類／郡邑之屬

武林掌故叢編一百九十種　（清）丁丙編　清
光緒三年至二十六年（1877－1900）錢塘丁氏
嘉惠堂刻本　一冊　存一種

330000－4735－0008918　09857　集部／總集
類／課藝之屬

張大宗師新科考卷不分卷　清光緒二十八年
（1902）石印本　聽鹿軒主人題簽並批　一冊

330000－4735－0008919　10627　類叢部／叢
書類／自著之屬

倭文端公遺書八種　（清）倭仁撰　清刻本
一冊　存一種

330000－4735－0008920　09840　集部／別集
類／清別集

天開圖畫樓試帖四卷　（清）郭柏蔭撰　清同
治二年（1863）刻本　一冊　存二卷（三至四）

330000－4735－0008921　09858　類叢部／類
書類／通類之屬

策論分類合編不分卷　（清）郭鳳誥編輯　清
石印本　一冊

330000－4735－0008922　09859　集部／別集

類/清別集

江南春稿一卷 （清）江璧撰　清磨鋮山房刻本　一冊

330000 – 4735 – 0008923　09841　集部/總集類/課藝之屬

新鍥應試唐詩淺說靈通解二卷 （清）任福佑輯　清乾隆三十三年(1768)竹秀山房刻本　卓齋題簽　一冊　存一卷(一)

330000 – 4735 – 0008924　09860　集部/總集類/課藝之屬

崇辨堂墨選不分卷　清刻本　一冊　存論語

330000 – 4735 – 0008925　09861　集部/詩文評類/文法之屬/文法

金臚策覽一卷　清光緒三年（1877）刻本　一冊

330000 – 4735 – 0008926　09862　集部/總集類/課藝之屬

目耕齋初集不分卷二集不分卷三集不分卷　（清）徐楷評註　（清）沈叔眉選刊　清光緒十五年(1889)點石齋石印本　一冊　存三集

330000 – 4735 – 0008927　09863　集部/別集類/清別集

駱蓮橋時文不分卷 （清）駱奎祺撰　清刻本　一冊

330000 – 4735 – 0008928　09842　集部/別集類/清別集

白香亭詩集二卷和陶詩一卷 （清）鄧輔綸撰　清光緒十九年(1893)東河督署刻本　一冊　缺一卷(一)

330000 – 4735 – 0008929　09843　集部/別集類/清別集

蘇鄰遺詩二卷 （清）李鴻裔撰　清光緒十四年(1888)遵義黎氏日本刻本　一冊

330000 – 4735 – 0008930　09864　集部/別集類/清別集

浮玉山房賦一卷 （清）丁紹周撰　清刻本　朱息葂題簽　一冊

330000 – 4735 – 0008931　09844　集部/別集類/清別集

平泉公餘集詩一卷記序一卷 （清）何有畧撰　清康熙刻本　一冊

330000 – 4735 – 0008932　10628　類叢部/叢書類/彙編之屬

鏡烟堂十種 （清）紀昀撰　清刻彙印本　一冊　存一種

330000 – 4735 – 0008933　09845　集部/總集類/課藝之屬

輔仁書院課藝不分卷 （清）趙世會等撰　清同治八年(1869)刻本　一冊　存一百十三葉(一至三十五、四十五至一百二十二)

330000 – 4735 – 0008934　09865　集部/別集類/清別集

塔影樓賦一卷 （清）吳廷鈞撰　清刻本　一冊

330000 – 4735 – 0008935　10629　類叢部/叢書類/家集之屬

觀古閣叢刻十五種 （清）鮑康編　清嘉慶十一年至光緒二十一年(1806 – 1895)歙縣鮑氏刻本　一冊　存一種

330000 – 4735 – 0008936　09866　集部/別集類/清別集

十杉亭帖體詩鈔五卷續編二卷 （清）吳楷撰　**薇雲小舍試帖詩課二卷續編二卷** （清）吳之俊撰　清道光三年(1823)刻本　一冊　存二卷(薇雲小舍試帖詩課一至二)

330000 – 4735 – 0008937　09846　集部/別集類/清別集

二樹詩集一卷 （清）童鈺撰　（清）馮兆觀批點　清乾隆刻本　一冊

330000 – 4735 – 0008938　10630　類叢部/叢書類/家集之屬

新城王氏家集四十種 （清）□□編　明崇禎至清康熙刻彙印本　一冊　存一種

330000 – 4735 – 0008939　09867　集部/別集類/清別集

檉花館試帖詩輯註二卷　（清）路德撰　（清）謝紹瑗輯註　清刻本　一冊　存一卷（下）

330000－4735－0008942　10631　類叢部/叢書類/彙編之屬

武英殿聚珍版書一百四十八種　清乾隆四十二年（1777）福建刻道光至同治遞修光緒二十一年（1895）增刻本　一冊　存一種

330000－4735－0008943　09848　集部/別集類/清別集

寄庵雜著二卷　（清）張應昌撰　清同治二年（1863）刻本　一冊

330000－4735－0008944　09849　集部/總集類/彙編之屬

曾太僕左夫人詩稿合刻二種十二卷　（清）曾詠　（清）左錫嘉撰　清光緒十七年（1891）定襄官署刻本　二冊　存一種

330000－4735－0008945　09869　集部/別集類/清別集

仙樣集四卷　（清）麓峰居士輯評　清刻本　一冊　存一卷（二）

330000－4735－0008946　09870　集部/別集類/清別集

註釋成均課士詩□□卷　（清）國學司成編　清刻本　巖幼芹題簽　一冊　存二卷（一至二）

330000－4735－0008947　09961　集部/別集類/清別集

方雪齋試帖一卷　（清）何元烺撰　清道光十二年（1832）刻本　清朱憙稱題簽　清星如題記　一冊

330000－4735－0008948　09850　集部/總集類/彙編之屬

國朝閨閣詩鈔　（清）蔡殿齊編　清道光二十四年（1844）蔡氏嫏嬛別館刻本　一冊　存一種

330000－4735－0008949　09962　集部/別集類/清別集

拜梅書屋詩鈔十卷　（清）周焌圻撰　清刻本

一冊　存二卷（九至十）

330000－4735－0008950　09871　集部/總集類/課藝之屬

紫陽院課七集不分卷　清光緒二十三年（1897）福晨抄本　福晨題簽　一冊

330000－4735－0008951　09872　集部/別集類/清別集

節本二曲集不分卷　（清）李顒著　清刻本　一冊

330000－4735－0008953　09963　集部/總集類/氏族之屬

震澤莊氏家集九種　（清）莊元植輯　清光緒刻本　一冊　存二種

330000－4735－0008954　09852　集部/別集類

問琴閣詩錄一卷詞一卷　宋育仁撰　清刻本　一冊

330000－4735－0008955　09964　集部/別集類/清別集

湖海樓全集五十一卷　（清）陳維崧撰　清刻本　一冊　存三卷（儷體文集五至七）

330000－4735－0008957　09965　集部/別集類/清別集

默齋詩草二卷　（清）左庚虞撰　（清）左兆薇　（清）左元履編　清光緒十一年（1885）刻本　一冊　存一卷（二）

330000－4735－0008959　09853　集部/別集類/清別集

歷代名媛雜詠三卷　（清）邵飆撰　清乾隆五十七年（1792）刻本　四冊

330000－4735－0008960　09966　集部/總集類/酬唱之屬

東甌贈言一卷　（清）章又溢輯　清光緒二十四年（1898）刻本　一冊

330000－4735－0008961　09854　集部/別集類/清別集

澹遠香齋詩存二卷　（清）李光漢撰　清同治

十二年(1873)刻本　一冊　存一卷(一)

330000－4735－0008962　09876　集部/別集類/清別集

鮚埼亭集三十八卷首一卷全謝山先生經史問答十卷外編五十卷　(清)全祖望撰　清嘉慶九年(1804)餘姚史夢蛟借樹山房刻同治十一年(1872)印本　一冊　存五卷(全謝山先生經史問答一至五)

330000－4735－0008963　09967　集部/別集類/唐五代別集

五百家註音辯昌黎先生文集四十卷　(唐)韓愈撰　(宋)魏仲舉輯注　清乾隆四十九年(1784)刻本　一冊　存一卷(二)

330000－4735－0008964　09901　子部/叢編

經史百家序錄六種　邵章輯　清光緒二十八年(1902)會文學社石印本　四冊　存一種

330000－4735－0008965　09968　集部/總集類/彙編之屬

唐宋八大家文鈔一百六十六卷　(明)茅坤編　明崇禎金閶黃玉堂刻本　一冊　存一種

330000－4735－0008966　09902　集部/總集類/課藝之屬

庚辰集五卷　(清)紀昀輯　清刻本　一冊　存一卷(一)

330000－4735－0008967　09877　集部/別集類/清別集

鮚埼亭集三十八卷首一卷全謝山先生經史問答十卷外編五十卷　(清)全祖望撰　清嘉慶九年(1804)餘姚史夢蛟借樹山房刻同治十一年(1872)印本　一冊　存三卷(首、鮚埼亭集一至二)

330000－4735－0008969　09969　集部/別集類/清別集

小方壺試律詩二卷附錄一卷　(清)孫馮撰　清道光刻古棠書屋叢書本　洪奇樹軒題簽　一冊

330000－4735－0008970　09878　集部/總集類/選集之屬

賦選同聲集四卷　(清)胡浚評選　清刻本　一冊　存一卷(三)

330000－4735－0008971　09904　集部/別集類/唐別集

集聖堂鐫李笠翁先生彙纂李青蓮集一卷　(清)李漁輯　清道光九年(1829)繼溪堂刻本　一冊

330000－4735－0008972　09879　集部/別集類/清別集

未灰齋文集八卷外集一卷　(清)徐鼐撰　清咸豐十一年(1861)福寧郡齋刻本　二冊　存四卷(文集六至八、外集)

330000－4735－0008973　09905　集部/別集類/清別集

繭齋詩賦稿八卷　(清)林大鄂撰　(清)蘇煒等注　清刻本　雙澗漁隱題簽　二冊　存四卷(一至二、五至六)

330000－4735－0008974　09970　集部/別集類/清別集

潛志樓初集七十卷　(清)陳沖撰　清刻本　二冊　存二卷(一、三)

330000－4735－0008975　09906　集部/別集類/清別集

潘嶧芹學使稿不分卷　(清)潘衍桐撰　清刻本　一冊

330000－4735－0008976　09880　集部/別集類/清別集

固始趙公遺墨一卷　(清)趙人成撰　(清)趙長保輯　皇清晉贈中憲大夫誥授奉政大夫賞戴藍翎福建漳州府詔安縣知縣顯考子美府君行述一卷　(清)趙長保輯　清光緒石印本　一冊

330000－4735－0008977　09971　集部/總集類/彙編之屬

宋百家詩存　(清)曹廷棟編　清乾隆六年(1741)嘉善曹氏二六書堂刻本　一冊　存一種

330000－4735－0008979　09908　子部/藝術

類/書畫之屬/書法書品

詞林墨妙初集不分卷 （清）眉壽室主人錄
清光緒十四年(1888)上海鴻文書局石印本
景炎清題記 一冊

330000－4735－0008980 09881 集部/別
集類

徐花農詩翰一卷 徐琪撰 清宣統二年
(1910)石印本 一冊

330000－4735－0008981 09972 類叢部/叢
書類/自著之屬

陸放翁全集六種 （宋）陸游撰 明末海虞毛
氏汲古閣刻清初毛扆增刻彙印本 一冊 存
一種

330000－4735－0008982 09882 集部/別集
類/清別集

**衍石齋記事彙十卷續彙十卷刻楮集四卷旅逸
小稾二卷** （清）錢儀吉撰 清道光刻咸豐四
年(1854)蔣光煦增刻本 二冊 存四卷(衍
石齋記事續彙一至四)

330000－4735－0008983 09909 集部/總集
類/課藝之屬

館律分韻初編六卷 （清）春暉閣主人輯 清
石印本 一冊 存一卷(四)

330000－4735－0008984 09973 集部/總集
類/選集之屬/通代

**御選宋金元明四朝詩三百二卷首二卷姓名爵
里十三卷** （清）聖祖玄燁選 （清）張豫章等
編 清康熙四十八年(1709)內府刻本 一冊
存二卷(御選明詩八十一至八十二)

330000－4735－0008986 09883 集部/總集
類/選集之屬/斷代

國朝三家文鈔三十二卷 （清）宋犖 （清）許
汝霖編 清康熙三十三年(1694)刻本 二冊
存八卷(侯朝宗文鈔一至八)

330000－4735－0008989 10651 類叢部/叢
書類/自著之屬

王漁洋遺書三十八種 （清）王士禛撰 清刻
本 二冊 存一種

330000－4735－0008990 09884 集部/總集
類/選集之屬/通代

回文賦彙五卷 （清）趙文楷等撰 清光緒二
十三年(1897)湘鄉謝氏鞏經樹刻本 一冊
存一卷(一)

330000－4735－0008992 09926 集部/總集
類/選集之屬/通代

古文辭類纂十五卷 （清）姚鼐輯 **續古文辭
類纂十卷** 王先謙輯 清光緒十六年(1890)
上海文瑞樓鉛印本 四冊 存十卷(續古文
辭類纂一至十)

330000－4735－0008993 09885 集部/總集
類/彙編之屬

石倉十二代詩選 （明）曹學佺輯 明崇禎刻
本 二冊 存一種

330000－4735－0008994 09927 集部/總集
類/選集之屬/斷代

國朝駢體正宗十二卷 （清）曾燠輯 清石印
本 一冊 存二卷(五至六)

330000－4735－0008995 09974 集部/總集
類/選集之屬/斷代

明三十家詩選初集八卷二集八卷 （清）汪端
輯 清刻本 一冊 存二卷(二集三至四)

330000－4735－0008997 09975 集部/別集
類/宋別集

朱文公問答全集三十五卷 （宋）朱熹撰 清
刻本 一冊 存二卷(三十四至三十五)

330000－4735－0008999 09929 集部/別集
類/清別集

存我軒偶錄不分卷 （清）陸鍾渭撰 清光緒
二十七年(1901)文彙書局鉛印本 二冊

330000－4735－0009000 09886 集部/別集
類/清別集

孫淵如先生全集二十二卷 （清）孫星衍撰
（清）王先豫編 清光緒二十年(1894)思賢書
局刻本 八冊 缺四卷(芳茂山人文集十、詩
錄八至十)

330000－4735－0009001 09976 集部/總集

類/彙編之屬

唐宋大家全集錄十種 (清)儲欣編　清刻本　二冊　存二種

330000－4735－0009002　09930　集部/總集類/課藝之屬

四書五經義策論初編不分卷續編不分卷 (清)崇實社主人編　**存我軒偶錄不分卷** (清)陸鍾渭撰　清光緒二十九年(1903)崇實學社石印本　十一冊

330000－4735－0009003　09887　集部/總集類/選集之屬/斷代

唐文粹詩選六卷 (清)王士禎輯　清乾隆刻本　二冊

330000－4735－0009004　09931　集部/別集類/清別集

註釋栢蘊皋先生全稿不分卷 (清)栢謙撰　(清)湯序東註釋　(清)王鈞鰲編次　清文光堂刻本　曹愷題簽　七冊

330000－4735－0009005　09977　集部/別集類/清別集

槐軒雜著四卷 (清)劉沅撰　清刻本　一冊　存一卷(四)

330000－4735－0009006　09978　集部/別集類/清別集

天真閣集五十四卷外集六卷 (清)孫原湘撰　清刻本　一冊　存六卷(四十九至五十四)

330000－4735－0009007　09932　集部/別集類/清別集

桐雲閣試帖一卷續刻一卷 (清)楊庚撰　清刻本　一冊

330000－4735－0009009　09979　集部/別集類/宋別集

歐陽文忠公全集一百五十三卷首一卷附錄五卷 (宋)歐陽修撰　清光緒十九年(1893)澹雅書局刻本　三十冊　存一百三十五卷(一至三十二、五十一至五十二、五十七至一百四十二、一百四十四至一百五十三,附錄一至五)

330000－4735－0009011　09933　集部/總集類/課藝之屬

續詠樓試草一卷 (清)沈雲錦等撰　清刻本　一冊

330000－4735－0009012　09915　類叢部/類書類/專類之屬

皇朝駢文類苑十四卷首一卷 (清)姚燮選　清光緒七年(1881)張壽榮刻本　一冊　存一卷(三)

330000－4735－0009014　09934　集部/別集類/清別集

百美新詠一卷圖傳一卷集詠一卷題詞一卷 (清)顏希源撰　清刻本　一冊　存二卷(集詠、題詞)

330000－4735－0009015　09935　集部/總集類/課藝之屬

海東精舍課藝□□卷 (清)黃朝章等撰　清刻本　一冊　存一卷(下)

330000－4735－0009016　09917　集部/別集類/清別集

修竹齋試帖輯註一卷 (清)那清安著　(清)張熙宇輯評　(清)王植桂輯註　清刻本　一冊

330000－4735－0009018　09980　集部/別集類/明別集

王陽明先生全集十六卷目錄二卷 (明)王守仁撰　(清)王貽樂編　(清)陶澍批評　清道光六年(1826)柳庭芳刻本　一冊　存一卷(七)

330000－4735－0009020　09981　集部/別集類/宋別集

東坡先生全集七十五卷 (宋)蘇軾撰　明刻本　一冊　存三卷(五十三至五十五)

330000－4735－0009022　09920　集部/總集類/課藝之屬

制義宗經不分卷 清刻本　一冊

330000－4735－0009023　09985　集部/別集類/清別集

桐餘集三卷 （清）葉澐撰 清刻本 一冊
存二卷（一至二）

330000－4735－0009024 09921 集部/別集
類/清別集

雪牎剩墨一卷 （清）袁鳳翔撰 清道光十四
年（1834）惇敘堂刻本 一冊

330000－4735－0009025 09982 集部/別集
類/清別集

通藝堂詩錄十卷附紹興東湖書院通藝堂記一
卷 陶濬宣撰 清光緒二十六年至二十七年
（1900－1901）福州刻本（卷二、五、七至十原
缺） 一冊 缺一卷（紹興東湖書院通藝堂
記）

330000－4735－0009026 09922 集部/總集
類/酬唱之屬

友三友圖締言初集一卷續集一卷 （清）鍾體
志輯 清光緒二十三年（1897）奉新官舍刻本
一冊

330000－4735－0009028 09983 集部/別集
類/宋別集

蘇文忠公全集一百一十一卷 （宋）蘇軾撰 東
坡先生年譜一卷 （宋）王宗稷編 明嘉靖十
三年（1534）江西布政司刻本 一冊 存一卷
（年譜）

330000－4735－0009029 09984 集部/總集
類/郡邑之屬

嘉定四先生集（嘉定四君集）八十七卷 （明）
謝三賓輯 明崇禎刻清康熙三十三年（1694）
陸廷燦重修本 一冊 存六卷（檀園集一至
六）

330000－4735－0009030 09937 類叢部/叢
書類/自著之屬

春在堂全書三十六種 （清）俞樾撰 清同治
至光緒刻光緒末彙印本 一冊 存一種

330000－4735－0009031 09938 集部/總集
類/課藝之屬

越輶采風錄四卷 瞿鴻機編 清光緒十四年
（1888）刻本 一冊 存一卷（三）

330000－4735－0009032 09947 集部/別集
類/清別集

笠翁一家言全集十六卷 （清）李漁撰 清刻
本 五冊 存五卷（文集二，餘集，偶集一、
四、六）

330000－4735－0009033 09986 集部/別集
類/清別集

退安禪師瀑雪集六卷 （清）董劍鍔輯訂 清
康熙刻本 一冊 存二卷（一至二）

330000－4735－0009034 09939 集部/別集
類/清別集

輟耕吟稿五卷 （清）倪偉人撰 清刻本 一
冊 存三卷（一至三）

330000－4735－0009035 09987 集部/總集
類/選集之屬/斷代

漁洋山人選研村詩五卷 （清）汪沆撰 鹿門
近體詩一卷 （清）汪柯玥撰 清刻本 一冊
缺二卷（一至二）

330000－4735－0009037 09988 集部/別集
類/清別集

遂初草廬詩集十卷 （清）杜墇撰 清刻本
一冊 存八卷（三至十）

330000－4735－0009038 09949 集部/總集
類/課藝之屬

尊經課藝不分卷 經學初程一卷 廖平 吳
之英撰 清刻本 一冊

330000－4735－0009039 09989 集部/別集
類/明別集

袁中郎全集四十卷 （明）袁宏道撰 明崇禎
二年（1629）武林佩蘭居刻本 一冊 存四卷
（三十六至三十九）

330000－4735－0009040 09950 集部/別集
類/明別集

解文毅公集十六卷後集六卷首一卷附錄一卷
目錄一卷 （明）解縉撰 清乾隆三十二年
（1767）解氏敦仁堂刻本 一冊 存二卷（首、
一）

330000－4735－0009041 09990 集部/總集

類/選集之屬/斷代

漢詩音註十卷 （清）李因篤音注　清刻本
二冊　存五卷（六至十）

330000－4735－0009042　09940　集部/詩文
評類/類編之屬

踽菴雜記不分卷　清刻本　二冊

330000－4735－0009043　09951　集部/總集
類/選集之屬/斷代

西漢文二十卷東漢文二十卷　（明）張采輯
明崇禎六年（1633）刻本　一冊　存二卷（西
漢文十三至十四）

330000－4735－0009044　09941　集部/別集
類/漢魏六朝別集

徐孝穆全集六卷　（南朝陳）徐陵撰　（清）吳
兆宜箋注　**備考一卷**　（清）徐文炳撰　清善
化經濟書堂刻本　一冊　存一卷（一）

330000－4735－0009045　09991　集部/別集
類/唐五代別集

樊南文集箋註八卷　（唐）李商隱撰　（清）馮
浩編訂　清刻本　一冊　存四卷（一至四）

330000－4735－0009046　09952　集部/總集
類/選集之屬/通代

槐軒千家詩二卷　（清）夏世欽輯　清刻本
一冊　存一卷（上）

330000－4735－0009047　09942　集部/總集
類/選集之屬/通代

**古文分編集評初集五卷二集五卷三集八卷四
集四卷**　（清）于光華輯　清乾隆五十二年
（1787）友于堂刻本　一冊　存一卷（初集下
二）

330000－4735－0009048　09953　集部/別集
類/宋別集

司馬溫公文集八十卷目錄二卷　（宋）司馬光
撰　明崇禎元年（1628）吳時亮等刻清康熙四
十七年（1708）蔣起龍等重修本　獨學廬題簽
　一冊　存序跋及敕、碑、狀

330000－4735－0009049　09992　類叢部/叢
書類/自著之屬

陳司業集二種　（清）陳祖范撰　清乾隆二
十九年（1764）陳鋆彙印本　一冊　存一種

330000－4735－0009050　09954　集部/別集
類/清別集

微尚齋文集一卷　（清）馮志沂撰　清同治十
三年（1874）管城李翰華淮上刻本　一冊

330000－4735－0009051　09943　集部/總集
類/選集之屬/通代

詩林韶濩選二十卷　（清）顧嗣立輯　（清）周
煌重輯　清乾隆二十九年（1764）漱潤堂刻本
　二冊　存五卷（十一至十五）

330000－4735－0009052　09993　集部/別集
類/清別集

問字堂集六卷　（清）孫星衍撰　清光緒十年
（1884）四明是亦軒刻本　一冊　存三卷（一
至三）

330000－4735－0009053　09955　集部/別集
類/清別集

**忠雅堂詩集二十七卷補遺二卷銅絃詞附南北
曲二卷**　（清）蔣士銓撰　清嘉慶三年（1798）
揚州刻藻思堂印本　一冊　存一卷（銅絃詞
附南北曲上）

330000－4735－0009054　09944　集部/戲劇
類/傳奇之屬

玉茗堂四種傳奇八卷　（明）湯顯祖撰　（明）
臧懋循訂　明刻本　四冊　存三種

330000－4735－0009055　09956　集部/總集
類/選集之屬/通代

詩歸五十一卷　（明）鍾惺　（明）譚元春輯
明萬曆四十五年（1617）刻本　一冊　存四卷
（古詩歸二至五）

330000－4735－0009056　09957　集部/別集
類/清別集

定餘小草一卷詩餘一卷集句一卷　（清）李汝
麟撰　清木活字印本　一冊

330000－4735－0009057　09958　集部/總集
類/課藝之屬

近科試策法程一卷補編一卷　清刻本　一冊

330000 – 4735 – 0009059　04082　史部／政書
類／邦計之屬

銀洋精論三卷　（清）梁思澤撰　清光緒七年
(1881)四明是亦軒刻本　一冊　存二卷（二
至三）

330000 – 4735 – 0009060　09945　集部／別集
類／清別集

頤道堂文鈔十三卷詩選三十卷詩外集十卷戒
後詩存二卷　（清）陳文述撰　清刻本　十二
冊　存二十七卷（文鈔三至四、七至十三，詩
選六至十五、十九至二十、二十七至三十，戒
後詩存一至二）

330000 – 4735 – 0009061　04083　史部／傳記
類／科舉錄之屬／歷科登科錄

[光緒壬寅補行庚子辛丑恩正併科]闈藝知新
二集不分卷　郭家聲輯　清光緒二十八年
(1902)京都琉璃廠刻本　二冊

330000 – 4735 – 0009063　09946　集部／別集
類／清別集

知養恬齋時文鈔不分卷題解不分卷試帖二卷
詩集三十卷賦鈔四卷蜀槎小草二卷古近體詩
二卷　（清）羅繞典撰　清道光二十六年
(1846)刻本　十二冊

330000 – 4735 – 0009065　09996　集部／小說
類／長篇之屬

增注繪圖官場現形記五編六十卷　（清）李寶
嘉撰　（清）歐陽淦增注　清光緒二十九年
(1903)石印本　一冊　存五卷（正編四至八）

330000 – 4735 – 0009066　09959　集部／別集
類／明別集

金川玉屑集二卷附錄一卷　（明）練安撰　清
康熙刻本　一冊　存一卷（附錄）

330000 – 4735 – 0009067　09960　集部／別集
類／宋別集

西山先生真文忠公文集五十五卷目錄二卷
(宋)真德秀撰　明萬曆二十六年(1598)金學
曾景賢堂刻崇禎十一年至清康熙四年(1638 –
1665)遞修本（卷五十一原缺）　一冊　存四卷
（十一至十四）

330000 – 4735 – 0009069　09997　集部／曲類

西廂詩二卷　（清）嘉禾散人點定　才子西廂
醉心篇一卷　（清）陳維崧訂　清刻本　一冊

330000 – 4735 – 0009070　09998　集部／總集
類／選集之屬／通代

奇樹軒叢鈔一卷　清洪宗瀚抄本　清蔚森題
籤並記　一冊

330000 – 4735 – 0009071　07699　新學／雜
著／叢編

新政應試必讀六種六卷　（清）顧厚焜撰　清
光緒二十七年(1901)石印本　一冊　存一種

330000 – 4735 – 0009072　09928　集部／別集
類／明別集

西泠閨詠一卷　（清）吳偉業撰　清刻本
一冊

330000 – 4735 – 0009073　07700　子部／儒家
類／儒學之屬／禮教／家訓

金殿撰家戒詩註釋一卷　（清）金甡撰　（清）
昇寅注釋　清道光二十六年(1846)長白金氏
刻本　一冊

330000 – 4735 – 0009082　04091　史部／傳記
類／科舉錄之屬

詞科掌錄十七卷詞科餘話七卷　（清）杭世駿
輯　清乾隆仁和杭氏道古堂刻本　一冊　存
四卷（詞科餘話四至七）

330000 – 4735 – 0009083　04092　史部／詔令
奏議類／奏議之屬

新增金鑪策楷一卷　清上海鴻文書局石印本
一冊

330000 – 4735 – 0009084　04093　史部／政書
類／公牘檔冊之屬

諮議局開會辭一卷　清宣統石印本　一冊

330000 – 4735 – 0009086　04095　史部／傳記
類／別傳之屬／事狀

遺愛錄二卷　（清）楊德成輯　清嘉慶七年
(1802)刻本　一冊　存一卷（下）

330000 – 4735 – 0009094　04097　史部／金石

類/郡邑之屬/目録

京畿金石考二卷 （清）孫星衍撰　清光緒十三年（1887）抱芳閣刻本　一冊　存一卷（上）

330000－4735－0009095　10062　類叢部/類書類/專類之屬

見心集四卷 （清）汪文芳輯　清刻本　清李葉卿題簽　清李世涵題記　一冊　存二卷（三至四）

330000－4735－0009096　04099　史部/政書類

政藝叢書乙巳全書十六種 鄧實編　清光緒三十一年（1905）政藝通報館鉛印本　一冊　存二種

330000－4735－0009100　01283　集部/小說類/長篇之屬

繪圖評點女僊外史八卷一百回 （清）呂熊撰　清宣統元年（1909）上海章福記書坊石印本　一冊　存二卷（一至二）

330000－4735－0009101　07704　子部/醫家類/内科之屬/其他内科病證

内科要訣二卷 清子卿抄本　二冊

書名筆畫字頭索引

六畫

九畫

十二畫

十七畫

389

書名筆畫索引

393

三畫

四畫

五畫

404

六畫

417

八畫

九畫

432

十二畫

453

十三畫

456

457

十四畫

十五畫

468

469

十六畫

十九畫

二十畫

二十一畫